한국사

3

청동기 문화와 철기 문화

국사편찬위원회

한국사 간행취지

우리 겨레가 앞으로 어떻게 살아갈 것인가 하는 문제는 우리들은 물론 우리와 더불어 살아가는 세계인들의 관심사일 것이다. 이에 대한 해답은 과거에 어떻게 살아왔는가 하는 우리 역사에 대한 인식을 통해 찾을 수 있을 것이라고 생각된다.

본 위원회에서는 이미 1970년대에 『한국사』 25권을 간행하여 해방 이후 한국사의 연구성과를 집대성함으로써 한국사에 대한 인식을 새롭게 한 바 있다. 그 이후 한국사회는 놀라운 성장과 발전을 이루었고 역사학계도 상당한 연구성과를 축적하였다. 이러한 변화에 발맞추어 한국사학계는 새로운 『한국사』 편찬의 필요를 느끼게 되었다.

이에 본 위원회는 일차적으로 한국사 연구지원비를 마련하여 역사학계로 하여금 1980년대 중반까지 연구성과가 미진하다고 생각되는 분야를 연구할 수 있도록 하였다. 이어서 1989년부터 1990년까지의 준비를 거쳐 1991년에는 '신편 한국사 편찬위원회'를 따로 구성하고 총 60권에 달하는 새로운 『한국사』를 편찬하기로 하였다. 그리고 다음과 같은 『한국사』 편찬의 목표를 세웠다.

① 한국의 역사와 문화에 대한 객관적 인식의 토대를 제공할 수 있는 한국사를 편찬한다.

② 민족의 창조적 문화활동과 민족사의 내재적 발전을 드러내는 한국사를 편찬한다.

③ 최근까지의 연구성과를 체계화하고 새로운 영역을 개척함으로써 한국사 연구의 지평을 넓힌다.

④ 한국사 연구와 관련하여 고고학·인류학·사회학·경제학 등 인접학문의 연구성과를 수용하여 한국사 인식의 폭을 넓히는 데 기여한다.

새로운 『한국사』를 펴내면서 우리 모두가 바라는 바는, 민족의 통일에 대비해야 하고 급격히 변화하는 시대상황 속에서, 한국사 연구자의 깊이 있는 연구를 도와주고 독자들의 역사인식을 드높일 수 있는 길잡이 구실을 할 수 있었으면 하는 것이다.

국사편찬위원회 위원장

목 차

개 요 1

Ⅰ. 청동기문화

1. 청동기시대 9
   1) 청동기시대의 시기구분 9
   2) 인골 및 편년 25
   3) 청동유물의 분포와 사회 31
2. 청동기시대의 유적과 유물 57
   1) 청동기시대 유적의 분포 57
   2) 청동기시대의 유적 145
   3) 청동기시대의 유물 180
   4) 야금술의 발달과 청동유물의 특징 227
   5) 토기의 과학적 분석 251
3. 청동기시대의 사회와 경제 256
   1) 생업경제 256
   2) 사 회 267
4. 주변지역 청동기문화와의 비교 287
   1) 시베리아 및 극동지역 287
   2) 중 국 295
   3) 일 본 313

Ⅱ. 철기문화

1. 철기시대 325

1) 철기시대의 시기구분 325
2) 철기시대 유적의 분포 343
3) 철기시대의 유적 396
4) 철기시대의 유물 445

2. 철기시대의 사회와 경제 513

1) 생업경제 513
2) 사 회 529

3. 주변지역 철기문화와의 비교 558

1) 중 국 558
2) 일 본 564

개 요

I

구리장신구가 처음 나타난 것은 터키 아나톨리아고원의 차이외뉘유적이며 그 연대는 기원전 7200년으로 올라간다. 차탈휘윅유적에서도 같은 종류의 구리장신구가 보이는데 그 연대는 기원전 6500~5650년이다. 이락지역에서는 하수나(야림 테페)유적에서 처음으로 구리유물이 보이는데, 그 연대는 기원전 6000~5250년이다. 이렇게 단순히 구리만으로 간단한 장신구 등을 만들어 사용한 일은 신석기시대부터 있었다. 그러나 세계적으로 볼 때 구리와 주석(또는 약간의 비소와 아연)의 합금인 청동이 나타나는 청동기시대는 대략 기원전 4000년에서 기원전 1000년 사이에 시작되었다.

청동기시대가 가장 먼저 시작된 곳은 기원전 3500년의 이락고원 근처이며 터키나 메소포타미아 지역도 대략 이와 비슷한 시기에 시작되었다. 이집트는 중왕국(기원전 2050~1786년 : 실제는 15왕조 힉소스의 침입 이후 본격화되었다고 한다)시기에 청동기가 제작되기 시작하였으며, 기원전 2500년경 모헨죠다로나 하라파 같은 발달된 도시를 이루고 있던 인더스문명에서도 이미 청동기를 사용하고 있었다. 또한 최근에 주목받는 태국의 논녹타유적은 기원전 2700년, 그리고 반창유적은 기원전 2000년경부터 청동기가 사용된 것이 확인됨으로써 동남아시아지역에서도 다른 문명 못지 않게 일찍부터 청동기가 제작 발달되었음을 알 수 있다.

유럽의 경우 에게해의 크레타문명은 기원전 3000년경에 청동기시대로 진입해 있었으며, 아프리카의 경우 북아프리카는 기원전 10세기부터 청동기시대가 발달했으나 다른 지역에서는 유럽인 침투 이전까지 석기시대로 남아 있는 경우도 있었다. 아메리카대륙에서는 중남미의 페루에서 기원후 11세기부터 청동 주조기술이 사용되어 칠레·멕시코 등에 전파되었으며, 대부분의 북미 인디안들은 기원후 13~15세기까지도 대량의 청동기를 제작 사용하였다.

중국은 龍山文化나 齊家文化와 같이 신석기시대 말기에 홍동(순동) 및 청동 야금기술이 발달했다. 즉 甘肅省 東鄕 林家(馬家窯期)에서 기원전 2500년까지 올라가는 주조칼이 나오고 있다. 그러나 본격적인 청동기시대로 진입한 것은 二里頭文化 때이다. 이리두문화의 연대는 기원전 2080~1580년 사이이며(방사성탄소연대 기준) 山東과 蘇北의 大汶口文化를 이은 岳石文化, 요서와 내몽고 일대의 夏家店 下層文化도 거의 동시기에 청동기시대로 진입했다고 보여진다. 이러한 청동기 개시연대가 기록상의 夏代(기원전 2200~1750년)와 대략 일치하므로 청동기의 시작과 하문화를 동일시하는 주장도 있다. 한편 최근 遼寧 建平縣 紅山 牛河梁(기원전 3000년경)과 四川省 廣漢 三星堆(기원전 1200~1000년), 및 成都 龍馬寶墩 古城(기원전 3000~2500년) 등과 같이 중국문명의 중심지역이 아니라 주변지역으로 여겨왔던 곳에서 청동기의 제작이 일찍부터 시작되었다는 새로운 사실들이 밝혀지고 있어 중국 청동기문화의 시작에 대한 연구를 매우 복잡하게 만들고 있다. 앞으로 중국의 중심 문명뿐 아니라 주변지역에 대한 청동기문화 연구가 진행됨에 따라 청동기의 제작과 사용에 대한 이해는 점차 바뀌어 나갈 것으로 보인다.

II

현재 북한에서는 우리 나라 청동기시대의 개시에 대해, 최초의 국가이자 노예소유주 국가인 古朝鮮(단군조선)을 중심으로 하여 기원전 30세기에 시작되었다고 보고 있다. 즉 청동기시대가 되면서 여러 가지 사회적인 변화를 거치는데, 그러한 변화상이 고조선이라는 국가의 발생까지 이어지는 것으로 본 것이다. 한편 남한에서는 대체로 기원전 10세기를 전후하여 청동기시대가 시작되었다고 보고 있다. 그리고 남한은 鐵器時代前期(또는 初期鐵器時代)의 衛滿朝鮮이 이제까지 문헌상의 최초의 국가로 보고 있다.

이처럼 남북한에서 각자 보고 있는 청동기시대의 상한과 최초의 국가 등장 및 그 주체 등이 매우 다르기는 하나 우리 나라의 청동기문화상은 비파형단검, 거친무늬거울, 고인돌과 미송리식토기로 대표되는데, 이들은 한반도뿐만 아니라 요동·길림지방에까지 널리 분포되어 있어 우리 나라 청동기문화의 기원에 대한 여러 가지 시사를 준다. 이후 비파형동검문화는 세형동검문화로 이어지게 되면서 철기의 사용이 시작되었다.

현재까지 청동기시대의 문화상에 대해 합의된 점을 꼽아 보자면, 청동기시대가 되면 전세계적으로 사회의 조직 및 문화가 발전되며, 청동기의 제작과 이에 따른 기술의 발달, 그리고 전문직의 발생, 관개농업과 잉여생산의 축적, 이를 통한 무역의 발달과 궁국적으로 나타나는 계급발생과 국가의 형성 등이 대표적인 특징이 된다. 이들은 결국 도시·문명·국가의 발생으로 축약된다.

Ⅲ

청동기시대 다음으로는 철기시대가 이어진다. 전세계적으로 가장 오래된 철기는 서남아시아의 아나톨리아(Anatolia)를 중심으로 한 주변지역에서 발견되는데, 그 연대는 대략 기원전 3000~2000년 무렵이며, 그 분포 범위는 이후 고대문명이 발생한 비옥한 초생달 지역보다도 넓다. 그런데 최초의 철기들은 주로 隕鐵(meteorites)製로서 隕石으로부터 추출되는 自然鐵이라는 재료의 성격상 수량이 매우 적고 제작도 산발적이었다. 또한 제작된 도구의 종류도 장신구나 칼(刀子) 정도에 지나지 않는다.

야철기술을 개발하여 인류가 본격적으로 人工鐵 즉, 鋼鐵(steeling iron)을 제작하여 이를 사용함으로써 철기가 청동기와 동등해지거나 그보다 우월해져 청동기를 대체하기 시작한 것은 히타이트(Hittite)제국(기원전 1450~1200년)부터이며, 제국이 멸망하는 기원전 1200년경부터는 서남아시아 각지로 전파되었다. 대체로 메소포타미아지방에는 기원전 13세기, 이집트와 이란지역은 10세기, 유럽은 기원전 9~8세기에 들어서 철이 보급되었다.

동아시아 철기문화 발생과 관련이 있다고 생각되는 스키타이문화(Scythian culture)는 기원전 8세기 무렵 흑해 연안에 존재한 스키타이주민들의 騎馬遊牧化를 통해 그들의 철기 제조기술을 동쪽으로 이동시킨 결과로 나타난 것이다. 그리고 철기시대의 사회 정치적 특징은 종전의 청동기대에 발생한 국가단위에서 벗어나 국가연합체인 제국이 출현하는 데 있다. 이는 사회가 그만큼 더 발전했다는 이야기가 된다.

중국의 경우 殷·周時代에 운철로 제작된 철기가 몇 개 발견된 예는 있으나 인공철의 제작은 春秋時代 말에서 戰國時代 초기에 이르러서야 이루어진다. 전국시대 후반이 되면 철기의 보급이 현저해지는데, 주류는 鑄造技術로 제작된 농기구류이다.

우리 나라의 철기문화는 그러한 중국 전국시대 철기의 영향을 받아 성립되어 초기에는 중국과 마찬가지로 鑄造鐵斧를 위시한 농공구류가 우세하였다. 초기에 전국계 철기의 영향을 받았던 우리 나라 철기문화가 본격적으로 자체생산이 가능하고 원재료를 수출할 정도의 단계에 이르는 것은 기원전 1세기에서 기원을 전후한 무렵부터인데, 이 때부터는 鍛造鐵器가 제작되기 시작하였다. 철기생산의 본격화와 현지화 및 제조기술의 발전은 다른 부분에까지 영향을 끼쳐 새로운 토기문화를 출현시켰으며 나아가 생산력의 증대를 가져왔다. 이를 바탕으로 사회통합이 가속화되니 그 결과 우리 나라 최초의 고대국가인 위만조선(기원전 194~108년)이 등장하게 되었다. 다시 말하여 위만조선이라는 국가는 철기시대 전기(초기 철기시대)에 성립된 것이다.

Ⅳ

마지막으로 언급하고자 하는 것은 종래의 초기 철기시대라는 용어이다. 일반인들뿐만 아니라 고고학자 자신들도 이 시대의 개념을 명확하게 설명하기 힘들다. 현재 초기 철기시대와 철기시대 전기라는 용어를 그대로 병행해서 사용하고 있다. 그러나 초기 철기시대를 철기시대에 포함시켜 새로운 편년을 만들어 보는 것도 좋을 듯하다. 그래야만 앞으로 새로이 발견될 많은 청동기와 철기시대의 유적·유물의 올바른 해석이 한국고대사의 흐름에 따라 가능할 것이다. 이러한 편년 시안은 다른 글에서 꾸준히 발표되었던 것이므로 고고학계에서 점차 이 견해에 많은 동조를 하고 있는 경향이다. 특히 철기시대의 후기에 해당하며《三國史記》에 등장하는 신라, 고구려와 백제의 건국연대에 맞춘 삼국시대 전기(원삼국시대)라는 개념에서는 새로이 부각되고 있는 가야시대와 삼한시대의 고고학 편년도 모두 포함시킬 수 있는 이점이 있다. 편년 시안은 다음과 같다.

청동기시대 : 기원전 10세기(상한은 앞으로 기원전 15세기까지로 더 올라갈 가능성이 있다)에서 기원전 300년까지.

철기시대 전기 : 초기 철기시대에 해당되며 기원전 300년에서 1년까지.

삼국시대 전기 : 철기시대 후기, 원삼국시대(또는 삼한시대)에 해당하는 시기로 1년에서 기원후 300년까지.

삼국시대 후기 : 기원후 300년에서 600년까지.

〈崔夢龍〉

Ⅰ. 청동기문화

1. 청동기시대
2. 청동기시대의 유적과 유물
3. 청동기시대의 사회와 경제
4. 주변지역 청동기문화와의 비교

I. 청동기문화

1. 청동기시대

1) 청동기시대의 시기구분

(1) 청동기시대의 개념

청동기시대가 되면 전세계적으로 사회조직과 문화의 발전이 이루어진다. 기술의 발달과 생산력의 증가로 발전된 사회에 대해서 학자들은 크게 도시·문명·국가로 나누어 고찰한다. 특히 미국 고고학계에서는 1950년대에는 도시, 1960년대에는 문명, 1970년대부터 지금까지는 국가에 중점을 두어서 연구하고 있다.

청동기시대의 사회변화에 대한 본격적인 연구는 영국에서 처음 시작되어 신석기문화를 농업혁명, 청동기시대를 도시혁명으로 명명하고 청동기시대에 도시가 발생하며 문명이 시작된 것으로 보았다.[1] 그 구체적인 증거로 문자의 사용, 畜力의 이용, 바퀴달린 마차와 쟁기의 사용, 야금술, 규격화된 도량형, 배의 건조, 잉여생산, 직업의 분화와 장인의 발생, 관개기술, 그리고 수학의 발달 등을 들었다. 그러나 이들은 주로 이집트와 수메르문명을 대상으로 한 것이기 때문에 모든 문명에 충족되는 조건은 아니었다. 그리고 수메르문명의 경우는 도시국가의 발생이 문명의 발생과 일치하지만 마야문명과 같이 도시가 발생하지 않은 채 국가가 발생하는 경우도 있어서 도시·문명·국가의 정의를 그대로 수용하기보다는 각 지역적 특성에 맞는 여러 가지 수정안이 제시되었다.

---

1) Childe, V. Gordon, *Man Makes Himself, London, Watt, 1936.*
　——, *What Happened in History, Harmondsworth, Penguin, 1942.*

문명에 대한 연구 초기에는 이집트나 메소포타미아의 예처럼 '灌漑文明'이라고 명명할 만큼 관개를 중요한 요소로 보았으나 세계 각지의 여러 문명에 대한 조사 연구가 축적되면서 현재로는 문명의 발생요인이 한두 가지의 요소만으로 결정되는 것이 아니라 여러 가지 복합적인 요소가 상호작용을 하면서 성립되었다고 보고 있다.

한편 국가의 대표적인 특징으로 무력의 합법적인 사용과 힘의 중앙집권화를 들기도 하듯이[2] 이외에도 많은 학자들이 나름대로 국가에 대한 정의를 하고 있다. 그러나 기본적으로 계층이나 계급 분화, 무력의 합법적 사용, 제도화 등을 그 요소로 꼽고 있다. 문명은 도시보다는 포괄적인 의미로 문자나 도시화에 기반을 둔 인간문화의 한 단계로 볼 수 있으며, 국가는 그러한 문명을 배경으로 일어났다고 볼 수 있다.

이상에서 본 바와 같이 청동기시대에 대한 연구는 당시의 사회문화적인 변화와 관련하여 크게 도시·문명·국가라는 세 가지 주제로 나뉘어지고 있다. 이들 개념간에는 세부적인 차이가 있으나, 기본적으로는 인류문화의 발생과 전개에 대하여 청동기시대를 중심으로 고고학적인 자료를 이용하여 보편적인 법칙을 발견해내려는 노력이라는 점에서 일치한다고 하겠다.

청동기시대를 연구하기에 앞서서 '청동기시대'라는 용어의 사용이 어떻게 시작되었는지 알아볼 필요가 있다. 선사시대를 이해할 때 단지 '石器時代'라고 통칭하던 것에서 석기－청동기－철기의 3시기로 나눈 것은 고고학이 호고적인 딜레땅띠즘에서 학문으로 발전하는 중요한 전환점이 되었다. 이 3시기법은 스칸디나비아지역의 고고학자들에 의해서 수립되어[3] 당시 유럽 각국

2) Sahlins, Marshall D., *Tribesmen, Englewood cliffs, Prentice Hall, 1968.*

3) 대표적인 인물은 톰센(Thomsen ; 1788~1865)과 월사에(Worsaae ; 1821~1885)이다. 톰센은 청동기시대에 이르러 무기나 공구가 동이나 청동으로 만들어졌다고 주장하고 인간이 이용한 최초의 금속은 구리라고 보았다. 톰센의 뒤를 이어서 덴마크 국립박물관장이 된 월사에는 석기－청동기－철기의 3시기가 덴마크 지역에만 한정되지 않고 보다 광범위한 지역에서 보편적인 편년의 도구로 사용될 수 있음을 실제 유적의 층서양상을 통해 입증하였다.

Thomsen, Christian J., *Ledetraad til Nordisk Oldkyndighed, Copenhagen, 1836.*

———, translated by Lord Ellesmere, *A guide to Northern antiquities, London, 1848.*

에서 소장하고 있던 수집유물들에 대한 정확한 편년적 위치를 결정하게 해준 고고학적 시기구분의 방법론적 근거가 되었다. 물론 아프리카 일부지역이나 아메리카지역과 같은 경우에 청동기시대를 거치지 않은 채 식민지화되고 동시에 철기를 사용하기도 하는 등 예외가 있으나 3시기법은 현재 가장 보편적으로 사용되고 있는 고고학적 편년방법이다. 우리 나라 역시 이 3시기법에 기초하여 선사시대의 편년이 이루어지고 있다.

세계 일부지역에서는 '純銅時代'(The Copper Age ; The Chalcolithic)를 거쳐서 청동기시대로 진입했다. 순동시대란 아직 청동이나 기타 금속 가공기술을 모르는 상태에서 자연동을 이용하는 시기로, 신석기시대와 청동기시대의 과도기적 시기이며 문화상은 대체로 후기 신석기문화에 속한다.

최초의 純銅(紅銅) 사용 흔적은 터키 아나톨리아고원의 차이외뉘유적에서 보이며, 그 연대는 기원전 7200년경으로 거슬러 올라간다. 그 후의 차탈휘윅유적도 기원전 6500~5650년이나 된다. 그리고 이집트의 신석기시대에서도 발견되었는데, 방사성탄소연대로 B.P.6840±250, 6620±250년(수륜보정을 할 경우 1000년 정도 더 올라감)이 나왔다. 이집트를 비롯한 서아시아의 순동시대는 3기로 나뉘어지는데, 북부 메소포타미아는 하라프(Halaf)문화, 남부 메소포타미아에서는 가장 먼저 에리두(Eridu)문화가 발생했으며 그 다음 시기가 되면서 우바이드(Ubaid)문화가 메소포타미아의 전지역에 분포한다. 메소포타미아 지역의 경우 아나톨리아·코카서스·이란 등 주변지역에서도 순동시대가 있었다.

중국에서도 馬家窯文化와 齊家文化에서 紅銅(순동)을 사용한 흔적이 있으며, 夏家店 下層文化의 大成山遺址에서도 홍동패가 발견되었다. 그러나 중국의 경우 메소포타미아나 이집트처럼 하나의 시기를 설정할 만큼 보편적으로 사용된 것은 아니었다.

순동시대에는 자연동을 그대로 두들겨 도구를 만들었는데, 그 이유는 홍동의 경우 용융점이 1,083℃나 되기 때문에 당시의 기술로는 제련 등의 가공이 어려웠기 때문이다. 이에 반하여 청동은 순동과 주석의 합금으로 용융점은 700~900℃ 정도로 낮은 데다가, 홍동보다 훨씬 강해서 더 넓은 지역에서 광범위하게 사용되었다.

일제시대에는 이러한 순동시대를 일컬은 영어의 'The Chalcolithic'을 '金石併用期'라 번역하였다. 즉 김해패총을 발굴한 일본인 학자들은 석기·골각기 등과 함께 철기가 공반된 것을 들어서 그 문화를 금석병용기에 속하는 문화라고 규정한 것이다. 그들은 우리 나라의 선사시대가 석기를 사용한 신석기시대에서 청동기를 거치지 않은 채 곧바로 철기사용의 시기로 이어졌으며, 중원대륙이 청동기시대를 영위할 때에도 석기시대의 상태로 정체되어 있었다고 보았다.[4] 그러나 위에서 설명한 바와 같이, 금석병용기시대(순동시대)는 청동기 사용 이전에 순동을 사용한 시대를 말하는 것이다. 그리고 청동기시대에도 석기를 매우 많이 사용하는 것이 일반적이다. 따라서 현재까지 우리 나라에서 순동 사용의 증거가 전혀 없는 한, 순동시대 혹은 금석병용기에 대한 논의는 의미가 없다.

(2) 청동기시대의 시기구분

일반적으로 '청동기시대'라고 하면 청동기가 제작 사용되는 시기를 의미한다고 볼 수 있다. 그러나 우리 나라의 경우 남·북한을 통틀어 그러한 생각이 그대로 적용되기는 어렵다. 우리 나라에서도 일반적으로 청동기시대=무문토기시대라는 생각이 통용되고 있으나 무문토기가 사용됨과 동시에 청동기가 사용되었다는 증거는 거의 없다. 남한에서 공렬토기나 화분형토기와 청동기가 공반된 예는 현재까지 없으며,[5] 북한에서는 팽이형토기 유적인 금탄리 8호 집자리에서 청동끌, 신흥동 7호 집자리에서 청동단추가 출토되었으며, 나진 초도에서는 청동방울과 원판형기가 출토되었다. 그러나 북한편년에서는 이들 유적을 대부분 기원전 10세기 이후의 것으로 보아, 북한에서 청동기의 시작이라고 보는 기원전 2000년기 초반과는 상당한 차이가 있다. 따라

---

4) 梅原末治·濱田耕作, 〈金海貝塚發掘調査報告〉(《大正九年度古蹟調査報告》 1, 朝鮮總督府, 1923), 45~47쪽.

5) 최근에 전남지방의 지석묘에서 출토되고 있는 비파형동검에 관해 본다면, 요동지방의 것을 기원전 12세기까지 올려보기 때문에 이들 동검의 연대도 그에 상응하는 것으로 볼 수 있다. 그러나 전남지방의 경우 대부분 2차 가공품이며 이 지역의 전반적인 편년을 고려해 볼 때 기원전 5세기 이상은 넘지 않을 것으로 여겨진다.

서 3시기법을 엄밀히 적용한다면 청동기가 사용되지 않은 채 무문토기를 사용한 시대는 신석기시대라고도 볼 수 있다. 또한 철기시대 전기(종전의 초기 철기시대, 이하 철기시대 전기로 용어 통일함)에 세형동검, 주조철부 등과 공반된 점토대토기는 철기시대에 사용된 무문토기이다. 이러한 입장에서 본다면 무문토기는 신석기시대－청동기시대－철기시대의 3시기에 걸치는 개념이라고 할 수 있다. 그래서 청동기시대의 편년도 연구자의 관점에 따라서 청동기시대의 특징적인 토기 및 그 공반유물만 나와도 청동기시대로 볼 것인지, 청동기만을 중심으로 할 것인지에 따라 편년에 큰 차이가 생기게 된다. 아울러 청동기를 전파나 교역에 의해서 수입해서 사용하는 시대도 청동기시대라고 할 것인지, 청동기를 제작하는 용범이 나오고 청동기를 제작, 사용하는 전문적인 집단이 존재한다는 적극적인 증거가 나오는 시기부터 청동기시대로 할 것인지 등에 대해서는 다양한 견해가 제시되고 있는 형편이다.

청동기가 존재하는 증거가 나오는 시기를 청동기시대로 보는 것은 당연하다. 그런데 여기서 생각해야 할 것은 청동기 그 자체가 특별한 사회적 변화의 의미를 지니는 것은 아니라는 점이다. 청동기는 사용 초기에 장신구나 칼과 같은 소형의 도구에 한정되어 사용되었으므로, 청동기가 철기와 같이 농기구 등의 생산도구로 사용되어서 생산력의 비약적 증가와 같은 사회적 변화를 수반했다고 보기는 어렵다. 그리고 청동기라는 한 요소만이 전 세계에서 다양하게 진행된 청동기시대의 사회발전을 대표한다고 보기도 어렵다. 그러므로 청동기시대라고 하는 것은 청동기라는 물질문화로 대표되는 여러 가지 사회적인 변화를 일으킨 시대를 말하는 것이다. 예컨대 그 변화로는 교역·분업·동물의 힘을 이용한 농경, 도시·문명·국가의 발생, 세습적 신분체제, 문자의 사용, 정복전쟁 등 여러 가지를 들 수 있다. 청동기가 이 시기를 대표할 수 있는 가장 보편적이고 특징적인 요소이기 때문에 청동기시대라는 말을 사용하는 것이지만, 사실상 그 외에도 유물 조합상과 유구의 성격 등에 대해서도 다각적으로 고찰하여야 하는 것이다.

이러한 점을 감안한다면 현재와 같이 '무문토기를 사용한 시대'='청동기시대'라는 개념이 당분간 유용할 것으로 보인다. 그리고 일부의 주장처럼 '무문토기시대'라고 부르는 것은 후기 무문토기가 철기시대에 사용된다는 점과 무문토기라고 했을 때 구석기시대—신석기시대의 용어와 일관성이 없다는 점에서 문제가 있다고 보여진다. 앞으로 연구성과가 계속 축적된다면 우리 나라만의 발전과정에서의 특수성과 전세계적인 보편성을 만족시킬 수 있는 개념이 나올 것이다.

일찍이 즐문토기를 사용한 사람들은 바닷가나 강가에서 거주하였으며, 무문토기를 사용한 사람은 구릉지대에서 살았던 사람으로서 다른 생업경제를 영위한, 같은 계통의 사람이라고 본 견해가 있다.[6] 그러나 이와 달리 우리 나라 무문토기와 즐문토기가 다른 계통의 주민이 남긴 것이라고 주장된 이래[7] 무문토기와 즐문토기간에는 문화 및 민족적인 차이가 있는 것으로 간주되었다. 이러한 시각에서 중국기록에 보이는 濊貊族에 착안하여 즐문토기인을 예인으로, 무문토기인을 맥인으로 본 학자도 있다.[8] 그러나 이는 즐문토기와 무문토기를 같은 시기의 것으로 간주했다는 점에서 결정적인 허점이 있는 견해이다. 이후 즐문토기인=고아시아인, 무문토기인=예맥족이라는 설이 제기되었다.[9] 이러한 일련의 주장은 두 문화 사이에 문화적·종족적으로 큰 차이가 있음을 암시하는 것이다. 그러나 이러한 '민족교체론'에 대한 많은 비판이 제기되고 있으며[10] 즐문토기에서 무문토기로의 점진적인 발전 가능성을 암시하는 고고학적인 증거들이 나오고 있다.

요동 및 압록강지역의 우가촌과 쌍타자유적에서는 층위적 변화의 특징이 나타난다. 그것은 즐문토기에서 무문토기로의 이행이 아니라 龍山末期文化의 흔적이 보이고 있다는 것이다. 요동반도의 용산문화 흔적은 산동반도에서 바다를 통해 전파된 것으로 보이는데, 특히 장산열도의 신석기 말기 유적에서 보이는 채도에 잘 나타나 있다. 또한 압록강유역의 신암리 청동말래나 두만

6) 鳥居龍藏, 〈朝鮮の有史以前に於ける朝鮮と北鮮〉(《有史以前の日本》, 磯部甲陽堂, 1918), 364쪽.

7) 藤田亮策, 《朝鮮考古學硏究》(東京 ; 高桐書院, 1948).

8) 三上次男, 〈朝鮮における有文土器の分布とその文化の擴かりについて〉(《朝鮮學報》 14, 1959).

9) 金貞培, 〈한국민족문화의 원류와 문제점〉(《韓國民族文化의 起源》, 高麗大 出版部, 1973).

10) 대표적인 비판으로 李鮮馥, 〈신석기·청동기시대 주민교체설에 대한 비판적 검토〉(《韓國古代史論叢》 1, 韓國古代社會硏究所, 1991)를 들 수 있다.

강유역 서포항과 호곡동의 층위적인 증거에서도 잘 나타나 있다. 즉 요동지방의 후기 신석기시대와 같은 채도계의 타래무늬가 보이고 있어서 북부지방 무문토기의 도입에서의 일정한 보편성이 있었음을 암시한다.

한강유역에서 두 토기문화가 층위적으로 공존하거나 순차적으로 교체되었다는 구체적인 증거는 없다. 그러나 矢島나 內坪에서는 무문토기계의 태토를 가진 즐문토기가 발견되었으며 여러 무문토기 주거지에서 즐문토기가 발견되고 있어 두 토기문화간의 관련성을 보여준다. 강화도 삼거리에서는 지석묘 발굴시에 주위에서 작은 석괴들이 깔려있는 유구가 발견되었고 그 안에는 점토질계의 횡주어골문이 그어있는 토기가 발견되었다.[11] 내평에서도 이와 비슷한 대형 부석유구가 발견되었으며 역시 횡주어골문이 새겨진 즐문토기와, 공렬문과 돌대문이 돌아간 토기가 발견되었다.[12] 시도패총에서도 신석기시대 최말기에 속하는 1지구에서 적석유구가 발견되었는데 비록 유물은 즐문토기 1점만 나와서 정확히 알 수 없지만 위의 적석유적과 그 성격이 비슷할 것으로 보인다.[13] 이 밖에 대동강변의 청호리에서도 적석유구가 발견된 바가 있으며,[14] 휴암리에서도 무문토기 주거지에 의해 파괴된 적석유구 내에서 즐문토기가 발견된 적이 있다.[15]

아직까지는 정확한 결론을 내리기 힘드나 이상의 증거들을 종합해 볼 때 요동지방, 두만강 및 한강유역에서는 신석기시대의 즐문토기시대에서 청동기시대로 이행하는 과도기적인 시기가 존재했을 것으로 생각된다. 물론 그것이 순동시대를 뜻하는 것은 아니며, 점진적인 발전과정 속에서 즐문토기가 무문토기로 바뀌었다는 것을 말해주고 있다고 생각된다. 요동지방이나 두만강유역에서 채도계의 문화가 무문토기로의 이행과정에 개입되었다는 것은 이러한 문화의 변천에 중국의 문화가 어느 정도 영향을 끼쳤음을 암시한다고 하

---

11) 金載元·尹武炳, 〈三巨里遺蹟〉(《韓國支石墓硏究》, 國立中央博物館, 1967), 65~78쪽.

12) 崔夢龍 외, 〈소양강수몰지구유적발굴조사〉(《八堂·昭陽댐水沒地區 遺蹟發掘綜合報告書》, 文化財管理局, 1974).

13) 韓炳三, 《矢島貝塚》(국립박물관 고적조사보고 8, 국립중앙박물관, 1970).

14) 笠原烏丸, 〈櫛目文土器を發見せる北朝鮮淸湖里遺蹟に就いて〉(《人類學雜誌》 51-5, 日本人類學會, 1936).

15) 尹武炳·韓永熙·鄭俊基, 《休岩里》(국립박물관 고적조사보고 22, 1990).

겠다. 그러나 한강유역에서는 즐문토기에서 곧바로 무문토기로 이행한 것으로 보여져, 이 과정 역시 지역적인 특색을 보여준다고 생각된다.

북한에서는 기원전 2000년기 초반에 들어서면서 요동지방에서 여러 가지 사회적인 변화가 일어나서 부계씨족제도가 확립되었다고 보았다. 그 증거로 이 시기의 매장법이 집합식 장법에서 독립식 장법으로 전환되었으며 주거지를 이루는 단위가 소가족으로 재편되었다는 것을 들고 있다.[16] 적석총을 사용한 집단에 의해 시작된 이러한 변화는 지석묘가 지배적인 묘제가 되는 기원전 12세기에 이전의 공동체적인 기구가 해체되고 '소국'의 단계로 나아갔다고 보았으며, 이후에 비파형동검과 미송리형토기가 쓰이는 기원전 11~10세기 정도에는 국가가 형성되었다고 보았다.[17] 또한 북한은 고조선에 들어서면서 노예제사회로 발전하였다고 보는데, 기원전 1000년기 전반기에 국가의 발생과 함께 노예소유자 사회가 등장한다는 것이다.[18] 이러한 증거로 崗上무덤을 들고 있는데, 여기에서 나타난 순장의 증거를 통해 당시의 노예소유자들이 피지배계급인 노예들을 지배하기 위해 강력한 권력기구인 국가를 성립시켰다고 주장하였다.[19] 근래에 쏟아지는 요동지역의 발굴성과를 통해서 요하유역에 신석기시대 말기부터 급속한 사회발전이 이루어졌으며, 이러한 지속적인 발전이 고조선의 성립과정에 중요한 역할을 하였다고 보는 견해도 있다.[20] 고조선이 청동기문화를 기반으로 형성되었으리라는 것은 학자간에 별 이견이 없다. 그러나 어떠한 방식으로 어떠한 문화를 기반으로 했는지에

---

16) 황기덕, 〈우리나라 청동기시대의 사회관계에 대하여〉(《조선고고연구》 1987-2 및 1987-4, 사회과학원 고고학연구소).

17) 박진욱, 〈고조선의 성립에 대하여〉(《조선 고대 및 중세 초기사 연구》, 과학백과사전종합출판사, 1992).
1970년대까지는 비파형동검의 편년을 소급해 보아 고조선 이전의 '소국'의 주민에 의해서 사용되기 시작한 것으로 보았으나(박진욱 외, 《비파형동검문화에 관한 연구》, 과학백과사전종합출판사, 1987), 근래에는 '소국'단계를 석관묘 이전의 지석묘로 보고 비파형동검의 초기형태부터 고조선으로 진입했다고 본다.

18) 사회과학원 력사연구소, 《조선전사》 2 : 고대편(과학백과사전출판사, 1979).

19) 권오영은 이러한 북한의 견해에 대해서 근거가 빈약하다고 보고 崗上墓와 樓上墓는 순장의 증거라기보다 계층화된 사회의 증거라고 보았다(권오영, 〈강상묘와 고조선사회〉, 《考古歷史學志》 9, 東亞大, 1993).

20) 한창균, 〈고조선의 성립배경과 발전단계 시론〉(《國史館論叢》 33, 國史編纂委員會, 1992).

대해서는 아직 이견이 많다. 이러한 사실은 무엇보다도 고조선의 강역과 그 중심지의 문화가 밝혀지지 않았기 때문이다. 남한에서는 지석묘사회의 경우 족장사회라고 여러 차례 주장된 바 있다.[21]

청동기시대에 대한 가장 일반적인 편년은 청동기를 중심으로 하는 것이다. 그 편년은 기본적으로 비파형동검의 출토시기를 전기로, 세형동검의 출토시기를 후기로 보는 것이다. 동검에 대한 최초의 견해로, 일제시대에 발견된 비파형동검이 일본출토 廣形銅矛와 비슷하다는 점을 들어 세형동검의 퇴화한 형태로 간주한 것이 있다.[22] 그러나 1960년에 十二台營子墓가 발굴되면서 이러한 인식은 바뀌어 비파형동검의 연대를 기원전 6~5세기 정도로 편년하기에 이르렀다.[23] 그러다 다시 우리 나라의 청동기문화는 2차에 걸쳐 유입되었는 바, 1차는 시베리아지역의 북방계 청동기문화이며, 2차는 철기와 같이 들어오는 중국계 청동기문화로 보기에 이르렀다. 그러나 여전히 청동기시대의 존재를 북방지역에서만 일부 존재한 것으로 보았다.[24] 하지만 이후 그 의견을 일부 수정하여 타가르-오르도스와의 연계성을 주장하며 기원전 700년경을 상한으로 잡았다가 다시 기원전 10세기설을 주장하되, 이것은 만주지역을 포함한 것으로서 실제로 한반도 내에서는 기원전 7세기 정도가 확실할 것으로 보았으며, 기원전 300~1년 사이의 청동 2기를 철기시대로 분리시키기에 이르렀다.[25]

한편 이와 달리 우리 나라 청동기문화는 시베리아의 카라수크문화에서 전파되었으며, 그 시기는 기원전 10세기 이전(구체적으로 기자의 동래와 관련하여 기원전 13세기로 봄)임을 주장하면서 문화의 주체를 예맥으로 상정한 견해도 제기되었다.[26] 여기서 기원전 13세기는 요동지방에 한정된 연대이며 청동기

---

21) 최몽룡, 〈전남 지방 지석묘사회의 계급과 발생〉(《韓國史硏究》 35, 1981).
———, 《A Study of the Yŏngsan River Valley Culture》(동성사, 1984).
崔夢龍·崔盛洛 編著, 《韓國古代國家形成論》(서울大 出版部, 1997).

22) 梅原末治·藤田亮策, 《朝鮮古文化綜鑑》(1)(奈良 ; 養德社, 1947).

23) 金元龍, 〈十二台營子의 靑銅短劍墓-韓國 靑銅器文化의 起源問題-〉(《歷史學報》 16, 1961).

24) 金元龍, 〈한국문화의 고고학적 연구〉(《韓國文化史大系》 I, 高麗大 民族文化硏究所, 1966).

25) 金元龍, 《韓國考古學槪說》(一志社, 1973), 68쪽.

문화가 반도에 본격적으로 파급된 시기는 기원전 10세기, 즉 예맥 2기의 문화로 보았다. 이는 유물의 분석보다는 주변문화의 전파를 상정함에 따른 연구결과였다.

이외에도 청동기가 본격적으로 사용된 시기(구체적으로 비파형동검이 유입되는 시기)를 청동기시대로 보아서 비파형동검은 기원전 4세기 정도로 보고, 세형동검은 1기가 기원전 4세기 말～기원전 2세기 초, 2기가 기원전 2세기 후반～기원전 1세기 말, 그리고 3기는 제2식 세형동검(절대가 검의 하반부까지 내려오는 식)이 사용된 시기로 기원전 1세기 후반에서 기원후 1세기 말경까지로 보는 견해도 있다. 이러한 주장은 무문토기를 청동기시대로 곧바로 인식하는 것에 대한 문제점을 제기하고 무문토기가 신석기시대에 속한다는 생각에 따른 것으로 보인다.[27] 또한 송국리 석관묘에서 발견된 비파형동검이 요서지방 남산근유적의 것과 같은 형식인데 그 연대가 기원전 9세기인 점을 들어서 우리 나라 청동기시대의 연대를 기원전 9세기 이상으로 소급한 경우,[28] 동검을 4식으로 분리하고 그 연대를 기원전 1000년기 초기에서 기원전 1세기로 추정한 경우도 있다.[29]

뿐만 아니라 일반적으로 우리 나라 청동기문화를 북쪽에서 유입되었다고 보는 것과는 달리 중국의 화중지방에서 건너왔다고 보고, 다뉴세문경의 편년안과 중국식동검이 한반도에서 발견된 것을 근거로 하여 우리 나라 청동기문화의 유입 시기를 기원전 6세기라고 보기도 한다.[30] 이와 달리 기존에 주장되어 오던 시베리아 유입설을 반대하고 발해연안이 우리 나라 청동기문화의 기원이라고 보고 요동지방의 청동기시대를 기원전 1500년경으로 본 견해도 있다.[31]

---

26) 金貞培, 〈韓國 靑銅器文化의 史的考察〉(《韓國史硏究》 6, 1971).
27) 尹武炳, 〈韓國 靑銅遺物의 硏究〉(《白山學報》 12, 1972).
———, 〈無文土器 型式分類 試攷〉(《震檀學報》 39, 1975).
28) 金永培·安承周, 〈扶餘 松菊里 遼寧式銅劍出土 石棺墓〉(《百濟文化》 7·8, 公州師大, 1975).
29) 金廷鶴, 〈韓國 靑銅器文化의 編年〉(《韓國考古學報》 5, 韓國考古學硏究會, 1978).
30) 全榮來, 〈韓國 靑銅器文化의 系譜와 編年〉(《全北遺蹟調査報告》 7, 全州市立博物館, 1977).
———, 〈韓國 靑銅器文化의 年代上限問題〉(《全北遺蹟調査報告》 8, 1978).
31) 李亨求, 〈渤海沿岸 石墓文化의 源流〉(《韓國學報》 50, 一志社, 1988), 314쪽.

남한의 연구성과와 관련하여 일본의 견해도 살펴볼 필요가 있다. 일본 학계에서는 요령성 대련에 위치한 누상묘에서 명도전이 출토된 점을 들어서 비파형동검의 사용 상한을 기원전 5~4세기로, 하한을 기원전 3세기로 보거나,[32] 동검문화를 5기로 분리하고 그 1기를 춘추시대 중기(기원전 6세기)로 보고 전한대인 4기에 철기가 출현하였다고 보기도 한다.[33] 이외에도 무문토기는 청동기 시대라는 설에 반대하고 순수 청동기 시대의 연대를 기원전 8~7세기로 보기도 하는데,[34] 이처럼 일본학자들의 견해는 대체로 연대가 떨어지는 경향이 있다. 그것은 해방 전부터 고수해 왔던 그들의 청동기에 대한 인식에서 기인한다고 볼 수 있다. 일본의 경우 야요이시대의 청동기 추정연대가 기원전 4~3세기를 넘어가지 못하며, 상대편년에 전적으로 의존하는 방법을 사용하여서 한반도의 청동기연대도 기원전 5세기 정도 이상으로 보기가 어려운 것이다.[35]

토기의 편년은 대체로 지역적인 편년에 치중하였을 뿐 우리 나라 청동기시대 토기의 전반적인 편년은 거의 이루어지지 않았다. 그 이유는 각 지역간에 토기 형태상의 차이가 크며 상호 비교할 만한 유물 내지는 확실한 체계가 없다는 점을 들 수 있다. 한 예로 혹자는 각형토기를 4기로 나누고 기원전 10~9세기에서 기원전 4~3세기로 편년하지만,[36] 이와 달리 남한지역의 무문토기문화가 공렬토기로 대표된다고 보고 그 연대를 기원전 10세기(조기)에서 기원 후 1세기까지(후기)로 보는 견해도 있다.[37]

그런데 최근 이러한 무문토기시대 초기에 청동기가 공반되지 않는 사실을 부각시키면서 새로운 시대구분안이 제시되기도 하였다.[38] 여기서는 기존의

---

32) 秋山進午, 〈中國東北地方の初期金屬文化の樣相〉(上・中・下)(《考古學雜誌》 53-4・54-1・54-4, 東京 ; 考古學會, 1968~1969).

33) 岡內三眞, 〈朝鮮における銅劍の始原と終焉〉(《小林行雄博士古稀記念論文集》, 平凡社, 1982).

34) 西谷正, 〈朝鮮考古學の時代區分について〉(《小林行雄博士古稀記念論文集》).

35) 이청규, 〈遼寧地方 청동기 연구의 몇가지 문제〉(《博物館紀要》 7, 檀國大, 1991), 51쪽.

36) 韓永熙, 〈角形土器考〉(《韓國考古學報》 14・15, 1983).

37) 李淸圭, 〈南韓地方 無文土器文化의 展開와 孔列土器文化의 位置〉(《韓國上古史學報》 1, 韓國上古史學會, 1987).

38) 盧爀眞, 〈時代區分에 관한 一見解〉(《三佛金元龍敎授停年退任記念論叢》 I, 一志

청동기시대를 두 시기로 나누어 첫번째는 '無文農耕－遼寧靑銅文化期'로 설정하여 한반도의 무문토기 定着農耕文化와 요령지방의 半農半牧 청동문화와의 共存接變期로 약 기원전 1500~600년으로 잡았다. 두번째는 '韓國式農耕靑銅文化期'로서 위의 이질적인 두 문화가 한반도에서 서로 융합되어 한반도 최초의 계급적 복합사회가 출현한 시기이며 대략 기원전 600~300년의 시기로 보았다. 이 견해는 기본적으로 무문토기와 청동기라는 요소가 서로 이질적인 문화배경을 갖고 있다고 본 것이다. 이 밖에 ^{14}C 연대에 신뢰성을 부여하여, 우리 나라 청동기시대가 기원전 1300년 정도로 올라갈 수 있음을 주장한 견해도 있다.[39)]

한편 북한의 청동기시대에 대한 인식의 변천과정은 크게 3가지 단계를 거친다고 보여진다. 첫번째 시기는 '조선 금속문화의 기원에 관한 토론회'를 중심으로 금석병용기설에 대한 비판적인 태도를 정립하는 시기이다. 처음의 이러한 주장은 구체적인 증거가 없는 상태에서 이론적인 측면을 강조하여 시대를 설정한, 다분히 관념적인 것이다.[40)]

두번째 시기는 청동기시대의 설정이 구체화되는 시기이다. 지탑리에서 즐문토기와 무문토기가 층위를 이루면서 퇴적된 채로 발견되자 무문토기문화층의 각형토기가 고인돌에서 출토되는 토기와 같은 종류라는 사실에 근거하여 각형토기와 거석문화를 우리 나라 청동기시대를 대표하는 표지적인 문화로 간주하게 되었다. 또한 이 유적에서 출토된 유물들을 전파론적 관점에서 동남아시아, 중국 장성지대, 남부시베리아 등지의 유물들과 비교하여 편년을 시도하였다.[41)] 여기에서 더 나아가 서북지방 각형토기를 중심으로 하는 우리 나라 청동기문화의 상한을 기원전 2000년기 말까지로 소급하는

社, 1987).

──, 〈韓國 先史文化 形成過程의 時代區分〉(《韓國上古史學報》 15, 1994).

39) 崔盛洛, 〈放射性炭素測定年代 問題의 檢討〉(《韓國考古學報》 13, 1982).

40) 대표적인 견해로 이여성은 《조선미술사개요》(1954)에서 신석기시대는 기원전 10세기, 청동기시대는 기원전 5세기라고 주장했으나 그 구체적인 증거는 제시하지 않았다. 이외에도 청동기시대를 삼국시대로 보거나, 적어도 서북지방에는 청동기시대가 있었을 가능성이 있다는 주장도 있다.

41) 도유호, 〈조선 거석 문화 연구〉(《문화유산》 1959－2, 사회과학원 고고학 및 민속학연구소).

견해도 있다.[42] 그런데 이 때까지의 연구는 주로 개개의 유물을 대상으로 편년한 것이다.[43]

세번째 시기는 대상지역이 한반도 서북지방에서 요동지방과 두만강유역으로 확대되면서 편년이 더욱 올라가게 되는 단계이다. 1965년 한·중 공동 고고학 발굴대에 의한 중국 동북지역 발굴을 통해 청동기시대는 기원전 2000년기 전반기에 시작되어서 비파형동검기인 기원전 1000년기 전반기까지 이어진다고 보았다.[44] 청동기 자체의 출토보다는 전체 문화상에서 보이는 변화를 사회적인 변천으로 간주하고 이러한 변화가 기원전 2000년기에 시작되었다고 보는 것이다. 이 이후로 연대나 지역적인 편년은 커다란 변동을 보이고 있지 않으며, 지역에 따라 상대연대를 중심으로 편년을 하고 있다.

다음으로 북한의 각 지역에 대한 편년을 살펴보자.[45] 기원전 2000년기 전반기의 문화에 대해서는 신석기시대 전통의 연속인 새김무늬·홍도·신석기시대의 마제석기가 존속한다는 점 등으로 보아 아직은 완전하게 청동기시대로 바뀌지 않았다고 보았다. 기원전 2000년기 후반기 및 1000년기 전반기가 되면 비로소 신석기의 잔재가 완전히 없어지며 청동기가 출토되는 사례가 증가한다.

요동반도 지역에서는 기원전 2000년기 전반기의 주거유적으로 쌍타자 2문화층이 있으며, 채색무늬나 새김무늬가 사라지고 무문토기와 흑도가 나오는 경향이 강해진다. 무덤유적으로는 장군산(요동반도 남쪽 노철산 북쪽에 위치)의 돌무지무덤과 단타자의 움무덤을 들었는데, 모두 쌍타자 2문화층과 관련이 있는 것으로 여겨진다. 기원전 1000년기 후반기의 문화로는 쌍타자 3문화층·양두와·대대산 적석묘 등이 있다.

---

42) 김용간·황기덕, 〈기원전 천년기전반의 고조선 문화〉(《고고민속》 1967-2, 사회과학원출판사).

43) 장호수, 〈북한고고학의 시기구분론〉(《白山學報》 40, 1992).

44) 김용간·황기덕, 〈우리나라의 청동기시대〉(《고고민속》 1967-4).

45) 이하의 편년은 사회과학원 고고학연구소, 〈청동기시대〉(《조선고고학개요》, 과학백과사전출판사, 1977) 및 황기덕, 《조선의 청동기시대》(사회과학출판사, 1984)를 주로 참조하였다.

두만강유역은 서포항·오동·범의구석(호곡동) 등의 문화유적을 중심으로 편년된다. 서포항 청동기 1기층→오동 청동기 1기층(기원전 2000년기 전반기)→범의구석 2기→초도유적 홍도 출토층(기원전 2000년기 후반기)→오동유적 2·3기층(기원전 2000년기 말~기원전 1000년기 전반기 초)→범의구석 4기층(기원전 1000년기 전반기 초)의 순으로 발전되었다고 본다.

대동강유역의 문화는 팽이형토기문화로 대표될 수 있는데, 주거유적인 금탄리유적 제3문화층의 집자리의 평면윤곽은 장방형이며 집 내부에 특별한 화덕자리가 보이지 않는 것이 특징이다. 또한 석기에서는 도끼·대패날·끌 등의 공구류와 반월형석도가 보인다. 신흥동유적 역시 금탄리와 비슷한 특징의 주거 유물로는 청동단추·돌돈·곤봉 등의 석기가 있다. 이 밖에 100여 개의 대규모 주거지군이 발견된 석탄리도 있다. 이상의 유적에서 보이는 대동강유역의 팽이형토기 주거지의 특징은 화덕을 집 외부에 설치하고 기둥은 지상에 설치하고 가는 기둥을 벽에 세워서 벽의 골조를 겸하게 하며 지붕은 용마루를 걸고 경사를 이룬 반 움집의 형태를 갖고 있다.

이 시기의 묘제로는 고인돌과 석관묘를 들 수 있다. 북한에서는 고인돌을 침촌형(종래의 변형 고인돌)과 오덕형(전형 고인돌)으로 나누었는데, 침촌형(황해북도 황주군 침촌리) 고인돌의 경우 1유형은 뚜껑돌과 돌관이 결합된 양식이며, 2유형은 돌곽은 두꺼운 판석으로, 좌우의 열린 쪽은 얇은 판석으로 되어 있다고 본다. 그리고 그 유물상은 팽이그릇을 비롯하여 기원전 2000년기 후반기에 이 지역 주거지에서 출토된 유물들과 흡사하다. 오덕형(황해북도 연탄군 오덕리) 고인돌의 경우 첫째 유형은 높이가 낮고(50~60cm) 무덤구역 시설이 잔존해 있으며, 둘째 유형은 무덤구역 시설이 전혀 없고, 돌곽의 규모가 커진 형태라고 본다. 북한에서는 이상의 유형들이 시차를 반영한다고 보고, 청동기시대의 사회관계가 발전해가면서 집단적인 묘역에서 독립적인 장제로 발전해갔다는 주장을 펴기도 한다.[46]

46) 황기덕, 〈무덤을 통하여 본 우리 나라 청동기 시대의 사회 관계〉(《고고민속》 1965－4).

〈표 1〉 대동강유역 청동기시대의 편년

기원전 2000년기 전반기		기원전 1000년기 후반기	
금탄리 제3문화층 와산동유적	석탄리유적 제1기	석탄리유적 제2기	석탄리유적 제3기
신흥동유적 침촌리유적	고연리유적 제1문화층 주암리유적		입석리유적 원암리유적 강로리유적

압록강 중상류 지역의 경우 공귀리 하층→공귀리 상층→심귀리의 순으로 발전했다고 본다.

한편 압록강 중상류에서 북으로 멀지않은 송화강유역의 경우에는 서단산자 유형과 망해둔 유형이 있다. 서단산자의 경우 미송리형의 변형 또는 조형으로 보이는 토기가 부장되었으며 묘제로는 석관묘가 대표적이다. 망해둔은 즐문토기·승석문·홍도·무문토기 등 다양한 토기군이 복합된 것으로 보아 다양한 문화층이 존재한 것으로 생각되며 기원전 2000년기가 상한으로 여겨진다.

함경남도에서는 홍도·흑요석 석촉 등이 나오는 강상리 유형(2000년기 후반기)과 흑도·비파형동모·도끼·방울·거푸집 등 청동기의 사용 증거가 비교적 명확한 금야유형(기원전 1000년기 전반기) 등이 있다.

이상의 남·북한 청동기시대에 관한 견해를 정리하면 대체로 한반도에서는 기원전 10세기 무렵에 청동기시대라고 부를 수 있는 사회적인 변화가 시작되었다고 할 수 있다. 학자간의 연대차가 큰 이유로 다음의 요인들을 들 수 있다.

첫째로 위에서 서술한 시대구분 문제와 관련이 있는 것으로, 어떤 학자는 청동기만으로, 또 어떤 경우에는 토기만으로 하나의 유물을 중심으로 편년을 할 뿐 두 가지 이상의 문화 요소를 종합적으로 고찰하지 않았다는 것을 들 수 있다. 이 문제와 관련하여서 비파형동검=청동기 시대의 상한으로 보는 견해도 생각해 볼 수 있다. 일반적으로 남한의 편년에서는 비파형동검=청동기의 출현으로 간주한다. 그러나 금탄리의 팽이토기 주거지에서 발견된 청동칼이나 신암리에서 발견된 청동촉·청동단추 등 많지는 않지만 동검이 아닌 소형 청동기가 발견되는 유적이 있다. 실제로 비파형동검은 매우 발달된 청동기로 청동기시대 시작부터 이렇게 갑자기 발달된 청동기술을 사용한 도구가 출현했다고는 보기 어렵다는 견해가 있다.[47] 이러한 소형 청동기가 나오는 유적을 하나의 시기로 설정하는가에 따라서 연대 차이가 많이 날 것이다.

둘째로 유용한 절대연대가 많지 않다는 점을 들 수 있다. 우리 나라 청동기시대에 대한 탄소연대측정치는 그리 많지 않으며 또 그 연대에 완전한 상대편년이 뒷받침되지 않는 경우도 있다. 따라서 고고학계에서 전적으로 이들을 신뢰하기는 어렵다. 방사선탄소연대와 같은 과학적 이용 방법 이외에 銘文이 있는 중국자료도 있으나 이것은 그 유적의 상한연대만을 말한다는 한계 이외에 후세에 교란될 수도 있다는 점에서 신중할 필요가 있다.[48]

셋째로 극단적인 전파론적인 시각을 들 수 있다. 지금까지 우리 나라 청동기문화는 주위의 특정지역에서 왔다는 가정에서 그 문화를 우리 나라 청동기문화의 상한연대로 잡고 그 지역과 멀고 가까움에 따라서 임의적으로 시기를 분기한 경우가 많다. 이럴 경우 어느 지역을 기원지로 잡느냐에 따라 학자간에 연대가 달라지며 그 지역과 우리 나라의 지리적인 거리에 대한 인식에 따라 분기가 달라지는 경우가 있다. 기원형식이 무엇인가도 중요하겠지만 더욱 중요한 것은 외래형식이 우리 나라의 형식으로 자리잡아 가는 과정, 바꾸어 말하면 교역 혹은 운반 등으로 유입된 것이 어떻게 각 지방의 실정에 맞게 사용되는지에 대한 이해가 필요한 것이다.[49] 또한 그러한 청동기 시대의 사용이 그 사회에 어떠한 변화를 일으켰으며 그 결과가 고고학적 유적에 어떻게 반영되었는지도 밝혀져야 할 것이다.

---

47) 비파형동검 이전의 청동기 시기를 설정한 대표적 예로 박순발의 견해를 들 수 있다. 그는 요동지방과 한반도 일대에 '선동검기'라는 단계를 설정하고 조그만 청동기가 나오거나 청동기가 나오지 않는 무문토기시대를 청동기시대에 포함하였다(박순발, 〈한강유역의 청동기·초기철기문화〉, 《한강유역사》, 民音社, 1993).

48) 실제로 秋山進午가 비파형동검의 연대 추정에 중요한 절대연대의 근거로 제시한 明刀錢의 출토에 대해 북한학자들이나 이형구는 후세에 혼입된 것이라고 반박한 바 있다.(李亨求, 〈旅順後牧城驛樓上 第3號墓出土渤海沿岸式 靑銅短劍 年代檢證〉, 《韓國上古史學報》 10, 1992).

49) 이청규, 앞의 글(1991).

넷째로 우리 나라 청동기문화의 지역적인 범위, 즉 한반도에 국한시킬 것인지, 아니면 요동 및 길림지역을 포함시킬 것인지에 대한 문제이다. 요서지방의 하가점 하층문화의 경우 청동기 출현 연대가 기원전 24세기 정도로 올라가서 중국에서도 가장 초기의 청동기시대에 속한다. 또한 요동지방의 비파형동검문화는 학자에 따라 기원전 13세기까지도 올려보며 청동기의 출현은 기원전 16~15세기로 보기도 한다. 이들 지역을 우리 나라의 영역에 포함시킬 것인가 아닌가에 따라 많은 견해 차이가 있게 된다.

이상의 네 가지 견해차의 극복이 앞으로 우리 나라 청동기시대의 연구과제가 되겠다.

〈崔夢龍〉

2) 인골 및 편년

고고학 연구에 있어서 인골자료는 그 성별, 나이, 영양 및 질병 상태 등을 추론할 수 있고 나아가서 당시의 사회성격을 아는 데 많은 도움을 준다. 즉 주로 매장유적에서 출토되는 인골자료는, 자연과학적인 분석을 통해서 당시 인들의 영양상태와 식량공급에 관한 증거들을 찾아낼 수 있을 뿐만 아니라 나아가 사회제도의 성격을 추론하는 데에도 중요한 자료가 된다.

그러나 우리 나라는 토양이 산성이기 때문에 인골이 유적에 잔존해 있는 경우가 그리 많지 않으며, 게다가 인골을 연구하는 形質人類學(Physical Anthropology)의 연구성과 마저 그리 많지 않다. 기존의 연구는 대부분 뼈의 계측치 소개와 주변지역 인골의 평균치와의 대입 등 기초적인 수준에 머물러 있다. 그나마도 자료의 축적이 되어 있지 않아 문화의 연구에서 그다지 큰 비중을 차지하고 있지 못하다. 그런데 1980년대 이후에는 인골에 대한 단순한 계측치의 보고에 그치지 않고 다양한 방법으로 인골의 분석과 해석을 하는 경향이 늘고 있다.[1)]

---

1) 이에 대한 자세한 연구 동향에 대하여는 崔夢龍, 〈韓國考古學에 있어서 自然科學的 硏究〉(《韓國上古史學報》 13, 韓國上古史學會, 1993), 7~92쪽 참조.

청동기시대의 인골 역시 그 출토 사례는 그리 많지 않다. 함북지방의 3지역, 그리고 남한에서는 충북 제원 황석리와 춘천 중도[2]의 예가 유일하다. 각 유적별 인골출토 상황을 정리하면 다음의 〈표 1〉과 같다.

〈표 1〉 우리 나라 청동기시대 인골 출토 일람표

유 적	유 구	성별·나이 및 출토상황
서포항	패 총	성인남자 3개체분, 두개골은 초단두형 신장은 151.3~163.4cm
범의구석	주거유적	성인여자·노년남자 두개골·안면골·사지골 일부가 잔존
황석리	지석묘	남자, 동침앙와장, 174cm의 장신 두개는 장두형
중 도	지석묘	여성 유아(4~7, 8세) 화장 흔적, 앙와굴절장
송평동	패 총	동서방향으로 신전앙와장 4기중 3기는 단장, 1기는 합장됨
초 도	패 총	14개체분 발견(유아뼈 1개체 포함) 반굴신장으로 매장

위의 〈표 1〉에 보이듯이 서포항유적에서는 완형에 가까운 두개골 2점과 함께 300여 점의 인골편이 출토되었다. 그 신장은 보통 크기인 151.3~163.4cm로 추정된다. 두개골의 형태는 머리 길이가 상당히 짧은 초단두형이며 머리의 높이로 보면 고두(높은 머리)에 속한다.[3]

무산 범의구석의 경우 그 출토지가 매장유적이 아니라 주거지 내부였다. 이처럼 우리 나라에서 주거지 안에서 인골이 출토된 것은 범의구석이 유일한 경우이다. 주거지 내의 출토 인골은 2호 집자리에서 나온 것으로 그 정형으로 보아서 정상적인 매장으로 보기는 어려운 상태이다.[4] 범의구석의 인골

2) 중도의 경우, 탄소연대를 참조한다면 철기시대 전기라고 보는 편이 타당하나 지석묘라는 묘제가 주로 청동기시대에 사용되었으므로 여기서는 청동기시대의 인골로 포함시킨다.

3) 백기하, 〈웅기 서포항 원시유적에서 나온 인골〉(《고고민속》 1966-2).

4) 황기덕, 〈무산읍 범의구석 원시유적 발굴 중간 보고〉(《문화유산》 1960-1), 56쪽.

은 성인여자와 노인남자인데 이들의 특징은 중국·일본과는 다른 한국인 고유의 특징을 가지고 있다.[5)]

나진 초도유적에서 발견된 인골 가운데 제1호 인골은 60~70세의 여성으로 신장은 155cm인데, 심한 근육운동의 흔적이 보인다. 제10호 인골은 160cm 정도의 성인남성으로 보인다. 그 골격을 볼 때 오늘날의 한국인과 큰 차이가 없다.[6)]

일제시대에 발굴된 송평동의 인골에 대하여 당시에는 석기시대로 비정하였으나,[7)] 북한에서 이를 오동유형의 청동기문화로 보고 있다. 이 인골들은 머리를 북동쪽에, 다리는 서남쪽에 두었으며, 伸展葬의 형태를 취하고 있다. 같이 발굴된 유물로는 彩文土器·石斧·石鏃·管玉·骨針·貝輪 등이 있다. 그런데 이 유적의 인골 4구는 각기 신장에서 큰 차이가 있었다. 그 때문에 이 유적의 주인공은 고아시아족과 알타이족이 혼재한 혼혈인종으로 보기도 한다. 그러나 이러한 분석에 대해 북한에서는 우리 민족의 단혈성 기원을 부정하고 혼혈집단이라고 규정하는 것이라고 하여 강력하게 비판하고 있다.[8)] 신장의 차이는 같은 인종간에서도 사람에 따라 심하기 때문에 신장만으로 인종의 귀속여부를 판단하는 것은 곤란하다.

남한의 충북 제원군 황석리의 고인돌에서 나온 인골은 우리 나라 인골의 일반적 특징인 단두가 아니라, 초장두형으로 밝혀져 흥미를 끌고 있다.[9)] 초장두형 두개골은 서양인계통의 특징이지만, 유골이 땅의 압력, 지석의 무게 등 여러 변수에 의해서 매장 후 변형이 되었을 가능성도 배제할 수 없다. 그런데 근래에 발견된 북한의 인골자료 가운데 만달인과 승리산인(승리산인은 후기 구석기시대, 만달인은 중석기시대의 것으로 보고 있다)이 장두형의 특징을 보여주고 있

---

5) 백기하, 〈무산 범의구석 원시유적에서 나온 인골에 대하여〉(《고고민속》 1965-3).
6) 최명학, 〈라진초도 원시유적출토 인골감정보고〉(《라진초도원시유적발굴보고》, 유적발굴보고 1, 사회과학원출판사, 1956).
7) 今村豊, 〈朝鮮咸境北道雄基附近て發掘された石器時代人骨に關て〉(《人類學雜誌》 17, 1932). 일제시대에는 청동기시대라는 시기를 설정하지 않은 채 석기시대로 통칭되었다.
8) 장우진, 〈송평동 유적 주민들을 통하여 본 우리나라 원시시대의 족속문제〉(《조선고고연구》 1986-4, 사회과학원 고고학연구소).
9) 羅世振·張信堯, 〈黃石里 제13號 支石墓에서 출토한 古墳骨의 一例〉(《韓國支石墓硏究》, 國立中央博物館, 1967).

다.10) 이것은 우리 나라에서도 어느 정도 장두형머리가 존재했음을 말해주는 것이다. 그러나 이제까지 우리 나라 사람들의 두개골의 가장 큰 특징으로 알려진 단두형의 머리 외에도 장두형의 형태가 어느 정도 존재했는 지의 문제는 더 많은 자료가 확보된 뒤에야 본격적으로 논의할 수 있을 것으로 보여진다.

1983년에 발굴된 춘천 중도의 1호 지석묘에서도 인골이 출토되었다. 이 춘천 중도 인골11)의 출토상황을 보면 동·서 길이 77cm, 너비 50cm, 깊이 20cm의 구덩이를 파고 시체를 그 자리에 놓고 화장한 다음 다시 그 위에 깊이와 너비 각각 90cm, 두께 9~20cm의 흑운모 편마암의 덮개돌과 판돌로 이루어진 돌널을 만들어 하나의 지석묘를 이루었다. 여기에서는 인골의 부스러기와 숯덩이들만 나왔으며 그 밖의 부장품은 발견되지 않았다. 단지 석관을 둘러싼 적석에서 석촉과 무문토기가 발견되었다. 인골과 같이 발굴된 숯덩이의 절대연대를 측정한 결과 B.P.1935±90이라는 연대가 나왔기 때문에 고고학적인 추정연대보다는 약간 늦다. 발굴 당시의 숯덩이들과 뼈부스러기를 경화 처리하여 매장상태를 재현한 결과 시신은 측신굴절장의 형태를 취하고 있었으며, 그 위에 나무를 쌓아올려 화장을 한 것으로 보인다. 왜냐하면 일반적으로 화장한 인골에서 보이는 동심파상문이나 잘게 갈라터진 흔적이 이 인골에 잘 나타나 있기 때문이다. 성별은 골반에 있는 대좌골절흔(greater sciatic notch)의 폭이 넓고 깊지 않은 점에서 여자로 추정되며, 뼈가 얇고 색깔은 아직 노랗고 뼈의 굵기와 크기가 가늘고 작아서 어린아이로 추정된다. 기타 여러 뼈의 특징을 종합한다면 4세 이상에서 7~8세 정도의 어린아이로 보여진다. 이 밖에 대퇴골 안쪽에 나타난 병상의 흔적은 뼈가 녹아서 엉겨붙은 것인지 병으로 인한 것인지는 확실하지 않으나, 만약 대퇴골이 안쪽으로 자라서 생긴 흔적이라면 보행이 어려울 정도의 병을 앓았던 사람으로 보인다.

중도의 인골은 그 나이가 많아야 7~8세 정도되는 어린아이가 지석묘와 같은 묘제에 매장된 것으로, 지석묘를 만든 사회에서 지위가 세습되는 것을

10) 장우진, 《조선사람의 기원》(사회과학출판사, 1989), 95~98쪽.
11) 崔夢龍, 〈春川中島와 義城塔里 出土人骨〉(《関錫泓博士華甲記念史學論叢》, 三英社, 1985), 697~705쪽.

말해준다. 이러한 예는 전남 나주 판촌리 지석묘의 묘실구조에서도 보인다. 아울러 이 시기의 매장방식 가운데 하나가 화장이었음을 알 수 있으며, 화장한 위에 지석묘를 설치한 것도 당시의 묘제연구에 하나의 자료를 제공한다고 할 수 있다.

다음으로 우리 나라 청동기시대에 해당하는 주변지역의 인골자료와 비교해 보자. 청동기시대에 우리 나라 주위의 여러 문화를 담당한 주민들의 형질상 특징에 대한 문제로는 크게 중국 동북지역의 琵琶形銅劍文化와 吉林 西團山文化 주민들의 족속문제와 일본지역의 죠몬(繩文)-야요이(彌生)교체기에 등장하는, 한반도에서 건너간 것으로 보이는 渡來人 문제를 들 수 있다.

일본에서 도래인 문제가 본격적으로 제기된 것은 1950년대에 규슈(九州) 야마구치현(山口縣) 도이가하마(土井ヶ浜)遺蹟에서 기존의 인골들보다 신장이 훨씬 크고 두장·두폭·두장폭 지수 등에서도 기존의 죠몬시대 인골과 차이가 있는 인골들이 발견되면서부터이다. 이 인골자료를 우리 나라 남부와 연결시켜 이 시기에 한반도로부터 대량의 이주가 시작되었을 가능성이 높다고 보았다.[12] 뿐만 아니라 규슈에서 새로 발견된 니이마치(新町)유적에서는 우리 문화의 영향이 명백히 보이는 유구라고 할 수 있는 지석묘에서 죠몬시대의 전통이 보이는 인골이 발견되었는데, 우리 나라 남부지방의 예안리나 늑도에서 발견된 인골의 신장이 반드시 크지는 않았다는 사실이 밝혀지면서 새로운 문제가 제기되고 있다.[13] 한편 우리 나라 남부지방인 늑도의 철기시대 전기 유적에서도 일본 인골에서 많이 보이는 발치된 인골과 야요이 토기편이 발견되어서[14] 남부지방과 일본과의 인적·물적인 교류가 상당히 많았음을 보여준다. 이러한 현상에 대해 죠몬인과는 형질상 차이가 보이는 집단이 한반도에서 직접적으로 많이 이동해갔기 때문인지, 아니면 야요이시대에 들어서면서 한반도에서 밀려온 선진문화의 여파에 의해서 발생한 생업경제의 변화에서 비롯된 자체적인 변화인지 아직도 논란의 대상이 되고 있다.

---

12) 金關丈夫, 〈彌生時代人〉(《日本の考古學》 Ⅲ-彌生時代篇, 和島誠一 編, 東京; 河出書房新社, 1972).

13) 春成秀彌, 〈朝鮮半島における戰亂と人ヶの移動〉(《彌生時代の始まり》, 考古學叢書 11, 東京大學出版會, 1989).

14) 김진정 외, 〈삼천포시 늑도인골 출토 인골예보〉(《伽耶通信》 17, 釜山大, 1989).

한편 비파형동검이 많이 출토되어 우리와 관계 깊은 중국 동북지방에서도 몇몇 인골출토가 보고되었으므로 이를 살펴볼 필요가 있다. 인골은 비파형동검 출토 유적인 沈陽 鄭家窪子,[15] 赤峰 夏家店과 紅山後,[16] 南山根,[17] 등지에서 보고되었다. 요동에 위치한 심양 정가와자유적의 M6512호와 M659호에서 2구의 인골이 보고되었는데, 단두형에 머리 높이도 고두여서 우리 나라 두개골의 특징을 보이고 있으므로 우리와 깊은 관련이 있는 것으로 여겨진다. 한편 중국측에서는 이 지역에 山戎·東胡·貊 등 여러 민족이 섞여 있었으므로 이 인골들도 동일한 민족에 속하지는 않았을 것으로 보고 있다. 반면에 북한에서는 이들이 현대 북중국인의 특징을 일부 보이기는 하지만 고두·눈확의 크기 등의 형질적인 자료와 비파형동검·석관묘·세문경 등의 유물이 여타 요동지방 문화와 비슷하다는 점을 들어서 고대 조선족의 일부라고 보고 있어 논란이 되고 있다.

한편 吉林省 西團山遺蹟[18]에서는 2구의 인골이 보고되었는데, 그 형질적인 특징이 몽고인계의 특징을 보이는 비파형동검문화의 인골과 달리 퉁구스계에 근접하고 있어, 우리 민족과는 비교적 거리가 먼 것으로 보여진다. 북한에서는 서단산의 인골이 한국인과 많이 상이한 점은 사실이나 다른 바이칼호 부근의 퉁구스족보다는 우리와 가깝다고 본다.

그런데 이상의 연구는 각 유적에서 나온 극소수의 인골에 대한 분석에 기초한 것이기 때문에 과연 이 인골들의 수치가 각 유적에서 살아간 사람들을 대표할 만한 타당성이 있는지에 대한 의문이 제기될 수 있다. 그러나 지금까지의 자료를 종합해 본다면, 정가와자를 포함한 요동지역의 문화가 비파형동검·미송리형토기·세문경과 석관묘·토광묘 등이 보이는 古朝鮮의 문화와 가장 근접하고 있다. 그리고 정가와자의 인골이 우리 나라 두개골의 중요 특징인 단두형과 고두형의 머리를 가지고 있다는 점으로 미루어 본다면 이들이 우리 나라

---

15) 韓康信, 〈瀋陽鄭家窪子的兩具青銅時代人骨〉(《考古學報》 42, 中國科學院 考古研究所, 1975).

16) 濱田耕作 外, 《赤峰紅山後》(東亞考古學會, 1932).

17) 中國科學院考古學研究所 體質人類學組, 〈赤峰, 寧城夏家店上層文化人骨研究〉(《考古學報》 43, 1975).

18) 賈蘭坡·顔 闇, 〈西團山人骨的研究報告〉(《考古學報》 32, 1963).

사람들의 형질적인 특징과 가장 관련이 많으며, 같은 갈래의 인종으로 보아도 큰 잘못은 없을 것으로 여겨진다. 그러나 그 밖에 요서지방의 비파형동검문화와 서단산문화의 인골들도 어느 정도 형질적인 특성을 공유하고 있기 때문에[19] 성급하게 이들이 한국민족에 귀속되는지 아닌지의 여부는 판단하기 어렵다.

고고학적인 연구에 의하면 일반적으로 청동기시대에 우리 나라의 민족형성이 이루어졌다고 보고 있다. 그렇다면 이 시기의 인골에 대한 연구는 우리 나라 민족형성기의 형질적인 특성을 알려줄 수 있는 중요한 자료가 된다. 그러나 앞에서 지적한대로 현재까지 알려진 자료는 너무 적은 상태이어서 우리 나라의 민족형성에 대해 어떠한 근거를 제공해 주지는 못하고 있다. 따라서 앞으로 더 많은 자료가 발견되고 다방면의 연구가 요구된다. 또한 민족형성의 문제에만 매달리기보다는 중도인골의 분석에서 보듯이 영양상태·질병 등 당시의 사회상을 알려줄 수 있는 증거들에도 주의를 기울여야 할 것이다.

〈崔夢龍〉

3) 청동유물의 분포와 사회

(1) 각 청동유물의 형식과 그 분포

한반도와 만주지방에서 발견되는 청동기의 종류에는 무기로 단검·창·꺾창·화살촉 등이 있으며, 많지 않으나 전쟁 방어용의 방패와 투구가 확인된다. 도끼와 작은 칼 같은 공구류도 발견되나, 농기구는 별로 확인되지 않는다. 또한 儀器의 성격이 짙은 원형거울이 있는데, 이는 단검과 함께 우리 나라 청동기를 대표하는 유물이다. 그리고 巫具의 용도로서 사용되었을 각종 청동방울과 제사장의 상징물처럼 여겨지는 특이한 모양의 청동기가 있다. 이외에도 많지 않지만 청동재갈 등의 馬具가 발견되며, 장신구로서 단추용 청동기와 동물장식품 등이 있다.

19) 공통적으로 고두(높은머리)라는 특징을 공유하고 있다. 그러나 고두라는 특징 하나만으로 형질적인 동질성을 주장하는 것은 무리가 있다.

청동기 중에서 오랜 기간 여러 지역에서 제작되어 유라시아대륙 어느 지역에서나 가장 많이 출토되는 유물은 단검이다. 그런데 단검은 제작집단과 시기에 따라 그 형식적 변이가 뚜렷하기 때문에 청동유물의 지역성과 시간성을 가장 잘 반영하는 표지유물로 평가되고 있다.

한반도와 만주지역에서는 琵琶形銅劍과 細形銅劍이 제작 보급되었지만, 인접한 남부시베리아·오르도스지역에서 발견되는 북방식단검은 자루끝을 동물 모티프로 장식한 것이 특징적이다. 또한 황하 중하류를 중심으로 한 중국쪽에서 나타나는 동검은 검자루는 원주형이고, 그 끝에는 삿갓모양 장식이 달려 있는 것이 특징이다. 이들 북방식·중국식 단검이 날과 자루를 통째로 주조한 반면에, 비파형·세형단검은 별도로 주조한 別鑄型이다. 만주-한반도 출토의 비파형동검과 세형동검이 갖는, 주변지역과 뚜렷이 구분되는 이러한 특징 때문에, 이 지역에 거주하였다고 하는 濊貊族의 동검과 관계된 유물에 주목하게 되는 것이다.

〈그림 1〉 동북아시아의 동검형식

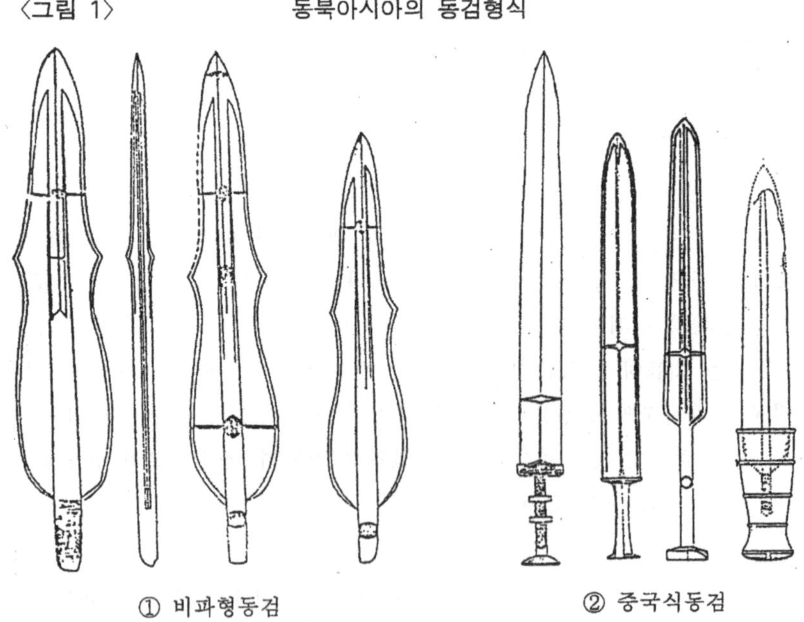

① 비파형동검 ② 중국식동검

예맥족의 지리적 범위는 대체로 서쪽으로 遼河, 북쪽으로 松花江유역 그리고 동쪽으로는 沿海州를 잇는 遼寧·吉林·黑龍江省을 포함하는 중국 동북지방과 한반도에 걸쳐 있다고 보는 데에는 대체로 의견이 일치한다. 이러한 지리적 범위에 비파형동검과 세형동검이 분포한다.

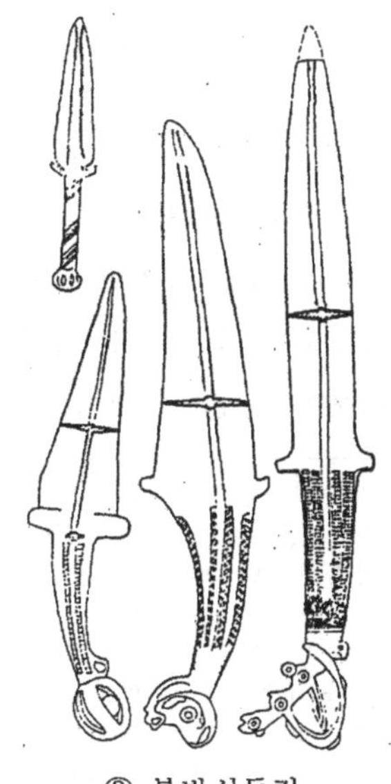

③ 북방식동검

비파형동검과 세형동검의 관계에 대해서는 대체로 후자가 전자를 계승한 형식의 단검이라고 보고 있다.1) 그 근거는 두 동검이 출토하는 지리적 범위가 상당한 부분 일치할 뿐만 아니라, 앞서 말했듯이 두 형식만이 주변지역의 다른 동검과 달리 함께 자루를 별도로 만들어 장착하게 된 데에 있다.

두 동검의 형식의 차이는 검몸의 형태에 있는데, 양자를 이어주는 중간형식이 있어 시기의 앞뒤에 따른 일정한 변이의 과정과 그 계승성이 확인될 수 있다. 또한 비파형동검과 세형동검과 각각 관계되는 무덤과 토기의 형식에서도 그 계승성이 인정되므로, 두 검의 제작 사용집단은 상당한 친연관계가 있음이 인정된다.

전형적인 비파형동검은 검몸 중간의 돌기 위치와 아래부분의 부른 정도에 따라서, 雙房式·十二臺營子式·鄭家窪子式 등으로 분류된다. 쌍방식은 길이가 짧고 돌기가 검끝에서부터 검몸 전체 길이의 3분의 1 정도 되는 곳에 있고, 검몸 하단부가 가장 부른 형식이다. 십이대영자식은 돌기가 검몸 길이의 2분의 1되는 위치에, 그리고 정가와자식은 그 이하에 있는 것으로 검몸의 폭

1) 전형적인 세형동검 혹은 한국식동검에는 비파형동검에 없는 어임부가 있어 양자간의 계승성을 인정하지 않는 견해도 있다(李健茂, 〈韓國의 青銅器文化〉, 《特別展 韓國의 青銅器文化》, 국립중앙박물관·국립광주박물관 편, 1992, 133쪽).

이 보다 좁아진 형식이다.[2)]

쌍방식은 지금까지 발견된 숫자가 10점이 채 안되는데, 요하 동쪽에서 압록강 이북에 걸치는 지역에만 분포한다. 이와는 달리 십이대영자식과 정가자와식은 요서지방에서부터 한반도 전지역에 걸쳐서 분포하고 있다. 한편 같은 십이대영자식이라 할지라도 한반도 남부지방에서 확인되는 비파형동검은 자루를 삽입하는 슴베 부분 한쪽 측면에 홈이 나 있는 것이 특징이다. 이러한 특징 때문에 남한지방에서도 비파형동검은 정식 발굴조사된 유적의 지명을

2) 비파형동검의 형식을 분류하는 방식은 세형동검의 경우와 차이가 있다. 세형동검의 경우에는 동검의 특정 部位까지의 등날 형성 여부를 큰 기준으로 하므로 명확하지만, 비파형동검은 전체길이, 검몸의 폭과 밑부분의 곡선 정도로 분류한다. 따라서 분류기준 자체가 절대적인 것이 아니어서 분류자마다 형식분류에 차이가 난다.
즉 비파형동검의 형식분류는 북한에서 1960년대에 遼寧 旅大市 崗上과 樓上 무덤의 비파형동검을 각각 전형과 변형으로 나눈 것으로부터 출발한다(사회과학원 고고학연구소, 〈기원전 천년기 전반기의 고조선의 문화〉, 《고고민속론문집》 1, 1967). 그러다가 1980년대 후반에 와서 전형에 앞서 새로운 二道河子-雙房式을 설정하여 초기형으로 하고, 앞서 崗上式의 전형을 중기형, 樓上式의 변형을 후기형으로 파악하고 있다(박진욱 외, 《비파형단검문화의 연구》, 과학백과사전종합출판사, 1987).
한편 남한에서는 비파형동검에 대한 형식분류가 각양각색으로 전개되어 왔다. 金元龍은 松菊里式과 南山根式을 ⅠA·ⅠB식, 十二臺營子式·龍興里式을 ⅡA·ⅡB식으로 구분하는가 하면(金元龍, 〈沈陽鄭家窪子 靑銅時代墓와 副葬品〉, 《東洋學》 6, 檀國大, 1976, 1~21쪽), 金廷鶴은 十二臺營子式을 전기형, 鄭家窪子式을 중기형, 그리고 亮甲山式을 후기형으로 분류하였다(金廷鶴, 〈韓國靑銅器文化의 編年〉, 《韓國考古學報》 5, 1978, 14쪽). 李榮文은 남한지방에서 최근에 출토한 동검 자료를 더하여, 전형과 변형의 2분법의 큰 틀을 두고 형식을 세분한 바 있다(李榮文, 〈韓半島出土 琵琶形銅劍 形式分類 試論〉, 《博物館紀要》 7, 檀國大, 1991).
이처럼 남북한에서 공통적으로 제기한 비파형동검 형식의 3분법에 따르면 일단 十二臺營子式과 雙房式으로 구분된다. 두 형식의 분류 기준은 전반적으로 길이의 차이와, 突起의 위치가 검끝에서 어느 길이만큼 내려와 있는가 하는 데에 있다. 북한학자나 남한의 金廷鶴은 구체적으로 돌기의 위치가 검끝에서부터 검몸의 3분의 1, 2분의 1 이하이라는 치수를 제시하여 분류기준으로 삼고 있다. 이러한 잣대에 맞추면 심양 정가와자·개천 용흥리 등의 동검은 2분의 1 이상의 것이 되며, 아울러 검몸 아래의 곡선도가 약해지므로 또 다른 제3의 형식 정가와자식이 자연스럽게 분류된다. 정가와자식은 검몸 폭도 좁아진다. 또한 이 형식의 요령지방 출토 동검에는 앞선 형식에 드문 청동제 검자루맞추개가 있다. 따라서 비파형동검은 십이대영자식·쌍방식·정가와자식의 세 가지 형식으로 분류되게 된다.

따서 따로 松菊里式이라고 부르기도 한다.

대부분의 비파형동검과 세형동검은 비교적 형식적으로 명확하게 구분될 뿐만 아니라 시간적 선후관계를 갖고 있는 것으로 인정된다. 그러나 많지 않으나 비파형에서 세형동검으로 이행하는 중간단계에 어느 쪽에도 소속시키기가 어려운 동검이 있다.

중간형의 동검은 크게 나누어 세 가지로 분류된다. 하나는 검몸의 폭이 좁아지고, 돌기나 검몸 아래의 불룩함이 없이 밋밋한 형식이다. 요령성 윤가촌과 황해도 고산리에서 출토된 동검이 대표적이며, 주로 요하유역과 한반도 서북한지방에 걸쳐서 분포한다.

다른 형식은 검몸의 폭이 전반적으로 좁아졌으되, 검몸 아래의 폭이 윗부분에 비해 갑자기 넓어진 것이다. 이 형식은 압록강 중류지방과 길림지방에 주로 분포하며 길림성 대청산과 五道嶺溝門 출토례가 대표적이다.

세번째 형식은 전형적인 세형동검처럼 등대에 날이 있고 뚜렷한 절대를 갖고 있지만, 검몸 아래의 양측이 비파형동검처럼 곡선을 그리고 있다. 경기도 상자포리와 황해도 천곡리 및 전라북도 출토로 전해지는 동검이 대표적으로 한반도에서 집중적으로 출토된다(〈그림 2〉).[3]

3) 이들 세 가지 형식을 같은 범주에 넣기에는 기준되는 속성에 차이가 많다. 따라서 북한학자들이 모두 좁은놋단검의 초기형이라는 단일 하위형식으로 보는 것은 무리가 있다(박진욱, 《조선고고학전서－고대편》, 과학백과사전종합출판사, 1988). 즉 검몸이 밋밋한 尹家村式과 검몸 아래가 불룩한 大靑山式은 같은 형식으로 볼 수가 없다. 두 형식의 차이는 비파형동검과 세형동검의 차이만큼 큰 것으로, 이것을 좁은놋단검으로 분류하고, 그 중 초기형이라고 하는 하위 형식에 같이 넣는 것은 분류상 문제가 있다.
또한 비파형의 최대 특징인 비파형 곡선이 없다는 점에서, 남한학자들이 주장하는 것처럼 尹家村式을 비파형동검의 말기형이라 하여 비파형동검 범주에 넣는 것도 문제가 있다. 윤가촌식은 폭이 좁고 밋밋한 폭 좁은 놋단검 그 자체이다. 따라서 이를 비파형동검으로 분류하는 것은 비파형동검과 세형동검의 二分論의 틀에 억지로 맞추다 보니 그렇게 된 것일 뿐이다.
이와 같이 비파형동검과 세형동검의 중간형으로 제시한 세 가지 형식 중 尹家村式·大靑山式은 중국의 林澐이 비파형동검 형식을 분류한 것 중 각각 B.C.식으로 분류한 것에 대응된다(林 澐, 〈中國東北系靑銅劍初論〉, 《考古》, 中國社會科學院, 1982－1). 또한 앞에서 보듯이 북한학자들이 초기 좁은놋단검이라고 분류한 동검에 상응한다. 이들 중국과 북한학자들이 나머지 上紫浦里式의 존재를 간과한 것은 遼寧과 서북한지방에만 관심을 두거나, 남한지방에 동단계의 동검문화의 발전을 인정하지 않기 때문인 것이다. 李淸圭는 한반도 내지 남한에도 전형

〈그림 2〉 세형동검 초기형식

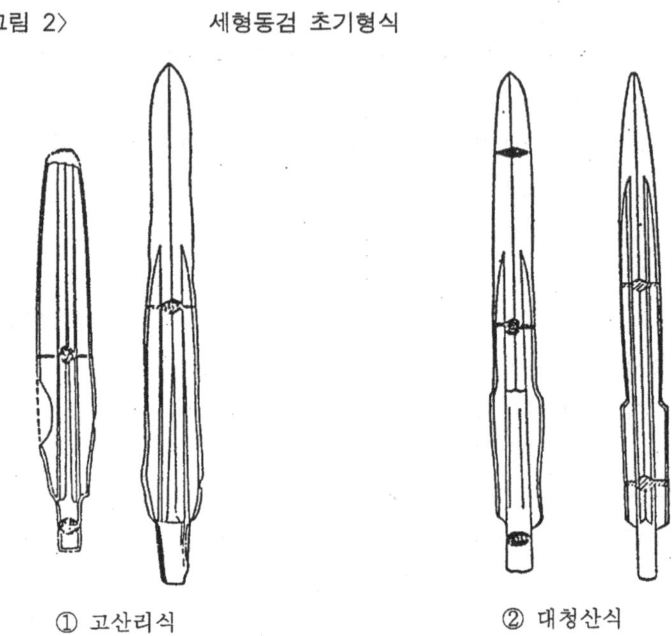

① 고산리식 ② 대청산식

이들 세 가지 형식은 결국 비파형동검에서 세형동검으로 발전하는 단계에 각 지역에서 나름대로 형성된 것으로, 앞서 보듯이 윤가촌식은 요령－서북한 지방, 대청산식은 압록강－길림, 그리고 상자포리식은 청천강 이남의 한반도에 주로 분포하는 지역성을 보이고 있다. 결국 이 가운데 상자포리식이 발전하여 검날 중간에 형성된 어임부와 등날 마디가 뚜렷한 전형적인 세형동검, 곧 한반도 출토의 한국식동검으로 되는 것이다.

만주와 한반도에서 발견되는 주요 무기로서 단검과 짝을 이루는 투겁창은 기본적으로 자루를 안으로 삽입하게 된 소켓식이다. 창몸의 형태를 보면 비파형을 이룬 것과 버들잎형을 이룬 것이 있는데, 비파형단검과 세트를 이루는 것은 주로 비파형이다.

적인 세형동검 이전의 동단계에 세형동검 초기형이 있다고 주장한 바 있으며, 上紫浦里式을 포함한 앞서의 3형식 설정은 이를 고려한 결과이다(李淸圭, 〈細形銅劍의 形式分類와 그 變遷에 대하여〉, 《韓國考古學報》 13, 1982, 1~37쪽).

최근까지 비파형투겁창은 길림·장춘 지역에서 대부분 발견되어 그 지방에 특징적인 것으로 이해되었으나, 한반도에서도 거푸집과 함께 몇 사례가 발견되었으므로, 만주-한반도 전체에 공통된 청동기라 할 수 있겠다. 버들잎형의 창은 본래 중국식으로 길림과 한반도지역에 발견된 예가 있다.

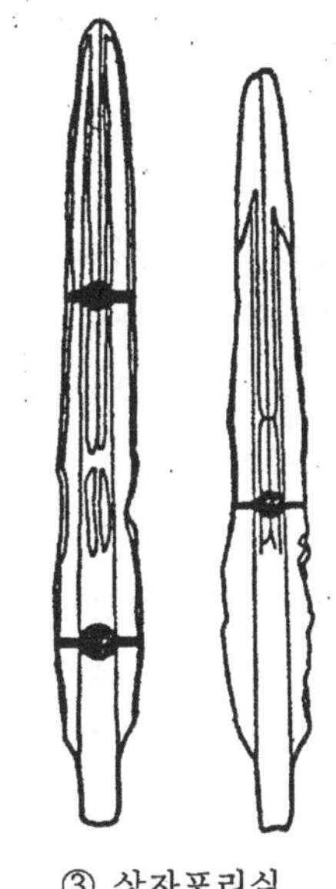

③ 상자포리식

한반도 출토 창은 길이가 짧고, 자루끝에 구멍이 있는 형식과 길고 고리가 달린 형식으로 크게 나누어 볼 수 있는데, 후자는 한반도 동남부지방에 집중적으로 출토된다. 그리고 후대로 가면 다음에 볼 한국식꺾창과 마찬가지로 더욱 길어지고, 창몸의 폭이 넓어지는 형식으로 변한다. 그러한 폭이 넓고 길어진 창은 낙동강유역과 일본 규슈(九州)지방에서 나타난다.

자루에 검신이 직각으로 달리는 꺾창은 크게 두 가지 형식이 한반도-만주에서 발견된다. 하나는 중국식으로서 內·援·胡의 세 가닥으로 된 것이 특징이며 중국 요서지방에서부터 한반도 서북부지방에서 발견된다. 그 중 보다 이른 형식의 꺾창은 요서지방에서 발견된다. 청천강 이남의 한반도와 일본 규슈지방에서 발견되는 한국식꺾창은 내와 원만이 있는 것이다. 그 초기 것은 길이가 짧고 폭이 좁은 세형이지만 후기로 가면 점차 길어지고, 폭이 넓어진 형식으로 바뀐다. 이 후기 형식은 창과 마찬가지로 낙동강유역과 일본지방에서 집중적으로 출토된다.

화살촉은 나래가 세 개인 것과 두 개인 형식이 있다. 세 나래 형식은 春秋時代 전기에 비로소 나타나는데 북방의 영향을 받은 것으로 이해되며, 날개와 슴베, 그리고 등대에 많은 변화가 있다. 그 밖에 납작팔각형의 특수형도 있다. 대체로 만주-한반도에 걸쳐 나타나는 이들 화살촉은 아직까지 그 지역적 차이가 뚜렷하지 않다.

작은 칼은 자루끝에 동물장식이 있는 것과 고리가 달린 것이 있는데, 중국에서는 殷代에 동물장식이 있다가, 西周初에 오면서 고리달린 형식이 주종을 이룬다. 만주–한반도지역에서 발견되는 작은 칼 중에 동물장식이 있는 것은 대체로 요서지방에 분포하며 특히 요서지방의 赤峰을 중심으로 한 유적에서 집중적으로 출토하고 있다. 요동지방에서는 몇 점되지 않지만 중국식의 고리 달린 작은 칼이 확인된다. 한반도와 길림지방에서 발견되는 몇 점은 그 형식이 애매하다.

비파형동검과 공반하는 도끼 중 대표적인 것은 허리가 가늘고 날이 부채꼴 모양을 이루는 扇形銅斧로, 中原式銅斧와 차이가 난다. 그 중에는 소켓에 아무런 장식도 없는 것이 있지만, 기하학무늬나 2~3중의 돌대무늬가 있는 것이 확인된다. 이와 같은 선형동부는 요하서쪽에서부터 송화강유역 그리고 한반도에 이르기까지 넓게 분포한다. 선형동부의 거푸집은 길림·함경도 그리고 한반도 남부에서도 발견되며, 학자에 따라서는 선형동부를 날의 굽은 선과 도끼몸 상단의 무늬로서 2·3형식으로 구분하는데, 그 분포에 일정한 지역차이는 확인되지 않는다.

청동도끼 중에 전형적인 세형동검과 공반하는 것으로 어깨가 있는 有肩銅斧가 있다. 이러한 청동도끼는 요령–길림지방에서는 확인되지 않고 한반도 청천강 이남지방에서 드문드문 확인되고 있다.

대체로 의례용으로 제작 사용된 것으로 이해되는 청동 줄무늬거울은 뒷면 한가운데에 꼭지가 하나 달리고 무늬가 없는 單鈕素文式, 꼭지가 둘 이상 달리고 기하학무늬가 있는 多鈕幾何文式이 있는데, 다뉴형식 중에도 무늬가 없는 예가 가끔 출토한다. 단뉴소문식은 지금까지 요서지방에서 발견되었을 뿐이며, 다뉴기하문식은 서쪽 대릉하유역의 십이대영자로부터 시작해서 한반도 남단에까지 분포한다.

그러나 다뉴기하문식 중에서 무늬가 보다 정교해지고, 테두리가 횡단면 반월형으로 정형화되는 잔줄무늬거울(細文鏡)은 지금까지 청천강 이남과 일본 규슈지방에서만 확인되고 있다. 그리고 세문경과 거친줄무늬거울(粗文鏡)과의 중간형식쯤 되는 粗細文鏡은 한반도는 물론, 요동과 연해주지방에서도 발견된 바 있다.

장신구로서 표면이 고깔모양으로 볼록하고 뒷면에 꼭지가 붙어 있는 장식단추(銅泡)가 있는데, 어디에 부착하느냐에 따라 크기가 다르다. 요동지방의 심양 정가와자에서는 장화에 부착하였으며, 활집이나 옷 또는 말치레 장식으로도 사용되었던 것으로 추정된다. 그 모양도 대체로 표면이 볼록한 원판형이다. 이러한 형식이 아주 늦은 시기에 낙동강유역의 영천 어은동에서 확인된 바 있다. 요서지방에만 발견되는 장식품으로서 연결고리·새·사람얼굴모양 등의 장식이 있다.

낙동강유역에서는 그 밖에 세형동검 늦은 시기에 동물을 모티프로 한 소형 장식이나 허리띠고리(帶鉤)나 검자루끝장식(劍把頭飾)에 오리모양을 한 것 등이 전한다. 이러한 동물형 조형품은 한반도의 다른 지역에서는 확인된 바 없다.

한편 마구로 입에 물려 말을 제어하는 재갈과, 재갈과 고삐를 연결하는 재갈멈추개가 있다. 재갈은 마디수가 하나에서 셋까지 있는데, 각 마디끼리 그리고 재갈멈추개와 잇는 부분이 고리로 되어 있다. 지금까지 이들 마구는 비파형동검 시기에는 요하지역에 출토례가 있을 뿐이며, 세형동검시기의 늦은 단계에 가서야 한반도의 서북한과 경상도지역에서 출토된다.

심양 정가와자에서는 말 머리위를 장식하는 것으로 추정되는 나팔모양 청동기가 출토하였는데 이와 유사한 형식은 세형동검 이른 시기에 역시 남한의 금강유역에서 출토된 예가 있다. 금강유역에서는 이 밖에 방패모양 청동기, 검자루모양 청동기 등의 특징적인 異形銅器가 출토되어 그 지역성을 잘 보여주고 있다.

한반도 세형동검 시기에 특징적인 청동기로서 청동방울이 있다. 청동방울은 대체로 샤먼 혹은 제사장의 儀器로 추정되는 것으로 八珠鈴·二頭鈴·竿頭鈴 등 다양한 형태의 방울구로서 한반도 중에서도 금강 이남의 영산강과 낙동강유역에 분포되어 있다. 그리고 이들 청동방울은 세형동검 시기의 청동기가 일본에 전하여지는 것과는 달리 다만 남한지역에 한정하여 분포하는 것이 특징이다.

지금까지 살핀 청동기 이외에 제사용의 용기가 있다. 제기는 은과 주나라의 중심문화권에서 다량 발견되는 것으로 각 지방의 제후에게 하사한 것으로 알려져 있다. 요하유역 중에서도 지금까지 거의 요서지방에서만 확인되었을 뿐이고, 요동과 한반도에서는 발견된 바가 없다.

(2) 청동유물의 지역적 특성

가. 비파형동검 시기

지금까지 琵琶形銅劍時期에 청동유물이 종류가 가장 많고 다양하게 발견된 지역은 요하유역이다. 그 중에서도 대릉하유역을 중심으로 한 요서지방에 보다 집중되며, 요하 동쪽을 넘어 그 동쪽으로 길림·장춘지역에는 드물게 발견된다. 남쪽으로 내려가 압록강유역에서도 거의 발견되지 않다가, 대동강유역을 중심으로 한 서북한 지역에서 다소 숫자가 증가한다. 한강 이남의 한반도 남부지방에서도 최근에 발견되는 경우가 늘고 있으나, 유물의 다양함은 요하유역에 미치지 못한다.

이와 같은 청동유물의 종류의 다양성과 출토량을 고려할 때, 우선 확인되는 것은 그 문화의 중심지가 요하유역을 중심으로 한 요령지방임은 틀림이 없으며, 이러한 점에서 만주와 한반도의 다른 지역과 구분된다.

발견되는 청동유물의 종류와 형식을 기준삼아 지역성을 검토할 때, 무엇보다도 주의하여야 할 것은 일정한 지리적 경계로 분포양상이 명확하고도 단절적으로 나타나지 않는다는 점이다. 이러한 점은 특히 요령지방의 청동기문화를 살필 때 고려되어야 한다. 요하를 경계로 요서와 요동지방을 가르는 것은 어디까지나 편의적인 것으로, 이를 기준으로 양 지역이 총체적인 문화유형이 엄격하게 구분된다고 보는 것은 무리가 있다.[4)]

비파형동검 관계 유물군의 유형을 분류할 때, 우선 기준이 되는 것은 기하학무늬거울의 공반 여부이다. 기하학무늬거울은 기하학무늬를 장식한 뒷면에 둘 내지 세 개의 꼭지가 달린 것이다. 비파형동검과 마찬가지로 기하학무

---

4) 李康承, 〈遼寧地方의 靑銅器文化－靑銅遺物로 본 遼寧銅劍文化와 夏家店上層文化의 比較〉(《韓國考古學報》 6, 1979), 1~95쪽.
靳楓毅, 〈論中國東北地區含曲刃靑銅短劍的文化遺存〉(上·下)(《考古學報》 67·68, 中國 社會科學院 考古硏究所, 1982·1983).

늬동경은 그 기원이 어디에 있든간에, 요령과 한반도지방에서 완성된 것으로 중국이나 시베리아·오르도스 등 북방문화권의 청동기와 구분되는 유물이라는 사실이 출토된 지리적 범위를 보아 분명하다.

요하 서쪽의 비파형동검 관계 유물군 가운데 기하학무늬 거울을 갖는 유형은 十二臺營子遺蹟의 예로 대표된다. 이 유형이 분포한 범위는 비파형동검의 주요 분포권의 서쪽 한계인 灤河와 요하 중간에 위치하고, 아울러 비파형동검 분포권의 북쪽 경계인 요하 상류의 英金河와 渤海灣의 중간에 있다.

그러한 위치에 있는 십이대영자유적의 출토유물에는 비파형동검과 함께, 마구로는 말재갈을 비롯하여 Y字形銅器·十字形銅器가 있다. 공구로는 동끌과 도끼 등이 있으며, 장식품으로 기하학무늬거울과 사람얼굴 모양과, 동물모양의 장식 등이 있다. 십이대영자 청동거울은 만주와 한반도 출토품 중 가장 오래된 형식으로 평가되고 있는 연속 Z자무늬 동경이다.[5] 동일한 형식의 거울이 최근에 요하 동쪽에 本溪市 陽家村에서 발견되어 요하를 사이에 두고[6] 문화적으로 서로 연계되어 있음을 확인시켜 준 바 있다. 기하학무늬와 달리 동물장식은 북방계 청동기의 특징으로, 십이대영자유형은 이 점에서 요서지방 유형의 속성을 갖추고 있다.

요서지방의 비파형동검 관계 유물군으로 십이대영자유형에 비견되는 것으로는 寧城縣 南山根 101호 무덤으로 대표되는 南山根類型이 있다.[7] 이 유형은 서쪽으로 난하, 북쪽으로 요하 상류의 영금하, 동쪽으로 대릉하에 걸치는 지역에 분포하고 있다. 남산근유형의 가장 큰 특징은 비파형동검과 함께 북방계의 오르도스식동검이 공반된다는 점이다. 이 동검은 비파형동검과 달리 검몸과 검자루를 함께 붙여 만들고 검몸이 휘이거나 검자루에 동물장식을 한 것이 특징적이다.

그리고 이 유형에는 북방 시베리아에 많이 보이는 짐승을 형상한 장식의 청동기가 많다. 한편으로 中原系 靑銅器도 공반되기도 하는데, 중국식꺾창과

5) 金元龍, 〈十二臺營子의 靑銅短劍墓－韓國靑銅器文化의 起源問題－〉(《歷史學報》 16, 1961), 109～121쪽.
6) 박진욱, 앞의 책(1988).
7) 中國科學院考古研究所 內蒙古工作隊, 〈寧城南山根遺蹟發掘報告〉(《考古學報》 42, 1975).

饕餮무늬 용기가 그 대표적인 예이다. 이처럼 요서지방의 북서부에 치우쳐 분포한 남산근유형은 요동지방의 청동유물군과 달리, 인접지역의 북방계와 중원계의 청동기가 공반되는 지역적인 특징을 잘 보여주고 있다.

한편 요하 중상류지역에서 발견되는 십이대영자나 남산근유형과 달리, 요서지방 중 발해만 연안에서 출토되는 청동유물군으로 烏金塘類型이 있다. 오금당유적에서는 무기류로 비파형동검과 방패·투구 외에 중국식꺾창이 함께 출토한다. 차마구로 수레굴대끝 마구리가 있으며, 공구로는 도끼가 있다. 방패와 도끼에는 기하학무늬가 장식되어 있다.[8] 이를 보면 오금당유형에는 북방계 요소는 보이지 않는 반면 중국계 요소와 함께 요동지방의 요소도 있음을 알 수 있다.

중국계로서 周末 春秋時代의 제의용 용기와 무기로서 꺾창, 북방계 유물로서는 오르도스식 단검과 투구 그리고 동물장식이 있는데, 이들 유물은 요하 동쪽에서는 확인되지 않는 것이다. 결론적으로 요하유역 중에서 요서지역은 중국 은주청동기 문화권은 물론 북방 오르도스청동기 문화권과의 접촉지대이다. 어떠한 경로와 이유로 나타났든지 이 지역에서는 중국과 북방계 청동기가 요하 동쪽 지역보다 다양하고도 분명하게 확인되었다.

앞서 본 것처럼 요하 서쪽지방에는 십이대영자·남산근·오금당유형이 있는데 대해서 요하 동쪽과 한반도에는 쌍방·강상·정가와자·송국리유형이 있다. 쌍방유형에는 二道河子와 쌍방, 臥龍泉, 그리고 한반도의 선암리와 대아리, 금곡동 등의 유적 출토례가 있는데 대체로 요동지방에서부터 한반도에 이르는 대부분의 유물군이 이에 속한다. 이 유형은 동검과 함께 도끼·끌 정도의 공구만이 한무덤에서 출토하는 단순한 갖춤새가 특징이다. 강상유형에 속하는 유적으로 강상무덤, 누상무덤 등의 예가 있다. 이 유형은 집단묘로서 각 무덤에서 출토한 부장유물이 명확하게 구분되지 않으나, 대체로 풍부한 장신구와 공구류가 부장되었으므로, 앞서 단순한 갖춤새의 쌍방유형과는 구분된다고 볼 수 있다.

정가와자유형을 대표하는 沈陽市 鄭家窪子 6512호 무덤유적에서는 번개모

---

8) 錦州市博物館, 〈遼寧錦西烏金塘東周墓調査記〉(《考古》 1960-5).

양 장식의 칼집이 딸린 3점의 비파형동검과 함께, 4마리분에 해당하는 청동 말자갈을 비롯하여 나팔모양 청동기 등 각종 말치레거리가 부장되었다.[9] 청동거울의 번개무늬는 십이대영자의 것보다 거친 편이다. 정가와자무덤에서는 십이대영자에서 출토한 동물장식의 청동기가 보이지 않는데, 이는 요하 동쪽과 한반도 출토 청동유물군의 보편적인 특징이다.

한편 쌍방유형과 청동기 갖춤새가 유사하지만 분포권을 달리하고, 따로 분류될 수 있는 송국리유형이 있다. 그것은 비파형동검과 함께 마제석검을 공반하는데 마제석검은 한반도 중에서도 청천강 이남에 주로 분포한다. 이렇게 되면 단검을 부장하는 유형을 살펴서 비파형동검과 함께 북방식동검을 부장한 요서지방의 유형, 마제석검을 부장하는 남한유형, 그리고 비파형동검만 부장하는 요서－요동－서북한지방의 유형으로 나누어 볼 수 있다.

따라서 앞서 비파형동검 청동유물군의 유형을 기하학무늬동경의 공반 여부로 크게 2대분류한 것처럼, 비파형동검－기하학무늬동경의 유물군은 다시 마제석검을 공반하는 유형과 그렇지 않은 유형으로 나누어 살필 수 있으며, 지역적으로 보면 대체로 요하－서북한지방과 남한지방으로 구분된다.

나. 세형동검 시기

비파형동검 시기에서는 청동유물이 요하유역에 집중되어 있지만, 細形銅劍時期에 와서는 한반도지역으로 중심지가 옮겨진다. 그 중에서도 금강에서 영산강 그리고 낙동강유역으로 옮겨가다가, 바다 건너 일본 규슈지방에까지 이르게 된다. 전시기까지는 청동유물군의 공간적 영역이 요하유역에서 한반도에 걸쳐 있지만, 이 시기에 와서는 대체로 한반도 이남에서 일본에 걸치게 된다.

이 시기의 이른 단계의 것으로 남한지방의 대전 괴정동유적의 예로 대표되는 槐亭洞類型을 들 수 있다. 이 유형은 앞서 비파형동검 단계의 정가와자유형의 전통을 충실히 따르고 있는데, 요하유역이 아닌 한반도 충남지방에 집중되어 있는 점이 특기할 만하다. 이 지역은 비파형동검 단계 청동유물군의 중심지인 요령지방의 발해 연안과 바다를 사이에 두고 마주보는 서해안에 위치한다. 이러한 지리적 위치와 유물에 보이는 유사성을 근거로, 해상을

9) 金元龍, 앞의 글(1976), 1～21쪽.

통해 요령지방의 청동기가 이 지역에 유입되었을 가능성이 여러 학자에 의해 지적된 바 있다.[10] 물론 유물갖춤새가 정가와자유형 복사판 그대로가 아닌 것은 지역성과 시기적 차이를 고려할 때 당연하다.

이에 속하는 대표적인 유적이 대전시 괴정동, 아산 남성리, 예산 동서리 돌곽무덤이며, 이 유형의 유물군은 기본적으로 동검과 거울, 그리고 공구와 마구로 구성된다. 대전 괴정동에서는 세형동검 1점과 粗細文鏡 2점, 防牌形銅器·劍把形銅器·圓形銅器, 그리고 말방울이 공반되고, 남성리에서는 동검 9점과 함께 역시 기하학무늬동경, 방패형동기·검파형동기·원형동기 등의 異形靑銅器, 그리고 동서리에서는 나팔형동기의 말장식이 추가로 공반된다.[11]

한편 괴정동유형과 비슷한 단계에 있으면서, 이형청동기가 공반되지 않는 蓮花里類型이 있다. 부여 연화리, 전주 여의동과 연해주 이즈웨스토프 등이 그 대표적인 예이다. 대동강유역에서는 동검과 공반하여 출토하지 않았지만, 성천과 맹산에서 출토된 것으로 전하는 조세문경과 그 거푸집이 있으므로, 이 유형이 있었을 가능성을 말해준다. 부장 당시부터 동경이 공반하지 않는 유형도 있는 것으로 보이는데 신계군 정봉리 무덤, 대전 탄방동, 백운리 출토례가 대표적이다. 정봉리의 경우 남성리유적과 같이 석곽무덤에서 출토하였는데, 동검 1점 이외에 창끝 1점과 도끼 1점만이 공반되어 있다. 이러한 정봉리유형과 비슷한 구성의 갖춤새는 비파형동검 시기의 쌍방유형에서 확인된 바 있다.

괴정동·연화리, 그리고 정봉리의 각 유형은 유물의 형식으로 보아 시기적으로 차이가 있다고 보이지는 않는다. 다만 갖춤새의 다양성에 차이가 있는데 이는 피장자간의 신분 차이를 보여준 것으로 이해된다.

다음은 앞의 것보다 한 단계 늦은 것으로, 정교한 잔줄무늬거울 혹은 한국식꺾창을 공반하는 여러 유형이 있다. 그 중 하나는 가장 간단한 갖춤새로 거울은 없이, 단검 이외에 투겁창과 꺾창을 공반하는 龍堤里類型이다. 서북

10) 岡內三眞, 〈朝鮮異形有文靑銅器製作技術〉(《考古學雜誌》 69-2, 東京 ; 日本考古學會, 1983), 73~228쪽.
李淸圭, 〈榮山江 流域의 靑銅器〉(《全南文化財》 3, 全羅南道, 1991), 15~19쪽.
11) 韓炳三 외, 《南城里石棺墓》(국립박물관 고적조사보고 10, 국립중앙박물관, 1977).

한지방에는 배천 석산리, 남한지방에는 공주 봉안리, 연기 봉암리, 익산 용제리, 삼천포 마도동유적의 출토 예로 대표된다. 이에는 銅鉇와 같은 끝이 뾰족 납작한 尖頭形靑銅器를 공반하는 경우도 있다. 이러한 용제리유형에 속하는 유적은 청천강 이남으로 남한지방 그리고 일본에까지 퍼져 있다.

다음은 잔줄무늬거울이 공반되는 유형으로서, 다시 단검과 투겁창 그리고 꺾창을 여러 점 갖춘 부여 구봉리를 비롯해서 갖춤새가 단순한 북한의 봉산 송산리, 함흥 이화동, 남한의 부여 합송리, 장수 남양리, 당진 소소리, 양양 정암리, 일본 규슈 요시타게타가기(吉武高木) 등이 있는데, 일단 이들을 묶어 松山里類型이라 할 수 있다. 송산리유형에는 청천강 이북의 이른바 蓮花堡－細竹里類型의 철기유물군에 공반되는 철제 주조도끼가 공반되는 예가 있지만, 청동유물군 자체는 청천강이 북쪽 한계가 된다.

다음은 儀器類인 청동방울구를 갖춘 유형이 있다. 청동방울은 八珠鈴·二頭鈴·竿頭鈴 등이 있으며 이는 다시 방울만 발견되는 예와 검·투겁창·꺾창 등의 무기류가 공반되는 예가 있다. 전자에는 예산군 덕산과 논산 출토로 전하는 예가 있고, 후자에는 화순 대곡리, 함평 초포리 등의 예가 있다. 전자의 경우 유물 출토 상황에 대해서 확인된 바 없기 때문에 후자처럼 무기류가 원래 공반되었을 가능성을 전혀 배제하지 못한다.

청동방울을 공반하는 이들 대곡리유형은 대동강유역에는 보이지 않고 함남지방에서부터 시작하여 한반도 남부지역에 위치한다. 이러한 청동방울이 앞선 세형동검 초기 단계 이전의 유적에서도 보이지 않는다. 청동방울은 앞서 괴정동유형의 방패형동기나 나팔형동기 등의 청동기가 요령지방에 연원을 두고 있는 것과 달리, 북방 시베리아지방의 유목민 사회의 샤먼들이 사용한 것으로 알려져 있으므로, 이들과 계통적으로 연결되는 것으로 보인다. 다음 늦은 시기에 공반하는 세형동검의 검자루맞추개에 북방계통의 오리모양 장식, 동물장식 버클도 대체로 같은 북방계통의 것으로 이해된다.

잔줄무늬거울을 공반하는 유형 중 가장 늦은 것으로 入室里類型이 있다. 공반하는 투겁창은 다양한 형태로 의기화되거나 中細化되었으며, 꺾창은 杉枝무늬가 장식된 중세형으로 바뀌었다. 간두령과 같은 청동방울도 공반하며, 경주 입실리·경주 구정동 이외에 대구 신천동·경주 죽동리 등 낙동강유역의 한반도 동남부지방에서 집중 분포한 것으로 보인다. 서북한이나 서남한 지방에는 이 유형이 확인되지 않았다. 다만 서남한지방에서는 청동방울이 없이 前漢鏡과 함께 중세형투겁창이 공반하는 것으로 익산 평장리 예가 있다. 이 밖에 거울·방울 없이 중세형투겁창 등의 무기만 공반하는 것으로서 상주 낙동리의 예가 있어 독자적인 유형이 설정될 가능성이 있지만, 일단 입실리유형 속에 포함시킨다.

남한의 입실리유형에 시기적으로 대응되는 청동유물군은 북한에서는 꺾창·잔줄무늬거울이 없어지고 투겁창 또한 소형의 퇴화형 수준에 머물고 있다. 이는 漢의 문화 영향을 직접 받아, 그렇지 않은 남한지방과 달리 漢式철기문화가 전 단계의 청동기문화를 바로 대체하기 때문인 것으로 이해된다. 평양 夫租薉君墓유적의 출토례가 대표적이며, 동대원리 허산·평양 석암리·상리·갈현리·부덕리 등의 출토례가 있다. 이러한 서북한의 부조예군묘유형에는 철제장검 등의 철기와 함께 또한 車衡金具 또는 馬面 장식이 공반하는 것이 특징이다.

대동강유역에서는 세형동검 시기의 마지막 단계에 피홈이 있는 말기형 동검과 퇴화형 창끝이 있을 뿐, 다른 금속유물은 철제품 일색인 黑橋里類型이 등장한다. 高常賢墓, 정백동 88호, 대성리 10호 무덤, 청룡리 등의 출토례가 이에 속한다. 남한의 낙동강유적에서는 철기가 공반되면서 대동강유역과 달리 청동기가 대형화되고 다량 공반되는 坪里洞類型이 된다. 동검은 피홈이 있는 흑교리식 혹은 퇴화된 소형의 평리동식이며, 투겁창·꺾창 등의 다른 무기도 전단계의 입실리유형에서 시작된 대형화·의기화가 더욱 진행되어 나타난다. 대표적인 유적은 대구 비산동·지산동·만촌동·평리동, 의창 다호리 등이 있다.

(3) 청동기문화와 고조선

고고학 자료를 통하여 古朝鮮의 문화변천 과정을 정리할 때, 무엇보다도 문헌자료를 통해서 고조선의 시공간적인 틀이 마련되어야 한다. 그러나 시간에 따라 변하는 고조선 영역이 기록에 명확하게 나타나 있지 않다는 것이 문제이다.

문헌기록에 고조선의 영역 변동을 추적하는 데 단서가 되는 중요한 지리적 경계는 강이다. 여러 강이 정치 혹은 군사적인 측면에서 일정의 경계로 이용되고 표현되어 왔다. 문제는 그 강이 오늘날 어느 강을 가리키는가에 대해서는 정설이 없다는 점이다. 고고학 측면에서도 종종 강은 유적·유물군을 구분하는 문화적인 경계로 이해되어 왔다. 하지만 정치·군사와 경제 또는 문화와의 관계가 반드시 일치하지 않으므로, 상호관계에 대해서는 또 다른 증명을 필요로 한다.

시공간적인 틀이 분명하지 않아서도 그러하지만, 고조선의 사회적 성격에 대한 규정도 명확해야 그에 맞물리는 고고학자료에 대한 분석이 제대로 이루어질 수 있다. 이에 대해서도 문헌기록에 명확하게 나타나 있지 않고, 다만 후기에 이르러서 초보적인 관료와 법체계의 내용을 통하여 일부 확인될 뿐이다.[12] 이 정도의 문헌 자료로서는 고조선 전기 단계에 어떠한 사회체제를 갖는가에 대해서 여러 가지 해석이 있을 수밖에 없다.

고고학적으로 분명한 사실은 고조선에 속한다고 추정되는 것으로서, 삼국시대의 귀중한 각종 금속공예품을 부장한 왕릉 혹은 귀족급의 대형고분에 비견되는 무덤유적이 없다는 점이다. 이는 고조선이 불평등 계층사회라 하더라도 고구려·신라·가야·백제 등의 기원후 국가사회보다는 발전하지 못했다는 것을 시사해준다. 아울러 기원후 高塚古墳時代의 국가 영역보다 너른 범위를 단일한 정치체로 하여 통치하는 권력층이 존재했다고 볼 수 없으므로, 고조선의 지리적 영역은 상대적으로 보다 작은 영역의 정치체라고 보아야 할 것이다.

고조선의 시기구분은 기원전 300년경 燕 침입 이전을 고조선 전기, 그 이후를 후기로 하며, 衛滿朝鮮은 따로 떼어 살펴보는 것이 일반적이다. 고조선과 청동기문화와의 관계에 관심을 갖는 문헌사학자의 입장이 대체로 이러하므로,[13] 이 글에서도 이를 따르고자 한다.[14]

---

12) 《漢書》 권 28 下, 地理志 8 下 및 《史記》 권 115, 朝鮮列傳 55.
13) 盧泰敦, 〈古朝鮮 중심지의 변천에 대한 연구〉(《韓國史論》 23, 서울大, 1990), 4쪽.
14) 한편 북한학자들은 기원전 1000년기 후반기의 고조선 전체를 후기 고조선으로 이해하고(사회과학원 고고학연구소, 《조선고고학개요》, 1977), 후기 고조선의 분기점을 기원전 5~4세기경으로 잡고 있으나 이 연대는 초기 좁은놋단검문화

가. 전기 고조선과 청동기

古朝鮮의 상한에 대해서는 기원전 20세기대부터 기원전 10세기 전반에 이르기까지 의견이 구구하다. 고조선 기록으로 가장 오래된 것은 春秋 혹은 戰國시대의 《管子》이나, 여기서는 당시 고조선의 위치에 대해서 명확한 지적이 없다.15)

그보다 다소 늦은 戰國시대의 《戰國策》에 보면 "연나라는 동쪽에 朝鮮遼東이 있다"는 기록이 있어, 그나마 그 위치 폭을 좁혀 접근할 수 있다. 조선요동을 조선의 요동이든지, 혹은 조선과 요동으로 해석하든지 간에 遼水의 동쪽 지방과 고조선이 맞물려 있음을 말해주는 것이다. 문제는 요수가 어느 강을 가리키는가 하는 점이다. 학자마다 지금의 난하·요하·대릉하, 심지어는 압록강·청천강 등에 비정하는데,16) 그에 따라 초기 고조선의 서쪽 경계에 대한 해석이 달라진다. 어떤 견해를 따르든지 고조선의 초기 무대는 요하유역에서 서북한지방 그 어느 범위에 해당하며, 이 지역에 비파형동검관계 유적유물군이 분포함은 앞서 본 바와 같다.

비파형동검은 난하유역에서부터 남쪽으로 한반도 남해안 그리고 북쪽으로는 송화강유역에 걸쳐 출토한다. 그리고 문헌상으로 이러한 지리적 범위는 대체로 東夷族,17) 혹은 예맥족18)에 버금가는 집단의 거주영역으로 이해되고 있다. 따라서 고조선 주민 문화를 구명하기 위해서는 비파형동검 유물군의 여러 유형 중에서 찾아야 할 것이다.

우선 비파형동검관계 유물군에는 크게 기하학무늬동경이 나오는 유형과 그렇지 않은 유형으로 크게 구분된다. 전자는 십이대영자·정가와자·쌍방·

에 대한 막연한 편년을 기초로 한 것이므로 따르기 어렵다.

15) 다만 齊나라에서 8천리 밖에 있다고 기록할 뿐이다.

16) 그 중에서 최근에는 난하설과 요하설이 크게 대립된다.

17) 여기서 말하는 東夷族은 先秦문헌의 東夷와 다르며, 대체로 《後漢書》의 東夷觀을 따른 동이족이다(李成珪, 〈先秦 文獻에 보이는 '東夷'의 성격〉, 《韓國古代史論叢》 1, 1991, 97~143쪽).

18) 비파형동검 관계 유물군의 주인공을 북한에서 예맥족이라고 말할 때, 이는 요령과 북만주 그리고 북한지방에 한정해서이다. 최근에 많이 발견된 남한지방의 비파형동검 유물군의 주인공에 대해서는 충분히 고려하지 않고 있다. 이러한 점에서 예맥족보다는 韓濊貊이라고 부르는 것이 나을 수 있다(徐榮洙, 〈東夷와 예맥은 어떤 민족인가〉, 《역사산책》 19, 汎友社, 1992, 68~73쪽).

송국리유형으로 구성된 A그룹이고, 후자는 남산근·오금당유형의 B그룹이다. 전후자간에는 중국계와 북방계 청동유물의 공반에서 뿐만 아니라, 토기 등의 유물군에서도 차이를 보인다. 그렇다고 두 문화그룹 사이에는 분포상에 국경과 같은 명확한 지리적 경계가 있는 것은 아니며, 더구나 요하가 그 경계는 아니다.[19] 이는 세형동검 시기에 한반도 남부지방과 일본 규슈 양지역에 똑같이 세문경·창·과 등의 유물을 공반하는 九鳳里類型이 확인되는 것과 비교가 된다. 일본과 한반도 사이에 지리적 경계로서 더 확실한 바다가 있는 데도 불구하고 유사한 청동유물군이 있는 것이다.

또한 십이대영자유형 하나만을 보아도 기하학무늬동경을 갖고 있으면서 북방계통의 동물장식 청동기도 갖고 있다. 그래서 학자에 따라서 이를 요서지방에 보편적인 북방계통의 유형에 속하는 것으로 보기도 하고,[20] 기하학무늬동경을 공반하는 요동지방의 유형과 같은 것으로 보기도 한다.[21] 이처럼 학자마다 십이대영자유형에 대해서 해석이 엇갈리는 것 또한 요하가 문화집단의 경계가 아님은 물론, 이 지역 청동기문화의 유형이 지리적 경계를 명확히 하여 구분되지 않는다는 것을 말해주는 것이기도 하다.

어떤 유형이 고조선이라는 주민집단 혹은 정치사회적 공동체에 속하는지를 밝히려면, 우선 한반도와의 관련 속에서 접근해야 할 것이다. 그 이유는 첫째로 요서지방에서부터 한반도 남부지방에 이르는 지역의 청동유물군은 크게 한반도와 관련 있는 대릉하 중류 이동지역의 A그룹과 그렇지 않은 그 서쪽의 B그룹으로 나뉜다는 고고학적 현상 자체에 있다. 고고학적으로 크게 A·B그룹의 2대문화권으로 나뉘며, 동시에 고조선이라는 공동체가 두 문화권을 포함하는 거대한 영역의 정치체라고 보기가 어렵다고 하면,[22] 그 중 하

---

19) 이청규, 〈遼寧地方 청동기 연구의 몇가지 문제〉(《博物館紀要》 7, 檀國大, 1991).

20) 십이대영자유형을 요서지방의 夏家店 上層文化의 유형에 편입시켜, 요동지방의 비파형동검 문화유형과 별도로 구분하는 북한의 박진욱이나 중국의 靳楓毅은 전자의 입장이다.

21) 金廷鶴, 〈考古學上으로 본 古朝鮮〉(《韓國上古史의 諸問題》, 韓國精神文化研究院, 1987), 67~96쪽.
林炳泰, 〈考古學上으로 본 濊貊〉(《韓國古代史論叢》 1, 1991).

22) 앞서 보았듯이 이러한 너른 지역에 고조선이 걸쳐 있다면, 이 너른 지역을 지배할 엘리트집단의 존재를 입증할 무덤유적이나, 궁정유적이 확인되어야 한다.

나를 선택해야할 것이기 때문이다.

두번째 이유로는 문헌사학적으로 고조선 세력 혹은 주민집단은, 準王의 南遷 기사[23]와 신라 六村의 朝鮮遺民 관계 기사[24] 등에서 보듯이, 한반도와 불가분의 관계가 있기 때문이다. 衛滿에게 축출당한 고조선 준왕 세력의 망명지가 한반도에 있으며, 고조선 유민이 터를 잡은 신라가 한반도 남부에 있음은 어떤 문헌사학자들도 부인하지 않는다. 그리고 그러한 주민의 이동, 특히 준왕 세력의 남천 이전과 이후에 양 지역에서 권위와 의례를 상징하는 청동기군 등의 고고학자료상에 相似性으로 나타날 가능성이 있다고 보아야 한다.

준왕 남천의 기원전 2세기 초에 한반도의 청동기군은 세형동검·세문경 관계 유물군이다. 이 유물군과 유사한 갖춤새가 분포하는 지역에 일차적으로 관심의 대상을 한정시킬 수밖에 없다. 바꾸어 말하면 이와 유사한 동검·동경이 없는 대릉하 서쪽의 남산근·오금당유형의 B그룹은 고조선과 관련하여 1차적인 관심의 대상에서 제외된다는 것이다. 따라서 A그룹의 분포지역 중에 지배층의 존재를 말해주는 다량의 청동유물이 부장된 무덤유적이 확인된 곳을 그 중심지로서 탐색할 필요가 있다.

따라서 동검·장신구·마구 등의 청동기는 물론 토기군에서 한반도와 강한 유사성을 보이면서, 다량의 부장품을 갖는 요동지방의 정가와자유형이 주목의 대상이 될 수밖에 없다. 요동지방에 정가와자유형 이외에 강상·쌍방유형이 있는데, 이 유형과 정가와자 유형간의 차이는 질적인 것이 아니고 양적인 수준에서 각각 차별성을 보인다. 이러한 차별성이 같은 주민 문화집단내의 계층적 차이를 보여주는 것으로 이해된다.

청천강 이남의 한반도에서는 요동지방에서처럼 정가와자유형과 같은 풍부한 청동유물군은 보이지 않으며, 그 대신 비파형동검과 함께 마제석검이 분포하는 단순한 갖춤새의 송국리유형이 분포한다. 송국리유형의 유물군은 청천강과 금강 사이에서는 확인되지 않고 있다. 물론 이 지역에도 마제석검이 출토하며, 앞으로 마제석검과 비파형동검의 유물군이 부장된 무덤유적이 발

23) 《三國志》 권 30, 魏書 30, 烏丸鮮卑東夷傳 30.
《後漢書》 권 85, 東夷列傳 75.
24) 《三國史記》 권 1, 新羅本紀 1.

견될 가능성은 얼마든지 있다. 그렇지만 토기군을 보아도 이 지역은 중부이남과는 구분이 되며, 아울러 청천강을 경계로 그 이북에서는 미송리식토기가 분포하지만 남쪽에서는 그렇지 않다.[25] 따라서 청천강 이남과 그 이북은 물론 요동지방과 문화적으로 공통한다고 보기가 어려우며, 이는 양 지역에 동일집단을 상정할 수 있는 전제적 요건이 성립되지 않는다는 사실을 말해주는 것이다.

그럼에도 불구하고 굳이 요동과 한반도를 포괄하는 만주의 너른 지역을 초기 고조선의 영역으로 인정한다고 하면, 고조선이라는 정치체에는 문화적으로 서로 성격을 달리하는 공동체가 다수 있음을 주장하는 셈이 된다. 이런 경우 고조선은 다수의 정치적 집단을 거느린 일종의 古代邑制國家일 수밖에 없을 것이다.[26] 읍제국가라 하면, 그 중심지에 적어도 중국 殷墟와 같은 뚜렷한 유물유적군이나 삼국시대 왕릉급 고분에 버금가는 무덤이 확인되어야 한다. 즉 우리 나라 삼국시대 각국의 영역보다 몇 배나 너른 영역을 장악한 고조선이라면, 고대의 습속으로 보아 당연히 지배계층의 무덤에는 그의 정치적 권력에 걸맞는 보다 풍부한 유물이 부장되어 있어야 할 것이다.

요하유역에서 한반도에 걸치는 지역에 유물군으로서 가장 풍부한 예는 앞서 보듯 십이대영자 그리고 정가와자무덤이다. 이들 무덤의 규모와 부장유물은 삼국시대 고총고분과는 비교가 될 수 없다. 또한 북한에서 노예제국가를 입증하는 증거로 제시하는 崗上·樓上의 집단무덤의 경우도 삼국시대의 귀족무덤에 비하면 그 규모나 부장품이 빈약하다. 이처럼 물질적 토대가 삼국

---

25) 미송리식토기에 대한 개념정의에 따라서는 그 이남인 대동강, 심지어는 남해안에까지 출토된다고 보는 견해도 있다. 그러나 미송리유형의 토기 유물갖춤새는 대체로 청천강을 남쪽 경계로 한다.
宋鎬晸, 〈古朝鮮의 位置와 族屬問題에 관한 考察－미송리형토기의 분석을 중심으로－〉(서울대 석사학위논문, 1990).
박진욱 외, 《비파형단검문화에 관한 연구》(과학백과사전종합출판사, 1987).
鄭漢德, 〈美松里型土器の生成〉(《東北アジアの考古學》, 田村晃一 編, 東京 ; 六興出版, 1990), 87~137쪽.
西谷正, 〈美松里型土器とその文化について－中國·東北考古學にふれて〉(《史淵》 127, 九州大, 1991), 11~128쪽.
26) 尹乃鉉, 《韓國古代史新論》(一志社, 1986), 117~175쪽.

보다 빈약한 지배층이 삼국보다 더 너른 영역을 지배할 가능성은 극히 적다고 보아야 한다.[27]

비파형동검 시기 혹은 고조선 전기에 정가와자의 무덤처럼 유력자의 것으로 인정할 만한 무덤의 청동유물군이 한반도에서는 발견되지 않는다.[28] 요동지방에 큰 세력가의 무덤이 있으나 한반도에 없음에도 불구하고, 굳이 요동지방과 한반도를 묶는 너른 영역에 고조선이라는 일정의 정치적 공동체가 있다고 볼 경우, 그것은 느슨하게 짜여진 정치적 공동체일 수밖에 없다. 그 공동체는 차라리 고조선이라고 부르기를 포기할 수밖에 없을 정도로 정체성이 애매한 존재인 것이다.

그러므로 고조선은 문화적으로 단일하며 계층화가 어느 정도 이루어진 수준의 정치적 공동체가 될 수밖에 없다.[29] 이를 인정한다면 기하학무늬동경과 비파형동검이 공통적으로 출토하며, 유사한 토기군이 분포한 요하 서쪽의 대릉하유역에서부터 청천강에 이르는 지리적 범위가 가장 가능성 있는 고조선의 영역이다.

이 영역 범위에서 요서지방의 북방식동검이나 청천강 이남의 마제석검이 배제된 순수한 비파형동검의 청동유물군, 그리고 이른바 미송리유형이라는 토기군이 공통적으로 나타난다는 점에서 문화적 단일성을 보여준다고 할 수 있겠다. 다만 압록강과 청천강 사이의 영역에서 동검관계 유물이 지금까지 확인되지 않고 있어, 이 지역이 요동지방과 같이 동질적인 문화집단으로서 고조선의 영역에 편입될 것인지는 고고학적으로 확실하지 않다는 점을 지적

27) 金貞培는 너른 영역의 고조선을 상정하는 것에 대해서 역사에는 문화의 수준과 정도에 맞는 권력과 권위가 있고 영역이 있다고 지적하면서 비판하였다(金貞培, 《韓國古代의 國家起源과 形成》, 高麗大 出版部, 1986, 21~22쪽).

28) 이는 결국 고대 읍제국가의 대읍에 해당하는 정치적 중심지를 찾지 못했거나, 고대국가의 지방 호족에 상응하는 증거를 찾지 못했다는 것이다.

29) 위만조선과 후기 고조선은 국가체제 단계에 진입했음은 대체로 인정하지만, 그 이전에 대해서는 확실한 국가의 근거를 찾지 못하고 있다.
崔夢龍, 〈韓國古代國家形成에 대한 一考察-衛滿朝鮮의 例-〉(《金哲埈博士華甲紀念史學論叢》, 知識産業社, 1983).
金貞培, 앞의 책, 24~68쪽.
전기 고조선 단계에 대해서 북한 학자들과 尹乃鉉은 고대노예제국가 내지 고대읍제국가를 주장한다(尹乃鉉, 앞의 책).

해두고자 한다. 이 영역안에서 유물군의 구성을 보면 비교적 풍부한 십이대영자 혹은 정가와자유형이 있고, 상대적으로 단순한 강상과 쌍방유형이 있어, 차별성을 보여준다. 하지만 이러한 부장품 유물군의 차별성이 피장자의 신분의 차별을 상징하는 것이므로 이 또한 고조선 사회의 계층화의 요건을 어느 정도 충족시켜 준다고 볼 수 있다.[30]

기원전 4세기경 중국 전국시대 초에 해당하는 고조선의 실체에 대해서는 구체적인 기록이《魏略》등에 보인다.《위략》에는 연과 고조선이 경쟁하고 서로 왕을 칭할 정도에 이르렀으며, 양국의 갈등이 전쟁에까지 치달은 것을 기록하고 있다. 당시 연은 戰國 七雄의 일원으로서 물질문화의 기반은 고도로 발전한 청동기문화는 물론, 성숙된 철기문화를 누리고 있을 때였다.[31] 이러한 연과 각축을 벌일 정도라면 고조선 역시 그에 버금가는 수준의 금속문화를 가졌을 것이다.

앞서 정리된 청동유물군의 유형분류와 편년에 따른다면, 말기 비파형동검 시기 혹은 다음 전형적인 세형동검 시기로 넘기 전의 과도기적 단계가 이에 해당한다. 그에 속하는 유물군으로서 연과 경쟁할 만한 물질적 기반은 대체로 정가와자유형 수준이거나 그에 버금가는 수준으로 이해된다. 大靑山式이나 尹家村式銅劍이 나타나는 전형적인 세형동검 이전 시기에 연과 대적할 만한 물질적 수준을 보여주는 청동유물군은 발견된 바 없다. 이에 대해서 북한 학자들은 이 단계에 철기문화가 발전하였다고 보고, 다만 이 시기에 속하는 것으로서 그러한 철기 유물군이 발견되지 않은 것은 부장풍습에 있다고 하였다.[32] 그러나 이 단계의 철기문화는 아직 초보적인 단계로 이 지역에 철기유적 유물군은 지금까지 알려진 바로는 그보다 다소 늦은 기원전 3세기 초 이후에 비로소 등장한다. 이에 대해서는 한반도에서 기원전 2세기 이후 철기가 유입되었음에도 불구하고, 청동기문화를 지속적으로 발전시킨 사실을 참고적으로 검토할 필요가 있다.

---

30) 북한에서는 이를 각각 대노예주와 중간급 노예주의 무덤으로 보고 있다.

31) 李南珪,《東アジアの初期鐵器文化の硏究》(廣島大 博士學位論文, 1992).
潮見浩,《東アジアの初期鐵器文化》(東京 ; 吉川弘文館, 1982).

32) 박진욱 외, 앞의 책.

나. 후기 고조선과 청동기

《史記》 등의 여러 중국 고대문헌에 기원전 4세기 말~3세기 초 연이 조선의 서방을 쳐서 2천여 리의 땅을 빼앗고, 滿番汗으로 국경을 삼았다는 기록이 있다. 이를 보아 연의 공격으로 고조선의 영역은 축소되었음을 알 수 있는데 그 축소된 영역이 어디이며, 그 중심지의 변동도 과연 있었는가에 대해서 해석이 분분하다.

고조선과 관련되는 지리적 범위에서 연의 침입이 있었던 기원전 300년경 이후의 유적유물군으로 주목되는 것은 明刀錢 관계 철기유물군과 세형동검 관계 청동유물군이다. 전자는 요동지방으로부터 청천강 이북, 후자는 그 이남 지역에 분포하고 있어, 서로 지역적인 분포권을 달리 하고 있다. 전자에 대해서는 북한 학자들은 그 대표적인 유적의 이름을 따서 '蓮花堡－細竹里類型'이라고 부르고, 이를 고조선 중심지에 속하는 것으로 보고 있다.[33)]

분명한 사실은 연화보유형의 유적유물군에서는 전기 고조선의 청동기문화 전통이 전혀 보이지 않는다는 점이다. 물론 중심지에서 문화변화의 속도와 그 규모가 주변지역보다 빠르고 큰 경우가 일반적이지만, 전 단계의 전통이 그렇게 철저하게 단절된다는 것은 납득하기가 어렵다. 대동강유역에 기원전 1세기경 漢나라 철기문화가 본격적이고도 대규모로 유입되었을 당시에도, 전통적인 청동기문화가 단절됨이 없이 지속되었다는 사실을 참고할 필요가 있다.

압록강 이남 청천강 이북에서 발견된 연화보유형의 유적은 그 대부분이 명도전과 같은 화폐유물이 다량 출토하는 退藏遺蹟 혹은 생활주거지 유적이다. 화폐유물은 권위나 의례를 상징하기보다는 교역의 수단이라는 경제적인 의미가 강한 것으로, 이 지역이 직접 연나라의 군사적·정치적 지배를 받았다기보다 우선 연나라와의 경제적 교역지대라고 보는 수준에서 해석해야 될 것이다. 다만 이를 남긴 장본인들이 구체적으로 연의 침공 직후의 유이민인지, 秦漢 교체기에 위만이 이끌었던 燕·濟·趙 유이민인지, 아니면 위만조선의 등장 이후의 관계 세력인지에 대해서 의견이 분분하다.[34)] 그러나 화폐를 대량으로

---

33) 사회과학원 고고학연구소, 《고조선문제연구론문집》(1976), 25~32쪽.

34) 崔夢龍은 이들 명도전관계 유적을 위만조선의 교역활동의 증거로 파악한다(崔夢龍, 〈古代國家成長과 貿易－衛滿朝鮮의 例－〉, 《韓國古代의 國家와 社會》, 歷

퇴장한 유적의 명도전 화폐가 기원전 3세기대 것이라면,[35] 연의 영향하의 주민이라고 보는 것이 가장 자연스럽다. 이들 집단이 위만의 망명집단 혹은 위만조선 관계 세력이라고 하면 구태여 그렇게 많은 화폐를 청천강 이북을 경계로 퇴장한 까닭이 쉽게 이해되지 않는다. 왜냐하면 위만세력은 이 지역에서 축출된 것이 아니라, 오히려 이 지역을 본거지로 삼아 세력을 확장하였기 때문이다. 그러므로 연의 멸망과 함께 그 영향 아래 놓여 있던 주민이 후퇴하면서 갑자기 퇴장한 것이라는 해석이 보다 자연스럽다.

명도전 관계유적을 이렇게 해석하더라도, 이의 분포를 통하여 기원전 4세기 말 3세기 초 연과 고조선의 군사적인 경계인 만번한의 위치를 쉽게 결정하기는 어려움이 있다. 그 분포 영역과 군사활동의 영역과의 관계에 대해서는 보다 구체적인 논증이 필요하기 때문이다. 물론 일정세력의 교역권과 군사적 활동범위가 반드시 틀린 것이라는 것은 아니다. 다만 교역권과 군사활동범위의 경계가 일치한다는 것은 증명된 전제가 아니라는 것이다. 또한 만번한 경계 설정의 시기인 기원전 3세기 초라는 시점과 명도전 퇴장이 이루어진 시점과의 관계에 대해서도 설명이 있어야 한다.

연화보유형과는 대조적으로 청천강 이남의 세형동검관계 유물군 자체가 전기 고조선의 비파형동검문화를 계승한 것이라는 사실에 주목할 필요가 있다. 이러한 사실은 전기 고조선의 중심적인 청동기문화가 요동지방에 위치하다가, 그 문화를 계승한 후기 고조선의 청동기문화(세형동검문화)가 청천강 이남으로 이동한 것으로 해석하는 근거를 마련한다. 상대적으로 고조선의 중심지가 요동지방에서 처음부터 끝까지 지속되었다고 보아, 전 단계의 고조선문화의 전통과

史學會 編, 一潮閣, 1985, 57~76쪽).
徐榮洙는 이를 위만세력이 준의 조선 당시 변방에 있었을 당시의 교역활동의 증거물로 이해하고 있다(徐榮洙, 〈古朝鮮의 위치와 강역〉, 《韓國史市民講座》 2, 一潮閣, 1988, 19~50쪽).
尹武炳은 이들 명도전 퇴장유적이 기원전 3세기대이므로 燕나라 秦開의 東進 직후 중국으로부터 이주한 유이민들이 남긴 유적으로 보고 있다(尹武炳, 〈明刀錢의 問題〉, 《韓國史大系(1)》, 三珍社, 1984, 326~330쪽).

35) 尹武炳, 위의 글.
關野　雄, 〈刀錢考〉(《東洋文化硏究所紀要》 35, 東京大　東洋文化硏究所, 1965), 29~45쪽.

단절된 명도전 관계유적을 고조선 것이라고 해석하는 것이 더욱 어렵게 된다.

더욱이 연화보유형과 세형동검관계 유물군유형의 분포지역이 엄격하게 구분되어 있다는 사실 자체가 두 유물군을 더욱더 동일구성체의 종내집단의 것이라고 하는 것과 어울리지 않는다. 청천강을 사이에 두고 인접해서 한쪽에는 戰國系 철기, 다른 한쪽에는 세형동검관계 청동기 분포권으로 나뉜다고 볼 때, 이를 동질적인 정치체 집단의 것으로 보는 것은 아무래도 부자연스럽다. 또한 토기 등의 다른 유물군에서도 양 지역의 유사성이 보이지 않는 것이 더욱 동질적인 집단으로 보기를 어렵게 한다.

청천강 이남의 세형동검 시기의 유물군 중에서 일단 후기 고조선을 찾아야 한다면, 그 중 어느 것이 후기 고조선의 중심지에 속하는 유물군인가가 다음으로 해결해야 할 문제이다. 기원전 3세기대에 한반도에서 확인되는 세형동검관계 유물군은 대체로 대동강과 금강유역에 집중되어 있다. 우선 대동강유역에서 이 시기에 속하는 것으로, 정봉리유형의 유물군과 成川과 孟山에서 출토된 것으로 전해지는 동경을 들 수가 있다. 금강유역에는 괴정동·연화리·남성리·동서리 등의 유적에서 확인된 남성리유형의 유물군이 있다. 남성리유형에서는 요동지방의 정가와자유형에 보이는 나팔형동기·방패형동기·원형동기 등이 공반된다.

기원전에 남한지방에서 최초로 등장하는 정치적 공동체는 韓 혹은 辰國이라는 것은 누구나 다 인정하며, 한편으로 풍부한 청동유물 갖춤새로서 남한에서 가장 오래된 유형인 남성리유형의 유물군이 금강유역에 집중되었다면, 금강유역을 한 혹은 진국의 중심지로 보는 것은 당연하다. 금강유역이 이러한 정치체와 관련되었다면, 대동강유역의 3세기대 유물은 다른 정치체인 고조선의 유물이라고 할 수밖에 없다. 이러한 추정을 뒷받침해주는 것은 기원전 2세기는 물론 기원전 1세기 이후에도, 이 대동강유역에 정치적 중심지라고 볼 수 있는 유적유물군이 집중되어 있다는 사실이다. 특히 기원전 1세기경에는 새로운 漢式 유물이 다량 공반되는데, 다음에도 보겠지만 이러한 고고학적 상황은 이 시기에 고조선이 멸망하고, 漢郡縣이 설치된 역사적 사실이 이 지역에서 이루어졌음을 방증하는 것이다.

다만 3세기경 후기 고조선시기에 연과 각축을 벌일 수 있는 수준의 물질적 토대로서는 대동강유역의 정봉리유형 정도의 유물군으로는 아무래도 빈약한 감이 있다. 정봉리유형 말고는 3세기경의 세형동검문화가 대동강지역에 그렇게 많이 확인되지 않는 것은 철기문화의 발전 때문일 수도 있다. 또한 이 지역에 누대로 세형동검 후기문화, 한의 문화가 중첩되면서 전단계의 유적유물군의 교란이 심했기 때문일 것이라고도 설명할 수 있다.

〈李淸圭〉

2. 청동기시대의 유적과 유물

1) 청동기시대 유적의 분포

(1) 유적 분포의 특성

우리 나라에서 청동기가 출토하는 유적의 수는 적지 않으나 유적의 성격을 알 수 있는 것은 많지 않다. 대부분의 유물들이 우연히 발견되어 학술적인 조사를 거치지 않은 것들이 많고, 청동기가 갖고 있는 골동품적인 가치로 해서 일괄유물이 흩어지거나 출토지가 잘못 알려진 것도 있다. 그러나 1970년대 이후에 고고학적 조사가 활발하게 이루어지고 중요한 일괄유물들이 소개되어 청동기가 나오는 유적의 성격이나 문화 내용들을 좀더 자세히 알 수 있게 되었다. 그러나 대부분의 조사는 호남지방에서 이루어졌고 북한지방이나 경상도지역에서는 유적이 확실하게 발견된 예가 많지 않다. 이러한 한계를 무릅쓰고 유적의 내용이 확실한 예를 기준으로 유적의 분포를 설명하고자 한다.

가. 요령식동검문화

가) 유적의 입지와 분포

요령식동검이 나오는 유적은 석관묘와 고인돌이 대부분이고 토광묘와 퇴장유적에서는 드물게 보인다. 과거에는 이 형식의 동검이 발견된 예가 많지 않았고 대부분이 우연히 신고되었거나 구입한 것이 대부분이다.

최초로 발견된 유적은 일제시대 고흥 운대리 남방식 고인돌이었다.[1] 해방 후에는 1974년 부여 송국리 석관묘에서 마제석검·마제석촉과 함께 요령식동검이 출토되어 비로소 석관묘가 요령식동검문화와 연관되어 있음을 알 수 있게 되었다.[2] 1980년대 이후에는 전남지방에서 고인돌 조사가 이루어지면서 남방식 고인돌의 부장품으로 많은 동검들이 발견되어 남쪽지방이 고인돌 문화와 밀접한 관계를 가진 것이 밝혀지게 되었다.[3]

이 시기의 고인돌과 석관묘는 대개 해발 50m 내외의 얕은 구릉 위에 집단으로 분포하고 있는 것이 특징이다. 송국리의 경우 요령식동검이 출토한 석관묘는 여러 개의 석관묘 중 구조가 가장 크고 부장된 유물도 가장 풍부하였으며, 구릉 위에 여러 기의 석관묘가 무리를 이루어 분포하고 있었다. 규모나 위치, 부장품으로 보아 가장 중심되는 자리에 있어 당시의 사회구조를 살피는 단서가 될 수도 있을 것이다.

최근에 조사된 전남지방의 유적에도 남방식 고인돌들이 무리를 지어 분포하고 있었다. 그렇지 않은 경우도 있으나 이것은 고인돌이 파괴되었거나 개석이 없어지거나 하여 원래의 형태가 훼손된 것으로 판단된다.

나) 유물의 분포

---

1) 有光敎一,《朝鮮磨製石劍の硏究》(京都大學 文學部 考古學叢書 2, 1959).
梅原末治·藤田亮策,《朝鮮古文化綜鑑》(1)(奈良 ; 養德社, 1947).

2) 韓國考古學會,〈扶餘 松菊里出土 一括遺物〉(《考古學》3, 韓國考古學會, 1974).
金永培·安承周,〈扶餘 松菊里 遼寧式銅劍 出土 石棺墓〉(《百濟文化》7·8, 公州師大, 1975).
姜仁求 외,《松菊里》Ⅰ(국립박물관 고적조사보고 11, 국립중앙박물관, 1979).

3) 李榮文·鄭基鎭,《麗水 五林洞 支石墓》(全南大 博物館·麗川市, 1992).
———,《麗川 積良洞 상적 支石墓》(全南大 博物館·麗川市, 1993).
李榮文·崔仁善·鄭基鎭,《麗川 平呂洞 산본 支石墓》(全南大 博物館·麗川市, 1993).
李榮文,《麗川市 鳳溪洞 支石墓》(全南大 博物館·麗川市, 1993).
宋正鉉·李榮文,〈牛山里 내우 支石墓〉(《住岩댐水沒地域 文化遺蹟發掘調查報告書》Ⅱ, 全南大 博物館·全羅南道, 1988).
尹德香,〈德峙里 신기 支石墓〉(《住岩댐水沒地域 文化遺蹟發掘調查報告書》Ⅲ, 全南大 博物館·全羅南道, 1988).

유물들은 대개 큰 강이나 그 지류에 자리하고 있는데 주로 대동강·금강·낙동강·보성강 유역에서 발견되고, 청천강 이북의 평안북도지방이나 함흥 이북의 함경북도지방에서는 청동기의 발견이 아주 드물다. 한반도에서는 의주 미송리나 함북 어랑, 함남 북청에서 나온 청동도끼나 약간의 용범을 제외하면 요령식동검문화의 표지가 되는 요령식동검은 청천강—함흥 이북에서 전혀 발견된 예가 없다. 이런 현상은 이 문화의 영역이나 내용을 이해하는 데 좋은 참고가 된다.

요령식동검은 형태에 따라 전형적인 것과 변형 동검이 있다. 전형적인 형태는 부여 송국리를 비롯하여 청도 예전동과 전남 해안의 남방식 고인돌에서 집중적으로 출토하고 있는데, 그 가운데 주요 분포권은 전남지방을 들 수 있다. 변형 형식의 동검은 대동강유역에서도 적지 않게 발견된다. 또 요령식동검의 꼬다리에 홈이 있는 동검은 한반도에서만 보이는 형식이다. 이런 형태는 부여 송국리의 동검과 동검 파손품으로 만든 끌을 비롯하여 전남지방의 고인돌과 경북 상주·창원 진동리 등 충청도—경상도 이남 지방에서만 발견되고 있고 그 이북에서는 발견되지 않는 것도 특이한 현상이다.

청동기를 만든 재질로 보면 전남지방의 고인돌에서 출토한 동검들은 부식이 심해서 기타 지역에서 발견되는 동검들과 큰 차이를 보이고 있다. 또 우산리[4]의 경우에는 부러진 동검을 재가공하여 2점의 동검을 만들어 고인돌에 부장하였다. 송국리의 경우에도 동검의 꼬다리를 손질하여 끌로 전용하여 쓰고 있어 재료나 주조에 관련된 사정을 이해할 수 있다. 전남지방의 경우 부장품 대부분이 부러진 동검 파편들이거나 불완전한 청동기이다. 조악한 재질, 불완전한 청동기, 고인돌 유적 등 이런 요소들이 전남지방 청동기의 특징이라고 할 수 있다.

나. 세형동검문화

가) 유적의 입지와 분포

대부분의 청동기가 유적과 유리되어 발견되거나 학술조사가 뒤늦게 이루어져 유적의 성격을 완전히 파악하기는 불가능하다. 최근에 수습 조사가 충

4) 宋正鉉·李榮文, 위의 글.

실하게 이루어진 몇 사례를 보면 세형동검이 공반되는 유적은 석관묘·적석석관묘·적석목관묘 또는 석개토광묘로 밝혀졌다.

특히 대전 괴정동이나 함평 초포리, 화순 대곡리 등은 이 시기의 묘제를 대표하는 유적으로 손꼽을 수 있다. 그런데 이들 유적들은 요령식동검문화의 유적들과는 달리 유적들이 하나씩 독립해서 자리하고 있는 점이 주목된다. 초기 청동기문화를 대표하는 대전 괴정동[5]·부여 연화리[6]·예산 동서리[7]·아산 남성리[8]를 비롯하여 기타 화려한 청동기 일괄유물을 내는 무덤들은 한결같이 위치가 좋은 얕은 구릉의 사면, 넓은 뜰과 강이 바라다 보이는 곳에 단독으로 자리하고 있다. 요령식동검문화와 같이 주로 큰 강가에 자리하고 있으며 특히 금강·낙동강·대동강유역에 밀집해서 발견된다. 이러한 상황은 고급 청동기를 사용한 지배자들의 권위를 표현하는 것으로 보인다. 지리적으로 보면 청천강 이북에서는 거의 청동기가 발견되지 않거나 발견된다 해도 내용이 아주 빈약하다. 북으로는 연해주 마이헤 이즈웨스토프[9]에서 동검과 동경이 예외적으로 발견된 바 있으나 주요 분포지역은 대동강 이남, 특히 남한지역이다. 현재 발견된 청동기를 기준으로 하면 대동강·금강·영산강·낙동강유역을 청동기문화의 중심지로 들 수 있다.

청동기의 내용에 따라 여러 시기로 구분할 수 있는데 비교적 이른 시기의 청동기유적은 충남지방의 금강유역에 자리하고 있다. 괴정동·동서리·남성리·연화리 등은 초기의 세형동검문화를 대표하는 유적들인데 모두 금강유역에 자리하고 있어 한국식청동기문화의 발생과 파급을 살피는 데 중요한 단서가 된다. 특히 동서리의 경우 瀋陽 鄭家窪子[10]에서 발견된 청동기와 형태가 같은 나팔형동기와 원개형동기가 출토하여 요령지방과 충남지방의 문

---

5) 李殷昌, 〈大田 槐亭洞 靑銅器文化의 硏究〉(《亞細亞硏究》 11-2, 高麗大, 1968). 國立中央博物館, 《韓國靑銅遺物圖錄》(學術資料集 1, 1968).

6) 金載元·尹武炳, 〈扶餘·慶州·燕岐出土 銅製遺物〉(《震檀學報》 26·27, 1964). 國立中央博物館, 위의 책.

7) 池健吉, 〈禮山 東西里 石棺墓出土 靑銅一括遺物〉(《百濟硏究》 9, 忠南大, 1978).

8) 韓炳三·李健茂, 《南城里石棺墓》(국립박물관 고적조사보고 10, 1977).

9) 平井尙志, 〈沿海州新出土の多紐細文鏡とその一括唯物について〉(《考古學雜誌》 46-3, 東京 ; 日本考古學會).

10) 瀋陽古宮博物館 外, 〈瀋陽鄭家窪子的兩座靑銅器時代墓葬〉(《考古學報》 1975-1).

화교류와 경로를 알 수 있다. 대동강유역에서 청동기 형식으로 보아 후기에 속하는 청동기유적이 나오고 있는 점은 특이한 현상이다.

나) 유물의 분포

가장 표지가 되는 세형동검은 충남지방(금강유역)에서 나타나는 동검으로, 형식상 빠른 형태의 동검이 출토한다. 초기 세형동검과 반출하는 조문경은 대동강유역과 금강유역에서 발견되고 있는데 특히 금강유역에는 2/3 이상이나 분포하고 있다. 세문경은 청천강 이남에서 나타나고 있으나 역시 금강유역에서 가장 밀집하여 나타나고 다음이 영산강유역이다. 낙동강유역에서는 거의 발견할 수 없으며, 기타 지역에서는 드물게 나타나고 있다.

우리 나라 청동기의 특징 중 하나인 이형동기(쌍두령·간두령·팔주령·동탁 등 방울류)들은 대동강·금강·낙동강·영산강유역에서 집중적으로 발견된다. 이들은 지역적으로 밀집현상을 보이는 것이 특이한 현상인데 동탁과 누에고치형 방울을 제외하면 금강·낙동강·영산강유역에서만 보이고 예외적으로 함경도의 하세동리와 조양리에서 방울이 발견되고 있다. 시기적으로 빠르면서 다양한 이형동기들이 충청도지방에 집중되어 있는 것은 문화의 풍부함을 설명하는데 좋은 자료가 된다. 특히 괴정동과 남성리, 동서리에서 보이는 종교적 의기(검파형동기·원개형동기·방패형동기·나팔형동기)들은 충남지방에서만 보이는 현상인데 검파형동기는 한유적에서 3점씩만 나오는 것도 주목할 만하다.

한국식청동기는 아니지만 완주 상림리[11]에서 출토한 桃氏劍은 유물이나 유적의 성격이 특이하다. 중국 춘추 전국시대에 유행한 도씨검이 한꺼번에 26자루가 출토되었는데 유적은 특기할 만한 점이 없다. 이 제품이 한반도에서 제작된 것인지는 알 수 없으나 서해안에 가가운 완주지방에서 한곳에 대량으로 매납된 사실로 보아 제사적 성격의 유적이 아닌가 생각되며 한편 중국과 바다를 통하여 교류가 있었던 것으로도 짐작된다.

청동기 제작을 알 수 있는 용범(거푸집)은 경기도 용인[12]·맹산[13]·강원도

---

11) 全榮來, 〈完州 上林里出土 中國式銅劍에 關하여〉(《全北遺蹟調査報告》 6, 全州市立博物館, 1976).

12) 國立中央博物館, 앞의 책.

13) 梅原末治·藤田亮策, 앞의 책.

거진,[14] 부여 송국리, 전남 영암[15] 등지에서 나왔다. 이 용범들은 청동기문화의 중심을 아는 데 중요한 단서가 되지만 초기 세형동검문화의 중심지였던 충남지방에서는 아직 용범이 나온 예가 없어 자료의 증가를 기대하고 있다.

〈李康承〉

(2) 호남·호서지방의 유적

가. 요령식동검 유적

① 부여 송국리유적[1](충남 부여군 초촌면 송국리)

1974년 마을 사람의 신고로 공주사대 박물관과 국립공주박물관에 의해 발굴 조사된 이 유적은 석관묘 유적으로 지표면에는 아무런 표지가 없이 작은 소나무가 덮인 언덕의 남사면에 자리하고 있다. 유적의 주변은 낮은 평야가 발달해 있고 구릉 사이에 작은 시내가 흐르고 있어 농사에 좋은 곳이다.

유물이 발견된 유구는 석비레층을 파고 만들었다. 지표 아래 20㎝되는 곳에 260㎝×120㎝ 크기의 장타원형 뚜껑돌이 관 전체를 덮고 있었는데 정북에서 동으로 35° 기울어진 北枕이었다. 석관의 크기는 남북 205㎝, 동서 최대 폭 100㎝이며 바닥에 3장의 판석을 깔았고 네 벽은 높이 80~90㎝의 판석을 몇 장씩 세워 조립하였다(〈그림 1-①〉).

피장자의 왼쪽 팔에 해당하는 부분에서 遼寧式銅劍 1점(길이 33.4㎝)·靑銅鑿(끌) 1점(길이 6.2㎝)·一段柄式 磨製石劍 1점(길이 34.1㎝)·磨製石鏃 11점(길이 19.8~10.3㎝)·管玉 17점(길이 4.7~3.0㎝)·飾玉 2점 등이 집중적으로 발견되었는데 동검은 봉부가 발쪽을 향하고 있었고 동검 위에 관옥과 석촉들이 놓여 있었다. 주인공의 허리부분에서 봉부가 발치를 향한 마제석검이 놓여

---

14) 梅原末治·藤田亮策, 위의 책.

15) 林炳泰, 〈靈岩出土 靑銅器鎔范에 對하여〉(《三佛金元龍敎授停年退任紀念論叢》Ⅰ, 一志社, 1987).

1) 韓國考古學會, 〈扶餘 松菊里出土 一括遺物〉(《考古學》3, 1974).
金永培·安承周, 〈扶餘 松菊里 遼寧式 銅劍出土 石棺墓〉(《百濟文化》7·8, 公州師大, 1975).
姜仁求 외, 《松菊里》Ⅰ(국립박물관 고적조사보고 11, 국립중앙박물관, 1979).

〈그림 1－①〉　부여 송국리유적 석관묘

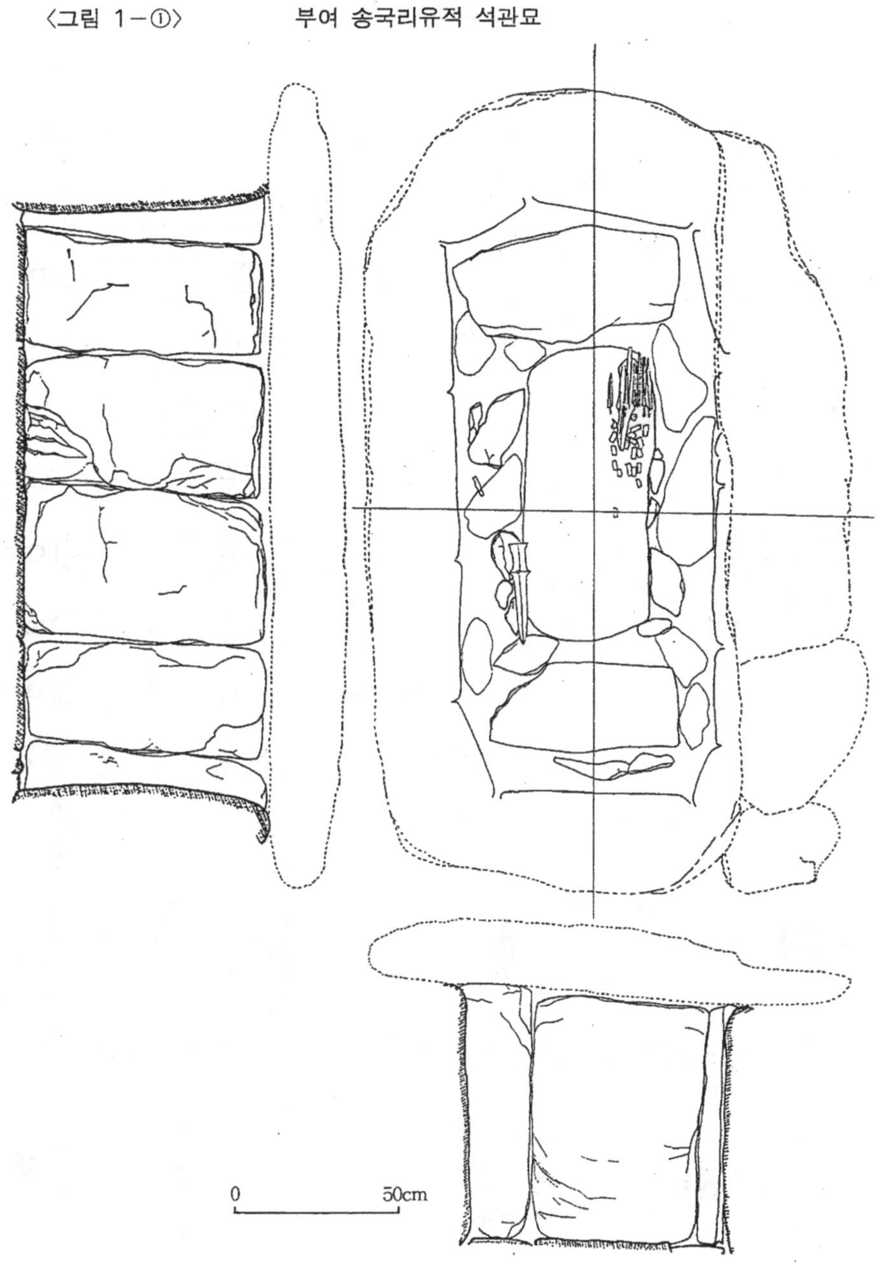

〈그림 1-②〉 부여 송국리유적 출토유물

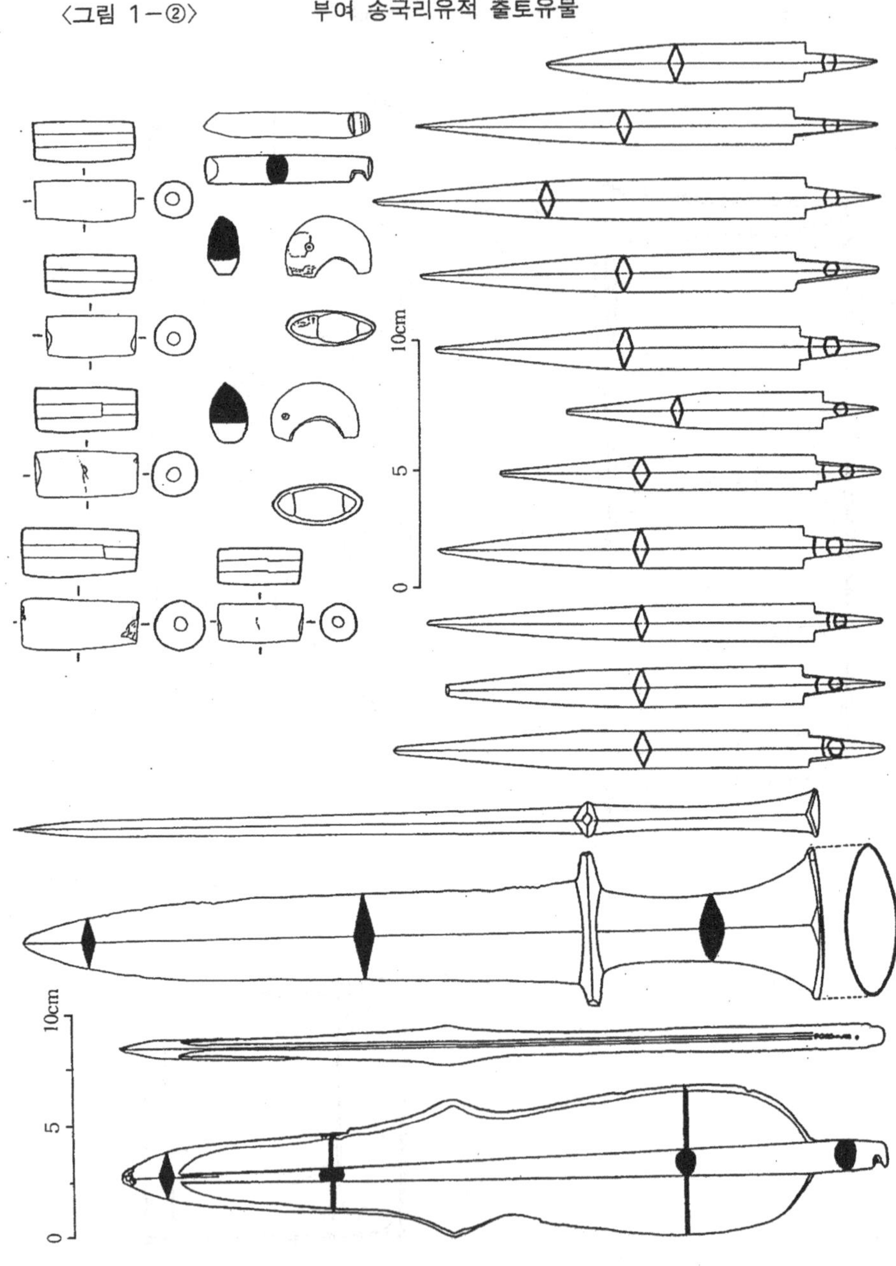

있었고 석검보다 약간 위에서 동착이 발견되었다(〈그림 1-②〉).

② 고흥 운대리유적[2](전남 고흥군 두원면 운대리)

1926년 주민이 집을 짓기 위하여 터를 고르던 중 유구가 발견되었다. 지하에 놓여 있는 커다란 돌을 들어내자 석관 구조가 나왔고 여기에서 마디가 일단인 석검 1점이 묻혀 있었다. 이것이 계기가 되어 4기의 고인돌을 조사하게 되었는데 원래는 주변에 32기의 고인돌들이 흩어져 있었다.

운대리유적의 유구는 모두 개석의 아래에 매장부가 있는 남방식 고인돌이었으며 커다란 개석 아래에 네 벽을 할석으로 쌓았다. 별다른 유물이 나오지 않았으나 고인돌떼의 서쪽 끝부분에서 지하유구의 일부가 노출되어 조사한 결과 동검 1점(현재길이 14.0㎝)이 나왔다. 그런데 이 동검은 요령식동검의 하반부 파편으로 날부분이 깨져나가 형태를 알 수 없었으나 원래부터 부러진 동검을 부장한 듯하며 정확한 유구에서 동검이 나온 최초의 예가 된다(〈그림 2〉). 유구는 길이 185㎝, 폭 130㎝, 깊이 40㎝ 정도의 석곽으로 네벽을 할석으로 쌓았으며 바닥은 판석을 깔았다. 이 석곽의 바닥 중간에서 동검편이 나왔다. 조사 당시에는 지상에 아무런 표시가 없었으나 주변 상황으로 보아 남방식 고인돌이 개석을 잃어버린 하부구조로 보인다.

〈그림 2〉 운대리유적 출토동검

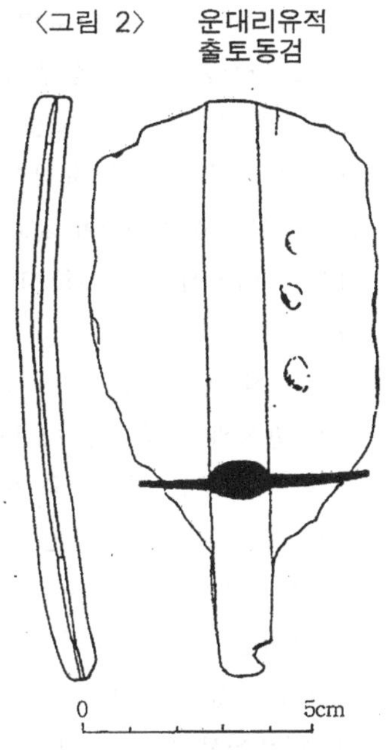

③ 여천 적량동 상적유적[3](전남 여천시 적량동 전 392번지)

1989년 3월 호남정유공장 확장공사 중 부지 안에 있는 고인돌을 조사하는 과정에서 유물이 출토되었다. 공장 확장으로 지형이 바뀌어 지금은 공장부지

---

2) 有光敎一,《朝鮮磨製石劍の硏究》(京都大 文學部 考古學叢書 2, 1959).
梅原末治・藤田亮策,《朝鮮古文化綜鑑》(1)(奈良 ; 養德社, 1947).

3) 李榮文・鄭基鎭,《麗川 積良洞 상적 支石墓》(全南大 博物館・麗川市, 1993).

의 최남단에 해당한다. 자연 지형은 영취산(표고 510m)에서 광양만쪽으로 흘러내린 여러 갈래의 산줄기 사이에 형성된 계곡 평지중의 하나이다. 남북으로 내려온 얕은 산기슭 끝에 자리하고 있는데 원래는 30여 기의 고인돌이 있었던 듯하나 개석이 이동되고 훼손이 심한 상태였다.

7호 고인돌 : 괴석형의 상석 아래에 6개의 지석이 있었는데 원래는 10여 개가 있었던 듯하다. 그 아래에서 적석이 깔려 있고 가운데 할석을 이용해서 만든 석실이 나왔다. 석실 중앙에서 서쪽에 치우친 바닥에서 목제의 칼집을 썼던 것으로 추정되는 요령식동검 1점(길이 33.6㎝)이 출토되었다(〈그림 3〉).

2호 석곽형 석실 : 상부의 상당부분이 깎여나가 원상을 알 수 없다. 표토 아래에서 적석시설이 노출되었는데 이 가운데에서 할석의 평면을 이용하여 만든 석곽형 매장부 윤곽이 나왔다. 내부에서 요령식동검 1점(추정길이 35.0㎝)·동모 1점(복원길이 28.0㎝), 관옥 5점(길이 0.76~0.95㎝)이 나왔고 주변의 적석 사이에서 *有溝石斧* 1점, 숫돌 2점과 약 200여 편의 민무늬토기편들이 나왔다.

4호 석곽형 석실 : 표토를 제거하자 바로 석곽 구조가 나왔다. 바닥에는 먼저 판석과 잔자갈을 이용하여 깔고 그 위에 할석을 이용하여 벽을 쌓았는데 벽의 일부는 잔자갈을 이용하여 쌓았다. 내부에서 원래의 길이가 35㎝ 정도되는 긴 요령식동검 편 1점과 민무늬토기·홍도 등의 토기편들이 나왔다.

9호 석곽형 석실 : 표토 제거작업 중 적석이 노출되어 조사하였다. 비교적 큰 할석을 써서 장축이 남북인 곽을 만들고 할석 사이를 자갈돌로 채웠다. 주변의 상황으로 보아 지석이 있었고 그 위에 상석이 있는 고인돌로 추정된다. 내부에서 동검 파편 1점(현재길이 10.0㎝)이 나왔고 주변 적석층에서 민무늬토기 바닥과 홍도의 胴體部 1점, 그리고 적석 외곽에서 숫돌(길이 4.5㎝)과 石鑿 1점(길이 5.0㎝)이 나왔다.

13호 석곽형 석실 : 교란과 파괴가 심하며 지석으로 보이는 석재가 보이지 않는데 만약 상석이 있었다면 지석이 없이 적석 위에 상석이 놓여 있었을 듯하다. 장축이 북동－남서이고 자연석과 할석을 이용하여 벽을 쌓았으며 자연석을 바닥 전면에 깔았는데 바닥 돌틈을 진흙으로 메웠다. 12호 유구를 정리하는 과정에서 동검 1점을 발견하였다.

〈그림 3〉 여천 적량동 상적 7호 고인돌과 출토동검

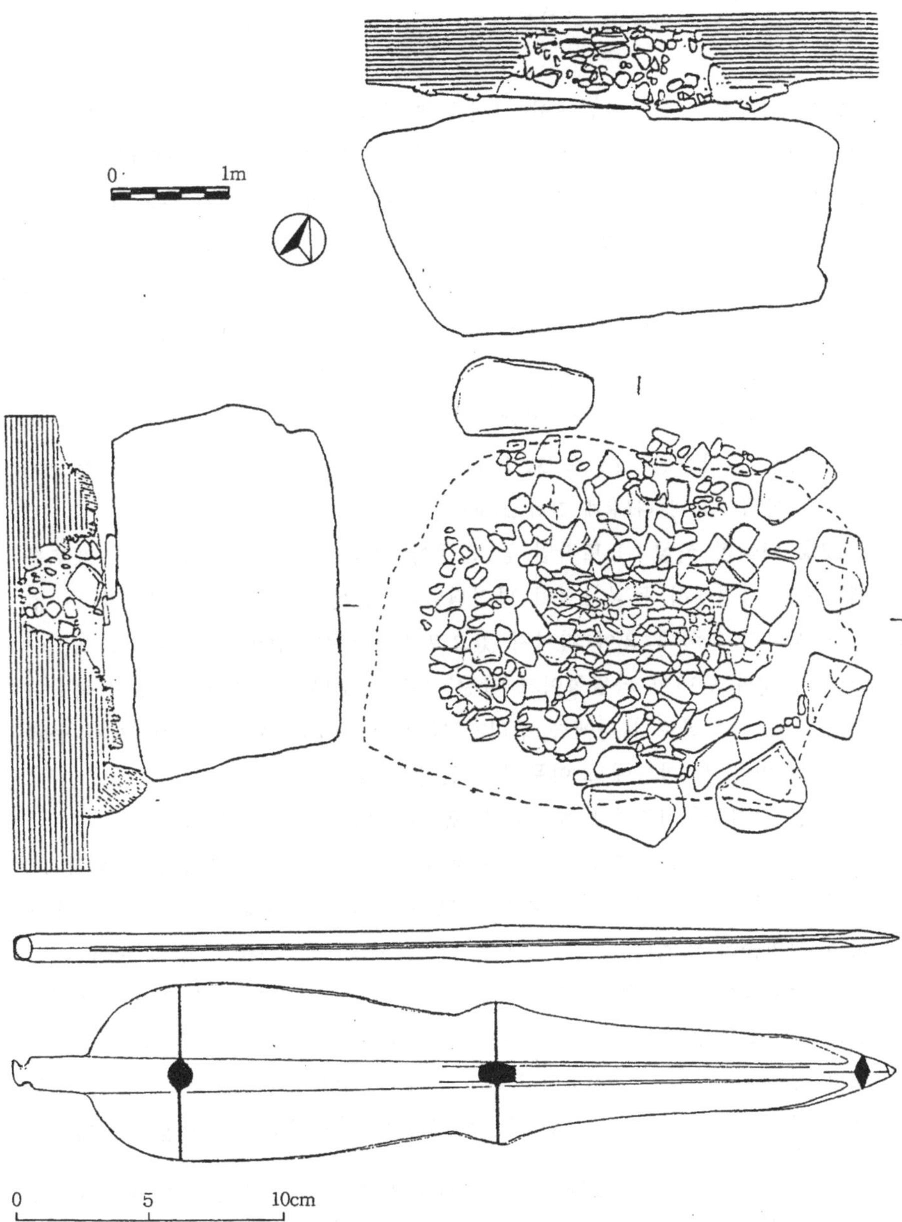

발견된 동검은 돌기부 바로 아래부분만 남아 있어 전체 형태를 알 수 없으나 꼬다리나 하반부의 확장상태로 보아 요령식동검으로 보인다(현재 길이 18.0㎝).

21호 석곽형 석실 : 단면에서 석실을 확인하여 조사되었다. 지석으로 쓰였던 괴석들이 보이지 않고 뚜껑돌로 쓰였음직한 판석만 5개 보인다. 석실은 할석으로 쌓은 석곽형이며 장축은 동서방향이고 바닥에는 자갈을 깔아 놓았다. 내부에서 요령식동검 1점, 셰일 계통의 석재편이 몇 점 나왔다. 동검은 돌기부와 봉부가 없어졌는데 일부가 부러지고 심하게 굽어 있다. 짧은 꼬다리 한쪽에 홈이 나 있고 돌기부에 해당하는 등대 단면은 타원형에 가까운 6각형으로 양면이 돌출되어 있으나 그 이하는 타원형이다. 꼬다리에는 자루에 끼워 결박하였던 흔적이 희미하게 남아 있고 밑바닥을 수습 처리한 결과 목질의 흔적이 발견된 것으로 보아 나무자루를 쓴 것 같다. 하반부가 둥글게 기부에 이행하고 있다(현재 길이 25.8㎝).

22호 위석형 석실 : 표토작업 중 돌들이 원형으로 돌려져 있었는데 표토를 제거하는 과정에서 동검 1점이 발견되었다. 결실이 심하여 원형을 알 수 없으나 꼬다리 한쪽에 홈이 파여져 있으므로 요령식동검의 파편인 것을 알 수 있다. 등대의 단면이 타원형이고 갈린 흔적이 없다(현재 길이 7.8㎝). 상석이나 지석이 없어 석실로 보기에는 무리가 많다. 하부에는 자연석 10여 개가 둥글게 놓여 있을 뿐 바닥에도 아무런 시설이 없었다.

④ 여천 평려동유적[4](전남 여천시 평려동 산본마을 137·158·197번지)

제일모직 여천공장 확장공사에 따라 1989년 전남대학교 박물관에 의해 36기의 고인돌이 발굴되었다. 영취산 아래 계곡의 골짜기에 형성된 퇴적층에 3군의 고인돌이 있었다. 동검은 나군 2호 고인돌에서 나왔다. 상석 아래 지석이나 뚜껑돌이 없이 할석으로 축조한 석실만 드러났는데 대부분이 유실되어 원래의 모습을 잃고 있었다. 장축을 동서방향으로 두고 할석으로 곽을 축조하였다. 발굴된 동검 1점은 부식상태가 심하여 등대와 날 일부만 남았는데 등대 단면이 타원형일 뿐 아무런 특색이 없으나 전남지방의 고인돌에서 나오는

4) 李榮文·崔仁善·鄭基鎭, 《麗川 平呂洞 산본 支石墓》(全南大 博物館·麗川市, 1993).

요령식동검의 파편으로 추정된다(현재 길이 14.5㎝). 주변에서 민무늬토기가 몇 편 수습되었다.

⑤ 여천 오림동유적[5](전남 여수시 오림동 오림정이 마을 묘 77·103, 전 135-2번지)

1989년 진남체육공원 조성을 위한 지표조사 중 여러 고인돌이 발견되었다. 즉 77번지에 5기, 103번지에 5기, 135-2번지에서 1기가 발굴 조사되었는데 지금은 체육공원내에 포함되어 있다. 8호 고인돌과 5호 석곽에서 동검편들이 나왔다.

8호 고인돌 : 塊石形의 상석 아래 주변에 6개의 지석이 있고 그 주위에 적석시설이 있었다. 장축이 동서방향인 석곽을 판석과 할석으로 쌓고 그 위에 4개의 판석으로 뚜껑을 덮었다. 바닥에는 판석을 깔고 사이를 잔자갈로 채웠다. 여기에서 요령식동검의 파편으로 동질이 나쁜 동검편 1점(현재 길이 6.7㎝)과 석촉 2점(길이 9.2㎝)이 출토되었다. 석촉은 몸의 단면이 마름모꼴이고 꼬다리의 단면이 6각형인 버들잎모양의 편암제였다(〈그림 4〉).

5호 석곽 : 원상이 크게 파괴되어 지석이나 상석이 있었는지 알 수 없으나 뚜껑돌로 추정되는 판석이 주위에서 발견된다. 적석 일부가 주변에 남아 있고 동벽과 남벽 일부만 남아 있는데 장대석을 이용하여 구축한 석곽형이다. 내부에는 잔자갈이 섞인 부식토로 채웠는데 장축은 동서방향이다. 여기에서 동검편 3점과 벽옥제로 양쪽에서 구멍을 뚫은 관옥 2점(길이 0.5㎝, 1.6㎝)이 바닥에서 나왔다. 동검편의 꼬다리 부분은 한쪽에 홈이 나 있고 유기물질로 묶은 흔적이 보이고 있어 나무자루를 썼던 것으로 추정된다. 검신은 등대의 단면이 6각형이고 날부분이 조금 붙어 있으나 자세한 것을 알 수 없다.

⑥ 여천 봉계동유적[6](전남 여천시 봉계동 전 164·528번지)

대곡마을과 월앙마을의 경지정리 공사가 계기가 되어 1988년 전남대학교 박물관에 의해 조사되었다. 虎郎山(해발 401.6m)과 戰鳳山(해발 379.3m)에서 뻗은 구릉 사이에 형성된 충적대지 위에 고인돌들이 분포하고 있었다.

월앙 10호 고인돌 : 전 538번지 경지 정리지구 서쪽에 있었다. 괴석형의 상석 옆에서 석곽이 발견되었는데 상석이 이동한 것으로 판명되었다. 석곽은

---

5) 李榮文·鄭基鎭,《麗水 五林洞 支石墓》(全南大 博物館·麗川市, 1992).
6) 李榮文,《麗川市 鳳溪洞 支石墓》(全南大 博物館·麗川市, 1990).

〈그림 4〉 여천 오림동 8호 고인돌과 출토유물

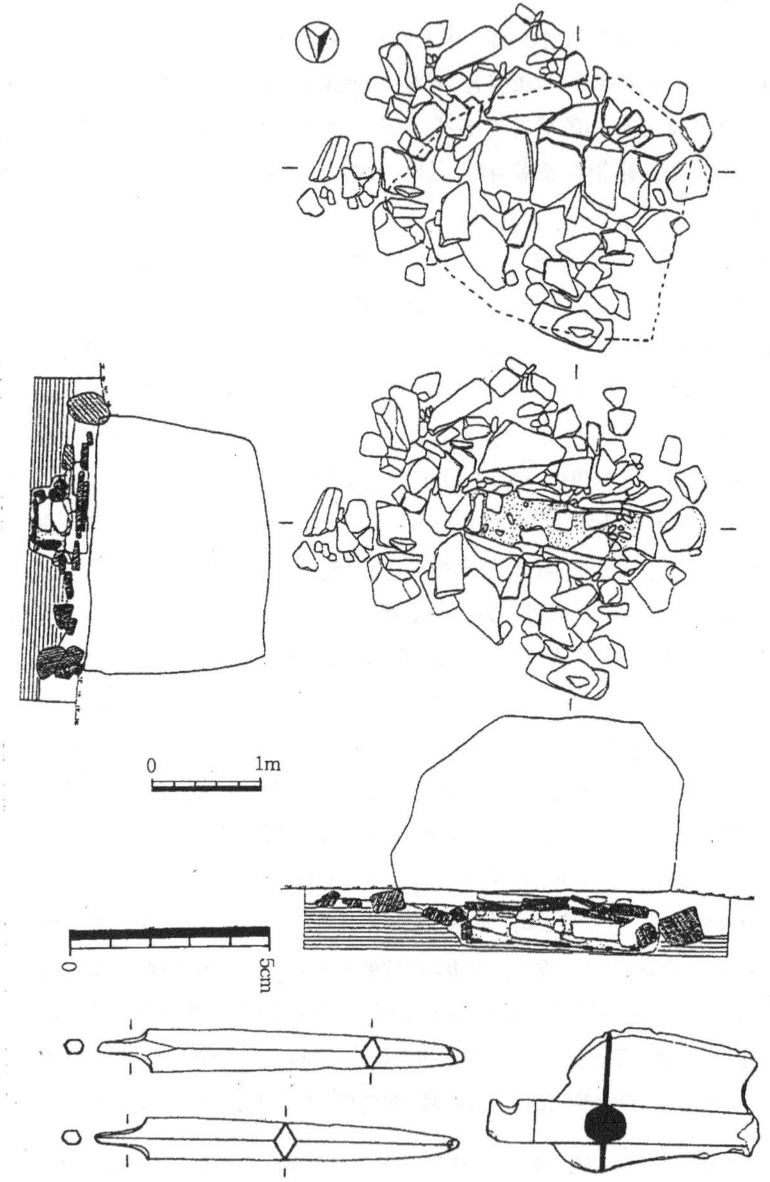

남동모서리가 없어졌는데 할석으로 쌓았으며 장축은 동서방향이다. 바닥 동쪽과 중앙에서 관옥 14점이, 서쪽에서 천하석제 소옥 1점과 벽옥제 관옥 1점, 동검편 1점(현재 길이 3.8㎝)이 나왔다.

⑦ 승주 우산리유적[7](전남 승주군 송광면 우산리)

1988년 주암댐 수몰지구 유적을 조사하던 중 전남대학교 박물관에서 발굴조사하였다. 내우마을에서 북으로 약 600m 떨어진 산기슭 아래 구릉 위에 있다. 이 일대에는 120여 기의 고인돌이 4개의 무리를 지어 분포하고 있었는데 남북방향으로 열을 지어 놓여 있었다. 8호와 38호 고인돌에서 요령식동검이 출토하였다.

8호 고인돌 : 뚜껑돌 아래에 석관이 있는 남방식 고인돌이다. 남북 길이 310㎝, 동서 폭 180㎝의 커다란 뚜껑돌 아래에서 하부구조가 나왔는데 바닥에 얇은 판석 16장을 깔고 네 벽은 할석으로 쌓았으며 뚜껑은 길이 60~80㎝정도의 판상석 6장으로 덮었다. 석실의 크기는 길이 147㎝, 폭은 50~56㎝로 남쪽이 더 넓으며 깊이는 55㎝이다. 장축은 남북이며 북에서 동으로 11° 기울어져 있다. 벽석의 상면 주위로 할석을 한겹 깔았는데 그 범위는 210㎝×280㎝ 정도이다. 요령식동검 1점과 식옥 2점, 소옥 5점이 나왔다(〈그림 5〉).

동검은 곽의 북쪽 서벽아래에서 서벽과 15m 정도 떨어져 벽과 나란히 놓여 있었는데 동검의 끝을 북으로 향하고 있었다. 끝을 양쪽에서 갈아 뾰족하게 만들었는데 부러진 파손품을 다시 가공하여 만든 것이다(현재 길이 17.8㎝·대폭 5.5㎝·다리 길이 4.0㎝).

식옥은 남벽 아래 중앙에서 약간 서쪽으로 치우쳐 있는 타원형의 바닥돌 양쪽에서 나왔다. 천하석제로 서쪽에서 나온 것은 머리와 꼬리부분이 뾰족하고 배가 오목하게 파여 있으며 머리쪽이 약간 완만한 곡선을 이루고 있다. 구멍은 몸체 거의 중앙에 양면에서 뚫었다. 동쪽 것은 머리와 꼬리부분의 끝이 절단되었고 배가 오목하게 파여 있다.

그리고 소옥(지름 0.4~0.6㎝)은 모두 곽의 남쪽 부분에서 나왔다. 원형에 가까우며 구멍이 뚫려 있다.

---

7) 宋正鉉·李榮文, 〈牛山里 내우 支石墓〉(《住岩댐水沒地域 文化遺蹟發掘調查報告書》 II, 全南大 博物館·全羅南道, 1988).

〈그림 5〉 승주 우산리 8호 고인돌과 출토유물

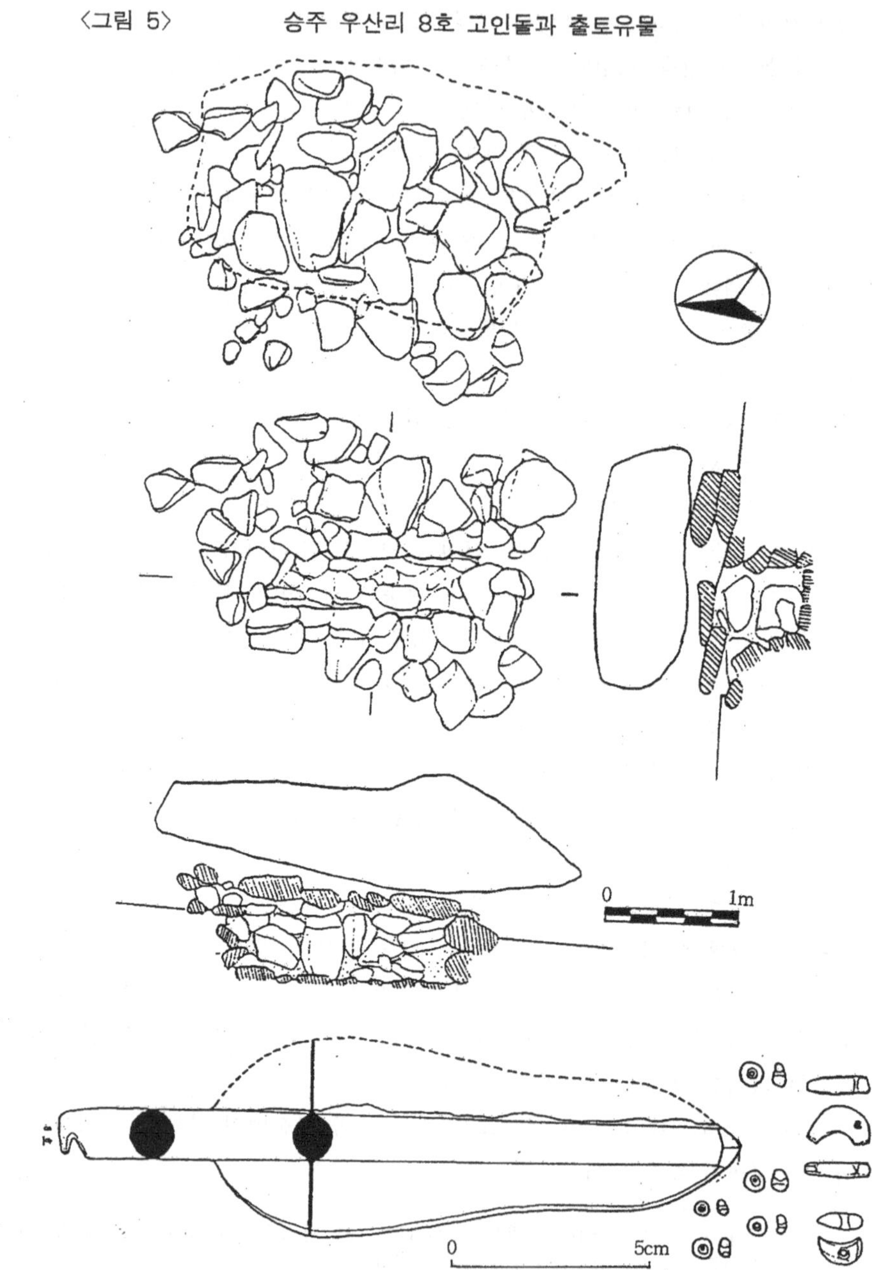

38호 고인돌 : 남북 장축 길이 190㎝, 동서 폭 130㎝인 상석 아래에 장대석 1개로 뚜껑을 마감한 남방식 고인돌이다. 석실의 크기는 길이 150㎝, 폭 43㎝, 깊이 20㎝인데 바닥에는 두께 10㎝ 정도의 작은 냇돌과 잔자갈이 깔려 있었고 네 벽은 모두 판석을 세워 석실을 만들었다. 여기에서 발견된 요령식동검은(1점) 양쪽 날부분이 거의 부식되어 떨어져 나갔는데 꼬다리 한쪽에 홈이 나 있다. 꼬다리 부분에는 주조 때 생긴 주조흔적이 두껍게 남아 있는데 이것은 부러진 동검의 상반부를 다시 가공하여 쓴 것으로 보인다(현재 길이 18.5㎝).

⑧ 보성 덕치리유적[8](전남 보성군 문덕면 덕치리)

덕치리 신기마을과 척치마을 중간에 자리하고 있다. 즉 이 유적은 척치마을 남쪽 해발 324.6m에 있는 산에서 북으로 흘러내린 언덕에 있는데 마을에서 동북으로 500m 정도 떨어진 곳이다.

1호 고인돌 : 괴석형 상석 아래 지석이 있는 형식이다. 주변에 적석부가 있었고 가운데 빈 공간이 석곽부분이었다. 장축이 동－서 방향이었는데 편마암과 냇돌을 이용하여 벽을 쌓았고 바닥에는 납작한 냇돌과 편마암을 섞어 깔았다. 서쪽으로 치우친 중앙부분 남쪽 벽 아래에서 동검 1점과 홍도 파편이 발견되었다.

동검은 칼 끝을 서쪽으로 둔 상태로 발견되었는데 칼 아래쪽에서 목질부분흔적이 있다. 이는 나무 칼자루가 썩은 흔적인 듯하다. 한쪽 날 대부분이 결실되었고 꼬다리 일부도 부러져나갔다. 동질이나 형태로 보아 요령식동검의 파편인 것으로 확인된다(현재 길이 23.0㎝).

석곽내 바닥에서 수습된 홍도 파편의 목부분은 두께가 0.2㎝ 내외로 매우 얇고 바깥에 암적색의 칠이 칠해져 있다.

15호 고인돌 : 개석 아래에 뚜껑이 보이지 않는 석곽이 있다. 북이 터진 ㄷ자형 석곽인데 북으로 20° 기운 동서향을 장축으로 하고 있으며 냇돌로 벽을 쌓았다. 바닥 군데군데 넓적한 냇돌을 깔았다. 서쪽으로 치우친 곽의 중앙부에 석검 1점(길이 28.5㎝)이 있었고 석검에서 남벽에 걸쳐 석촉 21점(길이 6.3~12.5㎝)이 한꺼번에 나왔으며 또 동쪽에 8점의 석촉과 동촉 1점(길이 8.2㎝)이 나왔다(〈그림 6〉).

8) 尹德香, 〈德峙里 신기 支石墓〉(《住岩댐水沒地域 文化遺蹟發掘調查報告書》 Ⅲ, 全南大 博物館 · 全羅南道, 1988).

〈그림 6〉 보성 덕치리 15호 고인돌과 출토유물

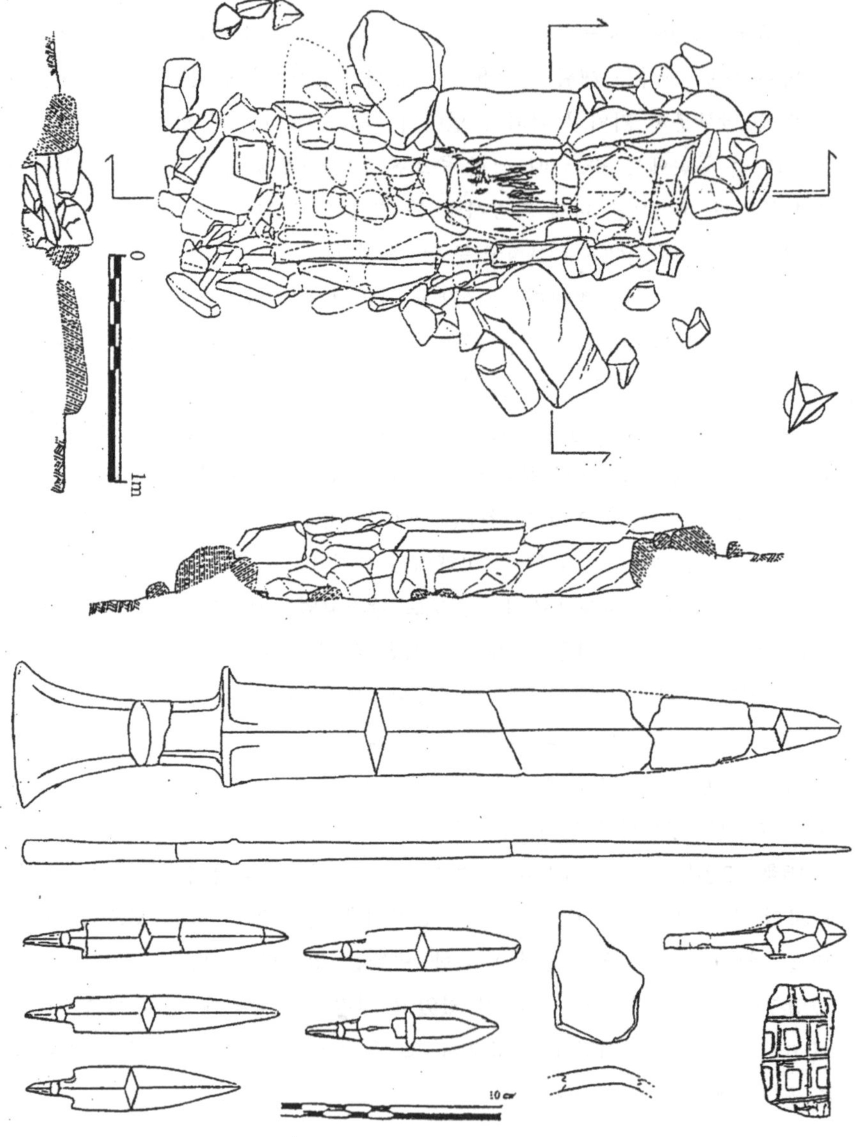

나. 세형동검 유적

① 양평 상자포리유적[9](경기도 양평군 개군면 상자포리 417번지)

1972년 9월 상자포리 남한강의 퇴적층에 있는 고인돌을 발굴하는 과정에서 동검 1점과 방추차·식옥 각 1점이 발견되었다. 표토층을 제거하자 3개의 커다란 돌이 ㄷ자형으로 놓여 있었는데 그 내부의 할석을 들어내고 조사하는 과정에서 개석으로 생각되는 돌이 아래에서 발견되었다. 그 주변에서 식옥 1점과 점판암제의 紡錘車 1점(지름 6.2~6.4㎝, 두께 1.0㎝)도 수습하였다. 원래는 고인돌 아래에 부장되었던 것인데 고인돌이 교란되면서 주변에 흩어진 듯하다.

1호 고인돌의 적석 위에서 발견된 동검은 녹이 짙게 덮여 있었고 동질은 백동질이 아닌 황동색이다. 봉부의 길이는 1.5㎝이고 등대에 세운 稜角이 결입부 이하에 미치지 않고 있으며 검신의 하반부가 호선을 그리며 기부에 연결되고 있다(길이 22.5㎝).

천하석제 식옥은 반원형에 가까우며 구멍이 한쪽에 뚫려 있고 가운데가 배가 부른 단면을 가지고 있다(길이 2.1㎝, 너비 1.3㎝, 두께 0.5㎝).

② 청원 비하리유적[10](충북 청원군 강서면 비하리 산 51번지)

1974년 1월에 매장문화재로 국고에 귀속된 일괄유물이다. 자세한 출토지점이나 상황을 알 수 없다. 백동질의 세형동검 1점(길이 19.2㎝), 黑陶長頸壺 1점(높이 26.8㎝), 粘土帶土器 1점(높이 10.1㎝), 토제 방추차 1점(지름 3.8㎝) 등의 유물이 수습되었다.

③ 부여 연화리유적[11](충남 부여군 초촌면 연화리)

1963년 봄에 사방공사를 하다가 발견하였다. 인부들이 유구를 파괴하였으나 후에 국립중앙박물관에서 다시 조사하여 석실의 일부를 확인하였다. 유적은 연화리 뒤에 있는 해발 41m의 구릉에서 동쪽으로 연장되는 능선 위에 있었다. 사방공사 당시 지표에는 아무런 흔적이 없었다고 하는데 석

9) 秦弘燮·崔淑卿, 〈楊平郡 上紫浦里 支石墓 發掘報告〉(《八堂·昭陽댐水沒地區遺蹟發掘綜合調査報告》, 文化財管理局, 1974).

10) 韓國考古學會, 〈淸原 飛下里出土 一括遺物〉(《考古學》 3, 1974), 150~152쪽.

11) 金載元·尹武炳, 〈扶餘·慶州·燕岐出土 銅製遺物〉(《震檀學報》 26·27, 1964).

관묘였던 듯하다.

복원한 유구의 크기는 길이 140㎝, 폭 50㎝, 깊이 55㎝였다. 바닥에는 얇은 판석조각을 깔았으나 벽은 두께 10㎝ 정도 되는 할석을 이용하여 한겹으로 이어붙인 것처럼 쌓아 올렸다. 처음 발견되었을 때는 석실 위에 구들장만한 판석 5~6장이 덮여 있었다고 한다. 현 지표면에서 석실 바닥까지의 깊이는 약 80~100㎝이다. 석실의 방향은 북북서-남남동이며 인부들이 발견하여 신고한 유물은 세형동검 4점(각 길이 31.0·268·24.2·20.4㎝), 조문경 1개체분(복원지름 12.8㎝)이었고 수습조사 때 식옥 1점(길이 4.2㎝)을 수습하였다. 정확한 유구에서 청동검이 출토된 것은 이것이 처음이다(〈그림 7〉).

④ 부여 구봉리유적[12](충남 부여군 구룡면 구봉리)

1985년 구봉리 공동묘지에서 유물이 발견되었으며 매장이 끝나고 봉분을 만들고 있는 중이어서 유적의 구조는 확인할 수 없었다. 유적은 표고 25m 정도의 언덕 남쪽 경사면에 위치하고 있으며 묘광은 풍화암반을 파고들어가 만들었다. 발견자들의 말에 따르면 지표면의 부식토 50㎝ 정도 아래에 석비례층이 나왔고 남북 180㎝, 동서 100㎝ 정도의 묘광에 지름 25~30㎝ 가량의 자연석으로 구축된 석축시설이 있었다고 한다.

이 시설의 깊이는 약 50㎝ 정도이고 남벽에는 1매의 점판암판석이 세워져 있었으며 유물은 남벽에 이어져 남쪽 바닥에 깔려있는 1매의 점판암 판석위에 놓여져 있었다고 한다. 돌뚜껑이나 특별한 바닥 시설은 없었던 것으로 알려져있다.

동검은 11점으로 일괄출토의 예로 최대를 기록하며 그 중 등대의 마연부가 첫째마디까지 나 있는 것이 7개, 基部까지 나 있는 것이 4개이다(19.2~34.0㎝).

그 외에 동과 2점(각 길이 26.8㎝, 25.4㎝), 도끼 2점(각 길이 11.9㎝, 11.0㎝), 거울 2점(각 지름 13㎝, 10.8㎝), 끌 1점(길이 10.0㎝), 조각도 1점, 숫돌, 돌도끼, 흑도장경호, 납작한 호가 각각 1점씩 나왔다.

12) 李康承, 〈扶餘 九鳳里出土 靑銅器一括遺物〉(《三佛金元龍敎授停年退任紀念論叢》Ⅰ, 一志社, 1987).

〈그림 7〉 부여 연화리유적 출토유물

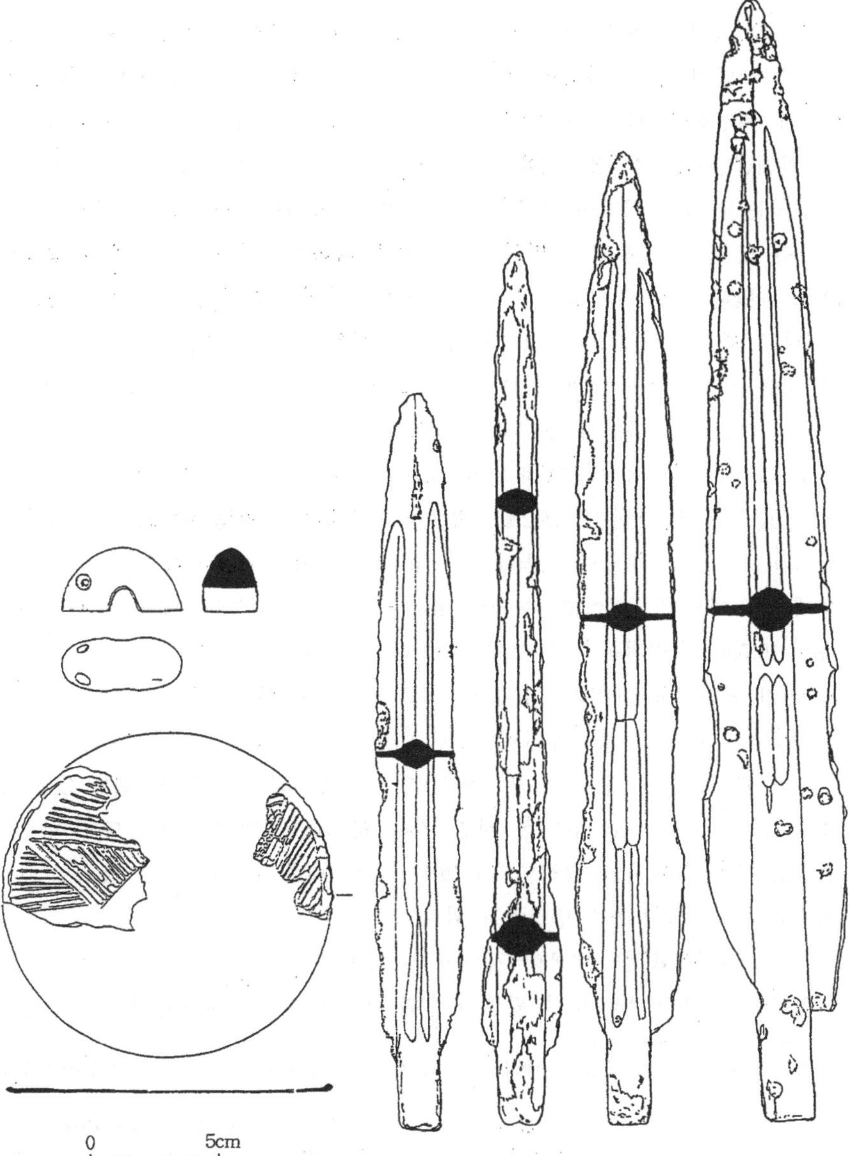

⑤ 부여 합송리유적[13](충남 부여군 규암면 합송리 1구 산 4번지)

1989년 4월 밭에서 포클레인으로 땅을 고르던 중 지표 아래 1.5m에서 청동기가 발견되어 국립부여박물관에 신고함으로써 알려지게 되었다. 이 곳은 반산저수지 남서편에 해당하며 표고 25m의 얕은 야산의 정상에 가까운 북쪽 경사면에 해당한다. 매장문화재로 신고된 일괄유물 이외에 수습조사에서 동과 1점, 철제끌(鐵鑿) 1점, 유리관옥 7점, 토기편 등을 흙더미 속에서 수습하였다.

유구는 이미 파괴되어 흔적을 알 수 없었으며 다만 유구를 구성하였던 할석들을 몇 점 확인하였다. 발견자의 증언에 의하면 유물은 한 곳에서 집중적으로 나왔다고 하며 구덩이는 장축이 남북방향이었고 구덩이의 흙은 생토와는 다른 회흑색을 띠고 있었다고 한다. 유적은 단독분묘이고 할석으로 벽체를 쌓은 적석석관묘 계통이거나 또는 묘광과 목관사이의 공간에 할석을 돌린 圍石木棺墓가 아닌가 추정되고 있다.

신고된 유물은 동탁 2점(각 길이 13.1㎝, 14.4㎝), 동검 2점(각 길이 29.7㎝, 33.7㎝), 圓蓋形銅器 1점(지름 22.2㎝), 세문경 편 1점(복원 지름 26.8㎝), 이형동기 1점(길이 9.5㎝), 철제도끼 2점(각 길이 16.4㎝, 17.0㎝), 유리관옥 7점(5.0~6.1㎝), 흑색토기 바닥편 1점이고, 수습된 유물은 동과 1점(길이 27.9㎝), 철제끌 1점(길이 16.7㎝), 유리관옥 7점, 토기편들이다(〈그림 8〉).

⑥ 연기 봉안리유적[14](충남 연기군 장기면 봉안리 안기마을)

봉안리 안기마을 뒷산에서 무덤을 만들다가 동검(길이 33.1㎝)과 동과 각 1점(길이 26.2㎝)을 수습함으로써 본격적인 조사를 하게 되었다. 해발 30m 정도의 산 정상 가까이 남향한 사면 지하 약 1m 지점에서 부식토가 나오는 윤곽을 따라 유물을 수습하였다고 한다. 돌에 대한 언급이 없는 것으로 보아 토광묘계통의 무덤으로 추정하고 있다.

⑦ 대전 괴정동유적[15](대전광역시 서구 괴정동)

1967년 현재의 한국통신 뒷산 과수원에서 발견된 석관묘유적이다. 농부가

13) 李健茂, 〈扶餘 合松里遺蹟出土 一括遺物〉(《考古學誌》 2, 韓國考古美術研究所, 1990).

14) 安承周, 〈公州 鳳安出土 銅劍·銅戈〉(《考古美術》 136·137, 韓國美術史學會, 1978).

15) 李殷昌, 〈大田槐亭洞 青銅器文化의 研究〉(《亞細亞研究》 11-2, 高麗大, 1968).
國立中央博物館, 《青銅遺物圖錄》(國立博物館 學術資料集 1, 1968).

〈그림 8〉 부여 합송리유적 출토유물

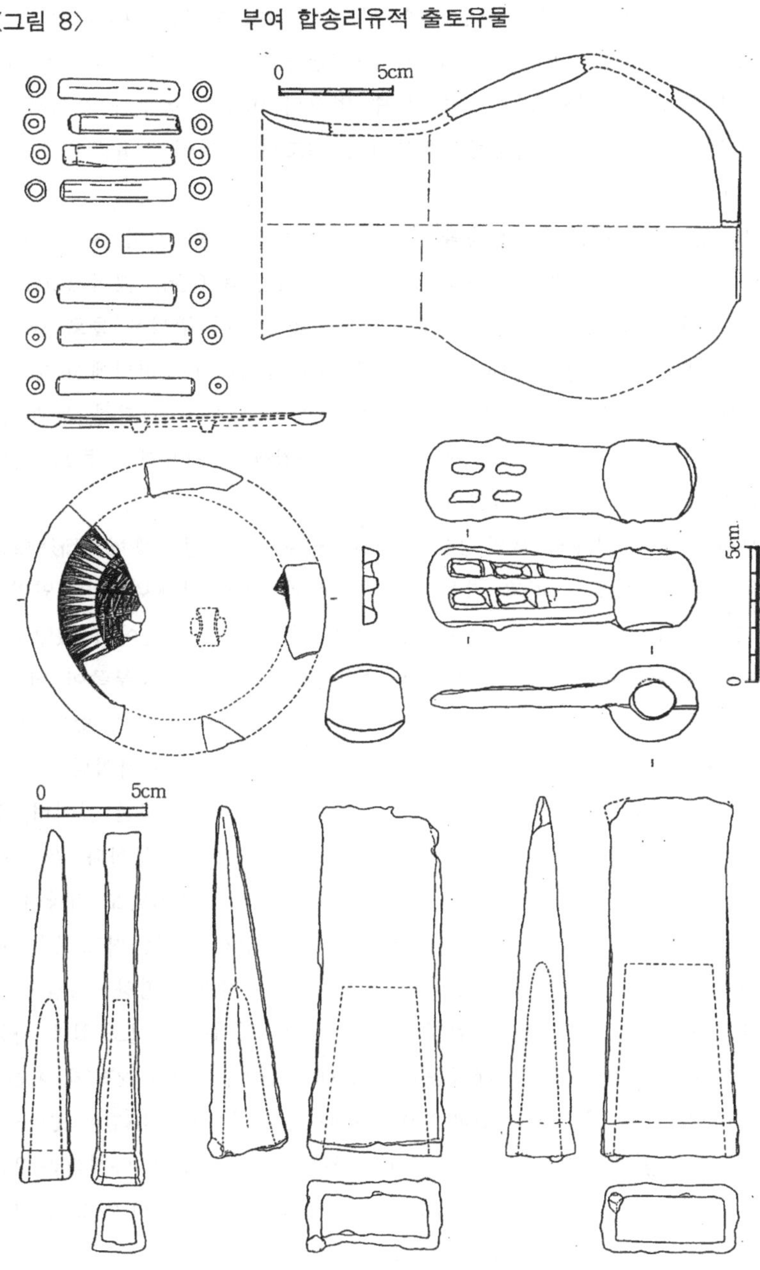

밭을 갈다가 쟁기에 걸린 돌을 들어 내던 중 유물이 발견되었는데 당시로서는 해방후 최대의 일괄 청동기로 기록될 만하였다. 유적은 농부에 의해 파괴되어 유물의 출토상황을 자세히 알 수 없으나 비교적 농부가 자세히 기억하고 있었으므로 나중에 국립중앙박물관의 재조사 과정에서 윤곽을 파악할 수 있었다.

유적은 남북방향으로 장축을 두고 있었는데 남북 길이 3.3m, 동서 폭 2.8m 가량의 풍화암반을 파내려가서 길이 2.2m, 폭 0.5m, 깊이 1.0m 크기의 석관구조를 만들었다. 바닥에는 돌을 깔지 않았으며 뚜껑은 돌로 덮지 않았으므로 내부에는 위에서 내려앉은 돌로 채워져 있었다. 바닥에서 얇은 나무조각의 썩은 흔적이 나오는 것으로 보아 석실 내부에 간단한 목관 흔적이 있었던 듯하다. 이와 같은 석관 위의 빈 공간에는 지표까지 돌로 채웠으며 지상에는 아무런 표지가 없었다(〈그림 9-①〉).

무덤의 북쪽 끝에서 토기 2점이 발견되었으며 그 남쪽에 劍把形銅器와 防牌形銅器 및 銅鐸, 그리고 거울과 원개형동기 등이 차례로 놓여 있었다. 남쪽 부분에서는 天河石으로 만든 장식옥과 작은 옥들이 흩어져 있었고, 중간 허리부분에서는 동검 1점과 마제석촉이 나왔다. 동검은 자루쪽이 남쪽을 향하고 있었으며, 장식옥은 1쌍으로 나와 귀거리장식으로 보고 있다. 이들 유물의 위치로 보아 주인공은 남쪽으로 머리를 두고 묻은 듯하였다.

이 괴정동유적은 세형동검이 나오는 유적으로는 가장 빠른 것이며, 원개형청동기나 흑도장경호는 한국의 청동기문화가 요령지방의 문화와 밀접한 교류가 있었다는 사실을 말해주는 자료이다. 검파형동기는 충청남도 지방에서만 보이는 특이한 유물로, 섬세한 기하학적인 무늬는 당시로서는 최고 수준에 달한 청동기 주조기술을 반영하고 있다. 더욱이 충청도 지방이 평양·영암·경주 지방과 더불어 한반도 청동기문화의 중심지의 하나였다는 사실도 알게 되었다.

여기에서 나온 유물은 세형동검 1점(길이 32.4㎝), 거울 2점(각 지름 8.0㎝, 11.3㎝), 검파형동기 3점(각 길이 23.0㎝ 내외), 방패형동기 1점(길이 16.0㎝), 원개형청동기 1점(지름 20.6㎝), 동탁 2점(각 길이 11.2㎝, 11.4㎝), 마제석촉 3점(길이 6.8~7.4㎝), 천하석제 장식옥(길이 3.4㎝), 흑도장경호 1점(높이 22.0㎝), 점토대토기 1점(높이 17.0㎝) 등이었다(〈그림 9-②〉).

〈그림 9－①〉 대전 괴정동유적 석관묘

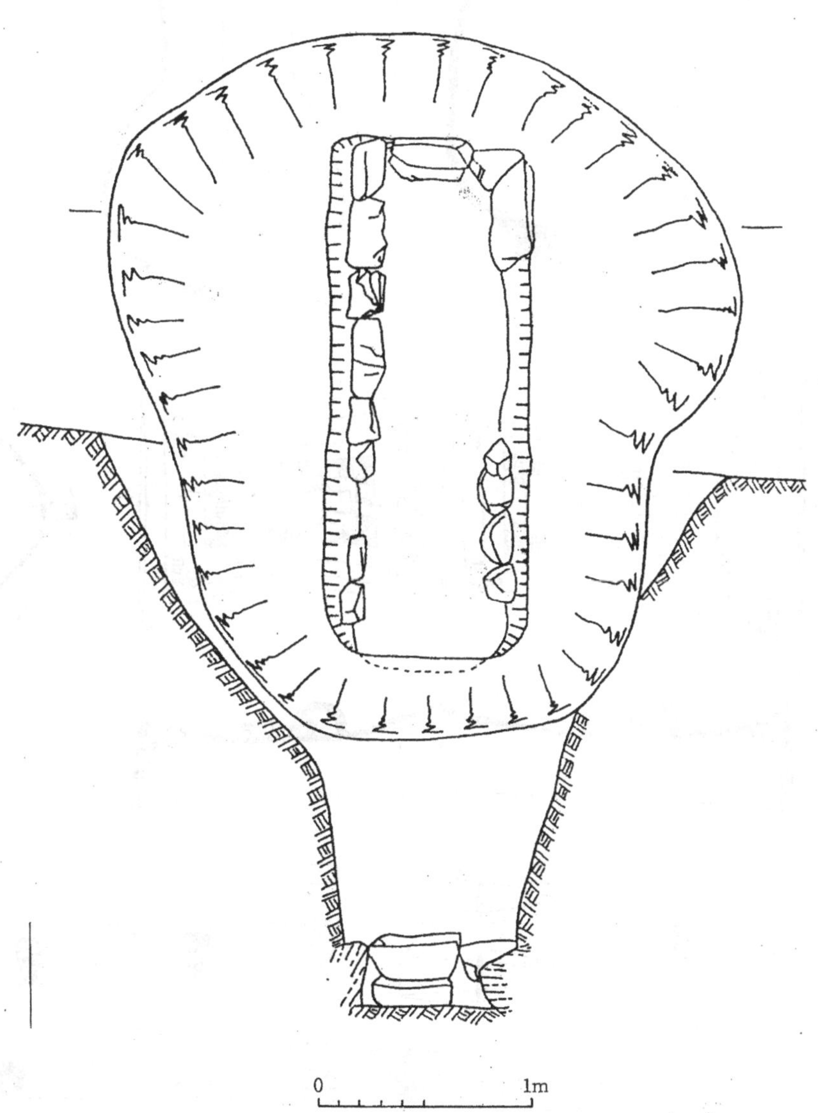

〈그림 9－②〉 대전 괴정동유적 출토유물

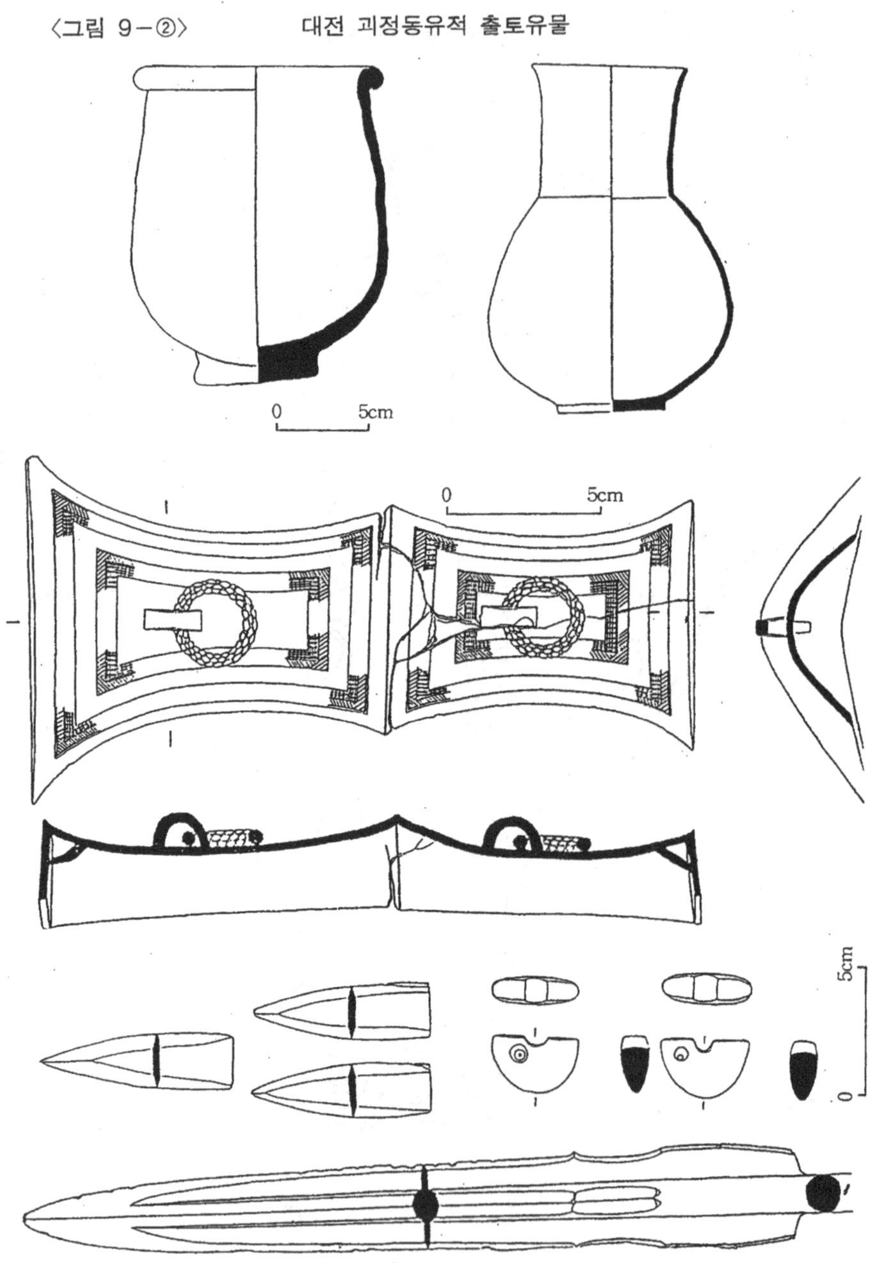

⑧ 대전 탄방동유적[16](대전광역시 서구 탄방동 191번지)

현재의 世燈禪院 부지이다. 1972년 이 곳에서 작업하던 마을 사람에 의해 유물이 발견되어 충남대학교 박물관에 신고되었다.

발견자에 따르면 남북 2.5m, 동서 0.6m, 깊이 3.5m쯤 되는 구덩이가 있었다고 하는데 확실한 유구는 알 수 없다. 증언을 참고로 하면 괴정동의 경우와 같이 무덤은 남북방향이었던 듯하고 석관묘 유적으로 추정된다. 발견된 유물은 세형동검(길이 32.5㎝)과 청동창(길이 19.9㎝), 끌(길이 7.4㎝)이 각각 1점씩이다.

⑨ 대전 문화동유적[17](대전광역시 중구 문화동 까치고개)

1970년 까치고개 산꼭대기에서 토지를 개간하던 중 마을 사람에 의해 동검 1점이 발견되었다. 지하 30㎝ 정도의 깊이에서 땅에 꽂힌 채 발견되었다고 할 뿐 자세한 유구나 출토상황을 알 수 없다. 주변에서는 약간의 민무늬토기 파편이 흩어져 있었는데 석관묘 유적이 아닌가 추측된다.

충남대학교 박물관에 보관되어 있는 청동검은 鋒部가 길고 예리하지만 날 부분의 돌기부가 하나라든지 하반신이 둥글게 내려오면서 등대와 만나는 점 등은 요령식동검이 퇴화한 것처럼 보인다. 등대의 마연부분은 첫째마디까지만 발달해 있는 고식동검이다(길이 24.2㎝).

⑩ 아산 남성리유적[18](충남 아산군 신창면 남성리)

1976년 표고 30~40m의 낮은 구릉지대에 있는 과수원에서 우물을 파다가 발견된 이 유적은 국립중앙박물관에 의해 재발굴되었다.

무덤의 형태는 일종의 석관묘인데 화강암의 풍화암반에 깊은 묘광을 팠으며 바닥까지의 깊이는 약 2m에 달하고 있다.

묘광의 크기는 현 지표면에서 동서 장경 3.1m, 남북 단경이 1.8m의 부정타원형을 이루고 있으나 하반부에서 면적이 좁아졌으며 동서길이 약 2.8m, 남북너비 80~90㎝이다.

---

16) 成周鐸, 〈大田地方出土 靑銅遺物〉(《百濟硏究》 5, 忠南大, 1974).

17) 成周鐸, 위의 글.

18) 韓炳三·李健茂, 《南城里石棺墓》(국립박물관 고적조사보고 10, 국립중앙박물관, 1977).

주체부인 석관은 이미 대부분이 파괴되었으나 잔존한 벽석들을 조사한 결과 내부의 규모는 길이 235cm, 너비는 50~70cm, 높이는 1m로 추정하고 있다. 네 벽에는 두께 약 10cm 정도의 할석을 한 겹으로 쌓아올렸고 바닥에는 판돌을 깔았다. 바닥돌 위에는 회청색의 고운 점토가 1cm 가량이 되는 두께로 전면에 깔려 있었다. 뚜껑돌은 없고 그 대신 나무뚜껑이 사용되었던 것으로 보이며 묘광의 상반부에는 많은 石塊(40cm 내외)들이 채워져 있었다. 대전 괴정동유적과 비슷한 구조이지만 이 곳에서는 바닥돌이 깔려 있었고 침향은 유물의 출토상태로 미루어 보아 東枕이었다고 판단되고 있다(〈그림 10-①〉).

발굴된 유물은 동검 9점(완형 길이 20~31.5cm), 검파형동기 3점(각 길이 24.8cm, 25.0cm, 25.4cm), 방패형동기 1점(길이 17.6cm), 동착 1점(길이 6.5cm), 동부 1점(길이 4.5cm), 천하석제식옥 1점(길이 4.1cm), 동경 2점(각 지름 18.1, 19.6cm), 흑도장경호 1개체분(추정 높이 21.0cm), 점토대토기 파편, 소형의 관옥 103점 등이다(〈그림 10-②〉).

⑪ 아산 궁평리유적[19](충남 아산군 선장면 궁평리 산 11-1)

1982년 무덤을 이장하다 유물이 발견되어 신고되었다. 그러나 신고자가 발견된 위치를 정확히 기억하지 못하여 조사는 불가능하였다. 이 일대에는 해발 30m 미만의 얕은 구릉들이 펼쳐져 있고 작은 강들이 사이를 지나고 있어 좋은 입지를 갖고 있다. 신고된 유물은 동검 1점(길이 31.0cm), 동과 1점(길이 26.5cm), 도끼 1점(길이 4.3cm), 세문경 파편 1점(지름 10.0cm) 등이 있다.

⑫ 당진 소소리유적[20](충남 당진군 합덕면 소소리 전 64-27)

1990년 3월에 신고된 매장문화재이다. 밭을 갈다가 지하에서 청동기 일괄유물을 수습하여 보관하고 있다가 후에 신고하였는데 오래 전에 일어난 일이라 자세한 상황을 알 수 없었다. 이 주변에는 동서리·휴암리·궁평리 등 청동기 내지 철기시대 유적이 집중적으로 분포하고 있는 곳이다.

수습 신고된 일괄유물은 15건 19점으로, 철기시대의 유물이 10건 13점이고 고려시대 유물이 5건 6점이다. 철기시대 유물은 동검 1점(길이 32.7cm), 劍把頭飾 1점(길이 3.6cm), 細文鏡 2점(각 복원 지름 16.8cm, 9.5cm), 동과 1점(길이

19) 李健茂, 〈牙山 宮平里出土 一括遺物〉(《考古學誌》 1, 1989).
20) 李健茂, 〈唐津 素素里遺蹟 出土 一括遺物〉(《考古學誌》 3, 1991).

〈그림 10-①〉 아산 남성리유적 석관묘

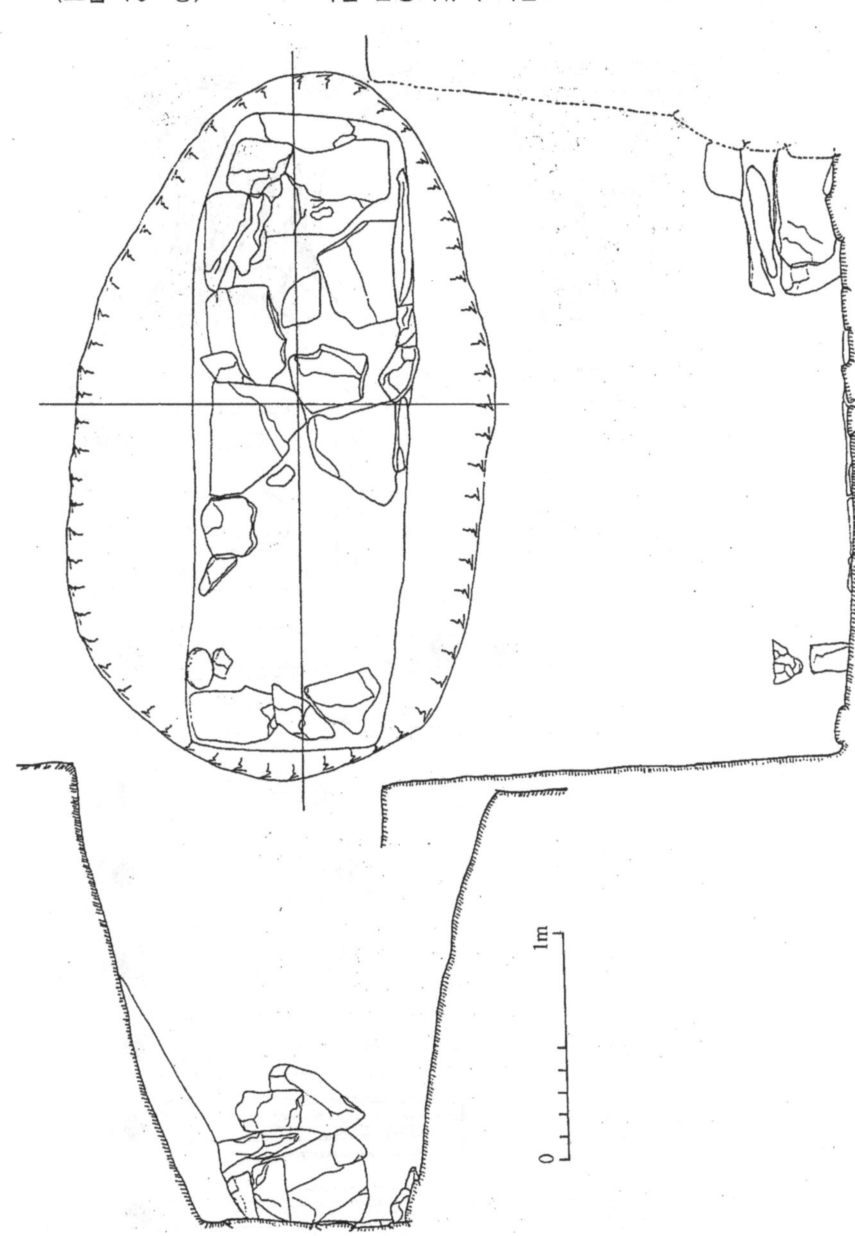

〈그림 10-②〉 아산 남성리유적 출토유물

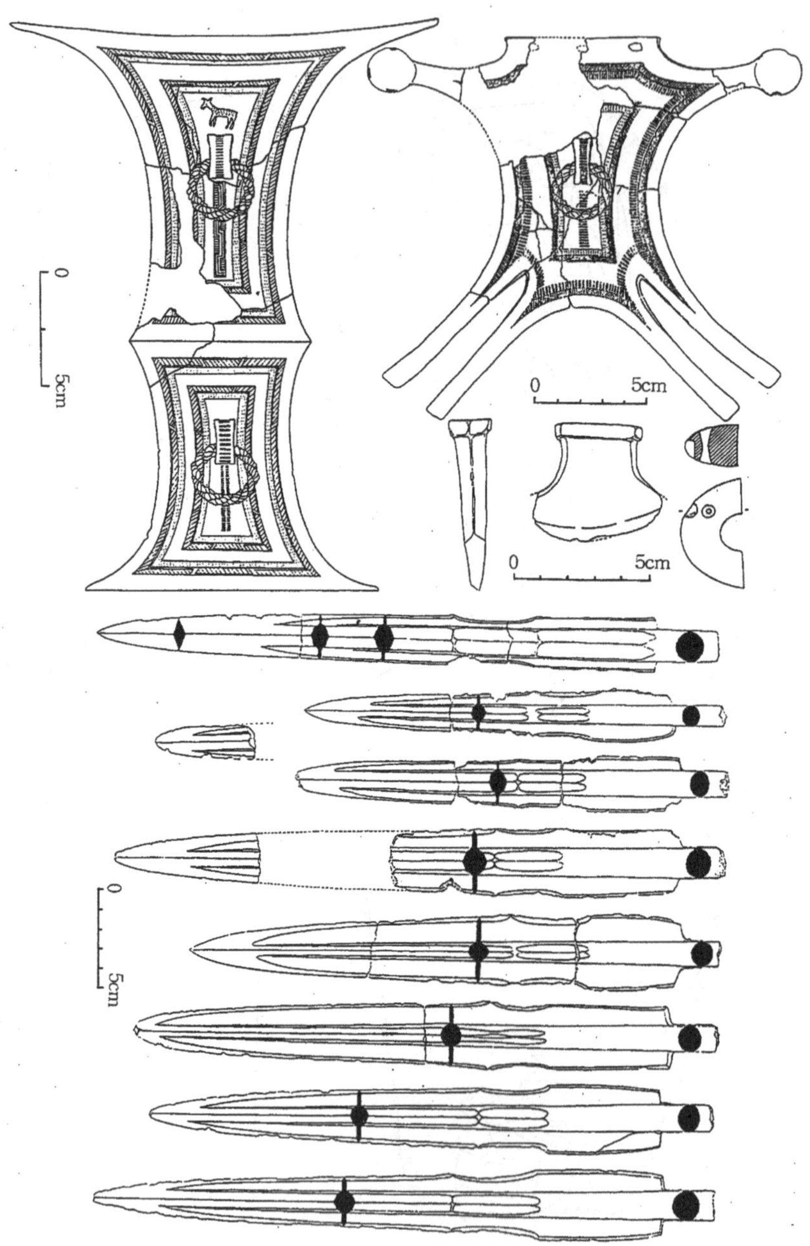

27.5㎝), 鐵斧 1점(길이 15.3㎝), 鐵鑿 2점(각 길이 10.2㎝, 16.0㎝), 유리관옥 2점(길이 5.6~5.8㎝), 석촉 1점(길이 2.5㎝), 숫돌 1점(길이 11.9㎝), 흑색토기 1점이며 고려시대 유물은 花形銅鏡 1점, 方形銅鏡 1점, 青銅盒 1점, 숫가락 2점, 토기 1점 등이다.

⑬ 예산 동서리유적[21](충남 예산군 대흥면 동서리)

청동기 출토 유적으로서는 예외적으로 표고가 150m나 되는 고지대에 자리하고 있었다. 1978년 사방공사에 필요한 석재를 채집하기 위하여 출토지점에 쌓인 돌무더기를 들어내자 그 밑에서 고운 흙이 나오고 이 흙을 30㎝ 가량 파내려 갔을 때 다시 그 밑에서 장방형의 석관이 나왔으며 그 내부에서 유물들이 발견되었다고 한다.

풍화된 화강암반에 만들어진 묘광은 장축이 동서를 향하고 있었으며 길이 180㎝, 폭 90㎝인데 재조사 당시 남아 있던 광벽의 높이는 20㎝에 불과하였다. 그러나 원래의 높이는 60㎝ 가량 되었던 것으로 추정하고 있다. 길이 30~40㎝, 두께 5~8㎝ 되는 표면이 고른 할판석으로 구축된 석관 위에는 나무뚜껑 시설이 갖추어졌던 것 같고 바닥과 광벽에는 회백색 흙이 군데군데 남아 있었다.

유물의 출토상황은 잘 알 수 없지만 동검 떼가 동쪽에서 나왔고 다시 조사할 때 서쪽에 버려진 흙 속에서 玉類가 수습된 것으로 미루어 침향이 서향이었을 가능성이 지적되고 있다.

한편 출토 지점의 둘레는 주위의 경사면과는 달리 낮은 墳丘의 형태를 이루고 있는데 발견자들의 말에 의하면 이 분구형의 정상 부근에 크기 20~30㎝의 할석들이 수북히 쌓여 있었으며 이 적석의 범위는 바닥 지름 2m, 높이 60㎝ 가량 되었다고 한다. 여기에서 나온 유물은 동검 8점(길이 25.1~36.8㎝), 거울 5점(각 복원길이 7.0・8.1・9.4・9.5・13.6㎝), 원개형동기 1점(지름 20.5㎝), 나팔형동기(높이 25.9㎝), 검파형동기 3점(길이 11.0~11.6㎝), 마제석촉 7점, 흑도장경호 1점(높이 25.5㎝)(이상 〈그림 11〉) 점토대토기 1개체분, 관옥 104점(길이 0.9~3.0㎝), 작은옥 22점(길이 0.25~0.3㎝) 등이다.

21) 池健吉, 〈禮山 東西里 石棺墓出土 青銅一括遺物〉(《百濟硏究》 9, 1978).

〈그림 11〉 예산 동서리유적 출토유물

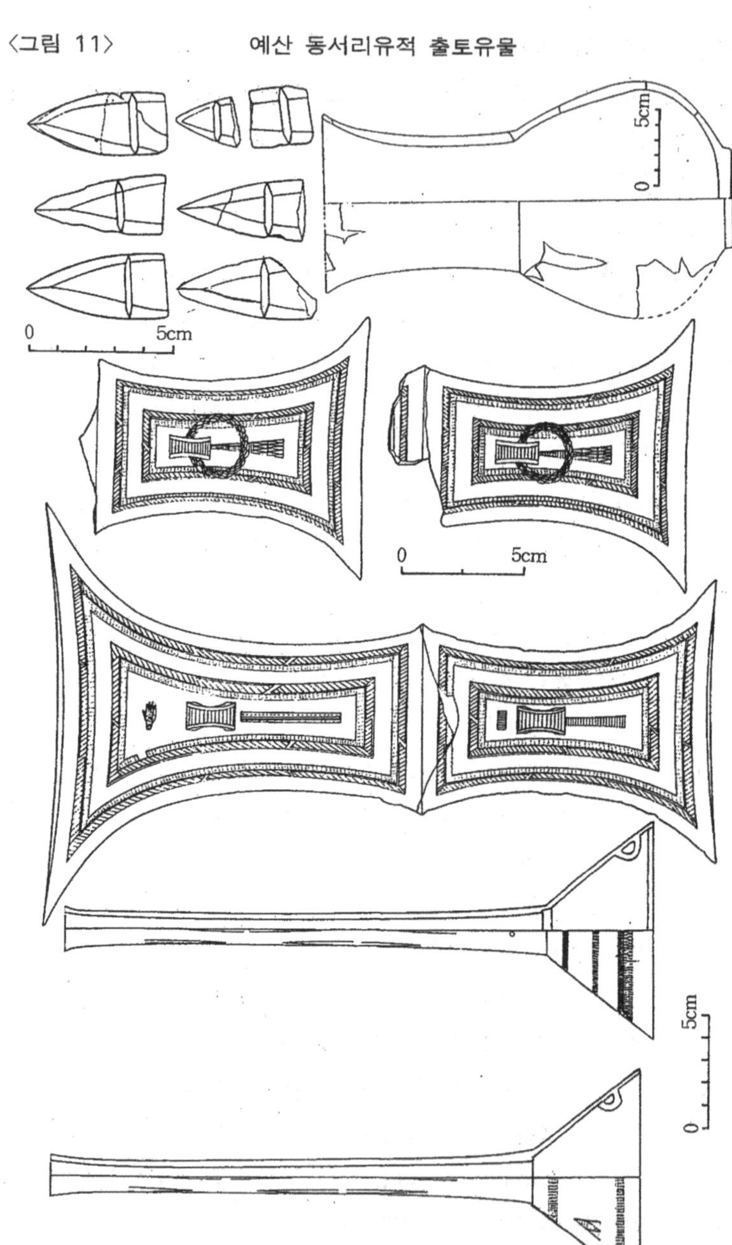

⑭ 익산 다송리유적[22](전북 익산군 함열면 다송리)

1975년 일명 말무덤이라 불리는 언덕의 남쪽 경사면 지하 1지점에서 양돈장 공사를 하던 민간인에 의해 장축이 동서방향인 석관묘가 발견되었다. 발견 당시 뚜껑돌 위에서도 돌들이 쌓여 있었다고 하는데 석관의 크기는 약 1.8m 정도로 추산된다. 이 곳에서 발굴된 청동 일괄유물은 粗文鏡 1점(지름 10.7㎝)과, 銅泡 2점(지름 9.0㎝), 圓形裝飾具편 1점(복원지름 8.4㎝), 王類 11점, 약간의 토기편 등이었다.

⑮ 익산 평장리유적[23](전북 익산군 왕궁면 평장리 관동마을)

1987년 9월 주민의 신고로 조사되었다. 관동마을 남쪽의 서향한 언덕 위에서 유물이 노출되어 수습하였는데 토광의 깊이는 지표에서 10㎝ 정도밖에 남아 있지 않았다. 보고서에 돌에 대한 언급이 없는 점으로 보아 석관유구가 모두 빠져나간 상태였는지 아니면 토광이었는지 자세한 상황을 알 수 없다. 세형동검 2점(각 길이 29.4㎝, 29.9㎝) 동모(길이 21.6㎝)와 동과 1점(길이 15.0㎝), 前漢鏡(복원지름 13.4㎝)의 파편이 몇 점 수습되었다.

⑯ 전주 여의동유적[24](전북 전주시 여의동)

1985년 4월 여의동 용정마을 북쪽에 있는 언덕에서 석개토광묘 1기가 발견되었다. 마을 주민이 나무를 심기 위하여 구덩이를 파던 중 지하 0.7m 되는 곳에서 뚜껑을 발견하면서 유물을 수습하였다.

토광은 장축이 동서 방향이었고 짧은 벽에 돌을 깔고 그 위에 개석을 덮었는데 토광의 길이는 1.0m, 폭 0.35m, 깊이 0.3m에 지나지 않는다. 조문경 2점(각 지름 13.2㎝, 15.3㎝)과 끌 1점(길이 5.8㎝), 도끼 2점(길이 5.8㎝)이 수습되었다(〈그림 12〉).

⑰ 장수 남양리유적[25](전북 장수군 천천면 남양리 전 171번지)

1989년에 신고된 매장문화재로, 발견지점은 해발 360m의 고지대에 자리하고 있으며 남북으로 긴 고원분지를 이루고 있다. 발견자가 파헤친 많은 양의 돌들로 보아 석관묘로 추정되고 있다.

---

22) 全榮來, 〈益山 多松里 青銅遺物出土墓〉(《全北遺蹟調査報告》 5, 全州市立博物館, 1975).
23) 全榮來, 〈錦江 流域 青銅器文化圈 新資料〉(《馬韓百濟文化》 10, 圓光大, 1987).
24) 全榮來, 위의 글.
25) 池健吉, 〈長水 南陽里 出土 青銅器·鐵器 一括遺物〉(《考古學誌》 2, 1990).

〈그림 12〉 전주 여의동유적 토광묘와 출토유물

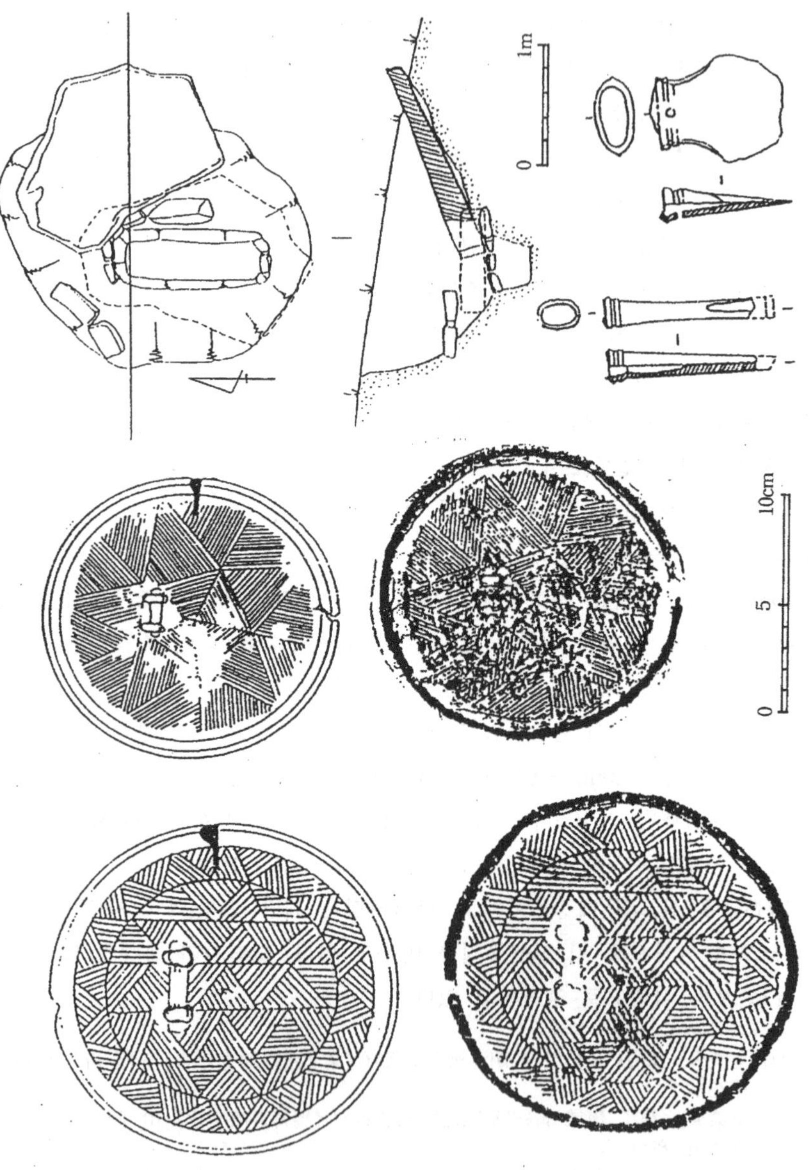

신고된 유물은 동검 1점(길이 35.2㎝), 동모 1점(길이 15.1㎝), 세문경 1점(지름 10.5㎝), 철부 1점(길이 12.3㎝), 철착 1점(길이 17.5㎝), 석촉 2점(각 길이 3.4㎝, 4.2㎝), 석도 1점(길이 18.0㎝)과 토기 파편이 나왔으며 수습조사 때 검파두식 1점을 수습하였다.

⑱ 완주 상림리유적[26](전북 완주군 이서면 상림리 3구)

1975년 12월 초 주민이 묘목을 캐다가 동검 26점을 발견하여 신고하였다. 발견된 유적의 상황에 대해서는 특별히 기록할 만한 것이 없으며 지표하 약 60㎝ 정도 되는 지점에서 봉부가 동쪽을 향하여 가지런히 수평으로 놓여있는 것만 확인하였을 뿐이다.

동검 26점 모두 크기와 무게가 다르며 붉은색이 도는 황동질이다. 주조했을 당시의 흔적이 그대로 남아 있으며 부분적으로 일부분이 탈락한 것도 있다. 자루와 검신 모두가 한꺼번에 주조되었는데 검신의 단면은 각변이 오목한 扁菱形이며 여기에 좁은 날부분을 갈아 만들었다. 칼코 부분은 역V자형이며 자루부분에는 2개의 환상돌기가 있고 자루 끝에는 삿갓형 꼭지가 붙어있다. 자루의 단면은 타원형이다(길이 44.4~47.2㎝ ; 〈그림 13〉).

⑲ 화순 대곡리유적[27](전남 화순군 도곡면 대곡리)

1971년 영산강의 상류를 내려다 볼 수 있는 산기슭의 낮은 언덕 위에서 발견되었으며, 민가를 둘러싼 담 밖에서 도랑을 파다가 유물들을 수습하였다. 분묘의 구조는 풍화된 암반에 이중으로 된 장방형의 묘광으로서 외곽 부분을 동서 길이 330㎝, 남북 너비 180㎝이며 중심부분은 길이 210㎝, 너비 80㎝, 깊이 60㎝로 한층 깊게 팠다. 바닥에 이르러 동쪽 부분에서 길이 90㎝, 너비 45㎝의 두꺼운 나무토막이 발견되었다고 한다. 주위 벽면에서부터 바닥에 걸쳐서는 강바닥에서 채굴해온 진흙을 10㎝ 내외의 두께로 발랐는데 이것으로 미루어 보아 이 무덤은 본래 그 내부에 목관과 같은 시설물을 사용하였다는 것을 충분히 짐작할 수 있다(〈그림 14-①〉).

---

26) 全榮來, 〈完州 上林里出土 中國式銅劍에 關하여〉(《全北遺蹟調査報告》 6, 全州市立博物館, 1976).

27) 趙由典, 〈全南和順 靑銅遺物一括出土遺蹟〉(《尹武炳博士回甲紀念論叢》, 通川文化社, 1984).

〈그림 13〉 완주 상림리유적 출토 도씨검

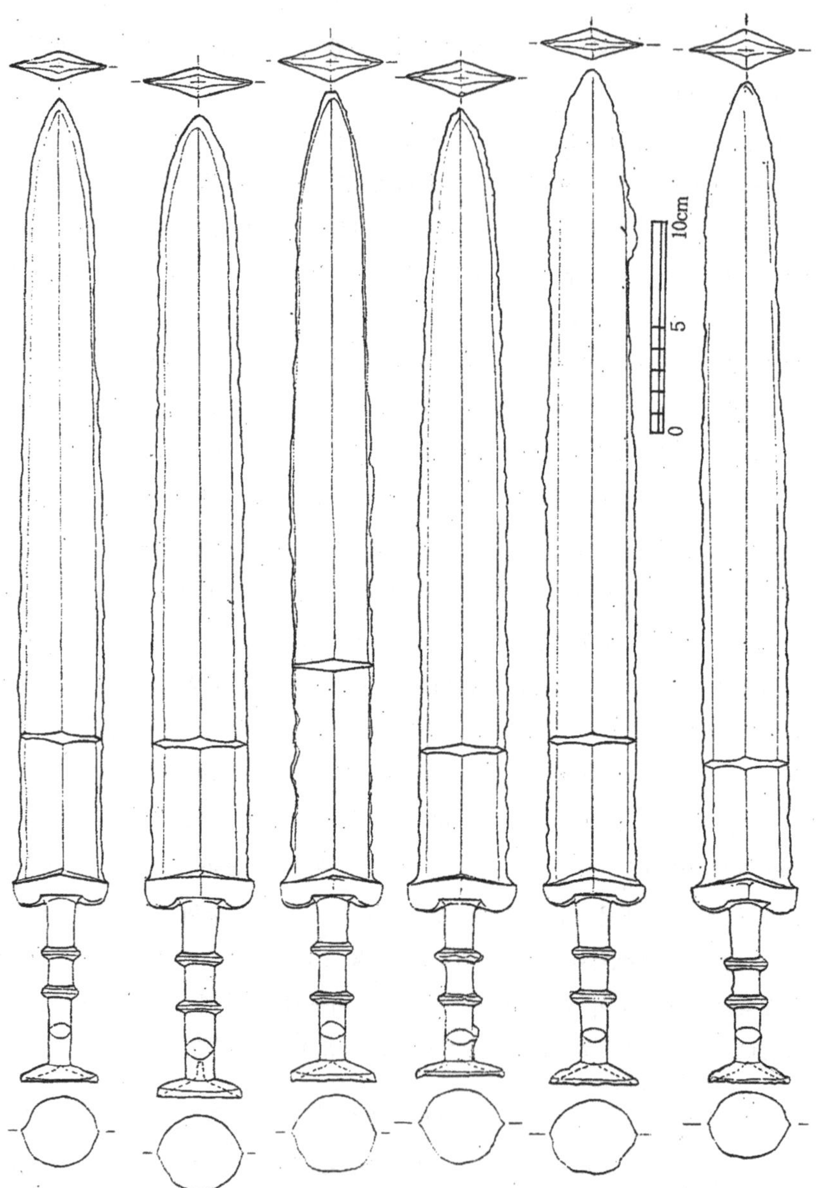

〈그림 14-①〉 화순 대곡리유적 석관묘

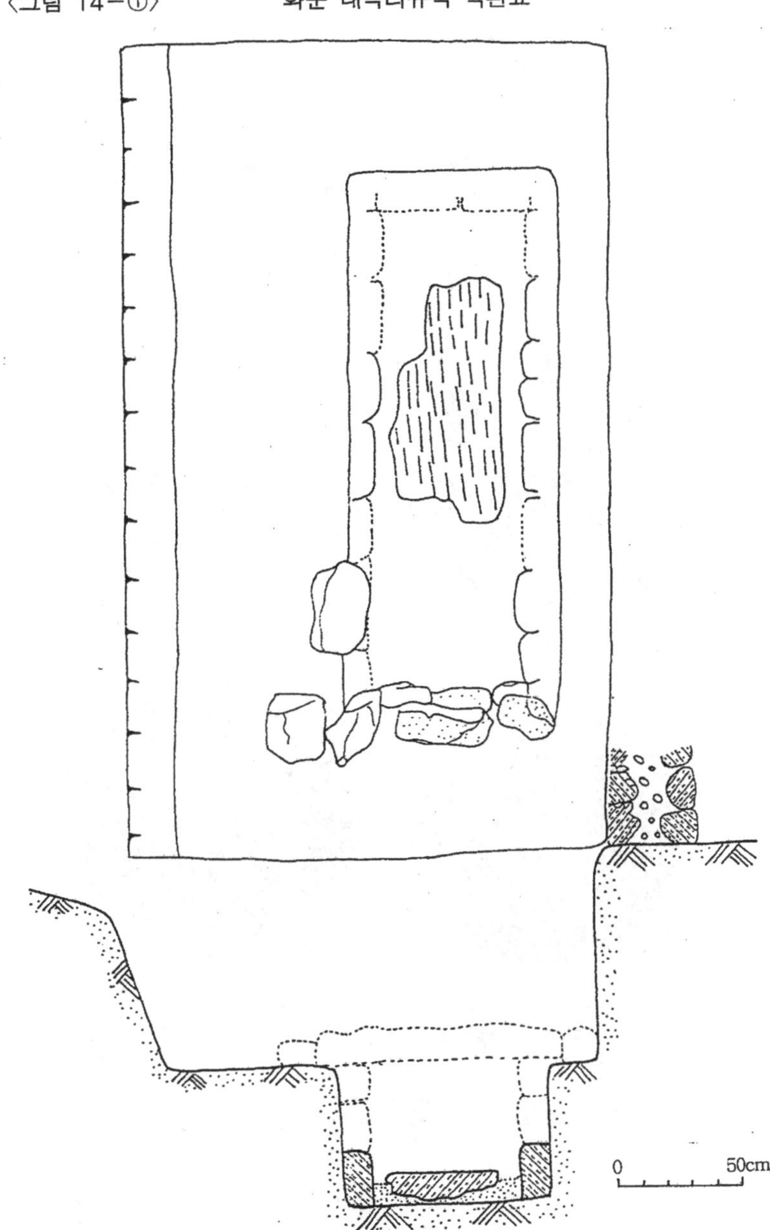

〈그림 14-②〉 화순 대곡리유적 출토유물

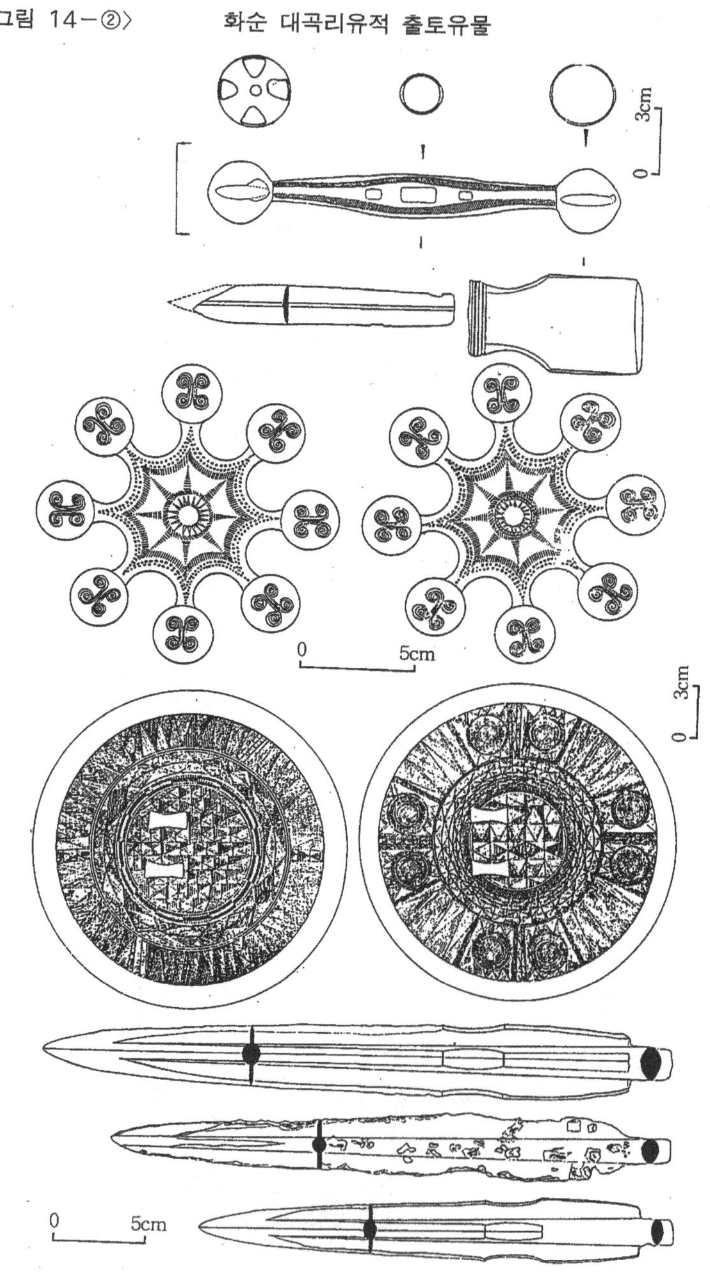

출토된 유물 중에서 특기할 만한 것은 낙동강 상류에서 발견된 것과 같은 4개의 이형동기들이며 그 외에 동검, 동경들이 함께 출토된 사실이 학술적으로 더욱 귀중하다고 할 수 있다.

출토유물로는 동검 3점(각 길이 24.7cm, 29.5cm, 32.8cm), 동경 2점(각 지름 14.6cm, 17.8cm), 八珠鈴 1쌍(길이 14.6cm), 雙頭鈴 1점(길이 17.8cm), 동사 1점(길이 11.8cm), 동부 1점(길이 7.8cm) 등이 있다(〈그림 14-②〉).

⑳ 함평 초포리유적[28](전남 함평군 나산면 초포리 사촌마을 산 383-4)

1987년 사촌마을 주민들이 마을 도로를 만들기 위해 흙을 채취하던 중 돌덩이를 들어내다가 유물들을 발견, 매장문화재로 신고하였다. 당시 발견된 유물은 동검 1점과 청동기 14점, 숫돌 2점, 철칼 1점(유적과 관계가 없는 것으로 밝혀짐)이었다. 그 후 국립광주박물관에서 긴급히 조사하였다.

유적이 발견된 일대는 해발 20~30m 가량의 평지성 구릉지대로 동쪽에는 넓은 평야가 펼쳐져 있고 영산강의 지류인 海保川과 羅山川이 합류하여 흘러가고 있다. 세립질인 斑岩과 화강암지대로 석비레층들이 풍화하여 비옥한 농토를 형성하고 있다. 유적은 토광을 파고 북동-동서 방향을 장축으로 하고 있는데 위에서 아래로 내려갈수록 차츰 좁아지게 팠다. 지표면의 평면은 장축이 260cm, 단축이 90cm 정도의 부정형 장방형인데 무덤의 주체부는 현재 지표하 55cm 정도에 두었다. 내부바닥의 크기는 길이 190cm 정도, 폭이 55cm로 남서쪽이 넓은 頭寬足狹의 형태이다. 이 곳에서는 모양이 일정하지 않은 할석들이 100여 개 이상이나 나왔는데 구조를 추정해 보면 할석으로 묘광을 만들고 그 위에 돌을 쌓은 적석 석관묘였거나, 목관묘 주위 토광과의 사이에 할석을 채워넣고 적석한 적석목관묘일 듯하나 자세한 구조는 알 수 없다. 충청도일대에 널리 퍼져 있는 청동기를 반출하는 석관묘계통 유적의 지역적 특성을 띠고 있는 한 예이다(〈그림 15-①〉).

조사 때 출토한 유물은 위치로 보아 세 구역으로 나눌 수 있다. 묘광의 내부바닥에서는 천하석제 식옥 1쌍, 검파두식을 갖춘 동검 2자루 및 거울 3점이 출토되었는데 식옥은 남서 단벽 가까이에서 나왔고 동검과 거울은 동남의 장벽에

28) 李健茂・徐聲勳,《咸平 草浦里 遺蹟》(國立光州博物館・全羅南道・咸平郡, 1988).

〈그림 15-①〉 함평 초포리유적 석관묘

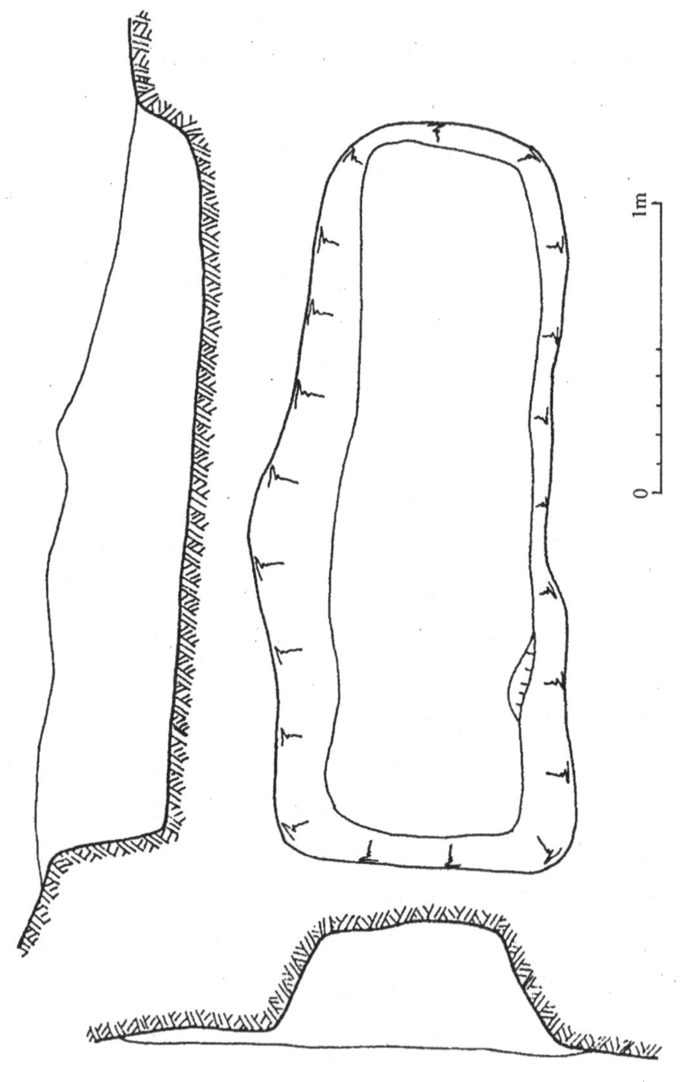

〈그림 15－②〉 함평 초포리유적 출토 동검·동과

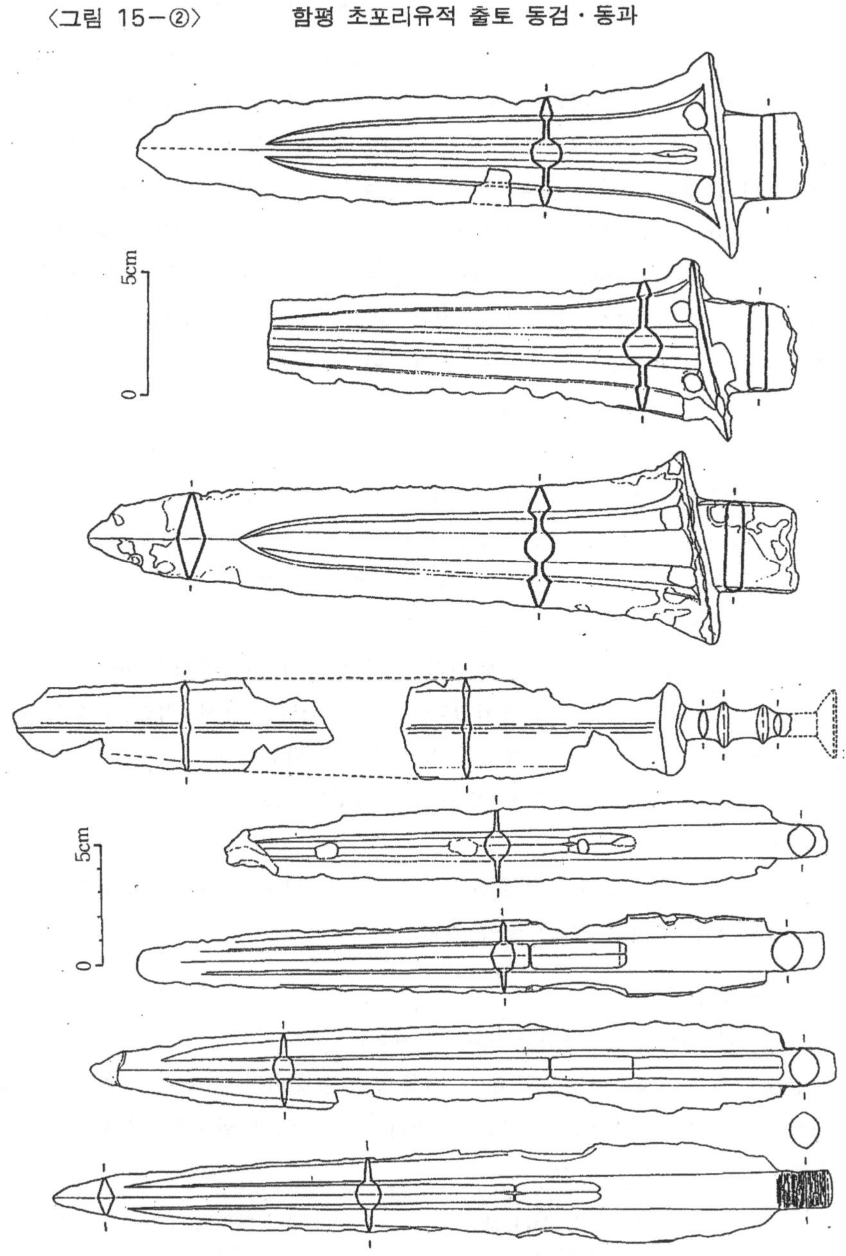

서 1렬을 지은 채 발견되었다. 또 할석과 묘광벽 틈 사이에서 나온 것으로는 柄附銅劍과 쌍두령이 나왔고 유물은 없었으나 둥근방울 흔적이 한두 군데에서 보였다. 이들은 피장자 머리의 좌우에 해당하는 곳이다. 내부 퇴적토에서도 동검 1점이 봉부가 위쪽으로 향한 채 발견되었다. 출토상태로 보아 매장이 끝난 후에 들어간 것이 틀림없는, 흥미있는 유물이다. 이 외에 이미 신고된 것도 주민들이 돌덩이를 제치면서 뽑아냈다고 하므로 이를 참조로 하면 관과 묘광 사이의 적석, 또는 관 상부의 적석에서도 유물이 나온 것이 아닌가 생각된다.

출토품은 모두 26점으로 검파두식을 완비한 2점의 동검(각 31.3㎝, 32.7㎝) 외에 별도로 동검 2점(각 길이 25.8㎝, 28.5㎝), 중국 桃氏劍 1점(길이 35.0㎝), 동과 3점(각 길이 20.5㎝, 26.0㎝, 27.5㎝)(이상 〈그림 15-②〉), 동모 2점(각 길이 26.1㎝, 27.9㎝), 동부 1점(길이 9.7㎝), 동사 1점(길이 7.6㎝), 동착 2점(각 길이 5.3㎝, 10.0㎝), 竿頭鈴 2점(길이 14.5㎝), 조합식 쌍두령 1점(길이 15.0㎝), 쌍두령 1점(복원 길이 15.9㎝), 병부동령 1점(길이 17.0㎝), 동경 3점(각 지름 9.7㎝, 15.6㎝, 17.8㎝), 식옥 2점(길이 3.8㎝), 숫돌 2점(각 길이 7.9㎝, 20.6㎝) 등이다.

㉑ 소록도유적[29](전남 고흥군 금산면 소록도)

1934년 소록도 남동부 해안 언덕의 갱생원 부지 신축공사를 하던 중 지하 약 1.5m 정도의 깊이에서 발견되었다. 유구는 특별히 눈에 띄는 구조가 없으나 토광 안에서 높이 30㎝ 정도의 토기가 발견되었는데 그 안에 석촉과 돌도끼가 들어 있었고 조문경을 뚜껑으로 덮었다. 토기는 현장에서 부스러져 수습하지 못하였다.

이 곳에서 나온 유물은 거울편 2점(복원 지름 14.4㎝), 석촉 6점(길이 4.7~6.4㎝), 돌도끼 1점(길이 10.4㎝) 등이 있다.

다. 주조관계 유적

① 용인 용범[30](경기도 용인군 모현면 초부리)

1965년에 신고된 매장문화재로, 서쪽으로 京安川의 지류인 능원천을 끼고 평야가 전개되고 동으로는 낮은 산줄기가 남으로 발달되어 있다. 부근에는

---

29) 榧本龜生, 〈南鮮小鹿島發見の多鈕細文鏡其他〉(《考古學》 6-4, 日本考古學會, 1935).
30) 國立中央博物館, 《靑銅遺物圖錄》(國立博物館 學術資料集 1, 1968).
金載元, 〈龍仁出土銅劍鎔范〉(《李崇寧博士回甲論叢》, 1968).

조선 효종대의 영의정 南九萬의 무덤이 있다. 후에 조사한 결과 용범은 산줄기가 두 가닥으로 갈라지는 언덕이 도로와 만나는 서쪽 경사면에서 3개가 나온 것으로 밝혀졌다. 포개진 상태로 발견되었다고 하는데 별다른 유구는 보이지 않았다.

3점의 鎔范은 2점이 1조를 이루고 나머지 1점은 짝이 없다. 모두 활석제이다(〈그림 16〉).

1조를 이루고 있는 용범은 양끝이 약간 좁아진 장방형인데 앞뒤에 각각 1개체의 동검을 새겨 2점의 범으로 2개의 동검을 주조할 수 있게 하였다. 동검의 형태는 중앙에 둥근 등대가 점점 가늘어지면서 봉부의 끝까지 뻗어 있으며 꼬다리 부분에는 청동을 녹여 붓는 注口를 만들었다. 봉부 끝이 약간 둥근 편이며 동검 중간보다 약간 내려온 부분 양쪽에 작은 돌기를 만들고 그 아래 둥근 바이올린 동체부 비슷한 하반부를 새겼는데 관부는 등대와 직각으로 만난다. 주조할 때 어긋나지 않게 측면에 선을 그어 맞추도록 하였다. 길이 22.5㎝, 너비 양끝 4.3㎝, 중앙 5.2㎝, 두께 2.0~2.3㎝이며 검의 길이는 각 20.0㎝, 25.2㎝이다.

나머지 1점은 앞의 예와는 달리 한 쪽에만 동검을 새겼다. 상하 측면에는 線刻을 새겨 결합하는 표적으로 삼았다. 양끝이 약간 좁아진 장방형이고 새겨진 동검의 범의 형태는 전자와 같으나 좌우의 돌기가 중앙부에 가깝다. 길이 28.1㎝, 너비 5.6㎝, 중앙 너비 6.1㎝, 두께 1.4㎝, 동검의 길이 27.8㎝이다.

② 영암 용범[31](전남 영암군 학산면 독천리 또는 동구림리)

1960년경 숭실대학교 기독박물관에서 골동상을 통하여 구입하여 보관중인 일괄유물이다. 출토위치나 출토상황을 정확히 알 수 없으나 청동기 주조 관계 유물로 대단히 귀중한 일괄유물이다. 모두 6쌍으로 된 12점과 한 쪽만 남아 있는 1점, 한 쪽의 작은 파편 1점으로 모두 14점이고 파편에 새겨진 것과 편면에 남은 것을 포함하여 8종류 24점의 청동기가 새겨져 있다. 동검 4점, 동모 2점, 동부 5점, 동착 3점, 낚시 완형 4점, 바늘 4점, 거울 미완성품 1점, 동사 파편 1점 등이다.

---

31) 林炳泰, 〈靈岩出土 青銅器鎔范에 對하여〉(《三佛金元龍教授停年退任紀念論叢》 I, 1987).

〈그림 16〉 용인 출토 용범

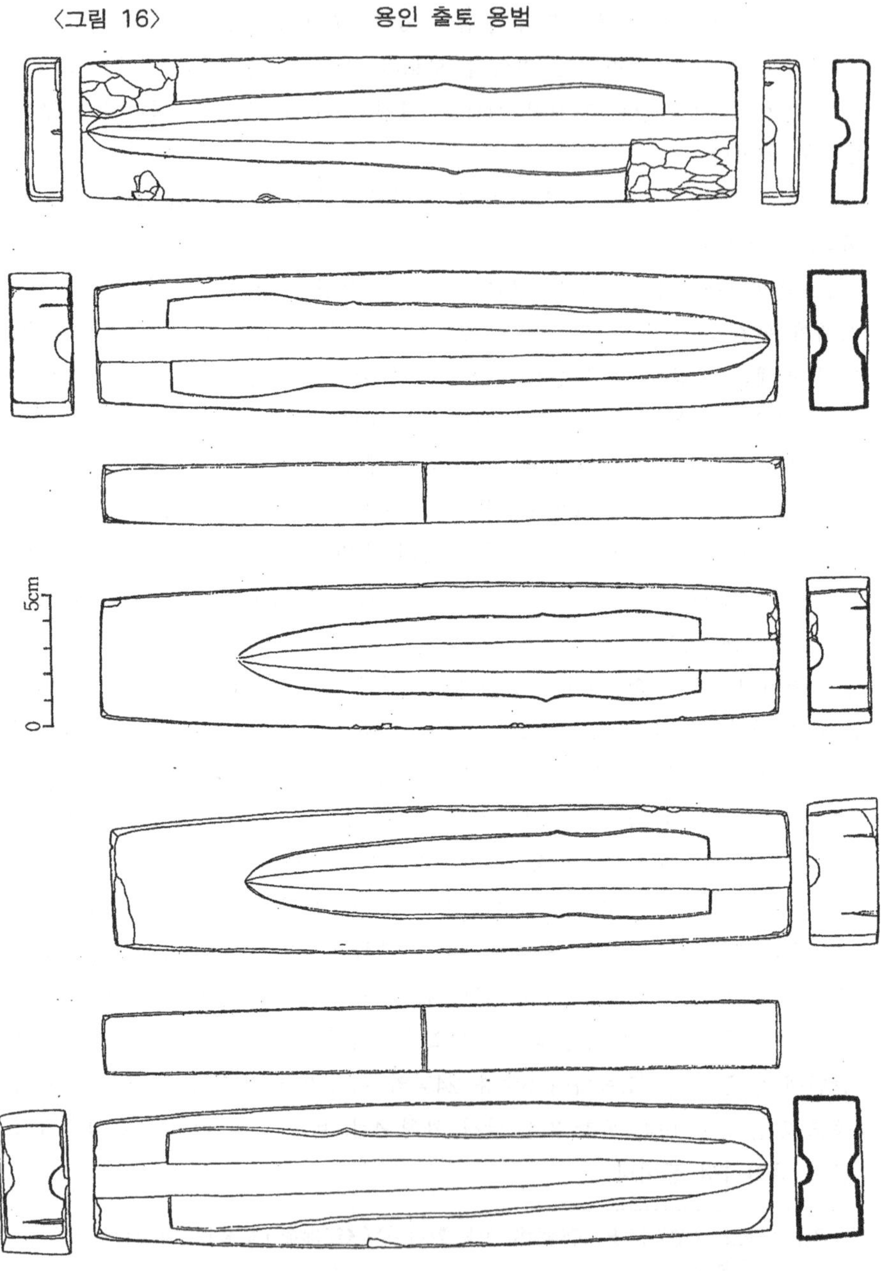

세형동검 용범(1쌍) : 두 쪽으로 된 것을 마주 조합하여 사용한 것으로 검신의 모양은 제2절대는 분명하게 나타나 있으나 제1절대는 완만하게 곡선을 이루고 있다. 주조 후 날을 세우면서 절대부를 분명하게 형성시켰으며 등대를 보면 莖部 단면이 타원형으로 되어 있으며 결입부위에 이르면 거의 원형을 이루고 검신 先端까지 뻗쳐 있다. 정확하게 맞추기 위해서 경부 쪽에 2개의 合致線을 그어 놓았다. 길이 34.5㎝, 폭 7.4㎝, 두께 4.0㎝(한 쪽의 두께).

세형동검·동과 용범(1쌍) : 두 쪽을 서로 조합해서 사용토록 되어 있는데, 한면은 세형동검을, 한면은 동과를 주조하던 것이다. 동검은 한 쪽 모서리에 맞춤선을 그어 놓았으며 칼끝까지 등대가 나타나도록 되어 있다. 동과는 흔히 보이는 전형적인 형태인데 血溝와 날 부분이 대단히 예리하게 되어 있고 銅戈 身 머리에 구멍은 없다. 동과의 전체 길이 28.8㎝, 片面의 길이 35.5㎝, 폭 8.8㎝, 두께 4.1㎝이다.

동부·동착 용범 : 두 합범으로 한 면은 주머니 모양의 동부를 한면은 방형의 동부와 끌을 주조하던 것이다. 동부에는 둥근 날에 고리를 붙여 놓았고 공부 목에 삼선의 돌대가 형성되도록 되어 있다. 內心鑄型은 없어졌고 자루부분의 두께가 2.5㎝, 동부의 전체 길이가 16.7㎝이다. 뒷면의 자귀와 끌도 내심주형이 없고 자귀의 길이는 13.6㎝이고 끌은 길이가 15.3㎝이다. 편면의 길이 16.9㎝, 폭 10.9㎝, 두께 4.0㎝이다.

동부 용범 : 두 쪽으로 된 有肩銅斧 용범으로 자귀의 공부쪽 면이 조금 좁고 날쪽이 좀더 넓게 되어 있다. 자귀의 길이는 11.6㎝로 4조의 돌대를 공부에 새겼고 공부 가까이에는 돌기를 나타나게 하기 위한 홈이 파져 있다. 신부에서 공부쪽으로 오무라든 곳에 장방형의 돌기를 만들기 위한 구조가 있다. 용범 뒤에는 미완성의 낚싯바늘 3개, 주연 일부와 뉴 2쌍이 새겨진 다뉴세문경을 새겼는데 낚싯바늘은 대형 6.9㎝, 중형 6.3㎝, 소형 4.3㎝로 구성되어 있고 중소형 2개는 동시에 주조할 수 있게 되어 있다. 다뉴세문경은 편면길이 12.2㎝, 폭 6.8㎝, 두께 1.6㎝이다.

동부·동착 용범 : 두 쪽으로 된 용범으로 한 면에는 유견동부를, 다른 한면에는 끌 2개를 주조하도록 구성되었다. 동부의 길이는 11.3㎝이며 날은 그

〈그림 17〉 영암 출토 용범

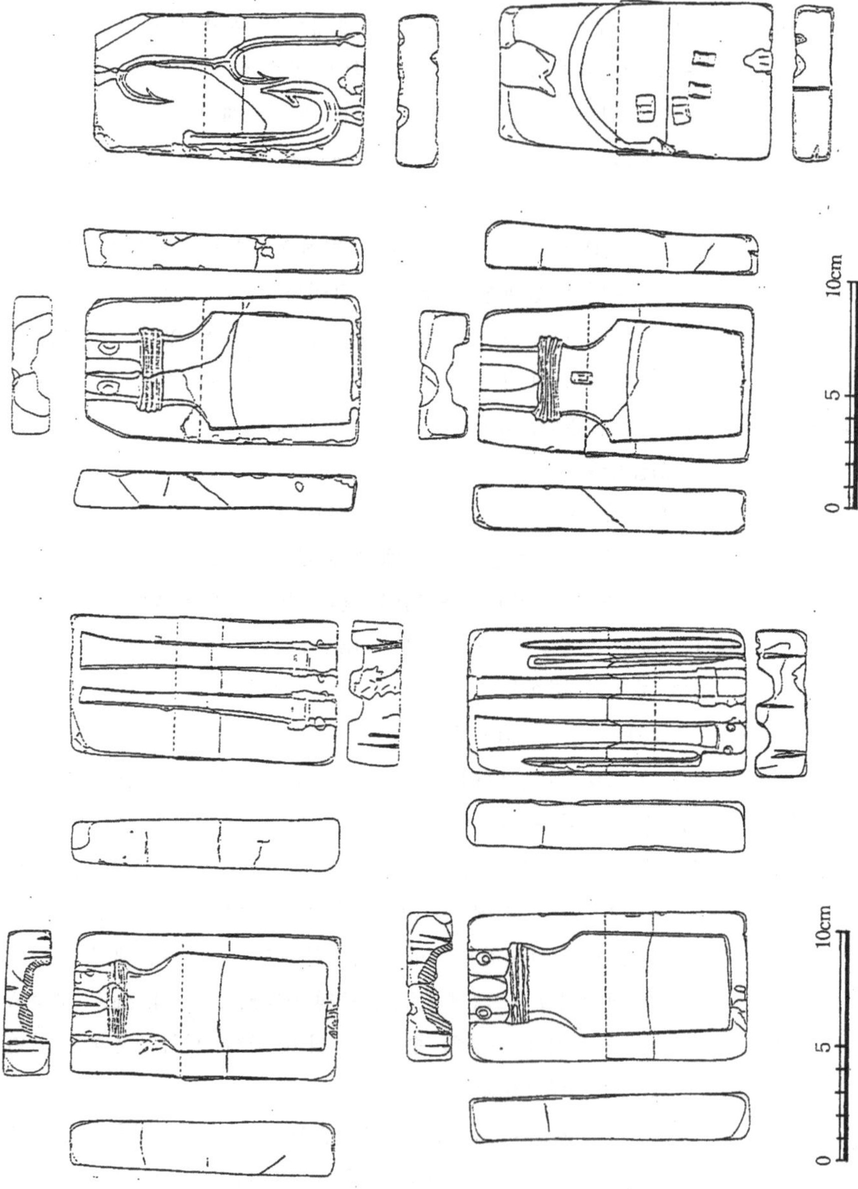

다지 넓지 않고 공구에 4조의 돌대를 둘렀으며 그 가까이 장식을 주조하기 위한 홈이 파져 있다. 동착은 길이 11.7㎝, 11.6㎝의 대소 두 개이다. 작은 끌의 신부는 가늘면서 1㎝의 좁은 날을 가지고 있다. 착의 주조틀 한쪽에 바늘을 주조하기 위한 편범이 있다. 3개 바늘의 길이는 각각 9.6㎝, 9.5㎝, 7.8㎝이고 편면 길이 12.0㎝, 폭 6.5㎝, 두께 1.9㎝이다(〈그림 17〉).

동부 용범 : 두 쪽으로 된 합범으로 扇形銅斧를 주조하던 것인데 선형의 날부분은 요령지방 초기의 것이나 미송리 출토품보다는 좁아졌고 덜 휘었다. 날이 좁고 전체적으로 길게 보여 신부는 초기 철부의 형태와 가깝다. 공부는 4선의 돌대가 형성되도록 만들었고 길이는 14.6㎝이고 날의 넓이는 7㎝이다. 한쪽 면 동부 주형 옆에는 미완의 낚시와 바늘 주형이 있다.

동검·동모 용범 : 한면은 동모, 또 한면은 동검을 주조하던 것인데 한쪽은 상실되고 한쪽만이 남아 있다. 동검은 주조 후 갈아서 날을 세울 때 마디를 만들었던 것으로 추정되며 抉入部는 나타나 있으나 제1·제2절대부의 흔적은 나타나 있지 않다. 신부의 넓이가 길이에 비해 넓고 길이는 19.6㎝이다. 동모는 中空 莖部가 대단히 짧고 문양이 없으며 길이는 19.9㎝이다. 길이 20.3㎝, 폭 7.5㎝, 폭 2.4㎝이다.

동사·동검 용범 : 깨어진 작은 파편으로 한면에는 동사와 동침을, 다른 한면에는 세형동검을 만들었다.

〈李康承〉

(3) 영동·영서지방의 유적

태백산맥을 중심으로 영동·영서지방으로 나누어지는 강원도의 청동기유적은 무덤유적인 고인돌(支石墓)과 돌무지무덤(積石塚), 그리고 집터(住居址) 등으로 구분된다.

영동지방의 경우 해변을 따라 얕은 구릉상에 장방형 집터와 고인돌이 공존하고 있으며, 반면 영서지방에는 강변의 퇴적층에 유적들이 자리하고 있는 것이 특징이다. 이들 지역에서 조사된 청동기시대의 주요유적은 다음과 같다.

① 춘천 중도유적

강원도 춘천시 호반동과 서면 사이의 의암호 내에 있는 퇴적층으로 된 中島는 섬 전체가 유적이다. 이 지역 고인돌 유적은 1982년 중도 선사유적 발굴조사단에 의해 1기가, 1983년에는 국립중앙박물관에 의해 2기, 그리고 같은 해 강원대학교 박물관에 의해 또 다른 1기가 발굴 조사됨으로써 그 성격이 밝혀지게 되었다.

고인돌의 하부구조는 모두 석관형 돌널로 되어있고 뚜껑돌(蓋石) 주변에는 자갈돌을 깔아 묘역을 구성하고 있다. 국립중앙박물관에서 발굴한 고인돌 1기에서는 사람뼈 부스러기가 나왔는데 감정 결과 어린아이의 것으로 추정되고 있다. 돌널 내에서 출토된 유물은 뚜렷한 것은 없으나 주변에서 민무늬토기(無文土器)편, 대롱구슬(管玉), 돌도끼(石斧), 돌칼(石刀) 등이 수습되었다.

이 중도 고인돌 유적은 덧띠토기(粘土帶土器)가 청동기시대 후반기에 사용된 것으로 편년되고 있어 대체적으로 기원전 4세기에서 1세기경의 것으로 보고 있다.

② 춘천 신매리유적

강원도 춘천시 서면 신매리 일대 강변 퇴적층은 전체가 선사시대에서 역사시대에 걸쳐 형성된 복합유적이다. 국립중앙박물관에 의해 1981년에 2동의 청동기시대 집터가, 1984년에는 고인돌 3기가 발굴 조사되었다.

1호 집터 : 평면 방형에 가까운 움집(竪穴)으로 장축을 동남－북서향으로 둔 길이 4.7m, 너비 4.2m 규모이다. 바닥은 모래바닥을 그대로 이용했고 아무런 시설이 없었는데 이는 화재로 폐기된 때문으로 보인다. 민무늬토기 및 도들띠토기(半貫通孔列土器)편, 반달돌칼(半月形石刀), 그리고 석제 3점 등이 출토되었다.

2호 집터 : 1호 집터와 비슷한 형태의 움집이나 규모가 약간 크고 장축의 방향에 차이를 보이고 있다. 장축은 북동－남서향이며 길이 5.5m, 너비 4.5m 규모로 바닥은 모래바닥 그대로이다. 중앙부에 화덕자리(爐址)가 두 곳 마련되어 있다. 민무늬토기편·도들띠토기편·붉은간토기(紅陶)편, 타제석기 등이 출토되었다.

고인돌 : 모두 3기가 조사되었으나 뚜껑돌은 없었다. 하부구조는 돌곽(石槨)

형태를 보이고 있는 것이 2기, 돌널(石棺)형이 1기이다. 출토유물로는 타제석기, 돌촉(石鏃), 가락바퀴(紡錘車), 민무늬토기편 등이 있다.

이상과 같이 신매리유적은 집터의 규모 및 출토유물의 성격 등을 통해 볼 때 청동기 후기에 해당되는 것으로 여겨져 기원전 4~3세기로 추정되고 있다.

③ 춘천 천전리유적

강원도 춘천시 신북읍 천전리 샘밭의 소양강변 퇴적층에 위치한 이 유적은 고인돌 10여 기와 돌무지무덤이 강과 병행하여 70~80m 사이에 분포해 있다. 1915년에 1기가 발굴되고, 1966·1967년 2차에 걸쳐 국립중앙박물관에 의해 발굴 조사되었다.

1호 고인돌: 탁자식 고인돌이 돌무지로 덮혀 있었다. 1915년에 조사 당시 고인돌의 하부구조는 장축을 동서로 두었으나 일부 파괴되었고 규모는 길이 120㎝, 폭 60㎝로 추정되었다. 출토유물은 없었다.

2호 고인돌: 1호 고인돌과 비슷한 형태의 돌무지를 이루고 있었으나 조사결과 파괴된 탁자식 고인돌로 밝혀졌다. 하부구조는 동서 70㎝, 남북 75㎝로 정방형에 가깝다. 바닥에는 냇돌을 가지런히 깔았고 민무늬토기편, 돌촉 2점, 대롱구슬 1점, 이형석기 1점이 수습되었다.

이 밖에 돌널·돌곽이 마련된 돌무지 3기가 조사되어 그 속에서 돌촉 1점, 대롱구슬 1점, 민무늬토기편 등이 수습되었다. 고인돌과 돌널·돌곽이 마련된 돌무지는 같은 시기의 유구로 여겨진다.

④ 강릉 포남동유적

강릉시 포남동의 얕은 산기슭에 위치한 이 유적은 1963년 관동대학 학감으로 있던 사람의 집 정원에서 우연히 발견되었다. 그러나 이 유적에 대하여는 정식 발굴조사가 이루어지지 않아 정확한 규모는 알 수 없다. 다만 장축을 동서로 향하고 길이 7.3m, 너비 5m로 추정되는 집터로서 벽을 따라 기둥구멍(柱孔)이 있고 화덕자리 두 곳과 간단한 배수시설이 있었다.

출토유물은 돌칼 5점, 돌촉 9점, 외날돌도끼(單刃石斧) 4점, 반달돌칼 13점, 갈판(碾石) 4점, 돌가락바퀴(石製紡錘車) 7점, 가락바퀴 2점, 숫돌(砥石), 갈봉(石棒) 2점, 돌원판 3점, 벽옥 2점, 청동촉, 토기편 약간, 기타 돌제품 등이었다.

⑤ 속초 조양동유적

속초시 조양동 동해변의 청초호수와 경계되는 국도변의 구릉에 위치한다. 1980년경 이 유적의 부근에서 돌검·돌촉 등이 발견되어 주목된 바 있다. 그 후 1992년 강릉대학교 박물관 주관으로 발굴 조사가 이루어져 모두 7동의 집터와 고인돌 3기가 조사되었다.

1호 집터 : 풍화암반층을 파내고 마련된 움집으로 방형에 가까운 장방형의 평면을 보이고 있다. 동서 8.1m, 남북 6.75m, 면적 54.27㎡(16.3평)의 규모로서 바닥은 점토와 마사토를 혼합하여 얇게 깔았다. 네 벽을 따라 기둥구멍이 마련되어 있고 그 깊이는 15~20㎝, 지름 20㎝ 내외이다. 동남쪽 모서리에는 삼각형의 판석이 놓여있어 작업대로 사용된 것으로 보이고 출토된 유물로는 민무늬토기편, 굽다리(臺附)편, 돌창(石槍)편 등이 있다.

2호 집터 : 풍화암반층을 파내고 마련된 움집으로 평면 장방형이다. 동서 12.8m, 남북 6m, 면적 76.8㎡(23평)의 규모로서 바닥은 점토를 얇게 깔았다. 네 벽을 따라 기둥구멍이 마련되고 지름 15~20㎝, 깊이 15~20㎝이다. 서벽에 접해서 지름 1.5m, 깊이 약 30㎝의 저장용 구덩이가 마련되고 이 구덩이에서 북으로 약 55㎝ 떨어진 곳에 길이 90㎝, 너비 40㎝, 깊이 25㎝ 규모의 화덕자리가 동서방향으로 길게 있다. 또한 집터의 동북쪽 모서리와 동남쪽 모서리에 그의 대칭되게 길이 1m 내외, 너비 1m 내외, 깊이 30㎝ 내외의 방형 구덩이가 있고, 동남쪽 구덩이에 접해서는 북쪽에 마련된 것과 비슷한 크기의 화덕자리가 있다. 이 화덕자리에 접해 소형의 화덕자리가 하나 더 있는데, 이는 불씨를 보관한 장소로 보인다.

출토된 유물로는 서북편 모서리에서 도들띠토기가 거꾸로 놓인 상태로 반달돌칼, 돌도끼편 등과 함께 수습되었고 동북편에서 민무늬토기편과 돌그물추(石製魚網錘) 2점, 그물추, 그리고 동남편 모서리에서는 돌도끼와 돌촉이 수습되었다.

3호 집터 : 풍화암반층을 파내고 마련된 움집으로 평면 방형에 가까운 장방형이다. 동서 6.6m, 남북 5.1m, 면적 33.7㎡(10평)의 규모로서 바닥은 고운 점토를 깔았다. 네 벽을 따라 지름 약 20㎝, 깊이 15~20㎝ 크기의 기둥구멍이 마련되고 집터의 중앙부에는 지름 60㎝ 크기의 구덩이가 있어 저장용 시설로 여겨지고 있다.

유물로는 굽잔(高杯), 돌도끼 2점, 그물추, 돌칼편, 돌촉, 도들띠토기편, 민무늬토기편, 빗살무늬토기편이 있다.

4호 집터 : 평면 장방형의 움집으로 동서 8.9m, 남북 5.8m, 면적 51.6㎡(약 15.5평) 규모이다. 네 벽과 중앙부에 기둥구멍이 마련되어 있는데 기둥구멍의 크기는 지름 20㎝와 30㎝ 두 종류로 구분된다. 바닥은 고운 점토에 굵은 모래를 섞어 깔아 다졌다. 동남쪽 모서리에 지름 70㎝, 깊이 20㎝ 내외의 저장용 구덩이 3개가 있고, 또 길이 70㎝, 너비 40㎝ 크기의 저장용 구덩이도 있다. 이 집터에서는 북벽 중앙에서 동으로 약간 치우쳐서 기둥구멍을 서로 연결하여 파놓은 방습용 홈이 집터 밖으로 연결되어 있어 배수시설로 판단된다. 바닥 곳곳에는 불에 탄 소토가 있어 기둥이 넘어져 마련된 것으로 여겨진다.

유물로는 골아가리(口脣刻目)의 도들띠토기, 숫돌, 반달돌칼, 돌가락바퀴, 가락바퀴, 민무늬토기편이 있고 반죽되어 굳은 흙 등이 있어 토기를 제작할 때 사용된 것임을 알 수 있다.

5호 집터 : 평면 장방형의 움집으로 동서 4.7m, 남북 6.2m, 면적 29.2㎡(8.5평) 규모로서 지름 25~30㎝, 깊이 15~20㎝ 크기의 기둥구멍이 네 벽에 마련되어 있고 중앙부에 화덕자리가 있다. 동북편 벽면에 접해서 지름 150㎝, 깊이 약 25㎝의 원형구덩이가 마련되어 있고 이 구덩이에 대칭되게 남서편에 지름 60㎝, 깊이 35㎝의 저장용 구덩이가 있다.

유물로는 골아가리토기, 도들띠토기 4점, 숫돌 1점이 있는데 토기 2점은 바닥이 위로 향하여 거꾸로 놓여 있는 것이 특이하다. 특히 이 집터의 특징은 서북편 모서리에 벽체가 그대로 노출되어 집의 벽체를 복원하는 데 확실한 자료가 된다.

7호 집터 : 평면 장방형의 움집으로 동서 10.8m, 남북 6m, 면적 64㎡(19평) 규모이다. 지름 23㎝, 깊이 15㎝ 크기의 기둥구멍이 있고, 동북편 모서리에는 길이 1.1m, 너비 0.7m, 깊이 11㎝의 장타원형의 저장구덩이가 있다.

유물로는 골아가리토기, 도들띠토기, 겹아가리(二重口緣)·아가리(口緣) 밑에 빗금무늬가 세겨진 토기편들이 출토되었고, 석기로서는 돌대패 2점, 반달돌칼 2점, 돌도끼 2점, 미완성 석기편 2점과 토제가락바퀴 등이 수습되었다.

이 집터의 가장 특이한 점은 서벽에서 판자벽이 확인되고 이 판자벽 앞으로 이중으로 홈이 파여져 있어 안쪽 홈은 습기를 차단하기 위한 시설로 보이며 벽쪽 홈은 판자를 세우기 위한 시설로 여겨진다.

1호 고인돌 : 개석식 고인돌로 지반의 경사에 의해 일부 하부가 유실되었다. 하부구조는 잔존 상태로 보아 길이 1.7m, 너비 0.6m 규모이며 북에서 서로 36° 기운 남북향이 장축이다. 바닥은 작은 할석과 자연돌을 깔아 주검바닥(屍床)을 마련하고 납작한 돌촉 10점과 완형의 부채꼴청동도끼(扇形銅斧)가 수습되었다. 고인돌 하부구조에서 완전한 청동도끼가 출토되기는 최초의 일이다. 개석은 길이 194㎝, 너비 130㎝, 두께 20㎝ 내외의 크기이다.

2호 고인돌 : 1호와 같이 개석식 고인돌이나 하부구조는 절반 이상 결실되어 전체 규모는 정확히 알 수 없다. 잔존상태를 보면 주검바닥은 잡석을 깔고 그 위에 평편한 할석을 깔아 처리했다. 장축은 동서방향이고 잔존한 하부구조는 동서 150㎝, 남북 120㎝이며 돌촉 4점이 출토되었다. 뚜껑돌은 결실되었고 받침돌만 잔존했는데 그 크기는 40㎝×30㎝×15㎝이다.

이상 조양동유적 유구의 성격을 종합하면 집터의 경우 풍화암반을 파내고 바닥에 2~5㎝ 두께로 점토를 깔아 단단히 다졌고 내부시설로는 화덕자리, 저장구덩이, 습기제거용 홈, 작업대 등이 있으며 경우에 따라 불씨보존을 위한 토기도 있어 실내 작업이 가능했음을 알 수 있다. 출토된 토기로는 도들띠토기, 깊은바리토기(深鉢形土器), 겹아가리토기, 골아가리토기, 붉은간토기, 그물추 등이 있으며 석기로는 돌도끼, 돌대패, 가락바퀴, 그물추, 돌칼, 화살촉, 돌창, 갈돌, 숫돌, 반달돌칼 등이 있다. 그리고 청동기로서는 유일하게 도끼가 있다.

이와 같이 조양동유적은 전형적인 청동기시대의 집터에 속하지만 한편으로는 빗살무늬토기 집터 이래의 전통도 보유하고 있는 지역적인 특성도 보여주고 있다. 이 유적의 편년은 기원전 8세기로 추정되고 있다.

⑥ 강릉 방내리유적

강원도 강릉시 연곡면 방내리 홍질목을 넘어 표고 35~45m의 낮은 구릉에 위치하며 청동기시대부터 신라·고려시대 무덤까지 있는 복합유적이다.

이 유적은 1990년 체신부 휴양소 신축부지 공사중에 발견되어 강릉대학교 박물관에서 발굴 조사를 하였다. 그 결과 이 곳에서 확인된 청동기시대의 집터는 모두 12동이었으나 휴양소 신축부지 공사 당시 집터의 대부분이 심하게 파괴되었다. 그 중 비교적 양호한 것은 다음과 같다.

1호 집터 : 풍화암반층을 평탄하게 고른 다음 약 5cm 두께로 고운 점토를 깔았으며 평면은 모서리를 죽인 말각장방형의 움집이다. 장축은 동에서 남으로 14° 정도로 기운 동서향으로 동서 7m, 남북 4m(8.5평)의 규모이다. 기둥구멍은 중앙부와 네 벽을 따라 마련되고 지름 약 15cm, 깊이 15~20cm이다. 출토된 유물은 도들띠토기 5개분, 갈봉과 갈판, 돌검, 돌도끼 2점, 반달돌칼 3점 등이 있다. 이 집터의 특징은 바닥이 단단한 소토로 되어 있는데 이는 화재 때문으로 여겨지고, 북벽 중간과 남벽에서 도들띠토기가 파손된 채 거꾸로 놓여있어 저장용기로 보고 있다.

2호 집터 : 풍화암반층에 황색점토를 얇게 깔아 다져 만든 평면 말각장방형의 움집이다. 잔존한 규모는 남북 4.7m, 동서 4m(5.7평)이며 네 벽을 따라 지름 15~20cm의 기둥구멍이 있다. 남벽의 중앙에는 바닥보다 40cm 아래에 50cm×75cm 크기의 방형구덩이가 마련되어 있고 동벽에는 지름 50cm, 깊이 약 40cm의 원추형에 가까운 저장용 구덩이가 있다. 구덩이 안에서는 도들띠토기편이 수습되었다. 바닥에서는 돌대패, 돌도끼와 도들띠토기편들이 수습되었는데 도들띠토기의 아가리편 밑에 빗살무늬를 새긴 것도 있다.

3호 집터 : 역시 풍화암반층을 고르고 바닥에 고운 점토를 깔아 다져 만든 평면 말각장방형의 움집이다. 장축은 1호와 같고 동서 8.3m, 남북 4.6m(11.5평)의 규모이다. 네 벽과 중앙에 지름 24cm, 깊이 약 20cm 정도의 기둥구멍이 마련되어 있다. 서벽 가까이 북편과 남편, 그리고 동남 모서리에서 각각 저장용 구덩이가 확인되었다. 바닥에서는 도들띠토기편과 민무늬토기편이 수습되었다. 이 집터의 특징은 네 벽에 두께 약 2cm, 폭 25~30cm 크기의 판자벽이 있었고 중앙에서 서편으로 치우쳐 25cm×15cm×10cm 크기의 냇돌 4개가 있어 작업대로 여겨지고 있다.

4호 집터 : 일부가 파손 유실되었으나 규모의 확인은 가능하다. 역시 풍화암반층을 바닥으로 하고 평면 형태는 장방형이다. 장축방향은 다른 집터와는 약간 방향이 다른데 동북－남서방향으로 길이 6.2m, 너비 약 3.7m(7.1평)의 규모이다. 기둥구멍은 벽을 따라 마련되고 지름 약 15㎝ 크기이다. 서까래와 기둥으로 보이는 숯덩이와 지붕과 벽체에 사용되었던 것으로 보이는 탄화된 갈대가 있어 전체가 불에 탄 집으로 여겨진다. 또 중앙에서 남서편으로 약간 치우쳐 지름 75~85㎝ 크기의 장타원형의 진흙띠를 돌린 화덕자리가 마련되어 있고 화살촉편, 돌대패, 돌가락바퀴가 수습되었다.

이상에서 본 바와 같이 방내리유적은 평면 장방형 또는 방형의 움집으로 대부분 동서를 장축으로 하고 있어 구릉의 뻗은 방향과 일치되고 있다. 지붕은 맞배집으로 추정되고 경우에 따라 화덕 둘레에 진흙띠를 돌리거나 저장용기를 둔 경우도 확인된다. 출토된 토기는 모두 민무늬토기로 바탕흙은 굵은 모래가 섞인 거친 흙이 사용되고 도들띠·겹아가리·골아가리 토기편이 대부분이다. 석기는 바퀴날도끼(環狀石斧), 반달돌칼, 돌칼, 화살촉 등 전형적인 청동기시대 석기들이다. 이 유적은 속초 조양동유적과 같은 시기로 생각되고 있다.

⑦ 양구 해안유적

양구군 해안면 현리 성황부락에 가까운 구릉지대에 있는 유적이다. 해안분지는 남북으로 길쭉한 접시모양을 이루고 있는데 해발 평균 450m 위에 위치한다. 6.25전쟁 당시의 격전지로 미군들이 해안분지가 펀치볼을 담는 그릇처럼 생겼다 하여 펀치볼(Punchbowl)이라는 이름으로 더 알려져 있는 곳이다. 정식 발굴조사가 실시되지 않았으나 수집된 유물로는 홈자귀(有溝石斧), 돌검, 돌촉, 민무늬토기편, 덧띠토기편, 흑색간토기(黑陶)편, 쇠뿔잡이(牛角形把手) 등 다양하다.

특히 이 해안유적에서 덧띠토기, 쇠뿔잡이토기, 흑색간토기 등이 함께 출토되고 있어 청동기시대 후기인 기원전 4~3세기의 취락유적으로 추정된다.

⑧ 양양 포월리유적

양양군 양양읍 포월리 국도변의 낮은 구릉에 위치하며 이미 고인돌이 채집된 바 있었다. 1991년 이 일대가 양양군의 농공단지 조성구역으로 지정되고 이듬해 강릉대학교 박물관의 조사로 유적의 성격이 밝혀지게 되었다. 이 포월리유적에서 조사된 13동의 집터 가운데 양호하게 남아 있었던 것은 다음과 같다.

1호 집터 : 풍화암반을 파고 바닥에 2~3㎝ 두께로 고운 점토를 바른 평면 장방형 움집이다. 장축은 서북~동남향이며 길이 9.6m, 너비 4.3m(약 12평)의 규모이다. 지름 20㎝ 내외, 깊이 15㎝ 내외의 기둥구멍자리가 네 벽을 따라 군데군데 남아 있다.

출토유물은 민무늬토기와 도들띠토기가 6개체분, 반달돌칼 2점, 화살촉 5점, 돌도끼 3점, 돌대패, 숫돌 5점, 돌창, 돌칼 2점과 기타 토기편 등이었다.

2호 집터 : 풍화암반을 수직으로 파내고 만든 평면 장방형의 움집으로 바닥은 고운 점토를 깔아 다져 만들었다. 장축은 북동~동서향이며 길이 7.1m, 너비 4.4m(약 9평)의 규모이다. 지름 15~20㎝, 깊이 15㎝ 내외의 기둥구멍이 남아 있다. 저장용기를 두었던 구덩이가 남서편 모서리에 남아 있고 민무늬토기편, 돌도끼 2점, 화살촉 3점, 돌창, 숫돌 3점이 출토되었다.

4호 집터 : 역시 풍화암반을 파내고 만든 평면 장방형의 움집으로 바닥은 고운 점토를 깔아 다져 만들었다. 장축은 동서방향이며 길이 8m, 너비 5m(약 12평)의 규모이다. 지름 22㎝ 내외, 깊이 20㎝ 내외의 기둥구멍이 벽을 따라 일부 남아 있고 중앙부에도 거리를 두고 2개가 남아 있다. 또 저장용 구덩이 시설도 남아 있다. 출토된 유물로서는 도들띠토기편, 갈돌, 갈판 2점, 돌도끼, 화살촉, 반달돌칼 2점 등이 수습되었다.

이상 포월리유적에서 조사된 총 13동의 집터 가운데 상태가 양호한 3동의 집터는 살펴본 바와 같이 입지는 구릉으로, 고르지 않은 풍화암반을 파내고 조성되어 그 깊이가 고르지 않았다. 경우에 따라 낮은 위치에 벽이 없는 경우는 경사면의 지형을 가로로 따냄으로써 원래부터 없었던 것으로 이해되며 대신 출입시설로 이용한 것으로 보고 있다. 출토토기는 도들띠토기가 대표적이며 석기는 전형적인 마제석기가 주류를 이루고 있다.

이 밖의 강원도지역 대표적인 청동기유적은 다음의 〈표 1〉과 같이 정리해 볼 수 있다.

〈표 1〉 강원도지역 유적지명표

지역	유 적 명	위 치	내 용	비 고	문헌[1]
춘천시	산포지	온의동 야산	돌도끼, 원반형석기, 돌촉, 반달돌칼, 돌칼, 숫돌, 돌창, 덧띠토기편, 민무늬토기편 수습	1975년 과수원 조성시 발견	①
	지석묘	동면 지내리 44	탁자식 1기, 파괴시 돌촉 2점 출토		②
	지석묘	동내면 거두리	1기		③
	출토지	사북면 지촌 2리 경작지	갈봉 3점, 숫돌 2점, 돌도끼파편 수습	1984년 경지 정리시 발견	③
	지석묘군	동내면 학곡리 428	탁자식 7기 확인, 1기의 개석만 옮겨진 채 남아 있음. 주변 민무늬토기편 채집	일제시대 발견	③
	지석묘	신북읍 산천리	고인돌 4기		④
	지석묘	신북읍 발산리	8기 잔존, 대부분 탁자식		②
	지석묘군	신북읍 산천리	7기 중 2기 탁자식, 5기 개석식		④
	지석묘군	신북읍 지내리 307	13기 발굴, 개간 등으로 파실되어 3기 잔존		④
	지석묘군	서면 금산리 34구 986	남북방향 직선으로 6기 분포		④
	지석묘	동산면 봉명리 728-1 전	개석식 3기		⑤
원주시	출토지	문막면 궁촌리 428-1	동검, 반달돌칼, 돌촉 수습	1974년 발견	⑥
	출토지	판부면 서곡리	돌검, 돌촉 수습	1973년 발견	⑥

1) 번호로 표시한 문헌의 자료명은 다음과 같다.
① 任世權, 〈춘천시 온의동 무문토기 유적〉(《史叢》 21·22, 고려대, 1977).
② 조동걸, 〈북한강유역의 고인돌〉(《논문집》 8, 춘천교대, 1970).
③ 한림대 아시아문화연구소, 《江原道의 先史文化》(翰林大 出版部, 1986).
④ 崔福奎, 《중도 고인돌 발굴조사보고》(강원대 박물관 유적조사보고 2, 1984).
⑤ 경북대 박물관, 《대구·춘천간 고속도로 건설예정지역내 문화유적발굴조사보고서》(1990).
⑥ 文化財管理局, 《文化遺蹟總覽》(1977).
⑦ 白弘基, 〈江原道 東海岸地方의 支石墓〉(《考古美術》 156, 韓國美術史學會, 1982).
⑧ 有光敎一, 〈朝鮮江原道の先史時代遺蹟〉(《考古學雜誌》 28－11, 東京 ; 日本考古學會, 1938).

지역	유 적 명	위 치	내 용	비 고	문헌
강릉시	지석묘군 및 주거지	안현동 경포호수 북안 구릉	능선따라 개석식 12기가 1열로 분포		⑦
	지석묘	운정동 구릉	구릉상에 개석식 3기 분포 돌촉, 돌도끼 수습	1930년대 발견	⑧
	지석묘	난곡동 야산	기반식 3기, 부근에서 석기 수습		⑨
	지석묘군 및 주거지	교동	지석묘 2기, 장방형 돌촉, 도들띠토기편 수습		⑨
	지석묘	장현동 저수지 서 구릉	개석식, 하부구조 장방형 돌곽 돌검, 검손잡이장식이 신고됨 돌도끼, 반달돌칼, 돌촉 수습	1977년 강릉대 수습조사	⑦
	산포지	내곡동 신복사지 동편 구릉	돌촉, 도들띠토기편 수습	1990년 신복사지 발굴 중 신고	⑩
동해시	지석묘	니노동 전천 하안단구	개석식, 하부구조 돌곽형		⑦
	산포지	북평동			⑦
	산포지	구호동	석기, 토기편 수습	1992년 지표 조사 중 발견	⑦
삼척시	출토지	근덕면 교가리	돌검편	1992년 지표 조사 중 발견	⑪
	출토지	원덕읍 장로 2리 270	돌검, 돌촉 발견 신고	1967년 발견	⑫
홍천군	지석묘	화촌면 군업 2리 608-1	개석식 10여 기		③
	지석묘	북방면 하화계리 569-1 전	개석식 4여 기		⑤
횡성군	입 석	횡성읍 개전리 1반 224	1기		③

⑨ 高東洵, 〈嶺東地方의 支石墓에 관한 考察〉(관동대 석사학위논문, 1993).
⑩ 강릉대 박물관, 《江原嶺東地方의 先史文化硏究(Ⅰ)》(1991).
⑪ 강릉대 박물관, 《江原嶺東地方의 先史文化硏究(Ⅱ)》(1992).
⑫ 文化財管理局, 《重要發見 埋藏文化財圖錄》(1989).
⑬ 金元龍, 《韓國史前遺蹟遺物地名表》(서울大 考古人類學叢刊 2, 1964).
⑭ 平昌郡 編, 《平昌郡誌》(1979).
⑮ 崔淑卿, 〈高城郡 縣內面・梧岱面의 支石墓〉(《考古美術》 2-12, 1961).
⑯ 金元龍, 〈韓國 江原道 襄陽出土 細形銅劍について〉(《史林》 50-2, 1967).

지역	유 적 명	위 치	내 용	비 고	문헌
영월군	석관묘	하동면 각동리 861-1	하부구조 장방형 돌널 돌검, 돌촉 수습	일제시대	⑬
평창군	지석묘군	평창읍 계장리 99 일대	돌검, 가락바퀴 채집		⑥
	지석묘군	평창읍 대하리	주변에서 가락바퀴, 민무늬토기편 채집		⑥
	지석묘군	평창읍 상리 1반 논가운데	개석식 3기 분포		⑥
	지석묘군	평창읍 유동리 마을앞 강바닥	7기 분포		⑥
	지석묘군	평창읍 입하리	대부분 파실	일명 칠성바위	⑥
	지석묘군	평창읍 종부 2리 양지마을	2기의 돌널 확인, 주변에서 민무늬토기 채집		⑥
	지석묘군	평창읍 주진리	10여 기 분포	일명 거북바위, 말바위, 쌍구벽	⑥
	지석묘군	평창읍 후평리 1반	7기 분포	일명 칠성바위	⑥
	출토지	평창읍 후평리 마을 부근 논밭	민무늬토기편 등 채집		⑭
정선군	지석묘군	북면 남평리 오음동 695·721	개석식		⑥
	지석묘 및 출토지	북면 여량리 360·768-1	돌검, 돌촉, 민무늬토기편 수습 돌도끼 발견 신고	1931년 조사 1981년 재조사	③·⑧
철원군	출토지	금화읍 학사 4리	돌검 발견 신고 돌창, 돌촉 발견	1967년 발견 1974년 발견	⑥
	지석묘군	갈말읍 신철원 1리	원래 5기 존재 현 1기만 잔존, 개석식		⑥
	지석묘군	갈말읍 문혜 3리	탁자식 3기, 1기 파실	1950년대 발견	⑬
	출토지	갈말읍 동막리 835	돌창 발견신고	1980년 발견	③
	출토지	서방산	돌촉, 지표 채집	1982년 발견	③
양구군	지석묘군	고대리 422-2	주변에서 돌도끼, 돌촉, 민무늬토기편 채집		⑥
	지석묘군	남면 용하리 425 용하국민학교 정문 앞	개석식, 개석에 性穴		③

지역	유 적 명	위 치	내 용	비 고	문헌
화천군	출토지	화천읍 상 2리 27-2	돌촉 채집		③
	출토지	하남면 거예리 나루터	돌도끼 채집		③
	출토지	하남면 용암리 1049-1	돌편 채집		③
	출토지	하남면 위라리 397	돌끌, 돌도끼, 돌편 채집		③
인제군	지석묘군	북면 월학리 664	돌검, 돌촉 발견 신고 하부구조 불명	1972년 발견	⑥
고성군	산포지	간성읍 신안리 묘저산	돌도끼, 돌창, 돌촉, 돌검 수습	1933년 간성역 공사시 발견	⑧
	지석묘	거진읍 화포리 화진포 호수 동쪽 백사장	개석식 2기		⑨
	지석묘군	명호리	8기 분포		⑨
	지석묘군 산포지	현내면 죽정 1리	17기 분포, 민무늬토기편 채집		⑨·⑮
	산포지	현내면 초도리	민무늬토기, 돌도끼, 그물추 채집		⑨·⑮
양양군	출토지	강현면 정암리 산 41-5	좁은단검, 잔무늬거울 발견	1966년	⑯
	지석묘군	서면 범부리	하부구조 상자형 돌널, 돌검 수습	1974년, 1981년 강릉대 조사	⑦
	산포지	손양면 수여리	적갈색연질토기편 수습		⑩
	산포지	사천면 석교리	가락바퀴, 숫돌, 화살촉, 토기편 수습	1991년 지표 조사 중 발견	⑩
	산포지	양양읍 사천리	구멍무늬토기편		⑪
	산포지	강현면 강선리	덧띠토기편, 숫돌, 검자루끝장식, 돌낫, 반달돌칼, 돌끌, 홈자귀, 돌대패, 돌촉, 가락바퀴		⑪
	산포지	연곡면 방내리	집터 12동, 토기, 반달돌칼, 돌검, 돌도끼, 가락바퀴, 돌주걱칼, 돌대패, 돌촉 등	1990년 발굴	⑪
	지석묘군	사주면 미노리	5기 분포		⑨

〈趙由典〉

(4) 영남지방의 유적

지금까지 알려진 영남지방의 청동기유적은 크게 고인돌 등 무덤유적과 집터 등 주거유적, 그리고 바위그림(岩刻畵) 등 특수유적으로 구분된다.

집터는 주로 얕은 구릉상에 분포하고 있는 것이 보편적이나 진양 대평리의 경우와 같이 강변 퇴적층에 위치한 경우도 확인되고 있다. 집터의 형태는 대부분 장방형 움집(竪穴)의 모습을 하고 있으나 합천 봉계리에서와 같이 원형 움집터도 확인되고 있어 신석기시대의 대표적인 원형 움집터와 연관성을 고려하게 한다. 즉 청동기인들은 민무늬토기(無文土器)를 사용하고 장방형 움집을 짓고 살았던 것으로 알려져 있으나 합천의 경우는 민무늬토기를 사용하던 사람의 원형 움집 바닥에서 민무늬토기뿐 아니라 메워진 퇴적층에서 빗살무늬토기(櫛文土器)가 수습되었다. 이로써 빗살무늬토기를 사용했던 사람이 살았던 이 곳에 그 후 민무늬토기인들이 살았던 것임을 짐작할 수 있다. 앞으로 관심을 가지고 집터 조사를 하게 되면 빗살무늬토기 사용인들과 민무늬토기 사용인들의 상호관계가 보다 구체적으로 밝혀질 것이라 기대된다.

지금까지 영남지방에서 조사된 무덤, 집터, 바위그림 등의 주요 유적을 살펴보면 다음과 같다.

① 대구 월성동유적

대구직할시 서구 월성동 월촌고개 북서쪽 해발 146고지에 위치하며 일대 최대의 민무늬토기 유적지이다. 1988년 경북대학교 박물관에 의해 발굴 조사되었다.

1호 집터 : 파괴되고 잔존한 집자리를 보면 장축을 남북방향으로 둔 평면 말각 장방형태로 길이 6.1m, 잔존 너비 1.5m, 깊이 30~60㎝의 움집형태이다. 남쪽편에 출입구 흔적이 남아 있고, 바닥에서 골아가리토기(口脣刻目土器), 도들띠토기편, 돌도끼, 돌촉(石鏃), 가락바퀴(紡錘車), 숫돌(砥石) 등이 출토되었다.

2호 집터 : 1호 집터와 50m 거리를 두고 있다. 잔존상태로 보아 평면 장방형의 집터로 길이 8.6m, 남은 너비 3.7m, 깊이 35~50㎝의 움집형태이다. 벽에는 판자벽을 마련했고 바닥에는 배수시설도 마련되었다. 유물은 변형팽이토기(變形角形土器), 돌검(磨製石劍)편, 숫돌 등이 출토되었다.

② 대구 상인동유적

대구직할시 달서구 상인동 일대의 가무내산 서쪽 충적대지 위에 분포한다. 청동기시대의 무덤유적인 상인동유적은 아파트 단지 조성에 따라 1992년 경북대학교 박물관에서 조사되었다.

고인돌 1기, 돌곽묘(石槨墓) 1기, 敷石附 돌곽묘 5기가 조사되었다. 특히 5기의 부석부 돌곽묘는 북동쪽 일직선 방향으로 배치되어 있었다. 돌곽의 규모는 길이 2m, 너비 50㎝ 내외이다. 이 돌곽의 둘레에 5~6m 규모의 방형구역에 돌을 깔아 부석구역을 마련하고 있음을 알게 되었다.

유물로는 붉은간토기(紅陶), 돌검, 돌촉, 굽은옥(曲玉) 등이 출토되었다.

③ 대구 대봉동유적

대구직할시 남구 이천동의 신천을 따라 분포되어 있다. 고인돌 유적인 이 유적지는 지금은 이천동이나 과거는 대봉동유적으로 불렸다. 일제시대부터 발굴되기 시작하여 광복 후에는 1990년과 1993년 경북대학교 박물관에 의해 재조사되어 그 유적의 성격이 분명히 밝혀졌다.

지석묘 하부의 구조는 돌로 쌓거나 판석을 사용하거나 이들을 혼용하여 마련된 돌널(石棺), 돌곽(石槨)의 구조를 갖추고 있었다. 바닥은 대부분 판돌(板石)을 깔았으며 경우에 따라서는 판돌을 뚜껑으로 사용하기도 하였다. 출토유물로는 돌검, 돌촉, 곱은옥, 민무늬토기편 등이 수습되었다.

④ 경주 황성동유적

경주 황성동에 위치하며 1990~1991년 2차에 걸쳐서 국립경주박물관·경북대학교 박물관·계명대학교 박물관·동국대학교 고고미술사학과가 합동으로 발굴했던 경주시 황성동 526-4번지 일대의 원삼국시대 야철지 유적 옆에 있다.

1차 조사 때에는 청동기시대 집터 7동이 확인되었고 2차 조사 때에는 청동기시대 집터 18동 및 원형 움집 유구 6기 등이 확인되었다.

집터는 대부분 장방형 움집터로서 길이 5.5~13.5m, 너비 1.83~5.0m 내외로 크기는 다양하나 대체로 길이 8m, 전후 너비 4~5m 내외의 규모이다. 가장 큰 것은 II-다-1호 집터로 길이 13.5m, 너비 5.0m에 달하고 있다.

집터의 바닥은 점토를 깔아 다진 것과 움집 맨바닥을 그대로 이용하고 있는 것이 있었으며 화덕터(爐址)는 없는 것도 있으나 대부분 원형으로서 한쪽으로 치우쳐져 있고 경우에 따라서는 2개의 화덕터가 확인되기도 하였다. 화덕터 중에는 주위에 고운 점토를 두른 것이 여러 사례 확인되었다. 장축방향은 대개 북동－남서이나 기둥구멍은 6개씩이나 확인된 것도 있고 전혀 확인되지 않은 것도 있는 반면, 편평한 돌을 초석으로 사용한 경우도 있다. 집터 벽체 일부에 판자를 사용한 것도 확인되었다. 집터 중에는 석기 제작 장소로 추정되는 것도 있고 토기·석기류 등의 유물 배치상태가 벽면을 따라 배치되어 있는 경우도 확인되었다. 대부분의 집터에는 목탄과 소토, 검게탄 숫기둥 흔적 등이 노출되는 경우가 많아 불이 나서 폐기된 것으로 보여진다.

출토유물은 바리형토기(鉢形土器)가 주류를 이루고 있는 가운데 도들띠토기(孔列土器), 팽이형토기 계통의 붉은간토기, 豆形土器, 그물추(網錘), 반달돌칼(半月形石刀), 돌도끼(石斧), 끌(鑿), 바퀴날도끼(環狀石斧), 가락바퀴, 숫돌 등이 출토되어 청동기시대 전기 기원전 6~5세기에 속하는 것으로 판단되고 있다.

황성동 청동기유적은 그 집터의 형태와 출토유물로 보아 한강유역 청동기시대 전기문화인 여주 흔암리유형의 문화에 함경도 지방의 청동기문화가 가미된 것으로 보여 우리 나라 동남부지역에 있어서의 청동기문화 전파경로 및 상관관계 등을 연구하는 데 중요한 자료를 제공해 주고 있다.

⑤ 금릉 송죽리유적

경상북도 김천시 구성면 송죽리에 위치하며 낙동강의 지류인 감천이 U자형으로 굽이 돌면서 퇴적된 천변 충적대지에 위치한다.

1991년부터 1993년까지 계명대학교 박물관에 의해 발굴 조사된 이 유적에서는 신석기 및 청동기시대의 유물이 출토되었다. 신석기유물에 속하는 움집 10동, 야외 화덕터 15기, 석기 제작장, 추정 토기 가마터와 빗살무늬토기를 비롯한 다양한 토기 등이 발굴되었으며 청동기시대에 속하는 자료로는 움집 60여 동, 야외조리장으로 추정되는 유구, 폐기장소, 고인돌 19기 등의 유구가 있었으며 유물로는 민무늬토기와 각종 붉은간토기, 고조선식동검(琵琶形銅劍), 돌도끼, 반달돌칼, 숫돌, 가락바퀴, 그물추 등 다양한 도구들이 출토되었다.

집 터 : 움집터로 원형이 19동, 방형이 3동, 장방형이 40동 등 모두 62동이 조사되었다. 장방형 중에서는 월등하게 규모가 큰 집터 3동과 다수의 細長方形이 포함되어 있다.

원형 집터는 지름 3~4m로서 소형이며, 세장방형 집터가 짧은지름 3m 내외, 긴지름 5.9~9.6m로서 중형이며, 장방형 집터는 짧은지름 2.8m, 긴지름 3.2m인 초소형에서 짧은지름 8.2m, 긴지름 14.0m에 이르기까지 다양한 크기를 보이고 있다.

장방형 집터의 장축방은 대부분 남북향이었으며 일부는 동서향이었고 출입구는 7동에서 확인되었는데 그 위치는 동편 또는 남편이었다.

집터 내부의 화덕터는 장방형 집터 26동에서 확인되었는데 납작한 냇돌을 방형으로 돌린 형태이다. 세장방형 집터의 경우 다수가 2개씩 확인된 점으로 보아 세장방형 집터는 화덕터가 2개이며 다른 형태의 집터는 대개 1개였던 것으로 보인다.

기둥자리는 대다수의 집터에서 나타났지만 그 모양이나 배치가 불규칙하게 나타났는데 청동기시대 송죽리의 집터에는 기둥시설이 원래 없었던지 아니면 기둥자리의 깊이까지 유실되어 원래의 모습이 알 수 없게 된 것인지는 알 수 없다. 대형의 6호 집터에서는 타격으로 떨어져나간 흔적이 있는 혼펠스 원석과 약간의 박편 및 원석과 같은 돌질의 석기가 출토되어 이 집터가 석기를 제작하던 곳임을 암시하고 있다.

내부 저장구덩이는 19동에서 확인되었고 모두 집터 구석에 위치하며 평면형태가 타원형이며 규모는 긴지름 100㎝, 짧은지름 60㎝ 내외이다. 집터 안팎 등에서는 바리형 또는 단지형의 민무늬토기와 붉은간토기·가락바퀴·그물추·돌검·돌창편·꽂이 없는(無頸式) 날개촉·바퀴날도끼·턱자귀·반달돌칼·장방형 돌칼·조갯날돌도끼(合刃石斧)와 외날돌도끼(扁平單刃石斧)·미완성의 석제가락바퀴 등이 나왔다.

토기류로는 바리형토기의 숫자가 가장 많고, 그릇모양도 다양하다. 붉은간토기의 바탕흙(胎土)은 진흙(泥質粘土)이 다수를 차지하지만 모래가 함유된 거친 것도 있다. 한편 목제품으로 장방형목판에 자루구멍이 뚫린 것이 있으며 옥돌류로는 天河石製環玉이 있다.

고인돌 : 송죽리유적의 북쪽부분에서 모두 19기의 고인돌이 조사되었는데 매장 주체부는 반지하식 2기, 지상식 17기로서 지상식이 더 많았다. 매장부시설의 석재는 일부 잡석도 있지만 대부분 냇돌이며 매장 공간시설은 수혈식이다.

상태가 비교적 양호한 고인돌은 대부분 墓域이 있는 점으로 보아 원래는 모든 고인돌에 묘역이 있었던 것으로 추정된다. 지상식 고인돌의 축조 순서를 제1호 고인돌의 예로 추정한다면 먼저 지표상에 매장칸의 하부시설과 함께 주위에 방형 또는 장방형의 묘역을 설치한 후 매장칸의 하부구조를 완성하여 그 높이만큼 둘레에 단면 반구상으로 봉석을 하고 이어서 피장자를 안치한 후 그 위로 냇돌을 채운 뒤 덮개돌(上石)을 올린 것으로 보고 있다.

고인돌 매장공간 안팎으로 붉은간토기 등의 토기류와 슴베식(有莖式) 돌촉·삼각촉(三角石鏃)·외날돌도끼(偏刃石斧) 등 석기류, 고조선식동검(琵琶形銅劍) 등 청동기류가 출토되었다.

매장 주체부의 남외곽 1m 지점에서는 수직으로 꽂힌 상태로 고조선식동검이 발견되었다. 이 유적은 청동기시대 집터의 구조와 형태뿐 아니라 폐기장, 야외조리장, 변소로 추정되는 곳, 석기 제작장소 등에 대한 부대시설 등에 대한 조사도 가능하여 당시 집터내에서의 생활 및 취락연구에 귀중한 정보를 제공해 주고 있다. 또 청동기시대의 돌촉·돌검·돌도끼들과 바리형 및 단지형의 민무늬토기와 붉은간토기 등이 하나의 집터에서 출토됨으로써 공반유물로서의 가치를 더욱 높이고 있다. 또 자체 묘역시설을 갖추고 있으며 묘역에 덧붙여 별도의 고인돌을 부가한 형태도 확인되어 큰 고인돌을 중심으로 그 주변에 여러 기의 고인돌이 가까이 있는 밀집된 고인돌에 관한 자료를 얻은 것도 중요한 성과로 여겨진다. 더구나 이러한 구조가 북한학자들이 말하는 심촌리형고인돌와 유사한 요소가 많은 점은 우리 나라 남방식 고인돌 발굴 및 연구에 있어서 앞으로 밝혀져야 할 문제이며 아울러 신석기유적과 청동기유적이 겹치고 있어 신석기에서 청동기시대로의 변화과정을 살펴보는 데에도 도움을 주고 있다.

⑥ 안동 한들 바위그림

경북 안동군 수곡면 한들마을 뒷산의 경사면 바위에 새겨진 그림으로 길이 15m, 너비 10m 범위의 암반에 집중적으로 새겨져 있다.

그림의 내용은 선각, 점선각, 면각 그리고 큰 구덩이와 작은 구덩이로 조합되어 있고 사물의 모습을 구체적으로 분간하기는 어려운 편이다. 말발굽·새그림·활촉·발자국 형태 등이 보인다. 이들 그림 내용을 통해 그 시기는 청동기시대로 추정되고 아울러 제천의식 유적으로 여겨지고 있다.

⑦ 안동 지례리유적

안동군 임동면 지례리 원지례 마을에 위치한 고인돌 유적이다. 임하댐 수몰지구에 포함되어 1988~1989년 계명대학교 박물관에 의해 고인돌 30여 기가 발굴 조사되었다.

고인돌 뚜껑돌의 규모는 길이 83㎝, 너비 75㎝, 두께 40㎝의 소형에서 길이 298㎝, 너비 250㎝, 두께 260㎝에 이르는 대형에 이르기까지 각양각색이나 대체로 길이 100㎝ 미만의 소형이 대부분이었다.

하부구조는 뚜껑돌 아래에 30~60㎝ 크기의 냇돌 또는 자연석을 둘러놓아 그 자체를 매장공간으로 한 소위 돌돌림식(圍石式) 고인돌이다. 이 매장 주체부는 뚜껑돌의 형태에 따라 원형·타원형·장방형을 보이고 있는 것이 특징이다.

돌칼자루장식(石製劍把頭飾)을 갖춘 돌검·돌촉·반달돌칼 등이 출토되고 주위에서 민무늬토기·붉은간토기·도들띠토기·덧띠토기 등 많은 토기편이 출토되었다. 이 유적은 경북 내륙지방의 청동기시대 문화상과 그 전파경로를 밝힐 수 있다는 점에서 중요하다.

⑧ 영일 칠포리 바위그림

경북 포항시 북구 흥해읍 칠포리 곤륜산 일대에 있는 총 11종의 바위 그림으로, 1989년부터 1993년까지 4년여에 걸쳐 조사되었다.

곤륜산을 중심으로 서북쪽 기슭의 바위 4면에는 총 56편의 그림이 새겨져 있는데, 그 내용을 보면 방패형기하문, 돌검, 여성기 등이다. 그리고 곤륜산 동편 바위에는 방패형기하문, 돌검, 원형다공문이 새겨져 있다. 이 밖에 고인돌의 두께돌에 방패형기하문과 돌촉이 새겨져 있는 것이 발견되었고, 농발재 근처에서 발견된 바위에는 방패형기하문 외에 동물발자국·윷판이 새겨져 있음이 확인되었다. 따라서 이 일대의 바위그림은 청동기시대에서 초기 철기시대에 걸쳐 그린 것으로 보고 있다.

⑨ 경주 금장대 바위그림

경북 경주시 석장동 서천의 단애면에 있는 바위에 새겨진 바위그림으로 1994년에 발견되었다. 남향을 한 바위에 방패형기하문, 돌검, 돌촉, 돌창, 그리고 사람발자국, 여성기, 배 등이 새겨져 있는 청동기시대의 바위그림이다.

⑩ 고령 양전동 바위그림

경북 고령군 고령읍 양전동 알터부락의 자연암반에 마련된 바위그림으로 동심원과 방패형기하문이 새겨져 있다. 주변에서 민무늬토기편·돌끌 등 청동기시대 유물들이 채집된 바 있어 이 바위그림도 동일 시기로 추정되고 있다.

⑪ 부산 반여동유적

부산시 해운대구 반여동 345번지에 분포하고 있으며 1986년 동의대학교 박물관에 의해 발굴 조사되었다.

1호 집터 : 길이 15m, 너비 3.85m, 최대 깊이 60㎝의 움집으로 경사면을 따라 마련되었다. 바닥에서 민무늬토기 사발, 도들띠토기편 약간, 가락바퀴, 돌도끼, 돌촉 2점, 숫돌이 수습되었다.

⑫ 울주 검단리유적

경남 울산시 울주구 웅촌동 검단리 산 62번지 해발 123~104m 높이의 구릉에 위치하며 유적의 범위는 약 4,000평 규모이다. 1990년 부산대학교 박물관에 의해 발굴 조사되었다.

집터 93동·環壕 시설·가마터 2기·고인돌 3기 등의 유구와 토기류로 도들띠토기·붉은간토기·손잡이 달린 발형토기 등 100여 점, 돌촉·반달돌칼·돌도끼 등 석기류 224점, 가락바퀴 4점, 그물추 94점 등 토제류 유물 422여 점이 발굴 조사되었으며, 그 시기는 환호를 갖춘 청동기시대 전기 유적으로 추정되고 있다.

집 터 : 환호내부지역과 유적의 남서쪽 사면에 밀집하여 나타났는데, 집터의 평면형태는 정방형·장방형·원형의 반움집터로서 정방형과 장방형 집터가 거의 반반이며 송국리식 원형집터는 1동뿐이다. 기둥구멍은 벽에서 약간 내부로 들어와 정방형의 경우 4개, 장방형은 6개 배치되어 있었으며, 화덕터는 집터 중앙 장축을 따라 약간 치우쳐 있다.

환 호 : 유적의 구릉사면에 타원형의 형태로 설치되어 있고 길이 약 300m

까지 확인되었으며 원지면이 많이 유실되었으나 현재 너비 50~200㎝, 깊이 20~150㎝로 단면 모습은 V자형이다. 환호내부의 크기는 동서부 70m, 남북 120m이고 환호의 남동쪽과 북동쪽 부분은 단절되어 있어서 이것이 환호 촌락의 입구와 같은 역할을 한 것으로 보인다. 환호내에서는 집터 36동, 대상유구 7기가 확인되었다.

대상유구는 현재로서 그 성격을 알 수 없지만 길이 7~8m, 너비 50㎝ 전후의 긴구덩이로서 민무늬토기와 붉은간토기가 열을 지어 출토되었다. 환호의 서쪽 경사면에서 가마터 2기가 확인되었는데 이 가마터는 등고선을 따라 설치된 밀폐식 평요이었다. 화구와 연소실은 지하에 설치되어 있고 요벽은 단면이 L字 모양을 한 반지하식이다.

요벽에는 6개의 보조화구가 동일간격으로 배치되어 있었고 연실의 길이는 약 8m, 요의 전체 길이는 약 10m이다. 집터가 폐기된 후에 설치된 이 가마터는 집터와 같은 시기로 생각되고 있으나 요지에서 출토된 유물이 없어서 소성물이 토기인지는 알 수 없다.

유적 서쪽 하단부에 고인돌 2기와 돌널 1기가 일렬로 확인되었는데 1·3호 고인돌은 개석식이며 하부구조는 1기가 횡혈구조의 구덩무덤(土壙墓)이며 3호는 유사 돌곽묘로 추정된다. 2호 돌널은 길이 150㎝, 너비와 깊이가 각각 50㎝ 규모로 할석으로 측벽과 주검받침(屍床)을 만들었는데 내부는 교란되었고 유물은 출토되지 않았다. 1호 고인돌에서 돌촉, 3호에서는 붉은간토기가 출토되었다.

이 검단리유적에서는 도들띠토기·붉은간토기·어형반달돌칼·홈자귀·피홈돌촉(血溝石鏃)·원형의 송국리식 집터(27호)가 출토 확인되고, 변형항아리토기·목이 긴 항아리형 붉은간토기(紅陶長頸壺)가 61호 집터에서 공반되고 있어서 이 유적의 편년은 청동기시대 전기 가운데 도들띠토기문화기에서 송국리문화기로의 이행기로 추정된다.

따라서 이 유적지는 도들띠토기 등으로 대표되는 동북지방 청동기문화와 송국리문화가 함께 어울려 영남지방에서 변화하는 과정을 보여 주고 있다고 하겠다. 또한 검단리의 환호집락은 송국리의 목책발견과 더불어 청동기시대에 이미 방어시설의 필요성이 있었음을 보여주며 대규모 집락의 발굴을 통하여 청동기시대 전기 사회의 주거생활, 사회생활, 마을인구 규모 등에 관한 중요한 자료를 제공해 주고 있다.

⑬ 진양 대평리유적

경남 진주시 대평면 대평동 일대의 강변 퇴적층에 분포해 있다. 이 유적은 1975년부터 1980년까지의 4차에 걸친 문화재연구소의 조사로 청동기시대의 집터와 고인돌, 돌널, 기타 특수형태의 무덤 등이 발굴되었다. 그런데 이 유적은 경남 내륙지방에서는 최초로 민무늬토기를 공반한 집터가 매장유구와 같은 지역에 공존하고 있다는 사실을 확인한 곳이어서 주목된 바 있다.

4기의 집터와 옥방부락에서 11기의 고인돌, 어은부락의 6기의 고인돌, 깐돌묘(敷石墓) 3기, 그리고 돌널 등이 서로 접해서 여러 기 조사되었다.

1호 집터 : 조사된 4동의 집터 가운데 형태가 가장 잘 보존된 1호 집터는 약간 다진 암갈색 모래층 바닥에 네 벽은 두께 2㎝ 내외의 판자를 대어 만든 반지하식집으로서 길이 18.6m, 너비 4.6m의 평면 장방형태이다. 바닥 중앙부에 장축을 따라 180~200㎝ 간격으로 기둥구멍이 남아 있다.

바닥에서 수습된 유물로서 기형을 알 수 있는 것으로 붉은간토기, 도들띠토기 4점, 항아리토기(壺形土器) 2점, 바리형토기, 토기바리(土器鉢), 목긴 항아리(長頸壺), 가지무늬토기, 변형팽이토기, 돌촉, 반달돌칼, 토제가락바퀴 12점, 그물추, 토제축, 토제구슬 등이 있다.

옥방 2호 고인돌 : 개석식 고인돌로서 하부구조는 장축을 동남-서북쪽으로 둔 돌곽으로서 냇돌을 사용하여 돌곽벽을 마련했고 천정은 두께 4㎝ 내외의 판돌(板石) 4장을 사용하여 덮었다. 돌곽의 규모는 길이 210㎝, 너비 60㎝, 높이 50㎝이다. 이 고인돌의 특이한 점은 돌곽이 천정돌 위의 외부 주변으로 뚜껑돌이 놓이도록 자연석괴를 돌려놓았고 그 뚜껑돌과 천정돌 상면의 공간에는 냇돌을 깔았다. 또한 고인돌를 중심으로 370㎝×410㎝ 범위에 냇돌과 자연석을 사용하여 범위를 마련하고 있다. 돌곽내에서 출토된 유물로는 돌검, 반달돌칼 2점, 돌촉 2점, 대롱구슬 5점 등이었다.

대평리유적에서 조사된 고인돌의 하부구조는 5가지로 구분되고 있다. 즉 묘역시설의 유무로 크게 나누어지고 묘역이 마련된 것 가운데 천정돌이 있는 것과 없는 것, 그리고 천정돌이 없고 돌널가 동반된 것 3가지로 구분되며 묘역시설이 없는 경우 천정돌이 없는 것과 천정돌이 있고 돌널이 동반되는 두 가지로 구분되어 모두 5가지 유형이 존재하고 있다.

2호 깐돌묘 : 남북 5.4m, 동서 4.1m 범위에 자연석으로 묘역을 만들고, 길이 160㎝, 너비 64㎝, 깊이 58㎝ 규모의 돌곽이 마련되고 판돌로 천정을 덮고 그 위로 다시 돌덩이들을 올려놓음으로써 묘역범위의 깐돌과 수평을 이루게 했다. 주변에서 붉은간토기편, 돌촉편, 민무늬토기편, 숫돌 등이 수습되었을 뿐 도굴로 돌곽내에서는 유물이 한 점도 없었다. 그러나 조사된 3기의 깐돌묘를 종합하면 원래는 돌검, 돌촉, 붉은간토기, 민무늬토기, 반달돌칼, 가락바퀴, 그물추 등이 부장되었던 것으로 여겨진다.

⑭ 창원 덕천리유적

경남 창원시 동면 덕천리 168번지 일대에 위치하며 1992년과 그 이듬해에 걸쳐 경남대학교 박물관에 의해 발굴 조사되었다. 이 유적 Ⅰ지구(동서 90m×남북 230m 크기)에서는 고인돌 3기, 돌널(石棺·石槨)묘 12기, 돌뚜껑이 있는 구덩무덤(石蓋土壙墓) 5기, 성격불명의 구덩무덤 다수가, Ⅱ지구에서는 단면이 V자형의 壕시설이 150m 확인되었다.

Ⅰ지구의 1호 고인돌의 북쪽과 서쪽에는 석축 시설물이 확인되었는데 1호 고인돌의 외곽을 둘러싼 묘역구획의 시설물로 확인되었다. 유물로는 고조선식동검, 돌촉 36점, 붉은간토기 9점, 돌칼 3점, 대롱구슬 172점과 민무늬토기편 등이 출토되었다. 3기의 고인돌은 남북 축선상에 일렬로 배치되어 있었고, 이들은 뚜껑돌이나 墓壙의 규모에 있어서는 차이가 있으나 段이 지게 묘광을 파고 그 아래에 돌곽형의 유구를 축조한 점에서 서로 공통된다. 이들 고인돌은 뚜껑돌을 1겹 이상 덮고 뚜껑돌과 뚜껑돌사이, 또는 뚜껑돌 윗부분은 積石을 하고 있으며 외형상 원형의 封土처럼 보이는 적색과 황색토가 덮혀 있었다. 이 유적의 대표적인 무덤유구인 1호 고인돌의 경우 8m×6m의 묘광을 3단으로 파고 4.5m 아래 돌곽을 만들었는데 그 크기는 280㎝×80㎝ 깊이는 120㎝였다. 돌곽에는 5매의 뚜껑돌이 덮혀 있었고 그 위에 30~50㎝, 크기의 돌 800여 개가 쌓여 있었고 그 위에 다시 12매의 뚜껑돌을 2겹으로 덮고 묘광 어깨선까지 흙을 채운 후 적색황토를 봉토처럼 50㎝ 가량 높이로 덮은 후 그 위에 받침돌을 놓고 뚜껑돌을 얹은 구조를 하고 있다.

돌곽 바닥에는 전면에 판돌을 깔았고 板狀割石을 사용해 벽을 쌓았고 장축방향은 남북향이었다. 2호 및 5호 고인돌도 규모는 작으나 1호 고인돌과 구조는 같으며 다만 장축방향이 동서향인 것이 다르다. 11호의 경우 석실 바닥에는 목질흔이 다수 검출되었는 바, 이는 나무관을 사용하였을 가능성을 암시해 주며 인골의 출토 위치는 두향이 북향일 가능성을 말해준다. 돌곽의 크기는 250㎝×60㎝, 깊이 75㎝이다. 12호의 경우 장축방향은 동서이며, 돌곽의 크기는 180㎝×45㎝, 깊이는 45㎝이다. 묘광을 파고 아무 시설 없이 무덤으로 이용한 石蓋土壙墓가 모두 5기 확인되었고(19·20·21·22·23호) 뚜껑돌은 대개 지하에 있고 묘광에는 뚜껑돌을 걸치기 위한 단이 있었다. 내부 충진토의 단면이 U자상으로 함몰되어 있는 묘광의 가장자리에 보강토가 있는 점 등으로 보아 나무널을 사용했을 가능성이 높다. 21호의 경우 장축방향은 동서향이고, 구덩무덤의 크기는 245㎝×100㎝이다.

1호 고인돌의 외곽을 둘러싸서 그 묘역을 구획하면서 배수로 역할을 했던 시설물이었던 것으로 판단되는 석축은 현재 남북 56.2m, 동서 17.5m 남아있었고, 생토를 40~50㎝ 깊이로 판 후 쌓았다. 고인돌이 위치하는 Ⅰ지구에서 북동쪽으로 300m 떨어진 구릉과 작은 골짜기에 걸쳐서(Ⅱ지구) 환호가 조사되었는데 확인된 환호의 길이는 150m, 폭 3m, 깊이는 1~1.5m이고 단면은 끝부분이 둥근 V자이다. 환호에 둘러 싸여진 주거지가 확인되지 않아 연대를 확정할 만한 근거는 없으나 내부나 주변의 민무늬토기 등으로 보아 청동기시대의 유구로 보고있다.

⑮ 합천 저포리 E지구유적

경남 합천군 봉산면 저포리 일대에 분포하고 있다. 이 유적은 합천댐 수몰지구에 포함되어 1986년부터 그 이듬해에 걸쳐 부산대학교 박물관에 의해 조사되어 파괴된 민무늬토기 집터 7동, 고인돌 10기의 구조가 밝혀지게 되었다.

2호 집터 : 해발 160m 내외의 구릉경사면을 직각으로 파내고 마련된 움집으로 파실되었으나 길이 5.2m, 너비 1.8m, 깊이 43㎝ 규모로 복원되고 화덕시설도 갖춘 집이다. 수습된 유물로서는 민무늬토기편 3점, 돌검, 숫돌, 기타 석기가 출토되었다.

6호 집터 : 규모는 길이 5.0m, 너비 2.8m, 깊이 43㎝로 역시 화덕시설도 갖춘 집으로, 돌검·숫돌 2점이 출토되었다. 기타 집터에서 출토된 유물을 종합하면 민무늬토기, 그물추, 돌촉, 돌낫 등이 있으며 특히 민무늬토기 가운데 도들띠토기가 수습되는 것으로 보아 남부지방에서 빠른 시기의 집터로 추정되고 있다.

고인돌 : 해발 138m 선상의 논에 동서 2열로 잔존하고 있는데 모두들 장방형 형태의 돌깐 구획이 마련되어 묘역을 형성하고 있다. 고인돌의 하부구조는 돌널·돌곽형태를 보이고 있다. 출토유물은 붉은간토기, 돌검, 돌촉, 반달돌칼, 돌도끼, 미완성 석기 등이 있으며 집터와 동시기의 무덤으로 추정되고 있다.

⑯ 거창 대야리유적

경남 거창군 남하면 대야리 답 1602번지에 분포하고 있다. 이 유적은 고인돌 4기가 1987년 합천댐 수몰지구에 포함되어 1986~1987년에 걸쳐 동의대학교 박물관에 의해 조사됨으로써 고인돌의 성격과 아울러 민무늬토기시대 집터 5동이 확인되었다.

1호 집터 : 장축을 동서향으로 한 길이 7.5m, 너비 5.7m, 깊이 40㎝ 규모의 평면 타원형 움집이다. 중심부에 길이 144㎝, 너비 72㎝, 깊이 17㎝의 타원형 구덩이 시설과 이 시설 양편으로 기둥구멍이 있고 벽면에는 동·서·북편에 기둥구멍이 1개씩 마련되고 바닥에서 민무늬토기편 약간, 가락바퀴, 돌촉이 수습되었다.

2호 집터 : 1호와 거의 붙어 있고 최대지름 5.7m, 최소지름 5.0m, 깊이 35㎝ 규모의 원형에 가까운 움집이다. 중심부에 길이 150㎝, 너비 85㎝, 깊이 20㎝ 규모의 타원형 구덩이 시설이 마련되고 이 구덩이 좌우에 각 1개의 기둥구멍이 마련되어 있는데 기둥구멍 바닥에는 돌이 묻혀 있어 건물의 침하를 막기 위한 배려임을 알 수 있다. 그러나 벽면 안쪽에서는 기둥구멍이 확인되지 않았다. 바닥에서 민무늬토기편이 몇점 수습되었을 뿐이다.

3호 집터 : 동서향으로 장축을 둔 길이 12.6m, 너비 5.6m, 깊이 35㎝ 규모의 장방형 움집으로 집터 내외에 마련된 기둥구멍은 12개 확인되었다. 바닥에서 다수의 민무늬토기편·붉은간토기편·토제구슬·그물추·숫돌이 수습되었다.

4호 집터 : 동서 길이 6.7m, 남북 너비 5.0m, 깊이 50㎝ 규모의 타원형 움집이다. 중심부에 길이 118㎝, 너비 34㎝, 깊이 19㎝ 규모의 타원형 구덩이 시설이 마련되고 그 내부에서 홈자귀 1, 숫돌 1점이 수습되고 바닥에서는 민무늬토기편이 수습되었다.

5호 집터 : 4호 집터 내부에 중복되어 마련된 집터로서 길이 3.6m, 너비 3.6m, 깊이 20㎝ 규모의 원형움집이다. 내부 벽면을 따라 같은 간격으로 36개의 작은 기둥구멍이 집터 중심을 향하도록 경사져 있다. 바닥에서 비교적 많은 민무늬토기편, 가락바퀴, 홈자귀, 돌칼이 수습되었다.

이상과 같이 대야리유적에서도 집터와 고인돌이 동시에 분포하고 있어 같은 시기 사람들이 남긴 유적으로 판단되며 신석기시대 문화층도 확인되고 있어 신석기와 청동기와의 교체과정을 살필 수 있게 한다.

⑰ 합천 봉계리유적

합천댐 수몰지구에 해당되는 봉산면 봉계리 일대의 고분군 하층에서 발견되어 1988년 동아대학교 박물관에서 조사 발굴되었다.

1호 집터 : 대부분 파괴된 상태로 확인되었으나 원형집터로서 지름 4.1m, 깊이 55㎝ 규모의 움집이다. 바닥은 점토성이 강한 사질토로 다졌고, 화덕자리는 집터 밖에서 확인되었다. 출토된 유물로서는 민무늬토기, 돌대패날 등이 있다.

2호 집터 : 파괴되었으나 원형에 가까운 움집임이 확인되었다. 지름 3.3m, 깊이 19㎝이며 바닥은 점토성이 강한 흑갈색의 흙으로 다졌으며 중앙에 기둥자리가 1개 있고, 남쪽 어깨선 가까이에도 기둥자리 1개가 확인되었다. 내부에는 화덕자리도 있으며 민무늬토기편, 발달돌칼 2점, 돌촉, 돌낫 2점, 숫돌편 등이 수습되었다.

⑱ 사천 소곡리유적

사천시 정동면 소곡동 신월마을에 위치하며 1969년 단국대학교 박물관에 의하여 발굴 조사되었다. 냇가 가까이 위치하고 있어 홍수로 인하여 유구의 일부가 드러남으로써 발굴되게 되었는데 돌널형식의 무덤방(石室)과 그 위쪽 부분에 깔려진 판판한 돌들이 확인되었다.

소곡리유적 근처에서 관찰된 퇴적층의 두께는 약 1~1.1m 였고 층위는 4개층으로 구성되어 있는데 위로부터 표토층(1층), 자갈층(2층), 검은흙층(3층), 자갈층(4층)으로 되어 있으며 4층은 강의 바닥에 해당하고 청동기시대 무덤이 쓰여진 곳은 3층이다. 이 3층의 무덤유적에서는 모두 12기의 무덤이 확인되었는데 모두 돌널 내지는 돌곽묘이며 그 가운데 그 크기가 확인된 것은 9기에 달한다. 돌널이나 돌곽은 그 길이가 70~190㎝, 너비가 25~82㎝, 깊이가 20~75㎝에 이르고 있다.

여기서 돌널이나 돌곽의 길이가 170~190㎝일 경우에는 바로펴묻기(伸展葬)도 가능하였겠지만 길이가 140㎝ 이하의 경우에는 피장자가 어린이가 아닌 경우 바로펴묻기가 불가능하였을 것으로 여겨진다. 그런데 소곡리무덤 중에는 돌널 또는 돌곽의 길이가 140㎝ 이하인 것이 6기나 있어 이들 작은 무덤은 굽혀묻기(屈葬) 또는 2차장의 葬法과 연결될 가능성도 있다.

이 유적에서는 돌촉·가락바퀴·붉은간토기·민무늬토기 등이 확인되었는데 이들은 대부분 돌널이나 돌곽묘의 널주변에서 발견되었다.

요컨대 소곡리 무덤유적은 單槨墓와 多槨墓가 같은 장소에 공존하고 있으며 각 무덤의 장축은 모두가 북북서~남남동으로 사천강의 물 흐름 방향과 일치하고 있다. 무덤표면은 판판한 모양의 틀이 덮혀져 있는 돌깐무덤(敷石墓)의 특징을 보여준다. 이러한 무덤 형태는 여러 단으로 돌을 쌓아올려 만든 돌무지무덤(積石墓)과 구분된다. 현재로서는 소곡리의 무덤이 고인돌인지 아니면 다른 형식의 묘인지는 불확실하다.

⑲ 울주 반구대 바위그림

경남 울산시 울주구 언양면 대곡동 태화강 상류 반구대 일대의 인공호수 서안, 북면한 암벽에 그려져 있다. 원래 이 바위그림은 물아래 잠겨 있었는데 1972년 1월 이상 가뭄으로 바위가 수면 위로 올라와 그 곳에 그려진 그림이 세상에 알려지게 되었다.

이 반구대 그림에 대한 조사는 같은 해 동국대학교에 의해 이루어졌으며, 이 반구대 근처인 울주구 두동면 천전동에서도 바위그림이 확인된 바 있다.

반구대 바위그림에는 여러 가지 동물들과 사람들을 주제로 다루어지고 있다. 즉 인간모습 8점, 고래 내지는 물고기·사슴·호랑이·멧돼지·곰·토끼·개·늑대·거북이 등 동물이 120여 편, 고래잡이하는 배와 어부들 사냥하는 광경 등이 5편, 기타 명칭을 확인할 수 없는 동물 30여 편 등 150여 편이 넘게 바위면에 묘사되어 있다.

바위그림 오른쪽 끝 맨 위에는 긴 꼬리의 호랑이, 그 아래에는 반대 방향을 보고 있는 목이 긴 사슴 같은 동물, 그 밑에 꼬리를 곧추세운 고양이같은 동물, 염소같은 동물이 묘사되어 있다. 사슴이나 염소같은 동물들의 배가 부르게 묘사된 것은 마치 동물들의 잉태를 표현하고자 하는 의미로 해석되고 있다. 중앙부 상부 우측에는 갈비뼈 등이 다 보이도록 한 유럽의 뢴트겐식 표현 비슷하게 묘사된 동물이 있으며, 그 좌상방에는 뿔이 있는 짐승이 묘사되어 있다.

그리고 왼쪽 끝 상부에는 고래와 U자형 木柵, 그리고 그 아래 또 다른 목책이 보이는데 고래 중 가장 크게 묘사된 고래는 입부분에 조그마한 고래모양이 다시 묘사되고 있어서 새끼를 밴 고래 내지는 고래 母子를 표시한 것으로 생각되고 있다. 가장 큰 고래의 좌상부에는 오른쪽으로 향하고 있는 인물이 묘사되고 있는데 이 인물 왼쪽에는 세 마리의 거북이가 새겨져 있다.

U자형 목책은 어망처럼 보이기도 하나 그 가운데 1마리의 동물이 보이고 있어서 짐승잡는 도구로 보이며 U자형 목책 밑 우하부에는 5인이 타고 있는 배가 조그마하게 새겨져 있어서 좌하단의 목책은 고기잡이 도구로도 여겨진다. 그리고 이 고래 및 U자형 목책 그림의 오른편에는 호랑이와 목책, 그리고 반점이 있는 표범이 묘사되어 있는데 표범의 꼬리가 옆의 고래 몸위에 걸쳐 있어서 고래그림이 표범그림보다 먼저 새겨진 것을 암시해 주고 있다. 그리고 표범 왼편에는 호랑이 같은 동물이 똑바로 서 있는데, 배가 아주 불러오른 모습으로 묘사되고 있다. 그리고 최우단 하부에는 몸이 가늘고 귀가 섰으며 입이 뾰족하고 네 다리가 길게 뻗어 있는 늑대같은 동물이 새겨져 있으며, 그 밑에는 고래가 수영하는 것처럼 묘사되어 있다.

바위그림은 바위면을 쪼는 도구로 쪼아서(Pecking) 만들어진 그림으로서

敲打法을 사용하고 있으며, 사실주의적 묘사와 추상주의적 묘사가 함께 어우러져 있다. 동물 중의 일부는 갈비뼈 등 속이 훤하게 들여다 보이도록 묘사된 뢴트겐식 표현법을 쓰고 있다. 또한 이 바위그림에서는 正面觀을 하고 있는 가면과 背面觀을 하고 있는 고래와 물고기 등 예외적인 것을 제외하면 대부분 側面觀으로 되어 있다.

이 그림의 연대를 그림자체만으로 정하기는 매우 어렵다. 그리고 바위그림은 시대가 흐른 후 새로이 그림이 새겨질 수도 있기 때문이다. 그런데 이와 같은 수렵·어로미술 중 이 곳에서와 같이 동물 내부기관을 뢴트겐식으로 표시하고, 쪼는 기법으로 만들어진 공통점은 북구의 Huntmen Art 제2양식, 즉 신석기시대 그림 가운데에서도 옛 양식에 드는 바위그림들과 매우 유사하다고 한다. 노르웨이의 Askaken에 있는 Elks와 물고기그림, Ekeberg에 있는 Elks그림이 쪼는 방식으로 만들어지고 내부기관이 표시되었다는 점에서 가장 비슷하다. 또한 시베리아 아무르강유역의 신석기시대 바위그림과도 유사하여 이러한 점을 근거로 그 상한을 신석기시대 중기 전후로 보는 견해와 바위그림 제작에 쓰여진 도구가 철기일 것이라는 생각과 화살, 외양선의 존재 그리고 천전리 바위그림 등과 비교 고찰을 통하여 이 유적의 연대가 청동기 후기부터 원삼국기 초까지 실연대로 기원전 300년~기원후 100년경까지 약 4세기 동안 걸쳐 있는 것으로 보는 견해도 있다.

이 그림은 고대 원시인의 자연환경 및 동물 등에 대한 깊은 관심과 인지 정도 등을 보여주며 배가 부른 모습으로 묘사된 동물이나, 모자고래와 같은 묘사 등은 이 바위그림이 풍요와 다산을 비는 성스러운 의례장소로서 이용되었을 가능성을 암시해 주고 있다. 그리고 이 바위그림은 동물, 어류의 수렵방법 등을 보여주는 자료로서 당시 사회에서 수렵·어로의 중요성, 비중있는 동식물 등에 관한 자료, 배를 타고 있는 모습 등 선박 사용 등에 대한 정보 등을 우리에게 생생하게 보여주고 있다.

이 밖의 영남지방 청동기시대 유적을 표로 정리하면 다음의 〈표 1〉, 〈표 2〉와 같다.

〈표 1〉 대구·경북지역 유적지명표

지역	유 적 명	위 치	내 용	비 고	문헌[1]
대구광역시	지석묘군	달서구 진천 2동 700, 713, 713-13, 653, 658, 645	18기 가운데 5기만 잔존, 돌널 3기 조사시 돌검, 돌촉, 민무늬토기편 출토	1980년 영남대	①
	석관묘	수성구 시지동 산 4번지	1기 확인 돌검 출토	1983년 발굴	①
	출토지	동구 신천동 589-205	동제창, 동제투겁창, 작은방울, 장대방울 등 출토	1974년 발굴	①
	지석묘군	동구 동내 1동 423, 191, 388-1	5기 중 1기 제거, 4기 잔존		①
	지석묘군	동구 각산 1동 전 518-2	8기 중 1기 잔존, 성혈이 있음		①
	지석묘군	동구 율암 2동 305, 312, 216	2기 잔존		①

1) 번호로 표시한 문헌의 자료명은 다음과 같다.
① 경북대 박물관, 《大邱의 文化遺蹟-先史·古代》(경북대·대구시, 1990).
② 영남대 민족문화연구소, 《구지공업단지 조성지역지표조사보고》(달성군·영남대 민족문화연구소, 1992).
③ 권이구 외, 《부산-대구간 고속도로 대구·경북권문화유적 지표조사보고서》(영남대 박물관·한국도로공사, 1993).
④ 鄭永和, 《造永洞 發掘調査報告》(영남대 박물관, 1985).
⑤ 대구대 박물관, 《구마고속도로 4차선 확장공사 예정지역내 문화유적 지표조사보고서》(1991).
⑥ 문화재관리국, 《文化遺蹟總覽》(1977).
⑦ 한국역사민속학회, 《한국암각화의 세계》(1995).
⑧ 영일문화원, 《영일만지역 고인돌문화연구》(1994).
⑨ 경주문화재연구소, 《경주서악지역 지표조사보고서》(1994).
⑩ 영남대 박물관, 《경부고속철도 대구·경북권 문화재지표조사보고서》(영남대 박물관·한국고속철도건설공단, 1993).
⑪ 영남고고학회, 〈울주 검단리유적 발굴조사〉(《嶺南考古學》 7, 1990).
⑫ 鄭永和, 《慶山地表調査報告》(영남대 박물관, 1986).
⑬ 경북대 박물관, 《임하댐수몰지역 문화유적 발굴조사보고서(Ⅱ)》(안동군·안동대 박물관·경북대 박물관, 1990).
⑭ 영남대 박물관, 《中原文化圈 文化遺蹟 地表調査報告 : 안동시·안동군》(1987).
⑮ 영남대 박물관, 《中原文化圈 文化遺蹟 地表調査報告 : 상주시·상주군》(1988).
⑯ 영남대 박물관, 《中原文化圈 文化遺蹟 地表調査報告 : 봉화군》(1989).
⑰ 경북대 박물관, 《대구-춘천간 고속도로 건설예정지내 문화유적발굴조사보고서》(경북대 박물관·한국도로공사, 1990).
⑱ 영남고고학회, 〈거창 대야리 무릉리유적발굴조사〉(《嶺南考古學》 6, 1989).

지역	유 적 명	위 치	내 용	비 고	문헌
대구광역시	지석묘군	달서구 유가면 유곡1리 969	개석식 3기		②
	지석묘군	수성구 사월동 272-3, 469 예배당 뒷편	16기 중 10기 잔존, 6기 발굴	1993년 영남대 발굴	③
	지석묘군	수성구 신매동	6기	일명 칠성바위	④
	지석묘군	달성군 구지면 고봉리 437-3	개석식 3기		⑤
	지석묘군	달성군 구지면 평촌 2리 766	17~18기가 있었으나 '91년 조사시 개석식 3기 확인, 돌도끼 2점 출토		⑤
	지석묘군	달성군 구지면 평촌 1리 413-1	개석식 5기		⑤
포항시	지석묘군	북구 기계면 고지리 138	기반식 4기 분포		⑥
	지석묘군	북구 기계면 성계리 883	개석식 기반식 4기		⑥
	지석묘 (암각화)	북구 기계면 인비리 논	돌검 2점, 돌촉 새김		⑦
	암각화	북구 흥해읍 동소천 농발대	방패형기하문, 동물발자국, 윷판 새김		⑦
	지석묘군	북구 흥해읍 흥안리 2동	개석식 12기		⑧
	입 석	북구 흥해읍 금장 1동 536	흥해지역에서 제일 큼		⑧
	지석묘군	북구 흥해읍 용천동	개석식 6기		⑧
	지석묘군	북구 흥해읍 용곡리	기반식, 개석식 등 11기		⑧
	지석묘군	북구 흥해읍 성곡리	개석식 9기		⑧
	지석묘군	남구 연일읍 자명리	개석식 3기		⑧
	지석묘군	남구 연일읍 남성리	개석식 17기이나 1기에만 성혈이 있음		⑧
	지석묘군	남구 연일읍 중명리	개석식 8기, 1기에만 성혈이 있음		⑧

지역	유 적 명	위 치	내 용	비 고	문헌
포항시	지석묘군	남구 장기면 학계리	개석식 9기, 일부에 성혈이 있음		⑧
	지석묘군	남구 구룡포읍 성동리	개석식 14기		⑧
	지석묘군	남구 동해면 금광리	개석식 11기, 1기에만 성혈이 있음		⑧
	지석묘군	남구 동해면 금광리	개석식 8기, 일부개석 성혈이 있음		⑧
	지석묘군	남구 동해면 흥환리	개석식 14기, 1기에 성혈이 있음		⑧
	지석묘군	남구 대보면 구만리	개석식 7기		⑧
경주시	지석묘군	충효동·재동 야척마을	개석식 2기 좁은단검 출토		⑨
	지석묘군	광명동 331-1	광명마을 개석식 9기 아랫마을 개석식 7기 고란마을 개석식 3기 화질마을 개석식 3기		⑨
	암각화	석장리 금장대	방패형기하문, 돌검, 돌창, 사람 발자국, 배 등 새김		⑨
	암각화	선도동 서악 큰마을 소로변	성혈, 음각선 새김		⑨
	지석묘군	내남면 상신 3리 광석마을	10여 기 분포, 일부 발굴	일명 큰돌	⑨
	지석묘군	안강읍 양월리	안강국민학교 내 3기		⑥
	지석묘	안강읍 갑산 1리	마을입구 2기		⑥
	지석묘군	서면 아화리	아화중학교 동편 송림 4-5기, 심원사 입구 2기		⑥
	지석묘군	천북면 동산리	경작지내 성지제 서쪽에 3기 분포		⑥
	지석묘군	천북면 화산리	현재 4기 분포		⑥
	지석묘	천북면 성지리	1기		⑥
	지석묘군	천북면 모아리	20여 기 분포했으나 모아초등학교 뒷편과 주변 경작지에 8기만 잔존		⑥

지역	유 적 명	위 치	내 용	비 고	문헌
경주시	지석묘군	강동면 국당리	개석식 6기, 3기에는 성혈이 있음		⑧
	지석묘군	건천읍 대곡1리 민가 및 논	개석식 11기 분포		⑨
	지석묘군	서면 서오리 들판	개석식 9기		⑩
김천시	지석묘군	감문면 문무리	하여마을 앞 6기 분포		⑪
	산포지	감문면 삼성리	민무늬토기편 다수 채집		⑪
	지석묘군	구성면 미평리	지품마을 뒷산에 7기 분포, 2기는 성혈이 있음		⑪
	지석묘군	구성면 송죽리	고목마을 입구 밭 2기 분포 주위 붉은간토기, 민무늬토기편 채집		⑪
	지석묘군	부항면 사등리	구남교 부근 3기 분포, 주위 민무늬토기편 채집		⑪
	지석묘군	부항면 유촌리	동산마을 뒷산 3기 분포, 붉은간토기편 채집		⑪
	지석묘군	부항면 지좌리	주막거리 5기 분포		⑪
	지석묘군	지례면 신평리	등터마을 주위 10여 기 분포		⑪
	산포지	개령면 황계리	오송마을 뒤 능선에서 민무늬토기편 다량 채집		⑪
안동시	지석묘군	풍천면 어담리	5기 분포		⑭
	지석묘군	풍천면 금계리	3기 분포		⑭
	포함층	녹전면 사신리 58	숫돌 2점, 외날돌도끼, 토제어망추 27점, 곡옥 6점, 대롱구슬 8점, 호박옥, 돌촉 7점 등 출토		⑥
	지석묘군	임동면 수곡1동 밭 422	8~9기 중 3기 잔존	임하댐 수몰지구	⑬
영주시	암각화	가흥동	방패문 새김		⑦
영천시	지석묘군	대창면 용전리	개석식 21기		⑫
	지석묘군	대창면 오길 2리 713 대곡지	개석식 19기		⑫

지역	유 적 명	위 치	내 용	비 고	문헌
영천시	지석묘군	대창면 오길리 일대	대부분 개석식, 기반식도 보임 총 90여 기 동단검 출토 예가 있음		⑫
	지석묘군	대창면 신광리·조곡리 일대	개석식 130여 기 분포		⑫
	지석묘군	대창면 오길리 마을입구	개석식 44기		⑩
	지석묘군	대창면 운천리 일대 뜰	개석식 23기	일명 칠성바위	⑩
	지석묘	임고면 양평리 479	기반식 10기 분포		⑥
	지석묘군	북안면 명주리 창기마을 앞	개석식 5기		⑩
	지석묘군	북안면 용계리 원당골~신평 사이	개석식 27기		⑩
상주시	지석묘	북문동 부원	마을 도로변 8기		⑮
	지석묘	동문동 헌신 1구	낮은 구릉 4기		⑮
	지석묘군	사벌면 매호리	밭 가운데 6기, 인접한 교회 북서쪽에 4기		⑮
	지석묘	중동면 회상리 산 13-1	매골마을 야산 10기		⑮
	지석묘군·산포지	낙동면 분황리	8기, 구릉에서 민무늬토기, 석기 채집		⑮
	지석묘군	공성면 용안리	7기 분포		⑮
	지석묘군	모동면 수봉리 325-3	3기		⑮
경산시	지석묘군	남천면 삼성리 일대	개석식 2열 15기		⑫
	지석묘군	남산면 갈지리 입구 사과밭	개석식 7기		⑫
	지석묘군	남천면 평기리 일대	개석식 8기		⑫
	지석묘군	남산면 연하동 새들	개석식 8기		⑫
	지석묘군	자인면 신도리 섬마을 및 새터 마을	일명 기자바위로 불리는 1기를 포함해 개석식 11기		⑫

지역	유 적 명	위 치	내 용	비 고	문헌
경산시	지석묘군	용성면 미산리 일대	개석식 30여 기		⑫
	지석묘군	용성면 곡신리 －오산리	개석식 41기		⑫
	지석묘군	용성면 금제리 뽕밭, 논, 밭 등	개석식 3기		⑫
	지석묘군	용성면 용천리 육동부락	개석식 3기		⑫
	지석묘군	용성면 고죽리 일대	개석식 41기	일부 칠성바위라 전함	⑫
	지석묘군	용성면 도덕1리	개석식 5기		⑫
	지석묘군	용성면 정광리 들판	개석식 14기		⑫
	지석묘군	용성면 고은리 사과밭 논둑	개석식 2기		⑫
	지석묘군	용성면 은곡리 장방들	개석식 3기		⑫
	주거지	압량면 북부리 조영동	각종 석기류 출토		④
	산포지	압량면 압량리 구릉	민무늬토기, 석기 채집		⑩
	산포지	진량면 외송리 게밀마을	턱자귀, 민무늬토기편 채집		⑩
	지석묘군	남천면 삼성리	개석식 10기		③
군위군	입석군	군위읍 수서1동 560, 560－2	3기		⑰
	입석군	군위읍 사직1동 묘 76, 201－5	2기		⑰
의성군	산포지	안평면 기도리묘 722, 723, 721밭	민무늬토기편 채집		⑰
영양군	지석묘	영양읍 감천동	남방식 3기		⑥
영덕군	포함층	창수면 인천동	돌촉 5점, 돌검 출토		⑥

지역	유 적 명	위 치	내 용	비 고	문헌
청도군	포함층 (주거지)	청도읍 사촌동 461-1	두형토기·원형덧띠토기 등 다량의 민무늬토기편, 돌검·홈자귀·돌촉·돌끌·반달돌칼·숫돌 등 각종 석기류, 그물·가락바퀴·장식구슬 등 출토		⑱
	지석묘군	화양읍 진라리 진라들	개석식 10기	일부 고속도로 부지에 포함	③
	지석묘군	청도읍 무릉리	개석식 10기		③
	지석묘군	청도읍 원정리	개석식 17기		③
고령군	암각화	고령읍 양전동 알터부락	방패문, 동심원문 새김		⑦
	출토지	고령읍 양전동 적림산 구릉	홈자귀, 발달돌칼편, 민무늬토기 채집		④
성주군	지석묘군	월항면 수죽동	여러 기 산재		⑥
칠곡군	지석묘군	동명면 봉암리 일대	7기, 돌검 출토 전함		⑰
	지석묘	동명면 금암리 일대	개석식 9기		⑰
	지석묘·입석	왜관읍 매원리	개석식 3기, 입석 2기		⑩
	산포지	북산면 율 1리 안배씨 마을 구릉지대	민무늬토기편, 석기 채집		⑩
예천군	지석묘군	용문면 상금곡동	20여 기 산재		⑥
봉화군	지석묘군	재산면 갈산1리 갈산부락 논	개석식 약 13기		⑯
	지석묘군	명호면 도천4리 381-1, 381-4	개석식 4기		⑯
	입 석	봉성면 봉성1리 산 11-3	2기		⑯
	산포지	물야면 북지3리 동막부락	주변 민무늬토기편 채집		⑯
	산포지	봉성면 봉성 1리	주변 민무늬토기편 채집		⑯

〈표 2〉 **부산 · 경남지역 유적지명표**

지역	유 적 명	위 치	내 용	비 고	문헌[2)]
부산광역시	지석묘	강서구 천가동 가덕도 두문마을 북단 밭	개석식 1기		①
울산광역시	지석묘	울주구 언양면 서부리 232	기반식	경남기념물 25호	②
	포함층	울주구 서생면 신암리	신석기시대~청동기시대까지의 유물 포함층, 붉은간토기편과 민무늬토기편 출토		③
	주거지	울주구 청량면 동천리	말각장방형의 집터 5동 발굴, 민무늬토기 바닥, 도들띠토기, 붉은간토기, 쇠뿔잡이편과 숫돌 등 출토	1984년 발굴	④
	암각화	울주구 언양면 대곡리	동물, 사람, 가면 새김		⑤
	암각화	울주구 두동면 천전동	기하문, 동물, 가면 등 새김		⑤

2) 번호로 표시한 문헌의 자료명은 다음과 같다.
① 부산여대 박물관, 《가덕도 문화유적지표 조사보고서》(1992).
② 문화재관리국, 《文化遺蹟總覽》(1977).
③ 국립중앙박물관, 《新岩里》(Ⅰ·Ⅱ)(국립박물관 고적조사보고 20·21, 1988·1989).
④ 부산대 박물관, 《蔚州良東遺蹟調査概要》(유적조사보고 9, 1985).
⑤ 한국역사민속학회, 《한국암각화의 세계》(1995).
⑥ 창원대 박물관, 《창원시문화유적 정밀지표조사보고서》(창원대·창원군, 1995).
⑦ 경상남도, 《慶南文化財大觀 : 道指定篇》(1995).
⑧ 동아대 박물관, 《伽耶文化圈遺蹟精密調査報告書》(1987).
⑨ 문화재관리국, 《指定文化財目錄》(1989).
⑩ 경남대 박물관, 《三千浦市 文化遺蹟 地表調査報告書》(1995).
⑪ 沈奉謹, 《韓國 青銅器 時代 文化의 理解》(동아대 출판부, 1990).
⑫ 마산대 박물관, 《伽耶文化圈 遺蹟精密調査報告書》(1984).
⑬ 金載元·尹武炳, 《韓國支石墓研究》(국립중앙박물관, 1967).
⑭ 경남대 박물관, 《소가야 문화권 유적발굴지표조사보고서-선사·고대》(경남대 박물관 ·문화재연구소, 1994).
⑮ 趙由典, 〈南江流域의 先史文化研究(1)-山淸 江樓里 先史遺蹟의 性格〉(《韓國考古學報》 20, 1987).
⑯ 부산여대 박물관, 《산청군 문화유적 지표조사보고서》(1993).
⑰ 安春培, 《居昌壬佛里天德寺址》(부산여대 박물관, 1987).

지역	유 적 명	위 치	내 용	비 고	문헌
창원시	지석묘	외동 257-7	남중학교 교정에 기반식 1기 조사 하부구조 돌널, 돌촉 19점, 돌검, 붉은간토기, 돌도끼 등 출토	1929년 경남기념물 5호	⑥
	지석묘군	동읍 용잠리 1, 2, 3구	6기, 상면에 4개의 성혈이 있는 개석도 보임		⑥
	지석묘	동읍 화양리 곡목부락	개석식 2기		⑥
	지석묘	북면 외감리	개석식 3기 분포		⑥
	지석묘	동읍 산남리	개석식 4기 분포 개석식 사면에 성혈이 있는 것도 있음		⑥
	산포지	반계동 산 44-15 일대	민무늬토기편 채집	(생활유적 ?)	⑥
	산포지	지귀동 182	민무늬토기편 채집	(집터 밀집분포 지역?)	⑥
	지석묘군	동읍 봉산리 산	개석식 6기 분포		②
	지석묘군	동읍 신방리	하부 매몰됨. 상부 남단에 원형의 구멍 4개 있음		②
	산포지 주거지	가음정동 561·565·689·688·산 13-1·2, 산 62·64·66 일대	무문토기편 채집		⑥
마산지	지석묘군	합포구 구산면 반동리 일대	기반식 7기가 Z자형으로 배치 돌검, 돌촉, 좁은단검 발견 전함		⑥
	지석묘	합포구 진전면 오서리 회동 전 1155	현 1기 잔존 경지정리시 돌검 출토	1937년 일명 삼형제바위	⑥
진주시	지석묘군	대평면 상촌리	상촌리 일대 강변을 따라 21기 분포 기반식 변형지석묘		②
김해시	지석묘	서상동 1-6	거대한 기반식 1기 개석상면 '송공순절암' 각자가 있음	경남기념물 4호	②
	지석묘군	봉황동 253	5기가 파괴된 채 놓여있음		②

지역	유 적 명	위　　치	내　　용	비　　고	문헌
통영시	지석묘군	봉평동 67-21	2기	경남기념물 107호	⑦
	지석묘군	도산면 법송리 745	경작지에 3기, 1기 파손		⑧
	지석묘군	도산면 관덕리 543-8	덕치부락 7기, 현재 3기만 남음 돌검, 돌촉 발견	1981년	⑧
사천시	지석묘군	사남면 병둔, 화정리	기반식 10여 기 분포		②
	지석묘군	용현면 신복리 410	9기 분포		②
	지석묘군	용현면 덕곡리 173, 407-1	15기	경남기념물 49호	⑨
	지석묘군	이금동 336~434 일대	개석식 8기 분포		⑩
	산포지	봉남동 당산 마을 뒷 구릉	민무늬토기 채집		⑩
	산포지	이금동 218 일대	민무늬토기 채집		⑩
	지석묘군	신벽동 494	기반식 6기 분포 칠성대로 전함	경남기념물 39호	⑩
	지석묘군	사천읍 구암동 일대	기반식 9기		②
	지석묘	사천읍 두량동 일대	기반식 7기		②
밀양시	포함층	상남면 마산리	밀양천에 연한 소구릉상 석기류 채집		②
	지석묘군	초동면 봉황리 291	7기 군집 개석식	일명 칠성바위	②
	지석묘	무안면 내진리	지석묘 분포		②
	지석묘군	하남읍 조음리	7~8기 분포		②
	지석묘군	하남읍 남전리	40여 기 분포	경남기념물 48호	⑨
	출토지	하남읍 남전동 일대	돌검, 붉은간토기 발견	1974년	⑪

지역	유 적 명	위 치	내 용	비 고	문헌
거제시	지석묘군	사등면 지석리	기반식 3기		②
의령군	지석묘군	의령면 중동	기반식 7기, 2열 분포		②
함안군	지석묘군	함안면 봉성리	기반식 지석묘 3기 주변 돌도끼 2점 수습		②
	지석묘군	군북면 동촌리	개석식 15기 유존		②
	지석묘 (암각화)	가야읍 도항리 도동	동심원, 성혈 등 새김		⑤
	지석묘군	가야읍 신음리	3기		④
	지석묘군	군북면 중암리	4기		②
창녕군	지석묘군	영산면 죽사리	개석식 7~8기 분포, 상면 일부 성혈이 있는 것도 있음		②
	지석묘	장마면 유리 산 9	전형적인 기반식 2기 발굴 하부구조 장방형 석실	경남기념물 2호 일명 칠성바위	⑬
양산군	지석묘군	양산읍 북정리 475-1 부락내	수기 분포, 현재는 경작으로 모두 없어지고, 거의 파괴된 1기만 남음		②
고성군	지석묘군	동해면 양촌리	기반식 8기 분포		②
	주거지	회화면 녹명리 산 310-1, 2111 일대	내부 민무늬토기편 채집		⑭
	지석묘군	구만면 광덕리 747 일대	9기가 알려졌으나 현 개석식 8기 잔존		⑭
	지석묘군	대가면 금산리 918-1 세동마을 입구	개석식 2기		⑭
	지석묘군	동해면 양촌리 마을일대	개석식 11기		⑭
	지석묘군	거류면 거산리 마을주변 일대	8기 분포 전하나 현 2~3기 잔존 주변 민무늬토기편, 돌도끼, 돌검 출토	1960년	⑭

지역	유 적 명	위 치	내 용	비 고	문헌
고성군	산포지	영오면 오서리 산 15 갓골산 사면	민무늬토기편 채집		⑭
	지석묘군	하이면 석지리 269 솔밭	기반식, 원래 5기 현 4기 잔존, 돌석촉, 토기 출토, 속칭 수로왕릉	경남기념물 38호	⑭
	지석묘	하이면 석지리 산 28	개석식, 상면 성혈 다수		⑭
	지석묘	하이면 월흥리 588-2 정곡마을 옆	개석식, 기반식 4기 주변 민무늬토기편 채집		⑭
	지석묘군	하일면 학림리 739-6 앞골마을 남쪽	8기 전하나 현 6기 잔존 돌검, 붉은간토기 출토	경남기념물 37호	⑭
남해군	지석묘군	이동면 다정리 911-5	금석마을 일대 16기 분포	경남기념물 62호	⑧
	지석묘군	남해읍 평현리	평현들 12기 분포 일단병식돌검 출토		⑧
	지석묘군	남해읍 평현리 2053	평현고개 국도변 아래 5기 분포		⑧
	지석묘군	창선면 당항리	기반식 3기 분포		⑧
	지석묘군	서면 대정리	6기 분포		⑧
	지석묘군	남면 죽전리 335 평야지대	7기 분포		⑧
하동군	포함층	횡천군 월평리	돌검, 돌촉 7점 발견		②
산청군	포함층	삼장면 덕교리	돌검, 돌도끼 등 발견		②
	지석묘 산포지	단성면 강루리	다량의 즐문토기편, 민무늬토기편, 도들띠토기편, 붉은간토기편, 돌검편, 돌촉편, 돌도끼편, 반달돌칼편 등 각종 석기편 출토	1981년 문화재연구소	⑮
	지석묘군	산천읍 내리 한발마을 강변	기반식 2기 상면에 성혈이 있음		⑯

지역	유 적 명	위 치	내 용	비 고	문헌
산청군	지석묘군	산청읍 봉학리 진입로변	기반식 3기, 2기 중 1기 상면 성혈 옮겨진 것으로 추측		⑯
	지석묘군	산청읍 병정리 대미리 들	개석식 7기		⑯
	지석묘 산포지 (주거지)	금서면 특리 사평부락	개석식 22기 분포 주변 민무늬토기편 채집		⑯
	지석묘군 산포지	금서면 화계리 단상마을	2기 민무늬토기편, 어망추 등 수습		⑯
	지석묘 산포지	단성면 사월리 배양	개석식 8기 민무늬토기편, 석기편 수습		⑯
	산포지	생초면 대포리 대포 마을앞뜰	즐문토기편, 민무늬토기편, 붉은간토기편 수습		⑯
	지석묘군 입 석	신등면 범서리 마을 남쪽구릉	기반식 6기 입석 1기		⑯
	산포지	신안면 명동리 명동들	민무늬토기편, 붉은간토기편, 돌촉 등 석기 수습		⑯
	지석묘군	오부면 오전리 신기마을	기반식 7기		⑯
	지석묘군 입 석	오부면 중촌리 중촌들	기반식 및 개석식 6기 입석 2기		⑯
	지석묘	거황면 장위리 장실마을	개석식 4기		⑯
거창군	지석묘	주상면 내오리 산 153	탁자식의 전형적인 북방식	기념물 65호	②
	포함층	남상면 임불리 천덕사지	청동기시대의 민무늬토기편 출토		⑰
합천군	출토지	율곡면 임북리 산림 뒷산	농로개설 중 좁은단검 발견	1978년 발견	⑪

〈趙由典〉

2) 청동기시대의 유적

(1) 집 터

청동기시대 집터는 한반도 전역에 걸쳐 조사된 것만으로도 200기가 넘는다. 그러나 한두 동굴[1] 이외에는 모두 수혈주거이다. 집터는 압록강과 두만강유역을 비롯하여 대동강·한강·영산강 등 큰 하천유역을 중심으로 전국에서 발견되고 있으나, 아직 동해안과 낙동강유역에서는 그다지 많이 발견되지 않고 있다. 또 금강 하류에서 영산강유역을 중심으로 한 한반도 서남지역에서는 다른지역에서 발견되는 일반적 형식의 집터와는 다른 모습의 집터가 집중적으로 발견되어 주목된다.

여기서는 이들 청동기시대 집터가 발견된 주요 유적을 개관하고 이 시대 집터의 특징을 살피도록 하겠다.

가. 유적의 분포

가) 세죽리유적[2]

평북 영변군 세죽리에서 동남 방향으로 약 10㎞ 떨어진 청천강 연안 일대 400~500m의 폭을 갖는 하안 충적층에 위치한다. 이 곳 細竹里遺蹟에서는 모두 27기의 집터가 발굴되었는데 그 가운데 청동기시대에 속하는 집터는 7기였다. 이들 가운데 18호 집터는 원형, 10호 집터는 타원형, 16·27호 집터는 방형, 11·13호 집터는 장방형이었으나 28호 집터는 크게 파괴되었다. 집의 모습은 이 시대의 일반적인 것이였으나 화덕은 3면에 돌을 돌린 형식이고, 11·13·16·18호 집터는 바닥에 기둥구멍이 없는 형식이었다.

나) 서포항유적[3]

함북 웅기군 서포항 동마을 동북쪽 산기슭의 수 만㎡에 걸쳐 있는 이 西

---

1) 미송리 동굴유적 상층문화와 진해 동굴 주거지에 대해서는 김용간, 〈미송리 동굴 유적 발굴 보고〉(《고고학자료집》 3, 사회과학원 고고학연구소, 1963) 및 金東鎬, 〈鎭海洞穴居住址發掘調査報告〉(《文化財》 8, 文化財管理局, 1974) 참조.

2) 김정문, 〈세죽리유적발굴 중간보고〉(《문화유산》 1961－1).

3) 김용간·서국태 〈서포항원시유적발굴보고〉(《고고민속론문집》 4, 1972).

浦項遺蹟은 구석기시대부터 청동기시대 유적이 중첩되어 있다. 청동기시대에 속하는 문화층은 신석기시대 문화층 위에 상·하 두 층의 문화층을 형성하고 있다. 하층에서 발견된 집터는 5기이며 이 가운데 그 모습을 잘 알 수 있었던 것은 5·6호 집터였다. 이들은 장축을 남북으로 한 장방형으로 길이 4.8m, 폭 3.6m로서 깊이는 현재 남은 것이 0.5m 정도이다. 집터 바닥은 흙과 패각을 섞어서 다지고 불을 피워 굳히고 그 위에 다시 진흙을 5㎝ 정도 깔았다. 화덕은 한쪽으로 치우쳐 바닥을 파고 주위에 돌을 돌렸으나 다른 집터에서 화덕 바닥에 돌을 깐 것, 돌을 돌리지 않는 것 등이 있다. 기둥구멍은 모든 집터에 있었으나 무질서하게 남아 그 배치를 알 수 없다.

〈그림 1〉 호곡동유적 31호 집터

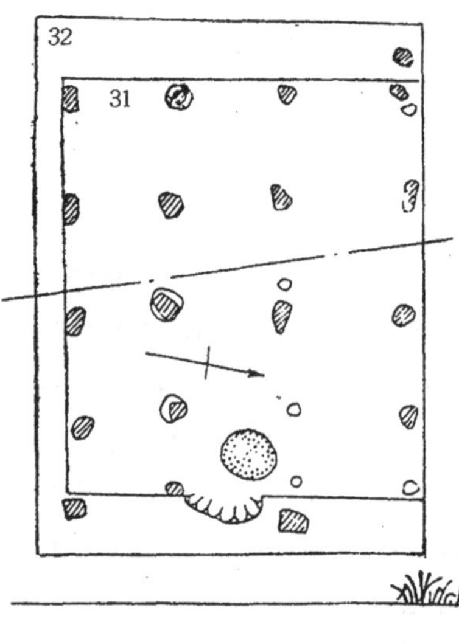

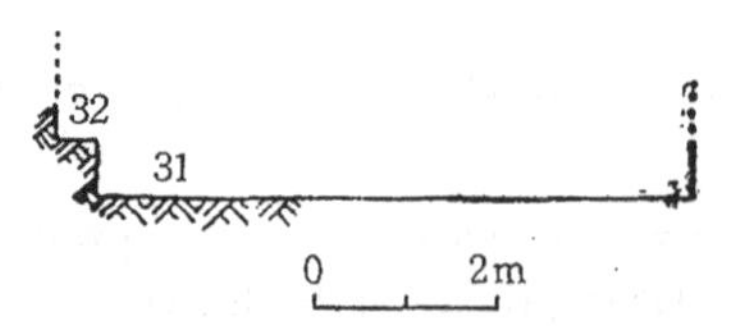

상층에서는 4기의 집터가 나타났으나 모두 방형에 가까운 형태로 한 변이 3.6~5m 정도였다. 집 바닥은 패각을 섞은 흙으로 다졌고, 화덕은 원형이며 대부분이 바닥에 돌을 깔았다. 기둥구멍은 집터마다 달랐으나 그 수가 적었고 가장 작은 집터(24호)는 유독 40여 개로 많이 발견되었다.

다) 호곡동유적4)

함북 무산군 두만강 상류 城川 양쪽 언덕의 절벽 위 대지에 위치한 이 虎谷洞遺蹟은 그 범위가 매우 넓다. 따라서 5차에 걸쳐 1,200㎡를 조사하였으나 그것은 이 유적 전체의 40분의 1밖에 되지 않는다.

여기서 발견된 집터는 43기이고 다른 공사에 의해 나타난 집터를 합하면 50기가 넘었다. 이들 집터는 시기적으로

4) 황기덕, 〈무산 범의구석유적발굴보고〉(《고고민속론문집》 6, 1974).

선후관계가 있고 서로 중복되어 남았기 때문에 집터 모습을 제대로 남긴 것은 많지 않다. 제대로 남은 집터 가운데 시기가 빠른 것이 4기, 늦은 것이 12기였다.

시기가 빠른 것은 모두 평면이 장방형으로 1기(40호)를 빼고 모두 장축을 남북으로 잡았으며, 큰 것은 47㎡, 작은 것은 19㎡ 정도였고, 다른 1기(20호)를 빼고는 모두 4열의 기둥구멍이 있었다. 늦은 시기의 것은 기둥구멍이 매우 적어 일부 기둥을 바닥에 직접 세운 것으로 생각되는 것(4·19호)과 기둥구멍과 초석을 4열로 배치한 것(30·31호 ; 〈그림 1〉), 그리고 초석을 주로 사용한 것 등이 있었다.

라) 석탄리유적[5]

황해도 송림시 서북쪽에서 약 6㎞ 떨어진 석탄리 부락의 시우지골 서남쪽 경사면에 집중되어 있는 石灘里遺蹟의 일부는 황주군 석정리 상동에서 청운리까지도 걸쳐있다. 총면적은 10만㎡에 달하고 100여 기의 집터가 확인되었으며 그 가운데 30여 기가 조사되었다.

집터는 모두 장방형이었으나 바닥 전면이 평탄한 것(제1류)과 바닥의 반정도를 좀 깊게 판 것(제2류)의 두 종류가 있다. 제1류에 속하는 것이 17기, 제2류에 속하는 것이 14기였다. 제1류는 대부분 불에 탄 집터로서 바닥에 유물이 많고, 기둥구멍이 없는 것이 많았다. 제2류는 불에 타지 않고, 유물이 적으며 바닥의 반정도를 15~30㎝ 깊이로 구덩이를 파고 그 중심부에 큰 화덕을 만들었고 이 반대쪽 바닥에도 불땐 자국이 있었다. 이 유형의 집터에는 중심축상에 큰 기둥구멍 2~3개가 있고, 장벽가에 작은 기둥구멍이 서로 대칭되게 있었다(〈그림 2〉).

〈그림 2〉 석탄리유적 32호 집터

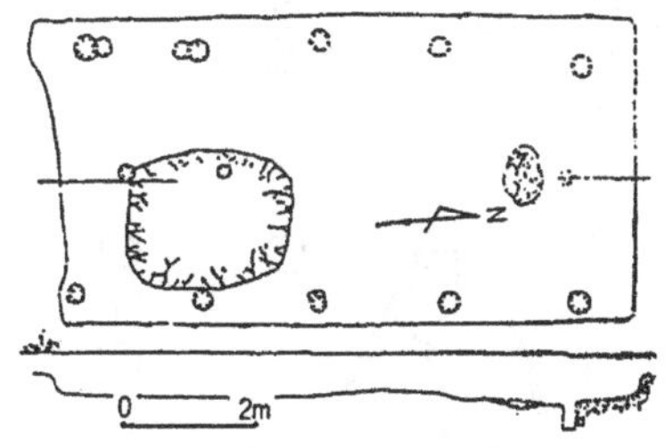

5) 박석훈·이원근, 〈석탄리 원시유적발굴중간보고〉(《고고민속》 1965-8).

마) 대평리유적6)

평남 북창군 대평리마을 동쪽 삼각주에 위치한 大坪里遺蹟에서는 15기의 집터가 발견되었는데 층위관계로 선후와 집터 모습을 알 수 있는 것은 11기였다. 이 가운데 층위관계로 앞서는 화덕이 한 곳에 있는 집터가 5기, 늦은 화덕이 두 곳에 있는 것이 6기였다.

화덕이 하나인 집터 가운데 제대로 남은 것은 5호와 105호 집터이며 모두 장축을 남북에 둔 장방형이었다. 그러나 105호 집터는 남·북에 출입구가 있고, 남벽 양끝에 장방형 돌출부가 있는 특이한 모양의 집이었다.

〈그림 3〉 대평리유적 2호 집터

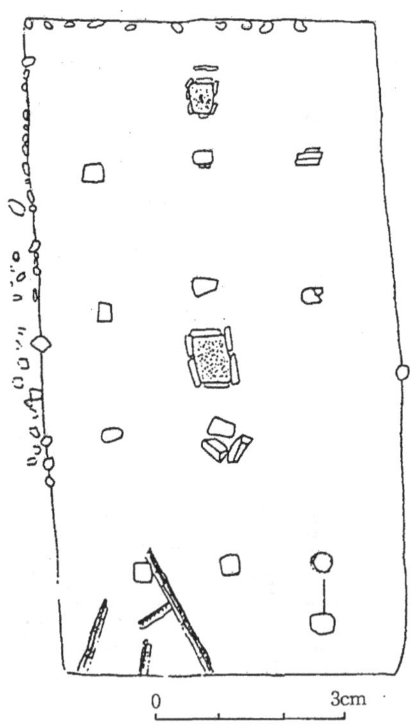

5호 집터는 남북 8m, 동서 4.5m, 깊이 0.3m이며 서벽에 반월형으로 출입을 위한 돌출부가 있었다. 바닥에는 북쪽에 치우쳐서 돌을 돌린 방형 화덕이 있는데, 그 부근만 진흙을 깔고, 그 밖에는 풀을 깐 흔적이 있었다. 기둥구멍은 벽가에 1~2개 있고, 네 귀에는 불에 타서 숯이 된 기둥이 남아 있었다.

두 곳에 화덕이 있는 집터 가운데 보존상태가 좋은 것은 2호와 103호 집터였다. 2호 집터는 장축을 남북에 둔 길이 10m, 폭 5.3m의 장방형이며 벽은 10~15㎝만 남았다. 바닥에는 화덕 부근만 진흙을 깔고 그 밖은 모래바닥이었고 한 줄에 4개씩 세 줄로 초석을 배치하고 있었다. 화덕은 바닥 중심과 북쪽에 있었고 주위에는 장방형으로 돌을 돌렸다(〈그림 3〉).

6) 정찬영, 〈북창군 대평리유적 발굴보고〉(《고고학자료집》 4, 1974).

103호 집터는 2호 집터보다 좀 작았으나 바닥에 기둥구멍이나 초석이 없는 것 이외에는 2호 집터와 비슷했다.

바) 흔암리유적[7)]

경기도 여주군 남한강 상류의 강을 등진 완만한 경사지에 위치한 欣岩里遺蹟에서는 15기의 집터도 조사되었다. 그 가운데 일부는 일반형인 장방형 집터였으나, 경사면에서 바로 바닥을 깎아낸 장방형 집터도 많았다.

일반형인 8호 집터는 동서 7.4m, 남북 3m, 깊이 0.2m이며, 바닥에는 10㎝ 정도 진흙을 깔고, 서남편에 치우쳐서 바닥을 10㎝ 정도 파고 그 위에 20㎝ 정도 진흙을 덮어서 U자형으로 만든 화덕이 있었다.

기둥구멍은 7개 나타났는데 중심축에 주 기둥과, 벽선을 따라 작은 기둥구멍이 있다. 경사면을 깎아서 바로 집바닥으로 만든 집터로는 14호 집터가 대표적인 것이다. 남북 10m, 동서 4.2m로서 서쪽에 폭 1m로 20㎝ 정도 바닥을 높인 선반형 시설이 있다. 바닥에는 10㎝ 두께로 진흙을 깔았고 화덕은 없으며 기둥구멍이 여러 곳에 있었다. 또 집안을 남북으로 양분하는 칸막이로 보이는 길이 2m, 높이 0.9m, 폭 0.6m의 흙담이 있다.

사) 휴암리유적[8)]

충남 서산군 해미면 휴암리와 고북면 용암리 경계인 구릉에 위치한 休岩里遺蹟에서는 11기의 집터가 발견되었다.

집터는 모가 둥근 장방형 또는 타원형이며, 특이하게도 화덕이 없다. 바닥 중앙에는 장경 1m 내외, 단경 0.7m이며, 깊이 20㎝ 내외의 타원형 구멍이 있으며 구멍 안쪽 양 끝에는 직경 25㎝, 깊이 40㎝ 내외의 기둥구멍이 있었다. 규모가 큰 집터(2·3호)에는 중앙의 중복된 구멍을 중심으로 서로 2m 간격으로 대칭되게 4개의 기둥구멍이 더 있었다. 그 밖의 작은 기둥구멍들은 주로 벽 가까이 있고 바닥에도 무질서하게 있었다. 이와 같은 집터는 한반도 서남부 여러 곳에서도 발견 조사되었다(〈그림 4〉).

---

7) 서울대 고고인류학과 편, 《欣岩里住居址》(1~4)(서울大 考古人類學叢刊 4·5·7·8, 1974~1978).
崔夢龍, 《驪州欣岩里先史聚落址》(三和社, 1986).

8) 國立中央博物館, 《休岩里》(국립박물관 고적조사보고 22, 1990).

〈그림 4〉 휴암리유적 3·4·5호 집터

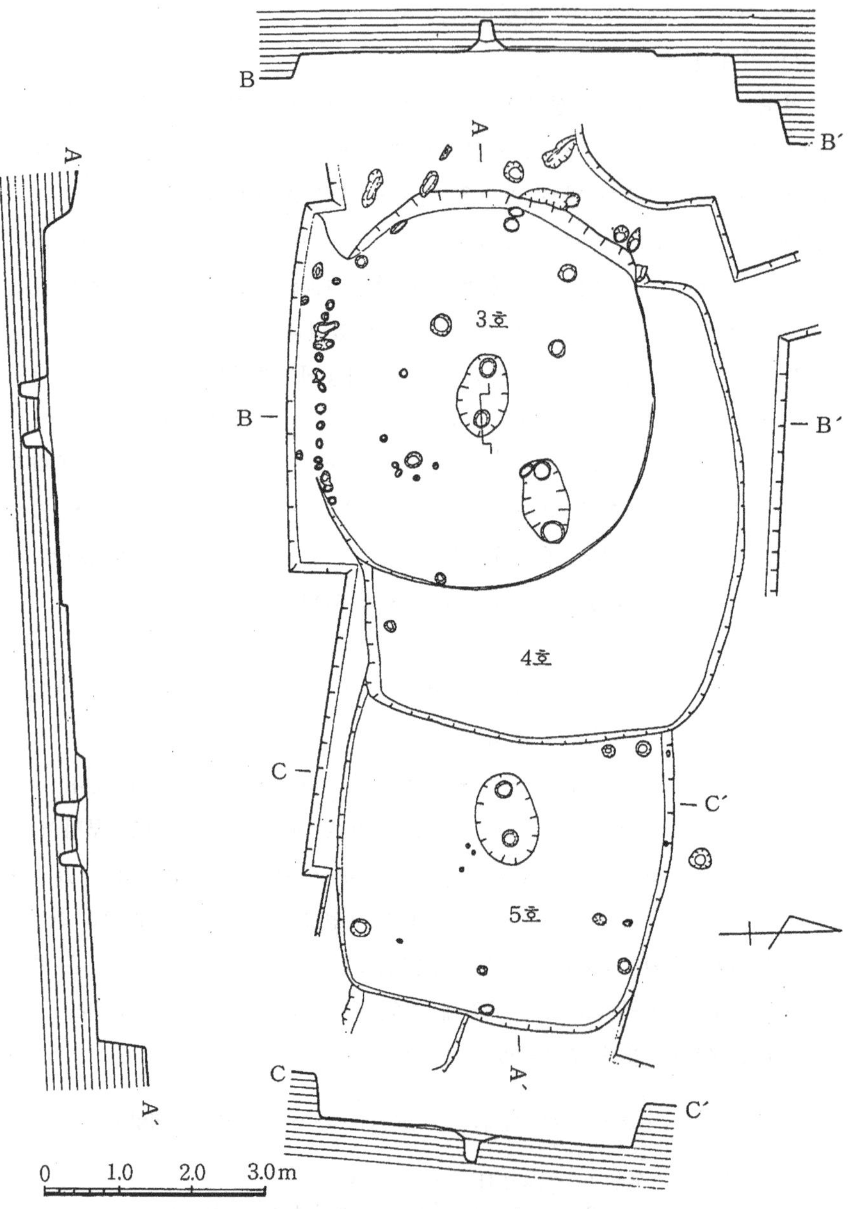

아) 송국리유적[9)]

충남 부여군 송국리에 위치한 松菊里遺蹟에서는 39기의 집터가 발견되었다. 그 대부분이 휴암리유적의 집터와 같은 유형의 직경 5m 내외의 원형 집터와 모가 둥근 방형 집터였다. 원형 집터 가운데 3기(50－2·50－3·56－6호)는 집 바닥에 광을 파고 저장시설로 사용하였는데, 이는 이러한 유형의 집터에서는 보기 드문 것이다(〈그림 5〉).

〈그림 5〉 송국리유적 50－3호 집터

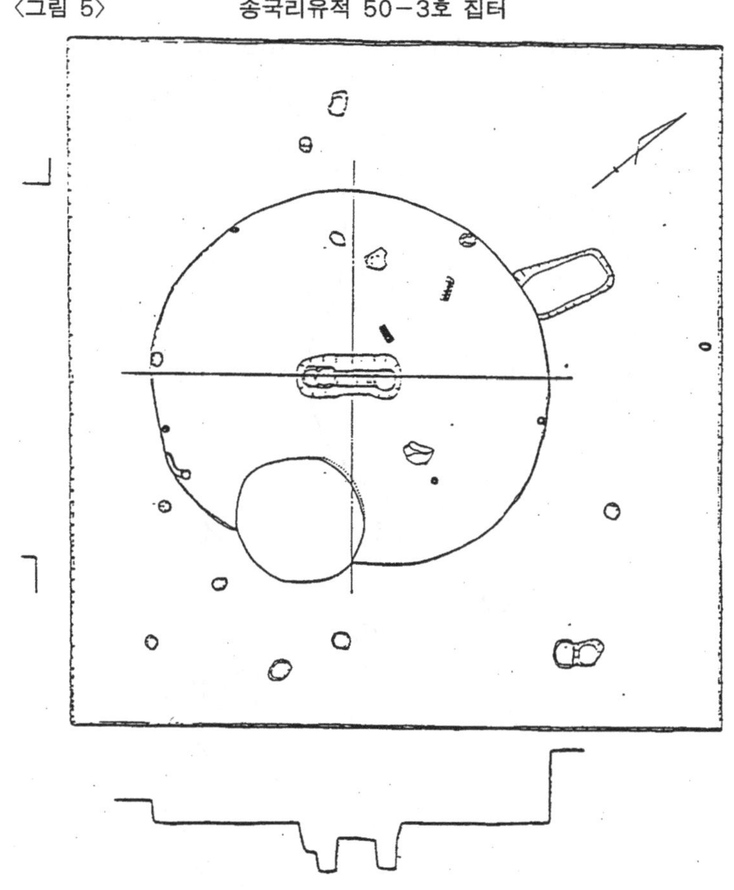

9) 國立中央博物館, 《松菊里》(Ⅰ～Ⅳ)(국립박물관 고적조사보고 11·18·19·23, 1978～1991).

자) 장천리유적[10]

전남 영암군 장천리에 위치한 長川里遺蹟에서는 12기의 집터가 발견되었다. 그 가운데 집 모습이 제대로 남은 것은 7기, 다른 1기는 3칸×1칸의 高床건물의 터였다.

7기의 집터는 원형 또는 타원형으로 된 휴암리유적과 같은 유형의 것이나, 중앙의 타원형 구멍만 있는 것과 집 바닥에 돌을 깐 부석 집터도 있었다(〈그림 6〉).

〈그림 6〉 장천리유적 8·9·10호 집터

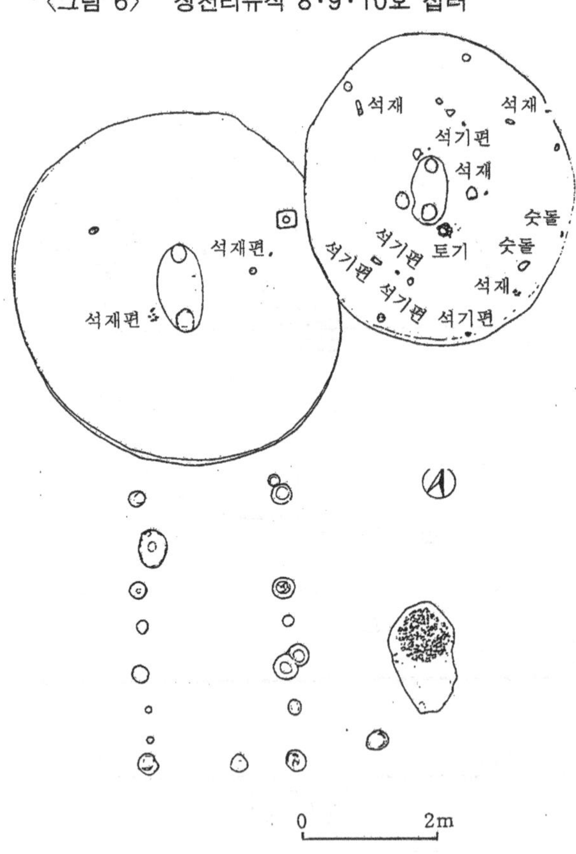

10) 崔盛洛,《靈岩長川里住居址》(Ⅰ·Ⅱ)(木浦大學 博物館·全南 靈岩郡, 1986).

차) 대곡리유적11)

전남 승주군 대곡리에 위치한 大谷里遺蹟에서는 많은 집터가 발견되었는데 이 가운데 청동기시대에 속하는 것이 72기나 되었다. 이 중에는 휴암리유적과 같은 유형의 집터와 그의 변형인 중앙의 타원형 구멍의 양 끝 밖에 기둥구멍이 있는 것, 그리고 중앙의 타원형 구멍만 있고 이에 따른 기둥구멍이 없는 것 등도 있었다.

그러나 집터 평면은 앞의 것과 같으면서 중앙의 타원형 구멍이 없고, 화덕도 없는 집터가 많았다. 이것은 휴암리유적과 같은 유형의 집터에서 심하게 변화되어 중앙의 타원형 구멍이 없어진 형식의 집터인 것으로 보인다(〈그림 7〉).

〈그림 7〉 대곡리유적 29·30호 집터

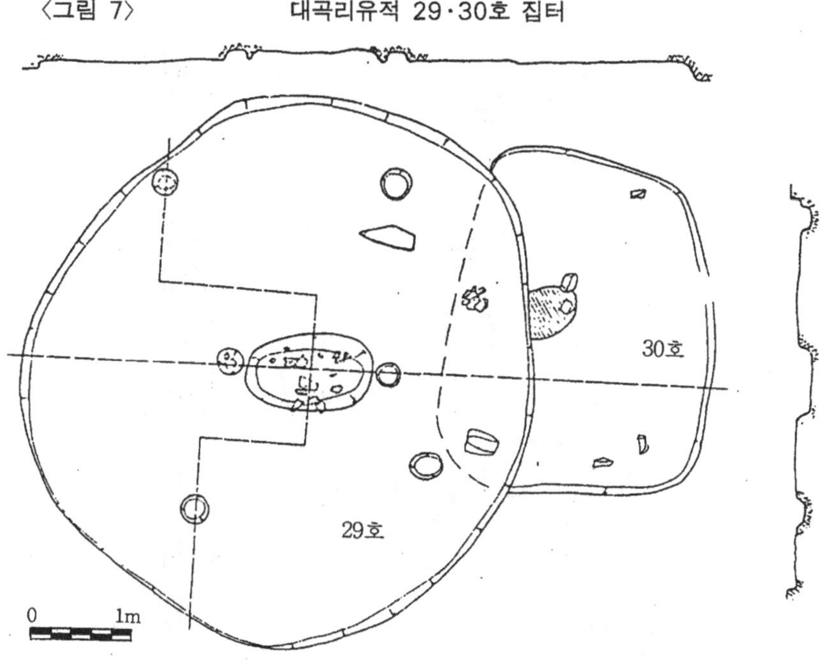

11) 全南大 博物館 編,《住岩댐水沒地域 文化遺蹟發掘調査 報告書》Ⅶ~Ⅷ(全南大 博物館·光州, 1989·1990).

카) 대야리유적[12]

경남 거창군 대야리와 인접한 무릉리 산포에서 발견된 2기를 포함하여 모두 15기의 집터가 발견되었다.

이 大也里遺蹟의 집터 평면은 원형 또는 모가 둥근 장방형과 방형 등이다. 원형집터의 반은 중앙의 타원형 구멍 안쪽 양 끝에 기둥구멍이 있는 형식이고, 반은 타원형 구멍 양 끝 밖에 기둥구멍이 있는 형식이었다. 장방형과 방형 집터는 화덕과 불씨를 보관한 것으로 보이는 시설이 있어 앞의 것과는 다른 계통의 집터로 보인다(〈그림 8〉).

〈그림 8〉 대야리유적 1호 집터

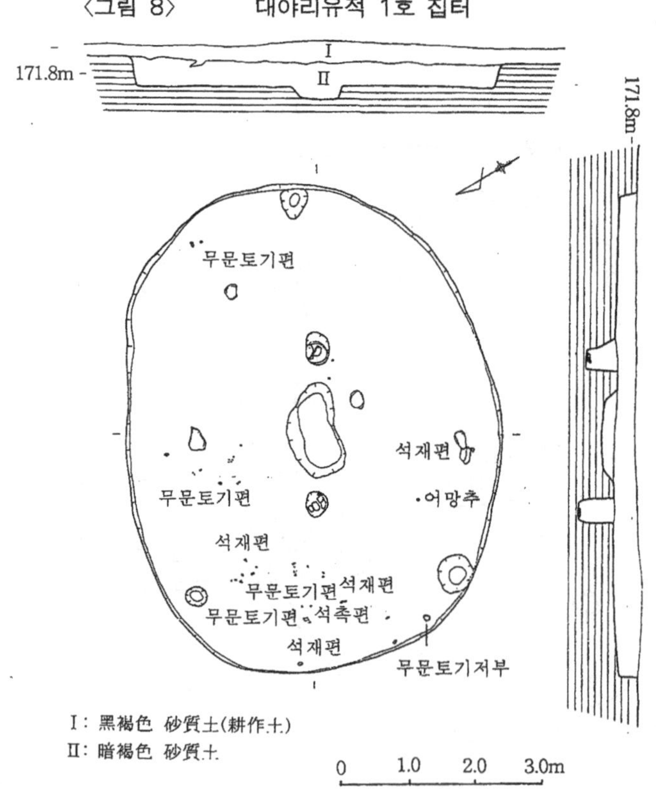

12) 東義大 博物館 編,《大也里住居址》(Ⅰ·Ⅱ)(동의대 박물관 학술총서 2~3, 1988·1989).

타) 기타 유적

위의 주요 유적 이외에도 함북의 오동[13]·중리[14]·영홍[15]유적, 자강도의 심귀리[16]·토성리[17]유적, 평북 공귀리유적,[18] 평남 태성리유적,[19] 황해도의 심촌리[20]·신흥동[21]·석교리[22]·주암리[23]유적, 평양의 금탄리[24]·입석리[25]·원암리[26]·강노리[27]·무진리[28]·남경[29]유적, 경기도의 수석리[30]·옥석리[31]·교하리[32]유적, 서울의 가락동[33]·역삼동[34]유적, 강원도의 내평리[35]·신매리[36]·방내리[37]유적, 충남의 대로리[38]·교성리[39]·고남리[40]·청당동[41])

13) 고고학 및 민속학연구소, 《회령오동원시유적발굴보고》(유적발굴보고 7, 과학원 출판사, 1960).
14) 안영준, 〈북청군 중리 유적〉(《고고민속》 1966-2).
15) 서국태, 〈영흥읍유적에 관한 보고〉(《고고민속》 1965-2).
16) 정찬영, 《압록강·독로강유역 고구려유적 발굴보고》(유적발굴보고 13, 1983).
17) 정찬영, 위의 책, 99~135쪽.
18) 고고학 및 민속학연구소, 《강계시공귀리원시유적발굴보고》(유적발굴보고 6, 1959).
19) 전주농, 〈대성리 저수지 건설장에서 발견된 유적정리에 대한 개보 (1), (2)〉(《문화유산》 1958-2·3).
20) 황기덕, 리원근, 〈황주군 심촌리 청동기시대유적발굴보고〉(《고고민속》 1966-3).
21) 서국태, 〈신흥동팽이그릇집자리〉(《고고민속》 1964-3).
22) 황기덕, 〈황해남도룡연군석교리원시유적발굴보고〉(《고고학자료집》 3, 1963).
23) 백룡규, 〈린산군 주암리 원시 유적 발굴 간략 보고〉(《고고민속》 1966-2).
24) 김용간, 《금탄리 원시 유적 발굴보고》(유적발굴보고 10, 1964).
25) 리원근·백룡규, 〈평양시승호구역립석리원시기유적발굴간략보고〉(《문화유산》 1962-4).
26) 정백운, 〈강남원암리원시유적발굴보고서〉(《문화유산》 1958-1).
27) 申鉉東, 《朝鮮原始古代居住址と日本の影響》(雄山閣, 1993).
28) 申鉉東, 위의 책.
29) 석광준·김용간, 《남경유적에 관한 연구》(1984).
30) 金元龍, 〈水石里 先史時代 聚落居住址〉(《美術資料》 11, 國立中央博物館, 1966).
31) 金載之·尹武炳, 《韓國支石墓研究》(국립박물관 고적조사보고 6, 1967).
32) 金載元·尹武炳, 위의 책.
33) 金廷鶴, 〈廣州可樂里住居址發掘報告〉(《古文化》 2, 大學博物館協會, 1963).
34) 金良善·林炳泰, 〈驛三洞住居址發掘報告〉(《史學研究》 20, 1968).
35) 文化財管理局, 《八堂·昭陽댐水沒地區 遺蹟發掘綜合調査》(1974), 427~507쪽.
36) 翰林大 博物館, 《新梅里 支石墓 住居址 發掘報告書》(한림대 출판부, 1986).
37) 白弘基, 〈溟州郡連谷面坊內里遺蹟〉(《江原嶺東地方의 先史文化研究(Ⅰ)》(江陵大博物館, 1991).
38) 國立中央博物館, 《中島》Ⅴ(국립박물관 고적조사보고 16, 1984).
39) 國立扶餘博物館, 《保寧校成里집자리發掘調査中間報告書》(1987).
40) 金秉模·安德任, 《安眠島古南里貝塚 : 2次發掘調査報告書》(漢陽大 博物館, 1991).

충북의 광의리[42]·양평리[43]·계산리[44]·내수리[45]유적, 전북의 보화리[46]·여의동[47]유적, 광주의 송암동[48]유적, 전남의 복교리[49]유적, 대구 월성유적,[50] 경남의 진양 대평리·동천리 양동·저포리유적 등이 있고 경기도 미사리유적[51]에서도 많은 집터가 발견되었다.

나. 집터의 특징

청동기시대 집터는 대부분 상당한 규모의 취락을 이룬 상태로 발견되고, 한 지역에 정착하여 거주했기 때문에 서로 겹친 상태로 발견되는 경우가 많다. 집터의 평면형태는 방형·장방형·원형·타원형 등 매우 다양하나, 한강유역을 포함한 북쪽으로는 거의가 장방형이며 방형 집터도 더러 발견된다. 한강유역을 제외한 이남지역, 특히 한반도 서남부지역에도 장방형 집터가 적지 않으나 원형·타원형 또는 모가 큰게 둥근 방형과 장방형 집터가 많다. 그리고 한강유역 이북의 집터는 이 시대 일반적 집터의 특징을 갖는 것이고, 한반도 서남부지역에서는 집안에 화덕이 없고 중앙에 타원형 구멍이 있는 형식, 즉 휴암리형 집터에 속하는 것이 많았다.

수석리와 흔암리유적에서 발견된 집터는 경사면에서 집 바닥을 수평으로 파들어가서 만든, 따라서 앞쪽에는 벽이 없고 좌우벽이 직각삼각형으로 되어 있다. 따라서 이 집터는 일상생활을 위한 집의 터가 아니고 계절에 따라 어로작업을 위해 일시적으로 거주한 막사로 생각된다.

---

41) 徐五善·權五榮, 〈天安 淸堂洞 遺蹟發掘調査報告〉(《休岩里》, 國立中央博物館, 1990), 171~224쪽.
42) 忠北大 博物館, 《忠州댐水沒地區 文化遺蹟發掘綜合報告書》(忠淸北道, 1984).
43) 忠北大 博物館, 위의 책.
44) 忠北大 博物館, 위의 책.
45) 趙由典·洪成彬, 〈淸原內秀里無文土器散布地發掘調査報告〉(《文化財》 18, 1985).
46) 洪潤植, 《井邑普化里百濟石佛立像周邊發掘調査報告書》(圓光大 馬韓·百濟文化硏究所, 1985).
47) 全榮來, 《全州如意洞 先史遺跡發掘調査報告書》(全州大 博物館, 1990).
48) 崔夢龍, 〈光州松岩洞住居址發掘調査報告〉(《韓國考古學報》 4, 1978).
49) 全南大 博物館, 앞의 책.
50) 慶北大 博物館, 《大邱 月城洞 先史遺蹟》(1991).
51) 任孝宰, 〈渼沙里遺蹟緊急發掘調査〉(《韓國考古學年報》 6, 서울대 박물관, 1990). 渼沙里先史遺蹟發掘調査團, 《渼沙里先史遺蹟址發掘調査略報告》(1992).

竪穴로 된 집터의 깊이는 1m가 넘는 것도 있었으나, 집터의 원래 어깨선이 그대로 남아 있기 어렵기 때문에 그 깊이를 정확히 알 수 없고, 보통 60~30㎝ 정도로 생각되나 시기가 내려오면서 점차 얕아지는 경향이 있었던 것으로 생각된다.

여기서는 이들 집터의 특징을 一般型 집터와 休岩里型 집터로 나누어 고찰하고 이들의 변화와 특이한 부분을 갖는 집터 등을 보완적으로 검토하도록 하겠다.

가) 일반형 집터

일반형 집터는 신석기시대 후기에 새롭게 한반도에 도입되어 정착한 장방형 수혈주거가 그대로 청동기시대에 계승된 형식이다.52) 이 형식의 집은 평면을 장방형으로 만드는 것이 기본이다. 집의 면적은 가장 작은 것이 10㎡ 내외이며 가장 보편적인 것이 20㎡ 내외이다. 보통 10㎡를 단위로 확장되고 있는데 큰 집의 경우는 70㎡가 넘는 것(공귀리 1호·호곡동 8·24호)도 있다.

집 출입을 위한 시설이 없는 것이 많으나, 단벽에 2단의 넓은 대상계단을 만든 것(무진리 집터), 단벽 한쪽에 치우쳐서 돌출부를 만들어 출입한 것(심귀리 1호·영흥 10호·오동 8호), 단벽에 ㄱ자형 돌출부를 만들어 출입구로 한 것(중리 3호) 등이 있으나 매우 드문 것이다.

집 바닥에 기둥을 세우는 방법은 기둥구멍이나 바닥에 직접, 또는 원시적인 초석 위에 세우는 등 여러 가지이며 이들 방법 가운데 두 가지 방법을 동시에 쓰는 경우도 있다. 이와 같은 기둥을 세우는 방법은 신석기시대부터 나타나지만, 기둥을 세우는 방법의 발생 순서는 기둥구멍→바닥→초석의 순서일 것이며, 그것은 시기가 내려오는 것과도 일치하는 것으로 보인다.

기둥 배치는 장벽에 평행으로 3열 또는 4열로 세우는 경우가 많았다. 그러나 벽가에 있는 기둥구멍의 경우는 벽에 붙어서 작은 구멍이 많이 있는 것과 벽에서 어느 정도 간격을 두고 좀 큰 구멍이 있는 것이 있다. 앞의 것은 벽면을 긴 풀 등으로 덮어서 이것을 받친 지주들 가운데 어떤 것이 기둥 역할을 한 것이고, 뒤의 것은 독립된 기둥을 세운 것인데 이 때에는 기둥을

52) 金正基, 〈住生活〉(《韓國史論》 17, 國史編纂委員會, 1987), 76~190쪽.

서로 대칭되게 세우는 일이 많았다.

집 바닥에는 화덕을 설치하나 화덕을 한 곳에 만드는 경우와 두 곳에 만드는 경우가 있다. 어느 경우에도 바닥 중심에서 한쪽으로 치우쳐서 만들지만 드물게 중심에 만든 것(서포항 1·2호, 주암리 1호, 오동 4호, 석탄리 22호)과 두 곳의 화덕 가운데 하나를 중심에 만든 것(대평리 2호)도 있었다. 화덕이 한 곳에 있는 것이 두 곳에 있는 것보다 상대적으로 앞서는 형식임은 틀림없을 것이다(대평리유적).

화덕은 바닥을 파서 그 주위에 길쭉한 돌을 돌려 타원형 또는 장방형으로 만든 것이 많으나, 때로는 한쪽 변에 돌을 놓지 않은 경우(세죽리유적)도 있고, 화덕 바닥에 돌을 까는 경우(서포항유적)도 있다. 비교적 많은 집터에서 화덕 주위에 돌을 돌리지 않고 있으나, 이것은 시기가 내려와서 나타나는 형식이다.

이 시대 집터에는 바닥에 큼직한 돌을 놓아 석기 제작 등의 작업대로 사용한 것(공귀리 4호, 입석리 1·2호, 주암리 2호, 석탄리 5호)이 있다. 그러나 작업대가 없는 경우에도 집안에서 석기 제작 등의 작업을 한 경우(옥석리 집터)도 많다.

집터 바닥이 풍화암반이나 단단한 맨땅일 때는 그대로 집바닥으로 쓴 것 같으나, 모래바닥이나 단단하지 못할 경우에는 흔히 바닥에 진흙을 깔고 불을 때거나 진흙과 패각을 섞어서 다지고 불을 때 굳히는 경우가 많았다. 또 화덕 부근에만 진흙을 깐 경우(대평리유적)도 있었다.

집터 바닥에는 대부분 짚이나 긴 풀 또는 돗자리 등을 깔고 벽에도 긴 풀 등으로 덮어서 생활한 것으로 믿어지나, 이와 같은 내용을 집터 조사에서 뚜렷이 밝힌 것은 그다지 많지 않다. 바닥에 짚이나 긴 풀을 깔았다는 보고는 대평리 5호와 옥석리 집터 등이며, 호곡동 8호 집터에서는 바닥에 폭 40㎝, 길이 150㎝의 나무판자를 깔았고, 영흥 10호 집터에서는 돗자리를 깔았다고 보고하고 있다. 집터 벽 밑에 작은 구멍들이 비교적 조밀하게 나타날 경우 그것은 벽면에 긴 풀이나 짚 등을 덮고 아래위에 옆으로 가는 나무 등으로 누른 후 이 나무를 가는 기둥으로 얽어매어 받친 흔적으로 보아야 하며, 이것은 대부분 수혈 어깨 위로 올라가서 벽체를 형성한 것으로 추정된다. 그러나 앞의 〈그림 3〉의 대평리 2호 집터와 같이 폭 15~30㎝, 길이 250㎝의 판자를 옆으로 벽에 붙인 경우에는 벽이 수혈 어깨보다 높게 올라갔을지는 짐작하기 어렵다.

이 형식의 집터 가운데 특이한 것은 오동 8호 집터(〈그림 9〉)와 공귀리 4·5호 집터(〈그림 10〉)이다. 오동 8호 집터는 면적 20㎡를 조금 넘는 표준적 장방형 집터였으나 한쪽 장벽에 밖으로 돌출된 두 개의 감실형 시설이 있었다. 주거에서 분리되기 이전의 과도적인 저장시설인 듯하다. 공귀리집터는 땅을 파서 만든 긴 교통호에 작은 지호로 연결된 집터였다. 이와 같이 교통호로 연결된 집터는 여름의 장마나 호우 때 빗물이 교통호를 통해 집안으로 들어오기 때문에 당연히 그 속에서의 주거생활이 어려웠을 것이다. 따라서 비가 적은 겨울철에 사용한 집이 아닌가 생각된다.

〈그림 9〉 오동유적 8호 집터

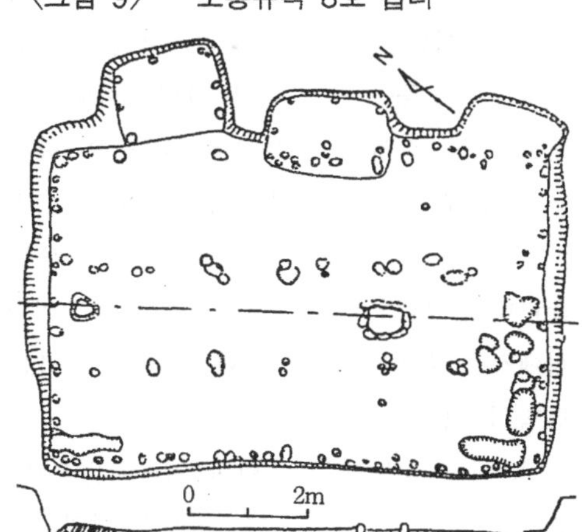

〈그림 10〉 공귀리유적의 집터

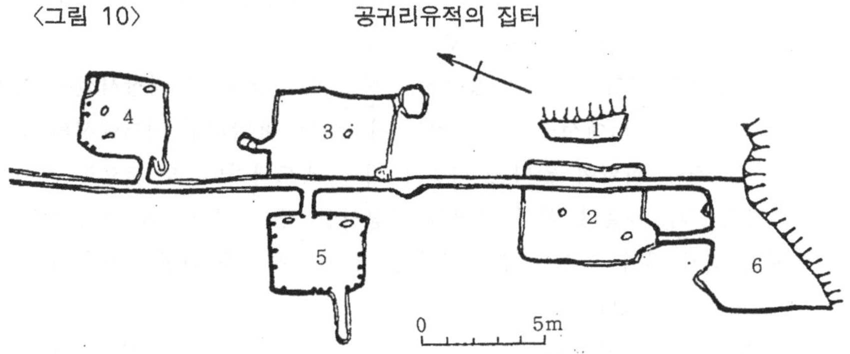

나) 휴암리형 집터

休岩里型 집터는 흔히 '松菊里型 집터'라고도 한다. 이 유형에 속하는 집터의 특징은 여러 가지가 있다.

첫째는 집 크기가 작다는 것이다. 이 유형의 집터는 대부분 면적이 20㎡ 내외 이하의 것이 많고, 40㎡를 넘는 것은 1기(대야리 14호)밖에 보고되지 않았다. 둘째로는 이들 집터의 벽이 대부분 곡선, 즉 원형이나 타원형 또는 모가 크게 둥근 방형이나 장방형이며 그 가운데서도 원형이 가장 많다. 셋째로 이들 집터에는 화덕이 없다. 또 화덕이 없다는 사실과 아울러 집터 바닥 중앙에 작업괭 또는 작업공이라고 부르는 타원형의 얕은 구멍이 있다. 이 구멍은 가장 빠른 시기의 집터로 보는 휴암리나 송국리유적에서는 장경 1m 내외, 단경 0.5m, 깊이 0.2m 정도이나, 시기가 늦은 대야리나 대곡리유적에서는 깊이는 비슷하나 장경 1.3~1.5m, 단경 0.5~0.7m 내외로 커지는 경향이 있다.

또 이들 집터에는 뚜렷한 기둥구멍으로 보이는 구멍은 앞의 타원형 구멍의 안쪽 양끝에 한 개씩 있는 경우가 많았고, 규모가 조금 큰 집터에서는 이 복합된 구멍을 중심으로 서로의 간격이 2m쯤 되는 위치에 대칭으로 4개의 구멍이 더 있는 경우도 있다. 이와 같은 기둥구멍 이외에도 집터 바닥 또는 벽가에 작고 얕은 구멍이 무질서하게 있으나 이들 모두를 기둥구멍으로 보기는 어렵다.

이 유형의 변화된 형태는 집터 중앙의 타원형 구멍 안쪽 양끝에 있던 기둥구멍이 양끝 바깥으로 나가는 것이 있다. 또 대야리와 대곡리유적에서는 중앙에 있던 타원형 구멍이 없고 화덕도 없는 집터가 적지 않다. 이것 역시 이 유형이 극도로 변화한 것으로 보아야 할 것이다.

송국리유적에 발견된 3기의 집터에는 바닥에 수혈로 된 저장시설이 있었는데 이는 다른 집터에서는 볼 수 없는 시설이다. 휴암리형 집터에서의 주생활 양상은 집에 화덕이 없다는 사실과 아직 검토되어야 할 것으로 보이는 소위 '작업공'과 아울러 앞의 수혈식 저장시설 등을 감안하여 생각해야 할 것이지만 쉽지 않다. 어쩌면 집은 순수한 휴식과 수면을 위한 장소로만 사용된 것인지도 모르겠다.

휴암리형 집터의 원류에 관해서는 주로 토기형식 검토를 통해 한강유역의 민무늬토기의 전통이 남하한 것이라는 견해[53]와 집터의 조형을 합천 봉계리 유적의 신석기시대에 속하는 7호 집터로 보는 견해[54]가 있다. 그러나 이들 견해는 모두 화덕의 존재 여부에 대해서는 말하지 않았다. 주거 내의 화덕의 유무는 주거문화의 기본적 차이라고 할 수 있다. 또 한강유역의 토기문화 전통의 남하는 토기만을 비교하여 말한 것으로 주거형태와는 무관한 것이다. 봉계리 7호집터는 단순히 외관상 유사한 것일 뿐, 화덕이 있는 집터와 휴암리형 집터와는 주거로서 근본적 차이가 있는 것이다. 이 형식의 집은 겨울에 난방이 필요없는 온화하고 더운 지방에 알맞는 집 형태이다.

이와 같은 기후 조건을 갖는 어느 지역에서 일단의 사람들이 海美부근에 표류 또는 이주하여 그들이 살던 집, 즉 휴암리형 집을 정착시켜 점차 남쪽으로 전파시킨 것이라고 보는 편이 옳을 것이다. 다만 그 시원지가 어느 곳인지 알 수 없으나 선사시대 문화에 많은 공통점이 있으면서도 주거문화는 우리와 전혀 다른 전통을 갖는 일본에서도 키타규슈(北九州)를 위주로 한 西日本지역에서는 얼마간 이 유형의 집터와 그 변형집터가 발견된다. 이것은 역시 이 주거양식에서 살던 사람들이 일본으로도 건너간 것이라고 생각된다.

〈金正基〉

(2) 무 덤

기원전 10세기를 전후하여 대륙으로부터 새로운 청동기문화의 기운이 싹트기 시작하면서 우리 나라에서도 서북지방에서부터 고인돌과 같은 새로운 무덤이 나타나게 된다. 앞서 신석기시대에도 일부 해안지방 등지에서 간단한 매장유구가 확인된 바 있으나 이들은 구조물이라기보다는 시체를 묻은 뒤 둘레의 돌을 긁어 모아 덮은 정도의 간단한 돌무지에 지나지 않았다.

따라서 우리 나라 선사시대에 있어서 본격적인 무덤의 조성은 바로 청동기시대부터이며 이러한 무덤의 출현은 선사시대 사회에 나타난 새로운 정신문화의 변화라고 할 수 있다.

---

53) 國立中央博物館, 앞의 책(1990), 14쪽.

54) 申鉉東, 앞의 책, 339쪽.

이 시대의 무덤 유적으로는 고인돌(支石墓) 외에도 돌넘무덤(石棺墓), 널무덤(木棺墓, 積石木棺墓, 木槨墓), 독무덤(甕棺墓) 등을 들 수 있다. 이들 무덤들은 지역이나 시기에 따라 각기 다른 모습으로 나타나며 거기에서 출토되는 유물의 양상도 무덤의 성격에 따라 각기 독특한 갖춤새와 특성을 보여주고 있다.

가. 고인돌

고인돌은 우리 나라 청동기시대의 거의 전기간에 걸쳐 반도의 모든 지역에서 이루어진 묘제로서 비슷한 시기 중국의 동북지방과 일본의 규슈(九州) 지방에서도 나타나고 있는 이 시대의 가장 대표적인 무덤이라고 할 수 있다.[1] 특히 한반도에서는 선사시대의 모든 문화요소 가운데 고인돌만큼 한 시대의 특징을 부각시켜 주는 것은 없을 정도로 고인돌이 청동기시대에서 차지하는 비중은 매우 크다.

가) 분포와 형식

고인돌의 분포는 지역에 따라 밀집 정도의 차이는 있을지라도 거의 한반도 전역에 고루 퍼져 있다. 아직까지 고인돌에 대한 전국적인 지표 조사가 체계적으로 이루어지지 않아 그 정확한 실태는 알 수 없지만 특정지역에서의 상황을 통해 짐작할 수 있다.

한반도에서 고인돌이 가장 밀집된 곳은 평안남도와 황해도 등 서북지방과 전라남·북도 등 주로 우리 나라 서해안 지방에 해당되는 곳이라고 할 수 있다. 이 가운데 지금까지 비교적 조사가 체계적으로 이루어진 전라남도의 경우는 1,900여 군데에서 모두 16,000기가 넘는 고인돌이 분포되어 있는 것으로 나타나고 있다.[2] 물론 이 곳은 우리 나라에서 고인돌의 분포가 가장 밀집된 곳 가운데 하나이긴 하지만 이로써 한반도 전역에 퍼져 있는 분포의 실상을 어느 정도 어림할 수가 있다.

이들 고인돌은 그 모양과 짜임새의 특성이나 분포의 양상에 따라 크게 북방식과 남방식으로 나눌 수 있다. 북방식은 비교적 넓고 편평한 판돌을 땅 위에

---

1) 池健吉, 〈東아시아 支石墓의 型式學的 考察〉(《韓國考古學報》 12, 韓國考古學硏究會, 1982), 245쪽.

2) 李榮文, 《全南地方 支石墓 社會의 硏究》(韓國敎員大 博士學位論文, 1993), 43쪽.

세워 네모난 상자모양의 방을 짜맞춘 뒤 바닥에 시체를 안치하고 그 위에 덮개돌(上石)을 덮어 마치 책상모양을 하고 있다. 이러한 모습 때문에 학자에 따라서는 이 유형을 卓子式 혹은 地上形이라고도 하며 북한에서는 대표적인 유적의 이름을 붙여 五德里形[3]으로 부르고 있다(〈그림 1〉).

〈그림 1〉 연탄 송신동 4호 고인돌

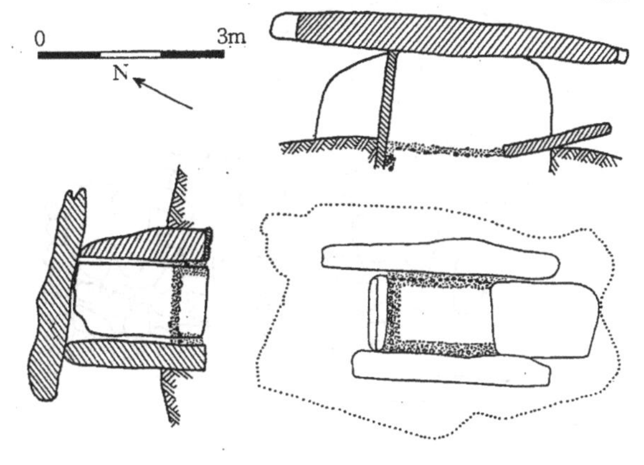

한편 남방식에서는 땅밑에 판돌(板石)을 짜맞추거나 깬돌(割石), 또는 냇돌(川石) 등을 쌓아 돌널을 만들어 그 안에 시신을 묻지만 드물게는 구덩이만 파고 묻기도 한다. 무덤 위에는 큰 덮개돌을 얹게 되는데 더러는 그 아래에 받침돌을 괴어 마치 바둑판과 같은 모습을 띠는 것도 있다. 이러한 외형적 특성 때문에 남방식을 바둑판식(碁盤式)으로 분류하기도 하고 받침돌이 없는 것은 따로 無支石式이라고도 하며, 북한에서는 沈村里形[4]으로 일컬어지고 있다(〈그림 2〉).

이와 같이 외형과 짜임새의 특성에 따라 크게 두 가지 유형으로 분류하는 것은 이들 고인돌이 각 형식에 따라 그 분포가 다르기 때문이다. 대략 한강을 경계로 하여 북방식은 그 이북에서 주된 분포를 보이는 반면, 이남에서는 남방식 고인돌이 주류를 이루고 있다. 그러나 이러한 구분은 개략적인 분포의 성격을 나타낼 뿐 결코 절대적인 것은 아니다. 한강 이남에서는 주로 서해안 지방에서 북방식이 드물게나마 확인되고 있고 마찬가지로 북한에서도 황해도 일원에 적지 않은 수의 남방식 고인돌이 분포되고 있기 때문이다.

---

3) 석광준, 〈우리나라 서북지방 고인돌에 관한 연구〉(《고고민속론문집》 7, 과학백과사전출판사, 1979), 112쪽.

4) 석광준, 위의 글.

〈그림 2〉 대구 대봉동 Ⅴ구역 1호 고인돌

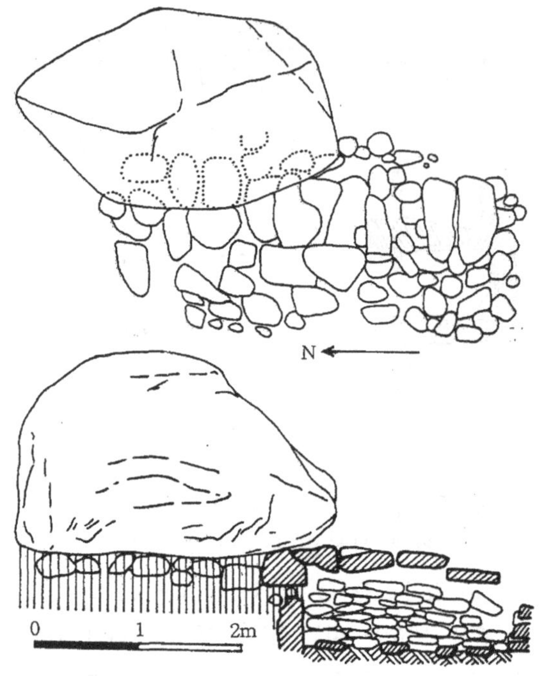

이 두 가지 서로 다른 유형의 고인돌은 각기 그 둘레에 이루어진 보강 구조물로서의 돌무지 시설의 유무에 따라 積石式과 無積石式으로 분류되고 이 가운데 남방식은 다시 매장 부위의 구조적 성격에 따라 몇 가지로 나누어질 수 있다. 즉 남방식은 매장시설을 이룬 벽체구조의 짜임새를 기준으로 하여 板石形, 割石形, 混築形, 土壙形 등으로 구분되고 특수한 지방 형식으로 濟州形을 들 수 있다.5)

나) 편년적 성격

고인돌 문화에 대한 원류와 편년문제는 이 분야에 대한 연구가 처음 시작된 이래 지금까지 수많은 학자들에 의해 제기되어 오고 있는 중요한 과제이다. 처음으로 한반도의 고인돌에 대한 형식분류를 시도한 연구에서는 이들 고인돌을 '석기시대'에 이루어진 무덤유적으로 추정하고 보다 원시적인 외형을 갖춘 남방식이 북방식에 비해 선행한다고 보았다.6) 그러나 이러한 주장은 어떤 학술적인 자료의 바탕 위에서 이루어진 것이 아니고 주변지역의 상황을 어림해서 내린 추론에 불과한 것이었다.

그 뒤로 다른 일본인 학자들에 의해 현지 조사가 이루어지면서 고인돌로

---

5) 池健吉, 〈湖南地方 고인돌의 型式과 構造〉(《韓國考古學報》 25, 1990), 74~75쪽.
6) 鳥居龍藏, 〈平安南道・黃海道古蹟調査報告書〉(《大正五年度古蹟調査報告》, 朝鮮總督府, 1916), 74~75쪽.

부터 출토된 몇몇 유물을 통해 그 시대적 성격이 보다 구체적으로 제시되어 '금속기 사용초기'로 그 시기를 압축하거나[7] '금속병용기'로 보기도 했다.[8] 또한 당시까지의 유적조사 성과를 집대성하는 가운데, 한반도의 고인돌은 기원전 3~2세기나 그 이전에 이루어진 것으로 보았다.[9]

1960년대 이후 한반도의 각 지역에서 고인돌 발굴이 활발히 이루어지고 자료가 축적되면서 지금까지 외형에 의한 피상적 연구단계를 벗어나 매장시설의 구조적 성격과 출토유물을 바탕으로 점차 그 연구가 체계화되기에 이르렀다. 그 결과 적어도 기원전 8세기 이전 한반도에는 고인돌이 구축되기 시작하였던 것으로 추정하였으며[10] 이후 대부분의 학자들이 고인돌 문화를 청동기시대의 소산으로 보기에 이르렀다.

고인돌에서 출토되는 유물의 종류와 수량이 극히 제한된 상황에서 한반도에서의 편년문제를 구체적으로 다루기는 어렵지만 지금까지 축적된 자료, 특히 토기류와 석기류의 양상을 통해 개략적인 편년관은 그 윤곽이 잡혀질 것으로 생각된다. 이러한 몇몇 종류의 유물의 성격에 따라 한반도에서의 고인돌 축조는 기원전 10세기경부터 기원 전후에 이르기까지, 즉 기원전 1천년기 전반에 걸쳐 이루어졌다고 생각된다. 이 시기가 바로 한반도에서는 청동기시대의 거의 전기간에 해당되지만 그 발생과 소멸시기가 지역에 따라 다르고, 큰 줄기로 볼 때는 남쪽으로 내려오면서 시대가 늦어지는 것은 문화의 전개과정에서 나타난 당연한 양상일 것이다.

고인돌에서 출토되는 유물들은 대부분 토기류와 석기류가 주류를 이루지만 특수한 경우를 빼고는 부장된 유물의 종류나 수량은 매우 제한되어 있다. 최근에는 남해안의 일부 지역에서 遼寧式銅劍이나 銅鉾와 같은 청동유물이 출토되기도 하는데[11] 이는 극히 예외적인 경우이기는 하지만 한반도의 고인돌 문화에 대한 새로운 해석의 여지를 보여주고 있다.

---

7) 梅原末治, 《朝鮮古代の墓制》(1946), 16쪽.
8) 藤田亮策, 〈朝鮮の石器時代〉(《朝鮮考古學硏究》, 京都 ; 高桐書院, 1948).
9) 三上次男, 《滿鮮原始墳墓の硏究》(吉川弘文館, 1977), 144쪽.
10) 金載元・尹武炳, 《韓國支石墓硏究》(국립박물관 고적조사보고 6, 1967), 19쪽.
11) 李榮文, 〈全南地方 출토 靑銅遺物〉(《韓國上古史學報》 3, 1990), 213~218쪽.

나. 돌널무덤

고인돌과는 비슷한 시기적 배경을 갖고 나타나는 이 시대의 무덤으로 돌널무덤(石棺墓)을 들 수가 있다. 이 무덤은 청동기시대에 시베리아로부터 滿蒙지방을 거쳐 한반도에 이르기까지 넓게 퍼져 있는 매장시설로서 우리 나라에서는 지역과 시기에 따라 독특한 성격을 보이며 반도의 거의 전역에 걸쳐 확인되고 있다.

돌널(石棺)은 시신을 묻기 위해 판석을 세우거나 깬돌, 또는 냇돌을 쌓아 올려 만든 매장시설을 모두 일컫지만 고고학에서 돌널무덤이란 일반적으로 선사시대의 무덤에 국한시키고 있다. 이 돌널무덤은 고인돌과는 달리 매장 구조물의 전체가 땅 속에 묻힌 채 땅 위에는 아무런 표지물도 남아 있지 않기 때문에 대부분 경작이나 굴착공사 등에 의해 우연히 발견되는 경우가 많다. 따라서 이들 돌널무덤이 처음부터 계획적인 발굴에 의해서 학술적 조사가 이루어진 곳은 극히 드물고 대개는 사후의 수습조사 결과만을 대할 수밖에 없어 그에 대한 고고학적 성과는 매우 한정된 실정이다.

우리 나라에서의 돌널무덤의 분포는 비슷한 시기적 배경을 갖고 나타나는 고인돌과는 비교할 수 없을 만큼 매우 빈약하지만 지역에 따라 밀도의 차이는 있을지라도 반도 전역에 걸쳐 넓게 퍼져 있음을 알 수 있다. 이렇게 광범위한 분포에도 불구하고 지금까지 학술적으로 조사 보고된 돌널무덤의 수는 매우 드물다고 할 수 있다.

이들 돌널무덤은 대체로 그리 높지 않은 구릉지대의 한 곳에 단독으로 이루어진 경우가 많지만 北倉 大坪里,[12] 扶餘 松菊里[13]와 佳增里[14]에서와 같이 4~6기가 한데 모여있는 곳도 있다. 晋陽 大坪里[15]에서는 1기의 고인돌을 중심으로 그 둘레에 몇 기의 돌널무덤이 둘러 있었다(〈그림 3〉).

---

12) 정찬영, 〈북창군 대평리유적 발굴보고〉(《고고학자료집》 3, 사회과학출판사, 1990), 213~218쪽.

13) 金永培·安承周, 〈扶餘松菊里 遼寧式銅劍出土 石棺墓〉(《百濟文化》 7·8, 公州師大, 1975). 당시에는 1기만 조사되었으나 1992년 국립공주박물관에 의한 주변 발굴에서 3기가 추가로 확인되었다.

14) 有光敎一, 《朝鮮磨製石劍の硏究》(京都大 文學部 考古學叢書 2, 1959), 59~62쪽.

15) 趙由典, 〈慶南地方의 先史文化〉(《考古學》 5·6, 韓國考古學會, 1979), 1~140쪽.

〈그림 3〉 진양 대평리 옥방 10호 고인돌과 돌널무덤

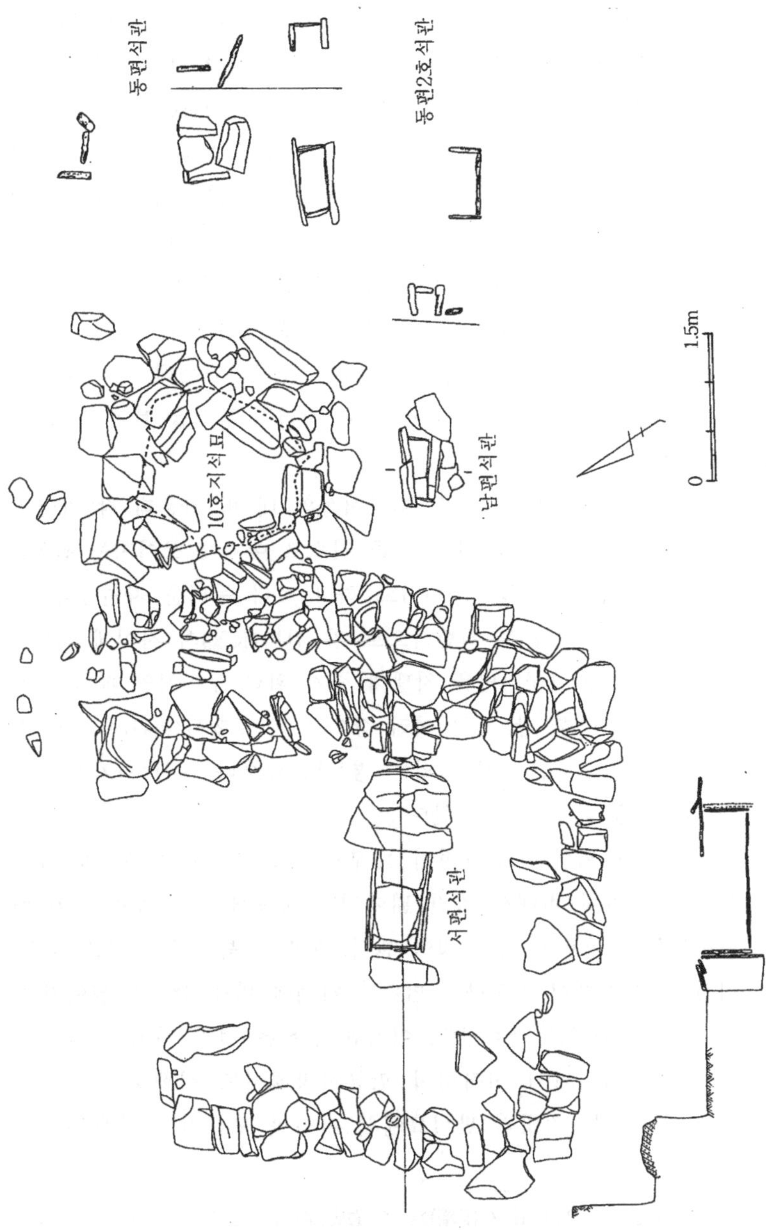

돌널무덤은 땅을 파고 여기에 판돌을 세우거나 깬돌·냇돌을 쌓아 올려 네모난 매장 공간을 마련한 구조물로서 짜임새의 성격에 따라 板石墓와 割石墓로 분류된다. 이 가운데 판석묘는 다시 한쪽 벽이 한 장의 판돌로서만 이루어진 單板石式과 여러 장을 이어 세운 複板石式으로 나뉘어진다.16)

이들은 우리 나라 거의 전역에 걸쳐 분포를 보이고 있으나 대체로 판석묘 가운데 단판석식이 반도의 서북지방에 퍼져 있는 데 비해 복판석식은 주로 남부지방, 특히 부여지역에서 성행되고 있음을 알 수 있다. 다만 단판석식의 분포가 한강유역과 멀리 진양 대평리에서까지 확인된 것으로 보아서는 고인돌 문화의 확산과도 무관하지 않은 것으로 생각된다.

한편 할석묘는 대부분 남한지역에서 조사되었는데 특히 금강유역에서 청동기 일괄유물과 함께 나타나는 강한 지역적 특성을 보여 주고 있다.

가) 판석묘

판석묘의 구조적인 특징은 매장시설의 네 벽 가운데 각 벽면을 한 장, 또는 여러 장의 판석으로 세워 만든 것으로 여기에 쓰여지는 판석으로는 점판암과 같은 얇은 석재가 쓰이기도 하고 보다 두터운 자연판석이 사용되기도 한다. 마구리벽(短壁)은 일반적으로 양 긴벽(長壁)의 사이에 끼워지는데 이는 넘어지기 쉬운 마구리벽을 지탱해 주기 위한 구조적인 배려로 여겨진다. 이들 판석묘에는 한 장, 또는 여러 장으로 된 뚜껑돌(蓋石)이 덮이기도 하고 바닥에도 마찬가지 판돌이 깔리는 경우도 있으나 대신 잔자갈을 깔거나 판석과 잔자갈을 섞어 깔기도 한다.

판석묘의 평면은 장방형이 대부분으로서 대개는 한 쪽 마구리벽이 맞은편의 그것에 비해서 약간 넓어지기 때문에 전체적으로 볼 때는 길쭉한 사다리꼴을 이루게 되는 것이 많다. 이러한 특이한 평면을 갖추게 된 것은 시신이 널 속에서 차지하는 범위가 하체에 비해 상체가 넓어지는 것을 감안한 구조적 배려로 생각된다. 이러한 전통은 멀리 시베리아의 카라수크무덤에서부터 나타나기 시작하여 만몽지방에서도 성행하였으며 우리 나라에서는 특히 서북지방의 판석묘에서 이러한 모습이 강하게 보이고 있다.

---

16) 池健吉, 〈墓制 Ⅱ(石棺墓)〉(《韓國史論》 13, 國史編纂委員會, 1983), 230~254쪽.

나) 할석묘

할석묘는 지하에 이루어진 무덤의 네 벽을 깬돌이나 냇돌로 쌓아 올린 것으로 앞서 판석식에 비해 한 단계 늦은 시기의 것이라고 할 수 있다. 이 할석묘는 이후 역사시대에 이르러서도 가장 보편화된 묘제로서 널리 퍼졌지만 그 사이를 이어주는 이른바 '원삼국시대'에 있어서 할석묘의 존재에 대해서는 아직 확실한 자료가 없는 실정이다.

한반도의 돌널무덤 가운데 할석묘의 분포는 앞서 판석묘에 비해 일부 지역에 국한되어 지금까지 주로 금강유역에서만 확인되고 있다. 이러한 할석묘가 반도의 다른 지역에서는 나타나지 않고 오히려 멀리 떨어진 요령지방에서 성행되었으며 출토유물의 성격에서도 양 지역의 유사한 상황을 보이고 있는 바 이를 통해 지역 상호간에 이루어진 청동기문화의 교류상을 추측할 수 있다.

이들 할석묘는 주로 표고 50m 미만의 낮은 구릉지대에 이루어지는데 구덩이를 파내고 깬돌이나 덩이돌(塊石)을 조잡하게 쌓아올려 네 벽을 이루었다. 돌널의 윗면이나 바닥에는 부여 연화리[17]에서와 같이 넓적한 돌을 덮거나 깐 곳도 있으나 그 밖의 유적에서는 이러한 시설이 이루어지지 않고 바닥에서 나무 썩은 흔적이 검출된 것으로 보아 혹시 나무널 같은 별도의 시설이 이루어진 것이 아닌가 생각된다.

다) 편년적 성격

이들 각 유형의 돌널무덤은 그 분포상에 나타난 구조적 특성과 함께 부장된 유물의 성격에서도 서로 다른 모습을 보여주고 있다. 판석묘로부터 출토되는 유물 가운데 주류를 이루는 것은 돌검(石劍)과 돌살촉(石鏃) 등 석기류이지만 드물게는 고식의 청동유물도 함께 나오고 있다. 북한지방의 단판석식으로부터는 단추(銅泡 ; 강계 풍용동)나 날개촉(兩翼銅鏃 ; 사리원 상매리) 등이 출토되었고 남부지방에서의 복판석식으로부터는 요령식동검(부여 송국리) 등 우리 나라의 청동기 가운데 가장 이른 시기의 것들이 나오고 있다. 한편 금강유역에서의 할석묘로부터는 한국식동검을 비롯하여 각종 무기나 儀器와 같

17) 金載元, 〈扶餘・慶州・燕岐出土 銅製遺物〉(《震檀學報》 25・26・27, 1964), 285~298쪽.

은 한반도 청동기시대의 최성기에 만들어진 유물들이 출토되어 이들 각 유형의 돌널무덤이 갖는 시기적 배경의 차이를 보여주고 있다.

돌널무덤으로부터 출토되는 유물 가운데 가장 많은 수를 차지하는 것은 돌검과 돌살촉이며 이 가운데 돌검을 통해서 이들 각 형식 사이에 나타나는 성격의 차이를 엿볼 수 있다. 단판석묘로부터 나온 돌검은 대부분 검신에 피홈(血溝)이 나 있는 슴베식(有莖式)이거나 자루식(有柄式)인 데 반해 복판석묘로부터 출토되는 것들은 모두 피홈이 없는 것들이다. 돌검의 일반적인 형식분류에 따르면 혈구식이 보다 선행양식으로서 단판석식과 복판석식 사이에 나타나는 선후관계를 미루어 볼 수가 있다.

돌살촉은 그 형식이 매우 다양할 뿐 아니라 각 형식의 시간성이 너무 길어 돌검에서와 같은 형식 서열을 매기는 것이 쉽지가 않고 오직 출토유물의 개괄적인 정황으로 미루어 그 선후관계를 파악할 수 있을 뿐이다.

판석묘로부터 출토되는 돌살촉은 삼각형, 버들잎형(柳葉形), 긴마름모형(長菱形), 슴베식 등이지만 이 가운데 삼각형과 버들잎형은 지금까지 단판석식에서만 나오고 긴마름모형은 복판석묘로부터, 슴베식은 오랫동안 모든 판석묘로부터 출토되고 있다. 이들 돌살촉과 돌검의 성격에 따라 우선 판석묘 가운데 단판석묘가 한 단계 앞선다는 것을 알 수 있다.

한편 할석묘로부터 돌검은 출토된 바 없고 돌살촉으로는 삼각형만이 출토될 뿐 각종 무기와 의기로 이루어진 청동기 일괄유물이 다량으로 나온다. 그러나 판석묘로부터는 청동유물의 출토가 훨씬 드물고 그 종류도 단추와 날개살촉이나 요령식동검 등 한반도의 청동기 가운데 이른 시기에 해당되는 것들만 출토되고 있다.

지금까지 출토유물을 통해 각 돌널무덤의 편년적 성격을 살펴볼 때 대체로 단판석묘→복판석묘→할석묘의 전개과정을 추정할 수 있지만 각 유형의 분포가 특정 지역에 집중되어 있음을 볼 때 시기적인 차이와 함께 강한 지역성도 고려되어야 할 것이다.

이상 돌널무덤의 구조적인 측면과 출토유물의 성격을 통해서 볼 때 그 시대적 편년은 대략 한반도에서의 청동기문화와 궤를 함께 한 것으로 생각된다. 서북지방의 강계 풍룡동[18]이나 사리원 상매리[19] 등지에서 출토된 단추와 화살촉 등은 우리 나라 청동기 가운데 가장 이른 시기에 나오는 표지적 유물들이고[20] 금강유역의 유적으로부터는 순수 청동기문화의 마지막 양상을 살필 수가 있기 때문이다. 따라서 이들 돌널무덤의 존속기간은 고인돌문화와는 상당 기간 겹치게 되지만 고인돌보다는 적어도 1~2세기 가량 일찍 반도에서 소멸된 것으로 생각된다.

다. 널무덤

한반도 전역에서 고인돌과 돌널무덤이 한창 만들어지고 있을 때 큰 강 유역의 일부지역에서는 새로이 널무덤(木棺墓)이라는 묘제가 등장하게 된다. 당시까지의 무덤 구조가 주로 돌로 이루어진 石墓였다고 한다면 이 때부터 무덤에 본격적으로 나무가 사용되어 이후 역사시대에 이르러서는 무덤의 주요한 재료가 되는 것이다.

널무덤은 기본적으로 땅에 구덩을 파고 널을 안치하는 묘제를 가리키지만 여기에 따로 덧널이 씌워진 덧널무덤(木槨墓)이나 돌무지 시설이 더해진 돌무지널무덤(積石木棺墓)도 모두 이 널무덤의 범주에 포함시킬 수 있을 것이다.

북한에서는 대동강유역, 남부지방에서는 금강·낙동강·형상강, 그리고 영산강유역에서 확인되고 있는 이들 널무덤은 청동기시대의 중기에는 금강유역에서만 초기의 널무덤이 잠시 나타났을 뿐 다른 지역에서는 그러한 예가 아직 조사되지 않고 있다. 청동기시대의 마지막 단계에 이르러 다시 성행하기 시작하여 처음에는 청동제의 유물이 주로 부장되다가 철기류의 등장과 함께 점차 철기의 비중이 커지게 된다. 원삼국에 들어서도 이 묘제는 그대로 계승되지만 부장품들이 대신 철제품 일색으로 바뀌게 되어 이들 널무덤을 통해서 한반도 내에서 초기 금속문화의 추이 과정을 비교적 상세히 살필 수가 있다.

---

18) 有光敎一, 〈平安北道江界郡漁雷面發見の一箱式石棺と其副葬品〉(《考古學雜誌》 31-3, 日本考古學會, 1941), 162~171쪽.

19) 사회과학원 고고학 및 민속학연구소, 〈황해북도 사리원시상매리 석상묘조사보고〉(《고고학자료집》 2, 1958), 41~42쪽.
황기덕, 〈1958년춘하기 어지돈관개공사구역 유적정리간략보고(II)〉(《문화유산》 1959-2), 67~77쪽.

20) 尹武炳, 《韓國青銅器文化硏究》(藝耕産業社, 1991), 92~98쪽.

널무덤은 구덩이를 파고 여기에 시신을 넣은 나무널을 묻는 가장 간단한 무덤 방식으로서 시신만 그대로 묻는 움무덤(土葬墓)과 함께 인류사회에서 가장 오래, 그리고 가장 널리 쓰여진 묘제라고 할 수 있다. 이렇듯 간단한 매장방식 때문에 오랜 시간이 흐르면 널과 시신은 그대로 없어져 버리고 구덩이의 흔적만 남기 때문에 과거에는 이를 구덩무덤(土壙墓)으로 일컬어 왔다.

이 널무덤 가운데에는 널의 겉에 다시 덧널을 씌워 널의 취약한 구조를 보강한 덧널무덤도 있고 널의 둘레에 돌무지를 만들어 보강한 돌무지널무덤도 드물게나마 일부 지역에서 확인되고 있다. 이렇듯 간단한 매장시설 때문에 특별히 계획된 발굴이 아니면 대부분 유물만 수습되기 때문에 이들이 학술적으로 조사된 예는 매우 드문 편이다.

널무덤이 정식으로 조사되어 학술적으로 처음 보고되기는 1950년대 말 강서 태성리유적 조사가 처음이었다고 할 수 있다. 그러나 과거 낙동강·형산강유역, 특히 경주와 대구 등지에서 학술조사를 거치지 않은 채 청동기 일괄유물이 수습된 몇몇 유적들도 조사 과정에서 별다른 유구가 파악되지 않은 것으로 미루어 보아 아마 널무덤이었을 가능성이 큰 것으로 여겨진다.

다만 이들 무덤들이 순수 널무덤인지 덧널무덤인지는 알 수 없으며 지금까지 조사된 몇몇 군집된 유적지에서도 이들이 서로 혼재해 있어 사실상 절대적인 구분의 기준이 모호한 경우가 많다고 할 수 있다. 따라서 불확실한 구조적 유형분류보다는 각 지역별 분포상황을 기준으로 실태를 살펴보는 것이 보다 바람직한 접근방법일 것으로 생각된다.

가) 대동강유역

널무덤에 대한 고고학적인 성격이 밝혀진 것은 1957년 강서 태성리유적에[21] 대한 집중적인 조사가 행해지면서부터이다. 이 곳은 해발 25m의 길게 뻗어내린 구릉지대로서 동쪽으로 면한 비탈지에서 모두 12기의 널무덤이 조사되었다. 대부분 긴축을 남-북으로 둔 장방형의 구덩이를 파고 여기에 널을 묻은 것들이지만 이러한 시설물 없이 그대로 시신만을 묻은 것(8, 9호)도

21) 사회과학원 고고학 및 민속학연구소,《태성리고분군 발굴보고》(유적발굴보고 5, 1959), 11~59쪽.

있었다. 7기는 홑무덤(單葬墓)이고 나머지 5기는 남녀를 함께 묻은 어울무덤(合葬墓)이었는데 이 가운데 1기는 두 개의 서로 다른 구덩이를 한 봉토로 덮은 것이었다.

여기에서는 청동기와 철기가 함께 출토되지만 청동유물이 보다 많이 부장되어 있어 철기로의 이행과정을 파악할 수가 있었다. 특히 몇몇 철검류들은 여기에서 반출된 동검과 형태상 매우 흡사하여 동검에서 철검으로 바뀌어가는 모습을 뚜렷이 보여주고 있다. 더욱이 여기에서는 철제의 장검과 같은 매우 발달된 유물까지 출토되어 우리 나라 청동기시대 최말기인 기원 직전에 이루어진 유적으로 추정된다.

은율 운성리유적[22]에서는 1954년 이래 5차에 걸친 발굴을 통해서 5기의 널무덤을 포함해 모두 16기의 무덤이 조사되었다. 널무덤에는 덧널이 있는 것과 없는 것으로 나눌 수가 있었는데 덧널무덤의 발달된 짜임새와 출토유물의 성격을 통해 널무덤이 덧널무덤보다 이른 시기의 것임을 알 수 있었다.

이 밖에 황해도의 은파 갈현리,[23] 봉산 당촌,[24] 평양 정백동 夫租薉君墓[25]와 高常賢墓[26] 등은 서북지방에 조사된 대표적인 널무덤들로서 여기에서는 철기류와 함께 한반도 청동기문화의 마지막 단계의 유물들이 출토되어 그 시기적 배경을 보여주고 있다.

나) 금강유역

지금까지 금강유역에서 발굴 확인된 청동기시대의 널무덤유적으로는 공주 남산리가[27] 유일한 곳인데 이는 동시에 우리 나라의 널무덤 연구에서 빼놓

---

22) 리순진, 〈운성리유적 발굴보고〉(《고고학자료집》 4, 1974), 220~27쪽.
23) 사회과학원 고고학 및 민속학연구소, 〈황해북도은파군갈현리하석동 토광묘유적조사보고〉(《고고학자료집》 2, 1959), 30~35쪽.
24) 황기덕, 〈1958년춘하기 어지돈지구관개공사구역 유적정리간략보고(1)〉(《문화유산》 1959-1), 47~48쪽.
25) 리순진, 〈부조예군무덤 발굴보고〉(《고고학자료집》 4, 1974), 183~191쪽.
26) 金廷鶴, 〈韓國青銅器文化の源流と發展〉(《韓國の考古學》, 東京 ; 河出書房新社, 1972), 123~124쪽.
27) 尹武炳, 〈公州郡 灘川面 南山里 先史墳墓群〉(《三佛金元龍教授停年退任紀念論叢》 I, 一志社, 1987), 45~72쪽.

을 수 없는 중요한 유적이기도 하다. 지금까지 일반적으로 널무덤이라는 묘제의 발생을 청동기시대의 말기쯤으로 보아 왔으나 이른바 松菊里式土器 문화권에 속하는 이 지역에서 그보다 상당 기간 앞서는 것으로 보이는 유적이 나타났기 때문이다.

1971년에 발굴 조사된 남산리유적에서는 모두 3구역에서 돌널무덤, 독무덤과 함께 모두 24기의 청동기시대 널무덤이 발굴 조사되었다. 24기의 널무덤 가운데 8기는 벽면의 중간에 턱이 져 2단으로 이루어져 있고 무덤 바닥에 얕은 구덩이가 패여 있는 것도 있었다.

둘레의 독널과 출토유물의 성격을 통해 이들 널무덤들을 기원전 5세기경의 송국리 시기로 보면 이 유적이 지금까지 한반도에서 조사된 널무덤유적 가운데 가장 이른 시기의 것으로 간주될 수 있을 것이다. 이는 같은 곳에서 조사된 독무덤에서도 마찬가지 양상을 보여주고 있다.

다) 낙동강·형산강유역

이 지역에서 고인돌문화가 소멸되면서 그 뒤를 이어 새로이 널무덤이 등장하게 되는데 지금까지 확인된 유적은 주로 경주와 대구지방에 편중되어 있는 편이다. 이 지역에서의 초기 널무덤으로 보이는 유적에서는 극소수의 철제품을 빼고는 대부분 청동제의 유물만 출토되고 있다. 그러다가 다음 단계에 이르면 점차 철기류의 비중이 커지며 다음 원삼국기의 널무덤에 이르러서는 철제품이 주류를 이루어 널무덤을 통해 이 지역에서의 초기 금속문화의 추이 과정을 엿볼 수 있다.

이 지방에서 이들 널무덤에 대한 구조적 성격이 어렴풋이나마 밝혀지기는 1951년 경주 구정동유적[28]에서 청동기·철기의 일괄유물이 수습되면서부터이다. 그러나 이들에 대한 보다 구체적인 실상이 학술적 발굴을 통해서 구명되기는 1970년대 말에 이루어진 경주 조양동유적[29] 발굴에서 비롯되었다고 할 수 있다. 이 발굴을 통해서 그 때까지 출토 유구의 성격이 불분명한 상태

28) 金元龍, 〈慶州 九政里 出土 金石併用期遺物에 對하여〉(《歷史學報》 1, 1952), 3~14쪽.

29) 崔鍾圭, 〈慶州市朝陽洞遺蹟發掘調査概要とその成果〉(《古代文化》 35-8, 1983).

로 수습되었던 청동기와 철기 일괄유물들이 대부분 여기에서와 같은 널무덤으로부터 나온 것들임을 짐작하게 되었다.

경주지방의 대표적인 유적으로는 앞서 구정동·조양동 외에도 죽동리[30]·입실리[31]와 영천 어은동유적[32]을 들 수 있다. 이 가운데 죽동리·입실리와 조양동의 초기무덤 등 비교적 이른 시기의 유적은 주로 경주의 남쪽 지역에 지중된 양상을 보이는데 출토유물의 성격으로 보아 대략 기원전 2세기 말에서 1세기에 걸쳐 이루어진 것으로 생각된다. 이어서 조성된 것으로 보이는 어은동유적에서는 중국식거울 등이 나온 것으로 보아 앞의 유적보다는 한 단계 늦은 서기 1세기경으로 추정된다.

대구지방의 만촌동유적[33] 등지에서 수습된 청동기 일괄유물들도 성격상 널무덤 출토로 추측되지만 이 지역에서는 아직껏 뚜렷한 유구가 확인된 바 없다.

1988년에 이루어진 창원 다호리[34]에서의 유적조사는 지금까지 막연하게 추측만으로 논의되어 오던 널무덤의 실체를 선명하게 드러내준 역사적인 발굴이었다. 구덩을 깊이 파내고 묻은 널은 지금까지 미루어 짐작해 온 네모난 모양이 것이 아니고 굵은 원통형의 통나무를 반으로 켠 다음 속을 구유처럼 파내어 널과 뚜껑을 만든 것이었다(〈그림 4〉). 널 밑의 구덩바닥에는 다시 허리구덩이(腰坑)가 이루어지고 여기에는 갖가지 유물이 차곡차곡 담겨진 부장품 바구니가 묻혀 있었다. 옻칠한 나무칼집에 들어있던 동검을 비롯한 청동제의 창(鉾)·종방울(鐸)·거울·五銖錢과 철제의 창·도끼(斧), 그리고 보존상태가 양호한 목기류 등은 이 시대의 종말기에 이루어진 널무덤의 실상을 생생하게 보여주었다.

---

30) 韓炳三, 〈月城竹東里出土 靑銅器一括遺物〉(《三佛金元龍敎授停年退任紀念論叢》 I), 103~120쪽.

31) 朝鮮總督府, 《大正十一年度古蹟調査報告》 2(1925), 30~73쪽.

32) 朝鮮總督府, 위의 책, 3~29쪽,

33) 金載元·尹武炳, 〈大邱 晩村洞 出土의 銅戈·銅劍〉(《震檀學報》 29·30, 1966), 463~469쪽.

34) 李健茂 외, 〈義倉 茶戶里遺蹟 發掘進展報告(I)〉(《考古學誌》 1, 韓國考古美術研究所, 1989), 5~174쪽.

〈그림 4〉 창원 다호리 1호 널무덤

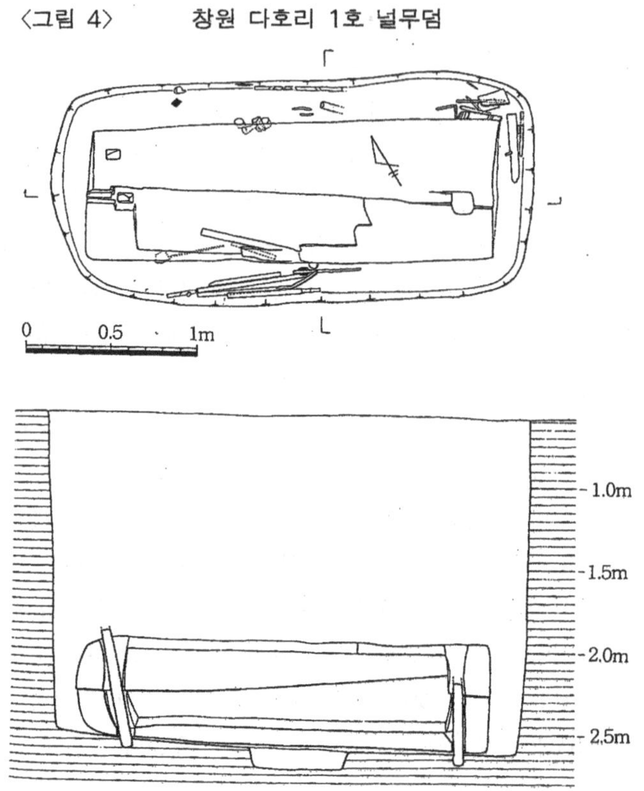

라) 영산강유역

널무덤은 구덩이를 파내고 여기에 널을 묻는 간단한 매장 방식이지만 영산강유역에 분포하는 일부 널무덤에서는 널 위에 돌무지를 쌓아 매장부를 보강시키는 특수한 장법이 나타나고 있다. 구체적으로는 돌무지널무덤(積石木棺墓)이라 할 수 있는 이 유적은 그 예가 드물어 이 지방에서는 和順 大谷里[35]와 咸平 草浦里[36]의 두 군데에서만 조사가 이루어졌다. 조사된 예가 드물기는 하지만 출토된 청동기 일괄유물의 중요성에 비추어 이들이 한반도의

35) 趙由典, 〈全南和順 靑銅遺物一括 出土遺蹟〉(《尹武炳博士回甲紀念論叢》, 通川文化社, 1984), 67~103쪽.

36) 李健茂·徐聲勳, 《咸平草浦里遺蹟》(國立光州博物館·전라남도 함평군, 1988).

청동기문화 연구에서 차지하는 비중은 매우 높다고 할 수 있다.

이 두 유적 모두가 주민들에 의해 유구의 상당부분이 파헤쳐진 뒤에 수습조사가 이루어져 정확한 구조적 성격을 파악할 수는 없었지만 드러난 널의 흔적과 수거된 막돌들로 보아 널 위에는 상당한 규모의 돌무지가 이루어졌던 것으로 생각된다.

대곡리유적은 부식된 암반을 파내고 중간에서 넓은 턱을 만들어 단을 이룬 동-서로 긴 네모난 구덩이의 널무덤이었다. 구덩이의 밑바닥에는 진흙을 깔고 그 가장자리에는 군데군데 막돌이 채워져 있었으며 바닥의 동편에서 창원 다호리의 통나무 널과 비슷한 두꺼운 널조각이 수습되었다. 여기에서는 동검 3점을 비롯하여 잔무늬거울(精文鏡) 2점, 여덟가지방울(八珠鈴)과 쌍가지방울(雙頭鈴) 각 2점, 새기개(銅鉇)와 도끼가 각 1점씩 출토되었다.

초포리유적도 부식된 암반을 파서 만든 무덤이지만 대곡리에서처럼 벽 중간에 단이 이루어지지 않고 대신 아래로 내려가면서 점차 좁아드는 모습이었다. 남-북으로 긴 네모난 구덩이였으나 남쪽이 약간 넓어져 전체적으로 頭寬足狹의 형태를 갖추었다. 구덩이 안에는 크고 작은 막돌이 채워져 있었으며 바닥에서 널의 흔적으로 생각되는 검게 썩은 부식토가 드러났다.

여기에서는 앞서 대곡리에서 출토된 바 있는 동검·거울·도끼·새기개·쌍가지방울 외에도 검자루끝장식(劍把頭飾)과 중국식동검(桃氏劍), 투겁창(鉾), 꺾창(戈), 갖가지 방울 등 보다 다양한 청동기들이 출토되었다.

이로써 영산강지역의 돌무지널무덤에서 출토된 다양한 유물들은 우리 나라 청동기문화의 최절정기에 제작된 것임을 알 수 있고 이들 문화는 바로 기원전 3~2세기경 이 지역에서 특수한 널무덤을 만들었던 주민들에 의해 이루어진 것임을 알 수 있다.

라. 독무덤

독무덤은 시신, 또는 유골을 독이나 항아리에 넣어 땅 속에 매장하는 장법으로서 우리 나라에서는 청동기시대에 처음 나타나 원삼국기를 거쳐 삼국시대에 이르기까지 오랫동안 계속된 묘제이다. 한반도에서 최초의 독무덤 분포지라고 할 수 있는 금강유역의 유적에서는 바닥에 구멍을 뚫고 곧추 세운

(直立) 항아리에 돌뚜껑을 씌운 외독무덤(單甕式)이 발굴되었다. 그러나 그 뒤로는 이음독무덤(合口式)이 주류를 이루며 드물게나마 세 개의 독을 이어 맞춘 三甕式도 나타나고 있다.

한반도에서의 독무덤은 앞서 금강유역에서와 같은 비교적 이른 시기의 것을 빼고는 대부분 청동기문화가 쇠퇴하고 철기문화가 본격적으로 시작되면서 이룩된 묘제로 생각된다.

그 분포는 앞서 널무덤에서와 비슷한 양상을 보이는데 이들 두 종류의 서로 다른 묘제가 같은 지역에서 비슷한 시기에 이루어졌던 것으로 믿어진다. 실제로 몇몇 유적에서는 이들 무덤이 한 지역에 섞여 있어 그러한 상황을 말해주고 있다.

강서 태성리와[37] 은율 운성리[38]에서는 각각 5기의 독무덤이 주변의 널무덤 등 다른 종류의 무덤들과 함께 조사가 이루어졌다. 지표에는 봉토의 흔적이 남아 있지 않았으나 모두 두 개의 독이나 항아리로 이어진 이음독널이었다. 여기에서 별다른 유물은 출토되지 않았으나 花盆形土器와 같은 독널로 쓰인 토기의 성격 등으로 미루어 보아 그 시기는 대략 기원전 2세기에서 기원후 1세기 사이, 즉 한반도 청동기시대의 마지막 단계에 이루어진 어린아이 무덤으로 추정되었다.

이 밖에 황해도의 안악 복사리[39]와 신천 명사리[40] 등지에서도 독무덤들이 널무덤 등과 함께 조사된 바 있으나 그 성격은 앞서 이 지역에서의 다른 독무덤들과 비슷한 것으로 여겨진다.

금강유역에서는 부여 송국리유적에서[41] 1기가 조사되었고 공주 남산리에서도[42] 송국리식토기를 사용한 독널 3기가 발굴되었다. 이들 독널은 둥그렇게 구덩이를 파내고 그 안에 크기와 모양이 똑같은 토기를 세워 묻었는데 바닥에는 지름 3㎝ 가량의 구멍을 뚫었고 위에는 돌뚜껑(石蓋)을 씌웠다.

---

37) 사회과학원 고고학 및 민속학연구소, 앞의 책(1959a), 70~76쪽.
38) 리순진, 앞의 글(1974a).
39) 전주농, 〈복사리망암동 토광무덤과 독무덤〉(《고고학자료집》 3, 1963), 91~101쪽.
40) 도유호, 〈신천명사리에서 드러난 고조선 독널에 대하여〉(《문화유산》 1962-3).
41) 姜仁求 외, 《松菊里》 Ⅰ(국립박물관 고적조사보고 11, 1979), 97쪽.
42) 尹武炳, 앞의 글(1987).

남산리의 독무덤들은 둘레에 퍼져 있는 널무덤의 사이사이에 이루어져 있었다. 그 시기도 널무덤과 마찬가지 송국리시기에 해당되는 기원전 5세기경으로 지금까지 조사된 독무덤유적 가운데 가장 이른 시기에 해당된다고 할 수 있다.

영산강유역에서 조사된 독무덤유적으로 光州 新昌洞유적[43]을 들 수 있다. 구릉상의 대지에 넓게 이루어진 무덤들 가운데 53기를 발굴하였는데 외독널과 삼옹식 각 1기를 빼고는 모두가 이음독널이었다. 독널의 크기는 60~70㎝가 가장 많았으나 45㎝의 작은 것도 있었고 가장 큰 것은 130㎝에 이르며 대부분 동-서로 길게 묻혀 있었다. 이처럼 크기가 다양한 것으로 보아 이들 무덤은 성인용의 洗骨葬이라기보다는 어린이를 위한 매장시설로 믿어진다.

부장품으로는 후기 민무늬토기에 해당되는 단지와 목항아리 외에 쇠조각 1점이 출토되었고 둘레에서는 청동제의 칼자루끝장식(劍把頭飾)과 돌도끼·돌살촉·숫돌·쇠조각들이 채집됨으로써 이 유적이 청동기시대의 최말기인 기원 전후에 이루어진 것임을 알 수 있었다. 이러한 독무덤의 전통 위에서 그 뒤 원삼국기 말에 이르러 활발히 이루어진 이 지역 특유의 큰독널문화가 성립되었다고 할 수 있을 것이다.[44]

낙동강유역에서 이 시기의 대표적 독무덤유적으로는 김해 회현동[45]과 지내동유적[46]을 들 수 있다. 회현리의 독무덤은 이 곳 조개더미의 동쪽 정상부 둘레에서 고인돌·돌널무덤·움집터와 함께 3기가 조사되었다. 이들은 모두 이음독널로서 이 가운데 3호 독널의 아가리 이음새 밑에서 碧玉製의 대롱옥 2점과 한국식동검 2점, 새기개 8점이 출토되었다. 독널은 일본 야요이(彌生)시대의 전기 말쯤에 나타나는 것과 흡사하여 조개무지의 생성연대보다 다소 이른 기원 전후에 이루어진 유적으로 생각된다.

지내동의 독널은 황갈색의 후기 민무늬토기와 회청색연질토기를 맞물린 이음독널인데 바로 옆에서는 일본 규슈지방에서 흔히 나오는 야요이식의 붉

43) 金元龍, 《新昌洞甕棺墓地》(서울大 考古人類學叢刊 1, 1964).
44) 池健吉, 〈先史時代篇-總說〉(《全羅南道誌》 2, 全羅南道誌編纂委員會, 1993), 22쪽.
45) 榧本杜人, 〈金海貝塚の甕棺と箱式石棺〉(《朝鮮の考古學》, 京都 ; 同朋舍, 1980), 68~84쪽.
46) 沈奉謹, 〈金海 池內洞 甕棺墓〉(《韓國考古學報》 12, 1982), 89~99쪽.

온간토기(紅陶)가 출토되어 당시 한·일간에 이루어진 교류관계를 밝혀주는 중요한 자료가 되고 있다.

낙동강 하류지방을 중심으로 기원 전후해서 이루어진 이들 독무덤의 전통은 이후 원삼국기를 거쳐 삼국시대까지도 계속된다. 그러나 삼국시대에 이르면 독립된 무덤으로서보다는 딸린무덤(陪塚)으로서 일부 지역에서만 근근히 그 명맥을 유지해 나갔다.

〈池健吉〉

3) 청동기시대의 유물

(1) 토 기

우리 나라 청동기시대의 대표적 토기는 無文土器이다. 그러나 이 무문토기는 청동기가 사용되기 전부터 출현하여 청동기를 수용하고, 나아가 철기가 들어올 때까지 사용된 토기이다. 따라서 청동기시대에만 국한되는 무문토기를 설명하기에는 어려움이 따른다. 즉 무문토기 문화인이 청동기를 수용하고 나아가 철기를 수용한 것이다. 이에 지역성과 시기성을 참작하여 유형별로 고찰하고자 한다.

가. 서북지방

가) 팽이형토기

신석기 후기 한반도 서북지방에 중국 농경문화와 함께 黑陶가 들어와 기존의 櫛文土器를 변화시키면서 형성된 것이 팽이형토기이다. 팽이형토기의 형태는 아가리를 밖으로 말아서 겹싼 二重口緣이고, 밑바닥은 좁은 平底로 굽처럼 만들었으며 약간 배가 부르다. 전체적으로 팽이모양을 하고 있으며 평면에 세워 놓을 수 없을 만큼 밑바닥이 뾰족하고 좁은 것이 특징이다(〈그림 1-①〉).

胎土는 진흙에 모래와 滑石 혹은 石綿가루를 섞은 것이 많으며 손으로 빚어 만들었다. 갈색을 띠고 있는 것이 보통이나 더러는 흑색 또는 흑갈색도 있다. 크기는 높이 20~30cm, 아가리 직경 10~30cm가 보통이나 높이 50cm

에 이르는 것도 있다.

팽이형토기는 청천강유역 · 대동강유역 · 황해도지방에 분포되어 있는데, 대부분 주거지에서 출토되지만 지석묘에서 출토되기도 한다. 이 팽이형토기는 후대로 내려오면서 말아 겹씌운 이중구연부가 얇아지거나 사선을 그어 이중구연처럼 표시하기도 하고, 밑바닥이 조금 넓어지기도 하였다. 또 목이 달린 壺形도 함께 출토되는데 이렇게 변화 발전한 형태를 북한에서는 변형팽이형토기라고 한다.

〈그림 1〉 서북지방의 토기

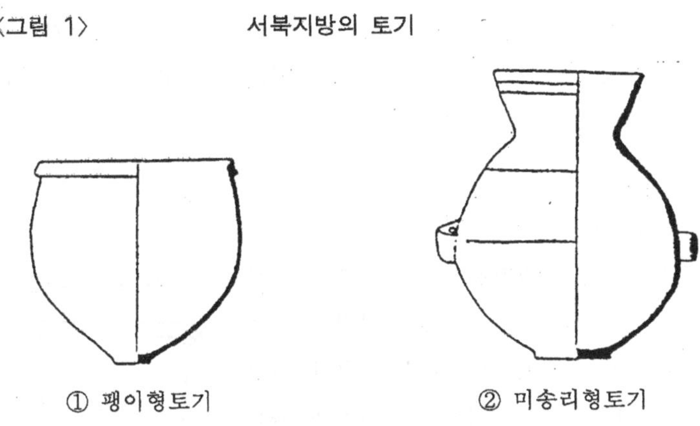

① 팽이형토기 ② 미송리형토기

나) 미송리형토기

평안북도 의주군 미송리유적에서 처음 발견되어 美松里形土器라 부르게 되었다. 미송리형토기의 형태는 밖으로 벌어진 긴 목을 가진 항아리인데, 몸체 중간에 띠를 말아 붙인 것 같은 한 쌍의 손잡이를 붙였고, 입술부분과 몸체에 횡으로 2~3개의 선을 돌려 놓았다(〈그림 1〉-②). 줄무늬는 없는 것도 많이 있고 손잡이도 띠말이가 아닌 꼭지모양의 돌기로 된 것도 있다. 이외에도 바닥이 약간 들린 굽의 형태를 한 것도 있다.

미송리형토기는 압록강 하류유역의 용천군 신암리유적 제2문화층 주거지와 영변군 세죽리 주거지, 그리고 개천군 묵방리 지석묘에서도 출토하였는데, 신암리토기는 목이 벌어지거나 직립한 것이 미송리토기와 조금 다르고, 몸체에 횡선 · 종선 · 점선 · 번개무늬 등의 문양이 많다. 묵방리 출토품도 이와 유사하다. 또 遼東의 崗上 石棺墓에서도 미송리토기와 똑같은 형태의 것이 있고, 비교적 배가 부르고 밑이 넓은 안정감을 주는 항아리들도 있다.

미송리형토기는 팽이형토기가 중국으로부터 들어오는 여러 형태의 토기에 영향을 받아 변화를 일으키면서 지역적 특성을 띠게 된 것이라 할 수 있다. 팽이형토기의 변화는 강계시 공귀리유적 출토품에서 이미 나타나고 있다. 즉 짧지만 외반하는 목이 있고, 세로 띠처럼 붙인 손잡이가 있으며, 밑이 넓고 몸체에 비해 키가 큰 것이 초기 팽이형토기와 다르다. 그리고 옹형토기도 입술부분이 직선에 이중이 아니며 孔列文을 둘렀고, 몸체에 꼭지형손잡이를 붙였다. 역시 초기 팽이형토기와는 차이가 있다. 결국 팽이형토기가 서서히 변하다가 새로운 형태의 미송리형토기를 형성한 것이라 하겠다. 미송리형토기에는 高杯·鉢 등 다양한 형태의 토기도 있다.

나. 동북지방

가) 화분형토기

花盆形土器는 두만강유역을 중심으로 많이 출토되는 土器群이다. 아가리가 약간 밖으로 꺾이거나 수직이면서 밑바닥은 비교적 넓고 몸체는 직선에 가까운 형태로 오늘날의 화분 형태를 하고 있다. 그러나 모든 토기가 이런 형태만은 아니고 아가리가 약간 오므라지면서 짧은 입술 부위가 밖으로 벌어진 것, 배가 부른 항아리 등 다양하다. 색깔은 갈색을 띠고 있으며 태토에는 모래를 많이 섞었고, 더러 흑갈색을 띠는 것도 있다. 또 입술부위 아래에 구멍을 뚫어 한 줄 돌린 것도 있다(〈그림 2〉).

〈그림 2〉 화분형토기

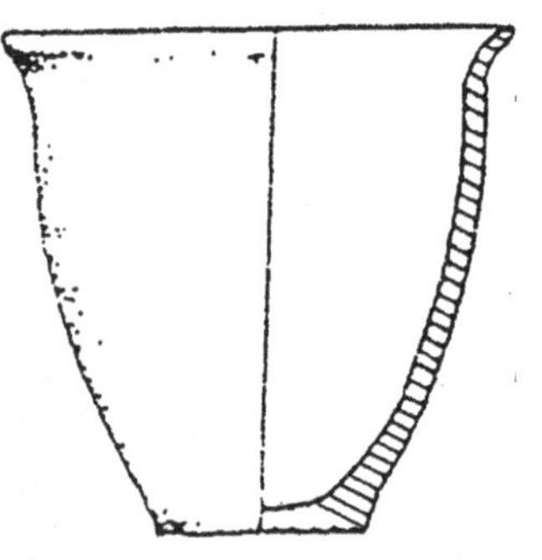

나) 공렬문손잡이토기

함경남도 영흥읍에서 꼭지모양의 손잡이가 달린 직립 구연의 深鉢形土器가 출토하였는데 구연부 밑에 공렬문을 돌렸다. 그 기형은 앞에서 본 강계시 공귀리의 심발형과 똑같다. 이 토기는 이중구연의 팽이형토기 파편들과 고배

·小鉢 등과 함께 출토되었다.

공렬문은 일찍이 두만강유역의 화분형토기에서도 보이는데, 압록강 상류와 함흥평야에서 이러한 새로운 형태의 정형화된 토기로서 출현한 것이다. 이 토기는 팽이형토기의 형태에 화분형토기의 공렬문을 취하면서 밑바닥이 좀 더 넓어져서 안정감을 주는 토기의 형태가 되었다고 보여진다.

다) 적색마연토기

태토는 모래를 섞지 않은 고운 흙이며, 토기 표면을 잘 마연하여 빛나게 하고 산화철을 발라 붉은 색을 내었다. 기형은 목이 안으로 오므라진 평저의 단지·항아리 등이다. 회령 오동, 무산 호곡동, 웅기 서포항, 나진 초도 등 함북지방과 만주 연길지방에 분포되어 있다.

라) 채문토기

평저에 배가 튀어나왔으며 길고 곧은 목을 가진 항아리인데, 몸체 어깨에 지그재그로 덫무늬를 돌리고 흑색의 점선문, 혹은 線文을 그린 것과 U자형의 검은색 무늬를 그린 것 등이 있다. 기형은 중국 채문토기와 유사하고 무늬도 닮았다. 나진 초도유적과 웅기 송평동유적 등에서 출토되었다.

다. 중부지방

가) 가락식토기

可樂式土器는 서울 성동구 가락동 구릉상에 있는 주거유적에서 출토된 토기를 표지로 하는 유형이다. 심발형과 壺形 두 종류의 형태가 있는데 모두 태토에 석영·장석 등의 모래를 섞었으며, 적갈색을 띠고 있는 낮은 火度에서 구운 토기이다.

그 중 심발형토기는 그 형태가 팽이형토기와 비슷한데, 밑바닥이 좀더 넓어 토기를 세워도 안전할 만큼 크고 동체는 팽이형보다 더 직선에 가깝게 뻗어 있으며 직립 구연이다. 이 토기의 가장 특징적인 부분은 구연부로서, 팽이형토기처럼 밖으로 꺾어 접어 2중으로 겹씌웠는데 아주 얇아 단면 실측도를 보면 그 두께가 몸체 부분과 별 차이가 없다. 그리고 접어놓은 입술부분의 너비는 3~4.8cm이며, 접어 붙인 부분이 몸체에 잘 접착되게 하기 위하여 접착부위를 꼭꼭 눌러놓은 자국이 있다(〈그림 3〉-①).

〈그림 3〉 중부지방의 토기

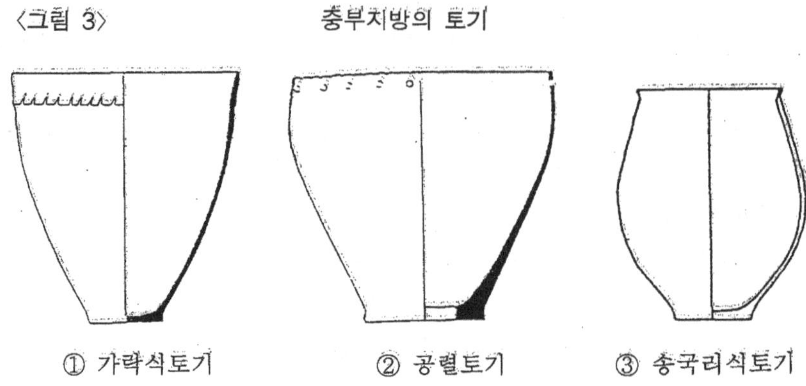

① 가락식토기 ② 공렬토기 ③ 송국리식토기

가락식토기에는 아직 소형이 많이 나타나지 않는다. 강화도에서 팽이형토기의 파편들이 발견된 예는 있으나, 그 외 중부지방에서는 이 가락식토기가 무문토기의 가장 이른 시기의 형태로 판단되고 있다. 흔암리유적 7호 주거지에서도 유사한 토기가 출토되었다. 가락식토기는 북한계 팽이형토기의 발전형이라 생각되며, 따라서 시기적으로 후대에 속한다고 하겠다.

나) 공렬토기

경기도 파주군 옥석리, 서울 강남구 역삼동, 경기도 여주군 흔암리, 하남시 미사리 등 중부지방 주거유적에서 많이 출토되는 토기이다.

가락식토기와 유사한 심발형에 직립된 구연부를 이루고 있는데 구연부 밑에 일정한 간격으로 직경 5mm 정도의 작은 구멍을 둘러 무늬처럼 한 것에서 이름지어졌다. 이 구멍은 토기 안쪽에서 밖으로 뚫었는데 완전히 뚫리지 않은 것도 상당히 있어 구멍 자체가 토기의 용도와 관계가 있기보다는 무늬의 역할을 한 것으로 생각된다. 그리고 어떤 것은 구연부 첨단에 역시 일정한 간격으로 꾹꾹 찍어서 刻目文을 넣은 것도 있다. 요컨대 이 토기는 심발형에 口脣刻目·공렬문을 한 것이 그 특징이라 하겠다(〈그림 3〉-②).

이 토기는 목이 길고 배가 부른 호형토기와 小形鉢·高杯·紅陶 등 다양한 토기와 반출하고 있으며, 반출 석기도 다양하다.

앞에서도 보았거니와 공렬문은 두만강유역의 화분형토기와 압록강유역의 공귀리에서도 보인다. 이들과 한강유역 공렬토기를 비교하여 보면 함남 영흥읍에서 출토한 공렬토기와 가장 유사하다. 한강유역 공렬토기는 함흥평야 지방에서 발달한 공귀리식토기가 한강 상류로 들어와 중부지방에서 가락토기와 만나 역삼동식의 공렬토기로 정형화한 것 같다.

특히 공렬토기 출토 주거지의 탄소연대를 보면 옥석리는 2590±105B.P.(기원전 640년 전후), 흔암리 7호 주거지는 2520±220B.P.(기원전 570년 전후) 등으로 측정되어 편년에 중요한 기준이 되고 있다.

공렬토기는 영남지역 전역과 호남지방 섬진강유역에서 발견되고 제주도에서도 출토한다. 이는 한강유역 하류지방에서 남한강을 따라 충북지방을 지나 낙동강 상류지역으로 전파되고, 다시 강을 따라 영남지역 전역에 확산되었으며 해안을 돌아 섬진강유역에까지 이른 것이다.

다) 송국리식토기

충남 부여군 초촌면 송국리 주거지에서 처음 발견된 토기이다. 넓은 평저에 배가 불룩하고 구연부가 外反한 甕形土器인데, 태토는 진흙에 石英·長石粒을 섞었다. 색깔은 황갈색 혹은 회갈색을 띠고 있으며 無文이다(〈그림 3〉-③). 토기의 질은 한강유역의 공렬토기와 유사하나 다만 기형이 특이하다. 크기는 높이 20cm 전후의 소형에서 높이 50cm 전후의 대형도 있다.

요컨대 이 토기의 특징은 넓은 평저와 짧고 외반한 구연부라 하겠으며, 이 특성이 가락식토기나 공렬토기와는 계통이나 시간적 차이를 느끼게 하는 점이라 하겠다. 반출하는 토기로는 발형·심발형·잔·홍도 등이 있으며, 석기로는 半月形石刀·石劍·石鏃·有溝石斧·環狀石斧 등이 있는데 반월형석도 중에는 三角形石刀에 가까운 것도 있다.

송국리식토기는 가락식토기와 공렬토기 다음 시기에 등장한 것으로 보아 무문토기 中期의 토기로 편년된다. 器形의 발달이나 器種의 다양함, 그리고 반출 유물들의 성격을 보아도 역시 공렬토기 이후에 속하는 것임을 알 수 있다.

송국리식토기는 전남 영암군 장천리, 승주군 대곡리 등 호남지방 전역에서 출토하며, 경남 거창군 대야리를 비롯한 영남지방에서도 널리 보이고 있다. 또한 공주 남산리와 송학리에서도 옹관으로 사용한 송국리식토기가 출토되었다. 이로써 송국리식토기는 널리 분포되어 있고 다양한 용도로 쓰여졌음을 알 수 있다.

라. 홍 도

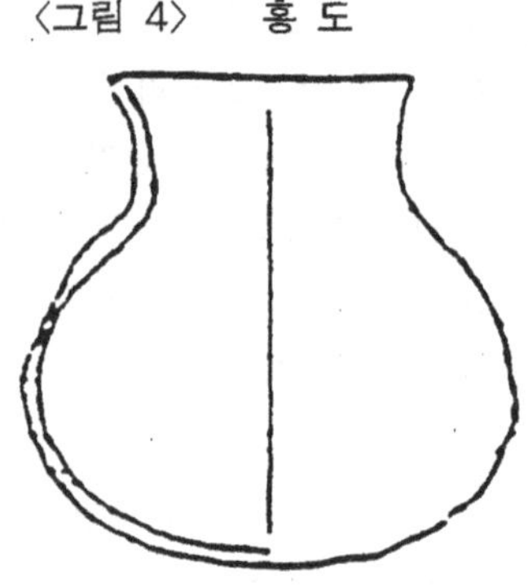
〈그림 4〉 홍 도

丹塗磨硏土器라고도 불리는 홍도는 중국 채색토기가 들어와 변화된 토기이다. 고운 흙으로 만들어 표면에 산화철을 바르고 문질러서 구운 것으로 붉은 색을 띨 뿐만 아니라 빛이 난다. 그 형태는 둥근 바닥에 목이 길며 구연부가 외반한 단지가 주된 형태이다(〈그림 4〉). 동북지방과 중부·남부지방 전역의 지석묘, 석관묘 등 무덤에서 많이 출토된다. 그런데 최근에는 주거지에서도 출토되는 예가 늘어나고 있는데, 주거지에서는 抹角平底로 된 것과 平底鉢 등도 함께 출토되었다.

마. 흑 도

중국 戰國時代에 혼란을 피해 이동한 주민들에 의하여 철기문명이 들어오면서 그 자극으로 우리 나라의 청동기문화 사회는 크게 변화되었다. 철기를 점차 생활공구나 농경도구로 사용하면서 전통적인 청동기를 발전시켜 세형동검 등 새로운 무기를 만들고 다뉴세문경·방울 등 화려한 儀器를 만들었다. 이 때부터 토기 제작에도 새로운 기술이 전해진 것 같다. 즉 지금까지 露天窯에서 구운 갈색토기만을 만들던 것이 밀폐된 요를 사용하여 器面에 탄소를 주입시킨 黑陶를 만들게 되었고, 그 모양과 종류도 다양하게 되었다. 이 때의 토기는 그 기형이나 특징에 따라 여러 명칭이 붙게 되었으나, 실제 이 토기들의 공통된 특징적 요소는 탄소를 주입한 흑색토기라는 점이라 할 수 있겠다. 태토는 모래가 비교적 적고 정선되었으며 火度도 높아서 종래 무문토기에 비하여 단단하다. 이 토기문화 시기는 대개 기원전 300~1년까지로 볼 수 있고 최근에는 初期鐵器時代라고도 시기구분을 하고 있다. 흑도와 함께 다음의 여러 종류 토기들이 한반도 전역의 주거지·석관묘·토광묘 등에서 함께, 혹은 별도로 출토되었다.

突帶土器 : 흔히 粘土帶土器라고도 한다. 구연부에 단면 원형의 띠를 돌리고 굽이 달렸으며 배가 처진 발형토기이다. 회흑색을 띠는 것이 보통이나 부분적으로 까맣게 되어 있고 깨어진 조각을 보면 태토 내부 역시 까맣게 되

어 있어 구울 때 흑색을 띠도록 탄소를 주입시킨 것으로 판단된다. 주거지에서 많이 나오고 무덤에서 長頸壺와 함께 나오는 경우도 많다. 일본 키타규슈(北九州)지방에서도 발견된다(〈그림 5〉-①).

〈그림 5〉 흑도의 종류

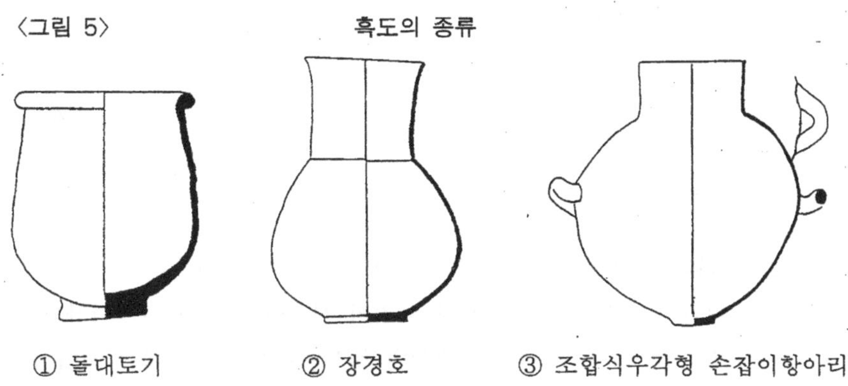

① 돌대토기 ② 장경호 ③ 조합식우각형 손잡이항아리

長頸壺: 黑色磨硏土器라고도 부른다. 목이 길고 몸체가 둥근 조그마한 항아리인데, 표면이 잘 마연되어 있어 까만색으로 빛이 난다. 대전 괴정동 석곽묘에서 완형이 발견된 이후 석관묘·토광묘에서 청동기와 함께 자주 출토되는 토기이다. 완형은 아니지만 돌대토기와 함께 주거유적 등에서 전국적으로 출토하고 있다. 흑색마연이 가장 잘 된 상태의 것은 고분에서 발견되므로, 대개 이 장경호만을 黑陶라고 부르고 있다(〈그림 5〉-②).

組合式牛角形손잡이항아리: 짧고 좁은 목을 가진 항아리로 몸체에 두개의 粘土棒을 맞붙여 소뿔처럼 된 손잡이를 한 쌍 붙인 것이다. 이 손잡이는 굵게 만들면 굽는 과정에서 깨어지기 때문에 가는 토봉을 조합하여 만든 것으로 생각된다. 점차 기술이 발달하면서 굵게 우각형을 만들어 붙이기도 한다. 양주군 수석리 주거지에서 처음 발견되었으나 지상 채집으로는 한강 유역에서도 일찍부터 알려진 토기이며 주거지에서 많이 출토된다(〈그림 5〉-③).

高杯: 豆라고도 하는데 圓錐形의 높은 굽이 달린, 오늘날 祭器 모양의 토기이다. 고배는 중국 채도나 흑도에서 나타나고 우리 나라 무문토기 가운데에서도 간혹 나타나는 모양으로 흑도 유적에서 많이 출토된다. 아마 흑도기에 와서 생활용으로 일반화되었던 것 같다. 고분에서는 출토된 예가 없고 주로 주거유적으로 생각되는 산포지 등에서 파편이 많이 채집된다. 또한 이 고배가 출토된 유물 산포지에서는 접시·잔 등 소형 생활용 토기도 함께 출토되고 있다.

〈林炳泰〉

(2) 석 기

청동기시대는 그 명칭에서 알 수 있듯이 청동기가 등장하여 제작, 사용된 시기이다. 따라서 청동기의 등장으로 석기의 사용이 감소되거나 퇴화되었을 것으로 생각할 수 있다. 그러나 한반도의 경우에는 청동기시대에 들어서 마제석기가 본격적으로 제작, 사용되었으며 실생활에서도 석기가 차지하는 비중이 비교적 컸을 것으로 추정된다.

하지만 청동기시대의 석기는 전 단계의 석기와 비교하여 몇 가지 특성을 지니고 있다. 즉 형태가 보다 정연해지고 기능에 따른 형태의 분화가 분명하여 석기의 종류가 다양해졌다고 할 수 있다. 이같은 일반적인 것 외에도 청동기시대의 석기가 가지는 특성과 석기에서 유추되는 청동기시대의 문화상에 대하여 적지 않은 연구가 진행되어 왔다.[1]

여기에서는 먼저 청동기시대의 석기 중 1980년대 중반 이후부터 지금까지 개별 유물에 대한 연구가 진행된 석기, 즉 磨製石劍과 半月形石刀에 대한 연구 성과를 중심으로 살펴보겠다.[2] 그리고 이를 바탕으로 청동기시대 석기 전체에서 파악할 수 있는 특성을 살펴보고 석기 전반에 대한 편년과 연구과제를 알아보겠다.

---

1) 그러나 이 연구는 몇몇 석기를 중심으로 편년과 형식 분류 및 기능에 대하여 이루어지고 있어 석기 전체의 흐름을 파악하려는 시도는 많지 않은 편이다.

2) 1980년대 중반 이전까지의 청동기시대 석기에 대한 연구성과는 국사편찬위원회에서 정리한 바가 있다(國史編纂委員會 編,《韓國史論》13, 1986).

가. 마제석검

石劍은 청동기시대를 대표하는 석기의 하나로 비교적 많은 연구가 이루어지고 있다.[3] 석검에 대하여 이렇게 많은 연구가 이루어진 것은 석기 자체가 독특한 형식을 이루고 있다는 점 외에도 출토유물이 많을 뿐만 아니라 청동기 문화의 기원이나 특성을 밝힐 수 있는 유물이라는 점 때문이다. 하지만 많은 연구가 이루어진 탓으로 磨製石劍의 기원과 그 발생 시기에 대해 다양한 견해가 상충되고 있다. 따라서 현재로서는 마제석검에 대하여 일치된 결론을 내릴 수도 없으며 석검의 기능이나 편년, 공반되는 다른 유물, 특히 석기류와의 상호 관련 등에 대해서는 연구가 거의 진행되지 못한 채 일반론적인 해석에 머무르고 있다.

마제석검의 기원에 대해서는 크게 다원론적인 발생설과 일원론적인 발생설, 그리고 절충적 입장을 취하는 경우로 대별된다. 즉 일원론적인 입장에 있다 하여도 시간의 흐름에 따라 다른 문화요소의 영향을 받아 새로운 형식의 석검이 발생하였다는 견해를 제시하고 있는 경우, 또는 다원론적인 입장에 있더라도 동시에 각종 형식이 발생한 것이 아니라 시차를 두고 각종 형

---

3) 平井尙志, 〈沿海州出土の磨製石劍について－朝鮮出土例との比較と檢討〉(《朝鮮學報》 18, 1961).
有光敎一, 《朝鮮磨製石劍の硏究》(京都大 文學部 考古學叢書 2, 1959).
―――, 〈朝鮮磨製石劍の年代論について〉(《史林》 51－4, 1968).
金元龍, 〈韓國 磨製石劍起源에 關한 一考察〉(《白山學報》 10, 1971).
金良善, 〈再考를 要하는 磨製石劍의 形式分類와 祖形考定의 問題〉(《梅山國學散稿》, 崇田大 博物館, 1972).
甲元眞之, 〈朝鮮半島の有莖式磨製石劍〉(《古代文化》 24－7, 古代學協會, 1972).
―――, 〈朝鮮半島の有柄式磨製石劍〉(《古代文化》 24－9, 1973).
尹德香, 〈韓半島 磨製石劍의 一考察〉(서울대 석사학위논문, 1977).
金英夏, 〈磨製石劍存疑〉(《考古美術》 136·137, 한국미술사학회, 1978).
―――, 〈磨製石劍의 祖形에 關하여〉(《韓國史硏究》 24, 1979).
金昌鎬, 〈有柄式石劍 形式分類試論〉(《歷史敎育論集》 2, 慶北大, 1981).
全榮來, 〈韓國磨製石劍·石鏃編年에 關한 硏究〉(《馬韓·百濟文化》 4·5, 圓光大, 1982).
鄭聖喜, 〈慶南地方 磨製石劍에 關한 硏究〉(동아대 석사학위논문, 1984).
沈奉謹, 〈日本 彌生文化 初期의 磨製石器에 대한 硏究〉(《嶺南考古學》 6, 1989).
李白圭, 〈慶北大 博物館 所藏 磨製石劍, 石鏃〉(《嶺南考古學》 9, 1991).
金仙宇, 〈한국 마제석검의 연구 현황〉(《韓國上古史學報》 16, 1994).

식의 석검이 발생하였다고 보는 경우도 있다. 이같은 혼란은 석검이 형태상 몇 가지로 분명하게 나뉘고 있는 데에 기인한다.

석검의 형식에 대해서 많은 이론이 있지만 기본적으로 有莖式과 有柄式으로 구분하는 데에는 의견이 일치하고 있다. 유경식과 유병식의 구분은 자루의 착장이 검신과 동시에 이루어진 형태이냐 아니냐 하는 것을 기준으로 한다. 유경식은 검신의 아래, 즉 손으로 쥐는 부분이 검신보다 좁아들어 작은 꼬다리를 이루며 끝나는 것이며, 유병식은 검신의 아래부분에 손으로 쥘 수 있는 자루가 마련되어 있는 것이다. 이처럼 석검을 크게 유경식·유병식으로 구분하는 데에는 이견이 없으나 이들을 다시 세분하는 데에서는 의견이 엇갈리는데 이같은 이견은 유병식에서 두드러진 양상을 보인다.

유경식의 경우는 견해 차이가 전혀 없는 것은 아니나 검신에 피홈(血溝)이 있느냐 없느냐를 기준으로 구분하는 것이 보편적이다. 또 이 경우 피홈이 있는 것이 비교적 앞서는 형식이고 없는 것은 피홈이 있는 것에서부터 파생된 것으로 생각하는 것이 일반적이다. 유경식석검의 경우에는 이외에 꼬다리 부분에 있는 에어낸 홈이나 검신의 길이와 폭 등을 중심으로 다시 세분하는 경우도 있다.[4)]

유병식석검의 경우에는 학자에 따라 형식분류의 기준이 다르고 또 나름의 용어를 사용하고 있어 쉽게 설명하기가 힘들다. 그러나 기본적으로 유병식석검을 자루부분의 형태, 즉 자루부분의 중간에 에어낸 홈이 있는 것과 없는 것으로 구분하는 데에는 의견이 일치되고 있다. 이외에 홈이 있는 부분에 홈이 파이지 않고 마디가 형성되어 있는 경우가 있는데 이같은 마디를 분류의

4) 有莖式石劍에 대하여는 피홈을 기준으로 구분하는 외에 꼬다리의 크기와 형태, 검신의 형태에 의하여 세분하는 연구자도 있다. 이들의 견해를 간단히 정리하면 다음과 같다.
金良善은 위의 글에서 꼬다리의 크기에 따라 長莖式과 短莖式으로 구분하고 다시 각각을 피홈(甲元眞之나 金良善의 용어에 의하면 樋)의 유무에 의하여 세분하였으며 다시 장경식 중 검신에 등대가 있는 것을 별도의 형식으로 구분하였다. 따라서 有樋短莖式, 無樋短莖式, 有樋長莖式, 無樋長莖式, 高鎬長莖式으로 구분되는데 이 중 無樋短莖式은 다시 꼬다리의 폭을 기준으로 無樋細短莖式과 無樋廣短莖式으로 세분하고 있다.
한편 全榮來는 꼬다리의 형태 외에 검신의 형태에 주목하여 弧刃平短莖, 長莖, 有溝(孔)莖式으로 구분하고 이외에 有莖有稜式, 有樋有莖式을 설정하였다.

기준으로 하여 다시 구분하는 경우도 있다. 어쨌든 자루부분의 홈을 중심으로 구분할 경우 대체로 홈이 없는 것을 一段柄式, 홈이 있는 것을 二段柄式으로 부르고 있다. 또 마디가 있는 경우에는 이를 有節柄式으로 부르기도 한다. 유병식석검에 대한 구분은 이외에도 몇 가지로 더 나뉘는데 세분의 근거가 되는 것으로는 피홈의 존재 여부, 검신의 형태, 검신과 자루부가 만나는 부분(鐔部)의 형태 등이 있다.5)

한편 석검으로 분류되는 것 중에는 莖이나 柄이 없는 것 등이 있어 無莖無柄式·石槍形·柳葉形·自然柄 등으로 구분하기도 하며 이와는 달리 석창으로 분류하기도 한다.6)

원칙적으로 석검의 형식분류의 기준은 석검에 자루가 있었을 것으로 상정하고 그 자루를 검신과 더불어 동시에 만들었는가 아닌가 하는 것을 중심으로 나누는 데에는 이견이 거의 없으므로 유경식과 유병식으로 우선 구분할 수가 있다. 유병식은 다시 자루부분에 있는 홈의 유무를 기준으로 하여 1단병식(무단병식)과 2단병식(유단병식)으로 나눌 수 있다. 그러나 이같은 구분은 자칫 형식만 분류하는 것으로 자루 제작의 동시성과 자루의 형태가 전체에 주어지는 분류 속성이 아니라는 점에서 여기에서는 단순화하여 유경식·1단병식·2단병식으로 구분하고자 한다.

이렇듯이 연구자에 따라 석검의 분류와 명칭이 상이한 것은 석검에 대한

---

5) 有柄式을 다시 세분하는 몇 가지 견해를 제시하면 다음과 같다.
金良善은 유병식을 설정하지 않고 크게 1단병식과 2단병식으로 나누고 2단병식은 피홈의 유무를 중심으로 유통·무통으로 구분하고, 1단병식은 절의 유무를 기준으로 유절1단병·무절1단병으로 구분하였다(金良善, 위의 글).
甲元眞之는 유병식석검을 2단병식과 1단병식으로 구분하는 외에 마디를 중심으로 구분하여 유병식석검을 크게 3분하고 그들 각각을 다시 피홈을 기준으로 세분하였다(甲元眞之, 앞의 글).
全榮來는 유병식을 크게 有節柄·有段柄·無段柄·棒狀柄·無柄首로 구분하고 유병식 중에 다시 장경과 단경을 구분하였다. 그리고 이외에 鋌을 기준으로 유정유병·무정유병식을 설정하였다(全榮來, 위의 글, 91쪽 참조).

6) 石槍과 石劍의 구분에 대해서는 다음과 같은 연구가 있다.
全榮來, 위의 글.
尹德香, 앞의 글.
崔夢龍 외, 〈驪州 欣岩里 先史聚落址 出土 石器類 II〉(《古文化》26, 한국대학박물관협회, 1985).

연구가 주로 형식분류와 편년에 집중된 데 기인한다. 따라서 석검의 형식과 그에 따른 편년은 밀접한 관계를 가지고 있는데 편년은 기본적으로 석검의 조형에 대한 고찰을 중심으로 연구되고 있다.

석검의 조형에 대해서는 다원론적으로 접근하는 견해와 일원론적으로 파악하려는 연구가 있다. 다원론적인 입장에서는 석검의 조형을 형식에 따라 각기 다른 것으로 파악하고 있다. 즉 유경식을 피홈의 유무와 꼬다리의 길이를 중심으로 5개로 세분하고 다시 그 중 유혈구 단경식을 꼬다리의 폭에 따라 구분한 다음 청동기에서 그 조형을 구하고 있다. 즉 한국식동검(세형동검 또는 조선식동검), 한국식동과(조선식동과), 狹鋒銅鉾에서 조형을 구하고 있다. 또 유병식의 경우 2단병식은 한국식동검 혹은 한국식동과, 1단병식은 중국식동검에서 조형을 구하고 있으며 자연병식은 동 또는 철제 尖頭兵器를 조형으로 상정하였다.[7] 이외에도 다원론적 연구 중에는 유경식과 유병식을 분리하여 전자를 골검, 또는 요령식동검에서 발전된 것으로 파악하고 유병식의 경우는 청동검에서 파생된 것으로 파악하는 견해도 있다.[8]

한편 일원론적 입장에서는 대체로 석검의 조형을 청동검으로 상정하고 있는데 대상이 되는 청동검으로는 한국식동검, 요령식동검, 오르도스동검, 중국식동검 등이 있다. 그러나 한국식동검에서 석검이 파생되었을 것으로 본다면 석검의 발생연대가 한국식동검의 등장 이후가 되므로 기원전 4세기 이후가 된다.[9] 그러나 파주 옥석리 지석묘 아래층에서 조사된 집자리에서 2단병식석검이 출토되었지만, 이 집자리를 방사성 탄소연대로 측정한 결과 기원전 640년대의 것으로 판단되므로 한국식동검을 석검의 조형으로 볼 수는 없을 것이다.[10] 또 한국식동검을 석검의 조형으로 하는 경우 한국식동검에 앞서서 나타나는 요령식동검과 공반하는 석검이 있다는 점에서도 한국식동검을 석검의 조형으로 볼 수는 없다.

요령식동검을 모방하였을 것이라는 견해는 요령식동검이 한국식동검에 선

---

7) 金良善, 앞의 글.
8) 全榮來, 앞의 글.
9) 有光敎一, 앞의 책.
10) 金載元 외, 《韓國支石墓硏究》(국립박물관 고적조사보고 6, 1967).

행하는 것이므로 연대로는 가능성이 있으나 기본적으로 요령식동검과 유사한 석검이 없어 석검의 조형으로 파악하기에는 어려움이 있다. 그러나 요령식동검 후기 형식에서부터 유경식석검이 발생하였을 것이라는 석검 발생의 2원론적인 연구가 있으며 요령식동검의 일부 요소가 특정한 석검 형식, 예컨대 유경식석검의 발생에 어느 정도 영향을 미쳤을 것으로 보는 견해가 있다.11)

또 석검의 조형을 오르도스동검에서 구하는 견해는 동검의 형태가 유병식석검과 유사하다는 점에서 제기되었다. 이 견해는 유병식석검의 발생을 비교적 잘 설명할 수는 있으나 유경식석검의 경우는 유병식석검에서 자연스럽게 파생되었다고 볼 수가 없으며 요령식동검 따위의 또 다른 동검이 제시될 수밖에 없어 결국은 다원론적인 접근이 되었다. 어쨌든 이 견해는 오르도스동검이 한반도 내에서 출토되는 예가 분명히 밝혀지지 않은 점이 문제로 지적될 수가 있다.12)

한편 중국식동검을 조형으로 제시하는 견해는 유경식석검의 경우는 골검이나 북방계 동기에서 발전된 것으로 파악하고, 유병식석검의 경우는 중국의 마디가 있는 동검에서 발전된 것으로 파악하고 있다. 이 연구에 따르면 중국식동검에 가장 충실한 형태를 보이는 유절병식석검이 유병식석검 중 가장 선행하는 형식이 된다. 그리고 이같은 견해는 파주 옥석리에서 출토된 석검이 유절병식이라는 점에서 설득력을 지니는 것 같다.13) 그러나 옥석리 석검에는 검신에 피홈이 있는데 이는 유절병식석검의 조형으로 제시된 중국식동검에서는 찾을 수 없는 요소이다. 따라서 이 피홈은 중국식동검이 아닌 다른 어떤 것에서 영향을 받은 것으로 볼 수밖에 없다. 또 한반도에서 보편적으로 사용된 석검이 한반도에서 많이 출토되지 않으며 지역적으로 한정된 중국 중원계 유물에서부터 발생되었다고 파악하는 것도 현재로서는 의문이 아닐 수 없다.

이처럼 석검의 조형을 주로 청동검이나 청동유물에서 찾으려는 것과 달리

11) 金元龍, 앞의 글.
12) 金元龍, 위의 글.
尹德香, 앞의 글.
13) 全榮來, 앞의 글.

골검을 조형으로 하였을 것이라는 견해가 있으며 이에 대해서는 뒤에 다시 살펴보도록 하겠다.

석검의 편년에 대해서는 이미 살펴본 바와 같이 조형을 어떻게 하는가에 따라 각기 다르게 설정되고 있다. 한편 형식에 따른 석검의 분포 양상은 몇 가지로 정리할 수 있다. 첫째 팽이형토기(角形土器)의 분포지역인 서북한지역에서는 유경식석검이 특징적으로 출토되며, 특히 피홈이 있는 석검의 대부분이 이 지역에서 출토되고 있다. 둘째 한반도의 동북지역, 즉 홍도 및 공렬토기의 발생지역인 함경도지방에서는 석검이 출토되는 예가 없다. 셋째 피홈이 있는 1단병식석검은 출토된 예가 현재까지는 보고된 바가 없다. 넷째 서남지역, 특히 최근 조사가 집중적으로 이루어진 보성강유역의 경우 유병식석검이 대종을 이루고 있으나 유경식석검이 적지 않게 출토되고 있으며 그 형식상 서북한지역의 석검과 유사한 것이 적지 않다. 끝으로 동남지역에서는 병부 끝에 장식이 있는 석검 또는 병부가 극단적으로 옆으로 넓어진 석검이 출토되는 예가 있다.

이같은 석검의 출토양상에서 몇 가지 점을 추론할 수가 있다. 첫째로 각형토기 분포지역인 서북지역과 유사한 유경식석검이 송국리형토기 분포지역인 서남지역에서 출토되는 점이다. 보성강유역의 경우 공렬토기·홍도 등과 더불어 송국리형토기가 출토되며 이는 이 지역이 충남지역을 사이에 두고 동북지역 토기의 영향을 받았음을 의미한다. 그런 한편으로 석검의 경우, 양자간에 유사성이 있으며 지석묘가 서북한과 서남지역에 비교적 집중적으로 분포되어 있는 것과 관련이 있는지도 모른다. 어쨌든 양자간에 관련이 있을 가능성이 있으며 그럴 경우 해로를 통한 문화의 전파나 교류를 상정할 수 있다.

둘째로 동남지역에서 출토되는 병부를 장식하거나 옆으로 크게 넓어지는 석검은 석검의 기능이 실용적인 것만이 아닐 수도 있음을 보여준다. 즉 동남지역의 석검은 석검의 기능이 실용이냐 아니면 의기로서 실용성이 없느냐를 고려하는 데 있어 한 단서를 제공한다. 하지만 이들 석검이 비실용적이고 장식적이라 하여 모든 석검이 의례적인 것이라고 할 수는 없다.

마지막으로 토기문화의 경우 서북한을 제외하고 동북지역과 관련이 있음에도 불구하고 동북지역에서는 석검이 출토되지 않는다. 이 점은 문화가 한두 가지의 요소만 전달되는 것이 아니라 총체적으로 전달될 것이라는 점에서 생각할 때 매우 의문스러운 점이 아닐 수 없다. 이에 대해서는 앞에서 말한 석검의 조형문제와 석검의 기능을 중심으로 생각할 수 있을 것이다.

석검 중에는 위에서 말한 바와 같이 장식적, 의례적인 것이 있다.[14] 그런데 석검 중에는 날 부분에 마모흔이 있는 것이 있으며 석검을 재가공하여 사용한 것, 즉 부러진 검신이나 자루부분을 손질하여 석검 또는 다른 도구로 전용한 것도 있다. 또 집자리 내에서 하나 이상의 석검이 출토되는 예가 있어 실제 생활용구로 사용되었을 것으로 생각된다. 또 의기화된 것의 경우 그 출토유구가 무덤이라는 점에서 집자리에서 출토되는 석검과 구별하여 생각하여야 할 것이다. 무덤에서 출토되는 석검과 집자리에서 출토되는 석검이 형식상 뚜렷이 구별되는 것은 아니며 무덤에서 사용흔이 없는 석검만 출토되는 것도 아니다. 따라서 일부 의기화되거나 퇴화된 예를 제외하고는 의기로서의 석검과 실용품으로서의 석검을 형식에 따라 구분할 수가 없고 개개 석검에 대한 검증을 통하여 사용 여부를 확인할 수밖에 없다. 다만 비교적 시기가 늦은 유적에서 의기로서의 석검이 출토되는 점에서 석검이 후기에 무덤에 부장되는 기능을 위하여 제작되었을 가능성이 있다. 이외에도 집자리에서는 후기에도 여전히 퇴화된 석검이 출토되고 있으며 사용한 흔이 남아 있어 계속 실용품으로 사용된 것으로 추정된다. 따라서 석검은 초기에는 실용품으로 사용되면서 동시에 무덤에 부장되기도 하다가 후기에 들어서 부장품으로서의 석검이 제작되었을 것으로 추정된다. 그리고 그같은 변화는 실용품으로서의 석검이 그 기능을 얼마간 다른 도구에 의하여 대체되는 시기를 전후한 것으로 볼 수 있으며 이는 다른 석기들의 경우에서의 변화와 관련될 것으로 파악된다.

석검 중에 의기적인 것이 있으나 그 본래적인 기능은 실용품이라 할 경우 실생활에서 어떤 용도로 사용되었겠는가 하는 점이 고려의 대상이 된다. 이

14) 석검을 형태에 따라서 의기화(장식화)된 것, 정형화된 것, 그리고 퇴화된 것으로 나누는 견해도 있다(李榮文, 《全南地方 支石墓 社會의 硏究》, 한국교원대 박사학위논문, 1993).

에 대해서는 그 명칭부터가 검이라는 점에서 무기로서의 기능을 먼저 생각할 수 있다. 무기로 사용되었을 경우 창과 화살촉과는 달리 석검은 근거리에서 사용하는 것이었을 것이다. 검의 본래적 용도는 베거나 찌르는 것으로 상정할 수가 있는데 석검이 근거리에서 찌르는 기능을 가졌을 것으로는 생각할 수가 없다. 왜냐하면 사용흔이 있는 석검 중에는 끝부분이 날카롭지 못하여 찌르는 데 적합하지 않은 것이 있기 때문이다. 또 파손된 것을 재생하여 사용할 경우에도 끝부분을 날카롭게 하지 않은 예를 볼 수 있다. 그리고 석검이 찌르는 기능을 하였을 것으로 보기에는 석질이 무른 것이 적지 않으며 부드러운 것이라면 몰라도 움직이는 생체를 찌르는 데에는 적합하지 않은 것으로 보인다. 다른 한편으로 석검으로 생체를 찔렀을 경우 기능하였을 것으로 생각되는 피홈은 실제적 기능을 가지지 못하는 것으로 생각된다. 또 피홈이 기능을 하고 석검이 찌르는 데 사용되었다고 하더라도 석검 중에는 피홈이 없는 것이 많으며 그것들 중에는 사용흔이 있는 것이 적지 않다. 따라서 석검을 무기로 파악한다고 하더라도 찌르는 용도를 가진 것으로는 볼 수가 없으며 찌르는 기능보다는 베는 데에 사용되었을 것으로 여겨진다. 이 점은 실제 사용된 것으로 보이는 석검의 경우 양측면 날이 손상되었다는 점에서도 가능성이 있는 것으로 생각된다. 그러나 이 경우에도 근거리에서 생체를 베는 데에는 역시 어려움이 있었을 것이어서 석검이 비록 청동검을 모방하여 만든 것이 분명하다 하더라도 생체를 훼손하는 데에 사용되었을 것으로는 생각되지 않는다.

석검을 생체를 찌르거나 베는 무기로 사용하지 않았다면 용도가 무엇이었을까.[15] 이에 대한 명쾌한 답은 얻지 못했으나 석검의 양측면에 손상된 흔적이 있는 것이 많고 집자리 내부에서 출토될 경우 1점만이 아니라 여러 점이 출토되는 경우도 있다는 점에 기초하여 몇 가지 가능성을 제시할 수 있을 것이다. 이같은 접근은 생태환경의 차이에 의하여 어느 정도 문화요소 중에 차이가 있을 것이라는 점을 염두에 두더라도 대체로 비슷한 생활양상을 지

15) 석검이 청동검과 공반하는 경우가 있다는 점에 착안하여 석검을 神刀, 즉 切開를 위한 칼로 파악하려는 견해가 있다(朴容淑, 《韓國 古代美術 文化史論》, 一志社, 1976).

녔을 것으로 추론되는 함경도지방의 경우가 참고될 수 있다. 즉 함경도지역의 경우 석검이 없다는 것은 석검이 지니고 있었을 기능을 가진 도구가 별도로 있었거나 그같은 도구가 필요하지 않았을 가능성이 있다. 이 두 경우 중 함경도지역이 한반도 내 다른 지역과 생활양상에서 차이를 가지고 있었다고 하더라도 근본적으로 석검이 가지고 있었을 기능을 가진 도구를 필요로 하지 않았다고 보는 것보다는 그를 대체할 수 있는 도구가 있었던 것으로 생각하는 것이 합리적이라고 생각된다. 그리고 이같은 추론이 타당하다면 함경도지방에서 석검을 대신하는 도구로 골검이 제시될 수가 있다.[16)]

골검을 석검, 특히 유경식석검의 조형으로 파악하는 연구는 이미 있었으며 특히 유경식석검의 경우는 그같은 가능성이 클 것으로 생각되었다. 그럼에도 골검을 석검의 조형으로 적극적으로 파악하지 않은 것은 유병식석검의 경우를 설명하는데 어려움이 있기 때문이었다고 생각된다. 이에 따라 골검을 유경식석검의 조형으로 파악하는 경우에도 유병식석검은 다른 유물에서 파생된 것으로 파악하게 되었고 결국 석검의 조형에 대하여 다원론적으로 접근할 수밖에 없었다. 이 점에 대해서는 유경식석검에는 어떤 형태이든 자루가 부착되어 사용되었을 것이고 유병식석검은 자루가 부착되어 있는 유경식석검에서 기원하였을 것이라는 견해가 있다.[17)] 또 석검에서 보이는 피홈에 대하여 이를 골검에서 보이는 속성으로 파악한 견해도 있다. 이에 따르면 골검은 대롱형의 동물뼈로 제작되었고 그로 인하여 마연한 다음에도 홈이 남게 되며 이 홈이 석검으로 제작되면서 피홈의 형태로 남게 된다는 것이다.[18)]

유경식석검에 자루가 부착되었음을 보여주는 자료가 송국리유적에서 발견되었다. 이 유적의 집자리에서는 유경식석검에 나무 자루가 달려있는 것이 확인되었는데 자루가 부착된 형태는 1단병식 석검형태이다.[19)] 따라서 유경식

16) 석검의 조형을 골검에서 구하는 견해는 全榮來의 앞의 글이 있다. 이외에도 김용간, 〈우리 나라 청동기시대의 년대론과 관련한 몇 가지 문제〉(《고고민속》 1964-2, 사회과학원 고고학 및 민속학연구소)에서는 돌창끝이나 골검에서 석검이 발생한 것으로 주장하였다.

17) 沈奉謹, 앞의 글.

18) Ю. М. БуТИН 지음 ; 이항제 외 번역, 《고조선》(서울 소나무, 1990).

19) 國立中央博物館, 《松菊里》 Ⅲ(국립박물관 고적조사보고 19, 1987).

석검에 자루가 부착되어 있었고 유경식석검의 꼬다리부분에서 보이는 구멍이나 에어낸 홈과 같은 것들은 자루를 부착하기 위한 것일 가능성이 있다.

유경식석검이 골검에서 비롯되었고 유병식석검은 자루가 부착된 유경식에서 파생되었을 것이라고 하더라도 청동검이 석검의 형태에 영향을 주었을 것을 배제할 수는 없다. 그 좋은 예가 석탄리유적에서 출토된 석검으로 이 유적에서 출토된 석검은 요령식동검의 검신과 유사한 형태를 지니고 있다.[20)]

이처럼 석검 중에는 동검이나 다른 유물에서 영향을 받은 것도 있으나 발생 자체는 동북지방과는 달리 돌로 검을 만들게 된 것으로 추론해두고자 한다. 그리고 이같은 추론을 바탕으로 한반도 동북지역에 접한 연해주지역의 석검을 이해할 수 있을 것이다.[21)]

나. 반월형석도

半月形石刀는 형태상 반월형을 이루는 석도라는 의미이나 보다 넓은 의미로 반월형이 아닌 석도까지를 포함하는 것으로 사용되고 있다.

반월형석도는 농경과 깊은 관련이 있는 석기로 인식되고 있어 농경과 농경에서 비롯되는 문화의 변화를 이해하는 데 있어 매우 중요한 자료이다. 이런 점에서 석도에 대하여 기존의 형식분류와 편년이 아니라 농경과 관련지어 석도의 발생과 변천을 중심으로 고찰한 성과가 제시되었다.[22)]

반월형석도의 형식에 대해서는 날부분과 등부분의 형태에 의하여 長方形·櫛形·魚形·短舟形·長舟形·三角形 石刀로 구분되며 이 외에 날이 세워진 부분의 형태에 의하여 交刃石刀가 구분되고 있다.[23)] 이같은 세분에 기본

---

20) 韓永熙, 〈角形土器考〉(《韓國考古學報》 14·15, 1983).

21) T. N. 安德烈耶夫, 〈在大彼得灣沿岸及其島嶼上發現的公元前第二至第一千年的遺蹟〉(《考古學報》 4, 1958).

22) 石刀에 대하여는 다음과 같은 연구가 있다.
安志敏, 〈中國古代的石刀〉(《考古學報》 10, 1955).
崔淑卿, 〈韓國 摘穗石刀의 硏究〉(《歷史學報》 13, 1960).
石毛直道, 〈日本稻作の系譜(1), (2)〉(《史林》 51-5 및 51-6, 1968).
金元龍, 〈韓國 半月形石刀의 發生과 展開〉(《史學志》 6, 단국대, 1972).
西谷正, 〈三角形石包丁について〉(《考古學論叢》 1, 1973).
安承模, 〈韓國 半月形石刀의 硏究〉(서울대 석사학위논문, 1985).
金相冕, 〈三角形 石刀의 一硏究〉(영남대 석사학위논문, 1985).

적으로 공감하는 한편으로 크게 석도를 둥근 날이 단인을 이루며 도신에는 2개의 구멍이 있는 형태와 직선을 이루는 날이 양인이며 도신에 하나의 구멍이 있는 형태로 다시 나누기도 한다.[24] 이같이 석도를 크게 2분하는 경우도 반월형석도를 세분하는 것 자체를 부정하는 것은 아니다. 따라서 석도의 형식에 대해서는 대체로 견해가 일치되고 있다고 할 수 있다.

석도의 형태를 크게 2분하는 경우든지 아니든지 간에 한반도의 석도는 크게 장방형, 즉 직선을 이루는 날을 가진 양인의 석도와 그렇지 않은 석도로 나눌 수 있다.

장방형석도는 두만강유역의 동북지방에서 주류를 이루고 있으며 丁字形돌괭이와 함께 출토되고 있다. 이 장방형석도는 중국 仰韶文化에서 비롯되는 것으로 漁形石刀를 기본으로 하는 龍山文化와는 계통이 다른 것으로 인식되고 있다. 용산문화계의 석도로 인식되는 석도는 扁平單刃石斧·單刃柱狀石斧·石鑿 등의 목공구를 공반하고 있으며 경작을 위한 도구는 거의 반출되지 않는다. 이같은 차이는 두 석도가 비록 한반도에서 지역적으로 배타적인 양상을 보이는 것은 아니나 기본적으로 장방형이 요서지방의 하가점문화와 관련되며, 어형이 요동지방의 문화와 관련되는 것으로 해석된다. 즉 한반도에는 요동지방과 요서지방의 석도문화가 유입된 것으로 파악할 수가 있는 것이다.

어형에서 파생되는 형식인 즐형·장주형·단주형 석도는 요동반도에서도 출현하고 있으나 한반도에서는 지역적인 특성을 보이며 지역적으로 분화되어 완성되는 경향을 보인다. 즉 각형토기가 집중적인 서북지방에서는 장주형석도가, 중부지방에서는 단주형이 완성된 것으로 파악된다. 또 삼각형석도는 서남지방에서 유행하게 되는데 송국리유적에서는 단주형·단주교인·직호교인·삼각교인 석도가 반출되었다. 따라서 삼각형석도의 완성이 송국리유적에

---

23) 交刃石刀에 대해서는 다음과 같은 연구가 있다.
全榮來, 〈任實 青雄面出土 半月形石刀의 新例〉(《全北遺蹟調査報告》 6, 1976).
崔仁善, 〈韓國 交刃石刀에 對한 考察〉(《全南文化》 3, 全南大, 1985).

24) 석도를 크게 2분하는 경우 일반적으로 장방형석도를 다른 형태의 석도와 구분하는 것이 보통이며 이와 다른 기준에 의하여 구분하는 경우도 대체로 장방형석도 분포지역의 석도를 다른 지역의 것과 구분하고 있다. 후자에 대해서는 安承模, 앞의 글 참조.

서 이루어졌으며 발생 과정도 파악할 수 있는 것으로 생각된다. 송국리유적에서 발생된 것으로 여겨지는 삼각형석도는 이후 송국리유형의 문화가 파급되는 지역에서 보편적으로 사용되고 있다.

반월형석도의 편년은 이미 살펴본 바와 같이 두 갈래로 나누어 생각할 수 있다. 즉 동북지방에서는 장방형석도와 어형석도, 즐형석도가 사용되었으며 후기에는 西團山文化의 장주형석도도 등장하였다. 이와 달리 어형석도는 장주형·단주형·삼각형 석도로 변화되었으며 이같은 변화과정과 달리 즐형석도가 파생된 것으로 파악되고 있다. 어형석도에서 파생되는 석도의 형식은 지역적으로 각기 대동강유역, 중부지방, 남부지방에서 성행하고 있어 형식의 변화와 더불어 시간적 흐름, 지역적 특성을 반영하는 것으로 볼 수 있다. 따라서 석도의 편년에서 가장 늦은 단계에 발생된 것은 삼각형석도이며 삼각형석도 중에는 原三國土器와 공반하는 것도 있어 하한을 철기의 사용시기까지로 판단할 수 있다. 또 실제로 渭原遺蹟에서는 철제 반월도가 출토되어 석도가 철도로 대체되었음을 명확히 말해준다. 석도의 상한은 이미 살펴본 바와 같이 한반도의 석도가 요동 및 요서지방의 석도문화와 관련되며 이들 지역에서 신석기시대 후기에 석도가 등장하고 있어 한반도의 경우도 신석기 후기에 석도가 유입되었을 가능성이 있다. 실제로 장방형석도를 기본으로 하는 동북지방의 경우 신석기 말기 단계인 서포항유적에서는 석도가 아니기는 하지만 어형의 패도가 출토되었고 그 뒤를 이은 청동기 초기에 장방형석도가 등장하고 있다. 따라서 청동기시대의 개시와 더불어 한반도에 석도가 존재하였을 것으로 생각할 수 있다.

반월형석도의 기능이 곡식의 수확을 위한 것이라는 데에는 의견이 일치되고 있다. 그러나 석도가 수확도구로서만 사용되지 않고 다른 용도, 즉 실생활에서의 칼과 같은 기능을 가졌을 가능성을 제시한 견해도 있다.[25] 이 견해에서는 한반도와 만주지역에서 베거나 자르는 기능을 가진 유물이 확인되지 않는데 실생활에서는 그같은 기능을 가진 석기가 필요하다는 점에 근거하여 석도의 기능 확대를 상정하였다. 또 석도가 만주지역에서는 잡곡농사에 주로

25) 安承模, 위의 글.

사용되다가 한반도 남부지역을 중심으로 벼농사에 이용되었고 석도의 형식에 따라 농경대상이 다를 것으로 상정하기도 한다. 이 추론에서는 장방형·어형·즐형 석도는 잡곡 농사에, 단주형과 삼각형은 벼농사에 이용되었으며 장주형은 처음에는 잡곡농사에 사용되다가 차츰 벼농사에 이용된 것으로 파악하였다.

석도의 형식에 따라 농경의 종류를 파악하려는 연구는 매우 주목할 만한 것이고 지역적인 특성을 보이는 석도의 형식과 각 지역군 내에서 확인된 곡물의 종류와 관련하여 파악할 때 충분히 수긍할 수 있는 것이다. 그러나 각 형식의 석도가 기능적으로 어떻게 대상이 되는 곡물의 종류와 결합되는 것인지가 밝혀져야 할 것이다.

다. 석기문화의 특성과 전개

무문토기문화의 석기가 지닌 특성은 전 단계 문화인 빗살문토기문화의 석기와 비교할 때 다음 몇 가지 점에서 분명한 차이를 보이고 있다.

첫째, 마연법이 제작에 보편적으로 적용되었다는 점이다. 주지하는 바와 같이 마연이 신석기문화의 석기 제작에도 채용되었으며 무문토기문화의 석기 중에도 타제에 의한 석기 제작이 전혀 없는 것은 아니나 이 단계 들어서 보편적으로 마연이 각종 석기 제작에 이용되었다. 마연법의 보편적인 이용은 단순히 제작 기법에서의 발전이나 변화만을 의미하는 것이 아니다. 마연에 의한 석기 제작은 석기의 형태가 비교적 정제되고 특정한 형태를 이루는 석기의 제작이 타제에 전적으로 의존하는 경우보다 용이하게 된 것을 의미한다. 이에 따라 정비된 형태의 석기가 등장하였으며, 기능에 따른 석기의 정형화를 파악하는 것이 보다 용이해졌다. 무문토기 단계의 석기는 사용면만이 아니라 석기 전체를 마연한 것이 대부분이며 이같이 전면을 마연한 것은 기능적 고려에서 비롯된 것임이 분명하지만 다른 한편으로는 외적인 규제를 이루려는 의도를 반영하는 것으로 볼 수 있다.

둘째, 마연법의 채용에서 비롯되는 것으로 볼 수도 있는 것으로 석기의 종류가 다양해진 점을 들 수 있다. 석기의 제작이 기능에 따라 분화되고 개개 기능에 걸맞는 형태를 지닌 석기로의 정형화가 진행됨으로써 석기의 종류가 다양해진 것으로 파악된다. 정형화에 따른 석기 종류의 다양성과는 달리 석기의 종류가 다양해진 원인으로는 생활 내용의 확대를 상정할 수 있다. 생활 내용의 확대에 따른 석기의 다양성이라는 점은 무문토기 단계에 들어 보편적인 양상을 보이는 농경의 도입과 그에 따른 도구의 출현에서 쉽게 이해될 수가 있다. 또 사회의 발전과 더불어 등장하는 의기로서의 석기, 예컨대 별도끼·달도끼의 예나 목공구의 발전에서도 파악할 수 있다.

그러나 석기 종류의 다양성에서 추론되는 생활내용의 확대는 빗살문토기문화 단계에서 성행한 골각기가 일부 지역을 제외하고는 무문토기문화 단계에서는 확인되지 않고 있어 생활 내용의 확대 폭을 이해하는 데에는 어려움이 있다. 즉 생업경제나 생활기반의 차이에 따라 석기와 골각기의 채용이 각기 다를 수가 있으므로 단순히 석기의 종류가 다양해진 것만으로 생활 폭의 확대를 결론지을 수는 없다. 물론 이미 말한 바와 같이 생활 영역이 확대된 것은 사실이지만 전반적인 양상은 두 문화에 있어 도구 체계에 대한 전반적인 내용이 밝혀진 다음 파악될 수 있을 것이다.

셋째, 석기 재질의 존재를 꼽을 수 있다. 석기 제작을 위하여 특정한 석질의 선택은 빗살문토기 단계에서도 있었던 것으로 보인다. 그러나 무문토기 단계에서는 그같은 재료의 확보라는 점에서 한 단계 발전하여 석기를 제작하기 위하여 미리 손질된 半製品으로서의 재료를 확보하고 있다. 이 석기재료는 집자리에서 다량으로 출토되기도 하며 각형토기 유적에서는 지석묘에 부장되기도 한다. 한편 집자리에서 출토되는 석기 재료 중에는 擦切法에 의하여 떼어낸 흔적이 있는 것이 있으며 이는 이 재료를 이용하여 석기 제작이 집자리 내에서 이루어졌음을 의미한다. 이 점은 집자리 내에서 종종 출토되는 미완성 석기의 존재나 다양한 종류의 지석이 출토되는 것에서도 확인되는 것이다.

넷째, 석기의 제작에 기술의 집적이 있었고 그같은 기술을 지닌 집단의 존재를 상정할 수 있다. 즉 석기의 제작이 집자리 내부에서 이루어진다고 하더라도 집자리들 모두에서 석기가 제작된 것이 아니고 특정한 집자리를 중심으로 석기 제작이 이루어진 것으로 파악된다. 흔암리유적의 경우 12호 집자리 내부에서는 다양한 석기와 더불어 다양한 지석이 출토되었고 지석이 집중된 지점의 주변에서는 다량의 격지가 흩어진 것이 확인되었다.[26] 그러나 이같은 양상이 유적내 다른 집자리들에서 모두 확인되지는 않으며 따라서 12호를 중심으로 석기 제작이 이루어진 것으로 추정된다. 또 다소 논란의 여지가 없지는 않으나 석기 중에는 파손품을 재가공하여 사용된 것이 있다. 재가공하여 사용된 것은 파손품의 재활용이라는 점에서 파악할 수도 있으나 다른 한편으로는 어느 정도의 불편을 감수하더라도 재가공품을 사용하지 않을 수 없었을 가능성을 상정할 수도 있다. 후자의 경우라면 이는 석기의 제작이 용이하거나 보편적으로 석기가 제작된 것이 아니라 제한적으로 제작이 이루어졌음을 의미하는 것으로 생각할 수 있다. 즉 전문적으로 석기를 제작하는 장인이 존재하였을 가능성이 있는 것이다.

전문 장인의 존재 가능성을 보여주는 유적으로 비록 시기가 늦기는 하지만 강릉 포남동유적이 있다. 이 유적에서는 11점의 반월형석도가 출토되었는데 이들 대부분은 포개진 상태로 놓여 있었으며 사용하지 않은 것들이다. 이처럼 한집자리 내부에 사용하지 않은 석도가 다량으로 놓여 있는 것은 그 집의 주체가 사용하기 위한 것이라기보다는 분배될 가능성이 큰 것으로 추정된다. 즉 전문적으로 석도를 제작하여 이를 주변에 분배하였을 가능성이 크며 그런 점에서는 교역을 상정할 수도 있는 것이다.

다섯째, 석기 제작에 있어 장인의 존재를 상정한 것과도 일부 관련되는 것으로 석기의 지역적 편중현상을 들 수 있다. 석도의 경우 살펴본 바와 같이 동북지방을 중심으로 장방형석도가 성행하고, 서북지방의 경우 어형에서 파생된 장주형석도가 성행하는 것처럼 같은 기능을 가지고 있을 것으로 생각되는 석기가 형식에 따라 지역적으로 분화되는 양상을 보인다. 또 동북지방의 경우 석검이 출토되지 않는 것이나 별도끼·달도끼류가 서북지방에 집중된 것처럼 특정한 종류의 석기가 지역적으로 편중된 양상을 보이기도 한다. 이같은 지역별 석기의 구성 내용이나 형식에서의 차이는 생활방식의 차이에 기인하는 부분이 적지 않을 것으로 추정된다. 그러나 한반도가 생태환경에 따라 생활방식의 큰 차이가 존재하지는 않았을 것이라는 점에서 석기

---

26) 崔夢龍, 앞의 글(1985).

제작 주체에 따른 분배 권역과 같은 지역권의 존재를 상정할 수도 있다. 분배 권역과 같은 지역권의 존재는 석검의 경우 경남 해안지역을 중심으로 한 지역에서 정형화된 형태의 석검이 출토되는 것에서 확인된다.

마지막으로 실용성을 가지지 않은 석기가 출현하는 점을 들 수 있다. 기능상 실용품과 구별되는 형태의 석검이 출현하며 그 석검들이 무덤에 부장되고 있으며 이 점은 석촉의 경우에도 확인된다. 이와는 달리 별도끼나 달도끼와 같이 권위의 상징으로 사용되었을 것으로 추정되는 석기도 있으며 이는 의기로서의 기능을 가진다고 생각된다. 의기로서의 도구들은 실생활에서 나름의 기능을 가지는 것으로 볼 수도 있으나 무덤에 부장하기 위한 것의 경우는 실생활에서의 이용과는 거리가 있다. 이처럼 의기로서의 석기나 부장용 석기의 존재는 무문토기문화가 빗살무늬토기문화보다 발전되고 확대된 생활에 기반을 두고 있음을 말해준다.

석기는 용도를 중심으로 무기류, 생활용구, 의기류 등으로 구분할 수 있다. 이럴 경우 그 기능에서 얼마간 논란이 있을 수 있으나 대체로 석촉 중 일부 형식과 석창 등은 무기류로 파악할 수 있으며, 별도끼·달도끼류는 의기로 분류할 수 있다. 이와는 달리 무문토기문화 단계의 석기는 한반도 내에서의 출현시기를 중심으로 크게 3분할 수 있다. 첫째로 석부들 중 일부 형식의 석부와 연석·지석 등과 같이 빗살문토기 단계에서부터 계속된 것이 있다. 두번째로는 석검·석도·환상석부와 같이 무문토기 단계에 출현한 것이 있다. 세번째로는 유구석부·석제검파두식 등처럼 무문토기문화 후기에 출현하는 것이 있다.

첫번째 부류의 석기는 대체로 실생활과 밀접한 것들로 이들 석기는 무문토기문화에서도 빗살문토기문화에서와 마찬가지로 계속 사용되고 있으며 형태상 큰 차이를 보이지 않는다. 이와는 대조적으로 석촉은 일부 계승되는 것도 있으나 빗살문토기문화와 형식상 다른 것이 무문토기문화에서 출현하고 있다. 또 석부의 경우에도 보다 정제되고 다양한 형태의 석부가 등장하며 형식에 따라 출토되는 빈도에서 차이를 보이고 있다. 이같은 차이는 비록 빗살문토기문화와 연속되는 석기들 중 지석처럼 동일한 기능을 수행하는 것이 있는 반면, 사회와 생활경제의 확대나 변화에 따라 석기 형태에서의 변화가 발생한 결과로 파악할 수 있을 것이다. 석촉의 경우 즐문토기문화에서 무경식석촉이 대종을 이루었음에 비하여 무문토기문화에서는 유경식석촉이 주류를 이루는 것은 무문토기문화 집단이 토착문화의 석촉을 개량, 발전시킨 것이 아니고 무문토기문화 나름의 석촉을 보유하고 있음을 뜻한다.

무문토기문화는 요령지방문화와 관계가 깊은 것으로 알려져 있으며 이것은 석도, 유경식석촉, 그리고 환상석부, 다두석부에서도 방증된다. 즉 이들 석기는 얼마간 시간차가 있을지 모르나 무문토기와 더불어 한반도에 유입되었으며 석도에서 분명히 파악되는 것처럼 요서지방과 요동지방의 문화와 연결된다.

무문토기문화의 석기는 분포상 몇 개의 지역군으로 나눌 수 있으나 크게 동북계열과 대동강유역을 중심으로 한 서북계열로 나뉜다. 이것은 토기상에서도 동북계열이 홍도·공렬토기임에 비하여 서북계열에서는 각형토기가 분포되어 있는 것에서도 분명하다. 석기에 있어서 우선 서북계열의 석검은 유경식이 주종을 보인다. 또 유단석부가 집중되며, 환상석부류가 밀집되어 있다. 그렇기는 하나 석도·석촉 등에서는 두 계열간의 차이를 볼 수 없다. 한편 중부이남에서는 두 계열의 석기가 모두 보이나 토기에서의 경우처럼 동북계가 보다 강하게 영향을 미친 것 같다. 다만 근래 많은 조사가 이루어진 전남지방의 경우 서북지방의 석기양상을 보이는 석기가 출토되고 있는 점은 앞으로의 연구과제가 아닐 수 없다.

무문토기문화의 석기는 시간의 흐름에 따라 처음 출현 때와는 다른 양상을 보인다. 그것은 첫째 유구석부, 석제검파두식과 같은 새로운 종류의 석기가 사용되는 한편, 환상석부·별도끼·달도끼·연석·피홈이 있는 유경식석검처럼 사용이 감소되거나 소멸되는 것이 있다. 또 이와 더불어 석검과 석촉에서 볼 수 있듯이 부장용 석기가 제작되며 반월형석도에서 삼각형석도가 발생한다. 이같은 양상이 동시에 전개되지는 않았을지도 모르나 상호 관련이 있는 것으로 추정된다. 이같은 추정이 가능하다면 이것은 검파두식의 예에서처럼 청동검의 한반도 유입과 관계가 있다. 즉 새로운 석기의 출현은 청동검을 동반한 문화유입에 의한 것으로 볼 수 있다. 또 새로운 문화의 유입에 의하여 보다 효율적인 도구로 기능이 대체됨으로써 석기의 사용이 감소 또는 소멸된다. 그리고 토착문화의 석기 중 일부는 실용이 아닌 부장용으로의 기능 분화를 보이는 것으로도 볼 수 있다. 이같은 점은 첫째 유경식석검은 서북지방에서 세형동검의 성립 이전에 소멸하고 있다는 점에서 방증된다. 둘째로 유구석부가 출토되는 초기유적인 송국리에서 삼각형석도가 공반되며, 요령식동검과 공반된 석검·석촉에서 그 비실용성을 엿볼 수 있는 데에서도 방증된다.

석기문화에서 볼 수 있는 이같은 변화는 토기와 묘제에서도 알 수 있다. 즉 토기에서는 점토대토기·흑도가 출현하며 묘제에는 석곽묘·옹관묘가 출현하고 있다. 이것은 무문토기문화의 대폭적인 변화를 의미하며, 이같은 문화내용의 변화가 석기에도 반영된 것으로 생각할 수 있다.

라. 편 년

한반도 무문토기문화의 발생연대와 소멸에 관한 편년은 일치하지 않으며 여러 가지 학설이 제기되었다. 특히 상한에 대해서는 기원전 15세기에서부터 6~7세기까지로 의견이 엇갈려있다. 그러나 한반도의 무문토기문화가 만주지역의 문화와 관련이 있으며 특히 하가점문화나 우가촌문화 등과 관련이 있다는 점을 근거로 파악할 때 상한연대는 하가점 상층문화의 연대에서 구할 수 있다. 이같은 추론이 가능하다면 하가점 상층문화의 상한연대를 서주말[27]로 파악하고 있으므로 기원전 9세기 이후에 해당된다. 이같은 연대는 방사성탄소연대를 중심으로 청동기시대의 집자리들의 상한을 파악한 견해와도 어느 정도 일치되는 것이다.[28] 또 이같은 연대는 한반도 무문토기문화 중 가장 빠른 시기의 문화로 인식되고 있는 각형토기의 상한연대를 기원전 10~9세기로 파악하는 것과도 크게 어긋나지 않다.[29] 따라서 무문토기문화의 상한연대를 밝힐 수 있는 적극적인 근거가 확보되지 않은 현재로서는 기원전 9세기 이후 대체로 기원전 8세기를 전후한 시기를 상한연대로 파악할 수밖에 없다.

---

27) 李康承, 〈遼寧地方의 靑銅器文化〉(《韓國考古學報》 6, 1979).

28) 崔夢龍, 〈住居生活〉(《韓國史論》 13, 國史編纂委員會, 1983)에서는 기원전 8세기 이후로 편년하였다.

29) 韓永熙, 앞의 글.

이미 살펴본 바와 같이 무문토기문화의 석기는 유구석부의 출현, 삼각형석도의 등장, 유경식석검의 소멸과 부장용 석검의 존재 등으로 특징지을 수 있는 중간단계를 가지고 있다. 이 단계는 각형토기 문화유적에서도 별도끼의 등장과 같은 형태로 파악될 수도 있다. 이같은 변화는 비록 일시에 발생한 것이 아니라 하더라도 한 문화요소가 다른 문화요소에 변화를 초래할 수도 있다는 점에서 일정한 관련이 있을 것으로 추정된다.

이같은 문화의 변화 중 유구석부의 등장이나 삼각형석도의 발생은 부여 송국리유적이 빠른 연대에 속하는 유적으로 인식되고 있다. 따라서 이를 근거로 파악한다면 송국리유적의 연대를 전후한 시기에 그 같은 변화가 진행되고 있었던 것으로 생각할 수 있다. 송국리유적의 연대에 대해서는 한국식동검의 발생보다 어느 정도 빠른 시기일 것으로 파악되고 있다. 이같은 추론이 타당하다면 대체로 송국리유적의 연대는 기원전 5세기를 전후한 시기에 편년할 수가 있다. 이같은 연대 추론은 각형토기 유적의 편년에서 별도끼의 등장과 같은 시기에 등장한 것으로 파악되는 석탄리식 석검이나 석도가 만주식동검과 관련이 되며 그 연대를 기원전 6세기에서 5세기로 편년하는 것과도 대체로 부합된다. 따라서 기원전 5세기, 그 최대 상한을 6세기로 하는 시기에 한반도의 석기문화 체계에 변화가 있었던 것으로 추정하고자 하는 것이다. 이같은 연대는 토기의 경우 요령지방의 경우 기원전 6~5세기의 유적에서 흑도장경호가 출토되며 한반도의 경우도 흑도장경호가 출현한다.[30] 그리고 흑도장경호의 출현과 더불어 청동유물의 양상에서 변화가 보이며 그같은 변화가 석기에도 변화를 초래하였을 것이라는 점에서 기원전 6세기를 상한으로 하는 석기 체계에서의 변화와 관련될 것으로 생각된다.

무문토기문화의 하한에 대해서도 의견이 일치하지 않으며 지역적으로 큰 편차를 갖고 있다.[31] 그러나 대체로 새로운 토기의 등장과 철기의 일반적인

---

30) 韓相仁, 〈粘土帶土器 文化性格의 一考察〉(서울대 석사학위논문, 1981).

31) 무문토기문화, 즉 청동기문화 연대의 상한과 하한에 대해서는 國史編纂委員會 編, 《韓國史論》 1(1977) 참조.

보급 등으로 특징되는 다음 문화단계의 상한연대와 관련되며, 묘제에 있어서 지석묘의 소멸 등으로 특징지을 수 있는 기원전 2~1세기를 전후한 시기를 대체적인 연대로 파악할 수 있을 것이다. 물론 지역에 따라서는 그보다 오랜 기간 지속되는 경우도 있었을 것이다.

지금까지 청동기시대의 석기에 대하여 1980년대 중반 이후 개별 유물에 대한 연구가 진행된 석검과 석도에 대하여 개관하고 그를 바탕으로 석기의 특성과 전개과정 그리고 석기 전반의 흐름에 대한 편년을 설정하였다. 지금까지의 청동기시대 석기에 대해서는 주로 개별 유물의 형식분류를 중심으로 연구가 진행되어 왔다. 이같이 석기 개개의 형식분류를 중심으로 진행되는 연구도 의미가 있으나 개개 유물에 대한 자연과학을 이용한 미시적 분석을 통하여 기본적인 자료를 충분히 확보하는 것도 청동기문화에 대한 이해의 폭을 넓히기 위해서는 필요한 일이라고 생각된다. 최근 청동기시대 전반적인 유물·유적의 변화상을 파악하려는 연구도 시도되고 있으나 한반도 전체를 대상으로 한 경우는 거의 없고 지역적 연구인 경우가 대부분이다. 앞으로 이같은 연구가 보다 광범위한 지역을 대상으로 이루어진다면 청동기시대 석기에 대한 이해와 그를 통한 청동기문화의 실상을 파악할 수 있을 것으로 생각된다.

〈尹德香〉

(3) 청동기

우리 나라의 청동기시대 유적에서 발견된 청동유물에는 무기가 많으며, 무기 중에서도 동검이 가장 많다. 이렇게 우리 나라 청동기를 대표할 수 있는 것이 동검이기 때문에 우리의 청동기문화를 동검문화로 일컬을 수 있는 것이다. 여기서는 먼저 청동기시대 전기에 해당하는 遼寧式銅劍文化期의 청동기와 후기에 해당하는 韓國式銅劍文化期의 청동기를 구분하고, 청동기는 다시 그 용도에 따라 무기·공구·의기·기타 등으로 나누어 살펴보고자 한다. 물론 초기의 청동기문화 내용 중 요령식동검문화와의 관련 여부가 불확실한 일부 유물, 예를 들어 평안북도 용천군 신암리유적에서 출토된 청동손칼(刀

子)·청동단추(銅泡) 등의 유물들이 있지만[1] 이들은 아직 단편적인 현상을 보이는 것으로 전반적인 유형을 갖춘 것은 아니다.

가. 요령식동검문화기의 청동기

우리 나라의 요령식동검문화는 중국 요령지방의 요령식동검문화에 비해 다소 단순한 내용을 보인다. 무기류로는 동검·동모·동촉만 보이며, 공구류로는 도끼(銅斧)·끌·손칼 등이 있을 뿐 의기류나 마구류·장신구류는 보이지 않는다.

가) 무기류

(가) 요령식동검

琵琶形銅劍·滿州式銅劍·曲刃靑銅短劍 등의 이름으로도 불리고 있다. 중국의 동북지방, 특히 현재의 요령성 관내에 집중 분포되어 있고, 우리 나라에서도 함북을 제외하고는 전국적인 분포를 보인다. 이 동검은 劍身과 손잡이를 따로 만든 뒤 그것을 조립하여 사용하게끔 되어 있는 소위 '別鑄式'의 것으로 중국식동검이나 오르도스식동검들처럼 검신과 손잡이가 함께 주조된 一鑄式의 동검과는 큰 차이를 보인다. 전형적인 검신의 형태는 양 인부의 상부쪽이 튀어나와 돌기를 형성하고 있고 그 아래쪽은 좁혀지다가 아래쪽에서 다시 둥글고 넓게 퍼져 전체적으로 비파의 형태를 가진 것이다. 검신 상부의 돌기부와 동일한 위치의 등대에는 脊突이 형성되어 있으며 경부는 긴 편이고 측면에 얕은 홈을 낸 것도 있다. 전형적인 것에서 벗어난 것에는 인부가 曲刃으로 처리되지 않은 것도 있고, 척돌이 보이지 않은 것도 있다. 이 중 경부에 홈이 파진 형식은 요령지방에서는 보이지 않는 것이며, 우리 나라에서도 중부 이남지역에서만 출토되고 있는 특수형식이다.[2] 검신의 형태는 후기로 갈수록 폭이 좁아지거나 척돌이 희미해지며 돌기부가 없어지는 등 전형적인 형태에서 벗어난다.

요령식동검의 검신과 따로 주조해서 조립하게 되어 있는 손잡이는 T자형의 특징적인 검파이다.[3] 현재까지는 그 출토례가 적어 재령 고산리유적 출

---

1) 김용간·이순진, 〈1965년 신암리유적 발굴보고〉(《고고민속》 1966-3, 사회과학원출판사), 31쪽.

2) 李健茂, 〈韓國의 靑銅器文化〉(《特別展 韓國의 靑銅器文化》, 汎友社, 1992), 127쪽.

3) 秋山進午, 〈中國東北地方の初期金屬器文化樣相(上)〉(《考古學雜誌》 53-4, 日本

토품과 信川 출토로 전해지는 2점, 그리고 황해도 출토의 3점만이 알려져 있다.[4] 발견된 동검 수에 비해 손잡이 수가 적은 것은 목제손잡이가 많이 사용되었기 때문인 것으로 추정된다. 이 손잡이는 손으로 쥐는 筒部와 劍把頭飾을 올려 놓게 되어 있는 盤部로 구성되어 있는데, 시대가 내려가면 반부의 양단이 통부쪽으로 처지는 경향을 보인다. 검파두식은 반부위에 올려 놓은 장식 또는 칼로 찌를 때 중력을 가하기 위한 加重器로서의 역할을 한 것으로,[5] 철광석·청동 등의 재질이 사용되었다.

(나) 요령식동모

요령식동검에 비해 수량이 적고 그다지 알려지지 않은 유물이다. 동검과는 달리 경부 대신에 銎部가 달려 있다. 우리 나라에서 현재까지 거푸집을 포함해서 모두 13점이 발견되었다.[6]

여천 적량동·傳 보령 출토품[7]과 같이 身部의 폭이 좁고 공부의 길이가 길며, 刃部와 나란하게 隆線文이 돌려진 동모(Ⅰ류)와 영흥읍 출토품[8]과 같이 신부의 폭이 전체 길이에 비해 넓은 것(Ⅱ류), 그리고 평양 출토품[9]과 같이 인부의 굴곡이 심하지 않은 것(Ⅲ류)이 있다. Ⅰ류는 吉林·長春지구의 永吉 星星哨水庫 석관묘 출토품[10]과 유사하며, Ⅱ류는 길림의 長蛇山유적 출

考古學會, 1968), 13쪽.

4) 原田淑人·駒井和愛, 《牧羊城》(東亞考古學會, 1931), 55쪽.
秋山進午, 위의 글, 17쪽.
황기덕, 〈최근에 새로 알려진 비파형단검과 좁은놋단검 관계의 유적유물〉(《고고학자료집》 4, 사회과학출판사, 1974), 159~161쪽.

5) 靳楓毅, 〈朝鮮地區發現的檢柄端加重器及其相關遺物〉(《考古》 2, 中國科學出版社, 1983), 113쪽.

6) 李健茂, 〈遼寧式銅矛에 대하여〉(《李基白先生古稀紀念論叢》 上, 一潮閣, 1994), 2~19쪽.
류병흥, 〈단군 및 고조선 시기의 유적유물 발굴성과에 대하여〉(《조선고고연구》 1995-1, 사회과학원 고고학연구소), 5쪽.
김종혁, 〈표대부락터유적에 대하여〉(《조선고고연구》 1996-2), 22~25쪽.

7) 慶熙大 博物館, 《博物館圖錄》(敎學社, 1986), 27쪽.

8) 서국태, 〈영흥읍 유적에 관한 보고〉(《고고민속》 1965-2), 35~45쪽.

9) 조선유적유물도감편찬위원회, 《조선유적유물도감》 2 ; 고조선·부여·진국편(1989), 250쪽.

10) 吉林市文物官理委員會 外, 〈永吉縣星星眘水庫石棺墓及遺址調查〉(《考古》 3, 1978), 147쪽.

토품[11]과 가깝다. 그러나 Ⅰ류는 중서부 이남지역에서 발견되고 있어, 有溝莖式의 요령식동검과 함께 지역적 특색을 보여 주는 형식일 가능성이 많다. 遼西지구의 요령식동검문화 유적에서도 동모가 보이지 않으나, 이것은 인부가 버들잎형이고 공부의 측면에 귀가 달린 것이라 큰 차이를 보인다. 거푸집은 함남 영흥읍(현 金野邑)유적과 강원 통천군 鉢山유적에서[12] 출토된 것이 있다. 요서지구에서도 요령식동모와 같이 공부를 가진 비파형의 청동무기가 있으나, 이것은 공부의 깊이가 깊지 않고 공부의 단면도 菱形인 것이 많아 중국에서는 曲刃銎柄式短劍으로 분류되어 있다.[13]

(다) 동 촉

동검·동모에 비해 발견된 예가 적다. 요령식동검과 함께 출토된 동촉으로는 백천 대아리 석관묘의 有莖兩翼鏃 1점뿐이다.[14] 피홈이 나 있고 양익의 끝이 逆刺式을 이룬 이러한 형식의 동촉은 사리원시 상매리 석관묘에서도 발견된 바 있는데[15] 함께 출토된 석촉들도 대아리유적 출토품과 같은 형식의 것이라 동일한 요령식동검문화 단계에 속하는 것임을 알 수 있다.

유경양익촉 외에 2段莖式의 동촉이 은천 약사동 북방식고인돌에서 출토된 바 있으며, 배천 홍현리 석관묘와 김해 무계리 남방식고인돌(석관묘?), 보성 덕치리 15호 남방식고인돌에서는 유경동촉이 출토되었다.[16] 이 중 덕치리 출토품은 요령식동검편을 갈아서 만든 2차 轉用品이다. 이 밖에 강릉시 포남동 주거지유적에서[17] 출토된 동촉도 함께 나온 석검과 석촉으로 보아 이 시기의 것으로 추정되는데, 촉신 단면이 八菱形을 이룬 특이한 것으로 경부는 2단으로 된 유경양익촉이나 역자식은 아니다.

---

11) 吉林省文物工作隊, 〈吉林長蛇山遺址的發掘〉(《考古》 2, 1980), 131쪽.
12) 澤俊一, 〈鎔范出土の二遺蹟〉(《考古學》 8-4, 東京考古學會, 1923).
13) 靳楓毅, 〈論 中國東北地區含曲刃靑銅短劍的文化遺存(上)〉(《考古學報》 4, 1982), 414쪽.
14) 리규태, 〈배천군 대아리 돌상자무덤〉(《고고학자료집》 6, 과학백과사전출판사, 1983), 176쪽.
15) 사회과학원 고고학 및 민속학연구소, 〈황해북도 사리원시 상매리 석관묘 조사보고〉(《고고학자료집》 2, 1959), 41~42쪽.
16) 尹德香, 〈德峙里 신기支石墓〉(《住岩댐水沒地域 文化遺蹟調査報告書》 Ⅲ, 全南大博物館·全羅南道, 1988), 91쪽.
17) 李蘭暎, 〈江陵市 浦南洞出土 先史時代 遺物〉(《歷史學報》 24, 1964), 163쪽.

이 동촉들 외에 이 시기에 중국에서 유입된 것으로 보이는 중국식동촉이 몇 점 있는데 경주에서 발견된 유경양익촉 중에는 중국 陝西省 張家坡의 西周住居址에서 출토된 양익촉과 동일한 형식의 것도 있다.[18] 이러한 동촉은 요서지방의 夏家店 上層文化유적에서 요령식동검과 반출되는 것이어서 우리나라 요령식동검문화의 유입배경과 상한을 상정해 볼 수 있는 좋은 자료가 된다.

(라) 중국식동검

중국 춘추시대 후기부터 漢代에 걸쳐 사용된 중국식동검이 전국시대부터 유입된 것으로 믿어진다. 요령식동검문화기 후기 유적인 재령 고산리유적에서 퇴화형식의 요령식동검과 공반된 중국식동검이 있다.[19] 이 동검은 손잡이에 마디가 2개 있는 有節柄式으로, 손잡이의 횡단면이 볼록렌즈형이라 중국에서 들어온 동검이 아니고 우리 나라에서 모방하여 제작한 倣製品으로 믿어진다.[20]

나) 공구류

(가) 도 끼

소켓이 있는 도끼(銎斧)로는 날이 부채꼴로 퍼진 扇形도끼(銅斧)와 전체적으로 장방형을 띤 長方形도끼가 있다. 선형도끼는 의주 미송리,[21] 김야 영홍리(거푸집), 부여 송국리(거푸집)유적[22]에서 발견되었다. 이러한 선형도끼는 요령지방의 요령식동검문화유적에서 많이 출토되고 있는데 요서지구보다 요동지구에서 더 많이 보인다. 장방형도끼는 고산리유적에서 발견된 1점이 있을 뿐이다.

(나) 끌

이 시기의 끌(銅鑿)로는 부여 송국리 석관묘에서 출토된 것 1점과 평양 금탄리 8호 집자리[23]에서 출토된 1점이 있다. 송국리 출토품은 요령식동검의

18) 東洋學學術會, 《梅原考古資料目錄 朝鮮之部》(1966), 1569번.

19) 황기덕, 앞의 글.

20) 李健茂, 앞의 글.

21) 김용간, 〈미송리 동굴유적 발굴중간보고(Ⅰ)〉(《문화유산》 1961-1, 과학원출판사), 45~47쪽.

22) 姜仁求 외, 《松菊里》Ⅰ(국립박물관 고적조사보고 11, 국립중앙박물관, 1978), 90~91쪽.

23) 김용간, 《금탄리 원시 유적 발굴보고》(유적발굴보고 10, 사회과학원출판사, 1964).

경부편을 갈아서 만든 2차 전용품이며 금탄리 출토품은 두께가 얇고 폭이 약간 넓은 평편한 것으로 소켓이 없다. 요령지방에서 보이는 공부가 있는 형식은 아직 출토되지 않았다.

(다) 손 칼

손칼(刀子) 역시 개천 용흥리유적[24] 출토품 1점과 용천 신암리 출토품 1점이 있을 뿐이다. 용흥리 출토품은 손잡이에 돌기가 나 있는 형식으로, 이러한 형식은 요령지방에서는 夏家店 上層文化에서 주로 보이는 것이다. 신암리 출토품은 環頭가 달린 것이나 요령식동검문화와의 관련 여부는 불확실하다.

다) 기 타

(가) 단 추

단추 모양의 장식품인 銅泡의 뒷면에는 작은 고리가 부착되어 있어 가죽이나 천에 꿰매어 달 수 있다. 강계 풍용리 석관묘, 봉산 신흥동 집자리, 나진 초도유적에서 발견되었다.[25] 단추의 周緣部에는 短線文이 시문되어 있다. 沈陽 鄭家窪子 등 요령지방의 유적에서는 활집이나 장화 등에 부착되어 출토되었다.[26]

(나) 방 울

이 시기의 방울(銅鐸)로는 나진 초도유적에서 출토된 1점과 금야 영홍읍유적에서 출토된 거푸집이 있다. 같은 형식의 것으로 전체적으로 截頭圓錐形을 띤다. 하부와 중앙상부에 횡으로 M자 또는 삼각거치상의 문양대가 돌려져 있다. 영흥읍유적에서는 요령식동모의 거푸집이 함께 발견되었기 때문에 이들 방울이 요령식동검문화기에 속하는 유물임을 알 수 있다.

이 밖에 초도유적에서 출토된 동제대롱구슬(管玉)·가락지·장식품 등이 있다.[27]

---

24) 韓炳三, 〈傳 龍興里出土 銅劍과 伴出遺物〉(《考古學》1, 韓國考古學會, 1968), 62~64쪽.

25) 정백운·도유호, 《라진초도원시유적 발굴보고》(유적발굴보고 1, 과학원출판사, 1956), 45쪽.

26) 沈陽故宮博物館 外, 〈沈陽鄭家窪子的兩座青銅時代墓葬〉(《考古學報》1, 科學出版社, 1975), 147~148쪽.

27) 정백운·도유호, 앞의 책.

나. 한국식동검문화기의 청동기

우리 나라 전기 청동기문화를 대표하는 것이 요령식동검문화라고 할 때, 후기 청동기문화를 대표하는 것은 韓國式銅劍·銅矛·銅戈·多鈕鏡·儀器 등을 표지적인 유물로 하고 있는 한국식동검문화이다. 이 문화는 중국 요령성지역을 중심으로 한 요령식동검문화를 바탕으로 하여 형성되었으나 이후 소위 '北方地域'의 청동기문화 및 중국 청동기문화 요소도 받아들이면서 한국식청동기문화로 정착하게 된다. 요령식동검문화 단계의 문화내용보다 훨씬 다양한 내용을 보여, 청동기에 새롭게 의기류가 등장하고 무기류·공구류에도 새로운 요소가 가미된다.

가) 무기류

(가) 한국식동검

한국식동검은 요령식동검을 조형으로 하고 있어 서로 공통된 요소를 많이 가지고 있다. 두 동검을 비교해 보면 첫째 크기가 비슷한 단검이고 검신과 손잡이를 따로 만들어 조립한 별주식인 점, 둘째 抉入部가 형성된 점, 셋째 손잡이가 T자형을 이루고 盤部 위에 검파두식을 착장하고 있는 점 등이 공통점이다. 차이점은 검신이 직선화되고 예리해진 점이며 요령식동검에서는 거의 보이지 않는 마디가 뚜렷해지는 것도 큰 특징이다. 평안북도를 제외하고는 전국적인 분포를 가지며 함경북도의 북쪽인 연해주지역에서도 출토된 바 있다.[28)]

이 동검의 형식은 크게 Ⅰ식·Ⅱ식으로 구분할 수 있다.[29)] Ⅰ식검은 등대에 세운 능각(鎬)이 마디까지만 나 있는 것이며, Ⅱ식검은 그것이 基部 또는 莖部까지 나 있는 것이다. Ⅰ식검과 Ⅱ식검의 선후관계는 Ⅰ식검이 앞선 것이지만, Ⅰ식검이 Ⅱ식검의 시기까지 계속 제작되었기 때문에 동검의 형식만으로 어느 것이 먼저 만들어진 것인지 논하기는 힘들다. 손잡이는 목제가 많은 탓에 발견되지 않고 있지만, 원삼국시대의 청동제·목제검파를 통해 보면 요령식동검의 T자형 손잡이와 아주 유사하다. 검파두식은 대부분이 석제이며 철광석제가 많다. 형태는 瓜形·十字形·立柱附十字形의 것이다.

---

28) 平井尙志, 〈沿海州新出土の多鈕細文鏡とその一括遺物について〉(《考古學雜誌》 46-3, 1960), 71쪽.

29) 尹武炳, 〈韓國靑銅短劍의 型式分類〉(《震檀學報》 29·30, 1966).

(나) 동 모

銅鉾는 자루를 끼울 수 있게 공부를 가진 것으로 한국식동검문화기의 발전기에 등장한다. 초기의 것은 대부분이 길이 20㎝ 전후한 짧은 동모이다. 無耳有穿式으로 공구쪽에 한 줄의 돌대가 있다. 중국동모를 祖型으로 하여 만들어졌다고 믿어지나 등대의 마디, 關部의 형태, 穿의 위치 등 세부적인 면에서 차이를 보인다. 최근에는 요령식동모의 출토례가 늘고 있어 조형문제는 검토의 여지가 있다. 후기에는 공부의 측면에 環耳가 붙거나 길이가 길어지며 공부의 표면에 문양을 새기거나 피홈의 수가 많아지기도 한다.

(다) 동 과

銅戈는 긴 자루에 옆으로 직각이 되게 결박하여 찍거나 베는 데 사용한 무기로 중국에서는 殷·周시대 이래 가장 중요한 병기의 하나로 사용된 것이다. 우리 나라의 동과도 중국의 것을 조형으로 하여 만들어졌다고 볼 수 있으나, 동모와 마찬가지로 세부적인 면에서는 차이를 보인다. 동과의 형식은 등대에 稜角이 나 있는 것과 능각이 나 있지 않은 것의 두 가지로 크게 나눌 수 있으나 양 형식의 선후관계는 분명하지 않다. 피홈 내부에 문양을 새긴 것도 있으며, 신부의 단면이 능형으로 되어 있는 것, 즉 피홈이 없는 것도 있다.[30)]

이 밖의 무기류로는 중국식동검·중국식동모 등이 있다. 중국식동검은 평양 석암리에서 '秦始皇二十五年'銘(B.C. 222년) 동과와 함께 1점, 완주 상림리에서 26점, 함평 초포리에서 한국식동검 등과 함께 1점이 출토되었다.[31)] 이 밖에 평양·익산·해미·경주 출토로 전해지는 것들도 있다. 상림리·초포리·전 해미 출토품들은 모두 손잡이의 횡단면이 렌즈형에 가까워 중국식동검을 모방해 만든 倣製品으로 보여진다. 중국식동모는 출토례가 적고, 단독으로 발견된 것들이 많아 내용을 잘 알 수 없다. '五年季氏'銘이 있는 秦의 동모가 秦戈와 함께 평양 출토로 전하고 있다.[32)]

---

30) 國立中央博物館·國立光州博物館, 《特別展 韓國의 青銅器文化》(汎友社, 1992), 79쪽.

31) 李健茂·徐聲勳, 《咸平草浦里遺蹟》(國立光州博物館·全羅南道·咸平郡, 1988), 25쪽.

32) 梅原末治·藤田亮策, 《朝鮮古文化綜鑑》(1)(奈良 ; 養德社, 1947), 32~33쪽.

나) 공구류

(가) 도 끼

이 시기의 도끼(銅斧)로는 扇形銅斧・有肩銅斧・長方形銅斧・蛤刃銅斧 등이 있다. 선형동부는 요령식동검문화의 전통을 이은 것으로 길이 7㎝ 미만의 소형이며 도끼라기보다는 자귀와 같은 것이다. 전주 여의동 石蓋土壙墓(石棺墓?)・아산 남성리 石棺墓・신계 정봉리 石槨墓・속초 조양동 1호 支石墓[33]에서 각각 1점씩 출토되었다. 한국식동검문화가 성립기의 표지적인 유물이며 단면 편육각형의 無莖鏃과 공반되는 경우가 많다.

유견동부는 남성리유적 출토 도끼와 같은 선형동부에서 변화한 형식으로 추정된다. 공부에서 신부에 이르는 부분이 弧線을 그리며 어깨를 형성하고 곧게 뻗은 身部는 直刃의 인부와 연결된다. 인부는 順安 출토품을 제외하고는 모두 單刃이라서 도끼보다는 자귀의 기능을 가진 것으로 생각된다.[34] 화순 대곡리・함평 초포리유적에서는 동검・정문경・동사・동령류 등과 공반되었으며, 영암지방 출토로 전하는 일괄의 거푸집[35] 가운데에도 3개 분의 유견동부가 포함되어 있다. 한국식동검문화 발전기의 대표적인 유물이다.

장방형동부는 유견동부보다 다소 크다. 공구 주위에는 3~4조의 突線이 돌려져 있는 경우가 많고, 신부의 중간부분은 잘록하다. 신부 상면의 한쪽 표면에는 소형의 고리가 부착된 경우도 있다. 부여 구봉리유적[36]을 비롯해 봉산 송산리유적[37] 등에서 발견되었으며 영암 출토로 전하는 거푸집에도 이 장방형동부가 포함되어 있다.

합인동부는 공부에서 신부에 이르는 부분이 유견동부와 같이 호선을 그리며 어깨를 형성한 것이나, 신부가 둥글며 특히 인부가 조갯날인 점이 특징적이다. 구봉리유적과 송산리유적에서 출토되었으며 영암 출토로 전하는 거푸

33) 1992년 江陵大學校 發掘品.
34) 李健茂, 〈韓國 靑銅儀器의 硏究〉(《韓國考古學報》 28, 韓國考古學會, 1992), 168쪽.
35) 林炳泰, 〈靈巖出土 靑銅器鎔范에 對하여〉(《三佛金元龍敎授停年退任紀念論叢》 Ⅰ, 一志社, 1987), 122~123쪽.
36) 李康承, 〈扶餘 九鳳里出土 靑銅器 一括遺物〉(《三佛金元龍敎授停年退任紀念論叢》 Ⅰ), 148쪽.
37) 황기덕, 〈1958년 춘하기 어지돈지구 관개공사구역 유적정리 간략보고(1)〉(《문화유산》 1959-1, 과학원출판사), 46~52쪽.

집에서도 보인다. 湖巖美術館 소장품에는[38] 신부 상면의 한쪽 표면에 소형의 고리가 부착되어 있다.

(나) 동 착

자루를 끼울 수 있도록 銎部를 지닌 銅鑿은 길이 10㎝ 전후의 가늘고 긴 형태로 대부분이 공구 주위에 突帶를 돌렸다. 신부의 단면이 사각형에 가까운 것과 육각형에 가까운 것의 2종류가 있으나 대부분 단면 사각형의 것이고 남성리유적 출토품만이 단면 육각형이다.[39] 공부가 길고 두터운 동착도 있는데 대전 탄방동,[40] 傳 공주,[41] 남성리유적 등에서 출토되었다. 이렇게 공부가 길고 두터운 형식은 요령지방의 崗上유적[42]출토 거푸집에서도 보여 시기적으로 이른 형식이 아닐까 생각된다. 이러한 동착들이 어느 지역의 동착과 관련이 깊은지 현재로서는 잘 알 수 없으나 요령지방에서는 요령식동검과 함께 동착이 발견되는 예가 많아 그 쪽과 관련이 깊을 것으로 생각된다.

(다) 동 사

조각을 하기 위한 공구인 銅鉇는 중국에서도 많이 발견되고 있는데 대체로 전국시대 초의 영역인 양자강유역에 분포되어 있다고 한다.

동사는 대체로 3종류로[43] Ⅰ류는 중간부의 단면이 삼각형을 이루고 신부의 위아래 폭이 거의 같게 곧게 내려갔으며 길이가 짧고 폭이 좁다. Ⅱ류는 중간부의 단면이 볼록렌즈형이며 선단부가 이등변삼각형에 가깝고 신부의 폭은 아래쪽이 좁다. Ⅲ류는 중간부의 단면이 초생달형이다. 이러한 동사는 화순 대곡리유적의 예로 보아 동모·동과가 출현하기 직전단계에 출현해서 철기시대 후기까지 계속 사용되었다고 믿어진다.

동사의 분포는 북으로는 연해주의 이즈웨스토프부터[44] 남으로는 김해까지 전국적이다. 거푸집으로는 영암 출토품으로 전해지는 1점이 있는데 조각되어 있는 면이 경사져 있는 것이 특징이다.

---

38) 國立中央博物館·國立光州博物館, 앞의 책.
39) 韓炳三·李健茂, 《南城里石棺墓》(국립박물관 고적조사보고 10, 1977), 14쪽.
40) 成周鐸, 〈大田地方出土 青銅遺物〉(《百濟硏究》 5, 忠南大, 1974), 216쪽.
41) 金廷鶴 編, 《韓國の考古學》(河出書房新社, 1972), 도판 109.
42) 朝中合同考古學發掘隊, 《崗上·樓上 : 1963~1965 中國東北地方遺蹟發掘報告》(사회과학원출판사, 1966), 76쪽.
43) 李健茂, 앞의 글(1992b), 166쪽.
44) 平井尙志, 앞의 글.

(라) 송 곳

송곳(銅錐)의 출토례는 아주 적어 실물로는 연해주의 이즈웨스토프유적에서 출토된 것 1점과 영암 출토로 전하는 거푸집의 5점뿐이다. 폭 0.5㎝ 정도의 가늘고 긴 동추는 일단이 뾰죽하고 단면이 심각형이거나 사각형이다. 이러한 동추는 요령지방에서 출토된 요령식동검의 거푸집에도 새겨져 있어[45] 요령식동검문화의 전통을 이은 것이 확실하다.

다) 의기류

(가) 동 경

중국의 거울이 중앙에 1개의 꼭지를 가졌고 대부분 경면이 튀어나온 볼록거울인데 비해 우리 나라의 동경(多鈕鏡)은 꼭지가 가장자리에 치우쳐 2~3개 달렸고, 경면이 약간 오목하다. 꼭지가 달린 뒷면의 문양은 集線이 채워진 三角文과 같은 기하학적 문양이 특징이다. 이 다뉴경은 얼굴을 비추어 보는 기능을 가진 것이 아니라 태양빛을 반사하는 기능을 가진 종교적·주술적 의식에 사용한 의기의 하나로 추정된다. 요령지방의 朝陽 十二臺營子遺蹟을 비롯해 沈陽·本溪 등지에서 古式의 다뉴경들이 요령식동검들과 반출되고 있어,[46] 우리의 다뉴경도 이 요령지방의 다뉴경을 조형으로 하여 출현한 것으로 믿어진다.

다뉴경은 그 문양의 粗·精에 따라 粗文鏡과 精文鏡으로 구분되는데 조문경이 먼저 출현한 형식이다. 조문경은 지그재그를 이룬 雷光形의 문양에서 점차 星形文으로 변화해 가고, 문양의 배치도 內·外區의 구분이 없는 것에서 구분되는 쪽으로 변화해 가며, 周緣도 대체로 단면 삼각형에서 반원형으로 바뀌어 간다. 정문경은 조문경에서 발전하여 선문이 보다 정교하다. 1㎜ 폭에 2~3조의 선문이 채워져 있을 정도로 뛰어난 제도기법을 보여준다. 대체로 文樣區를 外·中間·內의 3부분으로 구분하여 單位文樣을 시문하였다.[47] 화순 대곡리 출토경·숭실대학교 소장경과 같이 문양이 곱고 복잡한 구성을 가진 정문경에서 점차 문양이 간략화되고 문양구도 외구·내구의 구분만 있

45) 靳楓毅, 〈大凌河流域出土的青銅時代遺物〉(《文物》 11, 文物出版社, 1988), 30~31쪽.

46) 國立中央博物館·國立光州博物館, 앞의 책, 152쪽.

47) 宇野隆夫, 〈多鈕鏡の硏究〉(《史林》 60-1, 史學硏究會, 1977), 90~93쪽.

는 거울로 변천되었다. 또 지름 10㎝ 내외의 소형경의 제작 증가와 주연부 및 꼭지의 폭이 거울 크기에 비해 다소 넓어진 점 등이 후기 정문경의 특징이라고 할 수 있다.

(나) 이형동기

한국식동검문화의 성립기에 용도를 잘 알 수 없는 異形銅器들이 출현하는데, 이들은 대체로 같은 계통의 단위문양을 가지고 있고 샤머니즘적인 요소를 가진 儀禮에 사용된 도구로 추정된다. 여기에는 防牌形銅器·劍把形銅器·肩甲形銅器·喇叭形銅器·圓形有文銅器 등이 있다.[48]

방패형동기는 상변에 현수용의 방형 구멍을 가진 것으로 의복같은 데 매달아 사용한 것으로 추정된다. 방패형동기의 하나인 농경문청동기[49]에는 밭을 경작하는 인물과 수확하는 인물, 그리고 매와 같은 새가 묘사되어 있어 이 유물이 생산의 풍요를 비는 주술적 의미가 담긴 의기임을 알려 주고 있다.

검파형동기는 대나무를 세로로 쪼개 놓은 형태의 청동기로 3점이 세트를 이룬다. 예산 동서리와 아산 남성리유적에서 출토된 것에는 표면에 사슴과 사람의 손이 표현되어 있어 시베리아 일대의 샤머니즘과 밀접한 관련이 있음을 시사하고 있다.

견갑형동기는 경주에서 출토되었다고 전하는 1점뿐이다.[50] 문양이 새겨진 표면이 불룩하게 튀어 나와 있고 뒷면에는 부착용의 꼭지 4개가 달려 있다. 화살에 맞은 사슴과 표범같은 동물의 문양이 새겨져 있어 역시 수렵의식과 관련된 의기로 추정된다. 요령지방에서는 이러한 동기가 도끼를 담는 주머니의 장식으로 사용되었다.[51]

나팔형동기도 동서리유적 출토품이 유일한데[52] 1쌍이 세트를 이루고 있다. 원추형 위에 管狀의 것이 부착된 형태이며 원추형의 내면에는 물체에 부착하기 위한 꼭지가 달려 있다. 표면에는 突點線文과 삼각연속거치문이 새겨

48) 李健茂, 앞의 글(1992b).
49) 韓炳三, 〈先史時代 農耕文青銅器에 대하여〉(《考古美術》112, 韓國美術史學會, 1971), 2~13쪽.
50) 東京國立博物館, 《寄贈 小倉コレクション》(便利堂, 1982), 9쪽.
51) 沈陽故宮博物館 外, 앞의 글.
52) 池健吉, 〈禮山 東西里石棺墓出土 青銅一括遺物〉(《百濟硏究》9, 1978), 157~158쪽.

져 있어 의기임을 짐작케 해준다. 요령지방의 정가와자유적에서는 말머리장식으로 출토된 바 있다.

원형유문동기는 익산지방에서 출토되었다고 전하는 1점이 있다.[53] 오목거울의 형상으로, 볼록한 뒷면의 중앙에는 꼭지가 하나 달려 있어 의복 같은 데에 매달 수 있게 하였다. 표면에는 短斜線文, 小形三角文, 突點線文 등을 이용하여 十字日光文을 구성하였다. 이러한 십자일광문의 모티프는 동경·방울·단추·수레부속구 등에서도 보이고 시베리아의 민속품에도 보인다.[54]

이상의 이형동기들은 한국식동검문화 성립기에만 보이는, 그리고 충남을 중심으로 한 중서부지역에서 집중 출토되는 점이 특징이다. 요령지방의 요령식동검문화요소에 북방문화요소가 가미된 특이한 동기라고 할 수 있다.

(다) 동령류

앞의 이형동기들이 한국식동검문화 성립기의 대표적인 의기라고 할 때 銅鈴類는 발전기의 대표적인 의기라고 할 수 있다. 초기에는 八珠鈴·雙頭鈴·組合式雙頭鈴·竿頭鈴의 4종이 세트를 이루나 철기시대 후기에 이르면 간두령만 남게 된다.[55]

이들 방울의 표면에 시문된 문양의 단위를 보면 이형동기의 그것과 공통되므로 의기로 보아 무리가 없다. 모두 꼭지나 공부·구멍 등이 있어 매달거나 끼워서 흔들어 소리가 날 수 있게 하였다. 이와 같은 동령류는 중국의 중원지방, 요령지방, 일본에서도 발견되지 않는 한반도 특유의 유물이다.

(라) 동 탁

내부에 혀(舌)가 매달려 있는 종방울(銅鐸)은 횡단면이 타원형인 원통형의 鐸身 상부에 둥근 고리가 달려 있다. 몸통의 측면에는 주조할 때 內型을 받치기 위한 것이었던 소형의 받침구멍이 나 있다. 후기의 동탁은 몸통 하부가 약간 벌어지는 경향을 띤다. 의복에 부착해서 소리를 내게 하는 巫具의 일종으로 믿어진다. 크기는 9~16㎝ 정도로 다른 의기들과는 달리 素文인 점이 특징이다.

---

53) 李健茂, 〈傳 益山出土 圓形有文靑銅器〉(《尹武炳博士回甲紀念論叢》, 通川文化社, 1984), 105~127쪽.

54) 李健茂, 위의 글, 114~115쪽.

55) 李健茂, 위의 글.

라) 기 타

이 밖의 청동유물로는 장식단추와 낚싯바늘 등이 있다. 장식단추로는 다송리 석관묘유적 출토품과 삼봉유적 출토 거푸집에 새겨진 것을 들 수 있다.[56] 요령식동검문화기 이래 계속 사용되었으나 성행하지는 않은 듯하다. 낚싯바늘은 실물이 발견되지 않았고 영암 출토로 전해지는 거푸집에 새겨진 것이 유일하다.[57] 요령지방의 요령식동검문화 유적에서도 출토되어 이 지역과 관련이 깊은 유물로 추정된다.

〈李健茂〉

(4) 뼈연모

청동기시대 뼈연모(骨角器)는 대체로 사슴·노루와 같은 동물의 四肢骨을 절개하여 만들었는데, 잘 갈아서 가공하여 만든 것과 깨뜨려서 날카롭고 뾰족한 한쪽 끝을 그대로 이용한 것 등이 있다. 여기서는 함북의 무산 호곡·회령 오동·웅기 서포항·나진 초도, 그리고 충남의 안면도 고남리유적[1] 출토품을 중심으로 하여, 武具·농공구·어구·생활용구·장신구·기타로 구분하여 설명하기로 한다.

가. 무 구

가) 뼈단검

뼈단검(骨劍)으로는 서포항유적에서 나온 것과 오동유적 출토품 등이 있다.

---

56) 황기덕, 〈두만강유역과 동해안일대의 유적조사〉(《문화유산》 1957-6), 55쪽.
57) 林炳泰, 앞의 글.

1) 황기덕, 〈무산 범의구석 유적발굴보고〉(《고고민속론문집》 6, 사회과학출판사, 1974), 160~165·171·186~188쪽.
사회과학원 고고학 및 민속학연구소, 《회령 오동 원시유적 발굴보고》(유적발굴보고 7, 과학원출판사, 1960), 27~36·39·51쪽.
김용간·서국태, 〈서포항원시유적발굴보고〉(《고고민속론문집》 4, 1972), 112~118·124~130쪽.
정백운·도유호, 《라진초도원시유적 발굴보고》(유적발굴보고 1, 1956), 24~28쪽.
金秉模·安德任, 《安眠島古南里貝塚 : 2次發掘報告書》(漢陽大 博物館, 1990), 115~126쪽.

서포항유적의 아래문화층 출토품은 짐승의 경골을 갈아 만든 것으로 골수자리를 피홈으로 이용한 것이다. 위문화층에서는 2점이 출토되었는데 하나는 짐승의 다리뼈 부분을 거의 그냥 손잡이로 하고 끝부분을 납작하게 갈아 날을 세운 것으로 골수와 힘줄자리가 자연히 피홈으로 되어 있다. 다른 하나는 자루쪽도 비교적 잘 갈아 만들었으며, 골수자리에 더 깊은 홈을 내어 피홈으로 만들고 그 옆쪽에 한 줄의 피홈을 더 만든 것이다. 오동유적 출토품 4점도 모두 짐승의 다리뼈를 길이로 쪼개어 만든 것으로 골수자리가 피홈을 이루고 있다. 이러한 길이 20㎝ 내외의 뼈단검들은 두만강유역의 청동기유적에서 종종 발견되는데 회령의 대안인 延吉 小營子墓遺蹟에서도 발견된 바 있다.[2)]

나) 뼈창끝

서포항유적의 청동기시대 위문화층의 퇴적층에서 출토된 2점이 있다. 이중 1점은 짐승의 다리뼈를 종으로 절반이 되게 쪼개어 갈아서 만든 것이다. 한쪽면 또는 양쪽면에 골수자리가 있게 되어 있다. 한쪽면은 납작하게 갈고 그 반대쪽 면은 등 날을 세워 갈아 횡단면이 삼각형이다. 아래쪽에는 구멍을 뚫어 자루에 결박할 수 있게 하였다.

다) 뼈살촉

서포항유적의 청동기시대 아래문화층·위문화층, 오동유적 그리고 안면도 고남리유적 등에서 출토되었다. 서포항유적 아래문화층 출토품은 유경촉이 기본을 이룬다. 촉신의 횡단면이 원형·반원형·삼각형 등으로 다양하다. 길이는 3.5~7.7㎝ 정도이다. 짐승의 이빨을 갈아서 만든 것도 있는데 촉신의 형태가 이등변삼각형인 무경촉이다. 서포항유적의 위문화층에서는 뼈살촉과 이빨로 만든 활촉이 8점 발견되었다. 가장 많은 것은 촉신의 밑부분의 너비를 좁혀 신부와 경부를 나눈 것이다. 촉신의 봉부보다 경부쪽이 더 둥글고 뾰족하다. 오동유적에서는 이빨로 만든 삼각편평 무경촉이 출토되었다. 안면도 고남리유적에서는 사슴뿔을 갈아 만든 유엽형의 살촉이 나왔는데 촉신 단면은 마름모꼴·타원형·장방형 등이다. 뼈살촉은 무구라기보다는 사냥도구로 사용되었을 것으로 믿어진다.

---

2) 三上次男,《滿鮮原始墳墓の硏究》(東京 ; 吉川弘文館, 1961), 454쪽.

라) 뼈찰갑

호곡유적 2기 40호 집자리에서 2점이 출토되었다.[3] 사슴의 늑골로 추정되는 동물의 뼈를 얇게 갈아서 장방형으로 만든 것인데 대칭되는 작은 구멍을 두 줄로 뚫었다. 노끈과 연결되었던 자리는 닳은 흔적이 있다.

나. 농공구

가) 뿔괭이

오동유적에서 출토된 뿔괭이는[4] 사슴뿔로 만든 것인데 끝이 뭉툭하고 몸도 굵어 괭이나 뒤지개로 사용된 것으로 보인다.

나) 송 곳

뼈연모 중 수량이 가장 많은 것이 송곳이므로, 가장 기본적인 공구였을 것으로 믿어진다. 형상이 각색이라 각기 용도에 차이가 있었을 것으로 여기서는 송곳으로 분류한 것만을 다루겠다.

초도유적에서는 78개나 출토되었다. 짐승의 사지골을 이용하여 만든 것이 많은데 자루쪽의 손잡이가 되게 하여 끝만 약간 뾰족하게 가공하여 쓸 수 있도록 하였다. 자루쪽의 끝까지 같은 것도 대부분은 자루쪽을 그냥 놔두어 쥐고 쓰기에 편하게 하였다. 方魚의 갈비뼈 끝을 뾰족하게 갈아 송곳으로 이용한 것도 있다.

서포항유적 아래문화층 집자리에서는 뼈나 뿔로 만든 송곳이 30점 정도 출토되었다. 넓적한 뼈의 끝부분을 뾰족하게 만든 송곳 가운데서 脛骨을 짜개어 만든 것이 집자리마다 1~2점씩 나왔고 척골로 만든 송곳도 여러 점이다. 서포항유적의 위문화층에서도 짐승의 사지골이나 사슴뿔의 한 쪽 끝을 뾰족하게 하여 만든 송곳이 여러 점 출토되었다.

오동유적에서는 뼈송곳이 80여 개나 나왔다. 끝이 가늘고 뾰족한 것도 있으나, 끝이 뭉툭한 것도 있다. 노루·사슴·돼지의 척골을 이용한 것이 많다. 호곡유적에서도 송곳이 80여 점의 송곳이 출토되었다. 고남리유적 출토품은 사슴의 앞·뒷발 등뼈에서 떨어진 격지를 이용한 것으로 믿어진다.

---

3) 황기덕, 앞의 글, 165쪽.
4) 사회과학원 고고학 및 민속학연구소, 앞의 책, 33쪽.

다) 끌

초도유적·서포항유적의 위문화층·호곡유적 등에서 출토되었다. 짐승의 사지골이나 하악골을 이용한 것이 많고, 사슴뿔을 이용한 것도 있다. 사지골의 관절부가 붙어 있는 것도 있다. 날은 대체로 兩刃 또는 蛤刃이며 길이는 10.5~14.5㎝ 정도이다. 기본적인 생산도구라기보다는 가공하는 데 사용한 공구로 보고 있다.

라) 예 새

서포항유적·오동유적에서 출토되었다. 짐승의 뼈와 사슴뿔 등을 다듬어 만든 것이 많다. 뼈를 납작하게 쪼개어 한쪽 끝을 얇게 갈아서 만든 것인데 앞·뒷면에 여러 줄의 홈을 낸 것도 있다. 길이 14㎝짜리도 있다. 토기 施文具로만 사용되지 않고 여러 용도로 쓰였을 것으로 믿어진다.

마) 칼

서포항유적에서 출토된 것이 있다. 멧돼지이빨의 휘인 바깥부분을 갈아 날을 세운 칼이 청동기시대 아래문화층 5호·6호 집자리에서 나왔다. 휘인 두 끝의 길이가 9㎝ 남짓하다. 고남리유적에서도 출토된 바 있다.

다. 어 구

가) 낚싯바늘

서포항유적과 초도유적·호곡유적 그리고 고남리유적 등에서 낚싯바늘이 출토되었다. 낚싯바늘은 크게 두 종류로 나누어 볼 수 있다.5) 하나는 이음식 낚싯바늘(組合式釣針)이고 다른 하나는 보통낚싯바늘(單式釣針)이다.

서포항유적의 청동기시대 문화층에서는 짐승의 뼈나 이빨을 갈아서 만든 이음식낚시가 여러 점 출토되었는데 모두 한쪽 끝을 뾰족하게 하고 다른 쪽 끝은 홈을 치거나 턱을 내어 비끄러매기 쉽게 하였다. 초도유적에서 출토된 활등같이 굽은 연장이라고 보고된 것도 이음식낚싯바늘로 생각된다. 길이는 5~8.6㎝이다. 갈구리모양의 낚싯바늘은 호곡유적 15호 집자리와 고남리유적에서 출토되었는데 호곡 출토품은 뼈로, 고남리 출토품은 멧돼지의 송곳니로 만든 것이다. 모두 미늘은 보이지 않고 위부분의 양측면이 오목하게 되어 있어 묶기 좋게 되어 있다.

---

5) 江坂輝彌·渡邊 誠,《裝身具と骨角製漁具の知識》(東京美術, 1988), 128쪽.

나) 찔개살

길이가 10~16㎝ 정도로 모두 너비가 좁고 길이가 긴 형태로 한쪽을 막대에 묶기 좋게 다듬었다. 초도유적 출토품은 살몸의 1/3쯤 되는 곳을 가늘게 깎은 뒤 짧은 쪽은 넓적하게 갈았고 간쪽은 둥글게 갈았으며 양쪽은 뾰족하게 하였다. 서포항유적에서는 살몸의 횡단면이 원형・반원형・삼각형 등 여러 종류가 출토되었고, 호곡유적에서도 횡단면 삼각형・능형의 찔개살이 출토된 바 있다.

라. 생활용구

가) 바 늘

바늘(裁縫針)은 신석기시대 이래 계속 사용된 생활용구로 평북 미송리유적을 비롯해 초도・호곡・서포항・고남리유적에서 많이 발견되었다.

바늘의 크기는 굵기가 대개 1~2㎜, 길이가 2.5~9㎝ 정도이나 직경이 4㎜, 길이가 15㎝ 이상이나 되는 큰 것도 있다. 날짐승의 뼈, 사슴뿔, 가오리 꼬리 가시 등을 갈아서 만들었다. 대체로 머리쪽을 납작하게 갈고 바늘귀의 구멍을 뚫었는데 구멍이 매우 좁아 가는 실이나 꿸 정도이다. 머리쪽에 구멍을 내지 않고 한 쪽 측면을 오목하게 파내어 실을 동여서 쓰도록 한 것도 있다.

나) 바늘통

바늘통은 초도유적과 서포항유적에서 출토된 것이 있다. 초도 출토품은 짐승의 다리뼈 한쪽을 예리한 날로 여러 번 그어 끊어 통을 만든 것으로 그 안에는 뼈바늘 4개가 들어 있었다. 서포항유적에서는 1호 무덤, 14호・25호 집자리에서 1점씩 나왔는데 모두 날짐승의 다리뼈로 만든 것으로 길이는 14~16㎝, 직경 1.3~1.5㎝ 정도이다. 1호 무덤에서 출토된 바늘통은 표면에 음각으로 기하무늬를 새긴 것이다.

다) 숟가락

숟가락은 초도유적・서포항유적・호곡유적 등에서 출토되었다. 초도유적 출토품은 길이 14.5㎝로 자루에는 위・아래쪽에 모두 음각으로 V자 모양의 무늬를 새겼다. 서포항유적에서는 1호 집자리와 퇴적층에서 1점씩 나왔다. 1

호집자리 출토품은 손잡이가 부러지고 술만 남은 것으로 사슴뿔을 갈아 만든 것이다. 호곡유적의 8호 집자리에서 2개가 나왔는데 그 중 1점은 자루가 가늘고 길며 둥근 날을 가진 것으로 요즈음의 놋숟갈 형태이다.

라) 가락바퀴

실을 만드는 가락바퀴는 호곡유적에서 출토된 것이 있다. 동물의 뼈를 갈아 만든 것으로 원판형이다.

마) 삿바늘

오동유적 8호 집자리에서 나온 것이 있다. 짐승의 다리뼈를 갈아서 화살촉 같이 만든 것인데 끝은 화살촉끝 같고 뿌리쪽에는 잘룩하게 홈을 파서 동여 매는 데 편리하게 하였다. 노끈코를 매어 삿자리를 수선하는 데 사용했을 것으로 보고 있다.

마. 장신구

가) 대롱구슬

서포항유적·초도유적 등에서 출토되었다. 날짐승의 다리뼈 같은 것을 잘라 만들었다.

나) 고리구슬

조개껍질의 정수리부분을 떼어내고 갈아서 둥근고리를 만든 것으로 서포항·고남리유적 등에서 출토되었다.

다) 수 식

짐승 이빨의 뿌리 부분에 구멍을 뚫거나, 넓적한 갈비뼈를 매끈하게 간 뒤 그 가장자리를 톱날처럼 에워 놓은 것, 조개를 굽은 모양으로 갈아 한쪽 끝에 작은 구멍을 뚫은 것 등이 있다. 서포항·호곡·초도·오동유적에서 출토되었다.

라) 빗

오동유적의 8호 집자리에서 출토된 것이 있다. 짐승의 견갑골을 다듬어 만든 것으로 빗살은 톱날처럼 짧으며 고르지 않다. 등쪽은 뼈의 두터운 부분을 이용하였고 살은 얇은 쪽에 줄칼로 톱날을 내듯이 만들었다.

바. 기 타

가) 피 리

서포항유적 청동기문화층에서 출토된 것이 1점 있을 뿐이다. 새다리의 뼈를 잘라서 만든 것으로 한쪽 끝이 일부 파손되었지만 제대로 남은 끝은 비스듬히 갈았고 표면에는 한줄로 일정한 사이를 두고 구멍을 뚫었다. 현재는 13개 구멍이 확인되는데 구멍사이의 간격은 제대로 남은 끝부분이 비교적 넓고 점차 약간씩 좁아 든다. 현재 길이는 13.5㎝이다.

나) 점 뼈

동물의 견갑골을 불로 지져 점을 보던 점뼈(卜骨)로 호곡유적 8호 및 14호 집자리에서 각각 1개씩 출토되었다. 불로 지진 자리가 20개 이상이나 된다.

〈李健茂〉

4) 야금술의 발달과 청동유물의 특징

(1) 청동기의 제작 기술

청동은 신석기시대의 석기에 이어 우리 나라에서 처음으로 사용된 금속이다. 무기류·농기구·공구류·장식품 등에 사용된 청동의 종류에는 동과 주석의 합금인 석청동과 여기에다 납을 첨가한 납청동 등이 있다.

소아시아나 유럽에서는 자연동이나 제련한 순동, 동－비소 합금을 단조하여 사용한 동기시대를 거쳐 청동기시대가 개막되었으며, 초기에는 석청동을, 후기에 납청동을 주조하여 사용하였다. 그러나 우리 나라에서는 처음부터 소수의 동기와 함께 납청동을 사용하였다.

그런데 국내에서 출토된 청동기의 제조에 대한 간접적인 증거로 겨우 몇개의 용범이 나타났을 뿐, 직접적인 증거인 청동의 제련로의 유구는 물론, 銅滓(슬래그)조차 발견된 적이 없다. 따라서 당시의 제련 및 주조 기술을 구체적으로 밝히기는 어려우므로 출토품을 검토하여 후대의 기술과 연관지어 유추할 수밖에 없다.

가. 광 석

가) 동광석

지표에 있는 광석으로는 자연동을 비롯하여 산화광물인 적동석과 탄산염광물인 공작석과 남동석 등이 있다. 자연동은 그대로 사용하여 장식품 등을 제작하였다. 이란 서부의 알리코쉬(Ali Kosh)에서 출토된 기원전 8~6천년기의 구슬이 자연동으로 만든 최초의 제품이다.[1]

우리 나라에서도 자연동은 그 양은 많지 않으나 충청도를 비롯하여 곳곳에서 산출된다.[2] 이 자연동은 그대로 사용되거나 도가니에서 녹여 청동의 원료로 사용하였을 것으로 생각된다.

그러나 자연동은 그 자원이 제한되어 있으므로 동광석을 제련해서 써야 했다. 다행히 지표에 있는 광석은 산화동이거나 탄산동이어서 제련하기가 쉽다. 기원전 3800년에 이란의 테페 야야(Tepe Yahya)에서 출토된 동기가 최초이며,[3] 한편 우리 나라에 발견된 최고의 동제품은 나진 초도에서 출토된 기원전 2000년기의 순동 목걸이 관옥이다.[4]

주로 지하에 매장되어 있으며, 자원이 풍부한 황화광물인 황동석은 제련하기가 까다롭기는 하지만 청동기시대에 이미 제련되었으며[5] 우리 나라에서도 청동기시대에 이미 제련하였던 것이 확실하다. 한편 동은 녹는점이 1,083℃이므로 다른 광석보다 제련하기가 어려웠다.

나) 주석광석

산화광물인 錫石은 우리 나라에서는 강원도와 경북 등지에서 난다.[6] 그 양이 적으나 뒤에 언급하겠지만 납동위원소비로 보아 우리 나라의 것을 사용하였을 가능성이 크다. 한편 러시아의 연해주에는 주석이 풍부하며, 고대

---

1) R. F. Tylecote, *A History of Metallurgy, 1976*, p.7.
2) 자원개발연구소, 《한국의 광물》(자원개발연구소, 1977), 1쪽.
3) C. C. Lamberg-Karlovsky, Excarvations at Tepe Yahya, Iran, 1967~69, *Progress Report I, Bull. 27, Am. School Preh. Res. Harvard, 1970.*
4) 강승남, 〈우리 나라 원시 및 고대 유색금속의 리용에 대한 고찰〉(《조선고고연구》 4, 사회과학원 고고학연구소, 1992), 39~43쪽.
5) R. F. Tylecote, *ibid.*, pp.6~9·16~19.
柯 俊, 〈冶金史〉(《中國冶金史論文集》, 北京鋼鐵學院, 1986), 3쪽.
6) 자원개발연구소, 앞의 책, 115쪽.

청동기에 사용하였는 바[7] 외국에서 수입하였다면 이에 대하여 주목할 가치가 있다.

주석은 녹는점이 232℃이어서 제련하기는 쉬우나 그 자원이 빈약한 데다 편중되어 있어서 동제련보다 늦은, 기원전 1800~1600년 사이에 이란 북서부에서 비롯된 것으로 추정하고 있다.[8]

다) 납광석

황화 광물로서 납광석인 방연광은 자원이 풍부하고, 녹는점이 비교적 낮은 327.4℃로 납의 제련은 주석보다 앞서며, 동보다도 앞설 수도 있다. 소아시아에서는 기원전 5000~4000년기에는 이루어졌을 것으로 추정된다.[9]

나. 광석의 제련

가) 제련 설비

산화물 광석인 적동석이나 탄산염 광물인 동광석과 황화 광물인 방연광은 숯과 섞어, 불을 피워 송풍하면 숯에서 나오는 일산화탄소로 환원되어 손쉽게 금속을 얻을 수 있다. 그러나 황동석은 유황을 배소하여 제거시키거나 또는 2차에 걸쳐 제련하여야 한다.

최근 경주시 황남동 376호 유적에서 기원후 6세기 중엽의 것으로 추정되는 동제련 도가니가 발굴되었다. 〈그림 1〉 및 〈사진 1〉과 같이 토기의 내경은 12cm, 깊이 4cm로서 조사 결과 그릇 안에 동광석 분말과 숯을 넣어 그릇 안에서 숯불로 동을 제련한 것이 밝혀졌다.[10] 한편 기원후 8세기의 경주시 동천동 7B/L유적에서는 크기가 70cm×70cm 정방형 수혈 안에 〈사진 2〉와 같이 내경 13cm, 노벽 두께 3~4cm, 높이 15cm의 작은 동제련로가 출토되었으며, 노의 안쪽 벽에는 약 0.5cm 두께로 동재가 덮여 있었다. 이 노 안에서는 좁쌀만한 구

---

7) Л. В. Конькова, Бронзо－литейное производстЬо, Наука, *1989,* pp.9~31.

8) L. Aitchison, *A history of metals, Vol. 1, 1960,* p.186.

9) T. A. Wertime, Man's first encounters with metallurgy, *Science, Vol. 146, 1964,* p.1262.

10) Ju Choi, The Feature of the Korean Bronze Age－From the Metallurgical Viewpoint, *Proc. The Forum for The Fourth Intern. Conf. on the Beginning of the Use of Metals and Alloys(BUMA－IV), Jan. 16~17, 1996, Shimane Japan, The Japan Institute of Metals,* pp.25~46.

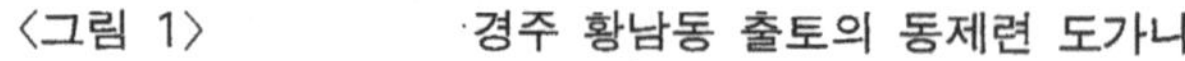
〈그림 1〉 경주 황남동 출토의 동제련 도가니

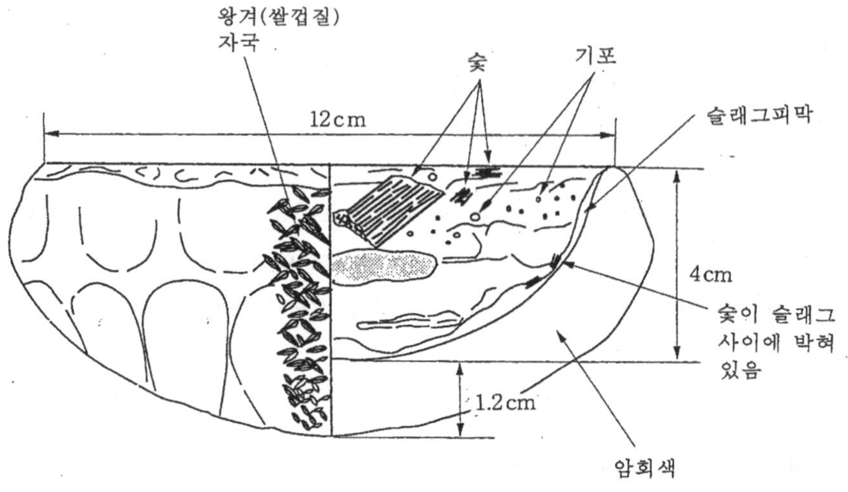

리 알갱이가 흙과 섞여 나왔으며 노 아래쪽에는 풀무 구멍이 있었다.[11]

청동기시대에도 동제련은 주로 질흙 도가니나 움에서 동광석과 숯을 섞어 풀무질을 하여 동을 제련한 것으로 생각되며, 이런 예는 유럽이나[12] 중국에서도 볼 수 있다.[13] 동의 녹는점이 1,083℃나 되는 고온이어서 작은 도가니나 움에서 제련된 동은 일부만이 동입자로 되므로 채로 쳐서 골라내어 다시 도가니에 넣어 덩어리를 얻었다. 이것은 소규모의 동제련 방법이며, 그 후에는 질흙으로 노를 쌓아 제련하였다.[14]

우리 나라에서는 19세기 초에 와서야 네모의 담을 쌓고, 가운데가 움푹한 바닥에 재를 깔고 그 위에 엷게 질흙을 발라 풀무질하여 대량으로 동광석을 숯과 섞어 숯불로 녹여 바닥에 괸 동을 수합하였다고 한다.[15]

---

11) 《朝鮮日報》(1997년 5월 7일).
12) R. F. Tylecote, *The Prehistory of Metallurgy in the British Isles, The Institute of Metals, London, 1986,* pp.97～102.
13) 北京鋼鐵學院, 《中國冶金簡史》(北京 ; 科學出版社, 1978), 22～28쪽.
14) 宋應星 지음 ; 崔　炷 주역, 《天工開物》(傳統文化社, 1997), 314～320쪽.
15) 李圭景, 《五洲書種博物考辨》 銅類, 1098쪽.

〈사진 1〉 경주 황남동 출토의 동제련 도가니

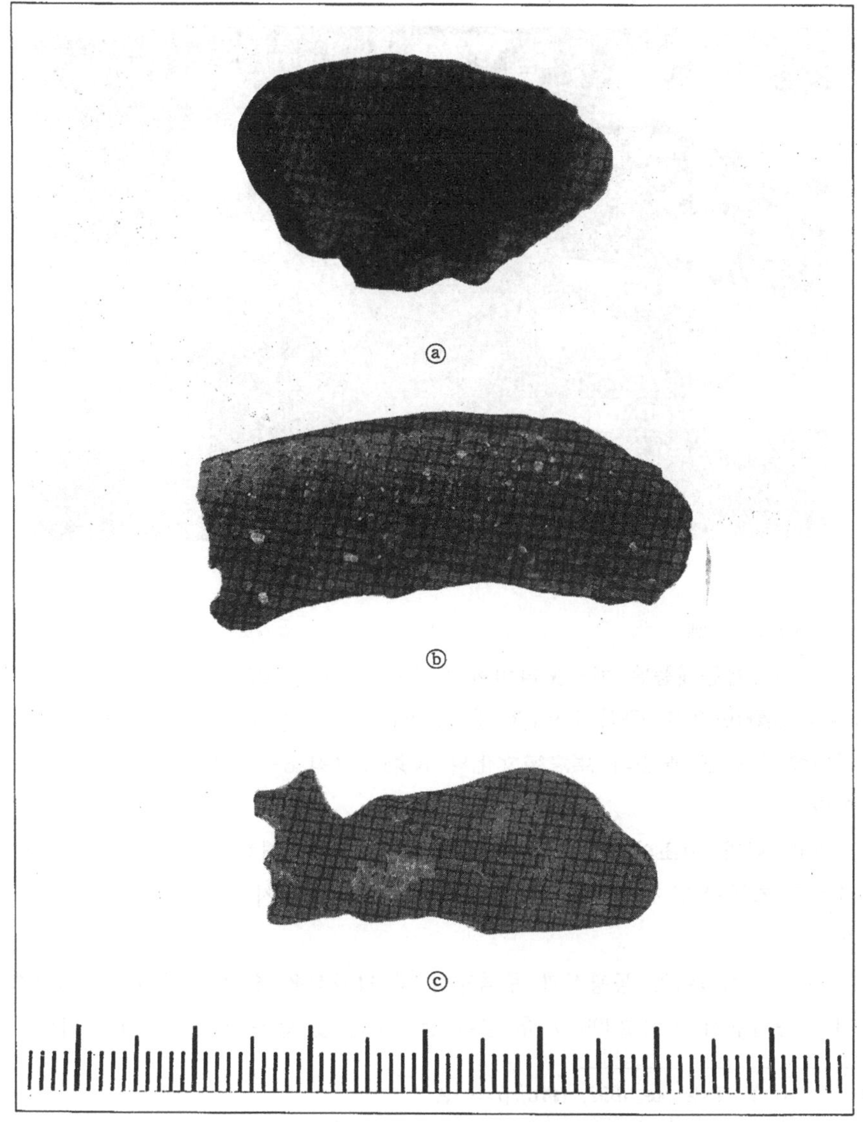

ⓐ 도가니 내벽으로서 동재가 입혀져 있다. ⓑ 도가니의 단면도로서 내부는 화기를 입었으나, 외부는 입지 않았다. ⓒ 도가니 밖에서 나온 입자.

〈사진 2〉 경주 동천동 출토 동제련로

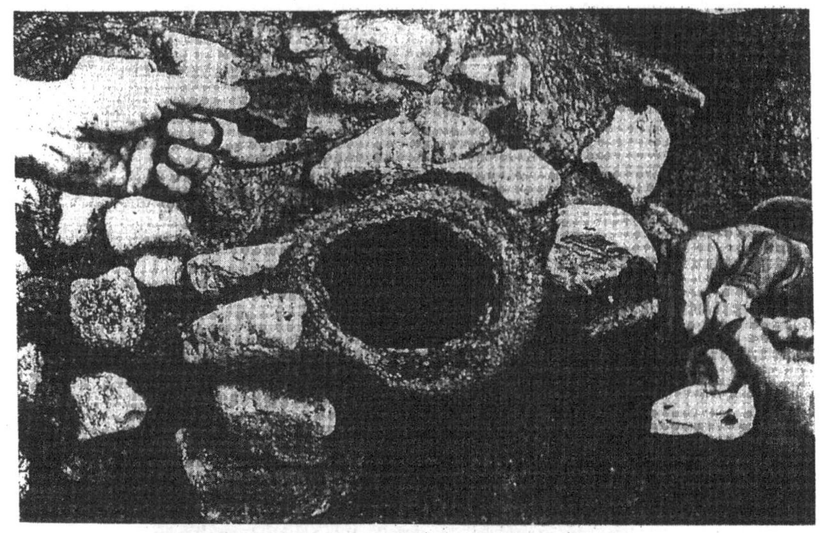

나) 청동의 용해

최초의 청동제품은 메소포타미아의 우르(Ur)에서 출토된 도끼로서 기원전 3500~3200년으로, 주석이 8.1% 및 11.1%가 들어 있다.[16] 한편 중국은 같은 시기에 甘肅省 東鄉의 馬家窯文化의 靑銅刀(주석 6~10%)가 최초의 청동기이다.[17]

우리 나라 최초의 청동기는 기원전 2000년기의 평북 용천군 신암리에서 출토된 청동칼과 청동단추 및 나진 초도의 청동가락지, 청동방울, 장식품 등이다.[18]

청동은 처음에는 동광석과 주석광석 및 납광석을 숯과 섞거나 교대로 쌓아 송풍하면서 녹이고,[19] 그 후 금속 동·주석 및 납을 저울질하여 도가니에

16) R. F. Tylecote, *ibid., 1976,* pp.5~9.
17) 柯 俊, 앞의 글, 2쪽.
18) 강승남, 앞의 글, 39쪽.
19) T. A. Rickard, The primitive smelting of copper and bronze, *Institute of Mining and Metallurgy, Vol. 4, 1935,* pp.227~254.

넣어 청동을 제조하였다. 그러나 광석을 사용하면 조성의 조정이 어렵고, 또한 주석이나 납을 다량으로 넣기가 어렵다. 우리 나라의 청동기 조성을 보면 성분이 조정되었고, 주요 원소의 다량 첨가로 보아 금속을 써서 합금시킨 것이 확실하다.

동은 녹는점이 고온이어서 용해하기가 어려우며, 주조성도 나쁜 반면, 청동은 주조성이 좋을 뿐만 아니라 주석의 함량이 높을수록 녹는점이 낮아져 용해하기가 쉽다. 즉 동에다 주석을 10% 첨가하면 994℃에서 녹고, 20%이면 875℃로 낮아진다.

납을 첨가하면 합금의 녹는점이 더욱 낮아지고, 쇳물의 유동성이 좋아져 주조성이 좋아지며, 그 위에 수축공과 같은 주조 결함을 메우고 표면을 매끄럽게 하며 절삭성이 좋다. 무엇보다 값비싼 주석을 대체할 수 있어서 후기로 내려올수록 납의 첨가량이 증가하는 경향이 있다.

다) 청동기의 원료산지 추정

청동기의 산지를 추정하는 방법으로 1970년대부터 납동위원소비법[20]을 이용한 이래,[21] 그 후 각국에서 이를 활발히 이용하기에 이르렀고, 우리 나라에서는 1980년대에 비롯되었다.[22]

우리 나라 청동기 및 유리에 대하여 그 비를 측정한 결과는 〈표 1〉이며, 이를 납광석과 함께 그림으로 나타낸 것이 〈그림 2〉이다.

---

20) 원자 번호가 82인 납에는 질량수가 각각 204, 206, 207, 208인 네 가지가 있다. 이처럼 원자 번호가 같고 질량수가 다른 원소를 동위원소라 한다. 지구가 47억년전에 생성된 이래 204Pb는 원래부터 있었으나 206Pb, 207Pb 및 208Pb는 각각 238U, 235U 및 232Th가 오랜 기간에 걸쳐 방사성 붕괴를 거듭하여 형성된 것이다. 어느 시기에 납광상이 형성될 때는 우라늄(U) 및 토륨(Th)을 배제하고 생성되므로 그 납의 동위원소의 비는 일정하게 된다. 따라서 어느 납광상의 형성이 오래될수록 206Pb/204Pb나 207Pb/204Pb의 값은 커지게 된다. 이 비를 207Pb/206Pb와 208Pb/206Pb로 나타내어도 지역에 따라 분포가 달라진다.

21) R. H. Brill, I. L. Barners and B. Adams, Lead isotopes in some ancient Egyptian objects, *Recent Advances in Science and Technology of Materials, Vol. 3, 1974,* p.9.

22) 崔 炷·金秀哲·馬淵久夫·平尾良光, 〈옛 韓國 靑銅器에 대한 小考〉(《대한금속학지》 24－4, 大韓金屬學會, 1986), 66~72쪽.

〈표 1〉 한국 청동기의 납동위원소비

번호	자 료	출 토 지	연 대	206Pb/204Pb	207Pb/206Pb	208Pb/206Pb
①	비파형동검	慶北 金陵	기원전 8~5세기	18.0443	0.8635	2.1222
②	비파형동검	全南 麗川	기원전 8~5세기	18.011	0.864	2.123
③	비파형동모	全南 麗川	기원전 8~5세기	18.092	0.859	2.111
④	세 형 동 검	全北 益山	기원전 4~1세기	17.791	0.881	2.170
⑤	세 형 동 검	傳 全南	기원전 4~1세기	19.2665	0.8190	2.0652
⑥	세 형 동 검	傳 全南	기원전 4~1세기	17.7112	0.8740	2.1472
⑦	세 형 동 검	傳 全南	기원전 4~1세기	19.2192	0.8196	2.0675
⑧	세 형 동 검	未 詳	기원전 4~1세기	20.5480	0.7745	1.9872
⑨	동 령	傳 全南	기원전 4~1세기	17.7538	0.8729	2.1539
⑩	청 동 검	未 詳	기원전 4~1세기	17.4020	0.8884	2.1609
⑪	다뉴세문경	忠南 論山	기원전 4~1세기	18.4625	0.8484	2.0988
⑫	대 구 (1)	傳 鳥致院	기원전 1세기	18.209	0.8599	2.1218
⑬	대 구 (2)	未 詳	기원전 1세기	18.1815	0.8572	2.1116
⑭	검 파 두 식	金海 良洞里	기원후 3세기	17.7203	0.8738	2.1641
⑮	대 형 동 모	金海 良洞里	기원후 3세기	17.7405	0.8754	2.1573
⑯	동 경	金海 良洞里	기원후 3세기	17.2955	0.8752	2.1573
⑰	동 모	金海 良洞里	기원후 3세기	17.6548	0.8736	2.1598
⑱	동 천	金海 良洞里	기원후 3세기	17.7619	0.8743	2.1611
⑲	검 병 부	金海 良洞里	기원후 3세기	18.4501	0.8856	2.1646
⑳	청 동 용 기	慶州 壼杅塚	기원후 5세기	17.986	0.8682	2.1343
㉑	청동제소반	慶州 銀鈴塚	기원후 5세기	18.147	0.8617	2.1276
㉒	미륵사유리	全北 益山	기원후 7세기	17.872	0.8809	2.2141
㉓	원주신라종	江原 原州	기원후 8세기	19.562	0.8112	2.0126
㉔	실상사범종	南原 實相寺	기원후 9세기	19.495	0.8129	2.0069
㉕	청 동 뚜 껑	傳 慶州	기원후 9세기	18.673	0.8437	2.0951
㉖	불 상	未 詳	기원후11세기	18.612	0.8468	2.1028

〈그림 2〉에서 중국 遼寧省이나 吉林省의 납광석 측정치를 보면 대부분이 0.87 이상인 것으로 보아[23] 이 값을 경계로 그 이상의 값은 중국 북부산일

23) 張翼翼·邱純一·毛存孝·洪阿實·藿衛國, 〈我國某些方鉛鑛中的鉛同位素分析〉(《地質科學》 2, 1964), 182~187쪽.

〈그림 2〉 한국 청동기의 납동위원소비

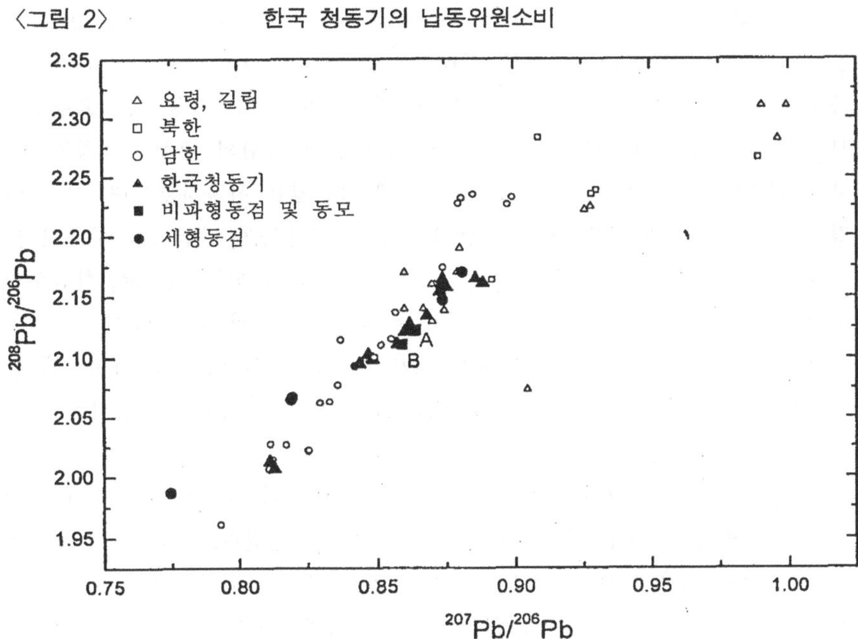

수 있으나 남한의 납광석이나 청동기에도 경계치를 넘는 것도 있어서 고고학적인 검토가 필요하다. 한편 북한의 자료는 얼마 되지 않으나 대체로 북위 37.5°를 경계로 하여 남한과 북한이 다르며, 북한의 비는 대체로 0.87 이상이고 208Pb/206Pb의 값이 비교적 높다.[24] 예컨대 〈표 1〉의 미륵사 유리(㉒)는 그 값이 경계치를 넘고 있지만 중국 것이 아니라 경기도 富平産으로 추정된다.[25]

陳毓蔚·毛存孝·朱炳泉, 〈我國顯生代金屬鑛床鉛同位素組成特徵及其成因探討〉(《地球化學》 3, 1980), 215~229쪽.

馬淵久夫·江本義里·門倉武夫·平尾良光·靑木武夫·三輪嘉六, 〈島根縣荒神谷遺蹟出土銅劍,銅鐸,銅矛の化學的調査〉(《保存科學》 30, 東京 國立文化財硏究所, 1991), 1~19쪽.

24) 馬淵久夫·平尾良光, 〈東アジア鉛鑛石の鉛同位體比〉(《考古學雜誌》 73-2, 1987).

25) 崔 炷·都正萬·金善太·嚴泰允·崔茂藏, 〈韓國 古代 유리의 國內 製造에 對하여〉(《先史와 古代》 1, 韓國古代學會, 1991), 1~7쪽.

이 〈그림 2〉에서 특히 주목할 점은 경북 금릉 출토 비파형동검(〈표 1〉-①; 〈그림 2〉-A)과 전남 여천의 비파형동검(〈표 1〉-②; 〈그림 2〉-A) 및 비파형동모(〈표 1〉-③; 〈그림 2〉-B)이다. 지금까지는 비파형동검은 요령성에서 한반도로 유입된 것으로 보고 있으나, 이들이 남한의 광석 및 청동기와 함께 일직선 위에 놓인 것을 보아 같은 계통의 납을 사용하였으며, 그 값이 경계치보다 훨씬 떨어져, 이들은 남한의 납을 사용하여 남한에서 주조된 것으로 나타난다.[26] 이 비파형동검은 슴베에 홈이 파여 있는 것으로, 한반도의 중서부와 남부에만 출토되는 것도 이를 뒷받침한다고 할 수 있다.[27]

또한 〈그림 2〉에서 경계치를 넘는 김해 양동리의 일괄유물도 남한산의 납이 사용되었다. 고고학적인 견지에서도 〈표 1〉의 검병부(⑲)가 남한산인 것으로 밝혀졌다.[28]

어느 청동기가 남한의 납을 사용하였다고 하면 여기에 쓰인 동이나 주석도 남한산임을 뜻한다. 동·주석광석에는 납을 동반한다. 따라서 중국의 동이나 주석을 사용하였다고 하면 그 속의 납이 동위원소비에 영향을 끼치게 된다. 따라서 당시 남한에서도 동과 주석을 생산한 것으로 추정할 수 있다.

다. 청동기의 주조기술

가) 용 범

청동기시대의 비파형동모·선형동부·동촉·동탁·동과·조문경·동착·동사·날이 좁은 동부·세형동검 등의 용범이 출토되었는데, 그 재료는 송국리출토의 조문경의 편암인 것을 제외하면 모두 滑石이다.[29]

이런 석형은 청동기 초기에 유럽이나 중국에서도 공통적으로 사용하였으며, 그 후 泥范과 銅范이 등장하지만[30] 우리 나라에서는 아직도 이범 등이 발견되지 않고 있다.

---

26) 崔 炷, 〈슴베에 홈이 있는 琵琶形銅劍 및 琵琶形銅鉾의 國産에 대하여〉(《先史와 古代》 7, 1996), 93~102쪽.

27) 李健茂, 〈韓國의 靑銅器文化〉(《特別展 韓國의 靑銅器文化》, 國立中央博物館·國立光州博物館, 1992), 125~132쪽.

28) 尹武炳, 《韓國 靑銅器文化硏究》(藝耕産業社, 1991), 290~300쪽.

29) 姜仁求 외, 《松菊里》 I (국립박물관 고적조사보고 11, 1979).

30) R. F. Tylecote, *ibid., 1986,* pp.81~96.
北京鋼鐵學院, 앞의 책, 28~34쪽.

우리 나라는 세계적인 활석의 자원국으로서,[31] 활석은 다른 석재보다 연하여 동검과 같은 단순한 형태의 모양을 새기기가 쉽다. 쇳물이 용범 속에서 굳을 때 쇳물에서 발생하는 가스가 빠져나가기 어려워 두 짝을 합쳐 그 틈 사이로 가스를 빠져나가게 하거나 또는 단범을 사용하였다. 그러나 몇 번 쓰고나면 변형되고, 또한 형태가 복잡한 기물의 용범은 만들 수 없어서 현재는 자취를 감추었다.

나) 주 조

〈그림 3〉은 영흥 영흥읍에서 출토된 용범이다. ⓐ는 비파형 동모의 반형으로서[32] 동모의 공부는 속이 비어 있기 때문에 여기에는 점토로 된 內型을 끼워서 공부쪽에 주입구를 만들어 쇳물을 주입하도록 되어 있다.

그 뒷면은 ⓑ와 같이 계란 모양의 두께가 얇은 청동기로서 이를 주조하자면 주입구(①)에 쇳물을 주입하여 ②를 채우고 ③으로 흘러나오게 하여 얼마 후 ③의 입구를 질흙으로 막아 주조한다.

〈그림 4〉는 경기도 용인군 초부리에서 출토된 길이 22.5cm의 용범으로 앞뒤에 크기가 다른 세형동검의 반형이 새겨져있다. 단면에는 맞춤선이 새겨져 있어 (a)와 (c), 또는 (b)와 (d)의

〈그림 3〉 영흥 영흥읍 출토의 비파형 동모 및 소품의 용범

31) 한국동력자원연구소, 《자원총람》(한국동력자원연구소, 1990), 504~517쪽.

32) 서국태, 〈영흥읍 유적에 관한 보고〉(《고고민속》 1965-2, 사회과학원 고고학 및 민속학연구소).

〈그림 4〉 용인 초부리 출토 세형동검 용범

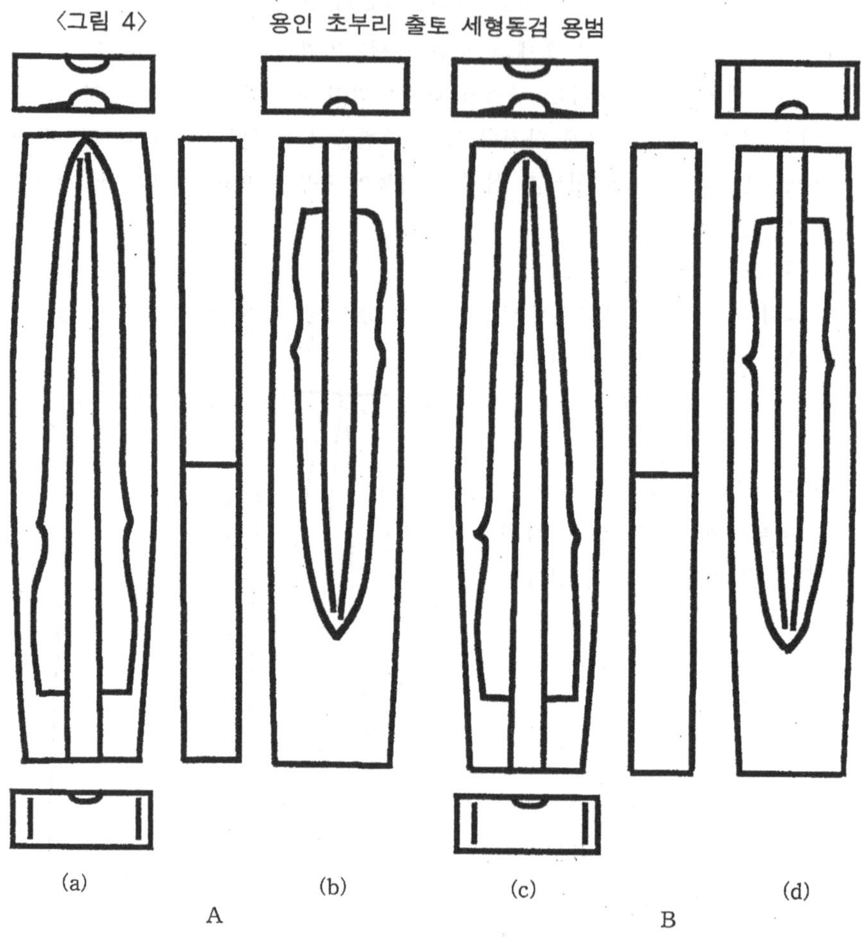

두 면을 맞추어 경부쪽 위에 질흙으로 주입구를 만들어 쇳물을 주입한다. 실제로 복원실험을 해보면 십여 개의 세형동검을 얻을 수 있었으나 그 이상은 틀이 뒤틀려 더 쓸 수가 없었다.

그러나 이러한 석형을 쓰면서도 당시의 주조기술은 매우 우수하였다. 〈사진 3〉은 익산 용제리 출토 세형동검의 미세구조로서 그 구조가 치밀하며 불순물도 거의 없는 우수한 주물이었다.33)

〈사진 3〉 익산 용제리 출토 세형동검의 미세구조

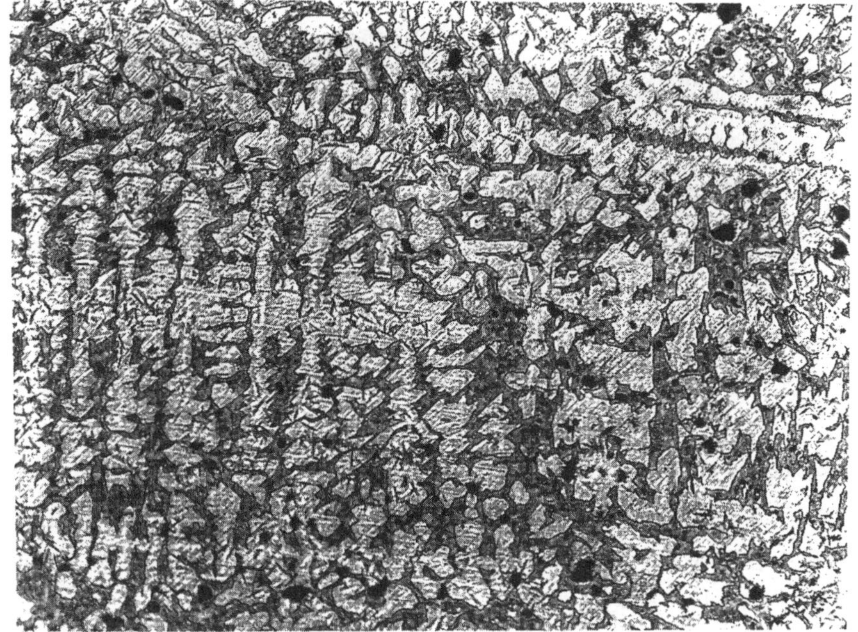

익산 용제리 출토의 세형동검을 200배로 확대한 미세구조로서 흰 부분은 동이 우선 응고한 부분이며, 그 사이의 회색 부분은 주석의 함량이 높은 동의 용액이 응고한 부분이다. 검은 입자는 납의 입자이다.

영암 출토 용범 가운데는 낚시의 단범이 있다.34) 이는 석제의 평판을 그 위에 덮어서 쇳물을 주입하도록 되어 있다. 복원실험을 해보면 두 판이 밀착되었을 때는 쌍낚시의 주물을 얻을 수 없었으나 얇은 판을 두 판 사이에 끼워 쇳물이 판 사이의 틈으로 스며들게 하면 〈사진 4〉와 같이 쌍낚시를 얻을 수가 있었다. 단범 위에 평판을 덮지 않으면 산화가 일어나 표면에 결함이 생긴다.

---

33) 崔　炷·都正萬·金秀哲·金善太·嚴泰允·金貞培, 〈韓國 細形銅劍의 微細構造 및 原料産地 推定〉(《분석과학》 5-2, 한국분석과학회, 1992), 191~197쪽.

34) 林炳泰, 〈靈岩出土 靑銅器鎔范에 대하여〉(《三佛金元龍敎授停年退任紀念論叢》 I, 一志社, 1987), 121~140쪽.

〈사진 4〉 영암 출토의 용범에 따른 쌍낚시의 주조

이처럼 용범 앞뒤에 여러 가지 다른 물체가 새겨져 있는데 그 까닭은 당시의 주조 기술자가 여러 지방을 돌아다니면서 주문에 따라 주조하였기 때문에 용범의 무게를 줄이기 위한 것이다. 또한 양면을 사용함으로써 용범의 변형을 방지하는 효과도 있다.

다) 밀랍법

기원전 4세기에서 기원전 1세기 사이에 제조된 숭실대학교 소장(국보 141호) 다뉴세문경은 고도의 주조기술에 의한 정교한 무늬가 새겨져 있다(〈사진 5〉). 원의 높이는 겨우 0.06~0.08mm이며, 두 원 사이의 간격은 0.7~0.76mm이다. 또한 삼각무늬의 선 높이는 0.04~0.06mm이며, 그 간격은 0.3~0.34mm에 불과하다. 따라서 다뉴세문경을 이범으로 복원할 수 있다는 말은[35] 이런 치밀하고 정교한 거울에는 해당되지 않는다.

그 시기에 만든 전남 출토로 전해지는 〈사진 6〉의 동령도 과학적으로 조사한 결과 밀랍법으로 주조된 것으로 밝혀졌다.[36]

---

35) 中口 裕, 《實驗考古學》(東京 ; 雄山閣, 1982), 202~205쪽.

36) 崔 炷·金秀哲·金貞培, 〈韓國의 細形銅劍 및 銅鈴의 金屬學的 考察과 납同位元素比法에 의한 原料産地推定〉(《先史와 古代》 3, 1992), 510~534쪽.

〈사진 5〉 **다뉴세문경**

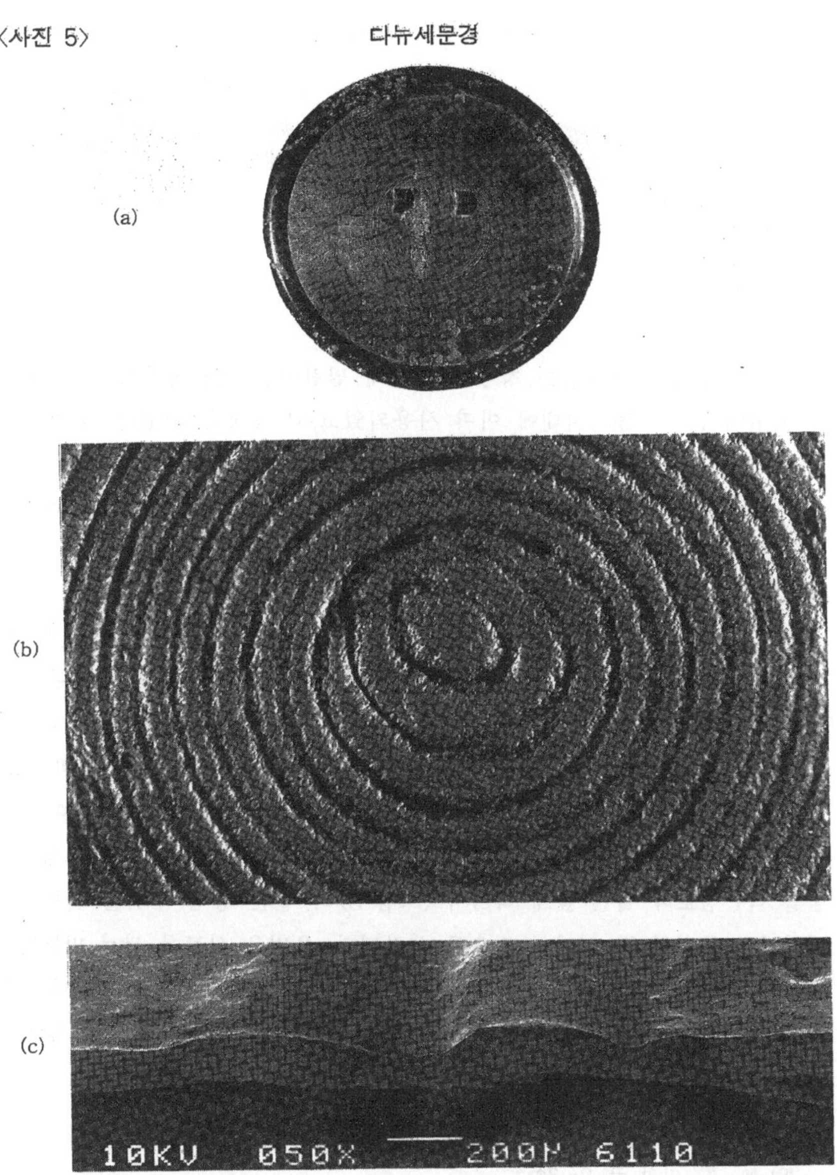

(a) 숭실대 박물관 소장 다뉴세문경이며, (b) 동경의 원무늬를 50배 확대한 것이다.
(c) 레플리카로 본뜬 원무늬의 단면도이며, 이로부터 높이와 간격을 측정하였다.

〈사진 6〉 전남 출토로 전하는 동령

요컨대 우리 나라에서는 청동기 후기에 밀랍법을 사용하였으며, 소아시아나 유럽에서는 청동기시대에 이미 사용되었고,[37] 중국은 기원전 약 430년의 曾侯乙墓에서 출토된 술잔과 쟁반이 밀랍법으로 제조되었다.[38] 한편 일본에서는 야요이시대의 巴形銅器·동탁·동촉 등이 우리 나라에서 전래된 밀랍법으로 제조되었다.[39]

라) 청동기의 보수

청동의 쇳물이 용범에 골고루 들어가지 못하면 청동기의 일부분에 구멍 따위의 결손부가 생긴다. 이런 주물을 다시 주조하자면 비용과 노력이 든다. 또한 청동기의 부품을 주조하여 이를 조립하자면 서로 접합시켜야 한다.

우리 나라 청동기 중에서도 가장 이른 것으로는 경북 청도 출토 비파형동검의 검신에 용접한 부위가 있다.[40] 용접 부위는 빛깔이 붉은 빛을 띠고, 그 경계가 뚜렷하지 못한 것으로 보아 모재보다 녹는점이 높은 저주석 청동 쇳물을 녹는점보다 훨씬 높게 녹여서 〈그림 5〉와 같은 용범 주위를 숯불로 가열하면서 주접한 후 연마한 것으로 생각된다. 용범을 사토를 써서 만들면 석제용범과는 달리 쇳물이 굳을 때 발생하는 가스는 용범 속으로 빠져나간다.

한편 땜질할 때 땜납으로는 녹는점이 낮은 고주석 청동이나 또는 당시 외국에서 이미 사용하던 주석-납의 합금을 썼을 것으로 생각된다.[41]

37) R. F. Tylecote, *ibid., 1986*, pp.83~84.
38) 柯 俊, 앞의 글, 2~3쪽.
39) 中川 裕, 앞의 책, 191~196쪽.
40) 李健茂, 〈靑銅遺物의 땜질技法〉(《三佛金元龍敎授停年退任紀念論叢》 Ⅰ), 169~200쪽.
41) 《中國科學文明史》(臺北 ; 木鐸出版社 영인, 1983), 42~51쪽.

〈그림 5〉 주물의 구멍을 메우는 법

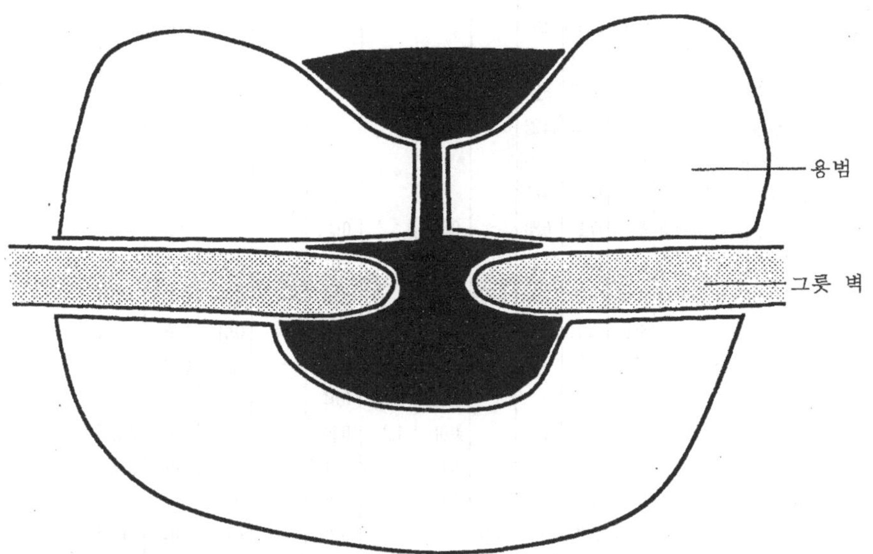

그릇 벽의 구멍에 사토로 용범을 만들어 갖다대고 위에서 녹는점이 높은 주석의 함량이 낮은 청동 쇳물을 부어 구멍을 메운다. 이 때 용범 주위는 불을 피운다.

(2) 청동유물의 성분분석

가. 청동기의 성분

우리 나라 청동기의 성분분석에 대한 연구는 1940년대부터 비롯되었다.[42] 지금까지 공표된 것은 다음의 〈표 2〉와 같이 기원전의 것으로 겨우 40건에 불과하며, 여기에는 비파형동검 2건의 분석례가 최근에 추가되었다.[43]

42) 梅原末治, 《日本考古學論攷》(東京 ; 弘文堂, 1940).
43) 강승남, 〈기원전 1000년기 후반기 우리 나라 청동야금기술의 특징에 대하여〉(《조선고고연구》 1990－4, 사회과학원 고고연구소), 31～36쪽.

〈표 2〉 기원전 한국 청동기의 성분

(wt.%)

번호	품 명	출 토 지	Cu	Sn	Pb	Zn	Fe	As	Sb	Ag	Ni	Bi	Co	기 타
①	비파형동검	신평군 선암리	86.79	6.0	7.0		0.11		0.01		0.025	0.06		
②	비파형동검	의주군	81.97	13.5	4.5							0.03		
③	세형동검	북한	78.20	17.12	4.32		0.05							
④	세형동검	순천	73.14	19.77	6.39									
⑤	세형동검	순천	70.30	14.84	14.22									
⑥	세형동검	평양시	78.09	14.30	8.39									
⑦	세형동검	평양시	75.94	15.08	9.45									
⑧	세형동검	익산 용제리	75.3	17.1	6.80		0.001		0.001			0.01		
⑨	세형동검	신천 석당리	83.33	10.0	6.4		0.09		0.01		0.065	0.05	0.05	
⑩	세형동검	온성 강안리	96.96	0.25	2.0	0.009	0.55		0.09		0.07	0.02	0.05	
⑪	세형동검	신천	83.6	12.0	4.0		0.13		0.15		0.04	0.08		
⑫	세형동검	황주 천주리	84.7	8.0	5.2		0.1	1.4	0.35		0.09	0.08	0.08	
⑬	세형동검	배천 일곡리	88.88	11.0			0.025	0.045	0.04				0.01	
⑭	세형동검	황주 청룡리	78.97	8.5	11.0		0.01	1.2	0.19		0.035	0.07	0.025	
⑮	세형동검	연탄 도치리	92.64	4.0	3.1		0.11		0.01		0.06	0.02	0.06	
⑯	세형동검	사리원시	76.47	12.0	7.0		3.0		1.2		0.1	0.025	0.1	
⑰	세형동검	함주	73.05	20.0	5.0	0.06	0.9		0.2		0.1	0.04	0.05	
⑱	세형동검	함주 조양리	67.28	25.0	7.0		0.09		0.15		0.02	0.04	0.02	
⑲	세형동검	북청하세동리	67.02	25.0	7.0	0.04	0.45		0.3		0.09	0.05	0.05	
⑳	세형동검	낙랑 7호	77.64	8.0	11.0			1.0	0.15		0.1	0.04	0.07	
㉑	세형동검	신천	82.69	13.5	3.5	0.01	0.10		0.17		0.02	0.009		
㉒	세형동검	傳 전남	73.4	18.7	6.86		0.016		0.095	0.09	0.13	<0.01		Mg 흔적
㉓	세형동검	傳 전남	74.0	14.4	10.6	0.003	0.053		0.12	0.13	0.17	0.03		Si 0.17, Mg<0.001 Mn<0.001
㉔	세형동검	傳 전남	71.0	13.6	15.7		<0.01		<0.01	<0.01	<0.01	<0.01		Mn<0.001
㉕	세형동모	은파 갈현리	84.2	8.5	7.0		0.01		0.19		0.035	0.06	0.025	
㉖	동 경	아산 남성리	39.5	27.3	11.4	0.05	0.7							
㉗	동 경	봉산 송산리	42.19	26.70	5.56	7.36	1.05							
㉘	동 경	신천 용산리	79.7	16.0	4.0		0.043		0.15		0.04	0.08		
㉙	도 끼	봉산 송산리	40.55	18.30	7.50	24.50	1.05							
㉚	동 탁	경주 입실리	59.18	29.99	7.72	1.09	0.57		0.90					
㉛	동령(자루)	傳 전남	67.7	17.4	13.30		0.04	<0.05	0.14	0.11	0.16	0.03		Si 0.11, Mn<0.01 Mg<0.001
	〃 (령부)		64.3	19.0	12.1									
	〃 (동구)		69.4	20.0	10.3									Mg<0.001, Mn<0.01

번호	품 명	출 토 지	Cu	Sn	Pb	Zn	Fe	As	Sb	Ag	Ni	Bi	Co	기 타
㉜	원추형식금구	영천 어은동	77.56	15.71	6.08	0.11	0.09	0.38	0.25					Nb 흔적
㉝	장식구	나진 초도	53.93	22.30	5.11	13.70	1.29							
㉞	장식구	나진 초도	83.40	7.20	8.0	0.05	0.12	0.3	0.85			0.08		
㉟	검파형동기	대전 괴정동	56.2	19.9	7.8	0.006	0.2							
㊱	대 구	傳 조치원	86.19	1.68	4.83	0.28	0.54	0.18	0.30	0.16	0.20			A1 1.28
㊲	청동괴	나진 초도	67.23	25.0	7.5	0.05	0.14	흔적	0.24			0.05	0.002	
㊳	물그릇	대동강면 9호분	77.86	14.40	7.38	0.18		0.18	0.96		0.07			
㊴	화장갑	대동강면 9호분	83.51	12.33	1.29	1.47			1.48					
㊵	항아리	대동강면 9호분	77.75	13.88	7.26		0.11	0.11	0.78					
㊶	원판형동기	북청 토성	57.70	25.0	7.0	1.0	2.0	5.0	2.0			0.3		

〈표 2〉를 보면 우리 나라의 청동기는 기원전 2000년기 전반의 나진 초도 출토의 장식구(㉝·㉞)나 북청 토성의 원판형동기(㊶)와 기원전 1000년기 전반의 비파형동검(①·②)을 보면 주석(Sn)이 6%에서 25%까지 다량 첨가되었고, 납(Pb)이 4.5%에서 8%까지 첨가된 납청동이다. 이들은 한결같이 주물이며, 이런 경향은 기원전 1000년기 후반에도 그대로 이어져 왔다. 이것은 소아시아나 유럽의 청동기 후기의 특징과 같다. 중국도 商代 초기 이전에는 납이 3% 미만이거나 석청동이며, 그 후 西周시대에 와서 납청동으로 정착하고 있어[44] 우리와 대조를 이룬다. 〈표 2〉의 분석례 가운데 강안리 출토의 세형동검(⑩)은 동－납합금이며, 일곡리 출토의 동검(⑬)은 유일한 석청동이다.

이로써 기원전 1000년기 전반의 비파형동검의 조성은 이 동검에 이은 세형동검의 성분과 크게 다를 바가 없는, 보아 금속의 조성상 같은 맥락으로 이루어졌음을 알 수 있다.

나. 청동기의 종류에 따른 주요성분의 변화

청동은 주석의 함량이 커질수록 경도가 증가한다. 그러나 무한정 증가하는 것이 아니라 주석의 함량이 약 35%가 될 때까지는 경도가 증가하고, 또 그 함량이 27%까지는 강도가 증가하지만 이 한계점을 넘으면 급격히 떨어져 쉽게 깨진다. 뿐만 아니라 빛깔도 붉은색에서 황색으로 차츰 변하다가, 25%를 넘으면 은백색이 된다.

44) 北京鋼鐵學院, 앞의 책, 22～25쪽.

〈그림 6〉 청동기의 종류에 따른 조성의 분포

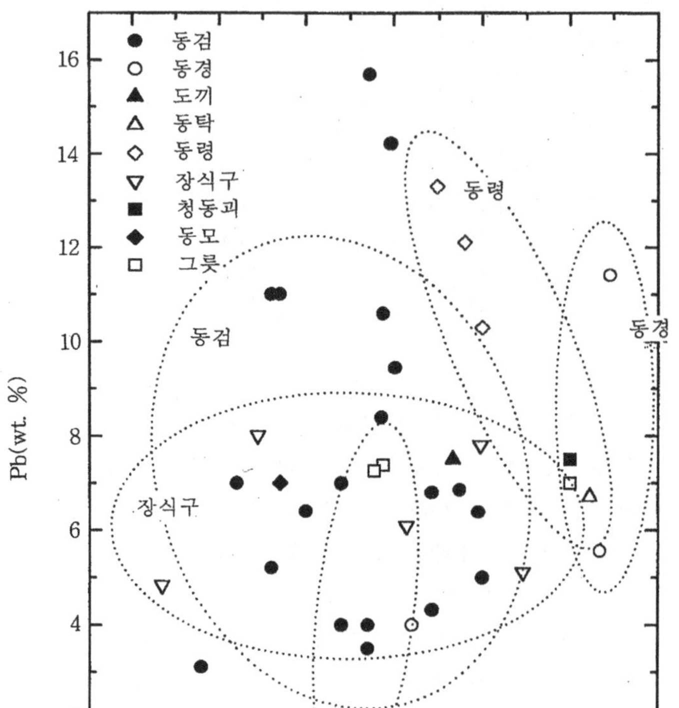

〈그림 6〉은 〈표 2〉의 주석과 납의 함량을 청동기의 종류별로 나타낸 것이며, 〈표 3〉은 〈표 2〉의 강안리 및 일곡리 세형동검을 제외한 청동기의 주요 성분의 최고치, 최저치 및 평균치를 나타낸 것이다.

〈그림 6〉을 보면 청동기가 그 종류에 따라 의도적으로 그 조성이 조정된 것을 알 수 있다. 이로써 당시 사람들이 이미 청동의 성질을 잘 알고 있었다는 것을 알 수 있다.

〈표 3〉 청동기의 종류에 따른 주요 원소의 함량

종 류	구 분	Cu	Sn	Pb
동 검	최 고 치	92.64	25.0	15.7
	최 저 치	67.02	4.0	2.0
	평 균	77.5	14.1	7.5
동 경	최 고 치	79.7	27.3	11.4
	최 저 치	39.5	16.0	4.0
	평 균	53.8	23.3	7.0
장 식 구	최 고 치	86.19	22.30	8.0
	최 저 치	53.93	1.68	4.83
	평 균	71.5	13.4	6.4
그 릇	최 고 치	83.51	25.0	7.38
	최 저 치	57.70	12.33	1.29
	평 균	74.2	16.4	5.7

가) 동 검

비파형동검을 포함한 동검(〈표 2〉-⑩과 ⑬ 제외)의 평균치를 보면 동이 77.5%, 주석이 14.1%, 납이 7.5%인데 각 원소의 변동폭을 보면 동 25.6%, 주석 21%, 납 13.7%이어서 매우 크다. 한편 비파형동검의 평균치를 보면 동이 84.4%, 주석 9.8%, 납 5.8%인데 비해서 후대의 세형동검에서 구리-주석-납 합금(⑩과 ⑬ 제외)의 평균치는 동 76.8%, 주석 14.5%, 납 7.6%이어서 동이 감소한 반면, 주석을 증가시켜 재질의 경도와 강도를 높여서 세형동검이 비파형동검보다 실용적인 것을 알 수 있다. 그러나 비파형동검의 분석치가 겨우 두 건에 불과하고, 또한 〈표 2〉의 세형동검 가운데도 조성으로 보아 의주군 출토의 비파형동검보다 강도나 경도가 떨어지는 동검이 22건 가운데 약 10개나 되어 단정지을 수는 없다.

세형동검의 조성은 〈그림 7〉과 같다(〈표 2〉-⑩ 제외). 이 그림을 보면 4건을 제외하고 모든 동검은 동 70~80%, 주석 5~20%, 납 3~17% 사이에 집중되어 있으며, 그 빈도로 보아 기본 조성은 동 80%, 주석 12%, 납 8%임을 알 수 있다.

〈그림 7〉 세형동검의 조성분포

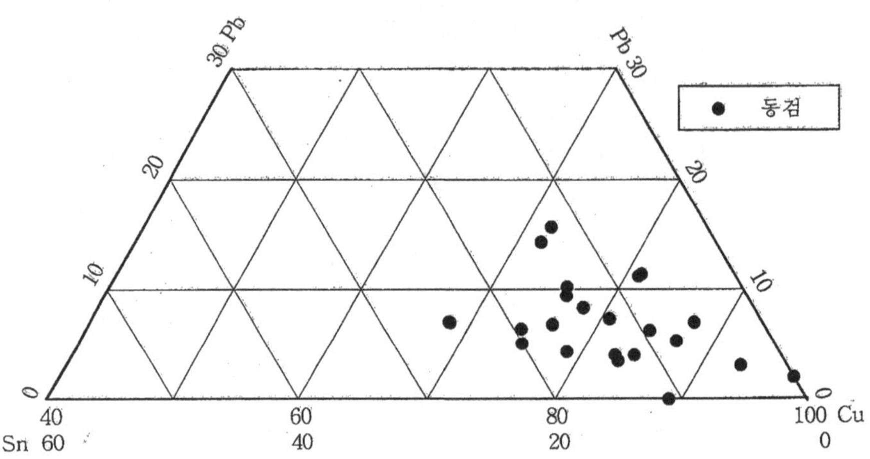

나) 동 경

동경은 분석례가 3건에 불과한데 평균치를 보면 동 53.8%, 주석 23.3%, 납 7.0%이어서 동검에 비해서 동이 거의 30%나 줄고, 대신 주석이 10%나 현저히 증가하였다. 특히 남성리와 송산리의 것은 주석이 25%를 넘는데 이는 동경에서는 강도가 문제가 아니라, 빛의 반사가 목적이므로 주석을 다량 첨가한 것이다. 현재도 망원경용 거울로 고주석 청동을 사용하고 있다. 납의 첨가는 경면 뒷쪽의 무늬가 잘 나타나도록 주조성을 높이기 위한 것이다.

다) 장식구 및 그릇

장식구와 그릇은 알맞은 강도에 좋은 빛깔을 내는 것이 목적이므로 동과 주석의 변동폭이 크다. 여기서 납의 함량을 보면 최대치가 8%이며, 평균치는 6% 내외이다. 이것은 납의 함량이 많으면 편석이 일어나서 좋은 주물을 얻을 수 없다. 이 정도의 납의 첨가는 청동의 주조성과 절삭성을 좋게 하여 마무리 가공을 쉽도록 하였다.

라) 동령과 동탁

동령과 동탁은 경도를 높여서 맑은 소리를 내기 위하여 주석을 동경 다음으로 많이 첨가하였다. 특히 동령은 밀랍법으로 주조하기 위하여 납 12.1%를 첨가하였다. 한편 동탁은 납을 6.7%로 낮추었는데 이는 납이 소리를 감쇠시키기 때문이다.

다. 기타 성분

주성분 이외에 미량 원소인 아연·비소 등은 의도적으로 첨가한 것이 아니고 주성분의 광석 제련시 광석에 공존되어 있던 원소가 불순물로 섞여 들어간 것이다. 대체로 1% 이하이면 불순물로 별다른 의미가 없다. 특히 동제련에서는 동광석에 따라서는 비소는 4%, 주석은 3%까지 함입될 수 있으며, 그 밖에 납·안티몬·비스므트도 섞여 들어간다.[45] 한편 납제련시에는 아연을 비롯하여 은·비소·철 등이 잡입되며, 주석 제련시는 알미늄·실리콘이 섞여 들어간다.

가) 아 연

〈표 2〉에서 황해도 봉산군 송산리 출토의 세문경에서는 아연이 7.36%, 도끼에서는 24.50%, 나진 초도의 장식구는 13.70%였다.[46] 이렇게 아연이 다량으로 첨가된 예는 그 후의 청동기에서는 볼 수 없다. 아연은 녹는점이 419.5℃이며, 끓는점이 906℃이어서 쉽게 기화되어 날아가 금속 아연이 나타날 때까지는 아연의 다량 첨가가 어렵다. 단지 탄산염 광물인 능아연석을 동과 함께 환원 분위기에서 용해하면 아연 증기가 동으로 스며들어 합금의 녹는점을 떨어뜨려 아연 첨가가 이루어진다.[47] 이 방법으로 중국에서는 기원후 11세기 금속 아연이 출현할 때까지 약간의 아연 첨가가 있지만 평균 3%를 넘지 못하였다.[48] 한편 유럽에서는 로마시대부터 18세기에 금속 아연이 출현할 때까지 이 방법이 계속되었다. 동에다 아연을 사용하면 쇳물 속의 산소를 없애주고 합금의 강도를 높일 뿐만 아니라 쇳물의 유동성을 좋게 하여 세밀한 용범의 무늬까지 잘 나타나게 한다. 따라서 당시에 아연을 의도적으로 첨가

45) R. F. Tylecote, *ibid., 1986,* pp.26~31.
46) 최상준, 〈우리 나라 원시시대 및 고대의 쇠붙이유물분석〉(《고고민속》 1966-3), 43~44쪽.
47) R. F. Tylecote, *ibid., 1986,* pp.35~39.
48) R. F. Tylecote, *ibid., 1976,* pp.48~49.

하였다면 이어서 청동 대신에 현대처럼 동에다 아연을 30~40% 다량 첨가시킨 황동을 사용하였을 것으로 보인다. 현재도 값비싼 청동은 값싼 황동을 쓸 수 없는 곳에만 사용하고 있다.

따라서 이런 아연의 첨가는 의도적인 것이 아니고, 능아연석에 의한 우발적인 첨가로 보인다. 우연히 두 곳은 능아연광의 산지이며, 이런 광석에는 철함량이 많은데 〈표 2〉를 보면 송산리나 나진 초도는 철이 1% 이상으로 다른 곳보다 높은 것도 이 사실을 뒷받침한다. 이런 우발적인 다량의 아연 첨가는 중국에서도 기원전 4000년기의 陝西省 姜寨에서 아연이 25.6% 함유된 황동이 출토된 바가 있고,[49] 그 후 상나라 때도 그릇 가운데 청동에 아연이 2.4% 첨가된 예가 있으나 우발적인 것으로 보고 있다.[50]

특히 우리 나라의 방연광에는 예외없이 아연이 공존되어 있어서 아연 3% 미만은 불순물로 첨가될 수 있으며, 청동에 큰 영향을 끼치지 못한다.

나) 기타 원소

〈표 2〉에서 세형동검 3건에 비소가 1~1.4% 함유되었으며, 특히 원판형동기에는 5%나 들어 있다. 동 제련시 황동석을 쓰면 비소는 7% 이하 첨가된다. 이것으로 보아 기원전에 황동석을 제련할 수 있었다는 것을 알 수 있다. 실제로 이런 세형동검에서는 황화물이 검출되었다. 특히 테트라헤드라이트를 사용하면 함경도 북청에서 출토된 원판형동기와 같이 비소 5%는 물론, 안티몬도 2% 첨가될 수 있다.

한편 안티몬이 1% 이상 함유된 것으로 세형동검이 1건, 원판형동기를 포함하여 2건인데 이들은 다 같이 철의 함량도 1% 이상인 것을 보아 테트라헤드라이트를 썼을 것으로 추정된다. 유럽에서도 이런 광석을 썼다.[51]

〈崔 炷〉

---

49) 西安半坡博物館,《姜寨》(文物出版社, 1981), 544~548쪽.

50) Sir Hary Garner, The composition of Chinese bronzes, *Oriental Art, Vol. 6, 1960*, pp.130~135.

51) R. F. Tylecote, *ibid., 1986,* pp.13~15.

5) 토기의 과학적 분석

우리 나라 고고학에 있어서 본격적인 토기의 과학적 분석은 1970년대 후반에 들어서 비로소 시작되었다. 아직까지 고고학적 연구에 있어서 자연과학적 방법이 차지하는 비중이 크다고는 할 수 없지만, 점차 과학적 방법에 대한 인식이 증대되고 다방면에 걸친 시도가 추진되고 있는 추세이다. 여기서는 고고학자료 중에서도 특히 토기를 분석하는 데 이용되는 자연과학적 방법과 지금까지 청동기시대의 토기에 대한 과학적 방법이 쓰인 예를 살펴보기로 한다.

토기를 과학적으로 분석하는 목적은 크게 두 가지로 나눌 수 있는데 하나는 기술발달 과정의 파악이고 다른 하나는 원산지에 대한 추정이다.[1)]

청동기시대의 토기는 크게 無文土器와 紅陶로 나뉘어지는데, 이들에 대한 분석은 현재 태토(바탕흙) 분석이 주류를 이루고 있다.

무문토기가 본격적으로 고고학자들에 의해서 주목을 받기 시작한 것은 영산강유역의 무문토기를 분석하여 그 지역 문화와 기술 발달의 일부로 이해하고자 한 데서 비롯되었다. 주로 쓰여진 방법은 XRD, XRF, SEM, DTA, 암석분석 등이다. 무문토기의 태토는 성분분석을 한 결과 대부분 불순물이 많은 저급점토가 사용되었으며, 주로 쓰여진 광물로는 석영, 장석, 크로라이트(Chlorite), 카오린나이트(Kaolinite), 일라이트(Illite) 등이 있다. 이들의 구성비율은 지역과 시기에 따라 조금씩 다르다. 무문토기의 소성온도는 처음 조사되었을 때에는 573℃를 넘지 않는 것으로 생각되었다.[2)] 그러나 계속되는 조사 결과 그보다 상회하는 것으로 밝혀져 일반적으로 650±50℃에서 소성되었던 것으로 보고 있다. 이런 낮은 온도에서 구워진 토기들은 소성 시간도 길지 않았고 그 구성물 또한 불순물이 많이 섞여있어 치밀하지 않았던 것으

1) 토기분석에 대한 학계의 동향에 대하여는 이 책 Ⅱ편 1장 4)절 (3)항 가운데 '토기 제작기술의 발달'에서 설명되므로 이 글에서는 상술하지 않는다.

2) Choi Mong-Lyong, 〈Analysis of 'Plain Coarse Pottery' from Chŏlla Province, and Implication for Ceramics Technology and so-called 'Yŏngsan River Valley Cultural Area'〉(《韓國考古學報》 10·11, 1981).

로 보인다. 게다가 발굴되는 무문토기의 경우는 땅속에서 오랜 기간 동안 묻혀 있으면서 그 동안에 再水化가 진행되고 유기물이 흡착된 상태이므로 더욱더 태토가 치밀하지 않은 쪽으로 변화가 진행된 것으로 판단된다. 이러한 이유로 우리가 현재 보는 무문토기는 외견상으로도 거친 인상을 주며 잘 부스러지게 된다. 실제 발굴시에도 조금만 잘못해도 여지없이 부스러져 버리고 마는 현상이 일어나게 된다.

이러한 결과로 각 시기 및 지역간의 차이나 기형에 따른 제작 기법의 차이 등을 밝히기에는 아직까지 무문토기의 분석 사례가 많지 않아 그다지 만족할 만한 성과는 나오고 있지 않다. 무문토기의 경우 주요한 분석 예는 다음의 〈표 1〉과 같다.

〈표 1〉

인용 문헌[3]	분석의 목적	분석 방법	결 과
①	광물 입자 확인· 소성 온도 파악	XRD XRF SEM	사용된 점토는 모두 Montmorillonite. α석영의 존재로 보아 소성온도는 573℃ 이하로 추정 胎土補强劑로는 14성분이 확인되었으나 석영과 장석이 주류 높은 Porosity, Shrinkage는 원래 토기가 건조한 곡물 저장용이었음을 알려주며 용량 추정 공식에 대입해 본 결과 기껏해야 1kg 내외가 됨을 알 수 있음

3) 번호로 표시된 문헌의 자료명은 다음과 같다.
① Choi Mong-Lyong, 위의 글.
② Choi Mong-Lyong, 〈The Analysis of Plain and Red-painted Polished Korean Pottery Sherds excavated at Yangp'yŏngni, Chewŏn-gun County, Ch'ungch'ong Pukto Province〉(《東亞文化》 21, 서울大, 1983).
③ 최몽룡·강경인, 〈靈巖 長川里 住居址 出土 無文土器片의 科學的 分析〉(《靈巖 長川里 住居址》 Ⅱ, 木浦大 博物館, 1986).
④ 최몽룡, 〈驪州 欣岩里 先史聚落址의 성격〉(《驪州 欣岩里 先史聚落址》, 三和出版社, 1986).
⑤ 최몽룡·강형태, 〈渼沙里 出土 土器의 科學的 分析〉(《龍巖車文燮敎授華甲紀念 史學論叢》, 신서원, 1989).

인용 문헌	분석의 목적	분석 방법	결 과
②	광물 입자 확인	암석분석	석영·장석이 주광물 붉은간토기에는 석영이 압도적임 (93~94%)
	찱흙·광물 종류 확인	XRD	붉은간토기 : α-석영 민토기 : illite, montmorillonite(≒영산강)
	주요 원소	발광분광분석	16개 원소 확인(≒영산강)
	구운 조건	SEM	토기는 낮은 온도에서 구워졌음을 보여줌 537℃ 이하로 소성 추정
③	광물 조성 석영·장석의 비율	XRD	α-석영, 사장석, 양질의 찰흙으로 만듦 석영 : 장석의 비율은 60~80 : 20~40 muscovite, montmorillonite 확인
	구운 온도 추정	TMA KSL 3120	시료 1, 2, 3, 4, 6 : 750~850℃ 시료 5 : 950±20℃ 5번 토기가 요리하는데 여러 번 이용되어 본래보다 더 단단해짐
④	찰흙·광물종류 확인	XRD OES	α-석영, montmorillonite
	광물 입자 확인	암석분석	석영 : 장석의 비율은 60~75 : 25~40
	토기 구운 조건	SEM	낮은 온도에서 구워진 것임
	쓰임새		흡수율 10%, 수축율 15~20% 마른 곡물 저장 용기
⑤	태토의 성분 파악과 소성온도 규명·비교	XRF XRD DTA	석영, 녹니석, γ-알루미나가 검출 녹니석의 존재로 빗살무늬토기 소성온도는 400~700℃사이 추측 민무늬토기는 807℃이하 DTA에 의하면 530~560℃ 사이로 나타나기 때문에 두 토기의 소성 온도는 큰 차이가 존재하지 않을 수도 있음

⑥ 최몽룡·강형태·신숙정, 〈미사리 출토 토기의 과학적 분석(Ⅱ)〉(《考古歷史學志》 8, 東亞大, 1992).

⑦ 이송래, 〈아산지구 유적유물의 과학적 분석〉(《고창·아산지구 지석묘발굴조사보고서》, 전주시립박물관, 1984).

⑧ 최몽룡·이영문·정창주·강경인, 〈전남 승주, 여천지역 무문토기의 과학적 분석〉(《韓國上古史學報》 14, 1993).

인용 문헌	분석의 목적	분석 방법	결　　과
⑥	토기를 만든 과정 추적 -바탕흙과 토기를 구운 온도 파악	XRF DTA	민무늬토기 구성광물은 석영, 일라이트, 미사장석이며 구성비율은 8：1：1 붉은간토기의 표면은 석영과 적철광의 8：2 혼합물이며 속심은 석영, 일라이트, 미사장석의 6：2：2 혼합물 검은간토기의 속심은 석영과 방해석이 주종을 이루고 있고 표면은 석영과 미사장석의 8：2 혼합물 빗살무늬토기는 칼슘을 다량 함유한 각섬석이 주종을 이루며 석영과 미사장석이 확인되었는데 각각 7－3：2－6：1의 비율
	여러 종류의 토기를 분류할 수 있는 과학적·객관적 기준 마련	비선형 도시법 선형 판별식 분석법	각각의 토기가 나름대로 뚜렷한 군으로 나누어짐을 볼 수 있었고 그것을 수행하는데 적절한 원소를 확인
⑦	바탕흙 조성	암석분석	바탕흙：비짐 70～80：20～30 비짐으로는 심성암·변성암·화산암 약간 운곡리-전북 전 지역에 흔히 보이는 황적색 찰흙이 선사시대 토기제작에는 쓰이지 않음
⑧	바탕흙과 소성온도	XRD, DTA, TMA, SEM	무문토기의 온도 650±50℃ 지역차에 따라 사용 원료의 차이가 있음

한편, 홍도의 경우 홍도의 겉표면에 발라진 붉은 칠은 토기굽기 전에 한 것과 구운 후에 한 것으로 나뉘어지며, 붉은 칠의 성분은 산화철이며 태토는 무문토기와 같다고 본다. 구체적인 성형온도는 firing shrinkage test를 통해서 볼 때 700～750℃가 될 것으로 보았다. 그리고 타지역(진양 대평리)과의 광물 함량의 성분 비교를 해 본 결과 거의 비슷하다고 보았다.[4]

이에 반해서 충북 제원 도화리와 양평리의 홍도에 대해 XRD방법으로 분

4) 이융조·신숙정, 〈제원 황석리 유적 출토의 붉은 간토기와 가지무늬 토기의 고찰〉(《三佛金元龍敎授停年退任紀念論叢》Ⅰ, 一志社, 1987).

석한 연구에 따르면 붉은 칠을 한 토기의 구운 운도는 573℃ 이하이며, 붉은 칠은 구운 후에 한 것으로 보았다.[5] 또한 여주 흔암리 토기에 대한 분석에서는 연구자간의 결과가 상이한데 이것은 분석 도중의 오차라든가 분석방법의 차이에 따른 결과일 수도 있지만, 당시 지역간·집단간의 토기제작의 다양한 양상을 보여주는 것이 된다. 흔암리의 무문토기와 홍도의 태토간의 차이에 관하여 다음의 <표 2>를 참조할 수 있다.

〈표 2〉 흔암리의 무문토기와 홍도 태토의 화학조성

	흔 암 리 (EDAX)									
	1호 집터		2호 집터		11호 집터		12호 집터		14호 집터	
	R-P*	민**	R-P	민	R-P	민	R-P	민	R-P	민
SiO_2	59.84	63.35	59.56	67.58	58.33	64.11	58.84	64.12	58.79	65.25
Al_2O_3	24.89	25.62	29.41	21.08	26.60	20.95	28.07	25.76	28.24	25.80
Fe_2O_3	9.25	5.40	6.41	7.01	8.50	9.18	8.27	5.08	7.81	5.53
K_2O	4.05	3.87	3.14	3.09	3.24	4.36	2.96	3.28	3.07	2.92
TiO_2	1.63	0.63	1.18	0.95	0.91	1.39	1.05	1.04	1.22	0.50
CaO	0.26	0.26	0.31	0.28	0.27	0.60	0.17	0.21	0.20	-
P_2O_5	0.09	0.86	-	-	2.14	-	0.64	0.51	0.65	-
MgO										
FeO										
Na_2O										
MnO										
ZnO										
Ig.Loss										
모듬 W%	100.91	99.99	100.01	99.99	99.99	100.59	100.00	100.00	99.98	100.00

(*. Red-Painted : 붉은간토기, **. 민 : 민무늬토기)

5) 최몽룡·윤동석·이영남, 〈忠北 堤原 陽坪里·桃花里 出土 紅陶 및 鐵製品의 科學的 分析〉(《尹武炳博士回甲紀念論叢》, 通川文化社, 1984). 그리고 최근 남한강유역에서 수습한 홍도는 과학적 분석을 통해 물레를 사용하고 재벌구이를 한 사실이 새로이 밝혀지고 있다(崔夢龍 외, 《南漢江 流域의 先史文化》, 서울대 박물관, 1997, 94쪽).

우리 나라에서 토기에 대한 연구는 대부분 그 외형적인 형태에 나타나는 속성에 대한 형식 분류를 중심으로 하고 있다. 물론 이러한 연구는 고고학적인 연구의 가장 기본이 되는 것이기는 하지만 유물의 보이지 않는 속성, 즉 당시의 문화상에 구체적으로 접근할 수 있는 단서를 제공해 주는 데에는 어느 정도 한계가 있다. 이러한 점에서 유물에 더욱 더 가깝게 접근할 수 있는 자연과학적 방법의 이용이 고고학 연구에서 꼭 필요하다고 생각된다. 그러나 아직까지는 토기에 대한 자연과학자적인 방법이 주로 태토의 분석에 한정되어 있으며, 그나마도 그 연구가 많이 이루어지지 못해서 지역 및 시기 차이를 밝히기에는 부족하다. 그 외의 통계방법의 적용이나 원산지 추정 등의 여러 방법은 아직도 거의 초보단계에 있어서 앞으로 이 방면에 많은 연구가 요망된다.

〈崔夢龍〉

3. 청동기시대의 사회와 경제

1) 생업경제

(1) 생 업

가. 농경문화의 시작

역사발전에 있어서 생산양식의 전환 즉, 기왕의 수렵·채집·어로 등 약탈경제적 생업경제 양상이 農耕에 의한 재생산경제 구조로 전환하게 되는 것은 기본적으로 기반문화의 변화라는 측면에서 나타나고 있다.[1] 이같은 변화의 내용이 자체 발전에 의한 것인가, 외부로부터의 기술유입에 의한 것인가, 또는 새로운 종족의 이동에 의한 것인가에는 여러 의견이 있을 수 있다.[2]

---

1) 金貞培, 〈韓國先史時代의 經濟發展段階試論〉(《歷史學報》 50·51, 1971 ; 《韓國民族文化의 起源》, 高麗大 出版部, 1974).

2) Kroeber, A. L., *Anthropology, New York, Harcount, 1948,* pp.344~571.
문화의 변화에 대해 Kroeber는 Invention(발명), Diffusion(전파), Migration(이동)이란 요소에 의한다고 이해하고 있다.

그런데 우리 나라 청동기문화의 성립은 단순한 發明·傳派의 차원이 아니라 주민의 移動이란 측면에서 이해되고 있다. 대부분 인류사의 커다란 문화적 변혁이 민족이동을 수반하고 있듯이 우리 나라 청동기문화의 기반인 무문토기문화의 한반도 진입 역시 민족의 이동이 강조되고 있다. 이 이동의 양상도 여러 경우가 예상되는데[3] 기본적으로 시베리아 청동기문화와의 관련성이 상정된다.[4] 신석기문화인들의 주된 거주지역이 강변이나 해변인 데 반해 무문토기문화인들의 거주지역이 구릉지역으로 나타나고 있어 이러한 문화변화의 양상이 급격한 변화나 갈등의 경우와는 거리가 있음을 예상할 수 있다.[5] 어쨌든 우리 나라 무문토기문화는 무문토기의 분포가 구릉지대라는 점, 그리고 농경과 관계있는 도구들이 반출되고 주민의 증가와 아울러 청동기를 사용하는 단계로의 전이 등, 이전에 볼 수 없는 특징적 요소가 나타나고 있다.

우리 역사에 있어 현존하는 농경문화의 흔적으로 가장 오래된 것은 황해도 봉산군 지탑리유적이다.[6] 이 유적은 신석기시대 후기의 유적으로 이 이전의 유적에서는 농경관련 유물 및 곡립 등을 확인하기 어렵다. 지탑리유적에서는 조 또는 피 등의 곡립이 확인되고 유물로서는 돌낫(石鎌), 돌쟁기(石犁), 갈돌(展石), 돌도끼(石斧) 등과 둥근밑 빗살무늬토기와 무문토기가 출토되었다.[7]

한편 우리 나라 선사농경에 관한 최근의 연구는 다음과 같다.
池健吉·安承模, 〈韓半島 先史時代 出土 穀類와 農具〉(《韓國의 農耕文化》 1, 경기대 출판부, 1983).
任孝宰, 〈韓國 原始農耕文化의 展開〉(《韓國의 農耕文化》 3, 1991).
金秉模, 〈韓國 青銅器時代 經濟〉(《韓國의 農耕文化》 3, 1991).
安承模, 〈한국 선사농경연구의 성과와 과제〉(《先史와 古代》 7, 韓國古代學會, 1996).

3) Trigger, B. G., *Beyond History : The Method of Prehistory, New York, Holt, Rinehart and Winston Inc., 1968*, p.28.
Trigger는 이동의 경우에도 크게 7가지의 경우를 언급하고 있는데 완전히 주민이 교체한 것인지, 또는 후래자가 선주자의 근처에 거주하면서 동화된 것인지, 또 조직화된 이민이 들어온 것인지 등으로 구분하고 있다.

4) 金貞培, 〈韓國青銅器文化의 史的考察〉(《韓國史研究》 6, 1971).

5) 金貞培, 앞의 책.

6) 도유호·황기덕, 〈지탑리유적 발굴중간보고〉(《문화유산》 1957-5·6) ; 《지탑리 원시 유적 발굴 보고》(유적발굴보고 8, 고고학 및 민속학연구소, 1961).

7) 도유호·황기덕, 위의 글.

한편 곡립은 발견되지 않았으나 농경과 관련된 유물의 존재로 농경을 예상할 수 있는 유적으로서 평남 온천군 궁산리유적을 들 수 있다. 이 유적에서는 석제가래(石楸), 사슴뿔가래(鹿角楸), 사슴뿔굴봉(鹿角掘棒), 뿔낫(猪牙製鎌) 등의 유물과 둥근밑·평평밑의 빗살무늬토기와 무문토기가 함께 반출되었다고 한다.[8] 이와 함께 신석기시대 후기 유적으로서 반월형석도와 돌낫 등의 농구가 발견된 것으로 평북 용천군 신암리유적이 있다.[9] 이 유적의 토기는 평평밑 및 손잡이 등이 있어 무문토기문화와의 접촉을 상정할 수 있다.

이로써 우리 역사에서 농경문화의 시작은 신석기문화 후기부터 진행되었음을 알 수 있다. 이를 바탕으로 북한에서는 신석기시대 초기부터 농경이 있었다고 주장하고, 괭이농사에서 보습농사로 발전한 것으로 본다.[10] 그러나 대부분의 즐문토기시대 유적에서는 유물의 조합에서 농경도구의 비중이 크지 않았듯이 농경이 전체 생계방식에서 차지하는 비중은 미약하다. 따라서 이같은 내용은 단지 식료의 다양성이 증가한 수렵·채집경제 사회의 연속으로 이해된다. 특히 이같은 변화는 무문토기문화의 수용이라는 요인에 의해 나타났음이 주목된다.[11] 즉 무문토기문화의 수용을 통해 농경이 시작되었으며 이는 청동기문화의 기반문화로서 청동기문화 단계에서 본격적인 농업생산이 진행되게 되었다. 무문토기는 마제석기를 반출하거나 청동유물과 함께 반출되고 있어 기본적으로 청동기문화와의 관계를 잘 나타내주고 있다.

특히 무문토기의 분포는 거의 전국적으로 확인되고 있는데 관계유물로서 유구석부와 반월형석도의 존재가 주목된다. 반월형석도는 수확용 도구로서 농경과 관련된 직접적 유물이란 점에서 신석기시대와 구별되는 생업경제의 변화상을 확인시켜 준다. 따라서 이들 유물의 전파경로와 분포양상을 통해 농경문화의 전파경로를 확인할 수 있다. 이같은 관점에서 한반도 농경문화의

8) 도유호·황기덕, 《궁산리원시유적발굴보고》(유적발굴보고 2, 1957).
9) 리순진, 〈신암리유적발굴중간보고〉(《고고민속》 1965-3).
10) 서국태, 《조선의 신석기 시대》(사회과학출판사, 1986).
11) 金貞培, 앞의 글(1971).

전파경로는 초기 농경의 경우 요령지방을 거쳐 육로를 통해 한반도 북부지역으로 연결되었을 것으로 본다.[12] 중국 石刀의 출현은 仰韶文化와의 관계속에서 이해되는데 장방형의 형태에서 점차 반월형으로 변화하였다.[13] 장방형석도의 경우는 조를 중심으로 하는 앙소문화의 전작농업과 관련된 도구로서 우리의 경우 주로 한반도 북부지역에서 발견되고 있어 밭농사 중심의 지역적 내용과도 연결되고 있다. 한편 반월형석도의 경우 황하 하류와 산동성 및 양자강 하류지역에 분포하고 있으며 龍山文化의 내용과 연결되는데 용산문화의 경우 밭농사와 함께 도작농업도 행해졌음이 주목된다. 이 유형의 석도는 평안남도・황해도와 함께 한강유역을 중심한 한반도 남부지역에 분포하고 있다.[14]

따라서 이상 유물의 분포양상을 통해 농경문화의 전파경로를 밝힐 수 있다. 즉 한반도 농경문화의 전파경로는 앙소문화가 요령지방을 거쳐 육로를 통해 한반도 북부지역으로 연결되는 경로가 상정된다. 관련유적의 양상을 통해 확인되고 있듯이 초기 농경문화는 밭농사가 중심이 되었는데 조・피 등이 초기 작물이었고 수수・밀・보리・콩 등이 그 뒤를 이었다.

나. 도작문화

우리의 농경문화의 중심 작목 중의 하나인 벼의 기원은 인도의 동부지방과 서아프리카지방으로 이해되고 있다.[15] 특히 아시아에서는 인도의 동부와 운남지역에서 벼의 야생종이 발견되고 있으며 재배유적의 경우 기원전 2300년경으로 추정되고 있다. 요컨대 벼는 인도 동부에서 동남아시아로 전파되었고 중국의 화남지역과 화중・화북지방으로 확산되었다.

벼의 종류는 두 가지로 나뉘는데 볍씨의 길이에 대한 너비의 비례에 따라 장립형(Indica)과 단립형(Japonica)으로 구분된다. 화남지방에는 장립형, 화중지방은 장립형과 단립형, 화북지방에는 단립형이 재배되었다. 벼는 원래 열대

12) 金廷鶴, 〈經濟生活〉(《韓國史論》 13, 國史編纂委員會, 1983), 171~175쪽.
13) 安志敏, 〈中國古代的石刀〉(《考古學報》 10, 中國科學院考古硏究所, 1955).
14) 金元龍, 〈韓國半月形石刀의 發生과 展開〉(《史學志》 6, 檀國大, 1972).
15) 中尾佐助, 《栽培植物と農耕の起源》(東京 ; 岩波書店, 1973).

성 식물인데 한랭한 화중·화북지방으로 이식됨에 따라 장립형에서 단립형으로 변화해 간 것으로 본다. 한반도에 발견된 도작문화의 흔적은 기원전 10세기경의 평양 남경유적을 지역적 상한으로 하고 있다.[16] 이 지역에서는 23개의 청동기시대 주거지가 확인되었는데 36호 주거지에서 탄화된 곡립 5종류가 보고되었다. 그 내용은 벼·조·수수·기장·콩 등으로, 특히 벼의 확인은 그 위치 등에 의해 큰 주목을 받고 있다. 여기서 발견된 볍씨는 장폭비율이 1.88(길이 4.5㎜ : 너비 2.5㎜)로 단립형에 속한다.

한편 경기도 여주군 흔암리유적에서도 볍씨의 존재가 확인되었다.[17] 볍씨의 장폭 비율은 1.50 내외로서 단립형이다. 이 유적의 연대는 동일지역 채집 시료에 대한 우리 나라와 일본측의 측정 내용에 다소 차이가 있지만 나무나이테측정법에 의한 보완연대는 기원전 13~12세기까지 소급된다.[18] 또한 한반도 남부지역에서 탄화미가 발견된 곳은 부여 송국리유적이다.[19] 이 유적도 흔암리유적처럼 해발 40m 이내의 구릉선상에 위치하고 있는 대규모 취락지역으로 제54지구 1호 주거지, 제50지구 2호 주거지에서 탄화된 볍씨와 토기편에 볍씨자국이 남겨진 것 등이 발견되었는데 장폭비율이 1.79로서 단립형이었다.

이와 함께 전남 나주 다시면 가흥리의 영산강 강안에서도 벼가 채취되었다. 화분분석에 의거해[20] 볼 때 이 벼는 이미 기원전 2천년기 후반에 벼가 재배되었을 가능성을 짐작케하고, 기원전 1천년기 전반에는 중남부지방에 벼농사가 정착되어 차츰 잡곡농사보다 중요한 위치를 차지한 것으로 이해되고 있다.[21] 한편 이외에도 합천 봉계리 선사유적과 전남 소산리·반곡리

16) 김용간·석광준, 《남경유적에 관한 연구》(과학백과사전출판사, 1984).
이 지역은 주위에 청동기시대의 대표적 유적지인 금탄리유적이 존재하는 곳으로 팽이형토기, 반월형석도, 석촉, 방추차, 숫돌, 돌돈, 구슬 등 다양한 유물이 보고되고 있다. 이 곳의 ^{14}C 측정치는 기원전 999년을 보여준다.

17) 서울대 박물관, 《欣岩里住居址》 4(考古人類學叢刊 8, 1978).

18) 崔盛洛, 〈放射性炭素測定年代問題의 檢討〉(《韓國考古學報》 13, 1982).

19) 姜仁求 외, 《松菊里》 Ⅰ(국립박물관 고적조사보고 11, 1981).

20) 安田喜憲 外, 〈韓國における環境變遷史と農耕の起源〉(《韓國における環境變遷史》, 1980), 51~52쪽.

21) 池健吉·安承模, 앞의 글.

유적 등지에서 볍씨편이 보고되고 있어 광범위하게 벼재배가 진행되었음을 확인시켜 준다.[22] 또한 김포군 가현리의 니탄층에서 쌀·조 등이 출토되었는 바 그 탄소연대 측정치가 기원전 2천년에 상당하는 연대치가 나왔으며[23] 경기도 고양군 일산읍 송포면 가와지유적의 토탄층에서도 탄화미 4립이 발견되었는데 이것의 연대치도 기원전 2천년대로 나와 그 상한연대가 점차 상승되어가고 있음을 보여주고 있다.[24] 이같은 사실은 경기도 강화군 우도에서 신석기토기 겉면과 조각 사이에 낀 볍씨자국과[25] 경기도 파주군 도척면 궁뜰에서 채집된 무문토기 밑바닥의 볍씨자국이 장립형으로 이해됨에 따라 종래 한반도의 볍씨는 단립형만이 있다는 견해를 비판하는 입장과[26] 함께 이 지역 일대가 우리 나라 도작의 선착지일 가능성이 높음을 보여주고 있다.[27]

이상의 자료들은 한반도 농경문화 시작과 함께 도작문화의 시기도 신석기시대까지 올려 볼 수 있게 한다. 즉 신석기시대에 벼가 전래되었을 가능성을 보여주는 자료로서 이들 유적의 내용은 확인되고 있다. 그러나 도작은 구체적인 벼재배 기술이 전제된 농업 생산방식이 전제된 것으로 단지 벼가 검출되었다는 사실과는 별개의 문제이다. 다시 말해 향후 계속된 검토를 통해 연구될 사안이지만 현재까지 나타난 내용은 기왕에 알고 있던 시기보다 앞서는 곡물로서의 벼가 존재했다는 사실 이상의 의미를 갖는 것은 아니다.

---

22) 沈奉謹, 〈韓國 稻作農耕의 始源에 관한 硏究〉(《釜山史學》 6, 1982).
———, 〈韓國 先史時代 稻作農耕〉(《韓國考古學報》 27, 1991).

23) 임효재, 〈경기도 김포반도의 고고학적 연구〉(《서울大學校 博物館 年報》 2, 1990), 7~13쪽.

24) 한국선사문화연구소·경기도, 《일산 새도시개발지역 학술조사보고》 1(1992).
이융조·박태식·하문식, 〈한국 선사시대 벼농사에 관한 연구-고양 가와지 2지구를 중심으로-〉(《省谷論叢》 25, 1994).

25) 손보기, 〈우리나라 벼농사의 새로운 사실〉(《東方學志》 54·55·56, 延世大, 1987), 359~367쪽.

26) 손보기 외, 〈서해안 우도의 선사문화〉(《博物館紀要》 3, 檀國大, 1987).
손보기, 위의 글.
한편, 토기편에 남아 있는 볍씨자국은 토기소성시의 수축 등 여러 요인에 의해 원형이 변형될 가능성이 있음이 지적되고 있다(崔盛洛, 《海南郡谷里貝塚》 I, 목포대 박물관, 1987).

27) 任孝宰, 《韓國古代文化의 흐름》(集文堂, 1992), 153~161쪽.

한편 한반도 도작문화의 전파경로에 대해서는 산동반도·요동반도·한반도 서북부로 연결되는 경로를 강조하는 육로전파설과 황해를 통한 해로전파설 및 양지역 동시전파설 등으로 나뉘어지고 있다.[28] 그런데 벼의 자연생장 가능지역이 한반도 중북부를 넘지 못하고 있는 점과 대부분의 도작 관련유적이 이 지역과 일치하고 있으며 《三國志》 등 관련 사료에서도 삼한지역에 '도작'과 관련한 기사가 특기되고 있음을 감안할 때 도작이 한반도 중남부지역을 중심으로 생업경제의 중심 작목으로서의 의미를 확보하였다고 이해된다.[29]

이같이 도작의 전파경로에 대한 3가지 견해는 모두 그 근거로서 관련 유물, 특히 반월형석도·유구석부·토기문화 등의 요소, 그리고 탄화미 및 볍씨자국에 의한 품종논의 등이 연결되어 진행되고 있다. 이 문제는 청동기시대의 문화를 이해하는 문제와 직결되며, 특히 농업생산 및 사회발전의 양상 등을 이해하는 요소로서 작용한다는 점에서 계속적인 검토가 요망된다.

또한 청동기시대의 유적에서 동물뼈에 대한 보고는 개와 돼지를 중심으로 보고되고 있다.[30] 그러나 이들 뼈가 사육을 통해 식량으로 활용된 짐승으로는 보기 힘들다. 이는 당시의 경제생활이 가축을 사육한 단계로 이해하기는 곤란하기 때문이다.[31] 토양의 성질에 따른 부식이 예상될 수도 있지만 기왕의 유적에서 나타난 생활상은 가축사육의 가능성이 희박하다. 오히려 화살촉 등과 같은 유물의 존재는 가축사육의 가능성보다는 수렵을 통한 동물자원의 획득이 예상된다. 가축사육이 농경에 선행한다는 기왕의 통속적 관념은 이미 부정되었듯이[32] 대부분의 무문토기 유적에서 발견되는 화살촉의 존재는 수

28) 이에 대한 연구사적 검토는 沈奉謹, 앞의 글(1991) 참조.
29) 金貞培, 앞의 글(1971).
30) 김신규, 〈우리나라 원시 유적에서 나온 포유동물상〉(《고고민속론문집》 2, 1970). 북한학계는 신석기시대부터 개·돼지 등이 가축으로서 사육되었다고 보고 있지만 식량채집 단계인 당시 사회에서 이들을 사육하기 위해 소요되는 식료가 이들을 통해 얻을 수 있는 식료보다 더 많다는 사실에 의해 이러한 가능성은 부정된다.
31) 金貞培, 앞의 책(1974).
32) Childe, V. G., *Man makes Himself, London, Watt, 1936,* pp.59~86.

렵 및 어로활동을 통한 주요한 동물성 단백질 획득의 수단이었다고 이해된다. 또한 방추차의 존재가 역시 대부분의 유적에서 발견되는 점은 이 시기 농경과 아울러 방직의 기술이 존재했음을 알려주며 다량의 방직과 관련된 도구가 있다는 것은 야생의 식물뿐 아니라 방직에 필요한 식물의 재배 가능성이 높다.

이와 같이 발굴 조사된 유적을 통해 청동기시대 사회의 경제생활을 보면 신석기문화 단계의 채집경제 양상과는 완전히 구분된 생산경제 단계에 진입했음을 보여주고 있다. 종래의 약탈경제 단계의 생계양식이 재생산경제 구조로 재편되어 안정적인 식량자원의 확보를 통한 정착생활과 잉여에 의한 소유차 및 사회집단 구성의 변화 등 앞서의 사회와는 현격한 차이를 보이고 있다.

무문토기가 주로 구릉지대에 분포한다는 점이나 이와 수반하여 몇 가지 고고학적 유물이 함께 출토된다는 사실, 그리고 이러한 모든 상황의 종합적 결론이 농경의 존재를 확인케 한다는 사실은 다분히 농경의 기원지가 구릉지대임을 암시한다고 하겠다. 구릉지대가 농경에 가장 적합하다는 견해는[33] 널리 알려진 사실로 우리 나라 청동기시대에는 이미 폭넓은 원시농경이 이들 지역에서 이루어졌다.[34] 이러한 전반적인 농업활동을 극명하게 묘사한 자료로서 대전 괴정동 출토로 알려진 農耕文青銅器를 들 수 있다.[35] 이 유물에 묘사된 당시 농경활동의 양상을 보면 따비로 밭을 일구는 모습과 괭이로서 땅을 일구는 모습, 그리고 수확된 농산물을 흑도같이 생긴 용기에 보관하는 모습이 남아 있다. 파손된 나머지 부분에는 아마도 씨뿌리는 모습 등이 있었을 것으로 추측되는데 결국 전반적인 농업활동을 묘사하여 모든 농업활동이 원활히 진행되기를 희구하는 내용의 의식용구였다고 이해된다.

---

33) Vavilov, N. I., Studies on the Origin of Cultivate plants, *Bull, Appl. Bot., 16−2, 1926.*
Braidwood, R. J., The Agricultural Revolution, *Scientific American, 1960. Sept. 3.*

34) 金貞培, 앞의 글(1971).

35) 韓炳三, 〈先史時代 農耕文青銅器에 대하여〉(《考古美術》 112, 韓國美術史學會, 1971).

한편 무문토기를 사용한 주민들의 경제양상은 농경과 함께 앞서 지적되었듯이 화살촉이나 어망추 등의 존재를 통해 수렵·어로도 함께 수행하였음을 알 수 있다. 이것은 농경생활의 보조적 경제활동으로 자연환경과 기후의 변화가 주는 영향하에서 그러한 생활형태가 나타났다. 이는 복합적 경제활동의 일반적 현상으로서[36] 무문토기 유적지와 거주지에서 나타나는 화살촉과 어망추는 바로 계절의 변화에 따라 그들의 기호와 양식의 수단으로 등장한 것이다.

농경문제와 관련하여 '新石器革命'의 의미를[37] 우리 나라 선사고고학의 입장에서 재음미해 보면 이른바 중근동이나 서구의 발전단계와 우리와는 일정한 차이가 있음을 지적하지 않을 수 없다. 신석기시대에 양식생산을 통해 새로운 경제양상을 이루었다는 관점의 신석기혁명의 의미는 한국사에 바로 적용하기 어렵다는 사실이다. 비록 우리 나라 신석기시대의 유적·유물에서 원시농경의 흔적을 확인하였다고 하더라도 그것은 농경 발생의 기원이 이미 신석기시대에 시원을 갖는다는 차원의 문제이지 전적으로 생업경제를 논하는 각도에서 볼 때에 식량생산은 무문토기시대에 와서 성립했다고 보는 것이 타당하다.

동북아시아에 있어 중국의 신석기시대의 경제양상은 바로 식량생산의 단계로서[38] 우리와 다른 반면, 일본의 신석기시대는 그 양상이 우리와 유사하다는 점에 전반적 사회양상의 유사성을 발견케 된다. 청동기시대의 경우에도 일본의 야요이(彌生)문화는 우리와 밀접하다. 특히 청동기시대의 경제문제는 단순한 식량생산만의 문제가 아니라 적어도 신석기혁명을 이룩하고 난 다음 대부분의 지역에서 고대문명의 발생이 계기된다는 사실은 청동기라는 새로운 자원을 기반으로 한 사회가 형성된 것과 함께 식량생산을 통한 경제력의 엄청난 증대라는 사실이 전제된 것이었다. 중국의 신석기시대가 식량생산 단

36) Flannery, K. V., Archaeological systems theory and Early Mesoamerica, *Anthropological Archaeology in the Americas, 1968*, pp.67~87.
37) Childe, V. G., *ibid, 1955.*
38) Chang, K. C., *The Archaeology of Ancient China, Yale Univ., 1968.* pp.159~160.

계를 거쳐 청동기문화 위에서 고대국가를 출현시킬 수 있었던 것도 상술한 이유 때문이며 우리 나라와 일본의 고대사회 성립이 중국보다 늦은 이유는 신석기시대에 식량의 생산단계에 이르지 못하고 청동기시대에 와서 생산단계에 돌입했기 때문이다.[39]

(2) 교 역

우리 나라 청동기문화의 전개과정에서 식량생산 단계로의 진입과 발전은 다양한 사회적 변화를 초래하였다. 특히 재생산 경제구조의 발전은 식량의 잉여와 이의 교역 가능성이 제기되며 나아가 청동기와 관련된 물품의 교역이 예상된다. 즉 이의 농업생산물, 권위상징물 및 기타 수공제품 등이 교역되었을 것으로 추정된다.[40]

우선 청동기문화의 대표적인 교역물로는 청동제품과 관련된 물품을 들 수 있다. 청동제품은 실용성 및 의례 관련 용품으로 사용되는 점과 운반의 용이성 등에 의해 가장 중요한 교역품이었을 것이다. 한반도에서 발견된 청동검 및 다뉴경의 경우는 중국의 청동제품과 성분이 달라 자체 원료채굴 및 정련, 제작이 진행되었음이 확인되었다.[41] 그런데 청동기의 분포는 매우 광범하고 수요에 비해 이들을 생산하기 위한 동광 원료지가 제한되고 용범의 반출지역도 극히 제한적이란 사실 등은 이들 생산품의 상당수가 교역에 의해 분산되었다고 이해된다.

현재 확인된 우리 나라의 청동원료 생산지역은 예산일대이다.[42] 이같은 사실은 이 지역을 중심으로 청동원료가 생산되어 중요한 교역품으로서 청동이 생산되지 않은 지역으로 반출되었다고 이해된다. 또한 완제품의 경우에도 중요한 교역품이었을 것이다. 이형청동기와 팔주령 등의 방울류가 한반도 중

---

39) 金貞培, 〈青銅器 文化－生業經濟〉(《한국사》 1, 국사편찬위원회, 1973), 202~203쪽.
40) Chang K. C., Ancient Trade as Economics or as Ecology, *Ancient Civilization and Trade, Univ. of New Mexico Press, 1975,* pp.216~217.
41) 馬淵久夫・平尾良光, 〈鉛同位體比からみた銅鐸の原料〉(《考古學雜誌》 68－1).
42) 金貞培, 〈목지국고〉(《韓國古代의 國家起源과 形成》, 高麗大 出版部, 1986).
예산일대의 지역은(예산・청양・대흥 등) 자연동이 산출되는 지역으로 《世宗實錄地理志》에 경주와 함께 거명되는 단 두 지역으로, 특히 이 일대 예산 동서리, 아산 남성리 등지의 청동기 일괄유물과의 상관성을 보여주고 있다.

남부에서 이 지역을 중심으로 지역적으로 구분되어 나타나고 있는 것에서도 확인된다.[43] 물론 이것이 문화권의 상징으로도 이해될 소지가 있지만 역시 교역의 범주에서 이해될 수 있다.

두만강유역과 동해연안 청동기시대 주민들 사이에서 보급된 크고 작은 흰 연옥제 고리장식품은 이 지방의 청동기시대 주민들이 목단강 또는 송화강 유역의 주민들과 교환관계를 가지고 있었다는 것을 시사해 준다.[44]

한편 북한학계는 상품생산과 교환발전의 초기에 집짐승, 짐승가죽, 쌀 또는 조개껍질 등의 물건이 일반적인 등가물로 나타난다는 점을 전제로 평안남도 및 황해남북도 지방의 신흥동유형의 주거지에서 발견되는 원판형 돌제품을 '돌돈'으로 이해하는 견해도 제시하고 있다.[45]

이같이 우리 나라 청동기문화 단계에서는 초보적이고 한정된 물품이기는 하지만 지역적 정착을 통해 자체 생산된 물품을 다른 지역과 교역하고 있었으며 이는 전쟁을 통한 약탈에 의한 물자확보와 달리 잉여물자의 평화적 분산과 교류라는 내용을 보여주고 있다.

한편 청동기문화 단계의 이같은 농업생산에 의한 잉여와 이의 배분문제, 그리고 대외적 교역의 진행은 이를 조정하고 관리할 재분배자의 존재가 부각되게 된다. 요컨대 단위체의 사회경제적 양상의 변화에 따른 내외적 문제를 합리적으로 조정하여 구성원의 공동이익과 합의를 주도하고 이를 유지하게 하는 존재로서 권위에 기반한 재분배자인 君長의 출현을 예상할 수 있는 것이다.[46]

〈金貞培〉

---

43) 岡内三眞, 〈朝鮮の異形有文青銅器の製作技術〉(《古代東アジアの青銅器製作技術の研究》, 1990), 63~106쪽. 특히 여기서는 동검류와는 달리 이형의 문양이 있는 청동기가 예산 동서리, 아산 남성리, 대전 괴정동, 경주 등지에서 나타나고 팔주령 등의 청동방울류가 한반도 남부에 편중된 점 등을 지적하고 있다.

44) 사회과학원 력사연구소, 《조선전사》 1 : 원시편(과학백과사전출판사, 1979), 217쪽.

45) 사회과학원 력사연구소, 위의 책, 218쪽.

46) Service, E. R., *Primitive Social Organization : An Evolutionary Perspective, New York, Random House, 1962.*
金貞培, 〈君長社會 發展過程 試論〉(《百濟文化》 12, 公州師大, 1979 ; 앞의 책, 1986).

2) 사 회

(1) 사회구성

가. 청동기시대 사회구성 복원상의 문제점

우리 나라 고고학계의 통상적인 시대구분에 따르면, 신석기시대는 바로 櫛文土器文化(빗살무늬토기문화)의 시기이며 따라서 즐문토기문화의 다음에 나타나는 시기부터가 청동기시대가 되고 이러한 청동기시대는 그 안에 철기가 등장하여 확산되면서 初期鐵器時代로 넘어간다고 한다.

청동기시대의 연대에 대하여는 다소의 견해차는 있지만 대체로 신석기시대의 즐문토기문화가 끝나 가는 기원전 15세기를 전후한 때로부터 철기가 들어오는 기원전 300년경을 전후한 시기까지로 보고 있다. 이 시기는 다시 대체로 청동유물 자체의 형식분류를 통하여 전후 두 단계로 나누어지는데, 전기는 소위 遼寧式銅劍을 표지유물로 하는 청동기조합의 시기이며, 후기는 細形銅劍 또는 韓國式銅劍을 표지유물로 하는 청동기 조합의 시기에 해당한다.[1]

전기단계의 요령식청동기 조합은 그 분포의 중심이 현 중국의 요령성지방으로 나타나고 있으며, 요서와 만주 및 한반도를 그 문화권에 포함시키고 있다.[2] 이에 비하여 소위 한국식동검과 그 유물조합은 분포가 한반도 안에 국한되어 나타나고 있다.[3]

이렇게 우리 나라 청동기시대는 청동유물의 출현 및 사용과 그 형식 변천을 기준으로 하여 정립되기는 하였지만 실제 문화의 내용에 있어서는 그 양상이 매우 복잡하다.

따라서 청동유물을 기준으로 하여 설정된 청동기시대의 사회구성을 올바르게 이해하려면, 먼저 청동기시대로 설정된 전기간 동안에 나타난 다양한 문화양태

1) 金元龍, 《韓國考古學槪說》(一志社, 1973), 60~118쪽.
尹武炳, 《韓國青銅器文化研究》(藝耕出版社, 1987), 59~123쪽.
李淸圭, 〈광복후 남북한 청동기시대의 연구성과〉(《韓國考古學報》 21, 韓國考古學會, 1988), 63~84쪽.

2) 박진욱 외, 《비파형단검문화에 관한 연구》(과학백과사전종합출판사, 1987).

3) 尹武炳, 〈韓國青銅遺物의 研究〉(《白山學報》 12, 1972).

와 그들의 변화과정에 대한 전반적이고 총체적인 파악이 선행되어야 한다.

왜냐하면 청동기시대의 개념이란 '청동기의 출현 및 사용과 그에 따른 청동기 기술의 수립과 그러한 청동기술의 영향으로 전개되는 문화형성 과정'이라는 단순하고 일률적인 의미이기 때문이다. 그러나 우리 나라의 선사시대 가운데서 청동기시대로 설정된 기간에 포함된 문화의 내용은 청동기술과 그에 따르는 문화형성 과정뿐만 아니라, 그 유래와 성격, 그리고 담당민족이 서로 다른 여러 갈래의 문화전통과 사회유형이 혼재하고 있으며, 그러한 사회유형·문화전통·담당민족의 차이에 따라서 청동기문화의 성격과 수준과 양상이 차이를 보이기 때문이다.

따라서 일반적인 "한국의 선사시대에는 청동기시대라는 시기가 있었으며, 그러한 청동기시대에 살았던 청동기인들이 각종 청동유물을 사용하였고, 그릇으로 무문토기를 사용하였고 고인돌과 석관묘 등의 무덤을 축조하였으며 한반도와 요령지방을 무대로 稻作을 위시한 농경생활을 영위하였다"는 이해방식으로는 청동기시대의 사회와 문화에 대한 정상적인 이해가 불가능하다.

뿐만 아니라 실제에 있어서 역사적으로 실존하지도 않았던 독자적인 집단으로의 '청동기인'을 상정하여서 그들의 생활에 대한 비실제적이고 일반화된 이야기를 전개하기보다는, 먼저 청동기시대로 설정된 기간에 포함되는 여러 민족과 사회유형과 문화전통을 실제의 역사적인 상황에 맞게 분류 정돈해서 그 각각의 성격과 사회문화적인 한계를 구분하고, 해당 문화내용을 복원해야 할 것이다. 그런 후에 그러한 사실들을 종합적으로 다루어 소위 청동기시대의 사회상 전반에 대한 추론을 도출해야만 현재 청동기시대로 설정한 기간의 사회구성에 대한 올바른 이해가 가능할 것이다.

아무튼 현재 통용되고 있는 시대구분에 따르면, 신석기시대는 기원전 15세기를 전후하여 바로 즐문토기문화와 함께 끝이나고 그 다음부터가 청동기시대의 시작이고 청동기시대는 기원전 3세기를 전후하여 그 안에 철기가 등장하여 확산되면서 초기 철기시대로 넘어가는 것으로 되어있다.

그리고 그러한 청동기시대의 기본적이고 중요한 문화내용으로는 신석기 즐문토기문화의 첨저빗살문토기와는 다른 적갈색평저무문토기의 사용, 각종 발달한 마제석기의 성용, 도작을 포함한 알곡농사의 실시, 정착 취락생활, 무덤으로서의 지석묘와 석관묘 등의 구축, 그리고 청동검과 거울 등을 포함한 각종 청동유물의 사용 등이 열거되고 있다.

이러한 다양한 문화의 내용을 포함하는 청동기시대라는 기간은 이전의 신석기시대의 즐문토기문화가 하나의 사회집단에 속하는 사람들의 문화로 볼 수 있는 반면에 서로 문화전통과 사회성격과 그 유래가 다른 최소한 둘 이상의 민족집단의 문화를 포함하고 있음이 점차 드러나고 있다.

따라서 우선 이러한 민족집단들을 구분하여 각 집단의 고고학적 문화내용을 정돈하여 각각의 사회구성을 복원한 후에 청동기시대 전반의 사회상에 접근해야 할 것이다. 그러한 청동기시대 안에 존재하였던 독립적인 사회집단으로서 지금까지 밝혀진 것으로는 소위 無文土器文化와 遼寧青銅文化, 그리고 韓國式青銅文化를 설정할 수 있다.

무문토기문화는 한반도를 그 문화권의 중심지대로 하고 도작을 비롯한 알곡농경을 주생계로 하였고, 한반도의 평야지대나 구릉지대나 강변퇴적지대에 정착취락을 이룩하였다. 또 지석묘를 주 묘제로 사용하였고, 독특한 평저의 무문토기를 다양하게 제작 사용하였으며, 전무후무하게 각종의 마제석기를 성용하였다.[4)]

한편 요령청동문화란 북한에서는 古朝鮮의 前期文化로 다루어져 왔던 문화로서 지금의 중국 요령반도를 그 문화권의 중심지대로 하여 석관묘나 적석석관묘를 주 묘제로 사용하였고, 각종의 기마용 무기와 마구 부속품을 포함하여 강력한 청동제의 무기를 비롯한 청동이기를 사용하였으며 토기도 일반 무문토기와는 구분되는 소위 미송리식단지라는 독특한 형식의 것을 사용하였던 문화를 지칭한다.[5)] 이 문화의 사회는 잡곡농경과 유목을 혼합실시하였던 것으로 밝혀지고 있다.[6)]

한편 한국식청동문화란 무문토기문화와 요령청동문화가 한반도안에서 接變하여 이룩한 독자적인 청동문화로서 요령식동검과 각종 청동기를 발전시

---

4) 盧爀眞, 〈時代區分에 대한 一見解〉(《三佛金元龍敎授停年退任記念論叢》Ⅰ, 一志社, 1987), 761~762쪽.
5) 盧爀眞, 위의 글, 761~762쪽.
6) 박영초, 《조선인민경제사(원시－고대편)》(사회과학출판사, 1988), 97~98쪽.

킨 세련된 청동기류와 역시 요령지방의 석관묘 전통을 이어 받은 석관묘 묘제와 여기서 발전한 토광묘제, 그리고 토기 일부에서 소위 요령식의 미송리식 전통을 이어 받은 黑陶長頸壺와 粘土帶土器 등에서 요령청동문화의 계승을 보이고 있다. 경기도 양주군 수석리[7]와 서울시 응봉동,[8] 그리고 대구직할시 연암산[9] 등지에서 처럼 한반도의 평안도 이남의 지역에서 정착취락을 이룩하여 도작을 비롯한 정착 알곡농경을 실시하고 적갈색심발형토기와 같은 무문토기문화의 토기와 半月形石刀와 有溝石斧[10] 등의 마제석기를 채용하고 있는 점 등에서 또한 한반도의 무문토기문화를 수용하고 있는 문화이다.[11]

이러한 관점에서 볼 때 소위 청동기시대의 사회구성을 복원하려면 먼저 무문토기문화와 요령청동문화의 사회구성을 먼저 복원하고 나아가서 두 사회의 접변으로 나타난 복합문화인 한국식청동문화의 사회구성을 복원하여야 할 것이다.

나. 청동기시대의 사회구성

가) 무문토기문화의 사회구성

최근 무문토기문화의 독자적인 성격에 대한 인식과 이해가 증가함에 따라 청동기시대와는 별도의 개념으로서 「무문토기문화」, 「무문토기문화기」, 「무문토기시대」 등의 개념을 사용하는 사례가 증가하고 있다.[12]

---

7) 金元龍, 〈水石里先史時代聚落住居址調査報告〉(《美術資料》 11, 1966), 1~16쪽.
8) 橫山將三郞, 〈京城郊外應峰山遺跡報告〉(《史前學雜誌》 2-5, 1930).
9) 尹容鎭, 〈琴湖江流域의 先史遺跡硏究(1)〉(《古文化》 5·6, 韓國大學博物館協會, 1969).
10) 盧爀眞, 〈有溝石斧遺跡의 性格考察〉(《論文集》, 翰林大, 1983), 17~28쪽.
11) 盧爀眞, 앞의 글(1987), 765쪽.
———, 〈韓國의 先史美術〉(《韓國美術史의 現況》, 翰林科學院叢書 7, 藝耕出版社, 1992), 14~15쪽.
12) 尹武炳, 〈無文土器 形式分類試考〉(《震檀學報》 39, 1975).
———, 《韓國墓制의 變遷》(忠南大 人文科學論叢 Ⅱ, 1975).
西谷正, 〈朝鮮考古學の時代區分について〉(《小林行雄博士古稀記念論文》 考古學論考, 平凡社, 1982), 873~892쪽.
盧爀眞, 위의 글(1987), 755~767쪽.
———, 위의 글(1992), 9~33쪽.

이러한 무문토기문화는 '支石墓社會'라고도 할 수 있는데 농경이 가능한 지정학적 조건을 갖춘 한반도의 광역을 문화권으로 하여 도작을 포함한 알곡농경의 실시, 고인돌의 축조, 마제석기의 성용, 무문토기의 사용, 정착취락의 건설 등으로 그 체계를 구성하고 있는 문화이다.

이 문화의 기원이나 또는 담당 사회집단의 출현에 대하여는 별로 연구된 바가 없다. 그것은 이 문화가 바로 청동기시대인들 문화라는 등식 때문에 청동기의 기원에만 연구가 치중되었기 때문이다. 따라서 우리 나라 선사문화의 올바른 복원을 위하여는 이러한 無文土器文化複合의 출현과 형성과정의 구명이 필수적인 과제라 아니할 수 없다.

이와 같이 그 기원과 출현 과정에 대하여는 앞으로의 연구가 기대되나, 이 문화가 기원전 1000년 이전에 이미 한반도에 정착하여 1000년이 넘도록 농경정착 취락이 가능한 한반도의 구석구석으로 퍼져들어갔는 바, 명실공히 우리 나라 전통문화의 原形인 정착 취락 농경생활은 다름아닌 이 문화에 의해 시작된 것으로 보아야 할 것이다.

이러한 무문토기문화의 사회적 성격과 그 구성에 대하여는 특히 그들의 무덤인 지석묘의 성격과 그 구조적인 양상을 통하여 논의되어 왔다. 그러한 사회구성에 대한 이해의 출발점은 이 사회가 장구한 기간 동안 존속한 만큼 시간의 흐름에 따라서 발전되어 갔다는 점이며, 그러한 과정을 어떠한 성격과 체계의 것으로서 인식하고 규정해야 하는가가 논의의 주안점이 될 것이다. 현재 이러한 논의는 크게 두 가지의 입장으로 구분된다.

첫째는 지석묘를 통하여 본 무문토기문화의 사회는 그 성격상 平等社會(Egalitarian Society)라서 비록 사회구성원들 사이에 능력에 따른 상대적인 富의 차이나 행위상의 영향력의 차이는 존재하였으나, 그러한 차이가 계급화를 거쳐서 제도화되고 그러한 제도화된 사회적 신분이 대를 이어서 세습되는

李白圭, 〈漢江流域 前半期 민무늬토기의 編年에 대하여〉(《嶺南考古學》 2, 嶺南考古學會, 1986), 31~58쪽.
安在皓, 〈松菊里類型의 檢討〉(《嶺南考古學》 11, 1992), 1~34쪽.
鄭漢德, 〈嶺南地域 無文土器文化에 관한 몇가지 問題〉(《伽耶考古學論叢》 1, 伽耶文化硏究所, 1992), 1~28쪽.
河仁秀, 〈嶺南地域 支石墓의 型式과 構造〉(《伽耶考古學論叢》 1, 1992), 29쪽.

사회는 아니었다는 관점이다.[13]

따라서 한반도의 곳곳에 독립적인 취락으로 남겨진 당시의 마을공동체에는 물론 마을마다의 우두머리가 있었으며 그러한 우두머리가 마을을 대표하여 마을의 정치적인 문제를 포함하여 마을의 共同事를 관장하였을 것이다. 그리고 그러한 수장은 주민들로부터 위임받은 업무상의 권한을 수행하는 직임을 부여 받은 자로서 마을사람으로부터 원로나 대표자로서의 사회적 인정과 경제적 대우와 인격적인 대접을 받았을 것이다. 그러나 그들이 정치권력을 독점하여 임의로 마을 사람들에게 행사할 뿐만 아니라 그러한 정치적인 특권이 자손에게 세습되는 그러한 신분의 소유자는 아니었다는 것이다. 그 근거로는, 현재까지 나타난 고고학적인 문화내용에서 그러한 지배계급화된 신분이나 사회구성을 보여주는 증거가 없다는 점이다.

다시 말해 무문토기나 각종 마제석기의 일률적인 특색이나 취락 안의 주거지들의 평준화된 규모나 그 안에서 발견되는 물건들에서 특정권력에 상당하는 물적 증거를 찾아 볼 수가 없다는 것이다.

흔히 지배계층의 무덤으로 간주하기 쉬운 거대한 上石을 지닌 지석묘의 경우도 자세히 관찰하면, 오히려 평등사회적인 면모를 지니고 있다. 거대한 상석에 관계없이 그 밑의 매장부의 규모는 권력의 차이를 전혀 보여주지 않는 일률적인 크기를 지닐 뿐만 아니라 그 안에서 발견되는 석기나 토기나 관옥 등의 부장품은 오히려 지석묘 안에 묻힌 자들 사이에는 신분의 격차가 없었음을 반증하여 주고 있다. 나아가서 그러한 지석묘가 당시의 지배계급에 속하는 자들의 무덤이라고 본다면, 한반도에 적어도 6만기 이상으로 추산되고, 전남지방만 국한하여도 16,000기가 넘는 것으로 확인된[14] 지석묘들이 모두 지배계급에 속하는 자들이였다고 보는 것은 매우 곤란하다. 세계의 어느 선사사회에서 피지배자들의 무덤이 마치 전무한 것처럼 아직 발견되지 않고

---

13) 盧爀眞, 앞의 글(1987), 755~767쪽.
Bong Won Kang, A Reexamination of Korean Megalithic Tombs and Social Organization, Paper Presented at the 57th Annual Meeting for the Society for American Archaeology, *Pittsburgh, Pennsylvania, April 8-12, 1992.*

14) 李榮文, 《全南地方 支石墓社會의 硏究》(韓國敎員大 博士學位論文, 1993), 4쪽.

있는 상태에서 지배자 계급에 속한 자들의 무덤만 6만명 이상분이나 발견되고 있는 사실은 고고학적으로 매우 비실제적인 현상이라 아니할 수 없다.

오히려 이러한 지석묘의 편만한 분포현상과 엄청난 숫자에도 불구하고 나타나는 매장부의 일률적인 규모와 부장유물의 성격, 그리고 거대한 상석들이 대체적으로 그 크기가 비슷하다는 사실 등은 그 안에 묻힌 자들이 지배계급에 속하는 소수층이 아니라, 일반 사람들이거나 혹은 일반 사람보다는 상대적으로 대접받던 원로나 마을의 대표자나 혈연으로 구성된 친족사회에서 연장자나 가장의 무덤이었다고 보는 것이 자연스럽다.

설령 거대한 느낌을 주는 상석의 크기 차이가 사회적인 힘의 차이를 실제로 반영하였다고 하는 경우라도 이것은 당시의 마을 사람들 사이에서 인기나 영향력이 커서 많은 사람의 동원이 가능한 경우거나 혹은 부잣집에서는 상석을 큰 것을 쓰거나 하부구조용의 판재를 다듬어 썼을 것이고, 상대적으로 그만 못한 사람이나 집안에서는 보다 작은 상석을 쓰고 하부구조도 근사하게 조립하지 못하였던, 그러한 차원의 사회적 의미를 반영하는 것이라고 보아야 할 것이다.

그러므로 무문토기-지석묘사회는 기본적으로 혈연친족으로 조직된 마을 구성원 모두의 협동농경과 공동생산을 기반으로 하는 취락생활을 영위하였던 호혜평등의 공동체사회였다고 정의할 수 있다. 이러한 성격의 사회에서 가부장적 제도에 따른 가장이나 마을의 원로의 무덤으로서 지석묘가 등장한 것으로 본다.

따라서 이러한 사회구성은 성격상 평등사회요, 체계상 가장이나 원로 신분의 마을대표자와 일반 마을사람들이라는 이원적인 사회구성을 지닌 사회로 규정이 가능하겠다.

한편, 지석묘를 통하여 무문토기사회를 계급사회로서의 族長社會(Chiefdom)로 보는 관점에서는 그 근거로서 지석묘 상석의 거대함이 나타내는 상징적인 권위와 그러한 거대한 상석을 들어올리기 위하여 수십 명 이상의 장정을 동원할 수 있었던 권력자의 존재를 거론하고 있다.[15] 이와 관련하여 무문토

15) 이융조, 〈한국 고인돌 사회와 그 의식〉(《東方學志》 23·24, 延世大, 1980).
崔夢龍, 〈全南地方 支石墓 社會와 階級의 發生〉(《韓國史硏究》 39, 1981), 1~14쪽.

기 주거지들 크기가 일률적인 것처럼 보이고 마제석기와 토기 등의 유물에서 특수한 신분의 상징이 될 만한 특수품이 존재하지는 않지만, 그러한 취락에 속하는 주거지 사이에서도 크고 작은 차이가 나타날 뿐만 아니라, 주거지 안에서 발견되는 유물량의 차이를 무시할 수가 없다. 따라서 이러한 차이는 바로 그 사회가 신분의 분화가 존재하였고, 그러한 신분의 존재는 농경생산물의 분배과정에서 점차 계급화되어 갔을 것이라는 근거에서 지석묘사회의 계급발생을 인정하고 지석묘사회가 언젠가는 계급사회로 발전하였을 것이라는 주장이 있다.16)

즉 원래 무문토기-지석묘사회는 평등사회적인 단계에서 시작하였을지라도 농경생산량의 증가와 그 분배구조의 재편과정에서 당연히 신분의 분화가 나타나고 마침내 계급사회로 보는 것이다.

결국 이러한 양 입장이 어느 한편으로 결말을 보기 위하여는 지석묘뿐만 아니라 무문토기 취락 전체의 발굴을 통하여 그 취락의 구조로 반영되는 사회구성의 체계에 대한 검증이 있어야 할 것이다.17)

다만 현재의 시점에서는 근 1000년간에 걸쳐 한반도에 뿌리를 내리고 발전되어간 무문토기-지석묘사회의 사회구성은 기본적으로 호혜 평등적인 농경취락 공동체였다고 보는 것이 무리가 없다고 본다. 그러한 호혜 평등의 사회체계를 통하여 농경생산력과 생산량이 증가하고 인구증가와 함께 사회의 규모가 성장하여 갔고 그러한 성장과정에서 대소규모의 새로운 사회가 분파하여 갔을 것이다. 나아가 그러한 과정에서 내외적인 요인에 의하여 계급화된 사회구성체로 진전될 수 있는 사회적 잠재력을 키워나갔을 것으로 추정하는 것은 어렵지 않다. 그러나 과연 그러한 잠재적 가능성이 어느 시기에 어떠한 구체적인 사회변동을 통하여 계급사회 체제로 돌입하게 되었는지는 앞으로 다수의 대소 취락들을 발굴하여 그 유적의 구조화 유물상에 대한 상대비교적 추론을 통하여 추적해 볼 과제이다.

———, 《A Study of the Yongsan River Valley Culture》(동성사, 1984).

16) Song Nai Rhee · Choi Mong Lyong, Emergence of the Complex Society in Prehistoric Korea, *Journal of World Prehistory Vol. 6, No. 1, 1992. 3.* pp.51~95.

17) 金元龍, 〈韓國考古學의 成果와 課題〉(《韓國考古學報》 21, 1988), 23쪽.

나) 요령청동문화의 사회구성

요령청동문화를 역사상 고조선의 문화내용으로 간주하고 고조선에 대한 역사기록을 통하여 그에 해당하는 고고학적인 자료를 규정하는 방식이 특히 북한학계에서 통용되고 있다.[18]

그러나 고고학적인 차원에서 반드시 지적해야하고 또 실제로 봉착하는 문제는 고조선이 국가의 면모를 이미 갖추고 난 뒤의 모습을 통하여, 그것도 상당한 시간이 흐른 후에 묘사한 사회문화 내용을 기준으로 해서, 수백 년 이상 걸쳐 성장 발전해 온 요령청동문화의 각 단계별 문화내용과 그 연속적인 전개과정을 하나하나 집어내기란 그렇게 간단치가 않다. 어느 문화에 대한 고고학적인 증거란 항상 그 문화의 시발부터 종국까지의 과정 전체 가운데 한 국면을 보여주는 것이지 마지막 단계의 모습을 보여주는 것이 아니기 때문이다. 따라서 고고학적인 증거들을 기록상의 내용들에 대조해서 상응시키는 발상과 태도는 실제로 전개된 문화의 양태를 왜곡시킬 우려가 있다.

이런 의미에서 고고학적인 자료에 대한 역사학적인 접근이란 매우 조심스러워야 하며, 역사기록에 입각한 설명이 결코 고고학적인 자료의 성격과 사실을 직접적으로는 규명할 수가 없다는 점을 환기시켜야 할 것 같다.

고고학적인 증거를 통하여 요령청동문화의 사회구성을 복원하는 데에는 역시 무문토기-지석묘사회의 사회구성을 추정하는 것과 같은 자료의 한계가 나타난다. 우선 요령청동문화의 경우는 유적이 무덤으로 한정되어 있다. 따라서 요령청동문화의 사회구성 문제는 무덤의 구조와 부장품의 성격을 통하여 파악해 나아갈 수밖에 없는데, 이러한 무덤 가운데 가장 뚜렷하게 그 성격을 보여주는 것이 崗上墓와 樓上墓이다.[19]

이 무덤은 墓主의 커다란 무덤곽과 그 주위의 부장품곽과 순장 인골곽으

18) 사회과학원 고고학연구소, 〈기원전 천년전 전반기의 고조선문화〉(《고고민속론문집》 1, 력사연구소, 1969).
——, 《고조선문제연구론문집》(1977).
——, 앞의 책(1987).
——, 《조선고고학개요》(1989), 120~158쪽.
박영초, 앞의 책, 128~224쪽.

19) 朝中合同考古學發掘隊, 《崗上·樓上 : 1963~1965 中國東北地方遺跡發掘報告》(社會科學院出版社, 1966).

로 구성된 積石石棺墓라는 무덤구조와 함께 신분의 상징인 다량의 각종 청동제품과 무기를 부장하고 있어 그 사회가 분명한 계급사회였음을 확실하게 보여주고 있다. 이러한 무덤의 주인공들이 청동검과 도끼와 활로 무장하고 기마를 행하던 강력한 무사였음을 보여주는 증거는 요령청동문화의 여러 무덤에서 출토된 청동기를 통하여 충분히 입증되고 있다.

그러한 각종의 청동제 무기는 당시 요령사회의 주민 모두가 습용하던 일상용품은 아니었다. 그리고 요령청동검을 위시한 각종 청동기가 매장된 요령지방의 대소 석관묘들은 지배계급에 속하는 자들의 무덤이라는 점에서 요령사회는 기본적으로 계급사회였으며 그러한 계급사회로 등장하게 된 결정적인 계기로서 청동기의 제작과 사용의 독점을 지적하기는 어렵지 않다. 즉 청동기가 등장하기 이전의 요령지방의 원주민은 청동기의 등장을 계기로 계급사회로 전환하였으며 따라서 요령청동사회는 시작부터 계급적인 성격을 지닌 사회구성체였다고 본다.

이러한 청동기의 소유에 대한 사회적인 독점과 발맞추어서 심화된 요령청동사회의 계급적 사회구성은 철기술의 도입과 대내외적인 정치적 요인에 의하여 일관성 있게 진화과정을 밟아 나아갔다. 그리하여 종국에는 최고 통치자인 왕과 무사를 포함하는 지배관료계급과 일반평민층과 노예층이라는 4계급체제의 국가구조를 완성시켰으며, 그러한 최종적인 국가단계의 사회구성과 사회상에 대한 설명을 일부기록을 통하여 알 수가 있다.

그러한 계급화 과정의 초기단계는 강력한 무기를 포함하여 각종 청동기를 독점하여 기득권을 확보한 무사계급과 그에 속하지 못하는 일반평민층이라는 이원적인 사회구성이었으며, 여기에서 나아가서 무사계급 안에서 권력의 차등이 나타나고 그에 따른 위계가 수립되고 일반평민층안에서도 계층화가 심화되어 노예층까지 분리되는 계급화의 확대 편성과정을 거쳐 국가체제로 나아갔을 것이다.

이와 같이 요령동문화는 청동기 자체가 다름아닌 계급화의 動因이 됨으로써 처음부터 계급사회로 출현하여 자체 발전적으로 국가체제로 완성되어갔으며, 무문토기문화와 마찬가지로 그 역동적인 과정을 시간적인 흐름에 맞추어서 복원하는 것이 앞으로의 과제이다.

다) 한국식청동문화의 사회구성

한국식청동문화는 기존의 무문토기사회의 농경생활과 정착 취락생활을 더욱 발전시켰으며, 무문인들이 사용하던 심발형무문토기 등의 토기와 유구석부나 반월형석도 등의 마제석기도 사용하였다. 한편 이들은 요령청동문화의 청동검과 거울이나 도끼 등의 청동이기를 더욱 정교하고 세련되게 제작하여 사용하였으며, 무덤으로는 무문인들의 토착묘인 지석묘 대신 요령청동사회의 석관묘전통을 채택, 사용하였다.[20]

한반도 안에서의 한국식동검문화의 태동은 요령청동문화의 한반도 이주를 통한 토착무문인들과의 융합에서 시작한 것으로 보이는데, 그러한 과정은 강력한 청동무기로 무장하고 기마에 능하고 전투적이고 계급적인 사회구조와 생활습관을 지닌 요령청동인들이 한반도의 무문농경사회 안으로 진입해 들어와서 그들과 하나의 복합사회를 이룩하면서 농경민화되어간 것으로 보인다.[21]

그리하여 새로운 농경복합사회에서 지배자계급으로 군림하게 된 청동인들은 과거 자신들이 전투와 생존에서 필수불가결한 수단과 도구로 사용하였던 무기를 더욱 호사스럽고 세련된 수준으로 변신시킴으로써 신분과 권력의 상징구로서 패용하였다. 한국식동검문화의 청동기가 요령청동기들보다 더욱 세련되고 발전된 모습을 보이는 것은 다름아닌 한반도 안에서 새롭게 상승시킨 신분의 발현이라고 보는 것이다.

다시 말하면 소위 요령식청동 유물조합에 비하여 한국식청동기 조합에 속하는 동검과 정문경과 각종 의례용 청동기들의 수준과 기능상의 특징이 전자에 속하는 마구부속품을 위시한 각종 실용적인 무기류와 비교할 때 현격한 차이를 보이는 것은, 단지 요령청동문화가 자체적으로 발전하여 후자의

---

20) 盧爀眞, 앞의 글(1987), 764~765쪽.

21) 盧爀眞, 위의 글, 764~765쪽.
——, 앞의 글(1992), 11~24쪽.
Hyunk Jin Ro, *A Revised Framework for Korean Prehistory, Pacific Northeast Asia in Prehistory : Hunter-Fisher-Gatherer, Farmers, and Sociopolitical Elites, Washington State University Press, Seattle, 1992,* pp.209~213.

경지에 도달하였다는 점진적 논리만으로는 설명이 되지 않는다. 왜냐하면 그러한 현격한 변화의 배후에는 그에 상응하는 사회문화적인 현상이나 역사적인 사건이 전제되어야만 하는 것이기 때문이다.

즉 요령청동인들은 한반도에 들어와서 마주치는 무문인들과 융합하면서 그들과 함께 하나의 사회를 이룩하였고, 그 사회의 지배계급으로 군림한 후에 순전한 농경민화되어 갔으며 그 결과 기마를 이용하여 실전에서 사용하였던 청동기들도 농경지대인 한반도 안에서는 점차 그 실효성이 줄어 단지 그들의 출자와 신분의 상징구로서 점차 비실용적인, 그러나 훨씬 더 정교하고 높은 수준의 사회적 도구로 변모되어간 것이라고 생각된다. 한반도 안에서는 바로 이러한 한국식청동문화의 단계에서부터 본격적인 계급적 복합사회가 이룩된 것이라고 볼 수 있을 것이다.

요컨대 기원전 10세기 이전부터 한반도를 중심으로 하여 평등적인 성격의 무문토기사회와 요령지방을 중심으로 하는 계급적 성격의 청동기사회가 병존하였으며, 소위 세형동검 유물조합이 출현하는 기원전 4세기를 전후하여 요령청동 문화집단의 한반도 진출을 계기로 하여 두 사회가 융합함으로써 한반도 최초의 계급적 복합사회인 한국식청동문화 사회가 성립되었다고 본다. 이러한 한국식청동문화 사회는 곧 철기를 수용하면서 '국가'라는 '계급사회의 완성'을 향하여 급속하게 발전하여갔던 것이다.

(2) 의식과 신앙・예술

가. 의식과 신앙

무문토기문화나 한국식청동문화가 모두 농경사회의 문화였다는 점에서 농경행위와 관련된 의식과 신앙행위에 대한 고고학적인 증거들이 남아 있을 것으로 예상되지만 실제로 나타난 사례는 빈약하다. 또한 요령청동문화의 경우는 기마와 유목의 요소가 나타나고 있어 한반도의 정착 농경문화의 의식과 신앙행위와는 구분해서 이해해야 한다.

무문토기-지석묘사회의 의례행위와 연관된 고고학적인 증거로는 우선 지석묘를 들 수 있다. 지석묘 자체가 무덤이고 이는 동시에 血緣親族共同體에서 바로 자신들의 祖上墓에 해당하기 때문에 전통적인 농경사회에서 나타나는 조상 숭배사상이 바로 지석묘에 반영되어 나타났을 것이다. 지석묘의 상석이 매우 거대하다는 점에서 그 밑에 묻힌 자의 사회적인 권위와 존경심의 정도도 짐작할 수 있는 동시에 거기에 묻힌 조상의 위엄과 그에 대한 숭배심의 표현으로 볼 수 있기 때문이다.

뿐만 아니라 농사의 주기와 관련하여 마을 단위의 공동 의례행위가 실시되었을 것이다. 경남 고령 양전동에서 발견된 암각화의 태양과 조상의 얼굴 및 천체를 추상화한 것 같은 조각들은 그러한 농경의례 행위시의 제단 같은 역할을 한 것으로 보인다.[22]

한편 요령청동문화의 청동기 가운데는 마면장식이나 마구부속품에 사슴이나 말 같은 각종 초원동물들을 장식문양으로 사용하고 있는데[23] 이러한 요소들은 요령청동문화의 북방유목민족인 요소를 보여주는 것으로서 시베리아 일원의 수렵민과 유목민족들의 동물 숭배사상과 토테미즘 전통을 이어 받고 있음을 보여주고 있다.

한국식청동문화의 시기에는 요령청동문화보다 비교적 많은 숫자의 청동유물에서 의식행위의 증거를 엿볼 수가 있다. 먼저 잔줄무늬거울과 동령 등에 각선된 방사상의 선문들은 태양과 태양빛의 방사 상태를 표현한 것으로서 이는 농경사회에서의 농업생산을 좌우하는 태양에 대한 숭배신앙의 발로로 보인다.

또한 소위 劍把形銅器[24] 안에 새겨진 사람의 손이나 사슴은 요령식동검문화의 동물상징 전통을 이어받은 것으로서 토템신앙의 유습이라 할 수 있다. 즉 손은 당시 마을지배자의 명령과 권위 또는 그러한 지배자에게 위임된 부족신이나 血祖의 상징이며, 사슴 또한 과거의 토템 숭배사상에서 비롯한 특정 동물을 그대로 지배자나 부족의 상징으로서 채택하고 있는 것이다.

---

22) 李殷昌, 〈高靈良田洞岩刻畵調査略報〉(《考古美術》 112, 1971), 24~40쪽.
———, 〈內谷洞 무문토기유적의 발견조사〉(《韓國考古學年報》 8, 서울大 박물관, 1981), 22~28쪽.
金元龍, 〈藝術과 信仰〉(《韓國史論》 13, 國史編纂委員會, 1983), 321~329쪽.
23) 조선유적유물도감편찬위원회, 《조선유적유물도감》 2 ; 고조선·부여·진국편(1989).
24) 韓炳三·李健茂, 《南城里石棺墓》(국립박물관 고적조사보고 10, 1977), 도면 5·12·13.

이러한 상징적 표현들은 농경민 사회의 조상 숭배신앙으로 이어져서 자기들이 속한 혈족의 시조나 혈통 자체에 대한 계승의 징표로서 부족 안에서 승계되어 갔을 것이다.

따라서 마을의 전주민이 모여 마을의 운명이나 전주민의 공동 관심사에 대한 의식행위를 실시할 때 이러한 상징이 함축된 청동기를 당시의 마을지도자가 태양을 상징하는 문양을 새긴 잔줄무늬거울을 패용하고 의식행위를 시행하였을 것이다.

이와 관련하여 農耕文青銅器[25]로 알려진 동기에는 솟대신앙의 원형이라 할 수 있는 새 두 마리가 나무가지 위에서 마주보고 있는 모습과 그 이면에 농부가 따비로 밭을 경작하는 장면의 조각을 담고 있다. 이 조각품은 당시 사회의 농경신앙의 대표적인 표현으로서 이것을 패용하고 의례행위를 시행하였을 것이다.

한마디로 우리 나라 청동기시대의 신앙과 의례의 전통은 기본적인 농경전통 안으로 유목전통이 들어와서 안주하는 흐름을 보여주고 있다.

나. 예 술

청동기시대의 대표적인 예술로는 암각화와 각종 청동기의 조각이 있으며, 소수의 동물이나 사람모양의 토우와 토기문양 및 토기 자체를 들 수 있다.[26] 이러한 예술의 전통에 대하여는 대체로 북방계통으로 보고 그러한 북방적인 특색을 한국 청동기시대 예술의 성격으로 규정하는 것이 일반적이다.

그러나 이러한 한국청동기시대 예술의 성격과 내용을 보다 자세하게 이해하려면 이 또한 무문토기문화와 요령청동문화와 한국식청동문화의 세 단위의 관계를 통하여 이해하는 것이 합리적이다.

무문토기문화는 문화성격상 남방농경문화 전통이 강하며 요령청동문화는 북방청동문화 전통을 이어받은 것이고 나아가서 양 문화전통이 한반도 안에서 융합하여 나타난 한국식청동문화 안에 양자의 특색이 어떻게 융화되어 있는가의 관점에서 청동기시대의 예술을 접근해야 한다.

---

25) 尹武炳, 앞의 책(1975), 24쪽.
26) 盧爀眞, 앞의 글(1992), 9~30쪽.

이렇게 볼 때, 우선 북방전통에 속하는 예술품으로는 역시 각종의 청동기와 암각화를 들 수 있다. 암각화 중 가장 대표적인 울주 반구대 암각화는 수렵과 어로의 암각내용과 쪼고 파고 문지르는 암각 수법이나 소위 뢴트겐식 투사 표현방식 등에서 시베리아 일원의 수렵·어로문화권의 암각화가 근동의 동단까지 남하한 예로 보고 금속기를 이용한 것으로 보이는 각석 기술과 弩의 조각 등의 내용으로 볼 때 청동기시대 또는 그 이후로 내려오는 것이다.[27]

이 밖에도 제단으로 추정되는 고령 양전동의 동심원과 괴면을 배치한 추상적 기풍의 조각[28]과 신라까지 내려볼 수 있는 동심원과 능형문 등의 각종 선문으로 구성한 울주 천전리 암각화[29]도 이러한 북방적 추상예술의 기풍을 이어받은 것으로 분류될 수 있다. 이러한 북방적인 추상의 정수는 역시 다뉴세문경을 위시한 동령구·검파형동기·방패형동기 등에 구성된 체계적인 기하문과 神面 모양의 얼굴, 동물과 새 등을 장식한 청동검파두식과 帶鉤를 들 수 있다.

한편 이러한 북방적인 청동문화와 대조하여 남방적인 무문토기문화의 예술의 정수로서는 흔히 간과하기 쉬운 순전한 성격의 무문토기를 들어야 할 것이다. 전시기의 즐문토기가 그 시대의 대표적인 미술품으로 거론되어 왔던 반면에 청동기시대의 무문토기가 거의 거론되지 않았던 것은 무문양의 평범함 때문이기도 하지만, 북방계가 분명한 청동유물에 관심이 치우쳐 왔기 때문이다. 그러나 무문토기의 순전한 무문양의 표현은 그 심미적인 감성이나 표현의 의도에 있어서 요란한 전면 시문의 즐문토기에 대등한 대조적인 미적 가치를 담고 있는 것이다.

---

27) 蔚州 盤龜臺 岩刻畵에 대하여는 다음의 연구가 있다.
文明大, 〈蔚州의 先史時代 岩刻壁畵〉(《文化財》 7, 文化財管理局, 1973).
黃龍渾, 〈韓半島 先史時代 岩刻의 製作技術과 形式分類〉(《考古美術》 127, 1975), 2~14쪽.
金元龍, 〈蔚州盤龜臺岩刻畵에 대하여〉(《韓國考古學報》 9, 1980), 6~22쪽.
黃壽永·文明大, 《盤龜臺岩壁彫刻》(동국대, 1984).

28) 李殷昌, 앞의 글, 24~40쪽.
金元龍, 앞의 글(1983), 173~174쪽.

29) 文明大, 앞의 글, 33~40쪽.

이와 같이 청동기시대로 일반화시킨 시대 안에는 무문토기로 상징되는 남방적인 예술성의 흐름과 각종 청동기의 추상장식과 암각화로 나타나는 북방적인 흐름이 끊임없이 교차하여 독특한 한국형의 남북복합형 예술전통으로 발현하게 되었던 것이며, 이러한 남방적인 흐름과 북방적인 흐름과의 끊임없는 교류가 농경 정착문화의 바탕 위에서 전개되어 가면서 우리 나라 예술의 독특한 전통이 수립되었다.

(3) 의식주생활

우리 나라 전통문화의 原形은 바로 무문토기문화에서 찾을 수 있다. 우리의 전통문화의 원형을 쌀농사를 위주로 한 정착농경을 생계의 기반으로 하는 촌락공동체로 본다면 그 전형적인 패턴이 비로소 무문토기문화에서 나타나 청동기시대의 기간 동안에 완성되었다.

한반도의 도처에 농경과 정착취락이 가능한 강변의 평야지대와 저구릉지대와 골짜기 사이사이의 저평한 대지 위에 이룩된 요즈음의 동족부락 공동체와 동일한 취락입지와 사회구조를 갖춘 사회의 원형은 바로 무문인들의 취락과 사회이다. 전통가옥인 초가집도 바로 무문인들의 장방형 수혈주거지에서 발전한 것이다.

우리의 전통적인 주거생활의 집락형태나 입지조건도 무문인들의 입지와 집락형태와 동일하며 따라서 과거 역사시대에 자연농경 취락이 자리잡았던 한반도 곳곳이 무문인들의 터전이라고 간주해도 과언이 아니다.

또한 정착 취락생활에서 요구되는 다종다양한 생활용기들의 기본형도 무문인들이 사용한 각종의 토기에서 대부분을 찾아볼 수 있으며, 비록 돌을 갈아서 만든 도구들이지만 웬만한 철제의 농기구와 목공구의 전신도 또한 무문인들의 마제석기에 나타나고 있다.

사회생활의 측면을 보아도 농경생활이 요구하는 마을 단위의 협력체제와 공동 노동방식이 무문인들 때부터 시작하였으며, 따라서 고고학적인 자료의 제한과 부재로 청동기시대의 사회와 생활상을 복원하기가 어려우나 그러한 청동기시대 이래의 우리 나라의 전통 농경생활 패턴을 염두에 두면 훨씬 가깝게 청동기시대 사람들의 삶을 이해할 수 있을 것이다.

가. 무문토기사회의 의식주생활

청동기시대에 살았던 사람들의 생계방식을 보여주는 각종의 고고학적 자료는 많지 않으며 또한 당시의 생계방식과 의식주생활에 대한 구체적인 복원사례도 매우 드물다.

우선 고고학적인 증거로 지금까지 확실하게 밝혀진 것으로는 쌀을 비롯한 보리·수수·기장·조·콩 등의 오곡을 재배하였으며, 개·돼지·소·말 등의 가축을 사육하였다는 사실이다. 또한 한반도 바깥의 요령지방을 위시한 북쪽지방에서는 상당 규모의 목축이나 유목을 시행하였으며, 또한 한반도 전역의 강변에 정착한 무문인들은 담수어로를 실시하였음이 밝혀지고 있다. 그러나 아직 청동기시대의 사람들이 해양어로를 실시하였다는 확실한 증거는 나타나지 않고 있다.

의복 문제를 추적할 수 있는 증거는 거의 전무하다. 다만 실을 잣는 도구인 紡錘車가 주거지에서 필수품처럼 흔하게 발견되는 것으로 미루어 이들은 야생식물의 섬유질을 재료로 한 직조술로 베옷 따위의 의복을 지어 입었음을 알 수 있다. 또한 의복 문제와 관련하여 간과할 수 없는 사실은 주거지에서 상당량의 각종 화살촉이 출토되고 있는 점이다. 이러한 화살촉들은 전투용으로 쓰이기도 하였거니와 상당수는 사냥용으로 쓰였던 것이다. 사냥용의 화살촉 가운데는 미늘이 없고 송곳처럼 기다랗게 생긴 것들도 있는데 이것들은 동물가죽의 손상을 줄이기 위하여 고안된 형태로 보인다. 따라서 일반 식물섬유로 직조된 의복과는 달리 보온과 강도와 신체보호 등의 면에서 장점을 지닌 동물가죽은 당시 중요한 의복재료로 활용되었을 것이다.

청동기시대의 주민들이 살았던 주거지는 한반도의 도처에서 무수하게 발견되고 있다. 그러한 주거지들은 취락생활의 결과 대부분이 무리지어 발견된다. 간혹 단독주거지가 발견되는 예도 없지 않으나 그러한 경우는 희소하며, 이 경우도 부분발굴의 결과이지 유적 전체를 발굴하면 반드시 그 주위에서도 다른 주거지들이 발견될 것으로 보인다.

그러한 주거지군은 적게는 수 기에서 많게는 수백 기의 규모를 지니고 있다. 이러한 주거지의 숫자를 기준으로 하여 추정될 수 있는 주거지군의 규모는 대체로 취락이 입지하는 지형지리적인 형세와 상관관계를 갖고 있다.

이러한 청동기시대의 취락의 입지와 규모는 마치 요즈음의 농경취락의 입지 양상과 비슷하다. 즉 요즈음이나 또는 역사적으로 볼 때도 서해안지방과 같은 평야가 발달한 지대에서는 대규모의 농경부락이 존재하고 강원도 산간지대처럼 농경지가 협착하거거나 영동 동해안과 같이 농경 가능 지대가 협소한 지역에서는 자연히 그러한 지형에 적합한 형세와 규모의 취락이 형성되는 것처럼, 청동기시대의 취락의 규모도 이와 동일한 양상을 보이고 있다. 예를 들어 서행안지방의 경우 대동강유역의 평양시 남경유적[30]이나 충남 부여 송국리유적[31] 등과 같이 한 곳에서 수십 기 이상의 주거지가 발견되기도 하거니와, 강원도 양양의 포월리유적[32]처럼 십여 기가 군을 이룬 경우도 있다.

그러나 설령 몇 기나 수십 기가 발견된 경우라도 그것이 포함되는 전체 유적의 규모는 그 이상으로 컸을 가능성이 있으므로 취락전체에 대한 발굴 사례가 드믄 우리 나라의 경우 현재까지의 조사로 나타난 유적의 규모만으로 그 취락이 규모를 추산하기에는 어려움이 있다.

따라서 청동기시대의 취락구조와 주거모습에 대한 연구는 앞으로 취락전체의 발굴사례가 증가함에 따라서 진전이 되어야 할 것이지만, 앞서 언급하였듯이 주거지의 숫자로 잴 수 있는 취락의 규모는 취락이 입지하는 지형지리적인 형세에 의하여 좌우된다는 취락형성의 기본원리를 상기하면서 당시 취락의 형성과정과 그 패턴에 접근하면 무리가 없을 것으로 생각된다.

취락에 대한 이해의 방편으로서 지석묘의 분포 양상을 들 수 있다. 주거지는 지하에 잠재하여 그 분포 양상을 알 수 없더라도 그들의 묘인 지석묘는 모두 지상에 노출되어 있기 때문에 분포의 파악이 용이하다. 이러한 지석묘들도 한두 기가 산재하는 경우가 없지는 않으나 적게는 수 기, 많게는 수백 기가 군을 이루고 있다.

이렇게 지석묘들이 특히 한반도의 서부지방에서는 수백 기나 수십 기 이

30) 김용간·석광중, 《남경유적에 관한 연구》(과학백과사전출판사, 1984).
31) 國立中央博物館, 《松菊里》Ⅰ~Ⅲ(국립박물관 고적조사보고 11·18·19, 1979·1986·1987).
32) 江陵大 博物館, 《江原嶺東地方의 先史文化硏究(Ⅱ)》(1992), 33~50쪽.

상의 군을 이루고 있는 반면, 강원 산간지대나 영동 동해안지역에서는 겨우 수 기나 십여 기가 군을 이루고 있는데 이러한 현상은 지석묘와 무문토기 취락의 규모와 농경 취락생활 집단의 인구규모와 그 지형적인 입지 형세와의 연관이 있음을 반영한다.

즉 개간이 가능한 농경지가 넓으면 그만큼 농사의 규모는 확대되어 생산량이 늘면서 많은 인구를 먹여 살리게 되고 사람수가 늘게됨으로써 더욱더 넓은 농경지의 개간이 가능하게 되기 때문이다. 이러한 자연취락의 경우 당연히 취락 안에서 주민 전체의 생활편의를 위한 업무의 분담이 이루어지고 석기 제작장, 곡식 창고와 도구 보관창고, 일반인들의 생활 주거지, 마을의 공동 집회장소 등등의 공간 분화도 수반되었을 것이다.

무문토기인들은 집안에서 요리와 저장과 운반과 식기 등의 다양한 용도의 크고 작은 무문토기를 사용하면서 소가족 또는 대가족 규모의 가구별로 생활하였다. 아울러 집안에서는 조명과 보온과 조리용의 노지를 중심으로 하여 남녀별 또는 작업 내용별로 집내부의 세부 공간을 구분 사용하였을 것이다.[33]

무문인들은 겨울 동안에는 집안에서 저장해 놓은 곡식을 소비하면서 마제석기나 목제의 농기구들을 제작 비축하고, 집 근처의 울타리에 가둔 가축을 돌보면서 생활하다가, 봄이 오면 마을 전체가 협동하여 경작하여 씨앗을 뿌리고 그 성장을 돌보면서 인근의 야산과 강에서 수렵과 담수어로를 병행하면서 살아갔을 것이다.

나. 요령청동사회의 의식주생활

요령반도를 중심으로 한 요령청동문화인들의 생활상에 대한 고고학적인 증거는 무문토기인들의 생활에 대한 증거나 추정과 비교할 때 별로 많지가 않다.

요령청동인들의 경우는 농경 이외에도 유목이나 방목의 목축을 대규모로 시행하였던 것으로 추정되는 바, 요령식동검을 위시하여 요령청동문화가 분포하는 중심지대인 요령반도 일원과 그 주변은 농경도 가능하지만, 실제로

---

33) 任孝宰, 《欣岩里住居址 4》(서울대 考古人類學叢刊 8, 1978), 41~42쪽.

이 일대의 유적에서는 다량의 개와 돼지·닭·소·말 등의 뼈가 출토되고 있어서 반농반목을 실시하였을 것으로 추정하고 있다.[34]

한편, 앞에서 살펴보았듯이 요령청동인들이 사용했던 청동기 가운데는 재갈·마면·투구 등 상당수의 마구류가 출토되고 있는 등 이들이 기마전투를 시행하던 집단임이 밝혀졌으며, 이러한 기마전에 필요한 말의 사육은 이 사회의 존속과 활약에 아주 중요한 생계수단의 하나였을 것이다.

다. 한국식청동사회의 의식주생활

이러한 요령청동문화인들과 한반도의 무문인들 사이의 문화적 융합의 결과 이룩된 한국식청동문화의 시기에는 기본적으로 무문농경생활과 큰 차이 없는 생활을 영위하였다. 쌀농사를 비롯한 곡식농사가 더욱 확대, 정착되어갔으며, 오곡을 위주로 하여 가축의 사육과 지역에 따른 담수어로의 병행이라는 전통적인 촌락생활이 더욱 더 완숙하게 정착되어 갔을 것이다.

우리 나라 전통적인 생활방식을 쌀과 잡곡농사를 위주로 하면서 가축을 사육하고 강가에서 약간의 담수어로를 병행하는 농경정착 취락생활이라 한다면 그 원형은 바로 청동기시대의 무문토기인들의 생활이다.

즉 오곡을 위주로 한 식생활 풍습과 장방형의 집터에 볏집과 같은 잡초로 지붕과 벽을 입히는 초가집의 원형과 삼베와 같은 야생의 섬유질을 이용하여 만든 의복 등의 시초는 모두 무문인들의 의식주생활에서 비롯한 것이며, 역사시대 이래 전통농가에서 사용하는 다종다양한 용기와 도구들도 사실상 모두 그 원형을 청동기시대 무문토기문화에서 찾아낼 수 있다.

따라서 청동기시대 당시의 구체적인 의식주생활의 증거들은 아직도 영세하지만 그 생활의 내용은 쌀농사를 주로 하여 오곡농사를 행하고 가축사육을 부업으로 하면서 근처의 강에서 민물고기도 잡아먹으면서 생활하던 전통농가의 시원적인 생활상을 상상하면 그것이 바로 청동기시대 한반도 주민들의 생활이었다고 상정해도 좋을 것이다.

〈盧爀眞〉

34) 박영초, 앞의 책, 95~98쪽.

4. 주변지역 청동기문화의 비교

1) 시베리아 및 극동지역[1)]

시베리아지역과 우리 나라 문화의 관련성에 대한 주목은 일본인 학자에 의한 빗살무늬토기의 기원에 대한 논의로부터 시작되었다.[2)] 이후 카라수크의 석관묘와 아파나시에보에서 따가르에 걸치는 시기의 토기유사성에 주목한 것도 있다.[3)] 북한에서도 1950년대에는 우리 나라 청동기시대와 시베리아의 관련성을 주장하였으나,[4)] 1960년대에 들어서면서 독자적인 발전을 주장하면서 시베리아 기원에 대해서는 더 이상 논의하지 않고 있다. 이와 같이 시베리아지역은 우리 문화의 기원과 관련하여 학계의 주목을 받아왔다. 하지만 그러한 관심에 비해서 정치적인 상황, 자료의 제약, 언어상의 문제 등으로 인해서 시베리아지역과 우리 나라 문화와의 관련성을 구체적으로 다루지 못하고 英譯된 일부 자료를 단편적으로 이용하여 피상적으로 논의되는 수준이었다.

그런데 최근 정치적인 상황의 변화와 함께 러시아학자들과 자유롭게 고고학적인 지식을 교환할 수 있게 되었으며 상호협조하에 공동으로 심도있는 연구를 시도할 수 있게 되었다.

시베리아와 극동지역은 현 러시아의 우랄산맥 근처에 위치한 첼랴빈스크를 경계로 그 이동 지역에 위치하고 있다. 이 곳에는 오브·예니세이·레나·아무르 등 4대강이 흐르고 있다. 이 강들의 여러 지류 상에 우리의 문화

1) 엄밀히 말한다면 '시베리아'라는 지역은 서쪽으로는 우랄산맥, 동쪽으로는 바이칼 연안지역을 포괄한다. 그리고 '극동지역'은 바이칼 이동쪽에서 태평양에 맞닿는 지역을 포괄한다. 따라서 이 글에서는 시베리아와 극동지역을 나누어서 살펴보겠다.

2) 藤田亮策, 〈櫛目文土器の分布に就きて〉(《靑丘學叢》 2, 1930).

3) 金貞培, 〈韓國의 靑銅器文化〉(《韓國民族文化의 起源》, 高麗大 出版部, 1973).

4) 그러한 상황은 공귀리·지탑리 등의 발굴보고서와 도유호, 《조선원시고고학》(과학원출판사, 1960)에서 잘 알 수 있다. 그러나 도유호가 학계의 전면에서 사라지게 되면서 그러한 관련성에 대하여 더 이상 논의되지 않게 되었다.

와 관련된 유적들이 많이 보인다. 이 곳에 위치한 유적들에 대해서 국내에서도 최근 활발히 소개되고 있다.[5)]

시베리아의 청동기시대 및 철기시대 전기 유적은 각 지역마다 다양하게 분포하지만, 특히 우리 나라와 관련하여 주목되는 지역은 예니세이강 상류의 미누신스크 분지를 비롯하여 서시베리아와 우코크지역을 중심으로 한 알타이 전역이다. 이 지방은 다시 각 지역별로, 시기별로 다양한 문화기가 있다.[6)] 최근에 발굴자료가 증가함에 따라서 새로운 문화기가 설정되고 또는 기존에 나뉘어진 문화를 하나로 묶기도 하여서 이 지역의 문화를 일목요연하게 묶어보기는 어렵다. 그러나 그 문화기 중 우리의 관심을 끄는 것은 시베리아 청동기시대의 기원을 밝힐 수 있는 아파나시에보문화기(기원전 3000~2000년), 청동발전기의 안드로노보문화기(기원전 1500~1000년), 페도로보문화기(기원전 1600~1300년), 청동기시대 후기에 해당하는 카라수크문화기(기원전 1000~700년), 철기시대 전기에 해당하는 스키타이문화의 한 갈래인 파지리크문화기(기원전 700(?)~200년) 및 타가르문화기(기원전 700년~기원후 100년) 등이다. 이들 문화가 분포하는 남시베리아는 우리 나라와 지역적으로 상당히 떨어져 있으며, 두 지역 사이의 고고학적 유적이 많지 않은 탓에 전반적인 유물조합상에 따른 비교분석은 아직 이루어지기 어렵다. 따라서 여기에서는 여러 가지 문화적 요소의 관련성에 대해서 살펴보겠다.

시베리아의 청동기문화에서 가장 주목되는 것은 이 지역에서 일반적으로 발견되는 즐문토기이다. 이 토기는 핀란드에서부터 스웨덴, 북부 독일, 서북러시아의 카렐리아, 흑해 북안의 오카와 볼가강 상류에까지 걸쳐 광범위한 분포를 보여주고 있어, 일찍이 우리 나라의 빗살무늬토기와 관련을 지으려는

---

5) 최몽룡, 《한국문화의 원류를 찾아서》(學研文化社, 1993).
——, 〈시베리아 고고학의 최근 성과〉(《알타이 문명전》(국립중앙박물관, 1995).
데. 아. 아브두신 저 ; 정석배 역, 《蘇聯考古學槪說》(學研文化社 考古學叢書 7, 1993).
崔夢龍・李憲宗 編著, 《러시아의 고고학》(學研文化社 考古學叢書 8, 1994).

6) 서시베리아 오브강지역을 중심으로 한 청동기시대의 지역별・시기별 문화상은 최몽룡・李憲宗 編著, 위의 책과 《韓國上古史學報》 17~20(1994~1995)에 실린 V. I. Molodin의 일련의 논문을 참조할 수 있다.

시도가 있어 왔다. 그리고 이러한 토기는 주로 북위 55도선을 잇는 環北極지역의 신석기시대 유적에서 많이 보이고, 최근 레나강 지류인 알단강 상류의 벨카친스크(기원전 4020년)와 바이칼호 동쪽 흑룡강 상류의 설카동굴에서도 발견되고 있다. 또 카자흐의 잠푸르, 시베리아 아무르강 하류의 사카치 알리안 가샤지구, 오브강 상류인 고르노 알타이의 우코크지역 등에서도 발견된다. 이들 토기에는 한반도의 즐문토기에서 보이는 문양의 대부분의 요소가 보이며, 태토 또한 아주 유사하다.

그러나 우리의 토기가 북유럽에서 출발해 시베리아를 거쳐 왔다는 종래의 견해를 재빨리 수용하기에는 좀더 신중을 기하는 것이 좋을 듯하다. 왜냐하면 우리와 지역적으로 가장 가까운 요령성과 길림성을 포함하는 만주지역과 북경시를 포함하는 하북성지역에서 나오는 즐문토기의 연대가 시베리아에서 나오는 토기들과 비슷하거나 좀더 올라가기 때문이다. 중국의 대표적인 유적으로는 중국 요령성 新樂(기원전 5300~4800년), 금주시 성내 제2유치원 근처(기원전 3500년, 금주박물관 소장), 하북성 무안현 磁山(기원전 5300년)과 천서현 西寨(기원전 6500~4550년, 이상 하북성박물관 소장)를 들 수 있다. 또한 우리 나라에서는 청동기시대가 되면서 무문토기가 쓰여지는데 반해 시베리아지역은 청동기시대, 나아가서 역사시대에 이르러서도 계속 즐문토기의 전통을 유지하고 있다는 점도 생각해야 할 것이다. 따라서 단순히 전체적인 기형이나 문양의 특징만으로 관련성을 논하기 이전에 자연과학적인 분석을 시도해 보는 것이 바람직하다.

시베리아지역에 자주 나타나는 석관묘라는 묘제로 보아 우리의 청동기시대의 기원을 카라수크기와 타가르기와 연관시키려는 시도가 있으나, 석관묘는 우리 나라뿐 아니라 중국 동북지방, 오르도스 등 상당히 광범위한 지역에서 비슷한 형태로 존재한다. 또한 우리 나라 및 중국 동북지방의 석관묘에서 나오는 비파형동검 및 조문경은 시베리아지역에서는 발견되지 않는다. 타가르문화에서 보이는 청동거울을 보면 거울의 배면에 꼭지가 하나인 단유이며 무늬도 다르다. 청동단검도 비파형의 형식을 가진 것은 발견된 바 없으며 검파부분의 장식도 다르다. 그런데 우리 나라 철기시대 전기(기원전 300~1년)에 쓰인 세형동검 중에는 손잡이에 새 두 마리가 있는 형태의 것이 있다(이를 안테나식동검 또는 촉각식동검이라고도 한다). 그러한 손잡이 형태는 남시베리아의 스키타이에서 흔히 보이는 것이다. 안테나식동검은 한반도뿐 아니라 길림지역의 세형화된 동검에서도 보이는 것으로, 이를 중심으로 시베리아에서의 구체적인 전파의 증거를 찾을 수 있다.

서부·남부시베리아의 철기시대 전기를 대표하는 스키타이문화와 우리 문화와의 관련성은 쿠르간, 즉 봉분이 있는 적석목곽분으로 대표된다. 이것은 스키타이문화의 대표적인 무덤으로 파지리크, 베렐, 울란드릭, 우스티드, 시베, 투에크타, 바샤다르, 카란다를 비롯해 우코크분지에서 모두 수천 기 이상 발견되었다. 스키타이인들은 기원전 9~7세기부터 초원에 거주해 왔는데, 기원전 2세기경이 되면 흑해 북안에 왕국을 세울 정도로 강성해진다.

쿠르간은 땅을 파고 안에 나무로 무덤방을 만들고 시체와 부장품들을 안치한 후에 위에는 돌로 둘레를 쌓고(護石) 흙으로 커다란 봉분을 만들었다. 그것은 신라의 수혈식 적석목곽분과 거의 일치하는 것이다. 단지 쿠르간의 경우는 기원전 6~4세기이고 신라의 것은 기원후 4~6세기의 것으로 연대적인 차이가 많이 나며, 또 중앙아시아와 우리 나라 남부지방 사이의 중간지역에서 연결고리로 볼 수 있는 비슷한 유적이 나오지 않았다는 한계가 있으나, 그 관련성은 충분히 짐작할 수 있다. 또한 쿠르간에서 발견되는 銅鍑은 중앙아시아의 유목민족이 많이 사용한 것으로 淨化儀式(purification rite)을 행할 때 쓰인 것으로 보인다. 이 동복은 스키타이뿐 아니라 중국의 북부초원지대에서도 보이며, 특히 길림지역의 老河深(일부 학자들은 부여의 문화라고도 본다)유적에서도 발견된 바가 있다. 그런데 이것과 아주 유사한 형태의 동복이 최근에 경남 김해의 가야시대 고분인 대성동유적에서 발견되었다. 이 발견으로 우리 나라에서도 북방계 유목문화의 요소가 어느 정도 흡수되었음을 추정할 수 있게 되었다. 물론 이 유물은 스키타이뿐 아니라 북중국에서도 발견되는 점으로 미루어 보아 북중국을 거쳐서 한반도에 들어왔을 가능성도 있다.

그러나 스키타이문화는 기원전 9~7세기에 발생한 것으로 신라의 적석목곽분과는 적어도 수백 년 이상의 차이가 난다. 따라서 스키타이와 한반도의 지리적, 시간적인 차이를 메워줄 수 있는 유물이 없는 한, 선불리 문화의 전파를 논하기는 어렵다.

이상에서 살펴본 바와 같이 시베리아에는 우리 나라의 청동기문화 또는 그 이후 시기의 유물·유적과 유사성이 상당히 많이 존재함을 알 수 있다. 그러나 이것을 단순히 우리의 기원 문제와 직접적으로 연관시키는 것은 바람직하지 않다. 이것은 철기시대 전기에 대해서도 마찬가지일 것이다. 그러므로 이러한 부분적인 문화적 요소의 유사성을 어떻게 이해할 것인가 하는 것은 보다 체계적이고 이론적인 바탕을 가지고 러시아측의 자료를 충분히 검토한 후에야 밝혀질 수 있을 것이다. 앞으로 우리 청동기문화의 기원을 남부시베리아에 두려던 그 동안의 시도는 전면적으로 재검토되어야 할 것이다.

다음은 극동지역의 청동기문화를 살펴보기로 하자. 아무르지역은 타지역에 비해 상대적으로 유적·유물이 적은 탓에 청동기시대라고 뚜렷히 구분할 만한 유적이 발견된 예는 아직 없고, 부분적으로 청동기 유물이 발견되었다. 청동기 유물은 안로강 하구, 스테파니하 골짜기, 칸돈·사르골지역 등에서 발견되었다. 이들 지역에서는 청동기와 함께 원저토기 및 청동기를 모방한 마제석기가 공반된다. 아무르강 하류의 에보론 호수를 비롯한 그 주변에서 청동기를 포함한 일련의 유적들이 발견되었는데 특히 칸돈유적의 신석기유적 주변에서 청동기들이 처음 발견되었다.[7] 이 유적들을 묶어 에보론문화기로 부르기도 한다. 철기시대 전기는 우릴기(기원전 20세기 후반~10세기 초반)와 폴체기(기원전 5세기)로 대표된다.[8]

연해주지역, 특히 그 이동쪽에는 시니가이기(하린스코이 근처, 시니가이유적, 키로브스코에 I유적), 마르가리토브카기(페름스키 II유적, 시니 스칼르이유적, 마략-릐바로프유적, 키예브카유적 등), 리도브카기(블라가다트노예 II유적, 리도브카 I유적, 쿠르글라야 달리나유적, 루드노예강 둔덕에 있는 유적군) 등이 있다. 연해주지역의 초기 철기시대의 문화기로는 얀코브카기(중국에서는 錫桀米·Sidemi문화라고도 함. 3000~2500년전), 크로우노브카기(2500~1800년전), 라즈돌리기(기원 전후) 등

---

7) Arxeologia SSSR, *Bronze Period of Forest Region in USSR, Moskva*(露文), *1987*, p.357.

8) A. P. Derevianko, *Early Iron Age in Priamurie, Novosibirsk*(露文), *1973.*
——, *Priamurie −B.C.1st Millenium, Novosibirsk*(露文), *1976.*

이 대표된다. 극동의 연해주에서의 마르갸리토프카문화기에서는 다양한 석재 용범과 청동무기가 발견되었다. 평저의 심발형·단지형·호형토기들이 주를 이루며 빗살문·점열문 등의 문양이 있다. 이 문화기에서는 신석기시대의 전통을 이은 양면잔손질을 한 석촉이 출토되었다. 시니가이문화기도 역시 평저의 단지형·발형·심발형의 토기가 주를 이루며, 이들 토기 표면에는 삼각문·뇌문·점열문·솔잎문 등의 문양이 시문되어 있다. 그 밖에 방추차, 부정형의 반월형석도 등도 이 문화기의 대표적인 유물이다. 리도브카문화기에서는 반월형석도, 방추차, 돌괭이, 손잡이가 있는 석도, 청동기를 본뜬 석창을 비롯하여 단지형·장경호의 토기가 대표적이다.[9] 이들은 한반도의 동북지방의 유물들과 많은 연관성을 가지고 있다.

극동지역 및 서시베리아의 암각화도 최근에 남한에서 암각화의 발견이 많아지면서 그 관련성이 주목된다. 시베리아·극동의 대표적인 암각화로는 예니세이강의 상류인 순두기·우코크의 베르텍과 아무르강의 사카치 알리안 등을 들 수 있다. 이에 상응하는 우리 나라의 대표적인 유적으로는 울주군 두동면 천전리에 있는 암각화(국보 147호)를 들 수 있다. 그 외에 울주 반구대(국보 285호), 여수 오림동, 고령 양전동(보물 605호), 함안 도항리, 영일 인비동·칠포리, 남해 양하리·상주리·벽연리, 영주 가흥리, 남원 대곡리 등을 들 수 있다.[10] 울주 천전리의 경우 人頭(무당의 얼굴)를 비롯해 동심원문, 뇌

---

9) Arxeologia SSSR, *ibid., 1987,* pp.353~355.

10) 岩刻畵에 대해서는 다음과 같은 연구가 있다.
李殷昌, 〈高靈良田洞岩刻畵調査略報〉(《考古美術》 112, 1971), 24~40쪽.
崔夢龍, 〈原始採石問題에 관한 小考〉(《考古美術》 119, 1973), 18~21쪽.
金元龍, 〈藝術과 信仰〉(《韓國史論》 13, 國史編纂委員會, 1983), 306~333쪽.
文明大, 〈大谷里 岩壁彫刻〉(《盤龜臺岩壁彫刻》, 東國大, 1984).
황용훈, 《동북아시아의 암각화》(민음사, 1987).
정동찬, 〈울주 대곡리 선사바위그림의 연구〉(《孫寶基博士停年紀念 考古人類學論叢》, 知識産業社, 1988), 329~434쪽.
장명수, 〈영주 가흥동 암각화와 방패문암각화의 성격고찰〉(《擇窩許善道先生停年紀念 韓國史學論叢》, 一潮閣, 1992).
宋華燮, 〈南原 大谷里 幾何文岩刻畵에 대하여〉(《白山學報》 42, 1993), 95~134쪽.
任世權, 《韓國 先史時代 岩刻畵의 性格》(단국대 박사학위논문, 1994).
宋華燮, 〈先史時代 岩刻畵에 나타난 石劍·石鏃의 樣式과 象徵〉(《韓國考古學報》 31, 1994), 45~74쪽.

문, 능형문(그물문)과 쪼아파기(啄刻 ; pecking technique)로 된 사슴 등의 동물이 보인다. 이들은 예니세이강 상류의 순두기, 고르노알타이 우코크지역의 베르텍과 아무르강의 사카치 알리안에서도 보인다. 이들은 고대인들의 사냥에 대한 염원, 어로의 풍요, 다산 등 여러 가지를 희구하는 매체로 사용되었으리라 여겨진다. 아무르강의 사카치 알리안에서 보이는 동심원문은 '아무르의 나선문'(Amur spiral)으로 태양과 위대한 뱀 무두르(mudur)의 숭배와 관련이 있으며 뱀의 숭배는 또한 지그재그문에 반영된다. 하늘의 뱀과 그의 자손들이 지상에 내려올 때 수직상의 지그재그(번개)로 표현된다. 이 두 가지 문양은 선의 이념(idea of good)과 행복의 꿈(dream of happiness)을 구현하며 석기시대인의 염원을 반영한다. 그리고 그물문(Amur net pattern)은 곰이 살해되기 전 의식과정 중에 묶인 끈이나 사슬을 묘사하며, 이것은 최근의 아무르 예술에도 사용되고 있다.[11] 이들의 연대는 대개 기원전 4000~3000년경으로 현재 그 곳에 살고 있는 나나이(Nanai)족의 조상이 만든 것으로 여겨진다. 이 지역에서는 기원후 300년에 靺鞨, 700~900년에 肅愼, 900~1200년에는 女眞이 교대로 점거하다가 1400년 이후부터 현재까지 나나이족이 살고 있다. 그렇다면 여진－말갈－숙신－읍루로 거슬러 올라가는 역사상의 종족도 고려해 볼 수 있다.

또한 연해주지역에는 얀코브카기(페스찬느이유적, 말라야 파투웨치카유적 등), 크로우노브카기(크로우노브카 유적, 알레니A 유적, 페트로브섬 유적, 세미파트노이유유적 등), 라즈돌리기 등의 문화기들이 있다. 이 초기 철기시대의 유적들은 서로 문화적인 상관관계를 가지고 있다. 또한 이 유적들의 주거양식 및 다양한 유물군은 비슷한 시기의 한반도 선사시대 문화상과 유사한 것들이 많아, 앞으로 활발한 연구가 기대된다. 아무르지역에 형성된 우릴기와 폴체기의 골각기, 석기, 방추차, 철부 등을 근거로 회령오동 유적 및 나진 초도유적과의 관련성을 밝힌 연구가 있듯이[12] 실제로 폴체－우릴문화는 우리 나라 동북지

경주문화재연구소, 《경주서악지역지표조사보고서》(학술연구총서 7, 1994).
한국역사민속학회, 《한국 암각화의 세계》(1995).

11) Alexei Okladnikov, *Art of Amur, Harry N.Abrams., Pb. New York, 1981.*

12) 극동지역의 초기 철기시대의 여러 유적과 한반도의 연관관계를 밝힌 논문에 대해서는 E. I. Derevianko, 〈Cultural Ties in the Past and Development of

역과 지리적으로도 인접해 있어서 비슷한 문화를 영위할 수 있을 것으로 보인다. 단, 우리 나라에서는 초기 청동기시대에 해당하는 시기를 러시아에서는 초기 철기시대로 규정하고 있어서 이와 같은 시대구분의 문제에도 양국간의 토론 및 연구가 심화되어야 할 것이다.

시베리아와 극동의 수많은 유적들을 이 짧은 글에서 모두 설명할 수는 없다. 또한 개략적으로나마 정리한 유적들의 문화적 성격도 모두 검토할 수 없었다. 하지만 현재까지의 연구를 검토해 볼 때 생각보다 많은 요소에 공통점이 있음을 알 수 있다. 앞으로 더 심도있는 연구가 진행된다면 더욱 많은 요소가 발견될 것임은 자명하다. 그럼에도 불구하고 한국문화는 시베리아로부터 단순히 단선적으로 전파되어온 것이 아니며 문화공동체적 구조속에서 이동과 역이동을 통한 상호 문화적 교류가 활발하였다고 보여진다. 극동지역을 중심으로 전시대에 걸쳐 교류가 있었을 것으로 보이지만 구석기, 신석기시대, 최근세에 들어와 보다 활발한 교류가 있었을 가능성이 높다. 그러나 문화적인 교류를 확인하는 데 있어서 그 동안 양측이 제시한 시대구분과 연대에 현격한 차이가 있다는 문제가 있다. 이 문제를 해결하는 데에는 무엇보다 양측의 연대차에 대한 검토 및 정리가 우선적으로 있어야 할 것이며, 그러한 연구를 위해서는 우선 두 지역의 자료를 양측의 학자들이 공동으로 검토해야 한다.

지금까지의 자료를 통하여 대체적으로 문화적 교류경로를 정리하여 본다면 제1경로는 바이칼－중국 동북지방(혹은 동부몽고－중국 동북지방)－한반도 서북지방－한반도 중부지방, 제2경로는 바이칼과 아무르지역－연해주－한반도 동북지방－동해－제주도－일본 규슈(九州) 등으로 나누어 볼 수 있을 것이다. 이 교류경로는 단선적으로 위에서 아래로 온 것이 아니라 각 지역별로 끊임없는 문화적 교류속에서 만들어진 것이다. 따라서 각 지역별로 나타나는 성격들은 대단히 복합적이며 혼합적인 특징이 나타나게 되었던 것이다. 현재로서는 일부 문화적 요소에 주목해서 문화적 상관관계를 단정하기보다는 시베리아와 극동지역 문화의 본질적인 속성을 찾는 기초적인 연구에 주력해야

Cultures in the Far Eastern Area〉(《韓國上古史學報》 16, 1994) 참조.

할 것이다. 결국 이동 경로를 설정하는 데에는 앞으로 많은 공동조사를 진행함으로써 보다 명확히 밝혀낼 수 있을 것이다. 왜냐하면 그 동안 그 경로를 이어주는 유적들에 대한 자료 점검도 미흡했으며, 발굴된 유적도 풍부하지 않았기 때문이다. 그래서 이들 유적에 대한 관심과 아울러 후일 그 밖의 주변지역들에 대한 발굴조사를 위한 기초 공동조사라도 실시하는 것이 바람직하겠다. 또한 동북아시아의 문화를 이해함에 있어서 단순히 정치적인 경계선 속에서 파악하려는 시도는 옳지 않다고 생각한다. 올바른 역사적 복원이라는 과제에 접근하기 위해서는 이들의 문화적 유사성과 상이성을 지역에 관계없이 잘 검토함으로써 선사시대의 문화적 공동체를 찾아내야 하며 결국은 각 시대별로 선사시대의 인류역사의 지도는 다시 그려져야 할 것이다.

〈崔夢龍〉

2) 중 국

우리 나라 청동기문화의 기원에 대해서는 일반적으로 시베리아에서 기원했다는 인식이 널리 퍼져있다.[1] 또한 청동기문화에 대한 최근의 자료에서도 북방 청동기문화의 영향을 주장하면서 動物意匠을 예로 들거나, 중국과의 계통을 달리함을 주장하면서 아연성분을 예로 들고 있다.[2]

그러나 이 글에서는 우리 나라 청동기문화의 기원이 시베리아에 있지 않고 渤海沿岸, 혹은 중국 中原지방에 있음을 밝히고자 한다. 이를 위해 殷周時代의 청동거울(銅鏡), 청동유물에 나타난 동물문양, 그리고 청동유물의 성분 분석자료 등을 중심으로 우리 나라 청동기문화와 중국의 청동기문화와의 관계를 논증해 보고자 한다.

---

1) 예를 들면 金元龍, 《韓國考古學槪說》(一志社, 1973), 63쪽에서는 "우리 나라 청동기문화가 遼寧지방 청동기를 통해서 華北 綏遠(Ordos), 그리고 시베리아의 미누신스크(Minusinsk), 스키트(Scyth) 청동문화의 요소를 받아들이고 있다"고 하였다. 이와 같은 입장은 金秉模, 《韓國人의 발자취》(集文堂, 1985), 57쪽과 任孝宰, 《韓國古代文化의 흐름》(集文堂, 1992), 53~54쪽도 마찬가지이다.
2) 國立中央博物館·國立光州博物館, 《特別展 韓國의 靑銅器文化》(汎友社, 1992).

(1) 청동거울을 통해 본 중국과의 관계

가. 중국 은주시대 청동거울의 특징

중국 은주시대와 우리 나라 古朝鮮時代의 청동거울은 중국의 중원지구와 발해연안에서 각각 20여 면씩 출토되었다.[3)]

은주시대의 청동거울로는 은대의 것이 5점, 은말 주초의 것이 2점, 주대의 것이 11점 발견되었는데[4)] 이들에 대한 형식 및 장식상의 특징을 정리하면 다음과 같다.

첫째, 형식상으로는 대체로 지름 6~12.5㎝ 크기의 원형동판거울로, 거울면은 반짝거리며 윤이 나는 평면이거나, 볼록면 혹은 오목면을 이루고 있었다. 모두 실제로 사용되었고 거울 뒷면의 중앙에는 몸에 걸 수 있도록 고리가 달려 있었다. 은주청동거울이 출토된 상황으로 볼 때, 이들 청동거울은 왕실이나 제후 등 지배계층의 권위를 상징할 뿐만 아니라, 일상생활에서도 널리 사용되었을 것으로 본다. 이 청동거울들은 형식상의 기본적 특징에서는 일치하고 있으나, 거울 뒷면에 무늬가 있고 없는 차이를 보이고 있다.

둘째, 무늬장식상으로 은대에서는 기원전 14세기부터 기원전 13세기에 이미 기하무늬를 사용하고 있으나, 무늬가 없는 민무늬거울은 오히려 기원전 12세기부터 기원전 11세기 서주시대에 나타나기 시작하였다. 특히 기하무늬동경이 기원전 14~13세기경에 殷墟에서 출현된 사실은 매우 주목할 만하다. 왜냐하면 은허 1005호묘(〈그림 1〉)와 婦好墓(〈그림 2〉)에서 출토된 幾何紋單鈕銅鏡의 기하무늬양식은 짧은 선을 대칭형으로 구성하고 있는데, 이와 같은 구성법은 발해연안 지구에서 유행하고 있는 幾何紋多鈕銅鏡의 기하무늬 구성과 매우 비슷하기 때문이다. 그리고 기원전 12~11세기경 齊家期에 제작된 7角星 기하문단뉴동경에서 보이는 별무늬와 기하무늬 구성도 역시 발해연안 지구 기하문다뉴동경에서 흔히 발견할 수 있는 양식이다(〈그림 3·4〉). 그러나 많은 학자들이 자주 비교하고 있는[5)] '綏遠式帶鉤'는 은대 청동거울보다

3) 李亨求, 〈青銅器文化의 비교 (Ⅰ)·(Ⅱ)〉(《韓國史論》 13, 國史編纂委員會, 1983), 401~402쪽 黃河以北地區 渤海沿岸 初期青銅과 殷商 및 殷末周初 青銅器 : 初期銅鏡 ; 動物紋樣分布圖 참조.

4) 李亨求, 위의 글, 344~402쪽.

훨씬 후인 기원전 5~2세기경에야 비로소 유행한다. 따라서 기원전 14~12세기경 은대 청동거울의 기하문 양식은 기원전 5~2세기경의 綏遠式銅鏡보다 훨씬 앞선 양식으로 발해연안 청동거울의 기하무늬의 기원을 밝히는 데 매우 중요한 위치를 차지하게 될 것이다.

〈그림 1〉 은허 1005호묘 기하문단뉴동경 실측도

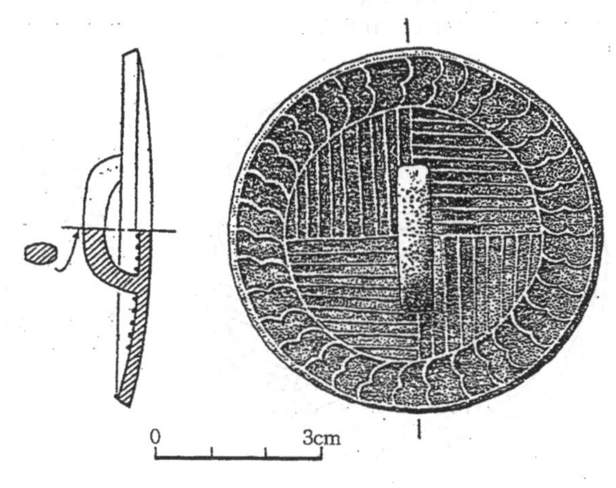

〈그림 2〉 은허 부호묘 출토 기하문단뉴동경

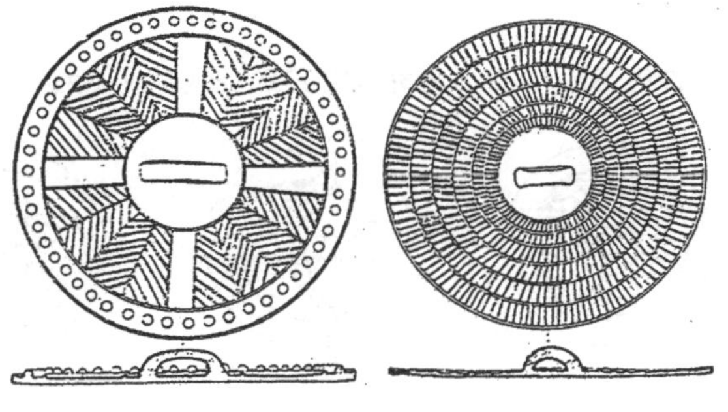

① 대 형　　② 중 형

셋째, 은 및 서주시대의 여러 청동거울과 달리 虢國墓에서 출토된 서주 말 혹은 동주 초의 동물문쌍뉴동경은 거울 뒷면에 동물무늬와 함께 두 개의 고리를 주조하여 독특한 양식을 나타내고 있다. 청동기의 장식으로 고리를 다는 경우는 일찍이 은대(기원전 14~12세기)에서 널리 찾아 볼 수 있는데, 특히 기원전 14~13세기의 부호묘[6]에서는 크고 작은 單鈕銅泡가 많이 출토된 바 있다. 은허 M20·

---

5) 江上波夫, 〈綏遠地方出土古銅鏡の二三に就いて〉(《考古學雜誌》 26－7, 東京 ; 考古學會, 1936), 26~27쪽.
金廷鶴 編, 〈多鈕幾何紋鏡の造形〉(《韓國の考古學》, 東京 ; 河出書房新社, 1972), 157쪽.
金良善, 〈多鈕幾何學紋鏡硏究抄〉(《梅山國學散稿》, 崇田大, 1973), 78쪽.
6) 中國社會科學院 考古硏究所, 《殷墟婦好墓》(北京 ; 文物出版社, 1980).

〈그림 3〉 青海朶馬臺M25호 七星角 기하문단뉴동경

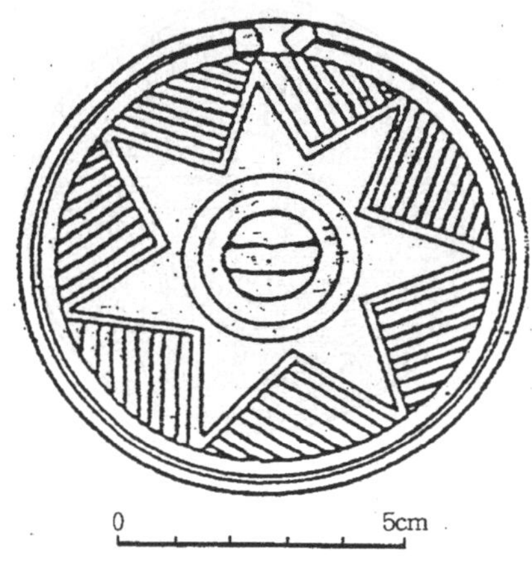

〈그림 4〉 성천 출토 동경

〈그림 5〉 은허 M202호 七角星紋 松綠石鑲嵌 銅泡

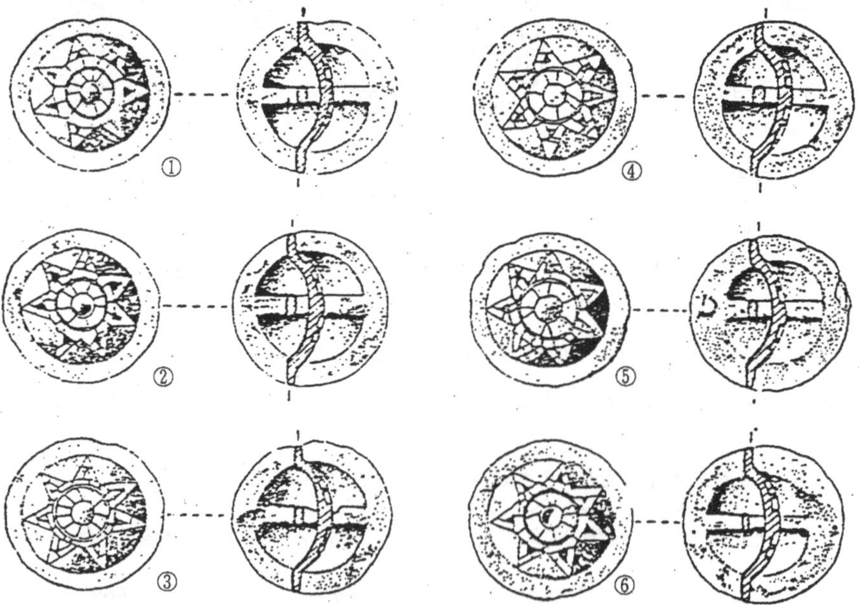

M40·M202호 등 묘지에서 발견된 松綠石으로 상감한 수백 개의 7각·8각 별무늬 청동단추(〈그림 5〉) 및 은허 M20호에서 출토된 송록석으로 상감한 수 점의 동으로 만든 7각별무늬(단뉴)의 수레장식 등이다. 그 중에서 가장 주목할 만한 것은 은허 M202호묘에서 발견된 송록석으로 상감한 雙鈕靑銅馬面具이다.[7] 이러한 청동기들은 많은 학자들이 유일한 증거로 제시하고 있는 '시베리아-수원식' 청동단추나 마면구보다도 무려 700~500년 이상이나 앞선 것이다.[8] 그러므로 발해연안에서 유행한 다뉴동경의 기원을 시베리아의 북방 초원문화에서 찾을 것이 아니라, 마땅히 은대문화에서 유래했다고 보아야 할 것이다.[9]

나. 고조선시기 발해연안 청동거울의 특징

발해연안에서는 內蒙古 寧城縣(4점)을 비롯하여, 遼寧省 建平縣(4점)·朝陽市(5점)·本溪市(1점)·瀋陽市(7점)·寬甸縣(3점), 吉林省 樺甸縣(3점)·輯安市(1점) 등에서 총 28면의 청동거울이 발견되었다. 이들이 제작된 시기는 대체로 기원전 9세기부터 기원전 4세기에 걸쳐 있으며, 청동거울의 형식은 크게 단뉴와 쌍뉴 및 다뉴로 나뉜다. 이들 발해연안에서 출토된 청동거울들의 특징을 지역별로 나누어 정리하면 다음과 같다.

발해연안 북부 寧城縣 南山根遺蹟에서 출토된 민무늬동경들은 형식이 중국 서주시대의 민무늬단뉴동경과 일치하고 크기도 거의 비슷하다. 더욱이 거울 뒷면 중앙에 고리를 다는 방법도 같다. 뿐만 아니라 남산근 101호 석곽묘 안에서 출토된 청동예기·무기·공구들은 서주 말·동주 초의 중원식청동기의 형식과 무늬가 대체로 비슷하여 이들 사이에 어떤 관계가 있을 것 같다. 그러므로 남산근문화의 연대는 서주 말부터 춘추 초기인 대략 기원전 9세기 중엽부터 기원전 8세기 중엽에 해당한다고 하겠다.

발해연안 북동부 지구의 朝陽市 十二臺營子 석곽묘에서 출토된 기하문다

---

7) 中央硏究院 歷史語言硏究所 編, 《小屯》(1)(殷墟墓葬 1, 台北, 1970).
8) 江上波夫, 〈綏遠靑銅器〉(《內蒙古長城地帶》, 東京 ; 東亞考古學會, 1935), 77쪽.
金良善, 앞의 글, 83쪽.
金廷鶴, 〈韓國民族의 源流〉(《第1回韓國史學會議講演抄》, 國史編纂委員會, 1983), 5~6쪽.
9) 李亨求, 〈渤海沿岸銅鏡與中國中原之間的關係〉(《渤海沿岸古代文化之硏究》, 國立臺灣大 博士學位論文, 1987), 279~327쪽.

뉴동경은 남산근 석곽묘에서 출토된 민무늬단뉴동경과는 달리 거울면에도 무늬장식을 주조하여 부어냈고, 뒷면에 기하무늬를 새겼으며 고리가 3~4개로 늘어났고, 고리를 삼각형·사각형·川字形으로 배열하면서 장식화된 특징을 가지고 있다. 특히 십이대영자 출토의 동경에 보이는 乙자형 무늬는 보통 '지그재그(Zigzag)'모양 또는 '雷紋'을 말한다. 이러한 무늬는 일찍이 은주청동기에서 흔히 나타났다. 그러나 심양시 정가와자유적에서 출토된 청동거울은 십이대영자의 청동거울과 달리 거울면은 반들반들하며 뒷면 畵心에만 乙자형 기하무늬를 새겼고, 고리도 2개로 적어졌다. 또한 정가와자의 청동거울은 곽국묘출토의 동물문쌍뉴동경과도 같지 않아서, 고리가 뒷면 가장자리에 치우쳐 병렬되어 있다. 이러한 배치 방식은 발해연안 지구를 포함한 우리 나라 쌍뉴동경에서 통용되고 있는 중요한 특징이다. 1932년경 평양시 부근에서 출토된 乙자형 기하문쌍뉴동경이 있다.[10]

발행연안 동부지구 吉林省 樺甸縣 암석묘에서 출토된 청동거울(M2-7호)은[11] 빗금선을 삼각무늬 형식으로 대칭시킨 기하무늬를 가지고 있는데, 이러한 특징은 은대청동거울의 나뭇잎줄기무늬 혹은 齊家文化期 청동거울의 7각성 기하무늬를 연상시킨다. 또한 거울 뒷면에 2개의 뉴를 달아 곽국묘 또는 정가와자 토광묘에서 출토된 청동거울과 비슷하여 3~4개의 뉴를 갖고 있는 십이대영자의 청동거울과는 다르다. 특히 요령성 화전현 청동거울의 기하무늬는 마치 이등변삼각형이 맞물린 형상으로 삼각형 안에 나란한 빗금무늬를 넣어 이른바 빗금삼각형무늬(斜線三角紋)를 이루고 있다. 이러한 빗금삼각형무늬는 우리 나라 충남 아산군 남성리 석관묘,[12] 대전시 괴정동 석곽묘,[13] 예산군 동서리 석관묘[14] 등에서 출토된 기하문쌍뉴청동거울에도 나타나고 있다.

그 동안 우리 나라 학계에서는 중국에서 청동거울이 발명되고 사용된 시기가 시베리아 미누신스크지방에서 카라수크(karasuk)청동기가 사용된 시기에

10) 梅原末治·藤田亮策, 《朝鮮古文化綜鑑》(1)(奈良 ; 養德社, 1947), 圖版 43.
11) 吉林省文物工作隊·吉林市博物館, 〈吉林樺甸西荒山屯青銅短劍〉(《東北考古與歷史》 1982-1, 北京 ; 文物出版社), 141~153쪽.
12) 韓炳三·李健茂, 《南城里石棺墓》(國立博物館 古蹟調査報告 10, 1977).
13) 李殷昌, 〈大田槐亭洞青銅器文化의 研究〉(《亞細亞研究》 11-2, 高麗大, 1968).
14) 池健吉, 〈禮山東西里 石棺墓出土 青銅一括遺物〉(《百濟研究》 9, 忠南大, 1978), 151~181쪽.

비하여 매우 빠르다는 사실에 주목하지 않았으며, 더욱 중요한 사실은 카라수크청동거울은 민무늬이며 지금까지 시베리아에서는 기하무늬청동거울이나 다뉴청동거울이 발견되지 않았다는 점이다(〈그림 6〉). 유일하게 채집된 環鈕平板鏡 1점도 기원전 10세기부터 8세기로 편년되는 카라수크문화의 石峽期에 속하고 있다.[15] 우리 나라의 청동거울은 카라수크청동거울과는 달리 기하무늬를 가지고 있는데, 이것은 오히려 중국 은대의 청동거울에서 쉽게 찾을 수 있는 기하무늬와 유사하다. 기하무늬가 유행했던 시기도 대략 기원전 14세기부터 13세기로 카라스크문화보다 수백 년 앞서고 있다. 그리고 카라수크에서 출토된 민무늬단뉴청동거울은 오히려 기원전 12세기부터 기원전 10세기경 서주시대의 민무늬단뉴청동거울과 관련이 있는 것으로 보인다. 또한 여러 고리를 주조해 내는 예도 은허의 馬面具에서 처음 보이며, 거울 뒷면에 여러 고리를 다는 형식 역시 기원전 9세기부터 기원전 8세기의 중원지방에서 나타나고 있다. 그러나 이러한 특징들이 스키토-시베리아계통의 청동거울에서는 아직 발견되지 않고 있다. 이 때문에 중원식청동거울과 카라수크청동거울의 형식·문양 및 시대로 볼 때, 우리 나라 청동거울이 시베리아에서 기원했다고 단정할 수는 없다. 오히려 발해연안 기하문청동거울의 기원을 은대청동거울로부터 그 단서를 찾는 것이 옳을 듯하다.[16]

(2) 청동유물의 동물문양을 통해 본 중국과의 관계

동물무늬(獸形飾, Animal style)는 발해연안 및 한반도의 청동기에서 자주 발견되는 문양이거나 장식이지만 지금까지 우리 나라의 학계에서는 스키토-시베리아계통에 속한다고 하였다. 그러나 새로운 고고자료에 의하여 은대에 이미 동물무늬가 대단히 유행한 사실을 확인할 수 있다.[17] 특히 은허 婦好墓의 청동기와 玉器에는 각종의 동물문양, 즉 말·개·사슴·토끼·곰·소

---

15) Maksimienkov(馬克西緬科夫), 〈關於米努辛斯克盆地青銅時代分期問題的現狀〉(《考古學參考資料》 6, 北京 ; 文物出版社), 85쪽.

16) 李亨求, 앞의 책.

17) 이러한 설명은 은대의 동물문양이 북유럽과 시베리아 초원지대에서 기원했다는 에케(G. Ecke)와 퀸(H. Künn)의 주장에서 시작되었다(高去尋, 〈殷代的一面銅鏡及其相關之問題〉, 《慶祝趙元任先生六十五歲論文集》 下, 台北 ; 中央硏究院 歷史言語硏究所集刊 29, 1958, 712쪽).

〈그림 6〉 Minusinsk분지 고대문화

제3단계 Kurgan 문화

제2단계 Kurgan 문화

제1단계 Kurgan 문화

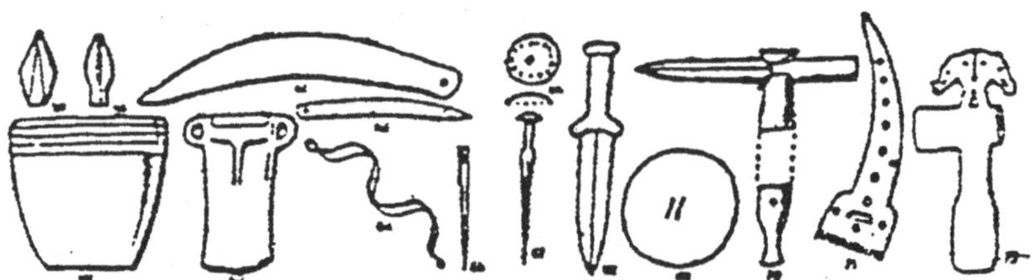

Karasuk 문화

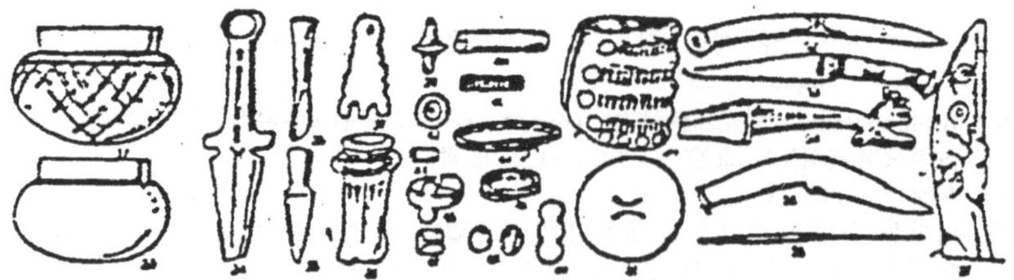

〈그림 7〉 殷墟 婦好墓 出土 佩帶·鑲嵌玉飾 拓片

①·② 馬, ③ 狗, ④ 鹿, ⑤~⑦ 兎, ⑧ 熊, ⑨·⑩ 獸頭, ⑪ 牛, ⑫~⑯ 虎

· 호랑이 · 양 등의 가축이나 야생동물에서 모양을 취하고 있다(〈그림 7〉). 비교적 특별한 문양으로는 엎드려서 고개를 돌린모양(伏臥回首狀)의 옥으로 만든 개 · 사슴, 그리고 쭈그리고 앉아서 고개를 돌린모양(跪臥回首狀)의 옥으로 만든 소 등이 있다. 이러한 종류의 동물문양은 기원전 7세기 이후에 유행하는 이른바 스키토-시베리아동물문양과 비슷하다.

최근 트랜스-볼가강유역에서 은대보다 10~7세기 후인 기원전 4~3세기에 이르러서 野生動物紋(Animal style)이 나타났음을 인정하고 있듯이[18] 은대의 殉葬 말, 車馬器 및 말장식이 출토된 예는 매우 많다. 고고자료와 갑골문에 따르면, 이들 자료는 은민족이 기마활동에 익숙했으며 아울러 수렵도 했던 민족이었음을 보여주고 있다.[19] 은허에서는 모두 29종의 포유동물이 출토되었고,[20] 그 중에서 수량이 1,000개 이상인 동물은 腫面猪, 四不象鹿, 聖水牛 등 세 종류가 있다. 수량이 100개 이상인 동물로는 돼지, 노루(獐), 사슴, 殷羊, 소, 개 등이 있는데, 이 중에는 수렵으로 잡은 동물들이 많다. 10개 이상 100개 이하의 동물로는 너구리 · 곰 · 이리 · 호랑이 · 검은쥐 · 대나무쥐 · 토끼 · 말 등 8종이 있다. 10개 이하의 동물로는 여우 · 오소리곰 · 표범 · 고양이 · 고래 · 발쥐 · 貘 · 무소 · 산양 · 丑角羊 · 코끼리 · 원숭이 등 12종이 있다. 특히 주목되는 되는 것은 이 동물들이 대부분 야생상태에서 수렵으로 잡은 것이라는 점이다.

또한 은대의 武丁과 帝辛時期의 갑골문 안에도 수렵에 관한 卜辭를 자주 볼 수 있다. 이 복사에 보이는 동물로는[21] 코끼리, 외뿔들소(兕, 野牛), 虤旨, 罛(麑, 無角鹿), 사슴(鹿), 㲋(麋), 야생개, 집돼지, 멧돼지, 여우 등 모두 19종 2,333마리가 있었다. 그 중에서 사슴이 무정시대의 복사에는 약 472마리가 나타나고, 罛는 566마리, 㲋는 1,179마리, 兕는 33마리, 집돼지는 110마리, 호

18) 阿甫社辛 · 陳弘法 譯, 〈斯基泰文化〉(《考古學參考資料》 6, 北京 ; 科學出版社, 1983), 182쪽.
19) 于省吾, 〈殷代的交通工具和馹傳制度〉(《東北人民大學人文科學學報》 1955-2, 長春), 92~96쪽.
20) 楊鍾健 · 劉東生, 〈安陽殷墟之哺乳動物群補遺〉(《考古學報》 1949-4, 北京 ; 科學出版社), 145~54쪽.
21) 胡厚宣, 〈氣候變遷與殷代氣候之檢討〉(《甲骨學商史論叢》 2-하, 成都 ; 齊魯大學國學硏究所, 1945), 380~390쪽.

랑이 3마리, 코끼리 2마리가 나타나고 있는데, 이로써 무정시대에 수렵이 풍부했음을 알 수 있다. 또한 殷人은 동물과 밀접한 관련을 가지고 있는 민족임을 추측할 수 있다.

은대의 사회에서 왕실은 수렵을 중요시하였기 때문에 청동기와 玉器에 동물문양을 새기는 것이 대단히 유행했었는데, 그것은 매우 자연스러운 현상이었을 것이다. 은대(商代)와 西周初期의 청동기장식에 나타나는 문양이 동물무늬를 그 주된 특징으로 하고 있으며, 安陽 殷墟에서 보이는 발달된 형식의 동물무늬가 보이고 있는 사실에서[22] 동물무늬 장식은 먼저 은주시기에 유행하고 이어서 중원지방으로부터 중국북방에까지 전해졌을 가능성이 있다고 보여진다. 만약 그렇다면 그 전파경로는 2가지 방향으로 나누어 볼 수 있다. 하나는 수원·몽고, 심지어 시베리아에까지 영향을 주었을 것이며, 다른 하나는 하북지방을 지나 발해연안·송화강유역 및 한반도에 영향을 주었을 것이다.[23]

은허 이외에 발해연안 북부 하북성, 요령성 일대에서도 은대 혹은 은말주초시기의 청동기유물에서 동물문양을 찾아 볼 수 있다. 은대의 것으로는 河北省 青龍縣 抄道溝 출토의 鹿首銅彎刀·羊首曲柄短劍, 은말 주초시기의 北京市 昌平縣 白浮村 출토의 馬首柄短劍·鷹頭柄短劍, 그리고 遼寧省 朝陽市 魏營子 출토의 羊首銅飾은 이미 유명하다.

발해연안에서 더욱 주목할 만한 사실은 요령성 영성현 남산근 102호 석곽묘에서 출토된 車馬·狩獵紋骨版이다. 기원전 9~8세기경의 것으로 추정되는 이 골판은 2필의 말이 끄는 쌍두마차 2대가 그려져 있고, 뒷면의 마차 앞에는 2마리 새끼말이 있다. 마차는 평면으로 그려져 있는데, 마차의 형태가 마치 은허 출토 갑골문자와 같다. 전면의 마차 앞에는 큰 뿔달린 사슴 2마리가 그려져 있다. 그리고 그 옆에는 화살을 장진한 활을 들고 있는 인물입상이 그려져 있다. 여기에 보이는 말과 마차, 그리고 수렵인물상과 사슴은 이 지방의 사회생활을 잘 보여주고 있다.

---

22) 張光直, 〈商周青銅器上的動物紋樣〉(《中國青銅器時代》, 台北 ; 聯經出版公司, 1983), 356쪽.

23) 李亨求, 앞의 글, 447쪽.

그리고 서주 내지 춘추시대의 유물로 추정되는 虎紋玉佩는 호랑이가 뒤틀린 몸짓을 하면서 서로 싸우고 있으며, 大凌河유역의 遼寧省 凌原縣 三官甸子 석관묘에서 출토된 기원전 8~7세기경의 청동마형조상도 뒤틀린 모습을 하고 있으며, 청동호형조상은 낮은 자세를 하고 있어 漢代 호형대구의 전형을 이루고 있다. 이들 동물의 뒤틀린 모습과 서로 싸우는 모습은 이미 은허 부호묘 출토의 옥제조각품에서 나타난 바 있는데, 우리 나라 청동기문화의 특징적인 동물문양과 밀접한 관련을 맺고 있음이 확인된다.[24]

(3) 청동기의 성분분석을 통해 본 중국과의 관계

청동기의 성분에 대해서는 최근 고등학교 국사교과서에는 시정되었으나 공공전시물의 설명문에는 여전히 '아연 함유설'이 유포되어 있다.[25]

그러나 최근 細形銅劍과 청동방울에 대한 금속학적 분석연구를 통해 우리 나라 세형동검의 원류는 오르도스(Ordos)보다는 오히려 중국에 가깝다는 견해가 제시되었다. 즉 中國 銅利器의 分析例를 보면 일부 합치하는 것도 있으나 벗어나는 것도 있어 중국의 영향을 단정할 수는 없으나 周代의 동리기의 주석(Sn)이 15%라는 것은 주목할 가치가 있다고 하고, 한편 오르도스동리기는 銅斧 3건, 단검 1건, 刀子 2건으로서 이 분석치만 보면 우리 나라의 組成과 크게 벗어나는 것도 있어서 우리 나라에 어떤 영향을 끼쳤는지는 알 수가 없다고 하였다(〈표 1〉 참조).[26] 요컨대 우리 나라 세형동검의 원류는 화학 조성상 오르도스보다는 오히려 중국에 가깝다고 보는 것이다.

---

24) 李亨求, 〈韓國靑銅器文化의 動物紋樣의 起源에 對한 再考－日本學者 江上波夫氏에 對한 質疑－〉(《于江權兌遠敎授停年紀念論叢》, 世宗文化社, 1994), 79~92쪽.

25) 예를 들면 국립중앙박물관 청동기시대 전시실의 '청동기 鑄造'에 관한 설명문에 "청동기는 일반적으로 구리와 주석을 섞어 만드나 주조시 鎔融點을 내리고 주조 후의 표면처리와 마감처리를 편하게 하기 위하여 아연·납 등을 넣기도 한다. 특히 아연을 섞는 것은 우리 나라 특유의 청동합금술로서 아연은 용융시 流動性에 도움을 주어 주조를 쉽게 하고 제품이 잘 부식되지 않게 하는 효과를 준다"고 하였다.

26) 崔炷·金秀哲·金貞培, 〈韓國의 細形銅劍 및 銅鈴의 金屬學的 考察과 납 同位元素比法에 의한 原料産地 推定〉(《先史와 古代》 3, 韓國先史古代學會, 1992), 189~213쪽. 한편 위의 〈표 1〉은 이 글 193쪽에서 옮긴 것이다.

〈표 1〉 세형동검 및 동령의 조성표

자 료		Cu	Sn	Pb	Ag	Bi	Ni	Fe	Si	Mg	Mn	Sb	As	An	비 고
銅劍 Ⅰ		73.4	18.7	6.86	0.09	<0.01	0.13	0.016	-	tr	-	0.095	-	-	傳 全南
銅劍 Ⅱ		74.0	14.4	10.6	0.13	0.03	0.17	0.053	0.17	<0.001	<0.001	0.12	-	0.003	傳 全南
銅劍 Ⅲ		71.0	13.6	15.7	<0.01	<0.01	<0.01	<0.01	-	<0.0001	<0.001	<0.01	-	-	傳 全南
銅鈴	鈴部	64.3	19.0	12.1											
	柄部	67.7	17.4	13.30	0.11	0.03	0.16	0.04	0.11	<0.001	<0.01	0.14	<0.05	-	傳 全南
	球	69.4	20.0	10.3											

이러한 연구가 나오기까지의 기왕의 인식은 우리 나라 청동기는 중국의 것들과 달리 아연이 포함되어 있어서 시베리아계통의 청동기에 기원을 두고 있다는 주장들이었다. 우리 나라 청동기에 아연이 포함되어 있다는 주장은 지난 1966년 북한의 원시 및 고대 청동유물의 화학성분의 분석을 통해 비롯되었다.[27] 이러한 주장은 그 후 강원도 평창 선림원지 출토 신라범종의 성분 분석[28]을 계기로, 마치 우리 나라 청동유물에 아연이 포함된 것처럼 인식하고 나아가 시베리아청동기와 관련이 있다는 주장으로[29] 발전되어 결국은 우

27) 아연이 있다고 분석된 원시 및 고대 청동유물의 화학성분표

유 적	유 물	Cu	Sn	Pb	Zn	Fe	Ag	기타
① 라진 초도	치레거리	53.93	22.30	5.11	13.70	1.29	-	3.67
② 봉산 송산리	잔줄무늬거울	42.19	26.70	5.56	7.36	1.05	-	-
③ 봉산 송산리	주머니도끼	40.55	18.30	7.50	24.50	1.05	-	-

최상준, 〈우리 나라 원시시대 및 고대의 쇠붙이 유물분석〉(《고고민속》 1966-3), 43~46쪽.

28) Dalan Judson, The Evolution of Modern Printing and the Discovery of Movable Metal Type by Chinese and the Koreans in the Fourteenth Century, *Journal of the Franklin Institute, Vol. 212 1931,* pp.208~234. 이 글에서 달랑은 1455년에 주조된 乙亥字의 금속성분을 조사한 결과 Cu 79.45%, Sn 13.20%, Zn 2.3%, Fe 1.88%, Pb 1.66%, Mn 0.48%로 전통적인 한국청동의 합금 비율을 보이고 있다고 하였다. 또 金元龍은 禪林院址 出土 銅鐘의 성분이 Cu 80.1%, Sn 12.2%, Zn 2.18%, S 0.14%로서 납을 제외하면 을해자의 성분과 일치한다고 하였다(金元龍, 《韓國美術史》, 범문사, 1968, 224쪽, 주 40). 그리고 손보기는 주조 甲寅字로 인정되는 활자를 분석하여 Cu 84%, Sn 7%, Pb 7%, Zn 1%, Fe 0.1%로 보고하였다고 한다(全相運, 〈韓國 靑銅活字 印刷術 發展의 技術史的 背景〉, 《硏究論文集》 3, 誠信女大, 1970, 53쪽 참조).

29) 全相運, 위의 글.

리 나라 청동기문화의 '시베리아 기원설'[30]이 생기게 되었다.

이러한 우리 나라 청동기의 '아연청동설'은 1983년에 처음으로 반론이 제기되었다. 즉 스키토-시베리아계통의 청동기로 볼 수 있는 수원청동기에는 아연이 포함되지 않았던 점과, 은주청동기에는 아연이 구리·주석과 납에 이어 네번째로 소량이 검출되었으며, 그리고 아연이 포함된 청동기에 대한 분석례가 더 이상 없다는 등의 점을 들어 시베리아 기원설에 대한 강한 의문을 제기한 것이다.[31]

이러한 주장은 1986년에 청동유물에 대한 화학성분 분석결과에 의해 재확인되었다.[32] 즉 우리 나라의 옛 청동기 9점에 대한 화학조성, 금속의 미세구조, 鉛同位元素比法으로 원료의 산지 등을 통해 청동유물에 대한 초기의 분석방법의 한계성을 지적하고 기원전 아연의 첨가기술이 확립되었다면 후대의 청동유물(帶鉤·容器·鐙子·盒·梵鍾·佛像 등)에 주조성을 높이기 위하여 아연첨가가 기대되는 데도 모두 1% 미만인 사실과 청동에 납(鉛)을 첨가할 때 불순물로 포함되는 소량의 아연함유는 중국의 청동기에서도 얼마든지 볼 수 있는 점 등을 들어, 우리 나라 청동기의 특징으로 아연의 첨가를 강조하는 것은 재고해야 한다는 것이다.

근래 북한에서도 비파형단검 2점, 좁은놋단검 2점, 좁은놋창 1점, 확인되지 않은 청동 4점, 그리고 잔줄무늬거울 1개 등 10점의 기원전 천년기 청동유물을 화학분석한 자료를 발표하였다(〈표 2〉).[33] 이에 따르면 9점의 청동기에는 아연이 포함되어 있지 않았고, 온성군 강안리에서 출토된 좁은놋단검만이 아연을 0.009% 포함하고 있었다. 특히 잔줄무늬거울도 아연을 포함하고 있지

---

30) 金貞培, 《韓國民族文化의 起源》(高麗大 出版部, 1973), 142쪽.

31) 李亨求, 앞의 글(1983), 430~447쪽.
———, 앞의 글(1994).
———, 〈化學分析을 通해 본 渤海沿岸 靑銅器文化의 起源問題〉(《馬韓·百濟文化》 13, 圓光大, 1993), 275~288쪽.

32) 崔 炷 외, 〈옛 韓國靑銅器에 대한 小考〉(《대한금속학회지》 24-4, 1986), 504~546쪽.

33) 강승남, 〈기원전 1000년기 후반기 우리 나라 청동야금기술의 특징에 대하여〉(《조선고고연구》 1990-4, 사회과학원 고고학연구소), 31~36쪽. 한편 〈표 2〉는 이 글 32쪽에서 옮긴 것이다.

〈표 2〉 북한에서 발굴한 기원전 1000년기 청동의 화학조성표

번호	유물이름	나온곳	시 기	화 학 조 성 (%)										화학적모형
				Cu	Sn	Pb	Zn	As	Bi	Fe	Ni	Co	Sb	
①	비파형단검	신평군 선암리	천년기 전반기	86.79	6.0	7.0	-	-	0.06	0.11	0.025	-	0.01	Cu-Sn-Pb
②	〃	의주군	〃	81.97	13.5	4.5	-	-	0.03	-	-	-	-	〃
③	좁은놋단검	온성군 강안리	천년기 후반기	96.96	0.25	2.0	0.009	-	0.02	0.55	0.07	0.05	0.09	Cu-Pb
④	〃	황주군 청룡리	〃	78.97	8.5	11.0	-	1.2	0.07	0.01	0.035	0.025	0.19	Cu-Sn-Pb-As
⑤		연탄군 도치리	〃	92.64	4.0	3.1	-	-	0.02	0.11	0.06	0.06	0.01	Cu-Sn-Pb
⑥		평양시	〃	78.39	14.30	7.31								〃
⑦		〃	〃	75.94	15.06	9.0								〃
⑧		순천시	〃	70.94	14.84	14.22								〃
⑨	잔줄무늬거울	신천군 룡산리	〃	79.7	16.0	4.0	-	-	0.08	0.043	0.04	-	0.15	〃
⑩	좁은놋창	은파군 갈현리	〃	84.2	8.5	7.0	-	-	0.06	0.01	0.035	0.025	0.19	〃

않았다. 특히 청동유물의 성분분석을 통하여 시베리아계통 청동합금의 기본 요소는 동－비소(Cu－As)와 동－석－비소(Cu－Sn－As)합금으로, 고대 우리 나라 청동합금의 기본유형인 동－석－연(Cu－Sn－Pb)합금이 적게 나타난다고 밝힌 점은 매우 시사적이다.

물론 이러한 남북한 야금학자들의 분석결과와 달리 함평군 초포리에서 발굴된 청동기의 형광 X선 분석에 기초하여 우리 나라 청동기문화의 시베리아 계통론을 재확인하는 경우도 있다.[34] 특히 초포리유적 출토의 組合式銅鈴은 定性分析의 결과 아연의 함유량이 많고, 기타 동령류 역시 아연의 함유량이 많은 것으로 확인되어 아연이 거의 들어 있지 않은 중국청동기와는 계통이 틀리는 것이 아닌가 하고 의문을 제기하기도 하였다. 그러나 똑같은 초포리

34) 李健茂, 〈青銅器の製作技術〉(《日韓交涉の考古學》, 韓炳三・小田富士雄 編, 東京 ; 六興出版, 1991), 120～125쪽.

출토 청동기를 분석한 다른 연구에서는 아연-청동합금이라 불리는 청동기 5점의 아연 조성이 일정치 않아 어떤 계통적인 패턴은 찾을 수 없었다고 하였을 뿐만 아니라 대부분(24점 중 19점)은 아연 성분이 검출되지 않았다는 결과를 발표하기도 하였다.[35]

청동유물의 성분분석 결과와 관련된 이상의 논의를 통해 우리 나라 청동유물에 대한 '아연청동설'과 '시베리아 기원설'은 점차 후퇴되고 대신 '銅錫鉛合金說'[36]과 '중국 기원설(발해연안 기원설)'로 정리되고 있음을 알 수 있다.

청동기문화는 시대와 지역을 넘어서 고대국가의 성립과 관계가 깊기 때문에 우리 나라 청동기문화의 계통을 밝히는 일은 고조선 성립의 문화적 배경과 민족문화의 원류를 밝히는 문제와도 관련이 된다. 그 동안 학계에서는 청동기문화의 기원을 두고 몇 가지 쟁점이 되고 있었다. 한반도 청동기문화에 대한 시베리아 기원설은 60년전에 일제 관학자에 의해 주장되기 시작하여 최근까지도 널리 수용되고 있다. 그러나 1983년 처음으로 우리 나라 청동기의 '아연함유설'이 부정되고 뒤따라 이를 동의하는 화학성분 분석 결과가 나오고, 또 화학성분 분석 사례(〈표 3〉)가[37] 활성화됨으로써 이제 '아연함유설'은 설득력을 잃게 되었는 바 아울러 '시베리아 기원설'도 성립될 수 없음이 밝혀지기에 이르렀다.[38]

요컨대 발해연안 청동거울에 나타나는 기하무늬 양식과 고리의 형식은 殷周代의 청동거울의 그것과 일치하고 있으며, 동물문양의 양식이나 형식도 은대 청동유물과 옥제품에 나타나는 동물문양과 밀접한 관련이 있음을 확인할

---

35) 강형태·정광용, 〈草浦里出土青銅器의 螢光X線分析〉(《咸平草浦里遺蹟》, 國立光州博物館, 1988).

36) 崔炷 등이 한국세형동검의 기본조성을 'Cu 75%, Sn 15%, Pb 10%'인 '동석연합금'으로 확인한 점은 매우 중요한 의미를 갖는다. 이러한 분석결과는 필자의 기왕의 연구(李亨求, 앞의 글, 1983)와 일치할 뿐만 아니라 李仲達·華覺明·張宏禮 등 중국 야금학자들이 분석한 은주청동기 253건의 성분조성과 기본적인 조성비율이 일치한다(李仲達·華覺明·張宏禮, 〈商周青銅容器合金成分的考察-兼論 '鐘鼎之齊'的形成-〉, 《中國冶鑄史論集》, 北京; 文物出版社, 1986, 149~165쪽).

37) 洪鍾郁·鄭光龍, 〈청동기 분석〉(《麗川 積良洞 상적 支石墓》, 全南大 博物館·麗川市, 1993), 250~264쪽. 한편 〈표 3〉은 이 글 253쪽에서 옮김.

38) 金貞培, 〈韓國青銅遺物의 金屬學的 分析〉(《韓國史硏究》 94, 1996), 1~22쪽.

수 있다. 나아가 우리 나라 청동유물의 화학성분은 대체로 Cu 75%, Sn 15%, Pb 10%의 조성비율을 갖는 '銅錫鉛合金'으로, 전형적인 殷周靑銅器의 성분조성과 일치하고 있음이 확인되고 있다 하겠다(〈표 4〉 참조).

〈표 3〉 청동유물 형광X선 분석

유 물 명	출 토 지	분 석 위 치	성 분 결 과
비파형동검-A	승주군 송광면 우산리 38호 지석묘		Cu, Sn, Pb, As, Fe
동검-C	보성군 문덕면 덕치리 1호 지석묘		Cu, Sn, Pb, Fe
동촉	보성군 문덕면 덕치리 15 지석묘		Cu, Sn, Pb, Zn, Fe
비파형동검-①	여천시 적량동 상적 2호 석과		Cu, Sn, Pb, As, Fe
비파형동검-②	여천시 적량동 상적 21호 석곽	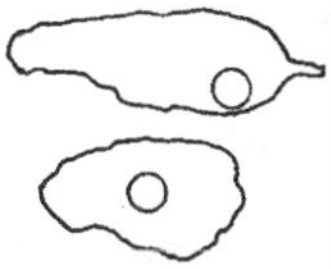	Cu, Sn, Pb, As, Fe
비파형동검-③	여천시 적량동 상적 22호 석실	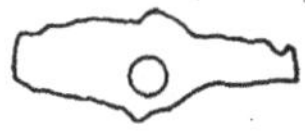	Sn, Cu, Pb, As, Fe
비파형동모	여천시 적량동 상적 2호 석곽		Cu, Pb, Sn, As, Fe
비파형동검-④	여천시 적량동 상적 13호 석실	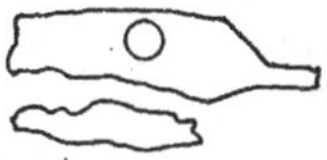	Sn, Cu, Pb, As, Fe
비파형동검-⑤	여천시 적량동 상적 4호 석곽		Cu, Pb, Sn, As, Fe
비파형동검-⑥	여천시 적량동 상적 9호 석곽		Sn, Cu, Pb, As
비파형동검-⑦	여천시 적량동 상적 7호 지석묘	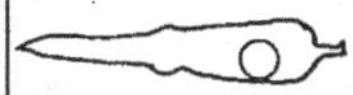	Pb, Cu, Sn, As, Fe
동검-⑧	여천시 평여동 다군 2호 지석묘		Cu, Pb, As, Fe
동검-⑨	여수시 오림동 4호 석곽		Sn, Cu, Pb, Fe
동검-⑩	여수시 오림동 8호 지석묘		Sn, Cu, Pb, As, Fe

〈표 4〉 은허 부호묘 청동 禮器의 성분

器物		총 량	Cu	Sn	Pb	Zn
原編號	명칭	주성분	실측치	실측치	실측치	실측치
M5 : 758	中型圓鼎	96.47	76.96	18.59	0.76	0.16
M5 : 814	中型圓鼎	99.29	80.31	17.48	1.07	0.43
M5 : 762	中型圓鼎	97.79	81.01	16.19	0.49	0.10
M5 : 755	中型圓鼎	93.12	76.43	15.64	0.83	0.17
M5 : 754	中型圓鼎	98.77	80.58	16.64	1.23	0.32
M5 : 759	中型圓鼎	95.15	77.83	16.45	0.76	0.11
M5 : 760	中型圓鼎	98.43	82.02	15.49	0.60	0.32
M5 : 815	中型圓鼎	96.52	80.38	15.12	0.92	0.10
M5 : 761	中型圓鼎	95.82	81.85	12.64	1.17	0.16
M5 : 816	中型圓鼎	97.31	79.92	16.84	0.68	0.07
M5 : 812	方扁足鼎	94.85	76.95	17.18	0.62	0.10
M5:1173	扁足圓鼎	99.63	78.86	18.79	1.68	0.30
M5 : 753	深腹柱足鼎	98.76	83.71	14.52	0.40	0.13
無	鼎口沿	97.90	78.45	18.83	0.56	0.06
無	鼎耳	96.23	78.83	16.87	0.47	0.06
無	鼎腹	96.88	82.28	14.17	0.37	0.06
無	鼎腹	96.22	79.02	16.69	0.40	0.06
M5 : 809	大方鼎(口沿)	98.83	85.91	11.60	1.19	0.13
	大方鼎(腹部)	98.05	84.96	11.65	1.28	0.16
	大方鼎(足部)	96.88	83.60	12.62	0.50	0.16

〈李亨求〉

3) 일 본

우리 나라 청동기문화의 원류는 크게 두 가지로 나눌 수 있다. 하나는 중국 중원 殷의 청동기문화이고 다른 하나는 북방 청동기문화이다. 그러나 우리 나라는 지리적으로 이 두 청동기문화가 합류하는 지역에 있음에도 불구하고 독자적인 청동기문화를 형성시켜 왔다. 뿐만 아니라 우리 나라 청동기문화는 일본 야요이(彌生)시대에 전파되어 그 곳에서 또 다른 청동기문화를 출현시켰다. 이와 같이 중국·한국·일본의 청동기문화는 상호 밀접한 관계를 가지면서 변화, 발전하였다고 할 수 있다. 특히 일본과의 관계 규명을 위해서는 지금까지 연구된 우리 나라 청동기문화 내용의 바탕 위에 일본 야요이시대 청동기문화의 특징을 비교, 분석하여 상호 교류 관계를 알아보기로 하겠다.

(1) 일본 청동기문화의 성격

우리 나라 청동기가 일본에 전파된 시기를 일본에서는 야요이시대라고 한다. 그런데 이 야요이시대는 지역에 따라서 약간씩 차이는 있지만 그 발생지인 규슈(九州)지방의 경우는 대략 기원전 350년경에 시작하여 기원후 250년경에 끝났다고 하고 있으며 이를 200년씩 구분하여 전·중·후기로 나누기도 한다.

일본 최고의 청동기는 후쿠오카현(福岡縣) 이마카와(今川)遺蹟 출토의 銅鏃이다.[1] 이 동촉은 有莖式인데 재가공된 흔적이 있으며 板付Ⅰ式 토기와 함께 출토되었으므로 야요이시대 前期前半에 편년된다. 당시 청동끌도 함께 채집되었는데 이 끌은 古朝鮮式銅劍[2]의 莖部를 재가공한 듯하며 시기적으로는 이마카와 출토 동촉과 거의 같다고 추정된다. 그러나 야요이시대 초기 청동기는 그 출토 예가 적어서 보편적인 것이었다고는 생각하기 어렵다. 본격적으로 우리 나라 청동기가 일본에 전파된 시기는 전기 말부터이며 甕棺 형식으로는 金海式단계이다. 이 때 청동기는 한국식동검·동모·동과, 그리고 다뉴세문경이 세트로 이루고 있다.

---

1) 酒井仁夫·伊崎俊秋, 《今川遺跡》(津屋崎町文化財調査報告書 4, 1981).

2) 沈奉謹·朴恩貞, 〈韓國 青銅劍 系譜와 그 同伴遺物〉(《韓國上古史學報》 10, 韓國上古史學會, 1992).

지금까지의 일본 최고의 동검은 사가현(佐賀縣) 우기쿤덴(宇木汲田) 18호 甕棺墓에서 출토된 것이다.[3] 이 옹관묘는 김해식으로, 鎬線이 抉入部 하단까지 있고 결입부 하단에서 關部까지 완만한 곡선을 이루고 있다. 또 후쿠오카현 요시타게타가기(吉武高木) 3호 목관묘에서는 한국식동검·동모·동과·다뉴세문경이 출토되었다.[4] 동검은 전술한 우기쿤덴 18호 옹관묘 출토의 것과 동일한 형식이며 동모·동과도 세형이다. 이 청동기와 함께 죠노코시(城ノ越)式으로 추정되는 토기가 출토되어 시기적으로 중기초두에 해당됨을 알 수 있다. 한편 같은 중기초두에 해당하는 2·4호 목관묘에서도 한국식동검이 출토되었으나 이것은 호선이 관부까지 이어졌는데 이와 같은 세형동검들은 모두 우리 나라에서 전파되었다는 설이 일반적이다.

그러나 최근 키타규슈(北九州) 지역을 중심으로 동검 용범이 후쿠오카현 시카노시미(志賀島) 가쯔바(勝馬)유적[5]·오타니(大谷)유적,[6] 사가현 소우자(惣座)유적[7]에서 출토되었고, 동모 용범이 사가현 소우자 및[8]와 요시노가리(吉野ケ里)유적[9]에서 출토되었다. 사가현 나베시마 모토무라미나미(鍋島本村南)유적[10]에서는 동과 용범이 출토되어 우리 나라에서 청동기를 받아들인 뒤 얼마 안되어 곧 일본에서 倣製가 시작되었음을 알 수 있다.

그리고 세형의 青銅利器는 그 뒤 중세형의 青銅祭器로 변화하는데 사가현 아네(姉)유적,[11] 효고현(兵庫縣) 타노우(田能)유적[12]에서 동검 용범이 출토되고

---

3) 唐津灣周邊遺跡調査委員會編, 《末盧國》(1982).

4) 福岡市歷史資料館, 《特設展圖錄早良王墓とその時代》(1986).
福岡市教育委員會, 《吉武高木》(福岡市埋藏文化財調查報告書 143, 1986).

5) 森貞次郎·乙益重隆·渡邊正氣, 〈福岡縣志賀島の彌生遺跡〉(《考古學雜誌》 46-2, 東京 ; 考古學會, 1960).
小田富士雄, 〈銅劍·銅矛國産開時期の再檢討－近年發見の鑄型資料を中心として 2－〉(《古文化談叢》 15, 九州古文化硏究會, 1985).

6) 佐土原逸男, 《大谷遺跡－福岡縣春日市大字小倉所在遺跡》(春日市文化財調査報告書 5, 1979).

7) 小田富士雄, 앞의 글.

8) 小田富士雄, 위의 글.

9) 佐賀縣教育委員會, 《環濠集落吉野ケ里遺跡概報》(1990).
佐賀縣教育委員會, 《吉野ケ里遺跡發掘調查概報》(1990).

10) 小田富士雄, 〈銅劍·銅矛國産開始期の再檢討(2)－近年發見の鑄型資料を中心として－〉(《古文化談叢》 23, 1990).

있어서 중기 중반경에 제작되었음을 시사하고 있다.

중세형 청동제기가 부장된 예에서 그 존속 기간을 추정한다면 먼저 중세형동검은 후쿠오카현 수구오카모토(須玖岡本) D지점과[13] 미네(峰)유적[14] 옹관묘에서 출토되고 있어서 중기후반까지 존재하였던 것으로 추측된다. 중세형동모는 후쿠오카현 타테이와(立岩) 10호 옹관묘에 부장되어 있으므로[15] 중기후반까지 존재하였던 것으로 추정된다.

중기후반이 되면 새로이 中國鏡이 부장되기 시작한다. 후쿠오카현 타테이와 10호 옹관묘에서는 重圈文淸白鏡 등 前漢 후기의 異體字銘帶鏡 6점, 중세형동모 1점, 철검 1점 등이 부장되어 있었고 옹관 형식은 타테이와식이며 중기후반으로 편년되는 기준 자료이다. 그 밖에도 이 시기의 중요한 유적으로서 후쿠오카현 미쿠모(三雲) 미나미쇼지(南小路)유적과[16] 수구오카모토유적을 들 수 있다. 미나미쇼지 1호 옹관묘는 옹관 형식은 알 수 없지만 여기에서 重圈彩畵鏡·四乳雷文鏡·連弧文淸白鏡 등의 이체자명대경 30면 이상, 세형동모 1점, 유병식세형동검 1점, 중세형동모 1점, 중세형동과 1점, 유리벽 8면 이상, 금동제사엽좌금구 8점 이상 등 대량의 부장품이 출토되었다. 그 가운데 중권채화경은 河南省 信陽縣 長臺關楚墓 출토품과[17] 유사하므로 戰國鏡이라고 추정되며 사유뢰문경은 地文을 가지고 있어 前漢 전기의 것이라고 할 수 있다. 그러나 나머지 이체자명대경은 전한 후기 것이므로 전자는 약 200년 가량 전세된 것이라는 점과 이 옹관이 전기한 타테이와 10호 옹관묘와 같은 형식에 속하는 것을 알 수 있다. 같은 예는 수구오카모토 D지점 옹

11) 堤安信, 〈佐賀縣千代田町姉貝塚出土の銅矛・銅劍の鑄型〉(《考古學雜誌》 70-2, 1984).

12) 尼崎市敎育委員會, 《田能遺跡發掘調査報告書》(1982).

13) 島田貞彦・梅原末治, 《筑前須玖史前遺跡の硏究》(京都大 文學部 考古學硏究報告 11, 1930).
岩永省三, 〈須玖遺跡D地點出土靑銅利器の再檢討〉(《MUSEUM》 372, 東京國立博物館, 1982).

14) 中山平次郎, 〈太宰府附近に於ける彌生式系統遺跡調査(1)〉(《考古學雜誌》 20-6, 1930).

15) 福岡縣飯塚市敎育委員會, 《立岩遺跡》(1977).

16) 靑柳種信, 《柳園古器略考》(1822).
柳田康雄, 《三雲遺跡-南小路地區篇-》(福岡縣文化財調査報告書 69, 1985).

17) 樓宇棟, 《信陽楚墓》(中國田野考古報告集考古學專刊丁種 30, 1986).

관묘에서도 볼 수 있다. 이 옹관묘도 형식은 알 수 없으나 草葉紋鏡·星雲紋鏡·이체자명대경 등 30면 이상의 동경, 多桶式銅劍 1점, 중세형동검 1점, 세형동모 4점, 중세형동모 2점, 중세형동과 1점, 유리벽 등 많은 부장품이 출토되었다. 그 중에서 초엽문경은 전한 전기, 성운문경은 전한 중기에 해당하고 중권문청백경 등의 이체자명대경은 전한 후기에 해당하는 것이다. 따라서 이 옹관묘의 시기도 立岩期, 즉 중기후반에 해당하는 것으로 생각된다. 이와 같이 중국경의 출현기인 중기후반의 특징으로서는 ① 전한 후기경이 부장되는 점, ② 전한 후기경과 함께 전국~전한 중기의 고식경도 포함되어 있는 점, ③ 대량의 동경이나 청동기를 부장한 옹관묘가 있는 점, ④ 철기를 부장한 분묘가 출현하는 점 등을 들 수 있다.

야요이문화 후기전반이 되면 옹관묘에 方格規矩鏡이 부장된다. 후쿠오카현 이하라야리미조(井原鑓溝) 옹관묘[18]에서는 20면 이상의 방격규구경이 출토되었는데 그 중에서 18면이 복원 가능하였다. 이 방격규구경은 '漢有善銅'이나 '新有善銅'의 명문이 있는 전한 전기·新代의 동경이며 後漢代의 방격규구경은 포함되지 않는다. 또 사가현 사쿠라노바바(櫻馬場) 옹관묘[19]에서는 후기초두의 옹관에 방격규구경 2면과 철도·銅釧·把形銅器 등이 부장되어 있었다. 이 방격규구경 역시 후한대보다 약간 이른 신대의 것으로 알려져 있다.

이 시기가 되면 분묘에 청동무기형 제기를 부장하는 예는 대부분 없어지고 생토 속에 매납하는 예가 늘어난다. 이들 청동제기의 연대결정은 용범이나 토기와의 동반 예에서 추정이 가능하다. 즉 중광형동모에 대해서는 사가현 야수나가타(安永田)유적[20]의 용범이 중기 말에서 후기초두로 편년되는 토기와 동반 출토되었으며, 對馬ハロウ A지점에서는 후기중엽의 5호 석관묘[21]에서 중광형동모가 출토되고 있어서 중기 말에서 후기중반에 해당할 가능성이 높다. 또 이 시기에는 한경을 모방한 방제경이 출현한다. 사가현 후타쯔

18) 青柳種新, 앞의 책.
梅原末治, 〈筑前國井原發見鏡片の復原〉(《史林》 16-3, 京都大, 1931).

19) 杉原莊介·原口正三, 〈佐賀縣櫻馬場遺跡〉(《日本農耕文化の生成》, 日本考古學協會 編, 1961).

20) 藤瀨 博·山田正, 〈佐賀縣安永田遺跡の本照射－銅鐸鑄型出土地點の性格解明－〉(《考古學ジャーナル》 195, 1981).

21) 豊玉町教育委員會, 《對馬豊玉町ハロウ遺跡》(1980).

카산(二塚山) 46호 옹관묘[22]에서는 철모와 함께 重圈文日光鏡系 방제경 Ⅰb식이 출토되었다. 이것은 영천 어은동 출토거울[23]과 같아서 우리 나라에서 제작되었을 가능성이 높다.

야요이 후기중반이 되면 한경을 부장한 분묘는 감소한다. 후기중반의 나가사키현(長崎縣) 카라카미(唐神)유적[24]에서 방격규구경이 출토되었으나 깨어서 구멍을 뚫은 破鏡이었다. 앞에서 설명한 것처럼 후기전반에서는 전한 말~후한 전기의 방격규구경·細線式獸帶鏡 등이 부장되고 있으므로 후기중반에서는 후한중기의 四葉座內行花文鏡의 출토가 예상된다. 그러나 이러한 사엽좌내행화문경을 부장하는 분묘는 후기중반에는 거의 보이지 않고 후기후반에서 종말기 단계에 나타나므로 후기중반부터 전래되기 시작한 것을 알 수 있다. 그것은 후한 세력의 쇠퇴와 관련되는 것으로 생각된다. 이러한 한경의 감소에 따라 키타큐슈에서도 방제경을 제작하기 시작했다. 이 시기의 방제경은 후쿠오카현 이이우지바바(飯氏馬場) 석관묘[25] 출토경과 같은 내행화문일광경계 및 중권문일광경계 방제경 Ⅱa식이다.

청동 제기는 이 시기 중광형에서 광형으로 변화한다. 나가사키현 쓰시마토우노쿠비(對馬塔ノ首) 3호 석관묘[26]에서 후기중반에서 후반의 토기와 함께, 쓰시마키사카(對馬木板) 5호 석관묘[27]에서는 후기후반에서 종말의 토기와 광형동모가 동반 출토되었다.

야요이 후기후반에서 종말기가 되면 한경의 파경을 분묘에 부장하는 예가 많아진다. 종말기의 후쿠오카현 노카타나카바루(野方中原) 1호 석관묘[28]에서는 후한 후반의 半肉彫獸帶鏡이 출토되었다.

---

22) 佐賀縣敎育委員會, 《二塚山－佐賀縣東部中核工業團地建設に伴う埋藏文化財發掘調査報告書－》(佐賀縣發掘調査報告書 46, 1979).
23) 梅原末治·藤田亮策·小泉顯夫, 〈南朝鮮に於ける漢代の遺跡〉(《大正11年度古蹟調査報告書》 2, 朝鮮總督府, 1925).
24) 水野精一·岡崎敬, 〈長崎縣 壹岐郡カラカミ遺跡〉(《日本考古學年報》 10, 日本考古學協會, 1957).
25) 高倉洋彰, 〈彌生時代小形倣製鏡ついて〉(《考古學雜誌》 58-3, 1972).
26) 長崎縣敎育委員會, 《對馬－淺茅灣とその周邊の考古學調査－》(長崎縣文化財調査報告書 17, 1974).
27) 坂田邦洋, 《對馬の考古學》(繩文文化硏究會, 1976).
28) 柳田純孝, 《福岡市野方中原遺跡調査概報》(福岡市埋藏文化財調査報告書 30, 1974).

그러나 후쿠오카현 미쿠모테라구찌(三雲寺口) 2호 석관묘[29]에서 蝙蝠座內行花文鏡, 바바산(馬場山) 41a호 토광묘[30]에서는 雙頭龍文鏡 등 후한 중기의 거울이 출토되고 있으므로 약 100년간에 걸쳐 전래되었음을 추정할 수 있다. 종말기의 양상을 잘 나타내는 예로서 후쿠오카현 히라바루(平原) 분묘를 들 수 있다.[31] 여기서는 박제방격규구사신경이나 방제내행화문경 등 모두 39면의 동경이 출토되었다. 즉 기원후 1세기 중반경의 것이므로 일괄 유입된 뒤 약 200년 가까이 전래되었음을 알 수 있다. 이러한 야요이 후기중반부터 보이는 동경의 전래는 종말기에는 거의 끝나고 곧 三角緣神獸鏡이라는 새로운 동경이 출현하여 전방후원분에 부장되기 시작한다. 그 배경에는 큰 사회 변동이 예상되며 이 시기 일본은 야요이시대가 끝나고 古墳時代를 맞이하게 된다. 특히 삼각연신수경에 '景初三年'(기원후 239년), '正始元年'(기원후 240년)이라는 기년명이 있어 야요이시대가 기원후 3세기 중반경에는 끝난다는 것을 알 수 있다. 그리고 기나이(畿內)지방에서는 중기 이후 특수한 청동제 銅鐸文化가 유행하였다.

(2) 한·일 청동기문화의 교류관계

우리 나라 청동기 출현기에 해당하는 신암리 제3지점 제2문화층에서는 청동도자와 동포가 출토되었으나[32] 이 시기 일본에서는 청동기가 나타나지 않는다. 또 경북 예전동[33]이나 부여 송국리 석관묘[34]와 같이 남부지역에서 고조선식 동검이 출현하는 시기에도 일본에서는 이것과 병행하는 청동기는 출토되지 않고 있다. 일본에서 청동기가 나타나는 시기는 우리 나라에서 변형

29) 柳田康雄, 《三雲遺跡 Ⅳ》(福岡縣文化財調査報告書 65, 1983).
30) 小田富士雄, 《馬場山遺跡》(北九州市埋藏文化財調査會, 1975).
31) 原田大六, 《平原彌生古墳－大日靈貴の墓》(平原彌生古墳調査報告書編執委員會, 1991).
32) 리순진, 〈신암리 유적 발굴 중간 보고〉(《고고민속》 1965－3).
김용간·리순진, 〈1965년도 신암리유적발굴보고〉(《고고민속》 1966－4).
33) 金鍾徹, 〈慶尙北道 梅田里 禮田洞出土の滿洲式銅劍〉(《東アジアの考古と歷史》, 岡崎敬先生退官紀念論集, 1987).
34) 金永培·安承周, 〈扶餘松菊里 遼寧滿洲式銅劍出土 石棺墓〉(《百濟文化》 7·8, 公州師大, 1975).

古朝鮮式銅劍이 나타나는 시기와 같다고 생각된다. 즉 야요이 전기전반의 이마카와(今川)유적 출토 청동제 유경식양익촉은 김해 무계리,[35] 황해도 상매리,[36] 대아리 석관묘[37]에서 출토되고 있다. 그리고 대아리에서는 변형 고조선식동검이 동반되고 있다. 또 이마카와유적에서 함께 출토된 동끌은 전기한 동촉과 같은 시기의 것이고 고조선식동검의 경부를 재가공한 것이므로 이 유적이 고조선식동검 말기에 해당하는 것임을 뒷받침하고 있다. 따라서 변형 고조선식동검이 출토된 경남 진동리,[38] 전남 우산리 8호 지석묘,[39] 황해도 고산리 토광묘,[40] 요령 정가와자 6512묘[41]도 같은 시기 해당하는 것으로 생각된다. 그런데 정가와자의 경우, 춘추 말기~전국 전기에 해당하는 차마구도 함께 출토되어 그 시기 추정이 가능하다.

다음 시기인 대전 괴정동 석관묘[42] 출토품과 같은 초기 한국식동검과 다뉴조문경이 동반되는 단계의 유물은 일본에서는 아직 발견되지 않았지만 동검·동모·동과·다뉴세문경이 세트관계를 이루어 출현하는 단계부터는 본격적으로 일본에 청동기가 전파되기 시작한다. 즉 야요이 전기 말~중기전반의 후쿠오카현 요시타게타가기 3호 목관묘에서는 한국식동검·동모·동과·다뉴세문경이 출토되었다. 이러한 세트관계는 전남 초포리 석곽묘[43] 일괄 출토품과 유사하다. 또 함남 이화동 토광묘 출토유물[44]에서도 같은 세트가 나타나고 있어 동일 시기로 편년 가능하다. 따라서 이 시기는 중국의 전한 전

35) 金元龍, 〈金海 茂溪里支石墓의 出土品〉(《東亞文化》 1, 서울大, 1963).
36) 사회과학원 고고학연구소, 〈황해북도 사리원시 상매리 석상묘 조사 보고〉(《고고학자료집》 2, 1959).
37) 사회과학원 고고학연구소, 〈각지고대유적 조사보고〉(《고고학자료집》 6, 1983).
38) 沈奉謹, 〈慶南地方出土 靑銅遺物의 新例〉(《釜山史學》 4, 釜山史學會, 1980).
39) 宋正鉉·李榮文, 〈牛山里支石墓〉(《住岩댐 水沒地域文化遺跡發掘調査報告書》 II, 全南大 博物館, 1988·1989).
40) 황기덕, 〈최근에 새로 알려진 비파형단검과 좁은놋단검 관계의 유적유물〉(《고고학자료집》 4, 1974).
41) 瀋陽古宮博物館·瀋陽市文化管理辯公室, 〈瀋陽 鄭家窪子的兩座靑銅器時代墓葬〉(《考古學報》 75-1, 中國科學院考古硏究所, 1975).
42) 李殷昌, 〈大田市 槐亭洞出土 一括遺物調査略報〉(《考古美術》 86, 韓國美術史學會, 1967).
43) 李健茂·徐聲勳, 《咸平 草浦里遺跡》(國立光州博物館學術叢書 14, 1988).
44) 박진욱, 〈함경남도 일대의 고대유적조사보고〉(《고고학자료집》 4, 1974).

기, 우리 나라의 위만조선시대에 해당될 가능성이 많다.

다음 시기에는 한사군 설치에 따라 전한 중기의 거울이 일본에 유입되었을 가능성은 있지만 아직 확인된 바 없다. 그러나 전한 후기 단계의 것은 출토예가 있다. 예를 들면 타테이와 10호 옹관묘는 야요이 중기후반으로 편년될 수 있는 것인데 여기에서 전한 후기의 異體字銘帶鏡과 중세형동모가 출토되었다. 그 중 이체자명대경은 경주 조양동 38호 목관묘[45]에서도 출토되었고, 중세형동모는 창원 다호리 1호묘[46]에서 출토되어 모두 같은 시기에 해당하는 것이 예상된다. 다호리의 경우 전한 중기의 星雲文鏡이 동반되고 있어 남부지방에는 전한 후기 단계에 그 이전 시기의 漢鏡이 유입되었음을 시사해 주고 있다.

이러한 현상은 같은 시기의 후쿠오카현 수구오카모토 D지점 옹관묘나 미쿠모 1호 옹관묘에서도 나타나고 평양 정백동 2호분 및 37호분에서 출토된 이체자명대경도 마찬가지이다.[47]

야요이 후기전반의 시기에는 사가현 사쿠라노바바(櫻馬場) 옹관묘, 미쯔나가타(三津永田) 104호 옹관묘 등과 같이 전한 말에 출현한 방격규구경이나 細線式獸帶鏡을 부장하는 것이 특징이다.

우리 나라의 경우 대구 평리동,[48] 김해 양동리,[49] 영천 어은동 등지의 일괄출토 유물이 같은 시기로 편년되고 있다. 그 중 영천 어은동 출토 동경 중에서 사가현 후타쯔카산 46호 옹관묘 출토경과 동범경이 있다. 또 사가현 야스나가타 유적에서는 이 시기의 토기와 함께 중광형동모의 용범이 출토되었으므로 같은 중광형 형식의 동과가 출토된 대구 만촌동 일괄출토품[50]도 같은 시기의 것이라고 할 수 있다.

야요이 후기중반이 되면 한경 유입이 감소되는 반면 방제경이 제작된다.

---

45) 崔鍾圭, 〈慶州市 朝陽洞遺跡發掘調査概要とその成果〉(《古代文化》 35-8, 1983).

46) 李健茂 외, 〈義昌 茶戶里遺蹟 發掘展報告(1)〉(《考古學誌》 1, 韓國考古美術研究所, 1989).

47) 사회과학원 고고학연구소, 〈락랑구역일대의 무덤떼〉(《고고학자료집》 5, 1978).
———, 〈락랑구역일대의 고분 발굴보고〉(《고고학자료집》 6, 1983).

48) 尹容鎭, 〈韓國青銅器文化研究－大邱坪里洞出土一括遺物檢討－〉(《韓國考古學報》 10・11, 韓國考古學會, 1981).

49) 朴敬源, 〈金海出土青銅遺物〉(《考古美術》 106・107, 1970).

50) 金載元・尹武炳, 〈大邱晩村洞出土의 銅戈・銅劍〉(《震檀學報》 29・30, 1966).

이 시기의 방제경은 후쿠오카현 이이우지바바 석관묘 출토 거울이나 김해 양동리 55호 목관묘 출토의 日光鏡系倣製鏡Ⅱa식 등이다.

야요이 후기후반에서 종말기에는 한경이 다시 증가하는데 후쿠오카현 노카타나카바루(野方中原) 1호 석관묘에서는 半肉彫獸帶鏡이 부장되어 있어 중국 후한 후기와 병행하는 시기임을 알 수 있다. 그러나 이 시기의 동경은 후쿠오카현 미쿠모테라구찌(三雲寺口) 2호 석관묘나 히라바루 분묘의 예와 같이 수십 년에서 수백 년 동안 전래되어 부장되는 경우가 많아 후한 전기·중기의 內行花文鏡이 출토되는 수가 많다. 김해 양동리 162호 석곽묘 출토 내행화문경도 동일 현상일 가능성이 많다. 양동리 162호분에서는 일광경계방제경 Ⅱb식도 함께 출토되었는데 Ⅱb식은 쓰시마키사카(對馬木坂) 5호 석관묘나 하로우 B지점 석관묘 등과 같이 주로 야요이 후기후반에서 종말기에 해당하는 것임을 참고한다면 그 병행관계가 뒷받침된다. 한편 하로우 B지점 석관묘나 쓰시마키사카 5호 석관묘에서는 광형동모도 동반 출토되고 있어서 광형동모가 출토된 양동리 200호분도 이 시기에 해당될 가능성이 많고, 반육조수대경이 출토된 평양 채협총(남정리 116호분)[51]도 같은 시기에 해당하는 것이다.

지금까지 일본 청동기문화를 야요이문화 편년에 맞추어서 우리 나라와의 관계를 유물을 중심으로 설명하여 보았다. 그 결과 동일 특징의 청동기가 출토되더라도 한일 양국간의 편년이나 불확실한 傳世 기간 때문에 시기적으로 같다고는 말할 수 없는 것이 많다. 따라서 앞으로 보다 적극적인 자료 증가와 연구 결과에 따라 다른 해석은 얼마든지 있을 것이 예상된다.

그러나 분명한 것은 일본의 청동기문화가 야요이문화 전기에는 그 기원을 우리 나라에 한정시켰으나 중기 중반 이후부터는 우리 나라뿐만 아니라 중국과 직수입 또는 일본에서 자체 생산하는 등 그 입수 방법이 다양화되었음을 알 수 있다. 그것은 일본열도 내에 倭國의 등장과 함께 정치적인 세력 구도가 변화하고 국제화되어 가는 과정과 궤를 같이 하는 데 있었다고 하겠다.

〈沈奉謹〉

---

51) 小泉顯夫,《樂浪彩篋塚》(朝鮮古蹟硏究會 古蹟調査報告書 1, 1934).

Ⅱ. 철기문화

1. 철기시대
2. 철기시대의 사회와 경제
3. 주변지역 철기문화와의 비교

Ⅱ. 철기문화

1. 철기시대

1) 철기시대의 시기구분

(1) 철기시대의 개념

우리 나라 선사문화의 시대구분은 대체로 톰센(C. J. Thomsen)의 三時期法을 근간으로 하고 있다. 그런데 學史的인 측면에서 볼 때 이 3시기법은 일제 관학자들로 하여금 우리 선사시대에 金石併用期를 설정하는 근거가 되게 하였다.[1)]

우리 나라 철기시대에 관한 연구는 金海貝塚의 발굴로부터 시작되었다.[2)] 그 중 가장 잘 알려진 大正 9년(1920)의 발굴에서는 鐵器를 비롯하여 石器·骨角器·土器·貨泉·炭化米·貝殼·동물뼈 등이 출토되었다. 그런데 당시 이 발굴은 任那日本府의 존재를 고고학적으로 증명하려는 의도에서 시작되

1) 西谷正, 〈朝鮮考古學の時代區分について〉(《小林行雄博士古稀記念論文集》考古學論考, 平凡社, 1982).
盧爀眞, 〈時代區分에 대한 一見解〉(《三佛金元龍敎授停年退任紀念論叢》Ⅰ, 一志社, 1987).

2) 우리 나라 철기시대 연구의 시작은 일반적으로 大正 9년(1920)에 이루어진 김해패총의 발굴부터라고 이해되어 왔다. 그러나 실제는 김해패총의 존재가 알려진 것은 그보다 훨씬 앞선 1904년 八木奘三郎 등의 조사에 의해서이며, 발굴 또한 1913년부터 1917년까지 해마다, 1920년, 1922년, 1934년 등 여러 차례 이루어졌다. 단지 그 가운데 1920년도의 발굴이 정식보고서(1923년)를 통해 잘 알려졌을 뿐이다.
崔夢龍, 〈韓國 鐵器時代의 時代區分〉(《國史館論叢》50, 國史編纂委員會, 1992), 23~61쪽.
——, 〈鐵器時代-最近 15年間의 硏究成果〉(《韓國史論》23, 國史編纂委員會, 1993), 113~166쪽.

었기 때문에 조사대상 지역을 김해를 비롯한 낙동강 하류유역으로 삼았던 것이며, 출토유물을 해석하는 데 있어서도 우리 문화의 후진성이나 타율성 등을 강조하기 위하여 상대적으로 많은 양이 출토된 골각기를 제쳐두고 단 2점의 석기, 즉 각 1점씩밖에 출토되지 않은 석부와 숫돌의 출토에 주목하여 우리 선사시대에 금석병용기를 강조하였다.[3] 또한 김해패총을 남긴 종족집단을 任那古墳(伽耶古墳) 축조자들의 직계 조상으로 파악하는 등으로 역사를 왜곡하였다.

당시 김해패총에 대한 일련의 조사작업을 주도했던 사람들은 소위 '관학아카데미'로 불리던 東京·京都帝國大學의 학자 및 그 출신자들로서[4] 조선총독부 산하 고적조사위원회 일원들이었다. 당시 이들의 우리 나라 선사문화에 대한 인식을 대표하는 연구로는 1940년에 발표된 〈朝鮮の石器時代〉를 들 수 있다.[5] 이 연구에서는 '금석병용기'란 독립적인 한 시대가 아니라 석기시대의 한 세분기에 불과한 것으로 보고, 이 시기는 석기시대 말기에 대륙으로부터의 금속기문화가 전래되면서 시작되었다는 것이다. 이 시기의 문화상은 석기·청동기·철기가 혼재하는데 석기와 철기가 바로 연결되어 있어 서구의 금석병용기와는 다른 특이한 양상을 보이며, 그 연원은 모두 대륙이나 북방계통이므로 결국 조선의 고유문화는 석기문화밖에 남지 않는 바, 조선은 문화적으로 정체된 지역이며 그 발전 또한 타율적이라는 것이다.

그리고 이 금석병용기의 절대연대는 한반도 남해안지역의 여러 패총들에서 출토되는 철제 소도자 등의 금속기, 골각기, 화천 등을 통해 볼 때 기원전후를 중심으로 하지만 더 이른 시기의 유물이 발견되므로 한반도 금속기문화의 원류인 대륙이나 북방에서 민족의 이동이 잦아지는 전국시대 말, 즉 기원전 3세기경부터 시작되어 신라·백제 양 왕국이 성립하는 기원후 3세기 이전까지일 것으로 보았다.

---

3) 朝鮮總督府,《大正九年度古蹟調査報告》(1923).

4) 당시 조사를 주도했던 사람들은 今西 龍·鳥居龍藏·黑板勝美·關野 貞·濱田耕作·梅原末治·藤田亮策 등이다.

5) 藤田亮策,〈朝鮮の石器時代〉(《東洋史講座》18, 東京 ; 雄山閣, 1940 ;《朝鮮考古學研究》, 京都 ; 高桐書院, 1948).

결과적으로 일본 학자들이 우리 선사문화에 설정한 금석병용기는 현재의 철기시대와 연대상 같은 시간대로서 그 자체 모순을 갖는 것이었다. 따라서 植民史觀에 입각한 일제 관학자들의 왜곡된 역사해석을 극복하고 우리 역사의 보편적인 발달상을 밝히기 위해서는 우선 독립적인 金屬文化의 존재를 확인하는 작업이 이루어져야 했다.

그러한 작업은 해방 이후 북한에서 먼저 시작되었다. 금속문화의 존재를 확인하고 유물사관에 입각하여 우리 선사문화를 해석하려는 작업은 1950년대 북한고고학계의 커다란 과제였던 것으로 보인다. 북한 학자들은 나진 초도유적 발굴(1949년)[6]을 시작으로 회령 오동·은율 운성리·강계 공귀리 등의 발굴을 수행하면서 靑銅器－鐵器時代에 대한 자신감을 갖게 되었다. 1950년대 후반에는 계속적인 지표조사 및 발굴을 통하여 우리 나라 원시유적의 분포정형을 확립하였다. 이러한 발굴조사를 통한 금속문화의 존재 확인 외에도 이 시기에 북한에서는 이미 청동기－철기문화에 대한 이론화 및 토론을 통한 의견 조정작업이 활발하게 진행되었는데 이러한 작업은 1960년대 이후부터는 古朝鮮에 관한 대토론과 맞물려 나감으로써 문헌기록과의 접합 및 사회구성체에 관해 어느 정도 합의된 논리를 수립하였다.

한편 남한에서는 북한보다 상대적으로 늦은 1960년대 들어서야 철기문화에 대한 연구가 시작되었다. 여전히 발굴조사는 미진하고 유물 수습 또한 산발적으로 이루어졌으나 우리 나라 청동기 및 철기시대를 설정할 근거를 제시하고 그 발달과정과 전파경로 등을 추적할 수 있게 한 기초자료들이 축적되어갔다. 이러한 성과를 토대로 1964년에는 우리 나라 최초의 고고학 개설인 〈韓國文化의 考古學的 硏究〉가 발표되었다.[7] 이 연구에서는 우리 나라의 金屬文化를 기본적으로 비중국계인 北方系 靑銅器文化의 남하와 후에 철기를 공반한 中國系 靑銅器文化의 파급에 따라 이루어진 것으로 봄으로써 청동 1기(靑銅器時代前期), 청동 2기(靑銅器時代後期, 혹은 初期鐵器時代 및 鐵器時代

6) 나진 초도유적을 청동기시대의 것으로 보게된 것은 1960년대 초 지탑리유적 층위별 문화상이 파악되면서부터이다(도유호, 《조선원시고고학》, 1960 및 한창균, 《도유호와 북한고고학》, 백산자료원, 1994).

7) 金元龍, 〈韓國文化의 考古學的硏究〉(《民族文化硏究》 1, 고려대, 1964 ; 《韓國文化史大系》 I, 고려대, 1964).

前期)를 설정하는 계기가 되었다. 물론 시대적 한계가 반영된 것이기는 하지만 이로써 우리 나라 선사시대를 편년함에 있어 독립적인 철기시대 설정이 유보되었고, 고고학적 견지에서는 逸脫的이라 할 수 있는 시대명칭이 사용되게 되는 배경이 되었다.

현재 우리 나라 선사문화에 대한 시기구분 및 시대명칭과 관련하여 가장 문제가 되는 것은 위에서 보듯이 철기시대와 관련되어 있다. 간략하나마 일제시대와 1950~1960년대의 연구사를 살펴본 것도 그러한 문제점의 시작을 밝히기 위해서이다.

우리 나라의 철기시대는 기존의 시대구분법에 의해서 보면 초기 철기시대와 原三國時代(또는 삼국시대 전기),[8] 즉 기원전 300년부터 기원후 300년까지 600년의 기간에 해당된다. 그런데 사실 두 시대의 설정은 모두 시대적 한계성을 반영한 것으로서 고고학적인 시대구분 명칭으로는 부적당하며 특히 사용도구의 재질을 기준으로 선사문화의 발전단계를 제시하는 톰센의 3시기법을 근간으로 한 우리 나라의 시대구분 체계에서도 벗어난 것이다. 그래서 철기시대를 전기와 후기의 두 시기로 나누어, 전기는 종래의 초기 철기시대(기원전 300년~1년)에 해당되며, 후기는 삼국시대 전기(원삼국시대 ; 1년~기원후 300년)라는 새로운 편년안을 개정해 사용하고자 한다.

초기 철기시대의 경우, 철기시대 앞에 '초기'라는 명칭이 붙게 된 데에는 우선 여전히 청동기의 비중이 상당히 높다는 점이 크게 작용한 것으로 생각된다. 앞에서도 살핀 바와 같이 이 시기는 이전에 청동기 2기로 지칭되었을 만큼 청동기 제작기술이 비약적으로 발전하여 비록 실용성이 상실되기는 했으나 銅劍·銅鏡·銅鉾·銅戈·八鈴具 등 다양하고 정교한 청동제품이 제작되었다. 또한 細形銅劍과 精文式細文鏡으로 대표되는 이 시기의 청동기문화는 琵琶形銅劍을 대표로 하는 遼寧地方의 그것과는 구별되는 韓國化된 것이

---

8) 현재 고고학적 발굴을 통해 《三國史記》 초기 기록을 신뢰할 만한 증거들이 나타나고 있으며, 문헌사학에서도 이를 역사시대에 편입시키려는 경향이 농후한 바, '원삼국시대'(삼국시대 전기)는 당연히 역사시대에서 다루어져야 할 것이다. 그러나 이 시대의 고고학적 문화상에 대한 설명은 철기시대에서 다루어져야 할 부분이 있으므로, 이 글에서는 이를 철기시대로 하고 전기와 후기로 나누어 다루기로 한다.

다. 따라서 철기시대 전기의 표지적인 유물로는 세형동검과 세문경이라는 두 가지 청동기 유물을 들 수 있다.

청동기가 광범위하게 사용된 사실 이외에도 철기시대의 설정에 조심스러운 이유로 철기 사용이 시작된 시기가 남·북부간에 현격한 차이를 보인다는 점이다. 현재의 고고학적인 연구의 결과로 볼 때, 북부지역에서 철기문화가 등장한 시기는 기원전 4~3세기경 정도로 보이며 더욱 올라갈 가능성도 논의되고 있다.[9] 반면 남한지역의 경우, 최근 들어 唐津 素素里·扶餘 合松里·長水 南陽里 등에서 수습된 일괄 유물들이 북부지역의 細竹里(평북 영변군)—蓮花堡(遼寧 撫順市)類型과 연결되고 있어 중부지방의 철기시대의 연대가 기원전 2세기 중엽경으로 약간 상향 조정되는 등 북부지역과의 폭이 줄어지고 있으나, 남부지방의 경우 현재로서는 기원전 2세기 말엽에서 1세기 초를 상회할 만한 철기의 출토 사례는 찾아 볼 수 없다. 따라서 철기 사용시기의 개시에 관한한 남부지역과 북부지역간에는 3세기 이상의 시간적 괴리가 있을 수 있다. 이러한 차이는 이미 국가라는 정치적 실체가 등장할 정도로 문화변동이 가속화된 단계에 있어서는 상당히 큰 시간폭이라고 할 수 있다. 더욱이 이상과 같이 철기사용의 개시가 기원전으로 올라가는 것도 최근의 일이고 보면 종래까지 인지되어 오던 남북간 시간폭은 더욱 더 벌어지게 되었다.

이상과 같은 이유 등으로 인해서 우리 나라 선사시대의 시기구분에 있어서 어느 시대에도 붙지 않던 '초기'라는 접두어가 철기시대에만 붙게 되는 모순이 생겨나게 되었다. 다른 시대의 예를 보면 그러한 모순은 쉽게 드러난다. 신석기시대의 경우, 우리 나라 신석기시대를 설정하는 기준이 석기의 마제나 타제의 가공 여부보다는 토기의 존재 여부에 달려있다. 그래도 신석기시대 초기의 유적에서 마제석기보다는 타제석기가 압도적으로 많이 출토된다는 점은 철기시대 초기에 청동기가 성용되었다는 사실과 관련하여 시사하는 점이 크다고 하겠다.

그리고 우리 나라 선사문화의 변동과정이나 편년체계에 있어 한반도 전체가 동일한 문화발전 단계에 있을 수는 없으며, 또한 일정기간을 한 시대로

9) 현재 상태로 근거는 미약하나 북한학자들은 회령 오동의 철기나 吉林·長春지구 교외 騷達溝遺蹟 등의 철기가 기원전 7~5세기로 올라갈 것으로 보고 있다.

설정할 경우에 있어서도 반드시 그러할 필요는 없는 것이다. 따라서 남북간의 철기시대 개시에 차이가 있더라도 같은 시대로서 설정하는 데에는 무리가 없다. 그러한 사항들이 지나치게 고려된다면 그것은 문화발전의 과정을 단선적이고 균일적으로만 파악하게 되는 것이며 따라서 다양한 물리적, 사회적 환경 속에서 새로운 문화요소를 수용하여 변화해 가던 고대사회를 파악하는 데 한계를 가질 수 있다. 그러므로 철기시대 초기란 의미로서의 '초기철기시대'는 '철기시대'의 일부로 파악되고 명명되어야만 사용된 도구의 재질을 기준으로 발전 단계가 인식되고 있는 우리 선사문화의 전체적인 흐름 속에서 문화발전의 한 단계로서 정당하게 평가될 수 있을 것이다.

原三國時代는 이전에 城邑國家時代·三韓時代·部族國家時代·金海時代·熊川期 등으로 지칭되어 오던 서력기원 개시 전후부터 기원후 300년의 기간에 대해 문헌사학과 고고학의 이중적 명칭사용을 지양하고자 '三國時代의 原初期' 혹은 '原史段階의 三國時代'란 의미에서 제창된 시대명이다.[10] 그런데 이러한 시대개념이 문제가 되는 것은 다음과 같은 점들 때문이다.

첫째, 역사시대 이전을 다루는 고고학의 입장에서 볼 때 원삼국시대는 시대구분의 순서가 반대로 이루어졌다고 할 수 있다. 즉 '1~3세기대'라는 특정한 기간을 정해 놓고 시대개념을 부여하고 고고학적 문화상의 변화를 파악하는 것은, 한 지역에 고고학적인 문화상의 등장과 소멸을 기준으로 文化段階를 설정하고 여기에 연대를 부여함으로써 시간과 공간이 통합된 문화단계를 한 시대로 인식하는 고고학적 시대구분과는 정반대되는 순서로 이루어졌다는 것이다.

둘째, 原史段階의 적용과 관련하여 이 시대개념은 문헌사학이나 고고학 모두의 영역에 있어서 일탈적인 현상을 가져왔다. 고고학에서 논의되는 원사시대란 선사시대의 한 부분인 바, 선사문화를 다룸에 있어 역사시대 이전에 대해 도구의 재질을 위주로 하여 이루어지던 시대구분이나 그 명칭체계에서는 벗어난 것이다. 또한 문헌사학의 입장에 있어서도 선사시대의 일부로서 원사단계와 역사시대의 명칭인 삼국을 결합시키는 것 또한 일관성을 잃어버린 것이 된다.

셋째, 기원후 300년이라는 원삼국시대의 하한에 대해서 볼 때 문헌사학

---

10) 金元龍, 《韓國考古學槪說》(一志社, 1973).

의 입장에서는 중앙집권적 정치체제의 정비작업를 가장 늦게서야 달성하는 新羅가 왕국으로서의 모습을 갖추는 奈勿王代(359~401년)를 기준으로 삼은 것이며, 고고학의 입장에서는 고총고분의 발생을 기준으로 한 것이다. 그러나 《三國史記》에 나타나는 신라(기원전 57년)·고구려(기원전 37년), 백제(기원전 18년)[11]의 초기 기록을 신뢰한다면[12] 기존의 연대관은 대폭 수정되어 우리 나라 고대국가의 발생은 시기는 약 4세기 가량 상향조정되게 되며 원삼국시대라는 것은 그 존재의미를 상실하게 된다. 뿐만 아니라, 비록《삼국사기》초기 기록을 신뢰하지 않더라도 고구려는 태조왕(기원전 57년~기원후 146년?)대에 이미 국가체계를 갖추었으므로 '원삼국'이라는 시대명칭은 중·남부지역만을 중시한 것이며 결국 우리 나라 전체를 포괄하는 명칭으로는 부적당한 일면이 있다.

따라서 종래의 초기 철기시대만이 엄밀한 의미에서 선사 또는 원사 단계의 철기시대에 해당된다. 그러나 이 또한 단순하게 생각할 문제만은 아니다. 기원전 2세기대에 성립된 위만조선(기원전 194~108년)이 이미 族長社會(Chiefdom society)단계를 넘어 中心地 貿易(Central place trade)을[13] 경제적 기반으로 한 정복국가의 성격을 띠면서 우리 나라 최초의 古代國家로 자리매김되고 있는 바, 우리 나라 역사시대는 그 시작이 점차 올라갈 가능성이 있기 때문이며 이러한 문제는 그 이후에 등장하는 여러 사회들을 어떠한 단계에 편입시켜야 할 것인지 하는 문제와 연결되어 있어 매우 복잡하다.

---

11) 《三國史記》 권 23, 百濟本紀 始祖溫祚王條에 나타나는 稱王, 非血緣的 社會組織, 東明王廟 등과 같은 國祠나 城柵, 궁궐의 건립, 右輔職과 같은 행정 관제, 河南慰禮城과 같은 도읍지의 존재, 15세 이상에 부과된 築城負役, 王位世襲制, 騎兵을 중심으로 하는 靺鞨과의 빈번한 전쟁 기사 등은 백제가 초기부터 완전한 국가체제를 가졌음을 시사해 준다(崔夢龍, 〈漢城時代 百濟의 都邑地와 領域, 《震檀學報》 60, 1985).

12) 고고학에서는 삼국시대 초기기록을 적극적으로 신뢰하면서 종래 원삼국시대를 삼국시대 전기로 하자는 주장이 대두되기도 하였다(崔夢龍, 〈韓國考古學의 시대구분에 대한 약간의 提言〉, 《崔永禧先生華甲紀念史學論叢》, 探求堂, 1987).

13) 崔夢龍, 〈古代國家成長과 貿易-衛滿朝鮮의 例-〉(《韓國古代의 國家와 社會》, 歷史學會, 1985).
崔夢龍·崔盛洛 編, 《韓國古代國家形成論》(서울대 출판부, 1997).

이상에서 보았듯이 초기 철기시대와 원삼국시대는 모두 한국 선사시대 시대구분 체계의 일관적인 흐름에서 이탈한 것이며 이러한 시대개념으로는 우리 나라 철기문화를 온전하게 이해하는 데 한계를 지니게 된다. 그러한 원인의 또 다른 한 부분은 문헌기록과 접하고 있다는 데에서 나타나고 있으며, 또한 정치체를 중심으로 고고학적 자료를 해석하려는 연구경향에서도 보인다.

그러나 선사문화를 한반도 및 주변지역이라는 공간 속에서 연속적으로 발전해 간 문화들의 집합체로 파악하려면 당시의 이 지역주민들이 이룩해 놓았던 사회경제적 발전에 주목해야 한다. 그런데 선사문화를 주로 다루는 고고학에서는 이러한 발전의 양상을 현재 남아 있는 물질문화를 창조했던 당시 사회의 기술력의 발전이라는 측면에서 고찰하고 있다.

철기시대의 시대구분과 관련하여 이러한 측면에 중요한 점을 제시해 주고 있는 한 연구[14]에서는 청동기시대 또는 철기시대 등의 명칭은 문명의 어떤 국면을 나타내주기 편리한 이름이므로 비록 그들이 포괄할 수 없는 매우 많은 양상들이 있지만, 보다 나은 이름을 찾아낼 때까지 이들을 잠정적으로 계속 사용하게 될 것이라고 하였다. 물론 이러한 해명이 구조적인 해결책이 되기는 힘들 것이지만 철기시대와 청동기시대를 확연히 구분하던 3시기 구분법과는 달리 양시대를 단지 도구의 재질이 아닌 제조공정이나 처리법에 주안하여, 즉 기술사적인 측면에서의 문화발전 또는 사회변화를 의식하면서 문화단계를 구분하고 있다는 점에서 주목할 만하다.[15]

그러한 점에 주목하다 보면 특정지역의 문화명이나 사서에 나타나는 특정 정치체의 명칭을 문화명으로 전환시켜 그 단계의 우리 나라 전지역의 문화를 포괄하려하는 시도와 배치되는 점이 생긴다.[16] 다시 말해 한 유적의 발굴로부터 비롯되는 소규모 지역의 고고학적 문화상에 대한 인식은 나름대로 의미가 있는 것이기는 하지만 그 지역의 표지유물을 중심으로 하여 우리 나라 전체의 문화상을 파악하려는 시도는, 하나의 표지유물로 동시기 상이한

14) Forbes, R. J., Studies in Ancient Technology Ⅷ · Ⅸ, *1971 · 1972.* 崔夢龍, 앞의 글(1993).

15) 崔夢龍, 위의 글.

16) 이러한 명칭의 예로 '三韓時代', '金海時代', '熊川期' 등이 있다.

지역의 다양한 문화상을 파악하려는 시도와 마찬가지로 자칫 다른 지역을 문화적 공백지대로 만들 우려가 있기도 하는 등, 전국적 상황을 총체적으로 이해하는 데에는 무리가 있다.

이러한 문제점들 즉 지역적 편파성, 지역간의 시간적 괴리, 문헌기록과의 성급한 접합에서 야기되는 이견들을 최소화하고 선사문화의 일관된 흐름속에 철기문화를 자리매김하기 위해서는 지역적으로나 시간적으로 포괄적인 개념일 것임과 동시에 고고학의 시대구분에서 일관적인 기준이 적용된 '철기시대' 혹은 '철기문화'로 파악해야 한다.

고고학적인 문화상에서 '철기시대' 또는 '철기문화'의 시작을 철기의 존재만으로 파악하는 것은 부족하다. 비록 서남아시아 일대에서 기원전 3000년기 후반부터 철기의 존재가 알려졌지만 이 시기를 철기시대라고 하지 않는 것처럼, 기술적인 측면에서 철기라는 도구가 이전의 도구들이 가지는 이상의 성능을 가짐으로써 사회경제적 측면에서 첨단의 도구로 기능할 때부터를 철기시대라고 할 수 있다.[17] 그러한 측면에서 볼 때 우리 나라 철기문화의 경우, 이미 안정된 중국계(燕國) 철기문화의 영향을 받아서 성립되었고 그 시작단계부터 현지생산이 이루어지고 있어 철기의 존재가 곧 철기시대의 시작을 알려주고 있다.

(2) 철기시대의 시기구분

우리 나라의 철기시대는 이미 말한 바와 같이 종래의 初期鐵器時代와 原三國時代를 모두 포함한 것이다. 즉 문화단계상 철기가 사용되는 시기부터 진정한 의미의 고총고분이 발생하기 전까지의 시기인 것이다. 연대상으로는 기원전 300년경부터 기원후 300년경까지의 약 600여 년간이 된다. 이 시기는 일단 철기 제조기술의 발전 및 철기의 파급과 그에 따른 청동기의 소멸, 새로운 토기문화의 등장을 기준으로 대략 전·후기의 두 시기로 나누어질 수 있는데 이러한 구분은 기존의 초기 철기시대 및 원삼국시대의 구분과 그 연대나 문화내용의 측면에서 큰 차이가 없다.

鐵器時代前期는 철기가 사용되기 시작한 때부터 청동기가 완전히 소멸되

17) 崔夢龍, 〈人類와 鐵〉(《鐵鋼文明發達史 硏究報告書》, 浦項綜合製鐵株式會社, 1989).

고 전국적으로 본격적인 철생산이 시작될 무렵까지의 시기로서, 절대연대로는 기원전 300년을 전후한 시기부터 기원을 전후한 시기에 해당된다.

이 시기의 시작은 청천강 이북을 포함한 요동지역에 분포하는 세죽리-연화보유형 유적들의 성립으로부터이다. 이들 유적에서는 구들시설을 갖춘 지상가옥의 흔적이 발견되었으며, 또한 호미·괭이·삽·낫·도끼·손칼 등의 철제 농공구류와 함께 회색의 태토에 승석문을 타날한 토기가 나타났다. 주조철부를 비롯한 철제이기들은 대체로 중국계인 것으로 보이는데 중국에서도 초기 주조기술에 의해 제작된 농공구류가 먼저 발달한 양상은 양자의 공통점을 보여주는 일례라 할 수 있다. 무엇보다도 중국 철기문화의 영향을 잘 보여주는 적극적인 증거는 이들 유적에서 많을 경우 1,000매 이상씩 발견되는 명도전이다. 이는 전국시대 연나라 때의 화폐로 그 출토범위는 요동지역에서부터 압록강 중류 및 독로강유역을 거쳐 청천강유역, 더 내려와서는 철산가도·登串에 이른다. 농공구류·화살촉·비수·창끝 등 철제 무기류의 예가 일부 보이며, 이 시기에는 농공구류가 전반적으로 철기로 대체된 반면 무기류는 여전히 청동제가 주류를 이룬다.

그리고 세형동검·세문경을 비롯하여 동모·동과·팔령구·동물형 대구·농경문 청동기 등 정교한 청동기가 제작되는 등 전술한 바와 같이 철기시대 전기의 대부분에 걸쳐 청동기가 성용하게 된다. 그 가운데에 세형동검과 세문경은 이 시기의 표지적인 유물로 이해되고 있다.

그 중 세형동검은 '좁은놋단검' 또는 '한국식동검'으로 불리기도 하는데 가장 이른 시기의 것은 旅大市 尹家村 南下 제12호 돌무덤, 沈陽市 鄭家窪子 제2호 무덤, 遼陽縣 河欄 二道河子 제1·3호 무덤 및 재령 고산리 토광묘 등에서 출토된 것들로서 그 상한은 기원전 5~4세기까지도 올라 가는 것으로 보고 있다. 그러나 실제 유물의 형식학적인 측면이나 기타의 고고학적인 문화상을 종합하여 볼 때에는 초기유적들은 한국화된 동검과는 어느 정도 차별성이 있다. 현재까지 세형동검의 발견은 약 400점에 이르며, 그 분포는 우리 나라를 중심으로 동서로는 중국의 요하유역에서 연해주에, 북으로는 눈강 및 송화강 동류 유역에 이른다고는 하지만 엄밀하게는 한반도 특히 청천강 이남에 한정되고 있어 한반도에 그 분포범위가 국한되어 있다고 할 수 있다.

그리고 실용성의 문제와 결부하여 보면 소위 초기형식이라고 하는 것들에서는 어느 정도 실용검의 흔적이 보이지만 후기로 갈수록 칼날이 길어지고 장식적 요소가 강하게 나타나는 등 儀器化되어 간다.

세문경은 이전 청동기시대의 조문식동경을 조형으로 하며, 이 시기에 이르면 삼각형을 기본단위로 하는 특징적인 삼각형 복합문으로 발전해 가는데 대전 괴정동, 부여 연화리 등의 단계를 거쳐 화순 대곡리 출토품이나 숭실대학교 소장품과 같은 정문식세문경이 되는 것이다. 특히, 당시 중국 동북지역에서 조문경이 사용되던 것과는 대조적이다.

대동강을 중심으로 한 한국식동검과 정문식세문경의 분포범위는 세죽리-연화보유형으로 대표되는 철기시대 개시기의 유적 분포와 구별된다. 이러한 현상을 상이한 문화 갈래나 족속의 차이로 선불리 고정하거나 영역의 변동에만 관심을 집중시키기보다는 당시 동북아의 정치적 상황과 관련시켜 그 원인에 주목하여야 할 것이다. 즉, 두 가지 상이한 문화적 양상이 생성된 역사적 동인에 주목하면서 우리 나라에로의 철기문화의 파급이라는 측면에서 고찰한다면 그러한 구별 양상을 단절적인 것으로만 볼 수는 없을 것이다.

당시의 주거지 형태는 수혈식 주거가 일반적이지만 중강 토성리나 시중 노남리에서와 같이 외줄의 온돌 구조가 보이기도 한다. 또한 이 시기에는 곡식농사와 화전법이 실시되고 토기로는 흑색마연토기·점토대토기가 나타나며, 석기로는 유구석부·반월형석도·삼각형석촉·마제석검·편평단인석부 등이 여전히 사용되고 토광묘와 옹관묘가 묘제로서 채택되었다.

철기시대 전기는 세형동검의 형식변화와 철기 제조기술의 발전에 주목하여 두 시기로 나누어 볼 수 있다.

철기시대 전기 중 I기는 I식 세형동검, 정문식세문경, 동부·동과·동모·동착 등의 청동기류와 철부를 비롯한 주조철제 농공구류, 토기로는 단면 원형의 점토대토기를 그 대표적인 문화적 특색으로 하는데, 그 연대는 기원전 4~3세기부터 기원전 100년경을 전후한 시기에 해당된다.

한편 철기시대 전기 중 II기가 되면 II식 세형동검과 단조철기가 등장하며, 세문경을 대신하여 차마구가 부장되고 점토대토기의 단면형태가 삼각형으로 변화하게 된다.

이 시기에는 청동기와 고인돌 등 청동기시대의 몇몇 문화요소들이 소멸되는 반면 자체 수요를 넘어서 잉여생산을 할 정도로 철기생산이 본격화되고 새로운 토기가 나타나게 된다. 이외에도 석곽묘의 발전, 귀족묘로서의 목곽묘의 발달, 농경, 특히 도작의 발달 등이 철기시대 후기의 문화적인 특색으로 꼽힐 수 있다. 그리고 이 시기에는 이미 북부지역에서 고구려가 온전한 고대국가의 형태를 가지게 되며, 각지에 적석총이 축조되게 된다. 한편 남부지역에서 삼한사회가 고대국가로 발돋움해 가게 된다.

무기류·농공구류 등 철기의 제작은 양적, 질적인 면에서 비약적으로 발전해 가는데, 철기시대 전기에 나타나는 제철기술인 단조를 통한 철기제작의 예가 급증한다. 마장리·중도·이곡리·성산·진천 석장리 등지에서 발견된 冶鐵遺蹟은 그러한 제철기술상의 발전을 방증하고 있다.

그런데 철기시대 후기와 관련하여 가장 주목되는 것은 김해식토기, 와질토기로 대표되는 새로운 토기문화의 등장이다. 이는 이 시기에 비약적으로 발전하는 철기 제작기술이 여타의 사회부분에 영향을 미친 결과이며, 이 시기의 변화상을 가장 가시적으로 보여줄 수 있는 자료이기도 하다. 진천 산수리에서는 철기시대 후기(한성시대 백제기)에 해당하는 중요한 가마터가 발굴되기도 하였다.

김해식토기는 명칭이 김해패총에서 유래한 것으로서 대표적인 것으로 회청색 및 적갈색의 승석문경질토기가 있는데 이는 종래 무문토기의 전통에 중국 灰陶의 기법이 가미되어 만들어진 것으로 알려져 있다. 그 태토가 매우 정선되고 陶拍을 시문구로 사용하였고 부분적으로 회전판을 사용하여 성형하였으며 등요에서 소성되었다. 기형에는 평저·원저의 柑, 高杯, 廣口壺, 長頸壺, 火爐形土器 등이 있으며 시루의 출토 빈도가 두드러진다. 이러한 김해식토기는 대략 기원전 1세기경에 발생하여 新羅土器 早期樣式으로 바뀌기 전인 기원후 3세기 중엽까지 존재함으로써 그 연대가 원삼국시대와 대부분 겹쳐지고 있다.[18]

와질토기는 김해토기와 마찬가지로 등요에서 소성되었으나 소성도가 낮아서 흡수성이 있고 기와와 비슷한 연질이기 때문에 그러한 토기명이 생겨났다. 몇몇 예를 제외하고는 조양동 토광묘유적을 비롯한 분묘유적에서 주로

18) 金元龍, 《新羅土器》(悅話堂, 1981).

발견되는 바, 특수토기로 제작되었을 것으로 알려져 있으며 지역적으로도 영남지역에서 주로 나타나고 있다. 물레를 사용한 결과 기벽이 고르고 얇아졌으며, 기종 또한 다양해져 이전 시기에 보이지 않던 기종들이 많이 나타났다. 대표적인 토기로는 파수부원저장경호, 주머니호를 비롯해 원저단경호, 옹형토기, 평저호, 대부화로형토기, 파수부장경호 등이 있다.

앞서 살핀 바와 같이 철기시대는 문헌기록의 일단과 접해 있다는 점에서 혼란이 있기도 하지만 한편으로는 연구가 활발히 진행될 수 있으며 각종 가설들을 시험해 보기에 유리한 점이 있다. 흔히 철기시대 각 사회의 발전단계를 학자들에 따라 부족국가, 부족연맹체, 성읍국가, 군장사회, 추장사회, 족장사회 등의 용어로 설명하고 있다.

(3) 문헌자료와 철기시대

고고학상의 철기시대와 관련된 문헌자료는 크게 고조선의 후기사회에 관한 것, 고조선 주변의 진국·부여 등에 관한 것, 衛滿朝鮮에 관한 것, 고구려와 삼한사회에 관한 것, 낙랑을 비롯한 漢四郡에 관한 것이 주를 이룬다. 이 가운데 가장 주된 것은 古朝鮮에서 위만조선으로의 이행과 위만조선의 성장과 멸망에 관한 것이 많다. 그러한 자료들 가운데 철기시대 전기와 관련된 것들을 위만조선을 중심으로 고찰해 보면[19] 위만조선 이전의 기록과 위만조선, 그리고 한사군 설치 이후로 나누어 살펴볼 수 있다. 그런데 이 시기에 관한 문헌기록은 주로 《三國志》나 《史記》, 《漢書》 등 중국측 기록에 의존해야 하는 아쉬움이 있다. 반면 철기시대 후기에 접어들면 중국측 사서뿐만 아니라, 우리 나라의 《三國史記》에도 당시 사회상의 일면이 보이고 있다. 삼한의 사회상 및 삼국시대의 개시와 관련하여 문제가 되는 신라·고구려·백제

---

19) 철기시대 후기에 대해서는 《三國史記》와 같은 우리 나라 기록에도 나타나게 되는데, 이는 《삼국사기》가 그때까지 현존해 있던 철기시대에 관한 기록이나 문헌자료를 참고하였기 때문이다. 따라서 철기시대가 역사시대로 편입될 가능성이 높다. 또한 이 시기 문헌자료와 관련된 부분에 대하여는 다른 책에서 다룰 것이므로 여기에서는 깊이 다루지 않기로 한다.
한편 문자 사용이나 문헌기록을 방증할 고고학 자료로서 다호리유적 출토의 붓은 많은 점을 시사해 준다.

의 초기 모습에 대한 기록이 그것이다.

우선, 위만조선 성립 이전의 고조선 후기사회에 대한 기록 중 중국 燕나라(기원전 323~222년)와의 접촉에 관한 중국 사서의 기록은 우리 나라 철기시대의 개시기와 관련하여 매우 중요한 점을 시사해 준다. 《三國志》에 등장하는 燕 장수 秦開의 침입으로[20] 인해 조선은 약 2,000여 리에 해당하는 영토를 잃게 되어 한반도로 영역이 축소되게 되었다.[21] 이러한 기록은 앞서 살핀 고고학적 문화상 즉, 세형동검(한국식동검)이나 같은 시기 중국 북동부의 조문경과는 형식학적으로 판이한 정문식세문경의 분포상 등과 깊은 관련이 있는 것으로 보인다. 그리고 기원전 300년경에 시작되었던 우리 나라 철기문화는 중국계 철기문화와 관련이 있는데 당시 중원지역보다 우수한 철기 제조기술을 갖고 있던 연나라[22]와의 접촉 등을 통해 수입되었을 가능성이 높다. 앞서 청천강 이북지역에서 나타나는 세죽리－연화보유형의 유적들에서 중국계 철기와 명도전이 공반되는 고고학적인 문화상은 그러한 추론을 방증하는 것이라 하겠다.

현재까지 발견된 자료로 보아 중국측에서 고조선의 존재를 본격적으로 인식하게 된 것도 이무렵, 즉 기원전 4세기대로서 중국사서[23]에서의 출현빈도가 이전 시기에 비해 늘어난다. 고조선의 존재와 함께 당시로서 중국적 천하질서에 반했던 연에 대한 관심을 반영한 듯이 당시 고조되어 있던 고조선과 연의 긴장관계[24]에 대해서도 언급하고 있다.

다음으로 위만조선과 관련된 중국사서의 기록들은 위만조선의 출자 및 성립, 사회구조, 위만조선의 국가적 성격 및 주변지역의 사회, 그리고 위만조선의 무역 및 대중국관계 등에 관한 정보를 제공하고 있다.

---

20) 《魏略》의 기록을 《史記》 〈朝鮮列傳〉과 연결시켜 보면 秦開의 침입시기는 燕나라의 전성기인 昭王(기원전 311~279)代에 이루어진 것으로 보인다(尹乃鉉, 《韓國古代史新論》, 一志社, 1986).

21) 《三國志》 권 30, 魏書 30, 烏丸鮮卑東夷傳 30.

22) 이남규, 〈연국철기고〉(《제35회 전국역사학대회 논문 및 발표요지》, 1992).

23) 《戰國策》 권 29, 燕策 1에 蘇秦이 燕 文侯(기원전 361~333년)에 대해 당시 연 주변 상황을 말하면서 "燕의 동쪽에는 朝鮮, 遼東이 있고 북쪽에는 林胡, 樓煩이 있으며…"라고 하여 조선의 존재가 분명해짐을 알 수 있다.

24) 秦開의 침입사건은 《魏略》에 나타나는 것처럼 323년 燕侯의 稱王에 대응하여 朝鮮侯의 稱王 및 古朝鮮의 擧兵 등과 같은 갈등관계에서 비롯되었던 것으로 보인다.

기록에 따르면 연나라 왕 노관이 흉노로 망명하자 그 밑의 부장으로 있었던 것으로 추측되는 위만이 무리 1,000여 명을 모아서 동쪽으로 浿水를 건너 上下障이라는 곳에 정착하였다. 당시 고조선의 왕이었던 準王은 위만을 신임하여 그에게 변방을 지키게 했으나, 위만은 차츰 진번조선·연·제의 유민들을 모아서 결국 준왕을 몰아내고 왕검성에 도읍을 정하였다. 왕권을 잡은 후에 위만은 중국으로부터 外臣의 직함을 받고, 그 대가로 한나라로부터 兵威財物을 받았으며 조선 주위의 다른 나라가 한나라와 직접 통교하는 것을 막지 않겠다고 약속을 하였다고 한다.

이러한 기록을 통해서 위만조선의 성립이나 그 집단의 성격의 일단을 추론해볼 수 있다. 위만집단은 고조선으로 편입되기 이전부터 이미 중국적 천하질서에는 위배되는 자치권을 가진 무력집단이었을[25] 가능성이 농후하며, 고조선으로 편입된 이후에도 중국측의 침입을 방어하는 군사집단이었을 것으로 보인다.

그런데 여기에서 위만조선을 우리 나라 최초의 고대국가로 비정하기 위해서 선결되어야 할 것은 위만조선의 출자문제, 즉 위만집단의 족속문제이다. 이와 관련하여 위만이 고조선에 투항할 당시, 蠻夷의 복장을 하고 상투를 틀었다[26]는 점이나, 당시에 거부감 없이 고조선사회에 융합될 수 있었던 상황증거를 통해 볼 때 위만집단이 당시 고조선의 주민과 동일한 혹은 최소한 상당한 친연성이 있는 비중국계의 족속이었음을 추정할 수 있다. 따라서 위만이 정치적으로만 중국세력에 반하는 것이 아니라, 민족적 혹은 정서적인 측면에 있어서도 반중국적인 자세를 견지했을 가능성이 높다.

위만집단이 준왕세력으로 대표되는 고조선을 병합하는 과정은 우선 군사력을 바탕으로 한 주변집단에 대한 무력적 정복에서 출발한다. 그러한 무력정복의 원인에 대해서는 당초 좁은 지역에 정착한 뒤에 발생한 人口壓을 해결하기 위한 방책이라는 해석이 설득력을 지닐 것으로 보인다. 그리고 정복활동을 가능하게 했던 우세한 무력의 배경에는 선진 중국의 철기제조술의 접촉이 큰 역할을 했을 것으로 보인다. 인구압이나 기타 원인 등에 의한 정복활동은 위만조선의 전기간 동안 계속되었으며, 그것이 기존의 지배층과 많

25) 權五重, 《樂浪郡硏究》(一潮閣, 1992).
26) 《史記》 권 115, 朝鮮列傳 55.

은 알력을 일으킨 것으로 보인다. 예를 들어,《後漢書》東夷列傳 濊條에 "元朔 1년(기원전 128) 예군 南閭가 右渠에 반기를 들고 28만 명을 데리고 요동으로 갔다"라는 귀절이나,《三國志》魏書 東夷傳 韓條에 "朝鮮相 歷谿卿이 우거에 반하여 2,000여 호를 데리고 辰國에 망명하였다"는 기사들은 그러한 상황을 반영하는 것이라고 보인다.

한편 주변 소국과 관련하여 볼 때,《한서》,《사기》,《삼국지》등에 나타나 그 존재를 확인할 수 있는 위만조선 주변의 사회로는 예·옥저·변진·진국 등이 대표적인데, 이 외에도 조그마한 소국들이 어느 정도의 자치권을 가지고 존재했던 것으로 보인다. 대중국 조공무역에 있어 이들이 생활필수품을 수출하는 대신 권위상징물(위세품) 등을 수입하는 기사[27]로 보아 이들의 수장은 그러한 수입품이 절실히 필요한 족장이었을 것이며, 그들 사회는 사회진화상 이미 족장사회(Chiefdom society) 이상의 단계에 속한 것으로 보인다.

우세한 무력을 바탕으로 주변 소국과 고조선을 병합하는 외에《사기》조선열전에 한과 예, 변진간의 직접 통교를 막았다는 기록에서 보는 바와 같이 위만조선은 당시의 주변 소국과 한의 조공로를 차단하고 중간 이득을 취하는 형태의 무역을 통해 부를 축적함으로써 국가적 성격과 지배구조를 공고히 해가게 된다. 그러한 교역 형태가 서구이론에서 말하는 중심지무역으로서 이는 곧 위만조선이 한의 침략을 받게 되는 근본적인 원인이 되기도 한다. 그러한 원인으로 인해 위만의 손자 우거왕대인 기원전 109년에 한 무제의 침입을 받고 1년 후인 기원전 108년에 멸망하게 된다. 당시 동아시아는 물론 세계적인 대제국이었던 한에 대항하여 1년 넘도록 항거할 수 있었던 것도 위만조선의 탄탄한 국가적 기반을 보여주는 것이라 하겠다.

4대 87년간을 존속했던 위만조선은 위만으로부터 시작하여 이름이 전해지지 않는 아들을 거쳐 손자인 우거에 이르는 혈연에 의한 세습왕권이었다. 위만과 우거 이외에 기록에 나타나는 비왕장, 朝鮮相 路人, 相 韓陶(韓陰), 大臣 成己, 將軍 王唊, 尼谿相 參 등은 그러한 세습왕권을 유지하는 고

27) 위와 같음.

위각료들이었던[28] 것으로 생각되며 이들이 곧 전문화된 군사·행정집단인 것으로 보인다. 또한 조선상 노인의 아들 최가 등장하는 것으로 보아 왕위와 마찬가지로 상위계층에서도 지위세습이 존재했으며 그러한 상위계층에 대응하는 하나 이상의 하위 신분계층이 더 존재했을 가능성을 시사해 주고 있다.

이러한 신분체계와 아울러 기록을 통해서 알 수 있는 위만조선의 사회구조에 관한 것은 내부의 부족구성과 인구수 등이다. 우거왕대에 망명한 歷谿卿의 2,000여 호나 예군 남려의 28만의 존재로 보아 위만조선의 무력에 눌리어 그 아래 복속되었으나 어느 정도 자치권을 가진 서너개 이상의 부족공동체가 있었던 것으로 보인다.[29] 그러나 중국측 기록에 나타난 대부분의 인구 관련 기록은 상당히 과장된 경향이 있으며[30] 중국측이 상당히 정확한 자료를 접할 수 있었던 한사군의 인구 규모에 관한 《한서》와 《후한서》의 기록을 종합해 볼 때 위만조선의 인구는 약 50만 명에 이른 것으로 추정된다.[31]

족장단계를 넘어서는 이러한 인구를 통제하기 위해서는 경제적 배경이나 영토, 그 밖에 법령과 치안을 담당할 군대가 필요하다. 《한서》 지리지에는 한의 풍속이 영향을 미친 이후 80여 조에 달하는 법령이 제정되었다는 기록이 있고 《후한서》 동이전 예조에도 역시 그와 유사한 기록이 있다.

위만조선의 멸망 이후 한은 예와 위만조선의 고토에 낙랑·임둔·진번·현토의 4군을 설치하는데 이들은 한사회와의 교역, 고구려와의 갈등관계를 유지하기도 하고 멸망 시기를 달리하면서 313년(낙랑군)까지 존속하게 된다. 특히 지금의 평양지역에 전축분, 목곽분을 남긴 낙랑군은 우리 나라 특히, 중부 이남의 철기시대 전기에서 삼국시대에 이르는 기간 동안의 문화에 많은 영향을 미치게 된다.

---

28) 역사학계의 일반적인 견해는 고구려의 '상가'가 각 부족(加)의 장(相)이었던 점에 주목하여 위만조선이 몇몇 부족의 연맹체적인 성격을 띠고 있었다는 것이다.
29) 이남규, 앞의 글.
30) 20~30만 명의 인구를 가진 사회를 족장단계의 사회로 보기에는 어려움이 있다.
31) 崔夢龍, 〈韓國古代國家形成에 대한 一考察〉(《金哲埈博士華甲紀念史學論叢》, 知識産業社, 1983).

위만조선에 의해 지배력을 상실한 준왕은 남쪽의 진국으로 이주하게 된다.[32] 진국이 문헌상에 처음으로 등장하는 것은 기원전 2세기경 한과의 직접 통교를 원하는 글을 보내면서부터이다. 준왕의 남하 이외에도 우거왕대 歷谿卿의 세력이나 한사군의 설치 이후 위만조선의 유이민들은 철기제조술 등 선진의 문물을 그대로 지닌 채 남하함으로써 당시 진국을 비롯한 그 지역의 토착세력과 결합하여 남부의 여러 사회들이 삼한사회로 재편되는 데에 일조하게 된다. 철기문화와 관련된 삼한사회에 대한 기록 중 중요한 것은 철생산 및 수출[33]에 관한 부분과 사회발전 단계[34]에 관련된 것으로서 당시 삼한사회는 철을 주변으로 수출하는 족장사회였을 것으로 보인다.

《삼국사기》에 나타나는 삼국의 건국 관련기사에 의하면 철기시대 전기가 끝날 무렵인 기원전 37년에 朱蒙이 이끄는 夫餘族의 일파가 압록강 중류의 동가강유역에 자리잡으면서 고구려를 건국한 것으로 되어 있다.[35] 고구려가 건국하는 지역은 예군 남려가 한에 투항한 뒤 滄海郡(기원전 128년)[36]이 설치된 지역으로서 고구려의 선구세력이라 할 수 있는 예맥이 존재하던 곳이다. 고구려의 선구세력이 결집하고 있을 무렵인 기원전 4세기경 송화강유역을 무대로 성장하고 있던 부여에 관한 기록이 나타난다.

삼국 가운데 고구려를 제외한 신라와 백제의 성립은《삼국사기》초기 기록을 참고할 경우, 철기시대 전기 말 또는 후기 초엽에는 이루어지지만 그렇지 않다면 철기시대 후기로 미루어지게 된다.

〈崔夢龍〉

32) 準王은 남쪽 辰國으로 가서 韓王이라고 칭하였다고 하였다.

33)《後漢書》권 85, 東夷列傳 75, 三韓條와《三國志》권 30, 魏書 30, 烏丸鮮卑東夷傳 30, 韓 弁辰條에는 변진에 철이 많이 나서 이를 예, 마한, 왜 및 2군(낙랑·대방)에도 수출했으며 철을 돈으로도 사용했다는 기록이 나온다.

34)《三國志》권 30, 魏書 30, 烏丸鮮卑東夷傳 30, 韓 弁辰條에 보면 漢으로부터 읍군의 인수나 의책을 받으려는 韓 社會의 신지들에 관한 기록이 나오는데, 앞서 살핀 바와 같이 이러한 신분상징물이 요구되는 사회는 족장사회라 할 수 있다.

35)《三國史記》권 13, 高句麗本紀 1, 始祖東明聖王.

36) 창해군은 지도상의 계획에 그치고 말 뿐 실제로 설치되지는 않았다.

2) 철기시대 유적의 분포

(1) 유적 분포의 특성

가. 북부지역

북부지역의 철기시대 유적은 집터·유물 출토지 등의 생활유적과 석관묘·옹관묘·토광묘 등의 분묘유적으로 나눌 수 있다.

북부지역에서 가장 먼저 알려진 철기시대 유적은 평북 위원 용연리유적이다. 이 유적에서는 철부·철겸 등 공구류, 농기구와 함께 다량의 明刀錢이 출토되었다. 명도전은 중국의 燕나라 화폐인데 이것이 출토된 유적은 청천강 이북지역에서 15개소에 이른다. 이는 철기문화가 기원전 4~3세기에 북부지역에 유입되었음을 보여주는 근거가 되었다.

두만강유역을 중심으로 하는 동북지역의 집터유적에는 함북 회령 오동유적, 무산 호곡동유적, 웅기 송평동유적 등과 함남 영흥 소라리유적이 있다. 회령 오동유적에서 조사된 여러 기의 집터 중 철기시대에 속하는 것은 1기가 있는데 여기에서 주조철부가 출토되었으며 북한에서는 가장 이른 시기에 속한다고 보고 있다. 무산 호곡동유적에서는 여러 시기의 집터들이 조사되어 6기로 나누어지는데 이 가운데 5·6기에 속하는 집터가 철기시대의 초기에 속한다. 송평동유적과 소라리유적에서도 각각 집터나 화덕이 조사되었다.

압록강유역을 중심으로 하는 서북지역의 집터유적에는 평북 시중 노남리유적, 중강 토성리유적, 영변 세죽리유적 등과 평남 북창 대평리유적이 있다. 영변 세죽리유적은 신석기문화층으로부터 철기문화층에 이르기까지 연속적으로 퇴적된 문화층이 있는데 철기문화층에서는 철기류와 함께 승석문토기·갈색토기·흑갈색토기 등이 출토되었는데 기원전 3세기대로 보고 있다. 다른 유적들은 대체로 기원전 2세기에서 기원 전후에 속한다.

석관묘에는 돌돌림무덤(圍石墓)이 있다. 돌돌림무덤에는 황해 송산리 솔뫼골유적이 있다. 이 무덤은 청동기시대의 돌무덤으로부터 발전된 것으로 보고 있다.

토광묘에는 움무덤과 나무곽무덤이 있다. 움무덤은 나무관만으로 이루어진 무덤으로 대개 대동강유역과 황해도지역에 집중적으로 분포하고 있는데 가장 이른 시기의 유적은 재령 고산리유적으로 전국시대 말인 기원전 4세기로 비정되나 청동기시대 유적으로 분류되고 있다. 철기가 출토되는 움무덤의 유적에는 함흥 이화동유적, 배천 석산리유적, 은율 운성리유적 등이 있는데 대부분 청동기와 철기가 공반되어 출토되고 있다. 나무곽무덤은 나무곽 안에 관을 넣고 따로 부장칸을 마련한 무덤으로 강서 태성리유적, 평양 정백동 및 토성동 4호유적, 봉산 송산리 당촌유적, 은파 갈현리유적, 은율 운성리유적 등에서 발견되었는데 여기에서는 세형동검과 동모·철부·철단검 등이 출토되었다. 움무덤은 기원전 4세기에서 2세기 중엽으로, 나무곽무덤은 기원전 2세기 중엽 이후로 비정되고 있다. 그리고 귀틀무덤(樂浪木槨墳, 木室墳)은 나무곽무덤에서 발전된 것으로 동일한 나무곽 안에 두 개의 관을 넣어 합장한 것으로 기원 전후를 시작으로 평양지방에 한정되어 나타난다. 이를 남한에서는 樂浪의 무덤으로, 북한에서는 古朝鮮의 무덤으로 보고 있다. 독무덤은 황해도 은율 운성리유적, 신천 명사리유적, 평양 정백동유적 등지에서 발견되고 있는데 독립적으로 나오거나 나무곽무덤 곁에 섞여 있기도 하다.

나. 중부지역

중부지역 철기시대 유적에는 집터·토성·토기요지 등 생활유적과 토광묘·옹관묘·적석총·즙석봉토분 등의 분묘유적이 있다

한강을 중심으로 하는 중부지역 철기문화에 대한 관심은 가평 마장리유적이 알려지면서 시작되었다. 그 뒤를 이어 한강유역의 가평 이곡리유적과 춘천 중도유적 등이 조사되었다. 중도유적에서는 집터와 적석총 등이 조사되었는데 1·2호 집터의 연대를 기원후 1~2세기경으로 비정하고 있다. 이외에도 한강유역에서 조사된 유적으로 경기 수원 서둔동유적, 하남 미사동유적, 강원 횡성 둔내유적, 충북 중원 지동유적 및 하천리유적 등이 있다. 그리고 영동지역의 강원 양양 가평리유적, 명주 안인리유적에서도 각각 집터가 발견되었다.

토광묘는 한강유역을 비롯한 중부지역에서 많이 발견되고 있다. 중부지역에서 처음 조사된 서울 가락동유적은 1호분이 토광목관묘이고, 2호분은 즙석봉토분인데 목관묘와 옹관묘가 합장된 형식이다. 이 즙석봉토분은 한강유역

에서만 유일하게 발견된 형식이다. 석촌동 적석총 3호분 동쪽에서도 즙석봉토분, 토광묘, 옹관묘 등 여러 기가 조사되었다. 최근에 조사된 진천 송두리유적은 2기 토광묘(토광목관묘 및 토광목곽묘)에서 중부지역에서는 처음으로 남부지역에서 보이는 소위 와질토기계의 쌍이부원저호 및 주머니호 등이 철부, 철낫, 청동기 등과 함께 출토되었다. 천안 청당동유적에서는 22기의 토광목관묘가 조사되었는데 연질단경호와 심발형토기, 청동제 마형대구 11점과 다량의 유리구슬이, 청주 송절동유적에서도 토광목관묘에서 연질계단경호와 심발형토기가 각각 출토되었다. 이들 토광묘는 서북지역으로부터 전래된 토광묘로 생각되나 진천 송두리유적의 경우는 와질계토기의 중심지인 낙동강유역에서부터 파급된 것으로 해석될 수 있다.

옹관묘는 가락동 2호분과 같이 토광묘와 합장으로 발견되거나 단독묘일 경우에도 적석총과 같은 다른 묘제에 종속되어 나타나는 경우가 대부분이다.

적석총은 양평 문호리, 춘천 중도, 제천 양평리·도화리 등 한강 상·중류에서 기원후 2~3세기경에 해당되는 무기단식 적석총의 형태로 발견되는데, 4세기 중반 이후에는 서울 석촌동의 기단식 적석총으로 발전된다. 그 밖에 토성으로 서울 풍납리토성이 있고, 토기요지에는 진천 삼룡리요지가 있다.

그런데 중부지역에서는 청동기문화 후기와 직접 연결되는 유적이나 서북지역의 대동강유역과 낙동강유역에서 발견되는 초기 토광묘유적들이 전혀 발견되지 않고 있어 철기문화의 형성과정을 구명하기가 매우 어렵다.

다. 남부지역

남부지역의 철기시대 유적은 집터·패총·토기요지 등 생활유적과 토광묘·옹관묘·석관묘 등 분묘유적이 있다.

집터유적은 영산강·섬진강·낙동강 등 강유역이나 남해안지역에서 발견되었다. 남해안지역에서 집터가 발견되는 유적에는 해남 군곡리패총, 삼천포 늑도패총, 김해 부원동패총 등이 있다. 이들 유적에서 조사된 집터는 이른 시기에 속하는 것으로 기원전 2세기 중엽경으로 추정된다. 섬진강유역인 전북 남원 세전리유적, 승주 대곡리유적과 낙수리유적, 보성 죽산리유적 등지에서 대규모의 집터가 조사되었다. 대곡리유적에서 조사된 철기시대 집터는

100여 기에 이르며 같은 지역의 낙수리유적은 낮은 구릉에서 15기의 집터가 2열을 이루어 발견되었다.

한편 낙동강 지류인 황강유역의 거창 대야리유적, 합천 저포리 A지구와 C지구 등에서도 각각 집터가 발견되었다. 거창 대야리유적의 연대는 경질의 승석문토기가 발견되는 점으로 보아 기원후 4세기 이후로 낮추고 있으나 승주 대곡리나 낙수리유적과 비슷한 시기의 것으로 추정된다. 최근에는 경주 황성동유적에서 製鐵遺構와 함께 철기시대 집터가 발굴되었고, 영산강유역인 광주 오룡동유적에서도 집터가 발견되었다.

패총유적은 대부분 남해안에 분포하고 있는데 일찍이 김해 회현리패총이 발굴된 이래로 수많은 유적이 알려졌다. 김해 회현리유적은 1907년 이래로 일본 학자에 의해 발굴되었다. 여기에서는 패각층 이외에도 옹관묘·석관묘 등이 함께 조사되었다. 우리 나라 학자에 의해 최초로 조사된 웅천패총은 김해패총과 비슷한 시기의 패총임이 밝혀졌고, 양산패총과 동래패총도 간단히 시굴조사 되었다. 그런데 본격적인 발굴조사는 1970년대에 들어와서 창원 성산패총, 부산 조도패총, 고성 동외동패총 등이 조사되면서부터이다. 조도패총에서는 최하층에서 일본의 야요이식토기가 발견되어 당시 기원 전후에 시작되었다고 보았던 타날문토기의 연대를 기원전 2세기까지 올려 보게 되었다.

1980년대에는 제주 곽지패총과 김해 수가리패총이 발굴되었고, 그 뒤를 이어 삼천포 늑도패총, 해남 군곡리패총, 창원 내동·가음정동 패총, 마산 현동 패총 등이 조사되었다. 삼천포 늑도패총은 패각층 이외에도 집터·옹관묘·토광묘 등이 함께 조사된 철기시대 초기유적으로는 최대 규모의 것이었다. 비슷한 시기에 조사된 해남 군곡리패총은 패각층이 뚜렷이 구분되어 퇴적되어 있었고 화천이 발견되어 남해안지역의 패총의 연대를 설정하는 하나의 기준이 되었으며 집터·토기요지 등도 함께 발견되었다.

그리고 이 시대의 토기요지가 해남 군곡리와 광주 신창동유적, 승주 대곡리유적에서 각각 발견되었다. 또한 최근에는 광주 신창동과 경산 임당동의 저습지에서 목제유물과 골각기 등이 다량 출토되었다.

토광묘는 낙동강유역에 집중 분포하고 있는데 김해 예안리고분의 발굴을 기점으로 활발한 연구가 시작되었다. 이 유적에서 처음으로 옹관묘, 석곽묘와 함께 토광묘가 조사되었고 이 토광묘가 철기시대 내지는 가야시대의 주요한 묘제임을 알게 되었다. 그 뒤 경주 조양동유적의 발굴은 목관묘와 목곽묘의 구분을 가능하게 하였다. 또한 이 발굴을 통해 이전에 조사된 경주 입실리와 구정동유적의 유구도 토광묘일 가능성이 제기되었고, 경주지역에 적석목곽묘가 등장하기 이전에 토광묘가 중심적인 묘제임이 밝혀졌다. 창원 삼동동유적에서는 토광묘 이외에도 옹관묘와 석곽묘가 공존하였는데 이와 같은 현상은 남부지역의 김해 양동리·퇴래리·칠산동 유적 및 창원 도계동유적 등에서도 찾아볼 수 있다. 삼천포 늑도유적에서는 패각층과 더불어 옹관묘와 토광묘(토광직장묘)가 발견되었는데 그 연대가 기원전 2세기 중반에서 1세기 초반인 초기의 무덤이 확인되었다. 의창 다호리유적에서는 지금까지 분명하지 않았던 목관묘의 구조가 파악되었는데 통나무를 이용한 이른 시기의 토광목관묘가 확인되었다.

옹관묘는 청동기시대 후기에 이미 등장한 묘제이나 철기시대에 접어들면서 두 개의 옹관을 합쳐 만드는 합구식옹관이 남부지역에 넓게 분포하고 있다. 최초로 조사된 광주 신창동 옹관묘는 무문토기의 전통을 이어 받은 것으로 소형의 옹관이 대부분이었다. 이와 같은 옹관은 후에 삼천포 늑도, 경주 조양동 및 의창 다호리 유적에서도 발견되었다. 김해 지내동 옹관은 무문토기와 타날문토기가 함께 사용되어 합구식으로 만들어졌다. 이는 무문토기의 전통이 강한 옹관이 타날문의 옹관과 공존된 것으로 타날문토기의 옹관으로 변화되는 과정을 보여주는 것인데 그 연대는 기원후 1세기로 잡고 있다. 그리고 창원 삼동동유적에서는 옹관묘가 석곽묘나 토광묘 등과 함께 발굴되었다. 삼동동 옹관묘는 다른 묘제와 대등한 위치를 차지하고 있으며 오히려 다른 묘제보다도 그 수가 많다. 부산 괴정동유적의 옹관묘는 석곽묘와 결합된 석곽옹관묘로서 옹관묘가 이미 다른 묘제에 흡수된 기원후 3세기 후반 이후의 것이다. 또한 김해 예안리유적에서는 토광묘·석곽묘·옹관묘가 공존하고 있으나 옹관묘는 다른 묘제에 종속된 陪葬形式으로 나타나고 있다. 이와 같이 기원후 3세기 후반 이후 낙동강유역에서는 옹관들이 경질토기의 옹관으로 변화되었으며 대부분 다른 묘제와 결합되거나 다른 묘제에 종속되는 경우가 많아진다.

〈그림 1〉 철기시대 유적분포도[1)]

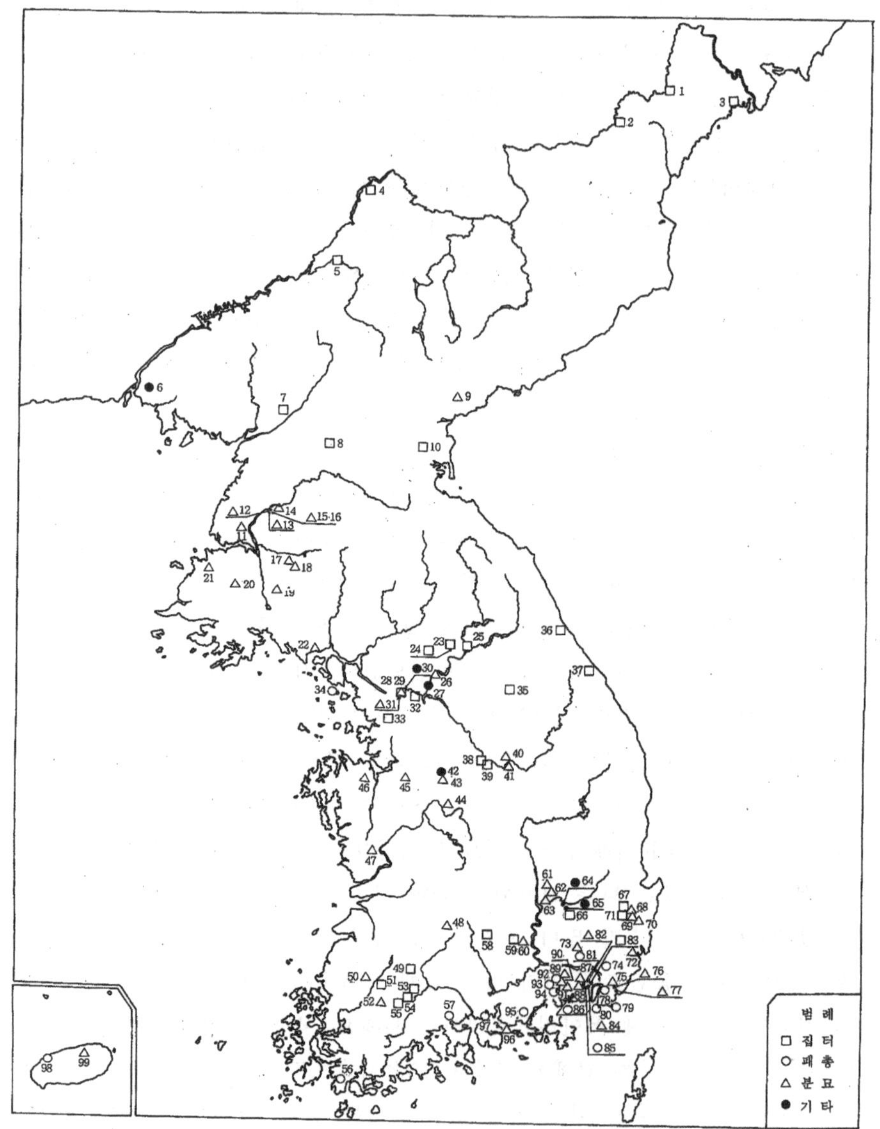

석관묘는 매우 한정되어 분포하고 있다. 고성 송천리 솔섬유적에서는 판석을 여러 장 잇대어 세워 만든 석관묘 내에 무문토기와 연질토기(와질계)가 부장되어 있다. 바닥에는 역시 소형의 판석이 깔려 있는데 뚜껑은 무엇을 사용하였는지 분명하지 않다. 석관묘의 전통은 창원 삼동동과 김해 예안리 등지에서 석곽묘로 변화되어 계속적으로 나타나고 있다. 석곽묘는 괴석과 할석을 섞어서 네 벽을 쌓고 뚜껑은 판석인 경우도 있고 나무 뚜껑인 경우도 있으며 평면은 장방형이다.

지금까지 설명한 우리 나라 철기시대 유적의 분포상황을 지도로 나타내면 앞의 〈그림 1〉과 같다.

---

1) 번호로 표시된 각 유적의 명칭은 다음과 같다.

1. 함북 회령 오동유적 2. 함북 무산 호곡동유적 3. 함북 웅기 송평동유적
4. 평북 중강 토성리유적 5. 평북 시중 노남리유적 6. 평북 위원 용연리유적
7. 평북 영변 세죽리유적 8. 평남 북창 대평리유적 9. 함남 함흥 이화동 토광묘
10. 함남 영흥 소라리유적 11. 평남 강서 태성리유적 12. 평양 토성동 4호 토광묘
13. 평양 석암동유적 14. 평양 장진동유적 15. 평양 정백동유적
16. 평양 정백동 부조예군묘 17. 황해 봉산 송산리 솔뫼골위석묘 18. 황해 봉산 송산리 당촌 토광묘
19. 황해 온파 갈현리 토광묘 20. 황해 신천 명사리유적 21. 황해 은율 운성리유적
22. 황해 배천 석산리유적 23. 가평 마장리유적 24. 가평 이곡리유적
25. 춘천 중도유적 26. 양평 문호리유적 27. 양주 금남리유적
28. 서울 석촌동유적 29. 서울 석촌동가옥 30. 서울 풍납리토성
31. 서울 가락동유적 32. 하남 미사리유적 33. 수원 서둔동유적
34. 옹진 시도패총 35. 횡성 둔내유적 36. 양양 가평리유적
37. 명주 안인리유적 38. 중원 하천리유적 39. 중원 하천리 지동유적
40. 제천 도화리 적석총 41. 제천 양평리 적석총 42. 진천 산수리·삼룡리 요지
43. 진천 송두리유적 44. 청주 송절동유적 45. 천안 청당동유적
46. 당진 소소리유적 47. 부여 합송리유적 48. 장수 남양리유적
49. 남원 세전리유적 50. 광주 신창동유적 51. 광주 오룡동유적
52. 화순 용강리유적 53. 승주 낙수리유적 54. 승주 대곡리유적
55. 보성 죽산리유적 56. 해남 군곡리유적 57. 보성 척령리 금평패총
58. 거창 대야리유적 59. 합천 저포리 C지구유적 60. 합천 저포리 A지구유적
61. 대구 팔달동유적 62. 대구 비산동유적 63. 대구 평리동유적
64. 대구 산격동 연암산유적 65. 대구 안심동유적 66. 경산 조영동유적
67. 경주 월성해자 및 주변유적 68. 경주 조양동유적 69. 경주 구정동유적
70. 경주 입실리유적 71. 경주 황성동유적 72. 울산 하대유적
73. 밀양 내이동 출토품 74. 양산패총 75. 부산 괴정동유적
76. 부산 노포동유적 77. 부산 구서동유적 78. 부산 동래패총
79. 부산 조도패총 80. 부산 다대동패총 81. 김해 회현리유적
82. 김해 대성동유적 83. 김해 봉황대유적 84. 김해 지내동유적
85. 김해 부원동유적 86. 김해 웅천패총 87. 김해 양동리유적
88. 김해 퇴래리유적 89. 창원 다호리유적 90. 창원 도계유적
91. 창원 삼동동유적 92. 창원 내동패총 93. 창원 성산패총
94. 마산 현동패총 95. 고성 동외동패총 96. 고성 송천리 솔섬유적
97. 삼천포 늑도유적 98. 제주 곽지패총 99. 제주 용담동유적

(2) 주요 철기유적

가. 북부지역

가) 생활유적

① 회령 오동유적2)

두만강 중류의 오른쪽 평야에 위치한 회령 오동유적은 1954~1955년에 조사되어 9기의 집터가 발굴되었다. 그 중 철기시대에 속하는 6호 집터가 최상층에서 확인되었는데 기둥구멍이 없고 벽면에 화덕이 붙어 있는 등 다른 집터와 다른 점이 많다.

유물은 鑄造의 쇠도끼(鐵斧) 2점과 화덕 주변에서 철부스러기가 출토되었다. 북한학자들은 이 집터를 기원전 6~4세기경으로 편년하고 있으나 주조 쇠도끼의 연대로 보아 기원전 3세기경의 것으로 보인다.

② 무산 호곡동유적3)

함북 무산읍 호곡동유적에서는 모두 40여 기의 집터가 조사되어 시기별로 6기로 나누고 있는데 5기와 6기의 집터가 철기시대에 속한다. 5기의 철기류로는 5호 집터(2점), 18호 집터(철부편 1점), 2호 집터(2점), 27호 집터(1점), 42호 집터(1점)와 제2시굴갱(3점) 등에서 모두 10점이 출토되었다. 6기에 속하는 집터에서는 도끼·반달칼·활촉(鐵鏃)·낫(鐵鎌)·낚시(鐵釣) 등과 骨柄鐵刀子 등 다량의 철기가 출토되었다. 북한에서는 5기를 기원전 7~5세기로, 6기를 기원전 3세기로 편년하고 있으나 5기의 연대는 지나치게 올려 본 것이다.

③ 웅기 송평동유적4)

송평동유적은 웅기읍 서편에 있는 용수호 동쪽 모래언덕의 낮은 대지와 그 경사면에 위치한다.

유적의 층위는 표토층인 담흑색 부식토층(30㎝ 미만)밑에 흑갈색의 패각포함층(30~50㎝), 흑색사질토층(100㎝ 이상)과 생토층인 갈색사질토로 구성되어

---

2) 고고학 및 민속학연구소, 《회령 오동 원시 유적 발굴 보고》(유적발굴보고 7, 과학원출판사, 1960).

3) 황기덕, 〈무산 범의구석유적 발굴보고〉(《고고민속론문집》 6, 과학백과사전출판사, 1975).

4) 藤田亮策, 〈雄基松坪洞石器時代遺蹟の發掘〉(《靑丘學叢》 2, 1930).

있었으며 석기·골각기·토기·동물뼈·인골 등은 두텁게 퇴적되어 있는 흑색사질토에서 출토되었다.

또한 이 유적에서는 괴석을 장방형의 터널형으로 쌓은 외곬형 화덕과 여러 개의 石溝를 병렬하여 세운 위에 판석을 덮어 만든 다곬형 화덕이 발견되었다. 다곬형은 외곬형 및 ㄱ자형 시설이 보다 발전된 양식으로 이 유적에서만 발견되었다.

④ 영흥 소라리유적[5)]

1956년 所羅里土城 안의 유적을 조사하다가 발견된 집터유적으로 그 길이는 길이 5.6m, 너비 3m이다. 이 유적에서는 청동제의 활촉(鐵柄이 달림), 노기(鐵弩)·검파·蓋弓帽·乙字形器·筒形器와 철제의 창·단검편·송곳·통형기·除草器 등의 무기류, 농공구, 마구류와 무문토기·타날문토기 및 기와편 등이 발굴되었다.

⑤ 위원 용연리유적[6)]

1927년 도로공사 중 우연히 발견된 용연리유적에서는 다량의 명도전과 함께 다양한 철기가 공반되었다. 직경 12척의 원형적석총으로 추정하고 있으며 이 유적의 출토유물로는 쇠창(鐵矛)·쇠도끼(鐵斧)·비수(鐵鉇)·괭이·호미·낫·반달칼·쇠활촉(鐵鏃)·三角錐銅鏃·靑銅帶鉤 및 明刀錢 등의 무기류와 농공구류 등이 있다.

⑥ 영변 세죽리유적[7)]

신석기문화층으로부터 철기문화층에 이르기까지 연속적으로 퇴적되었는데 철기문화층이 제일 위층이다. 동서 1~1.3km, 남북 200~300m의 넓은 범위에서 확인된 이 세죽리유적의 철기시대 집터는 3기가 발굴되었으나 규모를 알 수 있는 것은 1호 집터뿐이다.

1호는 500㎝×580㎝의 장방형 수혈집터로 수혈 깊이는 15㎝이고 바닥은

---

5) 박진욱, 〈함경남도일대의 고대유적 조사보고〉(《고고학자료집》 4, 사회과학출판사, 1974).

6) 梅原末治·藤田亮策, 《朝鮮古文化綜鑑》 1(奈良 ; 養德社, 1947).

7) 김정문, 〈세죽리 유적발굴 중간보고(1)〉(《고고민속》 1964－2).
김영우, 〈세죽리 유적발굴 중간보고(2)〉(《고고민속》 1964－4).

진흙을 다졌다. 화덕은 ㄱ자 모양으로 구불어진 터널형이다. 즉 강돌을 두 줄로 평행되게 줄지어 세우고 그 위에 돌을 덮어 만든 터널형 시설과 이 시설과 직각으로 꺾어지게 땅굴식으로 구멍을 파고 그 끝나는 곳에 火口로 생각되는 타원형 구덩이가 패여 있다.

이 유적에서는 철제의 호미·괭이·낫·도끼·끌·손칼·비수 등과 청동제의 활촉·검자루끝장식, 명도전·布錢, 승석문토기·갈색토기·흑갈색토기 등이 출토되었다. 그 연대는 기원전 3~2세기로 보고 있다.

⑦ 시중 노남리유적[8)]

강계시에서 독로강을 따라 북쪽으로 28km 정도 올라간 곳에 위치한 노남리유적 가까이에는 강을 끼고 북안에는 간평유적이, 남안에는 남파동유적이 있다. 이 중 남파동유적에서 철기시대 집터가 조사되었다.

남파동유적의 층위는 청동기시대 문화층인 아래층과 철기시대 문화층인 위층으로 구분되는데 위층에서 집터 2기와 제철로 1기가 조사되었다. 2호 집터는 거의 지상가옥에 가까운 맞배형 집터로 남북 11m, 동서 14m의 대형이다. 진흙을 펴 다진 바닥의 중앙부 동·서편에는 터널형 화덕이 한 개씩(한 개는 ㄱ자형, 한 개는 외곬형) 만들어져 있고 화덕의 남쪽에는 장축에 따라 4개의 기둥구멍이 일렬로 뚫려 있었다.

출토유물은 쇠도끼·쇠활촉·낚시·송곳·꺾쇠·띠고리 등의 철제품과 활촉·팔찌·명도전·오수전 등의 청동제품, 그리고 갈색마연토기·흑색마연토기·회색경질토기·갈색연질토기·백색연질토기 등이다. 토기 중에는 특히 帶狀把手가 붙어있는 흑색마연토기가 다량 출토되었다.

노남리 상층문화의 편년은 상한을 기원전 4~3세기로, 하한을 기원후 1세기로 보고 있다.

⑧ 중강 토성리유적[9)]

토성리유적은 중강군 소재지에서 서남쪽으로 약 35km 떨어져 있는 압록강 중류의 조그만 마을인 토성리 서·남·북쪽에서 강쪽을 향해 만들어져

8) 정찬영, 〈초기 고구려문화의 몇가지 측면〉(《고고민속》 1965-4).
9) 이병선, 〈중강군 토성리 원시 및 고대유적발굴 중간보고〉(《고고민속》 1961-6).

있는 토성의 내부에 위치하고 있다. 이 유적은 토성중학교 운동장을 만들기 위한 공사로 인해 지표면이 1m 정도 깎여 버려 문화층이 그대로 노출되어 있다.

철기시대의 유구가 조사된 곳은 2·3·4구이다. 3·4구에는 확실한 집터는 없고 터널형 화덕만 조사되었다. 이 지구의 층위는 발굴 당시 지표면인 흑갈색 사질토층인 문화층이 40~50㎝로 두께로 연장되고 있으나 그 밑은 바로 생토층인 황색 사질토이었다. 터널형 화덕은 4구의 남쪽에서 2개소, 북쪽과 동쪽에서 각각 1개소씩 조사되었다.

2구의 층위는 위로부터 20㎝의 흑황색 사질토층(2층), 30~55㎝의 흑색 사질토층(1층)과 그 밑의 생토층인 황색 사질토층으로 구성되어 있는데 2층에서 철기시대 집터 2기가 조사되었다.

이 토성리유적의 편년은 도끼날형 쇠활촉·회색경질토기·오수전이 출토된 것으로 보아 노남리유적과 같은 고구려 초기로 보고 있다.

⑨ 북창 대평리유적10)

북창읍에서 2km 떨어져 있는 대동강 기슭의 강안 퇴적층에 위치하고 있는 대평리유적의 동쪽(제1지점)에서는 청동기시대의 포함층이, 서쪽(제2지점)에서는 철기시대의 포함층이 조사되었다.

제2지점의 층위는 표토층(50~60㎝) 밑에 60~70㎝의 층(3층), 20㎝의 진흙층(2층), 50~60㎝의 황색 사질토층(1층)과 10㎝의 명갈색층으로 형성되어 있다. 철기시대의 집터는 1층에서 5기, 2층에서 4기가 조사되었다. 집터의 규모는 청동기시대의 집터에 비해 작았으며 수혈의 깊이도 낮고 화덕은 ㄱ자형이거나 외곬의 터널형이다(〈그림 2〉).

출토유로는 회청색 승석문토기, 무문토기 외반구연호, 방추차, 철기편 등이 있다.

이 유적의 연대는 1층은 기원전 2~1세기, 2층은 기원후 1~2세기, 3층은 기원후 3~4세기로 추정하고 있다.

---

10) 정찬영, 〈북창군 대평리유적 발굴보고〉(《고고학자료집》 4, 1974).

〈그림 2〉 북창 대평리유적 집터

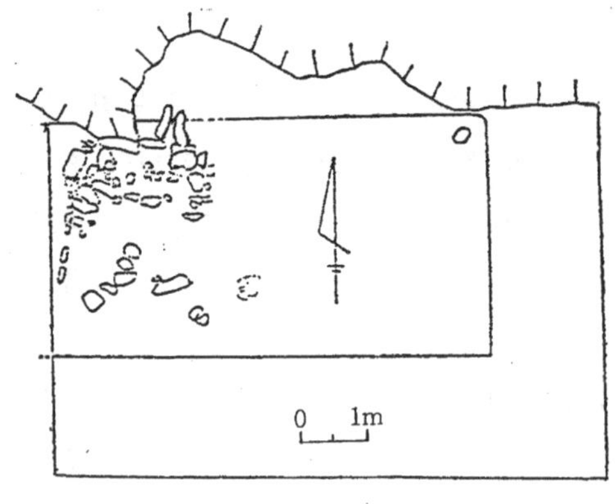

① 대평리 3호 집터

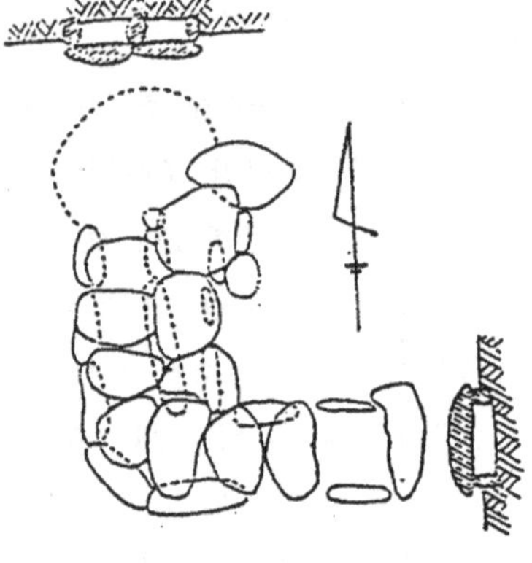

② 대평리 2호 집터의 ㄱ字形화덕

나) 분묘유적

① 함흥 이화동 토광묘[11)]

바닥에 판상석의 작은 돌을 깔았을 뿐 별다른 시설이 없는 토광묘로 남북장축에 길이 220㎝, 너비 70㎝이다.

묘광의 서남쪽 끝에서 세형동검·창·십자형의 검자루끝장식 등이 나왔고, 서북쪽에서는 세문경이, 묘광의 동북쪽에서는 주조의 쇠도끼가 1점 나왔다. 칼자루끝장식은 천곡리 출토품과 같이 철광석제이다.

② 강서 태성리 고분군[12)]

태성리 한 우물 마을의 북쪽으로 750m 거리에 있고 해발 92m에 이르는 능선을 중심으로 집중 분포하고 있다. 석실분은 서쪽 구릉상에 있고, 토광묘·옹관묘·목곽묘·전실분 등은 동쪽을 차지하고 있어 이들 고분군 사이에 지역적인 구분을 보인다.

옹관묘는 5기가 발굴되었는데 그 연대는 토광묘와 같은 시기로 대개 기원전 2세기를 넘지 않고 기원후 1세기 이후로는 내려오지 않는다고 보았다.

토광묘는 모두 12기가 발굴되었다. 출토유물을 보면 10호와 11호의 경우

---

11) 박진욱, 앞의 글.
12) 고고학 및 민속학연구소, 《태성리 고분군 발굴보고》(유적발굴보고 5, 1959).

청동기가 주류를 이루어 細形銅劍, 狹鋒銅矛, 乙字形銅器, 管形銅器, 笠頭形銅器, 鈴頭圓筒形銅器, 수레굴대끝(車軸頭), 일산살꼭지(蓋弓帽), 고리 등이 출토되고 6·8·13·15호에서는 철기류가 주류를 이루어 철제검·손칼· 도끼·창·끌·낫·말자갈 등이 출토되었다.

③ 평양 토성동 4호 토광묘[13)]

평양시 낙랑구 토성동에 위치한 토성동 4호 토광묘는 비교적 그 유구가 양호한 상태로 남아 있다. 장방형 토광의 크기는 길이 365㎝, 너비 187㎝이다. 토광의 어깨선으로부터 밑으로 80㎝ 내려가고 서벽면으로부터 35㎝ 들어와서 목곽이 있었으며 목곽은 내외면으로 구분되어 있다. 유물은 북쪽 부곽부와 중앙관, 내외관부분에 놓여 있었다.

출토유물은 세형동검·검자루끝장식·활촉·긴쇠칼·수레굴대끝·일산대 및 일산살꼭지·乙자형동기·화분형토기·배부른단지·星雲文鏡 등이 있다.

④ 평양 석암동유적[14)]

정확한 출토위치와 유구가 알려져 있지 않으나 출토유물은 秦戈·동창·도씨검 등이 있다. 진과에는 '秦始皇 25年'銘(기원전 221년)이 있어 그 제작연대와 출처를 알 수 있게 한다.

또한 1962년에 토목건설공사 중 발견된 일괄유물이 있으나 무덤의 정확한 규모는 알 수 없었다. 유물은 세형동검·청동방울 등 청동기와 함께 쇠창·말자갈·乙자형동기·갈구리창(鐵戟), 화분형토기 등이었다.

⑤ 평양 장진동유적[15)]

출토지점이 미상이고 무덤의 부장품으로 추정된다. 유물은 청동검과 청동창이 있고, 철기로는 쇠도끼가 있는데 주조품으로 추정된다.

⑥ 평양 정백동유적[16)]

평양시 정백동 서남쪽에 솟아 있는 오봉산에서 동북방향으로 뻗은 능선을

---

13) 김동혁, 〈토성동 제4호 무덤 발굴보고〉(《고고학자료집》 4, 1974).
14) 梅原末治·藤田亮策, 앞의 책.
백련행, 〈석암리에서 나온 고조선유물〉(《고고민속》 1965-4).
15) 梅原末治, 〈朝鮮出土銅劍·銅矛の新資料〉(《人類學雜誌》 48-4, 東京人類學會, 1934).
16) 사회과학원 고고학연구소, 〈락랑구역 일대의 무덤떼〉(《고고학자료집》 5, 1978).
——, 〈락랑구역일대의 고분 발굴보고〉(《고고학자료집》 6, 1983).

따라 약 500m 떨어진 지역에 위치한 정백동유적에는 수백여 기의 고분이 밀집 분포하고 있다. 언덕의 경사면 상단과 중앙부에 목곽묘가, 아래쪽에는 전축분이 있다. 이 고분군에서 서쪽으로 약 1km 정도 떨어진 곳에 토성이 위치하고 있다. 고분에는 토광목곽묘·목곽분·전축분·기와널무덤·옹관묘 등이 있다.

부장품으로는 긴쇠칼·쇠단검·검코·검자루끝장식 등 무기류와 수레굴대끝·일산대꼭지·청동고리·말자갈 등 마구류, 띠고리·띠걸이·구슬 등 장신구, 화분형토기·배부른 단지 등 토기류가 출토되었다.

특히 정백동 2호(高常賢墓)에서는 '夫租長印', '高常賢印'이라는 글이 새겨진 도장과 '永始三年'(기원전 14년)이 새겨진 일산살대가 출토되었다.

⑦ 평양 정백동 부조예군묘[17]

토광 목곽묘로 무덤에서 '夫租薉君'이라는 도장이 출토되어 '부조예군묘'라고 부르고 있다. 보고자는 '남은 바닥 상태로 미루어 보아 수직으로 내리판 장방형의 무덤 구덩이 안에 장방형의 나무곽을 만들고 거기에 하나의 관을 넣고 묻은 나무곽무덤'이라고 하였다.

부장품으로는 세형동검, 석제 칼자루끝장식·검코·청동창·청동활촉 등과 쇠단검·긴쇠칼·쇠창·갈구리창·쇠도끼·철끌·쇠뇌·비수 등의 무기류와 생산도구·말관자·말자갈·말자갈멈추개·놋방울·말굴레장식못 등의 마구류, 굴대끝·멍에끝장식·삿갓모양동기·일산살꼭지 등의 수레부속, 그리고 부조예군도장, 무기류를 싼 천(작잠직), 옥장식, 화분형토기 등이 출토되었다.

⑧ 봉산 송산리 솔뫼골 위석묘[18]

지표 아래 50㎝ 위치에서 주먹만한 크기의 자갈돌이 남북으로 길게 깔린 圍石이 나타났다. 그 서남쪽 자갈돌 곁에서 세문경과 청동 자귀편이 출토되었고 청동제 팽이와 비수의 파편이 나왔다. 그리고 감실 남쪽벽에서 주조의 쇠도끼가 출토되었다.

⑨ 봉산 송산리 당촌 토광묘[19]

토광을 파고 그 속에 길이 230㎝, 너비 100㎝, 높이 30㎝의 목곽을 직경 8

17) 리순진, 〈부조예군무덤 발굴보고〉(《고고학자료집》 4, 1974).
18) 황기덕, 〈황해북도 봉산군 송산리 솔뫼골 돌돌림무덤〉(《고고학자료집》 3, 1963).
19) 황기덕, 〈1958년 춘하기 어지돈지구 관개공사 유적정리 간략보고(1)〉(《문화유산》 1959-1).

~9㎝의 굵은 통나무로 바닥과 벽을 돌렸으며 북쪽의 끝 70㎝를 따로 구획하여 토기류를 부장하는 부곽으로 하였다. 천장에는 판자를 덮고 목곽 남쪽 바닥의 통나무 위에 판자 8매를 더 깔았다. 지표에서 바닥까지의 깊이는 100㎝ 정도이며 목곽 전체에 회색의 부드러운 흙을 5~10㎝ 두께로 발랐다.

출토유물로는 나무집에 들어 있는 세형동검과 화분형토기·평저단경호 등이 있다.

⑩ 은파 갈현리 토광묘[20]

동서 260㎝, 남북 250㎝, 깊이 약 110㎝의 방형에 가까운 형태를 띠고 있는 토광묘의 벽면은 다소 경사를 이루어 밑으로 내려가면서 좁아들었고 벽면은 거칠게 한 번 파낸 그대로였다. 서쪽벽은 동서 80㎝ 정도의 너비로 2단으로 되어 있어 바닥에서 약 40㎝ 높다. 여기에는 철제무기류가 부장되었던 것 같다. 목곽시설 같은 것은 없었고 부식한 골편 및 부식토층으로 미루어 보아 목곽을 사용한 듯하나 관재편은 발견되지 않았다.

출토유물로는 세형동검, 검자루끝장식, 笠頭筒形銅器, 乙자형동기, 靑銅環, 청동띠고리(帶鉤), 쇠칼, 쇠창, 쇠도끼, 쇠못, 유리옥, 화분형토기 등이 있다.

⑪ 배천 석산리 토광묘[21]

지표에서 50~60㎝ 내려가서 회색 모래층이 나타나고, 그 밑 약 40㎝ 더 내려가서 유물이 나왔다. 4년 뒤 재조사 당시 80㎝ 너비로 나무와 금속이 삭아서 된 검푸른 장방형 구획이 발견되어 토광묘임이 확인되었다.

출토유물로는 동검·동과와 함께 폭이 좁은 장방형의 쇠도끼가 있다.

⑫ 신천 명사리 옹관[22]

동서방향으로 놓인 항아리와 화분형토기의 합구식옹관이다. 동쪽의 항아리는 꼭지파수가 달린 물동이 모양의 경질토기이며 원저이고 구연부의 직경은 22㎝, 높이가 약 33㎝이다. 서쪽의 화분형토기는 평저이며 구연부의 직경은 약 20㎝, 높이는 약 29㎝이다.

---

20) 고고학 및 민속학연구소, 〈황해북도 은파군 갈현리 하석동 토광묘 유적 조사 보고〉(《고고학자료집》 2, 1959).

21) 황기덕, 〈최근에 새로 알려진 비파형단검과 좁은놋단검 관계의 유적유물〉(《고고학자료집》 4, 1974).

22) 도유호, 〈신천 명사리에서 드러난 고조선 독널에 관하여〉(《문화유산》 1962-3).

⑬ 은율 운성리 고분군[23)]

황해도 은율군 운성리 가말리 마을에 있다. 이 마을은 산과 바다로 둘러 막힌 구릉평야지대의 한 가운데 자리잡고 있는데 그 서쪽과 북쪽은 4~5km 반경으로 황해가 둘러싸여 있고 남쪽 약 5km 지점에는 해발 458m의 구왕산이 솟아 있다. 마을 동쪽 경사면 중턱에 토성이 있고, 토성 남쪽 야산에 고분군이 있는데 토성과의 거리는 400m밖에 되지 않는다.

고분은 동, 서 두 봉우리와 그 북쪽에 많고 동쪽 봉우리의 동남쪽 줄기 남쪽 경사면에 10여 기, 동쪽 줄기 중앙부에 3기가 각각 하나의 군을 이루고 있다. 이 유적에는 토광묘・옹관묘・목곽묘・목곽분・전축분 등이 있다. 출토유물은 세형동검・쇠단검・긴쇠칼・고리자루쇠칼・쇠창・쇠도끼・쇠낫・말자갈・굴대끝・일산대꼭지 등의 무기와 생산도구, 마구・수레부속(차여구), 청동가락지・청동팔찌・구슬(수정, 옥, 유리 등) 등의 장신구가 반출되었다.

화분형토기를 관으로 사용한 옹관묘는 움무덤 혹은 나무곽무덤들 사이에서, 회색승석문토기를 사용한 옹관묘는 귀틀무덤 사이에서 주로 발견된다. 옹관으로 사용된 화분형토기는 귀가 높고 배가 부른 것으로 크기는 움무덤 출토품보다 크다.

토성에서는 화분형토기와 단지・대접・잔・나무그루손잡이토기 등과 쇠칼・활촉(골촉・철촉), 쇠낫, 쇠보습 등의 무기와 생산도구, 기와・막새・벽돌 등이 출토되었다.

운성리의 연대는 좁은놋단검・나무그루형파수토기 등으로 보아 기원전 2세기 후반기에서 좀더 소급하는 기원전 3세기경으로 추정하고 있다.

나. 중부지역

가) 생활유적

① 가평 마장리유적[24)]

가평에서 북한강으로 합쳐지는 가평천가에 위치한 마장리유적은 1951~1952년 미군 소령에 의해 발견되었다.

---

23) 리순진, 〈운성리유적 발굴보고〉(《고고학자료집》 4, 1974).
24) 金元龍, 〈馬場里 冶鐵住居址〉(《歷史學報》 50・51, 1971).
韓永熙, 〈馬場里 住居址 出土遺物〉(《中島》 Ⅲ, 국립중앙박물관, 1982).

이 유적은 직경 300~400m의 광범한 지역에 분포하고 있는데 현재는 논으로 경작되고 있다. 이 지역의 퇴적상은 두께 53㎝ 정도의 흑갈색 표토층이 있고, 그 아래에 38㎝의 황사층·자갈층, 그리고 다시 砂層이 계속되는데, 집터는 황사층을 파고 들어가 자갈층을 바닥으로 하고 있다. 처음 발견 당시 집자리는 평면이 500㎝×640㎝의 末角矩形이고, 한쪽 벽 가까이 냇돌을 깐 직경 120㎝의 원형 화덕이 있었다고 한다. 기둥구멍의 유무는 알 수 없으나 거기에서 발견된 직경 20㎝, 길이 96㎝ 정도의 타다 남은 나무토막은 지붕의 마루도리나 주 기둥으로 보고 있다.

발견된 유물은 구연이 외반한 평저의 무문토기, 회도평저호, 원저격자문토기, 토기시루, 토제방추차, 冶鐵用鼓風土管片, 마제석부, 유경석촉, 반월형석도, 그리고 철재, 철편 등이 있다.

그 편년은 기원전 2세기경부터 기원 전후에 걸친 유적으로 보았는데 여기에서 나온 ^{14}C연대는 1700±250B.P.(기원후 250)이다.

② 가평 이곡리유적25)

마장리에서 가평천 상류쪽으로 1.5km 정도 북쪽에 위치한 이곡리유적은 1978년에 발굴되었다. 신석기시대 말부터 철기시대까지에 해당되는 유물이 출토되었으나 유물의 층위 관계가 분명하지 않다. 보고자는 이 유적의 층위를 지표하 80㎝까지의 층(경작토 30㎝ 및 흑색사질토층 50㎝)과 그 밑의 층으로 구분하여 위층은 철기 2기층(원삼국시대)으로, 아래 층은 철기 1기층(청동 2기)으로 나누었는데 위층인 철기 2기층에서 집터 1기가 조사되었다.

이 집터는 직경 5m, 수혈깊이 70㎝의 원형 수혈집터이다. 바닥에는 점토를 10㎝ 두께로 펴 다졌고 내부에서는 벽체 기둥으로 생각되는 것이 14개소 조사되었다. 화덕은 파괴가 심해 확실한 양상을 파악하기 어려우나 동남편에서 64㎝×50㎝ 크기의 것과 그 남쪽에서 소형 한 개가 조사되었다.

유물은 무문토기 외반구연호, 내반구연호, 토기뚜껑 등이 회청색경질토기 및 시루와 함께 출토되었다. 이 밖에 석촉 2점, 철편 1점, 鐵滓 1점 등이 반출되었다. 이 유적의 연대는 중도유적의 연대를 참고하여 기원후 1~2세기경으로 보고 있다.

---

25) 崔茂藏, 〈梨谷里 鐵器時代 住居址 發掘報告書〉(《人文科學論叢》 12, 건국대, 1979).

③ 양주 금남리유적[26)]

북한강을 끼고 형성된 금남리유적의 주변에는 지석묘가 있고, 각종 토기편이 산재해 있다. 강 남쪽의 자갈밭에서 발견된 화덕은 냇돌을 이용해 원형으로 돌린 것이며, 직경은 약 60㎝이다. 이 화덕 부근에는 불에 탄 돌이 흩어져 있고 많은 석기와 토기편이 있었다. 이 주변에도 비슷한 돌들이 있는 것으로 보아 취락이 있었음을 보여 준다.

여기에서 출토된 토기로는 경질무문토기·조질격자문토기·회청색경질토기 등이 있다.

④ 서울 풍납리토성[27)]

백제의 초기 유적인 풍납리토성은 1964년 서울대학교 박물관에 의해 조사발굴되었다. 출토된 유물로는 풍납리식 무문토기(경질무문토기)와 타날문토기가 있다.

풍납리식 무문토기는 구연부가 외반하고 배가 약간 부른 평저토기이다. 타날문토기에는 회색 또는 갈색의 조질토기로 광구호가 있고, 회색의 경질토기에는 원저호가 있다.

⑤ 서울 석촌동 가옥[28)]

1971년 조사된 이 석촌동 가옥은 조사 당시 3층으로 구성되어 있었다. 즉 위에서부터 1층은 암갈색모래층(4.4m), 2층은 명갈색모래층(1.1m)이며, 3층은 흑색니질점토층, 담흑색점토층 및 모래층이 퇴적되어 있었다.

집터는 신석기유물이 출토된 3층에 덧놓여 있는 상태로 발견되었다. 집터라고 하지만 밝혀진 것은 지붕시설뿐으로 기타 하부구조에 대해서는 전혀 밝혀진 것이 없다. 지붕은 4.5m 정도의 용마루 좌우로 30~40개 정도의 서까래를 나무뿌리 같은 것으로 덮은 것이 확인되었다. 맞배의 한 경사면 길이는 대략 1.5m로 추산되며 하부구조는 4m×3m 정도의 소형 집터시설로 추정하였다.

이 집터가 조사된 상황으로는 철기시대의 것이라고 주장할 근거는 없으나 서까래를 짤랐을 때 남은 예리한 금속기의 흔적과 목탄의 ^{14}C연대(기원후 250년)가 철기시대 말기임을 알려주고 있다.

---

26) 金元龍, 〈鐵器文化〉(《한국사》 1, 국사편찬위원회, 1973).
27) 金元龍, 《風納里土城內包含層 發掘報告》(서울대 박물관, 1967).
28) 金元龍, 〈石村洞 發見 原三國時代의 家屋構造〉(《考古美術》 113·114, 1972).

⑥ 하남 미사동유적[29]

숭실대학교 박물관을 중심으로 한 연합팀에 의해 1988년부터 1992년까지 조사되어 신석기시대에서 백제시대까지의 유구가 발굴되었다. 이 중 철기시대의 유구는 집터·제철유구·무덤 등이었다. 집터는 여러 기가 발견되었으며 평면형태가 타원형·장방형·말각방형 등 다양한데 출입구가 있는 凸자형과 두 집터가 연결된 呂자형 집터도 있었다. 화덕은 부뚜막의 형태를 하고 있다.

출토유물로는 중도식무문토기(경질무문토기)와 타날문토기가 있었다. 그리고 수혈집터와 같은 층에서 고상가옥지도 발견되었다.

⑦ 수원 서둔동유적[30]

수원시 농촌진흥청 구내 뒷편의 야산(101m)에 위치한다. 1979~1981년의 3차에 걸친 발굴조사에 의해 청동기시대 집터 4기와 철기시대 집터 3기가 조사되었다.

철기시대의 집터는 1변 4m 전후의 방형·장방형 수혈집터로 모두 바닥벽면에서는 벽체의 기둥구멍이, 중앙에서는 용마루를 받치는 기둥구멍이 조사되었다. 이 가운데 7호에서는 북벽에 붙여 한 변 약 30㎝의 얇은 방형 토판 3장을 조립한 터널형으로 만든 시설을 서쪽 끝에서 꺾어 연장시켜 ㄱ자로 만든 화덕이 조사되었다. 아궁이는 서쪽 끝에 마련하였고 그 반대편인 동쪽 끝에는 연기를 빠지도록 지붕 위로 굴뚝을 세워 놓았다. 집터 안에서는 무문토기 외반구연호, 완형·발형의 무문토기, 소형 흑색토기, 타날문토기, 시루 등이 단조의 철부, 유경식철촉, 철도자, 철거 등과 함께 출토되었다.

⑧ 옹진 시도패총[31]

시도의 북쪽 해안에 있는 두 개의 신석기시대 패총의 중간지점에 위치한다. 1970년 국립중앙박물관에서 조사하였다.

패총은 약 30㎝ 두께의 경작표토층 밑에 20㎝ 정도의 패각층으로 되어 있으며, 그 밑은 굵은 모래층이다. 둑을 쌓기 위해 파괴되어 얼마 남지 않았으나, 원래 규모가 작은 패총으로 생각된다.

---

29) 渼沙里先史遺蹟發掘調査團, 《渼沙里》 1~5(1994).
30) 林炳泰, 〈水原 西屯洞住居址發掘〉(《博物館新聞》 126, 국립중앙박물관, 1982).
31) 韓炳三, 《矢島貝塚》(국립박물관 고적조사보고 8, 1970).

출토토기는 회색토기와 갈색토기의 두 가지가 있는데, 갈색토기가 더 많다. 형태는 파편들이어서 정확하지 않으나 평저의 외반구연토기로 추정된다.

⑨ 춘천 중도유적32)

이 유적은 강원도 춘천시 북한강 가운데에 있는 작은 섬으로 의암호가 만들어진 후 상당한 부분이 침수되었다. 1980~1984년까지 국립중앙박물관에 의해 연차적으로 조사되었으며 철기시대 유구로는 1980년에 조사된 1호 집터와 1982년에 조사된 2호 집터가 있다. 그리고 강원대학교 박물관에 의해 조사된 적석총이 있다.

1호 집터는 동서 너비가 5.4m, 남북 너비 5m 가량 크기의 말각방형에 가까운 둥근 수혈집터이다. 집터 내부에는 중앙부에서 북쪽으로 치우쳐 크기 95㎝×120㎝의 타원형 화덕이 있는데 크고 작은 강돌을 깔아 만들고 진흙을 보강하였으며 그 아래에도 납작한 강돌을 깔아 놓았다. 기둥구멍은 벽에 따라 4개가 확인되었고 동벽에 붙인 진흙구조물이 발견되었는데 이는 굴뚝시설로 추정되었다. 출토유물은 외반구연토기·내반구연토기·보시기·시루 등의 무문토기와 적갈색 혹은 회색에 원저나 말각평저를 가진 타날문토기가 있고, 도끼날형의 철촉·철끌·철편 등의 철기, 마석봉·숫돌 등의 석기가 있다. 그 밖에 토기 속에서 밤 30g도 수습되었다(〈그림 3〉).

2호 집터는 동서 너비 6m, 남북 너비 5.5m이고 수혈의 깊이는 90~100㎝이다. 바닥 중앙부 북쪽에 치우쳐 1.7m×1.14m의 타원형 화덕이 있다. 화덕은 역시 납작한 강돌을 깐 후 점토를 덮어 만들었고 주변에는 다시 점토띠를 타원형으로 돌렸다. 출토유물은 외반구연호·내반구연호편·발형토기·완형토기·토기뚜껑 등의 무문토기와 연질과 경질의 타날문토기가 있다. 철기는 철도자·철겸·철편 등이 있고, 석제방추차, 관옥형토제품이 있었다.

1·2호 집터의 연대를 북창 대평리유적과 비교하여 기원후 1~2세기경으로 보았으나 2호 집터에서 채집된 ^{14}C연대는 1534±95 B.P.(기원후 416)가 나와 추정연대와 상당한 차이가 있다.

---

32) 李健茂 외, 《中島》 Ⅰ(국립박물관 고적조사보고 12, 1980).
池健吉·韓永熙, 《中島》 Ⅲ(국립박물관 고적조사보고 14, 1982).
朴漢卨·崔福奎, 〈中島積石塚發掘報告〉(《中島發掘調查報告書》, 강원대 박물관, 1982).

〈그림 3〉 중도유적 1호 집터

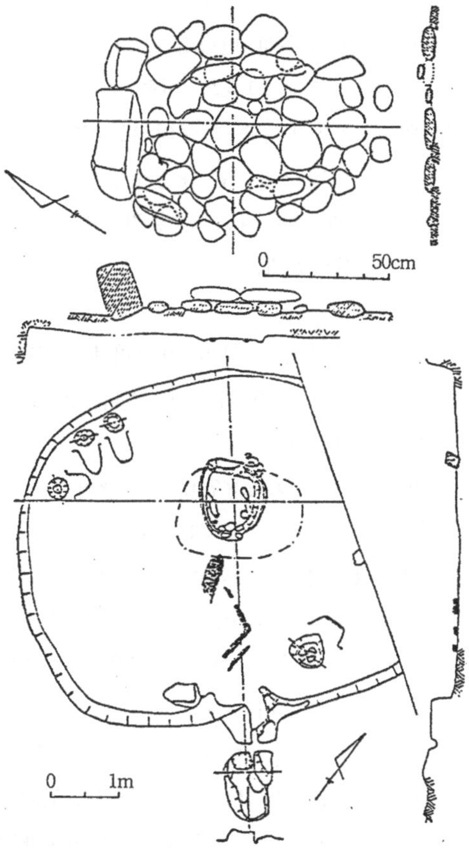

적석총은 쌍분의 형태를 하고 있는데, 붕괴의 위험이 많은 동분만 먼저 조사되었다. 동분은 방추형의 적석총으로 한 변이 15m이며, 높이는 약 5m 정도이다. 축조 방식은 강을 동쪽으로 바라보는 구릉 저지대에 우선 강돌과 모래를 이용하여 지면의 굴곡을 없애고, 강에 인접한 부분은 모난 돌과 납작한 돌을 사용하여 축대를 쌓아 붕괴를 방지하였으며, 그 내부에는 모래를 다져 넣었다. 기단이나 계단은 보이지 않고, 매장시설로 내곽과 외곽을 설치한 것이 확인되었다. 내곽의 바닥면은 납작한 강돌을 깔아 평평하게 유지하려고 하였으며, 철정·거멀쇠의 존재로 보아 목관을 사용하였음을 알 수 있다.

유물로는 청동제 귀걸이, 철제 도자, 철촉 등이 묘곽의 내부 혹은 외부에 흩어져 있었고, 토기는 타날문을 시문한 회색경질토기가 주류를 이룬다.

⑩ 횡성 둔내유적33)

강원도 횡성군 둔내면 둔방리 둔내고등학교 교정에 위치하며 강원대학교 조사단에 의해 철기시대 집터 3기가 조사되었다. 각 집터는 기초공사 작업으로 파괴되었으나 그 윤곽은 파악할 수 있었다.

33) 元永煥·崔福奎, 《屯內》(강원대 박물관, 1984).

집터는 수혈 깊이가 50㎝인 반수혈이고 평면형태는 방형과 장방형이다. 규모는 1호의 경우 길이 14m, 폭 11m인 대형이다. 화덕은 모두 중앙에서 북서쪽으로 약간 치우쳐 만들었고 화덕자리는 납작한 강자갈을 둥글게 깔고 그 위에 점토를 발랐다. 1호의 서쪽 편에는 8개의 항아리가 돌로 뚜껑을 한 채 발견되었고, 동쪽에서는 다량의 토기편이 발견되어 토기의 제작지로 추정되었다.

유물은 외반구연 및 내반구연토기·완형토기·두형토기 등의 무문토기와 타날문토기가 출토되었고, 철겸·철촉·철정 등의 철기와 석촉·방추차 등의 석기도 발견되었다.

⑪ 양양 가평리유적[34)]

강원도 양양군 양양면 가평리에 위치하며 남대천의 하류에 인접한 구릉지대로 동쪽은 동해에 접하고 있다. 1983년 강릉대학교 박물관에 의해 집터 2기가 확인되었다.

1호 집터는 750㎝×710㎝의 방형이다. 바닥은 진흙을 다져서 깔았고, 남벽 중앙에 돌출된 출입구 시설이 있다. 동북쪽 구석에 화덕이 있는데 검붉게 탄 흔적만 있었다. 출토유물은 평저의 소형 무문토기와 원저호토기·발형토기 등 타날문토기가 있고, 토제방추차, 숫돌, 철편 등이 있다. 2호 집터는 1호에 비해 규모가 작은 편이나 특징은 서로 비슷하다.

⑫ 명주 안인리유적[35)]

화력발전소 폐탄처리장 예정지로 1989~1990년 강릉대학교 박물관에 의해 약 40기의 집터가 발굴 조사되었다. 집터의 평면형태는 방형이나 장방형이다. 그런데 남북을 장축으로 한 대소 두 바닥이 좁은 통로로 연결되고 있는 呂자형 집터(〈그림 4〉)와 장방형 바닥의 남쪽에 돌출 출입구를 연결한 凸자형 집터(〈그림 5〉)가 발견되었다. 화덕의 형태도 呂자형 집터에서는 바닥 위에 받침돌을 ㄷ자형으로 세우고 그 위에 판석형의 뚜껑돌을 덮어 놓은 아궁이 모양을 하였고, 凸자형 집터는 노지의 둘레에 타원형의 진흙띠를 돌려 놓았다.

---

34) 白弘基, 《襄陽郡 柯坪里住居址 發掘調査報告》 1(강릉대 박물관, 1984).

35) 白弘基, 〈溟州郡 安仁里 집자리 發掘調査 略報告〉(《제33회 전국역사학대회 발표요지》, 1990).

——, 〈溟州郡 安仁里 집자리 發掘調査 略報告〉(《제15회 한국고고학전국대회 발표요지》, 1991).

〈그림 4〉 명주 안인리유적 1호 집터

〈그림 5〉 명주 안인리유적 24호 집터

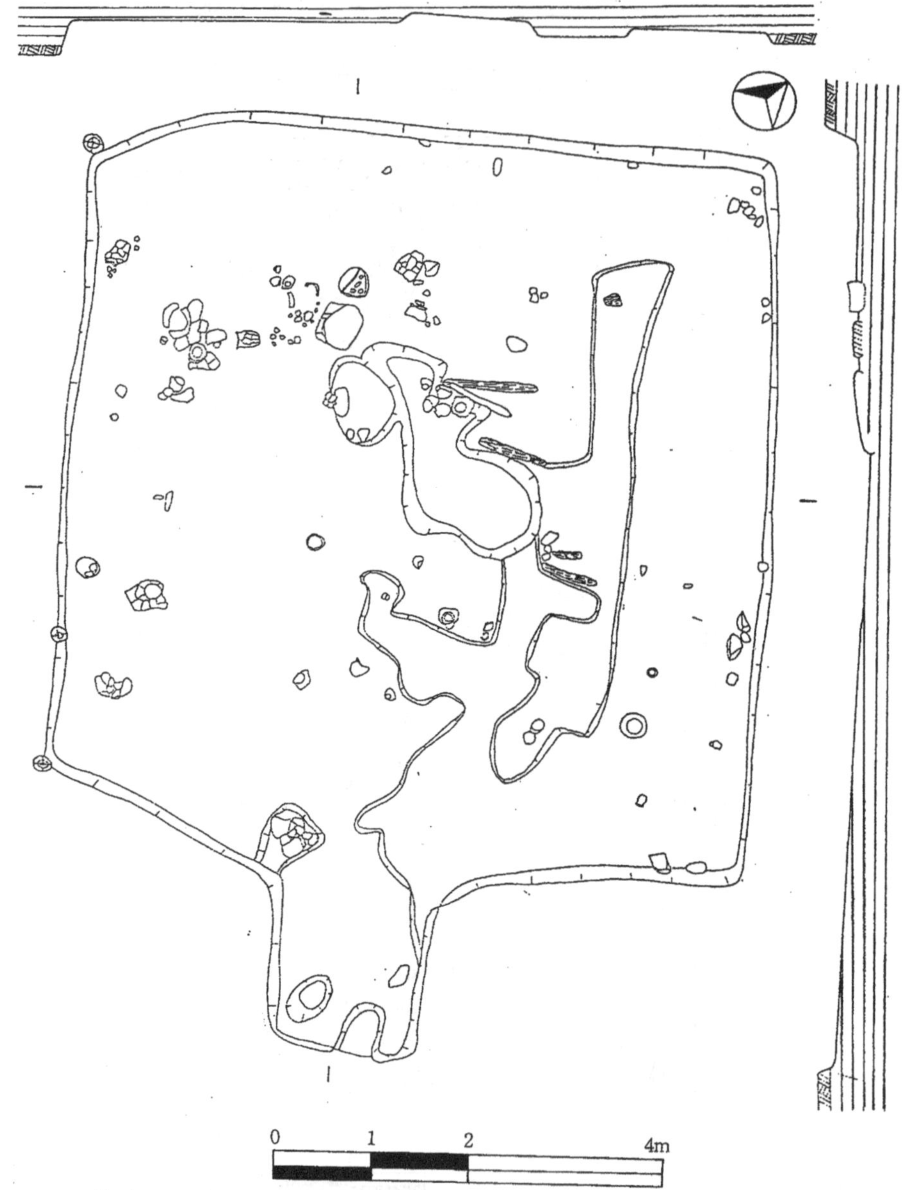

또한 呂자형 집터에서는 경질무문토기가 주류를 이룬 반면에 凸자형 집터는 경질무문토기보다는 타날문토기가 주류를 이루고 있어 시기적으로도 차이를 보여주고 있다. 유물은 경질무문토기·날문토기·회색토기 등의 토기류와 쇠칼·쇠낫·쇠편 등 철기류가 출토되었다.

⑬ 중원 하천리 지동유적36)

충북 중원군 동량면 지동 남한강 상류의 강변에 위치한다. 경북대학교 박물관에 의해 철기시대 집터 2기가 조사되었다.

1호 집터는 10.5m×8.3m의 대형 장방형으로 남벽 중앙에 출입구 시설이 있다. 출토유물은 무문토기와 타날문토기가 있으며 철기로는 공부·겸·가래·도자·모·괭이·정 등이 있다.

2호 집터는 5.7m×5.7m의 방형으로 출입구는 돌출된 형태이다. 출토유물은 역시 무문토기와 타날문토기가 있다.

⑭ 중원 하천리유적37)

충북 중원군 동량면 하천리에 위치한다. 1983년 충주댐 수몰지구에 대한 발굴 조사를 한 한양대학교 박물관에 의해 철기시대 집터 3기가 조사되었다.

1호 집터는 5.85m×6m의 방형으로 남쪽에 돌출된 출입시설이 있다. 거의 지상화된 집터로 북쪽 벽선 가까이에서 숯덩어리가 많이 출토되어 화덕자리로 추정된다. 2호는 직경 4m의 원형이나 내부교란이 심하고, 3호는 방형인데 돌출한 출입시설이 있고 납작한 강돌을 이용한 화덕이 있다.

출토유물은 무문토기와 타날문토기 이외에도 양익창·철촉 등의 철기와 숫돌·토제 어망추·토제 방추차 등이 발견되었다.

⑮ 진천 산수리·삼룡리 요지38)

충북 진천군 덕산면 산수리와 이월면 삼룡리에 위치한다. 철기시대에서

---

36) 尹容鎭, 〈中原荷川里 F地區 遺蹟發掘調査報告－1983·84年度－〉(《忠州댐水沒地區文化遺蹟發掘調査報告》考古·古墳分野(2), 충북대 박물관, 1984).

37) 金秉模 외, 〈中原荷川里 D地區 遺蹟發掘調査報告－1984年度－〉(위의 책).

38) 崔秉鉉, 〈鎭川 三龍里遺蹟과 原三國時代土器〉(《제13회 한국고고학대회 발표요지》, 1989).

———, 〈鎭川 山水里 百濟土器窯址群〉(《백제토기와 요지》, 제6회 한국상고사학회 학술발표회, 1991).

백제시대에 이르는 토기요지로 1986년 이래로 한남대학교 박물관에 의해 발굴되었다. 모두 19기의 요지를 6개군으로 분류하고 있는데, 1·2군은 경질무문토기와 타날문토기가 공반하는 요지이고, 3~6군은 타날문토기로 그 구조에서 큰 차이가 없다고 한다.

1군에 속하는 삼룡리 88-1호는 앞에서부터 아궁이, 연소실, 소성실의 3부분으로 되어 있고 아궁이와 연소실이 수평으로 연결된다. 전체 길이 5.4m, 최대 너비 1.3m의 세장한 형태이다. 삼룡리 88-2호도 여기에 속한다.

2군에 속하는 삼룡리 89-1호는 타원형의 소성실 앞에 지하식 연소실이 달린 것으로 전체길이 4.2m, 최대너비 1.5m 내외이다. 소성실 상면의 경사도는 100이다. 가마 주변에서 경질무문토기편과 타날문토기편이 다수 출토되었다.

이들 가마의 특징은 평면형태가 장타원형이며 연소실과 소성실로 구성되어 있는데 소성실의 바닥은 연소실에서 일단 얕으막한 턱을 두고 올라간 다음 완만한 경사면을 이루는 登窯이다. 또한 연소실 앞이 수직으로 이루어져 있는 수직식연소실이라는 점과 굴뚝시설을 전혀 찾아볼 수 없다는 점도 특이하다.

나) 분묘유적

① 서울 가락동유적[39]

1969년 고려대학교 박물관에 의해 2기의 봉토분이 발굴되었다. 한강 본류에서 500m 떨어진, 세 개의 지류가 합류하는 삼각형 지대 내에 위치하고 있다.

1호분의 분형은 방대형으로 봉토의 규모는 변의 길이가 14m, 높이는 1.89m인데 구조는 지면을 얇게 파서 토광을 만들고, 이 안에 강돌을 4개 깐 후, 그 위에 목관을 안치한 형식이다. 특이한 점은 매장주체부 위에 점토를 판축하고, 다시 이 위에 할석과 천석을 葺石으로 사용해서 봉토를 씌웠다는 점이다.

2호분의 분형도 역시 방대형으며, 봉토의 규모는 변이 15m×12m이고, 높이 2.2m인데 내부에는 4기의 매장시설이 있다. 이 중 3기는 토광이고 1기는

39) 尹世英, 〈可樂洞 百濟古墳 第一號·第二號墳 發掘調査略報〉(《考古學》 3, 韓國考古學會, 1974).

옹관이다. 이 고분 역시 점토층 위에 즙석을 깔고 그 위에 봉토를 씌운 형식이다. 출토유물은 백제토기와 흑도가 있다.

이러한 葺石封土墳은 한강유역에서만 유일하게 발견되는 형식이다.

② 서울 석촌동유적40)

석촌동 적석총 3호분 동쪽에서도 즙석봉토분, 토광묘, 옹관묘 등 여러 기가 조사되었다.

토광묘는 1986년 조사에서 10여 기가 발굴되었는데 이른 시기의 것은 토광내에 목관을 매납하였으며 후기의 것은 토광 바닥에 목판을 깔고 토광만을 사용하게 된다. 대부분의 토광은 길이 220~260㎝, 너비 70~90㎝, 깊이 20~50㎝이다. 최하층에서 발견된 대형 토광묘는 길이 10m 이상, 너비 260~320㎝, 깊이 90㎝ 정도의 대형 토광묘 안에 목관 8개를 안치한 특이한 것이다. 각 토광묘에는 2~3점의 토기와 철기가 부장되어 있다. 8호 토광묘에서는 중국 東晋의 靑磁四耳壺가, 대형 토광묘에서는 칠기편이 출토되었다.

옹관묘는 7기가 조사되었는데 합구식과 단옹식이 모두 있으며 토광묘와 같은 시기로 추정한다.

즙석봉토묘는 가락동 2호분과 유사한 것으로 중심부가 파괴되었으나 매장부 주변에는 목관과 옹관이 배치되었고, 직립단경호·완·무개고배 등이 木製櫓·金製耳飾과 함께 출토되었다.

③ 양평 문호리 적석총41)

경기도 양평군 서종면 양수리에서 북한강쪽으로 4.5km 정도 올라가면서, 오른쪽에 발달된 충적 자연제방 위에 형성되어 있다. 평면은 방형으로 한 변이 10m, 높이가 2.7m의 규모이다. 그 축조방법은 점토로 기초를 다지고, 그 위에 강돌을 깔아 묘곽을 설치하고, 다시 강돌과 잡석을 쌓았다. 전면에 편마암 잡석으로 덮었으므로 계단의 유무는 불확실하지만 3단인 것으로 보고 있다.

묘곽시설은 편마암과 화강암을 일렬로 세워서 동서로 6m, 남북으로 7m 되게 석곽을 형성하고, 목관을 안치한 듯하다. 묘곽의 외부 적석 사이 세 곳

40) 金元龍·林永珍, 《石村洞3號墳東쪽古墳整理調査報告》(서울대 박물관, 1986).
41) 황용훈, 〈양평군 문호리지구 유적발굴보고〉(《八堂·昭陽댐水沒地區遺蹟發掘綜合報告》, 문화재관리국, 1974).

에서 인골이 집중적으로 출토되었는데 순장이 행해졌던 것으로 보인다.

출토유물로는 철제꺾쇠·도자·관옥·청동제방울·토기편 등이 있다.

④ 제천 양평리 적석총[42)]

양평리 적석총은 충북 제천군 청풍면에 속하지만, 충주에서 남한강을 따라 약 40km 정도 상류로 거슬러 올라가는 지점에 위치하고 있다.

1호분은 강변에 길게 형성되어 있는 충적대지 위에 축조되었으며, 평면은 남북장축의 장방형이다. 주로 냇돌을 이용하여 축조하였으며 기단이나 계단은 확인되지 않았다.

2호분은 1호분의 북쪽 300m 지점에 위치하고 있다. 한 변의 길이가 58~61m 정도되는 대규모의 방형적석총이다. 기단은 확인되지 않았고, 자연적인 구릉의 경사면을 이용하여 돌을 쌓은 형식이다. 중앙에는 묘곽시설이 있는 까닭에 7~8겹 정도로 비교적 두텁게 돌을 쌓았고, 주변은 1~2겹 정도로 얇게 쌓았다.

4기의 유구가 확인되었는데 그 중 하나는 길이 2m, 너비 1m 정도의 규모로 3~5겹 정도의 돌을 쌓아 만들었는데 개석은 없다. 바닥면은 평면을 유지하기 위해 약간의 돌을 깔았다. 출토유물은 적석 사이에서 타날문의 호가 발견되었고, 청동령과 철제도자도 발견되었다.

이 적석총은 여러 기의 석곽이 같이 있는 것으로 보아 가족장적인 성격을 지닌 집단묘이다. 연대는 2~3세기경으로 편년되고 있다.

⑤ 도화리 적석총[43)]

충북 제천군 청풍면에 속하는데, 양평리에서 강을 따라 5km 정도 올라간 지점의 충적대지 위에 형성되어 있다. 평면은 북서-동남을 축으로 장타원형이며, 규모는 길이 30m, 너비 24m, 높이 5m 정도이다. 양평리 2호분과 같이 중앙에 4~5겹 정도로 비교적 두텁게 돌을 쌓았고, 주변은 1~2겹 정도로 얇게 쌓았다. 기단은 보이지 않았으나 초보적인 계단을 시설한 점이 주목된다.

---

42) 裵基同, 〈堤原 陽平里 A地區 遺蹟發掘調査報告〉(《忠州댐水沒地區文化遺蹟發掘調査報告》 考古·古墳分野(1), 1984).

43) 崔夢龍 외, 〈堤原 桃花里地區 發掘遺蹟 略報告〉(위의 책).

매장시설은 정상부에 3~4겹 정도로 강돌을 쌓아서 석곽을 만들었으며, 개석은 없고 바닥면은 아무 시설도 하지 않았다. 석곽의 방향은 동서장축의 장방형이며 골편과 철제도자가 1점이 출토되었다.

유물은 석곽 외부에서 타날한 회색원저단경호가 출토되었다. 연대는 기원후 2~3세기경으로 추정되고 있다.

⑥ 진천 송두리유적44)

1991년 충북대학교 박물관에 의해 조사되어 토광목관묘와 토광목곽묘가 각각 1기씩 발굴되었다.

토광목곽묘(1호)는 묘광이 길이 420㎝, 너비 175~188㎝이며, 그 안에 길이 304㎝, 너비 100㎝ 정도의 목곽이 있고, 목곽 안에 길이 270㎝, 너비 67㎝ 정도의 목관이 있다. 출토유물은 와질계의 쌍이부원저단경호, 쌍이부원저장경호 등이 있다.

토광목관묘(2호)는 길이 360㎝, 너비 120~150㎝, 묘광 안에 길이 245㎝, 너비 60㎝ 정도의 목관을 시설했던 것으로 보인다. 묘광의 바닥 중앙부에 너비 47~58㎝, 깊이 22㎝의 원형 구덩이(腰坑)가 있는 것이 특징이다. 이 구덩이는 창원 다호리유적과 창원 도계동유적의 토광목관묘에서도 이미 확인된 것이다. 출토유물은 조합식 우각형 파수부원저단경호, 주머지호 등이 있다.

이러한 와질계 토기는 중부지방에서는 처음 출토된 것인데 낙동강유역의 토광묘와 비교하면 철기시대 초기가 아닌 기원후 2세기경으로 편년되며 이것은 와질계토기의 중심지인 낙동강유역에서부터 파급된 것으로 해석하고 있다.

⑦ 청주 송절동유적45)

1992년 이래로 충북대학교 박물관에 의해 수차에 걸쳐 조사되었다. 1차발굴 결과 철기시대 고분 4기와 조선시대 고분 7기가 조사되었다. 철기시대 고분은 남동쪽으로 뻗어내린 가지능선과 직각이 되게 묘광을 만들었고, 장축방향은 북동-남서방향이다. 이 곳 고분은 전체적으로 묘광이 깊고, 주변에 도

44) 車勇杰·趙詳紀,《鎭川 松斗里遺蹟 發掘調査 報告書》(충북대 박물관, 1991).
45) 趙詳紀,〈清州 松節洞古墳發掘調査報告〉(《제36회 전국역사학대회 발표요지》, 1993).

랑(溝)이 있으며(1호, 4호) 유물은 따로 마련된 부장칸에서 발견되었다.

출토유물은 원저단경호와 심발형토기가 있고, 철겸이 1점 있다.

⑧ 천안 청당동유적46)

1990년 이래로 4차에 걸쳐 국립중앙박물관의 발굴되어 모두 22기의 목관묘가 확인되었다. 이들 목관묘는 등고선과 평행하여 조영되었고 서로 중복관계는 없었다. 묘광의 장폭비는 2.8~3 : 1로 긴 편이다. 그리고 묘광 주변에 ㄷ字로 도랑이 설치된 점이 특징이다.

출토유물은 연질토기 단경호와 심발형토기가 조합을 이루어 발견되었고, 청동제마형대구 11점과 다량의 유리구슬이 출토되었다. 철기는 4차 발굴시에서 환두대두를 비롯하여 철부, 철겸, 철촉, 철모 등이 출토되었다.

이와 같은 경우로 경기도 안성에서도 연질토기가 청동제 마형대구와 함께 출토된 바 있다.

⑨ 당진 소소리유적47)

충남 당진군 합덕면 소소리에 위치하며 銅戈 등 일괄유물이 발견되어 신고됨으로써 알려졌다. 유구는 이미 파괴되었으나 분묘일 것으로 추정된다. 유물은 세형동검 1점, 동제검파두식 1점, 세문경 2점, 철부 1점, 철착 2점, 유리관옥 2점, 석촉 1전, 숫돌 1점, 흑색토기 1점 등이 출토되었다.

이 유적의 연대는 부여 합송리와 같은 기원전 2세기 전반으로 보고 있다.

⑩ 부여 합송리유적48)

부여읍내에서 서쪽으로 약 7km 정도 떨어진 부여군 규암면 합송리에 위치한다. 농작물을 재배하기 위하여 정지작업을 하다가 우연히 청동기 일괄유물이 발견되었다. 국립부여박물관에 의해 긴급히 조사한 결과 유구는 파괴되

46) 徐五善·權五榮, 〈天安 淸堂洞遺蹟 發掘調査報告〉(《休岩里》, 국립중앙박물관, 1990).
徐五善·權五榮·咸舜燮, 〈天安 淸堂洞遺蹟 第2次 發掘調査報告〉(《松菊里》 Ⅳ, 국립중앙박물관, 1991).
徐五善·咸舜燮, 〈天安 淸堂洞遺蹟 第3次 發掘調査報告〉(《固城貝塚》, 국립중앙박물관, 1992).

47) 李健茂, 〈唐津 素素里遺蹟 出土 一括遺物〉(《考古學誌》 3, 韓國考古美術硏究所, 1991).

48) 李健茂, 〈扶餘 合松里遺蹟 出土 一括遺物〉(《考古學誌》 2, 1990).

어 확인할 수 없었으나 할석을 쌓은 소위 '積石石棺墓' 혹은 '圍石木棺墓'로 추정하였다.

출토유물은 모두 10종 20점으로 세형동검, 동과, 원개형동기, 이형동기, 동탁, 다뉴세문경 등과 주조철부, 철착, 유리제관옥, 흑색토기 등이 있다.

다. 남부지역

가) 생활유적

① 남원 세전리유적[49]

1985년 전북대학교 박물관의 조사로 모두 23기의 집터가 발굴되었다. 장타원형, 말각방형의 수혈집터로 내부에 거의 화덕을 갖추고 있다. 토기는 경질무문토기와 적갈색연질토기가 주종을 이룬다. 윤곽이 드러난 13기 중 10기의 집터 내부에서는 두께가 두터운 대옹편도 출토되었다. 특징적인 것은 소형토기가 많고, 관옥·다면옥·곡옥·소옥·수정옥 등 장신구가 많다. 그 밖에 토제품·철기 및 석기 등도 있다.

② 광주 오룡동유적[50]

1993년 목포대학교 박물관의 조사로 집터 24기, 가마 1기 및 溝狀遺構 3기가 발굴되었다.

집터는 길이가 300~500㎝, 너비가 150~300㎝, 깊이 30~80㎝로 바닥에는 재 또는 숯이 약간 섞인 점토를 1~4cm 정도 깔고 다져서 평탄하게 하였으며 벽에도 점토를 바른 경우가 있다. 화덕시설은 보이지 않으며 기둥구멍은 벽선을 따라 나타나고 있다. 집터는 내부에 벽선을 따라 배수구가 확인된 것과 배수구가 없는 것으로 분류되는데 배수구가 없는 경우에는 내부에 장타원형의 구덩이가 있다. 배수구가 있는 집터가 이른 시기의 것이다. 출토유물로는 적갈색연질토기, 회색연질옹, 시루편 등이 있다.

가마는 도랑을 가진 대형 집터 내부에 중복되어 나타났는데 원형을 이루고 있고 너비가 330㎝이다. 가마 내부에 숯이 깔려있고 가마의 바닥과 벽도

---

49) 尹德香, 〈全北地方 原三國時代 硏究의 問題點〉(《韓國 上古史硏究 現況과 課題(1)》, 韓國上古史學會, 1988).

50) 木浦大 博物館, 《光州五龍洞發掘略報告》(1993).

불에 타 적갈색을 띠고 있어 숯을 생산하던 가마로 보고 있다.

구상 유구는 길이 13~33m이고 너비 0.5~2m 정도의 세장형으로 내부에서 경질무문토기가 다량으로 출토되었다. 이와 같은 유구는 인접한 신창동 유적에서도 발견되었다.

③ 승주 대곡리유적[51]

승주군 송광면 대곡리에 위치하며 보성강이 북상하면서 형성된 하안지대로 강에 의해 동서로 양분되었다. 1986~1989년까지 서울대학교와 국립광주박물관에 의해 3차에 걸쳐 조사된 이 유적에서는 총 200여 기의 집터가 발굴되었다. 그 가운데 철기시대 집터는 100여 기에 이른다. 형태는 말각의 장방형이 많고 집터내에서 저장공과 기둥구멍 등은 별로 발견되지 않는다. 화덕은 수혈의 외곽이나 벽면에 붙어 설치되어 있다.

출토유물은 적갈색 또는 회백색의 타날문연질토기가 주류를 이룬다. 기형은 심발형토기, 장란형토기, 시루, 거치문토기, 원저단경호, 양이부호 등이었다. 또 철촉·철도자 등의 철기와 석촉·숫돌·석도 등 석기류의 유물도 발굴되었다.

④ 승주 낙수리유적[52]

승주군 송광면 낙수리에 위치하며 1986~1987년에 조사되었다. 이 유적은 낮은 구릉 위에 15기의 집터가 2열을 이루고 있는데 그 평면형태는 말각방형이고, 면적은 평균 16.9㎡이다. 26㎡ 이상인 집터도 2기나 된다.

대형 집터는 기둥구멍과 옥내 저장공이 있고, 소형 집터에는 아무런 시설이 발견되지 않아 창고와 같은 것으로 보고 있다. 화덕은 그 형태가 불확실하나 벽면쪽에 다소 치우쳐 소토덩어리와 함께 냇돌 혹은 괴석들로 구조물을 이룬 것 같다. 그 밖에 구조물로는 3기의 집터에서 벽면을 따라 도랑이 설치되어 있다(〈그림 6〉).

---

51) 崔夢龍 외, 〈대곡리 도롱주거지〉(《주암댐 수몰지구 문화유적 발굴조사보고서》 6, 전남대 박물관·전라남도, 1989).
徐聲勳·成洛俊, 〈대곡리 도롱·한실 주거지〉(위의 책).

52) 崔夢龍 외, 〈낙수리 낙수주거지〉(위의 책).

〈그림 6〉 승주 낙수리유적 9호 집터

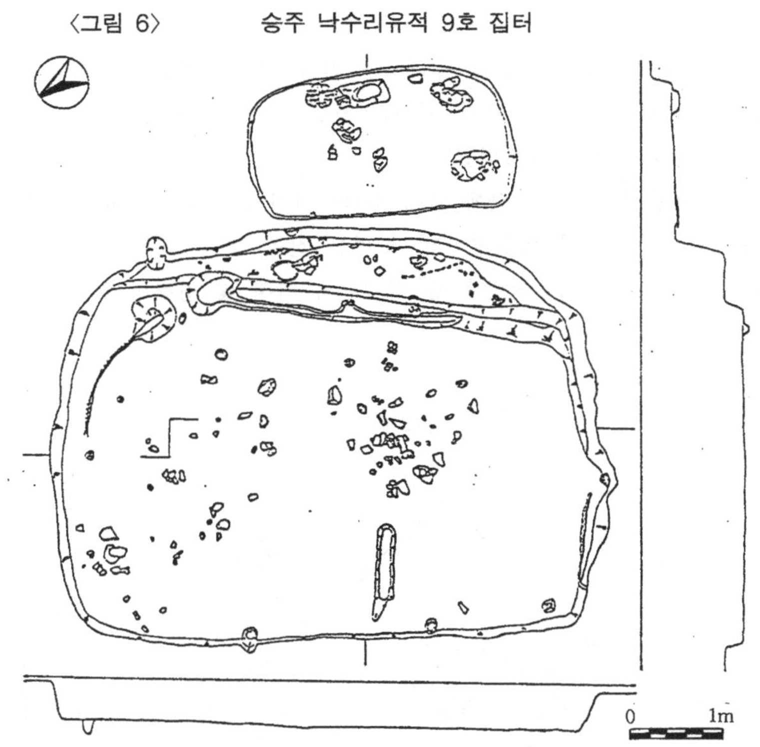

출토유물은 토기, 철기 및 석기가 발견되었다. 토기는 발·항아리·단경호·대호·대옹·시루 등 주로 연질의 타날문토기이다. 철기는 2점이 출토되었으나 부식이 심하고, 석기는 삼각형석도·석촉·숫돌·방추차 등이었다.

⑤ 보성 죽산리유적[53)]

보성군 문덕면 죽산리 하죽마을 앞의 발달된 강변의 충적대지 위에 위치한다. 1987년 지석묘군을 발굴하면서 주변에서 신석기시대로부터 철기시대에 이르는 유물을 채집되었다. 그 후 1989년 전남대 박물관에 의해 4기의 집터가 확인되었으나 2기는 불확실하다. 집터의 평면형태는 말각방형이고, 한 변

53) 李榮文, 〈寶城 竹山里遺蹟의 性格〉(《博物館紀要》 4, 단국대, 1988).
全南大 博物館 編, 《주암댐수몰지역 문화유적 발굴조사보고서》 Ⅶ : 舊石器·住居址(전남대 박물관·전라남도, 1990).

의 길이는 5.0m 내외이다. B−1호 내부에 벽을 따라가면서 도랑이 있는 점이 특징이다(〈그림 7〉). 출토된 유물로는 연질적갈색토기들이 주류를 이루는데 평저의 심발형과 파수부토기, 원저의 장난형토기, 시루 등이 있다. 그리고 석촉, 토제방추차 등도 출토되었다.

또한 성균관대학교 박물관에 의해 2기의 철기시대 집터가 조사되었다. 그 평면형태는 원형 내지 타원형이고, 화덕은 한쪽 벽에 치우쳐 만들어져 있다. 출토유물은 돌도끼·어망추 등 석기류와 연질 및 경질의 토기가 혼재되어 있다.

〈그림 7〉 보성 죽산리유적 B−1호 집터

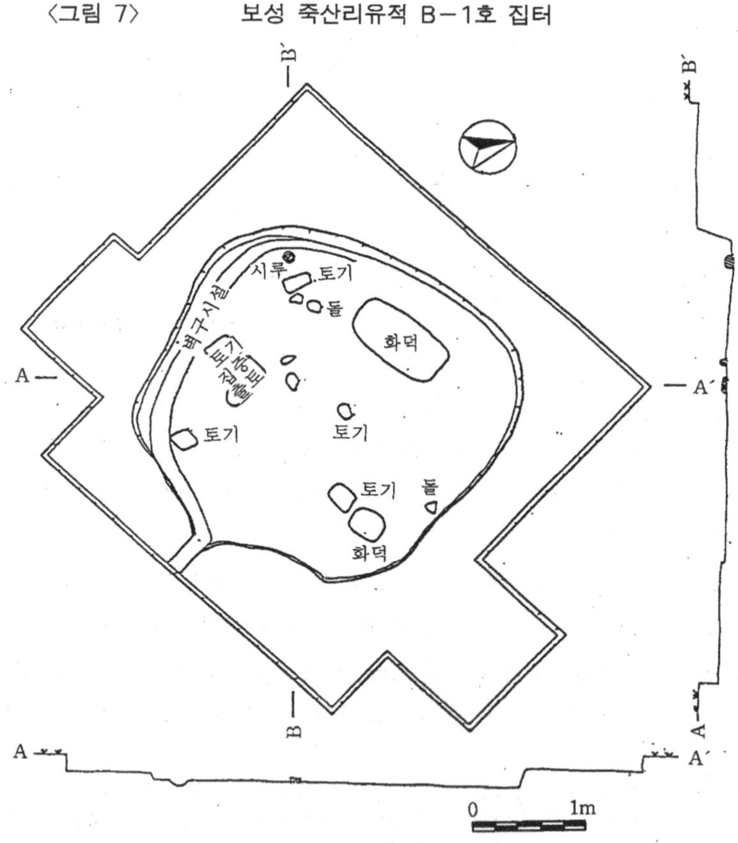

⑥ 해남 군곡리유적[54]

1986년부터 1988년까지 3차에 걸친 목포대학교 박물관의 조사로 패각층, 집터, 토기요지 등이 발굴되었다.

패각층은 표토층과 생토층을 제외하고 자연층에 의해 14개층으로 구분되는데 이를 5개의 기층으로 묶으면, Ⅰ기층(12~14층)은 패각층이 쌓이기 이전에 형성된 층으로 점토대토기 등이 출토된 청동기시대 후기에 속하는 층이다. Ⅱ기층(9~11층)은 경질무문토기가 貨泉, 철기, 골각기 등과 함께 출토되는 층으로 패각의 퇴적이 시작되는 시기에 해당한다. Ⅲ기층(8층)은 Ⅱ기층과 성격이 비슷한데 토제곡옥과 복골이 많이 출토된다. Ⅳ기층(5~7층)은 경질찰문토기와 회색연질토기가 등장하는 층이고, Ⅴ기층(1~4층)은 타날문토기가 사용된 시기이다. 패각층의 연대는 기원전 2세기 말 내지 1세기 초에서 기원후 3세기 후반까지로 추정하였다.

유물은 무문토기, 경질무문토기, 경질찰문토기 및 타날문토기를 비롯하여, 방추차·어망추 등의 토제품, 석촉·숫돌·홈돌 등의 석기류, 철부·철도자 등의 철기류, 도자병·골촉 등의 골각기, 복골, 토제곡옥·소옥 등의 장신구, 다량의 동물뼈 그리고 중국 화폐인 화천도 1점이 출토되었다.

집터는 2기가 조사되었으나 1기만 그 규모를 알 수 있다. 2차 발굴시 조사된 집터(1호)는 패각층 바로 옆인 구릉 정상부에 위치하는데 그 윤곽선이 확인되었다. 그 규모는 350~360㎝이며 형태는 원형에 가깝고 수혈의 깊이는 10㎝ 내외이다. 수혈의 깊이가 얕은 것은 경작으로 인해 벽이 많이 깎여져 나갔기 때문이다. 바닥의 전면은 불에 탄 듯이 매우 딱딱하다. 기둥구멍은 어깨선 밖에서 6개가 발견되었으나 다른 시설은 전혀 발견되지 않았다.

출토유물은 경질무문토기(심발형), 시루편, 고배편, 점토대구연편 등이 수습되었는데 패각층과 비교해 볼 때 그 연대는 기원후 1세기경으로 추정된다.

토기요지는 3차 발굴에서 1기가 조사되었다. 이 요지는 구릉의 경사면을 이용하여 적황색의 석비레층을 파고 만든, 칸이 없는 지하식 등요이다. 가마의 평면은 표주박 형태이고 순수한 가마 자체의 길이는 420㎝이다. 그리고

54) 崔盛洛, 《海南 郡谷里貝塚》 1~3(목포대 박물관, 1987~1989).

불 때는 곳의 길이가 100㎝, 출입시설의 길이가 110㎝로 유구의 전체 길이는 630㎝이다. 소성실의 장축방향은 남-북에 가까운 남동-북서이며, 지상에 노출된 아궁이, 연소실 등의 장축방향은 남-북으로 소성실에 비해 30° 가량 틀어져 있다. 요지 내부와 주변에서 출토된 유물은 기형을 알 수 있는 토기 3점과 다량의 토기편이 있는데 대부분 타날문의 연질토기이다.

이 가마는 같은 시기의 것인 충북 진천 산수리·삼룡리 요지와 비교되는데 출입시설이 있고, 소성실에서 굴뚝으로 연결되는 곳이 수직에 가까운 점에서 군곡리 가마가 좀더 발달된 후대의 것으로 본다. 군곡리 요지의 연대는 주변 퇴적층에서 발견된 토기와 패총에서 출토되는 토기를 비교해서 기원후 3세기 초반경으로 추정된다.

⑦ 보성 척령리 금평패총55)

벌교-별량간 고속화도로 공사로 인하여 소멸위기에 처하자 1992년 전남대학교 박물관에 의해 조사되었다. 이 유적에서는 패각층 이외에도 청동기시대 집터 2기 및 철기시대 집터 5기가 조사되었다.

패총에서 출토된 유물은 경질무문토기·회청색경질토기 등 토기류와 철부·철촉 등의 철기류, 도자병, 화살촉 등의 골각기류, 석기류 및 자연유물 등이 있다.

⑧ 제주 곽지패총56)

북제주군 애월읍 곽지리에 위치하며 1973년에 발견되어 간헐적으로 지표조사를 해오다가 제주대학교 박물관에 의해 1979년과 1984년에 정식으로 발굴 조사되었다.

이 패총은 4개의 문화층으로 나뉘는데 최하층에서는 공렬토기·골아가리토기 등 무문토기류가, 3층에서는 4층 출토품 외에도 점토대토기구연·흑색마연토기·갈색마연토기 등이, 2층과 1층에서는 외반구연토기와 타날문토기가 철도자·골각기 등과 공반되어 출토되었다. 보고자는 4층과 3층의 연대를 기원전 4~3세기로, 2층과 1층을 기원 전후로 보고 있다.

---

55) 全南大 博物館, 〈발굴중간보고〉(1992).
56) 李白圭·李淸圭, 《郭支貝塚》(제주대 박물관, 1985).

⑨ 대구 안심동유적[57]

대구시 동구 안심 3동 187 및 182번지에 위치하는 유물 산포지이다. 유물은 주로 낮은 구릉과 佳南저수지 주변의 낮은 지대에서 수집되었다. 1985년부터 그 이듬해에 걸친 경북대학교 박물관의 조사로 이 일대는 지석묘 축조시기에서 삼국시대 초기까지의 유적지임이 확인되었다. 특히 철기문화와 접촉되는 무문토기가 다량으로 채집되고, 또한 석곽묘군이 인접해서 존재하고 있다는 사실로 보아 청동기시대로부터 철기시대에 이르는 문화적인 변화를 확인할 수 있는 좋은 유적으로 평가된다.

수습유물은 토기입술편, 바닥편, 높은굽다리토기편(豆形土器), 높은굽토기(대부토기), 그릇손잡이 등의 토기와 토제어망추, 토기시루편, 돌도끼 등이 있다.

⑩ 대구 산격동 연암산유적[58]

금호강과 新川이 합류하는 동쪽의 낮은 구릉에 위치하며 석기, 무문토기 등의 유물이 산포되어 있다. 집터는 발견되지 않았으나 유물의 산포상태로 보아 토기, 석기를 대량으로 제작했던 작업장으로 추정되는 무문토기 말기단계의 대표적 유적이다. 그리고 구릉의 남쪽 기슭에 삼국시대의 석관묘군이 분포하고 있는 것으로 보아 삼국시대의 초기단계까지도 큰 취락을 이루고 생활해 왔음을 알 수 있다.

산재된 유물은 마제·반마제의 유구석부가 가장 많고, 반월형석도·석착·석부·석촉 등의 석기류와 무문토기·두형토기·완형토기·어망추 등의 토제품이 있다.

⑪ 경산 조영동유적[59]

경산시 조영동 영남대학교 구내의 완만한 경사를 이루는 해발 70m의 구릉지대에 위치한다. 1979년 영남대학교 박물관에 의해 집터가 조사되었다. 집터의 형태는 확인되지 않았으나 단면삼각형 토기편·파수부토기·고배형토기 등의 토기류를 비롯하여 어망추·방추차·토환 등의 토제품, 삼각형석촉 및 철제유물 등 많은 유물이 출토되어 청동기시대 말기 혹은 철기시대 초기의 집터로 추정된다.

---

57) 尹容鎭, 〈大邱市半夜月地區遺蹟調查〉(《嶺南考古學》 2, 1986).
58) 尹容鎭, 〈琴湖江流域의 先史遺蹟 硏究〉(《古文化》 5·6, 1969).
59) 鄭永和, 《造永洞發掘調查報告》(영남대 박물관, 1985).

⑫ 경주 황성동유적[60]

경주시 황성동 907-2번지에 위치하며 아파트 건설에 따라 1990년 국립경주박물관이 중심이 되어 발굴조사하였다.

이 황성동유적에서는 청동기 및 철기시대 집터를 비롯하여 삼국시대 製鐵遺構가 발굴되었다. 철기시대 집터는 모두 20기로 두 시기로 나누는데 앞 시기의 것은 원형 내지 타원형의 수혈집터에 지상가옥이 1기 있고, 뒷 시기의 집터는 말각방형 내지는 방형을 하고 있었다.

출토유물은 토기, 석기, 철기류로 나누어진다. 토기에는 무문토기와 함께 와질계의 장경옹·주머니호·단경호·우각형파수부호 등이 있고, 석기류에는 돌끌과 숫돌이 있으며 철기류에는 철촉·철겸·철도자·단조철부·철끌 등이 있다.

제철유구는 당시 제철과정을 알 수 있는 유구들로 제련요 1기, 용해로 9기, 단야로 2기가 발견되었다. 또한 요 주변에서 거푸집, 송풍관 등이 발견되었다.

이보다 앞서 1985년 황성동 유림마을에서 토광묘 1기가 발견되었는데 그 규모는 길이가 415㎝, 너비 120㎝ 정도의 장방형으로 깊이는 불확실하나 대규모의 토광목곽묘로 추정된다. 부장유물은 타날문원저호, 대부단경호, 유개대부단경호, 소형토기, 고배, 철촉 등이 있다.

⑬ 경주 월성해자 및 주변유적[61]

경주시 인왕동 449번지 일대의 사적 제16호로 지정되어 있는 경주 월성의 주변지역에 해당되는 위치에서 확인된 해자와 집터 유적이다.

1984년부터 1989년까지 계속된 경주고적발굴조사단의 조사에 의해 해자 및 초기 신라시대로 보이는 집터 그리고 신라시대의 대형 건물지 등이 확인되었다. 이외에도 월성의 서편문지로 추정되는 위치의 성벽 뿌리부분 확인 발굴조사 중 지표하 3~4.5m 깊이의 흑색 재층에서 각종 토기, 토제품, 골각기, 목기, 곡옥 등이 인골과 함께 출토되었다. 흑색 재층은 토성벽을 따라 넓

60) 隍城洞遺蹟發掘調查團, 〈慶州隍城洞遺蹟 第一次 發掘調查概報〉(《嶺南考古學》 8, 1991).
李健茂 외, 《慶州隍城洞遺蹟發掘調查報告》(국립박물관 고적조사보고 17, 1985).

61) 文化財硏究所, 《月城垓字 試掘調查報告書》(1985).

게 분포되고 있었으나 부분 발굴조사에 그쳤다. 그러나 이 곳에서 출토된 각종의 유물은 분명히 통일신라시대의 유물과는 그 양상이 다른 것으로 와질계의 노형토기, 돗자리문토기편, 연질옹, 파수부평저호 등과 방추차, 어망추, 土球, 골침, 도자병, 곡옥, 절자옥, 漆器豆, 칠기빗 등과 함께 경질의 고배, 유개고배, 소형기대, 토기호, 광구소호 등이 출토되었다.

⑭ 양산패총62)

양산읍의 남동쪽 다부리에 반도처럼 돌출한 표고 150m의 높은 구릉에 위치한다. 1921년에 발견된 이래 1964년 서울대학교, 1967년 국립중앙박물관에 의해 각각 추가 발굴 조사되었다.

이 구릉 정상부는 너비 20~30m의 동서로 긴 평단한 대지로 되어 있으며, 패총의 퇴적층은 남·북의 경사면에 있는데, 특히 북쪽 경사면의 퇴적층이 두껍고 말단에서는 2m 이상이 된다.

⑮ 부산 동래패총63)

1930년 철도공사 때에 4개의 옹관이 발견됨으로써 알려진 이 부산 동래패총은 패각층의 두께가 2m가량 되는 부분도 있다. 1967부터 1969년 3차에 걸친 국립중앙박물관의 발굴로 야철지로 믿어지는 화덕과 흑도·타날문토기 등 토기와 방추차, 골촉, 녹각도자병, 수골 등 다수의 유물이 채집되었다.

옹관은 적갈색 무문토기옹 두 개를 맞붙인 합구형식이다. 옹관은 원저장난형의 雙耳가 달리고 가볍게 외반하는 구연부가 달린 형태와 좁은 바닥에 역시 몸이 장타원형인 형태로 이루어져 있다. 김해패총 출토품과는 계통이 다르며 보다 발달한 형식이다. 부장품으로는 항아리 1개, 철제소환 1개, 유리관옥 등이 나왔다.

⑯ 부산 다대동패총64)

부산 서쪽 낙동강 강구의 동쪽에 단애에 위치한 이 패총은 해수로 인해 중심부분은 없어지고, 서쪽면만이 높이 3m 정도의 단애를 이루고 있다. 남북으로 100m 남짓 뻗쳐 있는 이 단애의 하층에서는 말기 즐문토기, 상층에서

62) 金元龍, 〈鐵器文化〉(《한국사》 1, 국사편찬위원회, 1973).
63) 金元龍, 위의 글.
64) 金龍基, 〈多大浦貝塚發掘調査報告〉(《釜大史學》 2, 1971).

는 회청색 및 적갈색의 타날문토기가 출토되었다. 적갈색토기는 정양토를 써서 만든 것이며, 적갈색·회백색·회흑색 등이 있다. 기형은 평저외반구의 단지형과 시루 및 고배류가 있고, 우각형손잡이도 있다. 토기 표면에는 타날된 승문이 있다. 회청색토기는 매우 단단하게 구어졌으며, 기형에는 고배와 평저형호가 많고 문양이 없는 것도 있으나 유문인 것은 격자문이 많다. 상층에서는 2개의 녹각 도자병이 나왔다.

⑰ 부산 조도패총65)

부산항 입구의 오륙도와 마주보고 있는 작은 섬 朝島에 위치한 이 유적은 1969년에 발견되어, 1976년 국립중앙박물관에 의해 발굴 조사되었다.

패총은 너비 180여m 가량의 얕고 넓은 대지에 형성되어 있었는데 지금은 해양대학교의 부지가 되었다. 층위는 크게 3개층으로 나누어진다. 3층에서는 점토대토기가 가장 많고, 2층에서는 타날문토기가 주류를 이루나 빗질정면수법이 다양해지면서 철기가 출토되었다. 1층에서는 물레를 사용한 문양이 없는 적갈색연질토기와 회청색경질토기가 주로 출토되었다.

출토유물에는 무문토기·적갈색연질토기·회색연질토기·회색조질토기·회청색경질토기·회색양질토기 등의 토기류와 석검·석촉·석착·지석·홈돌 등의 석기류, 골각기, 철기류 등이 있다. 이 외에 유구로는 야외 노지로 추정되는 시설물 2개소와 매장시설 1개소가 조사되었다.

이 유적에서는 최하층에서 일본의 야요이식토기가 발굴되어 당시 기원 전후에 시작되었다고 보았던 타날문토기(김해식토기)의 연대를 기원전 2세기까지 올려보게 되었다.

⑱ 김해 회현리유적66)

낙동강변의 홍적평야에 강쪽을 향해 돌출한 얕은 구릉에 위치하고 있다. 1907년 처음 발굴되었으며 1918년 대규모 발굴이 이루어졌다.

이 회현리 유적에서는 화천, 도자병, 탄화미, 유리옥 등이 출토되었고 정상부에서 3개의 옹관이 조사되었다. 그리고 옹관묘 남쪽에서 5개의 석관묘가 조

65) 韓炳三·李健茂, 《朝島貝塚》(국립박물관 고적조사보고 9, 1976).
66) 梅原末治·濱田耕作, 〈金海貝塚發掘報告〉(《大正九年古蹟調査報告》, 朝鮮總督府, 1923).

사되었으며 옹관 외부 바로 아래에서 세형동검 및 청동제 첨두기 7개가 발견되어 패총 형성 이전에 청동기시대의 묘제가 있었던 것으로 추정된다. 이 유적에서 출토된 토기는 타날문토기가 주류를 이루고 있으나 일부 찰문토기가 공반된다.

⑲ 김해 봉황대유적67)

김해시 봉황동과 회현동의 삼한시대에서 삼국시대에 이르는 대규모 생활유적이다. 1991년 부산대학교 박물관에 의한 조사로 환호와 집터, 기둥구멍, 구덩이, 패총, 유물포함층이 조사되었다.

출토유물에는 토기와 숫돌, 골각기, 철도자, 목제빗, 鐵鐸, 동물뼈 등이 있다. 토기는 연질의 옹과 발·기대·단경호·시루·소형기대·노형토기 등과 경질의 고배·단경호 등이 있으며, 골각기는 도자병·골촉·장신구·첨두기·복골·낚싯바늘 등이 있다.

이 유적은 유물 내용에서 회현리패총이나 부원동패총과 일치하고 있으므로 비슷한 시기로 보고 있고, 환호는 다호리유적과 같은 기원 전후의 시기로 보고 있다.

⑳ 김해 부원동유적68)

김해 부원동 충적평야 지역에 위치하며 1980년 동아대학교 박물관에 의해 발굴 조사되었다.

3지구로 나누어 실시된 발굴조사 결과 패총 이외의 유구로는 집터 6기와 석관묘, 토광묘 등의 분묘가 조사되었다. 출토유물 중에서 토기류는 호형·장경호·발형·고배 등의 무문토기와 회청색 연질토기·회청색 경질토기 등이 있다. 무문토기는 모두 적갈색으로 표면은 빗질로 정면하였다. 기형은 호형·옹형이 주류를 이루고 있다. 그 밖에 刀子·斧·釣 등의 철기류, 도자병·촉·첨두기·복골 등의 골각기류, 지석·석부·연석·석검·석촉 등의 석기류, 米·麥·小麥·小豆 등의 탄화곡물 등이 출토되었다.

---

67) 李宰賢, 〈김해 봉황대유적 2차 발굴조사 개요〉(《제36회 전국역사학대회 발표요지》, 1993).

68) 沈奉謹, 《金海府院洞遺蹟》(동아대 박물관, 1984).

㉑ 김해 웅천패총[69)]

김해 웅천읍 동쪽 배산 꼭대기에 위치하며 1959·1961·1964년 3차에 걸쳐 고려대학교 박물관에 의해 발굴 조사되었다.

이 패총의 층위는 부식토층, 점토층, 패각층으로 되어 있으며 석곽분과 집터로 추정되는 시설물이 조사되었다. 출토된 토기는 적갈색 연질토기, 회청색 경질토기, 회백도 등인데 기형은 우각형 파수가 달린 시루, 반구호, 평저호, 장경호 등 김해패총 출토품과 유사하다. 그리고 숫돌·유구석부 등의 석기류, 도자병·골촉·복골 등의 골각기류, 도자·낫·낚시 등의 철기류가 출토되었다.

㉒ 창원 성산패총[70)]

해발 49m의 얕으막한 구릉에 위치하며 1968년 부산대학교 박물관에 의해 소규모 발굴조사가 이루어졌고, 1974년 문화재관리국에 의해 2차에 걸쳐 발굴 조사되었다.

동구지역과 서남구지역으로 나누어 실시된 조사에서 동구지역은 4개층으로 나누어지며 하층에서는 무문토기와 홍도, 상층에서는 경질토기·연질토기 등이 출토되었다. 기형은 호·고배·완 등이 있다. 경질토기는 승석문과 격자문이 타날된 원저호가 많고 연질토기는 호와 옹이 주류를 이루고 있다. 이외에 골각기, 석기, 철기 등이 출토되었다.

서남구지역 역시 하층에서는 무문토기, 상층에서는 적갈색연질토기와 회청색경질토기 등의 타날문토기가 출토되었는데 무문토기층 상층에서 야철지가 조사되었다. 이 외에 골각기, 석기, 철기 등이 출토되었다.

㉓ 창원 내동패총[71)]

1988년 도로공사로 패총의 일부가 잘려나가 단애면에 노출되었다. 1974년에 발굴 조사된 창원 외동 성산패총과 가까운 거리에 위치한다. 창원대학교 박물관에서 발굴하였는데 토기와 골각기 등 많은 유물을 수습하였다.

---

69) 金廷鶴, 〈熊川貝塚硏究〉(《亞細亞硏究》 10−4, 高麗大, 1967).
70) 文化財管理局, 《馬山外洞城山貝塚發掘報告》(1976).
71) 慶北大 博物館, 《原三國時代文物展》(1990).

㉔ 마산 현동패총[72)]

1989년 창원대학교 박물관에서 조사하였다. 패총 이외에도 토광묘, 수혈식석곽분, 횡혈식석실분 등이 있다.

㉕ 고성 동외동패총[73)]

해발 약 40m의 야산에 위치하고 있으며, 국립중앙박물관에 의해 1969년, 1970년의 2차에 걸쳐 조사되었다. 이후에도 동아대학교 박물관에 의해 조사되었다.

출토유물은 대부분 토기류로서 경질무문토기, 적갈색연질토기(경질찰문토기), 연질토기, 경질토기 등이 있다. 이 중 적갈색연질토기의 수량이 가장 많은데 하층에서는 적갈색연질토기가, 상층에서는 경질토기의 숫자가 많이 나타나고 있다. 기형은 경질무문토기에는 옹형·심발형·고배·돌대부토기 등이 있고, 적갈색연질토기는 호형·옹형·심발형·고배·대부발·시루·파수 등이 있다. 이 외에도 장란형토기·유상돌기부호·원저단경호·발형기대·화로형토기 등이 있다.

㉖ 삼천포 늑도유적[74)]

남부지방 최대 규모의 철기시대 초기 유적으로 1985년부터 그 이듬해까지 부산대학교 박물관에 의해 2차에 걸쳐 발굴되었다. 그 결과 대규모의 패각층 이외에도 집터, 옹관묘, 토광묘, 석관묘 등의 묘제가 함께 조사되었다.

집터는 모두 11기가 3기의 구덩이와 함께 조사되었는데 평면이 방형·장방형·말각장방형인 수혈집터이며, 네 모서리에 각 1개의 기둥구멍이 배치된 독특한 형태이다.

발굴된 유물은 단면삼각형 점토대의 옹과 구연부와 동체부가 뚜렷하지 않은 호, 그리고 토기뚜껑, 고배형토기 등이며 끝이 둥근 봉상의 우각형파수도 다량 출토되었다. 그리고 골촉·골침·골제첨두기·도자병 등의 골각기류,

---

72) 慶北大 博物館, 위의 책.

73) 金東鎬, 〈固城 東外洞貝塚〉(《上老大島》, 동아대 박물관, 1984).
金鍾徹 외, 《固城貝塚》(국립박물관 고적조사보고 24, 1992).

74) 申敬澈, 〈慶南 三千浦市 勒島遺蹟〉(《제9회 한국고고학전국대회 발표요지》, 1985).
釜山大 博物館, 《勒島住居址》(1989).

돌도끼·돌낫 등 약간의 석기류, 판상철부·철도자·철제 낚싯바늘 등의 철기류가 있다.

㉗ 거창 대야리유적75)

이 유적에서는 청동기시대로부터 가야시대의 집터가 함께 발견되었다. 철기시대 집터는 모두 5기로 타원형을 이루고 그 규모는 길이 5.0~5.6m, 너비 3.4~4.3m, 평균 면적이 19.6㎡ 정도이다.

기둥구멍은 수혈 바깥에서 6개가 발견되었다. 화덕은 진흙으로 다져 만든 것과 화덕 중앙에 礫石을 세워 만든 것이 있는데 보온과 취사의 기능을 하였을 것으로 보인다.

이 유적의 연대를 경질의 승석문토기가 출토되는 점으로 보아 기원후 4세기 이후의 것으로 보기도 하지만 좀더 이른 시기의 것으로 추정된다.

㉘ 합천 저포리 C지구유적76)

합천군 봉산면 저포리 3구에 속하며 효성여자대학교 박물관에 의해 이 발굴에서는 철기시대 집터와 시기가 늦은 15기의 고분이 발굴되었다. 집터는 1지구에서 2기와 부속 수혈유구 2기, 2지구에서 집터 1기와 옥외 저장고 1기, 기타 유구 3기가 발굴되었다.

이들 유구의 연대는 기원후 2세기 중반에서 3세기 중반까지로 보고 있으며 저포리 A지구의 토광묘도 관련된다고 본다.

나) 분묘유적

① 장수 남양리유적77)

전북 장수군 천천면 남양리 전 171번지에 위치한다. 이 곳에서는 청동기 및 철기의 일괄 유물이 우연히 발견되어 국립중앙박물관에 신고되었다. 수습조사 결과 유구는 냇돌 등으로 쌓아 올린 돌널무덤(석관묘)으로 그 둘레에 상당한 규모의 적석시설이 있었을 것으로 추정되었다.

출토유물로는 세형동검 및 검파두식 각 1점, 동모 1점, 세문경 1점 등 청동기와 철제 도끼 1점, 철제끌 1점, 돌칼 1점, 돌화살촉 2점 및 무문토기편 등이 있다.

75) 林孝澤, 《大也里 住居址》 1·2(동의대 박물관, 1988·1989).
76) 李殷昌·李盛周, 〈陜川 苧浦里 C地區 發掘調査報告〉(《嶺南考古學》 3, 1987).
77) 池健吉, 〈長水 南陽里 出土 靑銅器·鐵器 一括遺物〉(《考古學誌》 2, 1990).

② 광주 신창동유적[78]

광주시 광산구 신창동에 위치하며 1961년 서울대학교 박물관에 의해 조사되었다.

발굴된 4m×28m의 범위내에서 총 53기의 옹관묘가 발견되었는데 2기를 제외하고는 모두 합구식 옹관이다. 옹관 자체를 보면 적갈색·황갈색·백갈색 등으로 양질의 점토에 석립이 많이 섞여서 거칠어 보이고 소성도는 낮아서 단단하지 못하며 물레를 사용하지 않았고 기벽의 두께는 0.7㎝ 정도이다. 옹관은 옹과 감(壺)의 두 형식으로 나뉘고 옹은 유경과 무경으로 구분되며 곡경과 직경이 있다. 옹 중에는 좁고 돌출된 바닥을 가진 것이 있고, 좁은 바닥에 배가 부른 난형 기신이거나, 구연부 외부에 단면 삼각형의 점토대가 돌려있는 것이 특징이다.

부장유물은 철편 1점, 편평력 1점뿐이고, 외부에서 소형토기 여러 점, 석부 1점, 석촉 1점, 숫돌 1점, 철편 2점 등과 동제 검파두식 1점이 발견되었다. 신창동 옹관묘의 연대는 기원 전후 100~200년간에 해당된다. 또한 이 유적은 당시 공동묘지이며, 이들 옹관은 1m 정도의 땅을 파고 매장한 유아나 소아용의 매장용 관으로 보고 있다.

신창동유적의 옹관은 무문토기의 전통을 이어 받은 것으로 소형의 옹관이 대부분이었다. 이와 같은 옹관은 후에 삼천포 늑도, 경주 조양동 및 의창 다호리 유적에서도 발견되었다.

1992년 국립광주박물관에 의해 이 유적이 재차 발굴 조사되어 토기요지, 구상유구, 집터 및 소택지가 확인되었다. 또 흑도·고배·점토대토기 등의 토기류와 칠기고배·빗·검 등의 목제유물 및 다량의 곡물자료도 수습되었다.

③ 화순 용강리유적[79]

전남 화순군 도암면 대초리와 용강리 일대의 산, 계곡 사이에 위치한 雲住寺의 건물지 앞 지역에 위치한다. 1989년 전남대학교 박물관에 의해 토광묘 3기와 옹관묘 1기가 조사되었다. 유물은 토광묘에서 백제토기 7점과 철도

---

78) 金元龍, 《新昌里甕棺墓地》(서울대 박물관, 1964).
조현종·장제근, 《광주 신창동유적》(국립광주박물관, 1992).
79) 林永珍, 〈全南地域 土壙墓에 대한 考察〉(《全南文化財》 2, 전라남도, 1989).

자, 그리고 옹관에서 소옥 2점이 출토되었다. 이로써 운주사가 창건되기 전에 토광묘 집단이 존재하였음을 추정할 수 있다.

④ 제주 용담동유적[80)]

1984년 12월부터 이듬해 1월까지 제주대학교 박물관에 의해 발굴 조사되었다. 여기에서는 옹관과 석곽묘가 동시에 조사되었으며 석열로 묘역을 이루고 있어 남쪽묘역과 북쪽묘역으로 나누어진다. 남쪽묘역에서는 3기의 적석묘가 발견되었는데 공렬토기가 함께 출토되었다. 북쪽묘역에서는 옹관묘와 원삼국시대의 석곽묘가 조사되었다. 옹관은 적갈색 연질토기 항아리 두 개를 맞물린 합구식과 1개의 옹관만을 사용한 단옹식이 있는데 단옹식이 많다.

출토유물에는 공렬토기, 흑색마연토기, 무문토기, 판상철부, 철촉, 옥 등이 있다.

⑤ 대구 팔달동유적[81)]

대구시 북구 팔달동 경부고속도로와 국도와의 교차점에서 동북쪽 구릉 일대에 위치하며 토광묘·옹관묘·소형 석곽묘가 발굴 조사되었다. 1989년 경북대학교 박물관에 의해 지표조사가 이루어졌고, 1992·1993년에 유적의 일부가 발굴 조사되었다.

⑥ 대구 비산동유적[82)]

산 구릉에 위치하는데 비가 내린 뒤에 유물이 노출되어 우연히 발견되었다. 청동기 이외에도 철기류가 다량 발굴되었다고 하나 전하지 않는다. 발굴된 청동기의 대부분은 호암미술관에 보관되어 있다.

출토유물은 세형동검, 청동제 조형안테나식 검파두식, 십자형 검파두식, 검초 부속구일괄, 검코, 동모, 동과, 개궁모 등이다.

⑦ 대구 평리동유적[83)]

경북대학교에서 매장문화재로 입수한 것으로 확실한 출토지와 유구를 알 수 없다.

---

80) 李淸圭, 《龍潭洞古墳》(제주대 박물관, 1989).

81) 尹容鎭 외, 《大邱 八達洞遺蹟》(慶北大 博物館, 1993).

82) 金元龍, 〈鳥形안테나式 細形銅劍의 問題〉(《白山學報》 8, 1970).
金廷鶴, 〈韓國青銅器文化の源流と發展〉(《韓國の考古學》, 河出書房新社, 1972).

83) 尹容鎭, 〈韓國靑銅器文化硏究－大邱坪里洞出土 一括遺物檢討－〉(《韓國考古學報》 10·11, 1981).

출토유물은 세형동검, 동과, 銅戈鞘金具, 銅鐸, 雙鈕圓形銅器, 말장식, 철제 안장부속, 小形日光鏡, 四乳四螭鏡, 小形倣製鏡 등이다.

⑧ 경주 입실리유적[84]

철도공사 중에 발견된 유적으로 발견 당시 지하에 아무런 시설물이 없었다고 하나 토광묘로 추정되고 있다.

유물은 세형동검·동모·동과·세문경 등의 청동기와 철검편·철부 등 철기류 및 우각형 파수부토기 및 발형토기가 수습되었다.

⑨ 경주 정래동유적[85]

경주 평동과 구정리 등으로 다르게 보고되었으나 동일유적으로 밝혀졌다. 유구는 불확실하나 발견 당시의 정황을 종합하면 토광묘로 추정된다.

출토유물은 세형동검·동모·동과 등 청동기와 철제환두대도·추형철기·철부·철촉 등 철기류가 있다.

⑩ 경주 조양동유적[86]

조양동의 내동국민학교 뒷편 마을에 위치하며 1978년 주택개량 작업 중 20여 점의 토기가 출토되어 당국에 신고되었다. 국립경주박물관에 의해 1979~1981년까지 네 차례에 걸쳐 발굴조사가 이루어졌다. 조사된 유구는 토광묘 39기, 옹관묘 20기, 석곽묘 8기 등 67기 및 집터 1기이다.

유물은 무문토기계의 흑색마연토기·점토대토기·와질계의 주머니호·원저단경호·유개대부단경호 등의 토기류, 다뉴소문경·소동탁 등 청동기류, 철검·철과·철도자·판상철부 등의 철기류, 그리고 日光鏡·昭明鏡 등 漢式鏡이 출토되었다.

이 유적은 기원전 1세기 후반으로부터 기원후 3세기 말에 걸친 무덤유적으로 이를 통해 철기시대의 묘제의 주류는 토광묘이며, 토광묘가 목관묘와

---

84) 朝鮮總督府, 《大正十一年度古蹟調査報告》 2(1925).

85) 金元龍, 〈慶州九政里出土 金石併用期 遺物에 대하여〉(《歷史學報》 1, 1952).
金載元, 〈扶餘·慶州·燕岐出土 銅製遺物〉(《震檀學報》 25·26·27, 1964).
李白圭, 〈慶州 九政洞出土 一括遺物〉(《博物館新聞》 72, 1977).

86) 崔鍾圭, 〈慶州市朝陽洞遺蹟發掘調査概要とその成果〉(《古代文化》 35-8, 古代學協會, 1983).

목곽묘로 구분된다는 것을 알게 되었다. 또한 이 발굴을 통해 이전에 조사된 경주 입실리와 구정동유적의 유구도 토광묘일 가능성이 제기되었다.

⑪ 울산 하대유적87)

경남 울산군 울촌면 대대리 하대마을 뒷산에 위치한다. 1976년 이후 부산대학교 박물관에 의해 지표조사와 발굴조사가 이루어졌다. 채집된 유물은 고배·대부장경호·노형토기·원저장경호 등이 있다.

⑫ 부산 구서동유적88)

부산시 동래구 구서동에 위치하며 부산대학교 박물관에 의해 지표 조사되었다. 금정산의 한줄기가 동으로 완만히 뻗은 표고 55m 정도의 완만한 소구릉으로, 유물의 출토 당시인 1975년경에는 이미 택지공사로 상당히 파괴되었으며 최근에는 대규모의 아파트단지가 조성되어 거의 소멸되고 말았다.

유적의 성격은 목관묘 내지는 목곽묘가 군을 이루었던 분묘군으로 추정된다. 유물은 와질토기와 철제품이 출토되었으며 유적의 연대는 기원후 1세기 내지 3세기로 추정되고 있다.

⑬ 부산 노포동유적89)

부산시 동래구 노포동 142-1번지 일대의 낮은 야산 북쪽 끝에 위치한다. 서쪽의 A지구는 부산시립박물관이, 그 동쪽인 B지구는 부산대학교 박물관이 각각 분담하였다. 그 결과 A지구에서는 집터 1기, 목관묘·목곽묘 27기, 옹관묘 5기 등 모두 33기가 조사되었고, B지구에서는 집터 1기, 목관묘, 목곽묘 8기, 토광묘 7기, 옹관묘 1기 등 17기가 조사되었다.

출토유물은 토기류에는 회색연질토기와 회청색경질토기가 있고, 철기류에는 환두대도·철모·철촉 등의 무기류와 철도자 주조철부 등의 공구류가 있다. 특히 수정절자옥, 호박제 구슬, 유리제 곡옥, 구슬 등 옥류가 다량 출토되었다.

---

87) 慶北大 博物館, 앞의 책.

88) 慶北大 博物館, 위의 책.

89) 尹炳鏞, 《釜山老圃洞古墳群》Ⅰ·Ⅱ(釜山市立博物館, 1985·1988).
釜山大 博物館, 《釜山老圃洞遺蹟》(1988).

⑭ 부산 괴정동유적[90]

해발 80m 정도의 구릉 상단부에 위치하며 1975년 한성여대 박물관에 의해 조사되었다. 이 곳에는 약 40여 기의 고분이 밀집되어 있는데 수혈식석곽묘 사이에 옹관이 혼재하고 있다. 옹관은 석곽묘 안에 합구식옹관을 배치하고 그 위에 개석을 덮은 형식이며 모두 90㎝ 이하인 소형이다.

출토유물은 소호·파수부완·양이부 유개호 등의 토기류와 철촉·철도자 등의 철기류, 옥류 등이 있다. 유적의 성격은 석곽묘와 결합된 석곽옹관묘로서 옹관묘가 이미 다른 묘제에 흡수된 기원후 3세기 후반 이후의 것으로 보인다.

⑮ 김해 대성동유적[91]

경남 김해시 대성동에 위치하는데 수로왕릉 뒤의 소구릉과 그 주변 평지에 분포한다. 1990~1992년까지 경성대학교 박물관에 의해 3차에 걸쳐 조사되었다. 구릉 정상부에는 금관가야의 왕릉으로 판단되는 토광목곽묘가 있고, 구릉 주변의 평지에는 토광목곽묘가 조성되어 있다.

토광목관묘는 2차 조사 때 9기, 3차 조사 때 19기 등 27기가 확인되었는데 그 밖의 일부 무덤도 토광목관묘 단계의 유구였다. 유구의 규모는 묘광이 길이 215~270㎝, 너비 62~120㎝, 현깊이 30~110㎝ 정도이고, 평면형태는 말각장방형이다. 목관은 묘광의 중앙에 안치하고 토기 등 부장품은 대부분 목관과 묘광 사이의 공간에 배치한 후 이 부분을 충진토로 채우고 있다. 봉분은 뚜렷한 흔적이 없으나 있었을 것으로 추정되고 묘광 내부의 腰坑은 확인되지 않았다.

부장품으로 토기에는 조합형 우각형파수호, 대각부 조합 우각형파수호·단경호·주머니호 등이 있으며, 철기에는 모·겸·촉·부 등이 있다.

⑯ 김해 지내동 옹관묘[92]

작업 중 우연히 옹관묘가 발견되어 동아대학교 박물관에 의해 조사되었다.

---

90) 鄭澄元, 〈釜山 槐亭洞甕棺墓〉(《考古學》 4, 1977).

91) 李相憲, 〈金海 大成洞 古墳群 第1次 發掘調査 報告〉(《제14회 한국고고학전국대회 발표요지》, 1990).
金宰佑, 〈金海 大成洞 第3次 發掘調査〉(《제35회 전국역사학대회 발표요지》, 1992).

92) 沈奉謹, 〈金海 池內洞甕棺墓〉(《韓國考古學報》 12, 1982).

옹관은 전형적인 무문토기(경질무문토기)와 승석문이 타날된 호형토기가 함께 사용된 합구식이다. 부장용으로 사용된 토기는 일본 야요이식토기와 닮은 기형의 새로운 형식이다. 이와 같이 무문토기의 전통이 강한 옹관과 타날문의 옹관이 공존하는 것은 타날문토기의 옹관이 사용되는 시기를 보여주는데 그 연대를 기원후 1세기로 추정하고 있다.

⑰ 김해 양동리유적93)

김해평야의 서쪽에 위치하며 1969년에 처음 알려져 1984년 문화재관리국에 의해 발굴 조사되었다. 1990년 이래로는 동의대학교 박물관에 의해 연차적으로 조사되고 있다. 이 유적에서는 목관묘와 목곽묘가 겹쳐 형성되었고, 목관묘는 장축이 동－서, 목곽묘는 남－북이 대부분인데 목곽묘의 경우 등고선의 방향과 일치하고 있다.

출토유물은 목관묘에서 조합식 우각형파수부토기와 주머니호 등이 출토되었고, 목곽묘에서는 화로형토기와 꼭지손잡이토기 등이 출토되었다. 이 유적의 연대는 기원후 1세기 후반에서 3세기 초에 걸쳐 형성된 것으로 보고 있다.

⑱ 김해 퇴래리유적94)

해발 150m의 퇴래 말산의 동쪽 기슭에 펼쳐진 구릉성 대지 위에 위치하며 성균관대학교 박물관에 의해 1984년과 1985년 2차에 걸쳐 발굴 조사되었다. 이 유적에서는 14기의 옹관묘와 11기의 토광묘, 2기의 석곽묘가 조사되었다. 토광묘는 광 바닥의 면적이 1㎡를 간신히 넘는 소형과 10㎡를 넘는 대형 토광묘로 나누어지는데, 묘광의 평면형태는 장방형이 기본이다. 장축방향은 동－서방향이 주류를 이루나 등고선 방향과 일치하는 남－북방향도 있다.

옹관묘는 단옹식이 2기, 합구식이 11기, 3옹식이 1기이며 장축방향은 동－서방향이 주류를 이루고 있다. 옹관의 크기는 57~115㎝로 신전장을 하기에는 규모가 작으며 주옹이지만 막음용 모두 연질이다.

---

93) 文化財硏究所, 《金海良洞里古墳》(1989).
林孝澤, 《洛東江下流域 加耶의 土壙木棺墓 硏究》(漢陽大 博士學位論文, 1993).
94) 孫秉憲 외, 《金海退來里遺蹟》(成均館大 博物館, 1989).

출토유물에는 장경소호·장경호·기대형토기·평저소호·광구소호·원저단경호·양이부원저단경호·화로형토기·대각부직구호 등의 토기류와 철촉·철도자·철부·철정·철제 교구 등의 철기류가 있다.

⑲ 창원 다호리유적95)

창원군 다호리 232번지에 위치하며 국립중앙박물관에 의해 1988년 이래로 7차에 걸쳐 발굴 조사되었다. 해발 20m 정도의 야산에서 북쪽으로 뻗어 내린 낮은 구릉일대의 논밭에 고분군이 위치하고 있다. 유적의 대부분은 도굴되었는데 구릉 아래쪽의 논밭 일대에 40~50여 기, 구릉 위쪽에서 정상부까지 합하면 100여 기 이상 될 것으로 추정된다. 이 유적 부근에는 무성리 산성인 武城城址와 북면 화천리 石城址가 있다.

여기서 조사된 고분은 총 15기로 그 중 목관묘가 12기이다. 이들 목관묘는 세 유형으로 나누고 있는데 제1유형(1·11·12호)은 규모가 큰 것으로 길이는 240~278㎝, 너비 110~136㎝, 깊이 120~150㎝ 정도이다. 이 유형의 특징은 토광 바닥면 중앙에 장방형의 부장갱이 있으며 부장품이 비교적 많은 편이다.

제2유형(3·4·6·8·10·13호)은 토광의 크기가 1유형보다 대체로 작은 편이며 토광 바닥 중앙에 부장갱은 보이지 않는다. 토광의 크기는 길이 200~270㎝, 너비 80~125㎝, 높이 90~168㎝ 정도이다. 부장품은 빈약하다.

제3유형(9·12호)은 토광의 길이가 작고 얕다. 크기는 길이 160~200㎝, 너비 55~64㎝, 잔존깊이 20~40㎝ 정도이며 부장품은 매우 빈약하다. 이러한 유형의 구분은 시기적 차이보다는 신분적 차이로 보고 있다. 여기에서 출토된 유물은 중국적 요소와 고조선적 요소의 것이 함께 있으며, 이 가운데 漆鞘韓國式銅劍, 漆鞘鐵劍, 철과, 조합식 우각형 파수부호 등의 유물은 서북지방 목곽묘에서 출토된 고조선적 요소와 남부지방의 철기시대 문화의 연속성을 이해하는 데 중요한 것 들이다. 그리고 星雲鏡, 五銖錢, 帶鉤, 漆木器, 칠초철검, 環頭刀 등은 중국적 요소인 漢式遺物이라고 할 수 있으며 이러한 것

95) 李健茂 외, 〈義昌 茶戶里遺蹟 發掘進展報告(Ⅰ)〉(《考古學誌》 1, 1989).
——, 〈昌原 茶戶里遺蹟 發掘進展報告(Ⅱ)〉(《考古學誌》 3, 1991).

들은 경주 조양동에서도 일부가 출토된 바가 있다. 이것은 철기시대 초기에 우리 나라 남부지방과 漢, 樂浪과의 교섭이 활발하였음을 알려 주는 좋은 자료이다.

이 유적의 연대는 1호의 성운경과 오수전의 형태로 보아 기원전 1세기 후반으로 보고있다.

⑳ 창원 삼동동유적96)

1982년 학교부지 조성을 앞두고 부산여자대학교 박물관에 의해 조사되었다. 이 유적에서는 옹관묘 34기, 토광묘 11기, 석관묘 6기가 발굴되었다. 유물은 광구호·단경호·장경호·노형토기·양이호 등 다양한 토기와 철기, 청동기, 옥류 등이 수습되었다. 유적의 연대는 기원후 2세기 후반에서 4세기경으로 보고 있다.

이 삼동동 유적에서는 옹관묘와 함께 토광묘, 석관묘가 공존하였음을 볼 수 있었는데 이와 같은 현상은 남부지역의 여러 유적에서도 볼 수 있다.

㉑ 창원 도계동유적97)

해발 30m 정도의 낮은 구릉에 위치하고 있으며, 1986년 창원대학교 박물관에 의해 46기의 고분이 조사되었다. 46기의 고분 중 원삼국시대 고분은 토광묘 12기, 석곽묘 13기, 옹관묘 4기 등 29기이다. 토광묘는 평면형태가 정방형의 것이 많고, 장축방향은 거의 동-서 방향이다. 석곽묘는 석관계석곽묘와 수혈식 장방형석곽묘로 대별된다. 바닥은 생토층을 그대로 이용하였으며 깬돌을 사용하여 벽을 쌓되 층층이 엇갈리게 쌓는 횡평적이고 벽의 틈새는 점토로 메웠다.

출토유물은 적갈색연질토기·회청색경질토기·고배 등의 토기류, 투겁창·화살촉·말장식 등의 철기류가 있다. 이 유적은 기원후 1세기에서 기원후 5세기까지 장기간에 걸쳐 형성된 것으로 보인다.

또한 같은 지역에서 1987년 동의대학교 박물관은 다수의 목관묘와 목곽묘를 조사하였다.

---

96) 安春培, 《昌原三東洞甕棺墓》(부산여대 박물관, 1984).

97) 朴東百·秋淵植, 《昌原 道溪洞古墳群》 1(창원대 박물관, 1987).

㉒ 고성 송천리 솔섬유적[98]

1974년 동아대학교 박물관에 의해 석관묘 10기가 조사되었다. 석관은 여러 장의 장판석으로 장벽을 쌓고 한 장의 판석으로 단벽을 막은 후에 상석을 깔고 끝으로 여러 장의 판석을 덮은 형식이다.

부장유물은 세형철검 1점, 호형의 무문토기 2점과 와질계원저호(주머니호) 1점이 출토되었으며 지표에서 유구석부 1점이 수습되었다.

㉓ 밀양 내이동 출토품[99]

경남 밀양읍 내이동 소재 밀성고등학교 부지를 조성할 때 수습되어 학교에 보관중이다. 이 곳에서 수습된 유물은 수개 이상의 유구에서 출토된 것으로 판단되며 각 유물 사이에도 선후관계가 있었을 것이며 유구는 토광목관묘로 추정된다.

수습된 유물은 토기와 철기가 있으며 철기는 주조철부가 있었으나 부식이 심하여 실측이 불가능하였다. 토기에는 와질계의 조합식 우각형파수호 6점, 원저단경호 7점, 양이부장경호 4점 등과 연질계의 원저옹 3점, 무문토기로는 발형토기에 가까운 옹의 저부 및 동체부, 고배대각편, 棒狀牛角形把手片 등이 있다.

㉔ 합천 저포리 A지구유적[100]

합천군 봉산면 저포 3구의 구릉에 위치하며 1986년 영남대학교 박물관에 의해 조사되었다. 이 유적에서는 토광목관(곽)묘 43기, 석곽묘 5기, 옹관묘 3기 및 조선시대의 민묘 3기, 집터 1기 등이 조사되었다. 토광목관(곽)묘의 장축방향은 일정치 않으나 대체적으로 등고선과 합치된다.

출토된 유물에는 토기, 철기, 장신구 등이 있다. 토기는 회백(흑)색 와질계, 회청색 경질계, 적갈색연질계로 나누어지는데, 적갈색 연질계는 시기에 관계 없이 나타난다. 철기유물에는 마구류가 없고 利器類가 주류를 이루며 金粧小環·頸·胸飾 등 장신구로 사용된 옥류와 다량의 소옥·곡옥·수정옥 등이 있다.

〈崔盛洛〉

---

98) 金東鎬,《固城松川里 솔섬 石棺墓》(동아대 박물관, 1977).

99) 申敬澈,〈釜山 慶南 出土 瓦質系土器〉(《韓國考古學報》 12, 1982).

100) 鄭永和 외,《陜川苧浦古墳A地區發掘調査報告》(영남대 박물관, 1987).

3) 철기시대의 유적

(1) 집 터

가. 조사현황

가) 북부지역

지금까지 조사된 북부지역의 철기시대 집터는 두만강유역의 무산 호곡동·회령 오동·웅기 송평동 유적, 함경남도의 영흥 소라리유적 등에서 모두 23기가 발견되었다. 압록강유역의 시중 노남리·중강 토성리·영변 세죽리 유적 등에서는 7기가, 대동강유역의 북창 대평리유적에서는 9기가 발견되었다(〈표 1〉).

북부지역의 집터는 대개 14.0~55.0㎡의 규모를 보이고 있는데, 125㎡의 노남리 남파동 1호나 97.8㎡의 호곡동 17호와 같이 예외적으로 큰 것도 있다. 움의 깊이는 0.2~0.9m로서 청동기시대에 비해 얕아지는 경향이 있다.[1]

내부시설 중 화덕시설은 철기시대에 나타나는 외곬 혹은 ㄱ자형의 터널형이 많고 이보다 발전된 다곬형 화덕이 웅기 송평동유적에서 발견되었다.

나) 중부지역

한강유역에서 발견된 철기시대 집터로는 가평 마장리·이곡리, 춘천 중도, 하남 미사동, 서울 석촌동, 수원 서둔동, 횡성 둔내, 중원 하천리·지동유적 등을 들 수 있는데 조사된 집터의 수는 미사동유적을 제외하고 15기이다. 동해안에서는 양양 가평리와 명주 안인리유적이 있는데 조사된 집터의 수는 40여 기이다(〈표 2〉).

이들 집터 중에서 평면 형태는 원형·방형·말각방형·장방형 등이 있는데 다른 지역과 마찬가지로 장방형이 주류를 이룬다고 할 수 있다. 다만 명주 안인리·하남 미사동·중원 하천리유적의 경우는 呂자형 및 凸자형이 있어 주목된다.

1) 林永珍, 〈움집의 分類와 變遷〉(《韓國考古學報》 17·18, 1985).

〈표 1〉 북부지역 집터 조사현황

번호	유적명	기수	평면형태	내부시설		출토유물			조사연도
				화덕	기타	토기류	철기류	기타	
①	회령 오동	1	장방형	무시설형	구덩이(150㎝×100㎝), 불탄흔적	꼭지형파수토기	철부, 鐵滓	숫돌, 방추자, 활비비추, 벽옥제반지, 동물뼈	1954~1955
②	무산 호곡동	21	장방형	위석형 무시설형		흑색·갈색마연토기, 굽접시, 시루	철부, 철재, 철낫, 철조, 철편	청동환, 골침, 골추, 복골, 석부, 숫돌, 방추자, 어망추 등	1954~1955
③	웅기 송평동			터널형	온돌시설				1929~1931
④	영홍 소라리	1							1956
⑤	시중 노남리	2		터널형		흑색·갈색마연토기, 회색토기, 백색토기	철부, 철촉, 철조, 철추, 꺾쇠, 교구	청동촉, 천, 명도전, 오수전	1965
⑥	중강 토성리	2	장방형	터널형 위석형		흑색·갈색마연토기, 회색토기	철재, 철편, 철도자, 철조, 교구, 철촉(도끼날)	석촉, 반월형석도, 어망추, 방추차	1960~1962
⑦	영변 세죽리	3	장방형 원형	터널형	화구로 추정되는 타원형 구덩이	무문토기, 타날문토기	철부, 철도자, 철착		1962~1963
⑧	북창 대평리	9	장방형	터널형	2호 집터에 아궁이시설	적갈색토기, 갈색토기, 회색토기	철환, 철편, 철도자	방추차	1967

집터의 규모는 특수시설로 여겨지는 소형의 석촌동의 것을 제외해도 19.6㎡로부터 40.0㎡에 이르기까지 매우 다양하며, 둔내 1호 집터의 경우 154㎡나 된다. 움의 깊이는 0.3~0.9m로서 약간 깊은 편이다.[2)]

내부시설 중 화덕시설은 바닥에도 돌을 깔면서 주변에 돌이나 점토를 돌리는 것이 대부분이다. 그러나 서둔동 집터에서는 ㄱ자형의 터널형 화덕이 발견되었고, 미사리유적에서는 화덕에서 발전된 부뚜막 시설도 나타난다.

2) 林永珍, 위의 글.

〈표 2〉 중부지역의 집터 조사현황

번호	유적명	기수	평면형태	내부시설		출토유물			조사연도
				화덕	기타	토기류	철기류	기타	
①	가평 마장리	1	말각장방형			경질무문토기, 타날문토기	용도불명의 小片	석촉, 석도편, 석부, 숫돌, 방추차, 토관	1952
②	가평 이곡리	1	원형			경질무문토기, 타날문토기	철촉, 철편, 철도자편, 철제보습	마제석부, 반월형석도, 숫돌, 마제석촉, 타제석부, 어망추	1978
③	춘천 중도	2	말각방형, 방형	타원형		경질무문토기, 타날문토기	넙적촉, 끌, 도자, 철겸, 장방형고리 철정, 용도미상 철편	석봉, 연석, 마제석부, 어망추, 방추자, 관옥형 토제품	1980 ∫ 1982
④	하남 미사동	?	타원형, 말각방형, 장방형 (呂,凸)	아궁이형		경질무문토기, 타날문토기			1988 ∫ 1992
⑤	수원 서둔동	3	방형, 장방형	터널형	4호집터에서 불탄 서까래 발견	경질무문토기, 타날문토기	철부, 철거, 철촉, 도자	볍씨자국이 새겨진 토기저부편	1979 ∫ 1981
⑥	횡성 둔내	3	방형, 장방형	타원형	1호에 출입구시설, 2·3호에 불탄 서까래	경질무문토기, 타날문토기, 흑도	도자, 철촉, 낫, 철정, 용도미상의 철편, 창끌, 굽은철	옥, 마제석촉, 마제석검, 숫돌 방추차, 갈돌, 골각기, 탄화곡물, 조개	1983
⑦	양양 가평리	2	방형	터널형	1호에 작업재, 저장공 2호에 숯기둥, 작업대	경질무문토기, 타날문토기	철촉, 용도미상 철편	방추차, 숫돌, 골촉	1983
⑧	명주 안인리	40	방형, 장방형 (呂,凸)	타원형 아궁이형		경질무문토기, 타날문토기, 흑도, 회색토기	철부, 도자, 용도미상의 철편	가락바퀴, 숫돌, 곡물류	1989 ∫ 1990
⑨	중원 하천리 지동	2	방형 (呂,凸)	타원형	1·2호에 출입구 시설	경질무문토기, 타날문토기, 연질토기	철부, 철겸, 가래, 도자, 철모, 팽이, 철정	어망추, 관옥, 연석, 숫돌, 방추차, 녹각	1983 ∫ 1984
⑩	중원 하천리	3	장방형, 원형(凸)	위석형	1·3호에 출입구 시설	경질무문토기편, 타날문토기편	철촉, 용도미상 철편	어망추, 숫돌, 석부, 석촉, 반월형석도, 방추차	1983

다) 남부지역

낙동강유역에서 발견된 철기시대 집터유적으로는 경주 황성동, 김해 부원동·봉황대, 거창 대야리, 합천 저포리 A·C지구, 삼천포 늑도유적 등을 들 수 있으며 이들 유적에서 발견된 집터의 수는 60여 기이다. 전라 남북도지역에서 발굴된 철기시대의 집터는 남원 세전리, 광주 오룡동, 승주 낙수리·대곡리, 보성 죽산리, 해남 군곡리, 벌교 척룡리 유적 등 모두 160여 기에 이른다(〈표 3〉).

이들의 평면 형태는 원형·타원형·방형·장방형·말각장방형 등 다양하지만 타원형과 말각장방형이 주류를 이루고 있다.

집터의 규모는 10~50㎡ 내외가 다수를 차지하며, 움의 깊이도 대체로 0.15~0.6m 정도이다. 내부시설 중 화덕시설은 삼천포 늑도유적 등 일부를 제외한 대부분의 집터에서 1개씩 발견되고 있는데 무시설형이 많다.[3)]

나. 집터의 구조

가) 평면형태

평면형태는 원형·타원형·방형·말각방형·장방형·말각장방형 등이 있고 이 중에서 방형·장방형 혹은 말각장방형이 주류를 이루고 있다. 중부지방에서는 두 개의 집터가 연결된 呂자형과 집터에 출입시설이 있는 凸자형의 집터가 발견되는 것이 특징이다.

나) 집터의 규모

집터의 규모는 10㎡에서 50㎡사이에 해당하는 것이 거의 대부분이며 적은 수이지만 10㎡ 미만의 소형과 100㎡ 내외의 대형 집터도 발견된다. 소형의 경우는 대개 창고와 같은 부속시설로 추정하고 대형의 경우는 지배계급에 속하는 집터로 설명되는 것이 일반적이다. 집터의 규모가 초기에는 작으나 후기에는 점차 커지고 있다. 움의 깊이는 0.15~0.9m로서 중부지역을 제외하면 청동기시대보다 대체로 얕아지고 북부지역의 경우 거의 지상가옥화 되었다.

---

3) 林永珍, 위의 글.

〈표 3〉 남부지역 집터 조사현황

번호	유적명	기수	평면형태	내부시설		출토유물			조사연도
				화덕	기타	토기류	철기류	기타	
①	남원 세전리	23	장타원형, 말각방형			경질무문토기, 타날문토기	철편	관옥, 다면옥, 곡옥	1985
②	광주 오룡동	24	방형	없음		적갈색연질토기, 회색연질옹, 시루편		방추차	1993
③	승주 대곡리	100여기	원형, 타원형, 장방형, 방형, 말각방형, 말각장방형	무시설형 타원형		경질무문토기, 타날문토기	도자, 철촉, 철편	석촉, 숫돌, 석검, 어망추, 방추차, 소옥	1986 ∫ 1989
④	승주 낙수리	15	말각방형, 장방형	무시설형	도랑시설, 저장공, 단시설	타날문토기	철편	석촉, 숫돌, 방추차, 갈돌	1986 ∫ 1987
⑤	보성 죽산리	4	원형, 말각방형, 타원형,	장방형	A-1호에 불탄 흔적의 도랑시설	경질무문토기, 타날문토기	철촉	석촉, 방추차, 석부, 어망추, 환상석부, 검편	1989
⑥	해남 군곡리	2	원형,	없음		경질무문토기	철도자	석촉, 어망추, 홈돌	1987 ∫ 1988
⑦	경산 조영동					파수부토기, 고배형토기	철기	어망추, 방추차 삼각형석촉	1979
⑧	경주 황성동	20	말각방형, 원형, 타원형, 방형	무시설형		경질무문토기, 연질토기	철촉, 철겸, 철도자, 단조철부, 철착	돌끌, 숫돌	1990
⑨	김해 봉황대	20	타원형, 말각방형			타날문토기 와질토기	철도자, 철재	숫돌, 골각기, 목제빗	1991
⑩	김해 부원동 A·C지구	6	원형, 타원형	타원형	A지구 1·2호사이에 저장공, C지구 1호 저장공, 구상유구	타날문토기		복골	1980
⑪	삼천포 늑도	11	장방형, 방형, 말각장방형	없음	1호에 저장공, 5호에 도랑 12호에 斷面孤狀溝	경질무문토기	판상철부, 철도자, 철제낚싯바늘	어망추, 골촉, 골침, 첨두기, 작살, 석부	1985 ∫ 1986
⑫	거창 대야리	5	타원형	U자형	16호에 원형구덩이시설	경질무문토기, 타날문토기	철촉	어망추, 숫돌	1986 ∫ 1988
⑬	합천 저포리 A·C지구	4	원형, 타원형	무시설형	1·2지구 각 1호에 저장공 시설	경질무문토기, 타날문토기		숫돌, 어망추, 방추차, 구슬	1987

다) 화 덕

내부시설로서 가장 중요한 화덕은 보온뿐만 아니라 취사를 위해서 필수적인 것인데 신석기시대의 집터에서는 거의 대부분의 유적에서 확인되고 있는 반면 철기시대에는 화덕이 없는 경우도 많다. 화덕의 형태는 터널형·敷石形·無施設形·圍石形으로 크게 구별되고 있다.4) 또한 좀더 발달된 부뚜막 시설도 보인다.

터널형 : 집터 바닥 한편에 양벽과 뚜껑을 편편한 돌이나 土板으로 조립해 터널형으로 만든 것으로, 곬의 형태에 따라 외곬형·ㄱ자형·다곬형으로 구분되고 있다. 외곬형과 ㄱ자형은 노남리 집터 내에서는 같이 축조되어 있고, 같은 문화층에서 조사된 대평리 2·9호 집터에서도 각각 만들어져 있다. 기술상 외곬에서 ㄱ자형으로 발전한 것으로 보고 있다. 다곬형은 송평동유적에서 한 예가 알려져 있으나 집터시설과 분리, 조사되어 분명치 않다. 이 형태는 최근의 온돌시설과 흡사하여 외곬형·ㄱ자형보다는 발전된 단계로 생각된다. 즉 외곬에서 ㄱ자형으로 된 것이 다곬형으로 발달하여 방 전체를 덮힐 수 있는 온돌시설로 발달 과정을 밟고 있는 것으로 보여진다.

부석형 : 평평한 돌을 직경 1m 정도의 타원형으로 편 후 그 위에 점토를 덮고 한쪽에 바람막이 돌을 세워 놓은 형태로 중도·마장리유적 등 한강유역에서 조사되었다.

위석형 : 신석기시대인의 화덕으로 사용된 이래 오랜 세월 동안 전통이 이어져온 축조 방법이다. 철기시대의 집터로 이와 같은 위석시설을 하여 화덕을 만든 곳은 중강 토성리, 김해 부원동 C지구 2·3호 집터, 무산 호곡동유적 17·26호 집터 등에서 확인되었으나 뚜렷한 지역적 분포 정형은 보여주고 있지 않다. 이와 같은 점에서 볼 때 위석형 화덕은 터널형 화덕이나 부석형 화덕처럼 뚜렷한 특징을 나타내고 있지 못한 것으로 생각된다.

무시설형 : 호곡동 5기의 집터는 모두 주춧돌을 장축 방향으로 4줄로 펴 기둥을 세우고 있는데 이와 같은 무시설 화덕에 주춧돌을 펴서 기둥을 세우는 수법은 호곡동에서는 청동기시대 집터에서부터 계속 사용되는 방법으로

---

4) 韓永熙, 〈住居生活〉(《韓國史論》 13, 國史編纂委員會, 1983).

알려져 있다. 또한 두만강유역 일대의 오동과 서포항유적의 청동기시대 집터에서도 대부분 무시설 화덕을 만들고 있어서 청동기시대 이래 두만강유역 일대에서 유행한 지역적인 집터 축조방법이라 하겠다.

부뚜막 : 화덕에서 좀더 발달된 형태의 부뚜막이 하남 마사동유적을 비롯하여 중남부지역에서 발견되고 있다. 이는 집터 내부에 부착되어 있고 굴뚝이 외부로 나가 있는 형식이다.[5]

라) 기타 시설

그 밖의 시설에는 저장시설과 도랑이 있다. 저장시설은 집터 바닥을 파서 만든 것이나 한쪽 벽을 밖으로 돌출시켜 만든 것이 있고 집터 밖에 소형의 구덩이를 가진 경우도 있다.

그리고 집터 내부에 벽을 따라 도랑(溝)이 있는 예도 보인다. 즉 승주 낙수리, 보성 죽산리, 광주 오룡동, 삼천포 늑도유적 등 구릉에 위치한 집터에서 가끔 나타나고 있다. 이것은 집터 안으로 스며드는 물을 빼기 위한 것이거나 혹은 벽을 보강하기 위해 설치했던 시설의 흔적일 것이다.

다. 집터의 성격

철기시대의 집터는 청동기시대와 마찬가지로 땅을 파서 만든 움집이 일반적이다. 그러나 평면형태, 상부구조, 내부시설, 규모 등 여러 가지 면에서 달라진 점들을 찾아 볼 수 있다. 또한 지역에 따라 약간씩 다르게 나타나고 있다. 이러한 차이점을 살펴보면 다음과 같다.

첫째, 평면형태의 차이는 시기적인 차이를 반영하는 것으로 청동기시대에 비해 철기시대에는 원형계 집터의 비율이 크게 줄어들면서 방형 혹은 장방형계 집터의 비중이 압도적으로 커진다. 한편 원형계에 있어서 원형보다 타원형이 많아지는 점과 방형계에 있어서 방형보다 장방형이 더 큰 비중을 차지한다는 점이 특징이다. 이것은 모든 집터가 길어지는 방향으로 발전하면서 원형계 집터는 과도기에 사용되거나 부속시설로서만 명맥을 유지하고 있다는 사실을 암시해주는 것이다. 또한 중부지방에서의 呂자형이나 凸자형과 같은 집터의 출현도 특이하다.

5) 李弘鍾, 〈부뚜막施設의 登場과 地域相〉(《嶺南考古學》 12, 1993).

둘째, 화덕에서의 차이가 있다. 청동기시대의 화덕이 무시설식이나 위석식인데 반해 철기시대에는 새로이 터널형이나 부석형 화덕이 출현하며 이들 화덕은 점차 발달하여 온돌시설로 변화되었다고 생각된다. 또한 화덕과 관련되어 부뚜막이 출현하고 있는데 이는 부엌으로 발전되었을 것이다.

셋째, 高床家屋의 출현이다. 대체로 철기시대 집터는 수혈의 깊이가 낮아지면서 반수혈주거지로 변화되고 있다. 또한 기둥구멍만이 발견되는 하남 미사동유적과 김해 부원동유적의 고상가옥지나 서까래가 발견된 서울 석촌동 가옥과 같이 고상가옥도 발견되고 있다.

결국 철기시대 집터는 선사시대의 주거형태인 수혈집터가 대부분이나 평면형태나 내부시설에서 약간의 차이가 있으며 삼국시대에 본격적으로 나타나는 고상가옥으로의 변화 형태도 보이고 있어 과도기적인 단계의 성격을 볼 수 있다.

〈崔盛洛〉

(2) 패 총

가. 조사현황

지금까지 알려진 철기시대 패총은 모두 60개소로 주로 남해안지역에 밀집되어 분포하고 있다. 이들 중에서 발굴조사된 패총도 20여 개소에 이른다(〈표 1〉).[1)]

이외에도 철기시대 유물이 발견된 패총은 경기도 시도패총, 안산 별망패총, 전남 여천 송도패총, 경남 창원 가음정동패총, 김해 수가리패총, 부산 다대포패총 등이 있다.

최초의 발굴은 김해패총에서 이루어졌다. 김해 회현리패총은 1907년에 시굴조사된 이래로 일본학자들에 의해 여러 차례 발굴 조사되었다. 이것은 당시 일본학자들이 이 유적에 대한 관심이 매우 컸음을 보여주는데 이를 근거로 일본학자들은 '금석병용기'라는 시대구분을 제시하였고, 김해지방과 일

---

1) 崔盛洛, 〈原三國時代의 貝塚文化－硏究成果 및 諸問題－〉(《韓國考古學報》 29, 1993).

〈표 1〉 철기시대 패총의 조사현황

유 적 명	입 지	출 토 유 물				조사연대
		토 기 류	청동기・철기	석기・골각기	장신구 및 기타	
김해 회현리	구릉 20m	경질무문토기, 타날문토기	부, 도자, 낫, 촉, 칼	도자병, 골촉, 골침, 석부	화천, 동물뼈, 탄화미, 방추차	1907~1935
김해 회현리 봉황대	구릉 20~30m	경질무문토기, 무문토기	도자	골각기, 숫돌	목제빗	1992
김해 부원동	평지 5~10m	타날문토기, 경질무문토기	도자, 창, 촉, 낚싯바늘	도자병, 골촉, 첨두기, 복골, 석부, 석검	토제곡옥, 관옥구슬, 방추차, 어망추	1980
양 산	85m	타날문토기	도자	도자병, 숫돌		1992
부산 조도	해안	무문토기, 타날문토기	도자, 낫, 낚싯바늘	첨두기, 골촉, 도자병, 석촉, 석검, 석착	어망추	1972
부산 동래	평지	무문토기, 흑도편	철제소환		유리곡옥	1930, 1967~1969
창원 성산 (동구)	구릉 30m	무문토기, 홍도, 경질무문토기, 타날문토기	소형부	첨두기, 골촉, 골침, 도자병, 반월형석도, 석부, 석봉 등	골제뒤꽂이, 수정제곡옥, 방추차, 어망추 오수전(서남구)	1974
창원 내동		경질무문토기, 타날문토기		도자병		1988
마산 현동		경질무문토기, 타날문토기		골각기		1989
진해 웅천	산지 210~220m	타날문토기	도자, 칼, 도끼촉, 낚싯바늘, 낫, 창, 작살, 철편	도자병, 골촉, 彫骨, 석부	토제곡옥, 관옥, 아제곡옥	1959, 1961, 1964
삼천포 늑도	해안	경질무문토기				1985, 1986
고성 동외동	구릉 60~61m	경질무문토기, 타날문토기	細形銅劍 着裝具, 廣形銅鉾, 漢鏡	골촉, 도자병	방추차	1969~1970
해남 군곡리	구릉 20~22m	경질무문토기, 타날문토기	도자, 낚싯바늘, 부, 철편	도자병, 골촉, 골침, 작살, 뒤지개, 복골, 첨두기, 숫돌, 홈돌, 석촉, 석창	토제곡옥, 골제 뒤꽂이, 유리・수정제・토제옥, 어망추, 방추차, 화천	1986~1988
보성 척령리 금평	구릉	경질무문토기, 타날문토기	부, 낚싯바늘, 촉	부, 끌, 반월형석도, 숫돌, 송곳, 화살촉, 바늘, 장식품	토제어망추, 토제곡옥, 토제구슬, 토제방추차, 토제조소품	1992
제주 곽지	해안 30m	무문토기, 타날문토기	도자, 끌형철기, 자루형철기, 철편,	도자병, 첨두기석부, 홈돌, 숫돌, 연석	어망추, 방추차, 원판형토제품	1979

본지역이 서로 관계가 깊다는 점을 강조하였다. 그런데 특히 이 유적은 1920년에 조사된 패각층 부분과 1934~1935년에 조사된 지석묘, 석곽묘 및 옹관묘 등 무덤부분으로 나누어지는데 이들간의 연대적인 관계가 논란이 되고 있다. 즉 이 패총의 상한을 옹관과 연결지으면서 기원 전후로, 하한을 고분의 유행기로 보는 입장[2]과 패각층이 무덤 이후에 퇴적되었을 것으로 보아 상한을 여전히 기원 전후로 보면서 패각층이 단일층이므로 그 형성기간이 300년을 넘지 못한다고 보아 하한을 기원후 3세기로 보는 견해가 있다.[3] 그리고 일본학자들의 견해를 비판하면서 무덤과 패각층의 연대를 기원전 천년기 전반부터 기원후까지 여러 시기의 것이 섞여 있다고 보는 견해도 있다.[4]

우리 나라 학자에 의해 최초로 조사된 웅천패총은 그 연대가 기원전 1세기 이래의 유적으로 주장되면서 남해안에 분포하는 이 시기의 패총들은 기원 전후로부터 3세기간에 걸친 철기시대의 유적으로 인식되었다.

그 후 조도패총의 발굴을 통해 김해문화의 시작(다시 말하면 김해식토기의 시작)이 기원전 2세기경까지 올라갈 수 있음이 주장되었고, 성산패총 발굴보고서에서도 기원전 3세기경까지 소급될 수 있을 것으로 보았다.[5] 김해부원동패총이 발굴되자 이 패총을 철기시대에서 고분기로 넘어가는 과도기적인 것으로 보는 견해가 제시되었다.[6] 그리고 삼천포 늑도패총과 해남 군곡리패총이 발굴되면서 철기문화가 형성되기 시작한 시기의 문화상을 알게 되었다.

그런데 1980년대 초에는 이상의 견해에 반박하면서 패총의 중심연대가 기원전 3~2세기까지 올라갈 수 없고 또한 이들 패총의 중심연대가 기원후 4세기대로 떨어지는 고분기의 유적이라는 주장이 나왔다.[7] 이에 대하여 패

---

2) 有光敎一, 〈金海貝塚土器の上限と下限〉(《考古學雜誌》 40-1, 1954) ; 金正基 역, 〈金海貝塚의 上限과 下限〉(《考古學》 1, 韓國考古學會, 1968).
3) 金元龍, 〈金海貝塚年代에 대한 再檢討〉(《歷史學報》 9, 1955).
4) 김용간, 〈김해 조개무지에 대하여〉(《고고민속》 1967-1).
5) 韓炳三·鄭澄元, 〈東區貝塚 發掘調査報告〉(《馬山外洞城山貝塚發掘報告》, 文化財管理局, 1976).
6) 金元龍, 〈金海 府院洞期의 設定〉(《韓國考古學報》 12, 1982).
7) 申敬澈, 〈釜山·慶南出土 瓦質系土器〉(《韓國考古學報》 12, 1982).

층에서는 (경질)무문토기 다음에 반드시 와질토기의 단계가 존재한다고 볼 수 없으며, 패총의 연대를 지나치게 내려볼 수 없다는 의견도 제시되었다.[8] 그 밖에 패총의 형성시기의 환경에 대한 연구도 일부 이루어졌다.[9]

나. 층서의 검토

지금까지 발굴된 패총유적을 검토해 보면 여러 문제점이 제기된다. 최초의 발굴인 김해패총에서는 자연층이 무시되고 계단식발굴법을 채용하였는데 최상층과 최하층에서 거의 같은 내용의 유물이 출토되어 층서적 발굴이 이루어지지 못했음을 보여 주고 있다.[10]

웅천패총은 구릉 정상부의 평지에 위치하며 인공층(20cm)에 의해 발굴되었으나 그 출토유물에서 별다른 차이점을 찾지 못하였다.

그 뒤 층서의 구분이 비교적 확실한 발굴은 조도패총과 성산패총의 경우이다. 조도패총은 3개층으로 구분되었는데 최하층(1층)은 무문토기와 타날문토기가 섞여있고, 그 위층(2·3층)에서는 주로 타날문토기가 출토되었다. 한편 성산패총은 4개층으로 구분되었는데 최하층(Ⅳ층) 역시 무문토기층이고 그 위층은 타날문토기가 주류를 이루는 층이다. 그런데 이들 패총에서 무문토기층 다음에 바로 타날문토기층으로 연결되거나 혹은 일부 혼재되어 나타났기 때문에 이들 사이가 연속적인 것이며 적갈색연질토기와 회청색경질토기의 발생시기도 거의 차이가 나지 않는 것으로 보고 있다.

한편 군곡리패총은 층서적인 발굴이 이루어졌는데 패각층을 14개의 자연층으로 나누었고 다시 이를 5개의 기층으로 묶었으며 각 기층간의 문화적 변천이 밝혀졌다. 즉 경질무문토기, 경질찰문토기, 연질의 타날문토기 및 회청색경질토기 등이 등장하는 시기에 차이가 있음이 밝혀졌다.

崔鍾圭, 〈陶質土器 成立前夜와 그 展開〉(《韓國考古學報》 12, 1982).

8) 崔盛洛, 〈原三國期 土器의 變遷과 問題點〉(《嶺南考古學》 5, 1988).

9) 吳建煥·郭鍾喆, 〈金海平野에 대한 考古學的 硏究(1)〉(《古代硏究》 2, 古代硏究會, 1989).

郭鍾喆, 〈洛東江河口域에 있어서 先史~古代의 漁撈活動-貝塚貝類를 중심으로 본 一側面-〉(《伽倻文化》 3, 伽倻文化硏究院, 1990).

10) 다만 有光敎一은 앞의 글에서 김해패총의 패각층에서 최하층인 Ⅶb층과 최상층인 Ⅱa층 사이에 유물의 차이가 관찰된다고 주장한 바가 있다.

이상의 패총 발굴에서 보는 바와 같이 패각층의 조사가 층서적 발굴이 되지 못하였고, 설사 층서적 발굴이 이루어졌다고 하더라도 층간의 세밀한 문화적인 변화를 찾지 못한 것이 대부분이다. 이것은 일반적으로 패각층이 다른 유구와 달리 쉽게 교란될 가능성이 높기 때문이다.

다. 출토유물

철기시대의 패총에서는 토기를 비롯하여 다양한 유물이 출토되고 있다. 토기의 종류에는 경질무문토기·경질찰문토기·적갈색연질토기·회색연질토기·회청색경질토기 등이 있으나 토광묘에서 출토되는 전형적인 와질토기는 극히 적다. 토기의 기형은 다양하며 경질무문토기와 함께 소형토기나 이형토기가 많이 출토되는 점이 특징이다. 특징적인 것으로는 동외동패총에서 발견된 印文陶片과 삼천포 늑도패총 등에서 彌生式土器片이 출토되어 외부와의 교류를 짐작할 수 있다. 토제품에는 방추차·어망추·원판형토제품 등이 있다.

철기류에는 철도자·철부·철제낚시 등이 있는데 시기적으로 늦은 패총에서는 철검·철촉 등 무기류와 철겸 등 농기구류도 발견된다.

골각기류는 도자병·골촉·골침·첨두기 등과 彫骨(군곡리·웅천·조도패총 출토)·복골(부원동·회현리·늑도·군곡리패총 출토) 등이 있다.

장신구류는 토제곡옥·유리제 소옥·골제 뒤꽂이(군곡리·부원동패총 출토) 등이 있다.

기타 유물로는 중국의 화폐인 화천(회현리·군곡리패총 출토), 오수전(성산패총 출토), 漢鏡 및 광형동모(동외동패총 출토) 등이 있으며 곡류, 동물뼈, 패각류 등의 자연유물도 많이 발견되었는데 이에 대한 분석은 각 발굴보고서에서 자세히 다루어져 있다.

그런데 위에서 제시한 패총들은 이미 청동기시대에 형성되기 시작하여 군곡리패총(Ⅱ기층), 늑도패총 등에서 보듯이 기원전 2세기 내지 1세기경부터 시작되는 철기시대에는 더욱 발달되었고 일부 패총은 고분기에도 계속되었다. 또한 대부분의 패총에서 출토되는 유물이 거의 같은 양상을 보여주고 있어 철기시대 패총은 단절없이 계속 형성된 문화의 소산이라고 볼 수 있다.

라. 패총의 성격

철기시대의 패총은 대개 험한 산지나 구릉 위에 위치하고 있어 주변을 조망하기가 용이하다는 점에 착안하여 방어적인 유적으로 보고 있다.[11] 그러나 패총은 비교적 높은 곳에도 있으나 낮은 지역에도 위치하고 있으며 당시의 해안선과 멀지 않은 경우가 많아 바다와의 관계를 무시할 수 없다. 또한 패총에서 출토된 유물들 중에는 어로와 연계되는 도구가 수렵이나 농경과 관련된 도구보다도 많아 이들의 생업활동이 바다에 의존하는 정도가 높았음을 증명하고 있다.

그리고 패총에서 출토된 복골·장신구류와 같이 청동기문화에서는 찾아볼 수 없는 새로운 유물이 많아 당시 사회가 한층 발전된 사회임을 암시하고 있다. 한편 중국의 화폐·동경·복골 등은 해로를 통해 중국이나 일본과의 교류가 활발하였음을 보여준다. 이것은 이들 패총은 양산패총과 같이 내륙 깊숙히 위치하는 일부를 제외하면 중국으로부터 일본에 이르는 해로상에 위치하고 있다는 점과도 연결된다.

이 시대의 패총과 직접 관련되는 유구로는 집터와 무덤(옹관묘·석관묘·토광묘)이 있는데 집터는 대부분 수혈주거지이나 시기적으로 늦은 김해 부원동 패총에서는 고상가옥이 출현하는 경우도 있다. 또한 초기에 가장 관련성이 깊은 무덤으로는 옹관묘를 들 수 있으나 늦은 시기에는 석곽묘나 토광묘도 관련되고 있다.

그런데 지금까지 패총발굴이 전면적으로 이루어지지 않아 이와 관련된 유구가 적기 때문에 당시의 사회연구가 제한적일 수밖에 없으며 당시의 환경에 대한 연구도 부족하다. 따라서 패총의 발굴은 자연층을 중요시하면서 가능한 한 미세한 자료를 놓치지 않는 정밀한 발굴이 이루어져야 하고, 패총을 통한 철기시대의 사회연구는 패총에서 출토된 자료뿐만 아니라 패총과 관련된 모든 유구의 연구와 당시의 환경에 대한 연구가 선행되어야 할 것이다.

〈崔盛洛〉

11) 崔鍾圭, 〈金海期 貝塚의 立地에 대하여〉(《古代硏究》 2, 1989).

(3) 무 덤

철기문화가 언제 어디로부터 들어온 것인지에 관하여는 여러 의견이 제시되고 있으나[1] 대체로는 기원전 4~3세기 무렵 중국의 燕(기원전 323~222) 나라와 관련이 깊은 것으로 이해되고 있다. 철기문화가 처음 들어온 지역은 중국에서 가까운 북부지역이며 이것이 남부지역에까지 도달하는 데에는 상당한 기간을 거친 것으로 보인다. 철기가 남부지역에로 파급되는 과정은 당시의 역사적 상황과도 관련이 없지 않을 것이다.

그런데 철기가 등장할 무렵의 특징적인 점의 하나는 遼寧式銅劍文化를 이어받은 韓國式銅劍文化가 질적 양적으로 확대되면서 한국적 청동기의 특징이 확립되고 있는 것을 꼽을 수 있다.[2] 철기가 등장하는 이른 시기에는 각종의 청동기 속에 주조된 쇠도끼만 끼어 있었으나 점차 철기의 종류와 양이 증가하면서 儀器化된 청동기는 철기에 밀려 형식적으로 퇴화하다가 사라지게 된다.

철기가 등장할 무렵에는 무덤쓰기(墓制)에 있어서도 변화가 일어난다. 이전의 무덤쓰기와는 다른 새로운 무덤쓰기가 보태진 것이다. 즉 청동기시대의 고인돌이나 돌널무덤이 새로 나타난 토광묘 계통에 중심적인 위치를 내주면서 점차 사라지거나 변화를 가져오게 된다. 토광묘 계통과 더불어 등장

---

1) 철기시대의 상한을 북한에서는 서북지방은 5세기경으로, 두만강유역은 기원전 7~5세기경으로 보고 있는데 반해, 남한에서는 다양한 견해가 제시되고 있다. 김정배는 북한에서 주장하는 바와 같이 늦어도 기원전 6세기임을 밝힌 바 있고(金貞培, 《韓國古代의 國家起源과 形成》, 高麗大 出版部, 1986, 30쪽), 김정학은 기원전 1세기로 늦추어 잡고 있으며(金廷鶴 編, 《韓國の考古學》, 東京 ; 河出書房新社, 1972, 68~105쪽), 김원룡은 초기 철기시대를 기원전 300년~1년으로 편년하였다(金元龍, 〈鐵器文化〉, 《한국사》 1, 국사편찬위원회, 1973, 389~390쪽).

2) 李健茂, 〈論考 韓國의 靑銅器文化〉(《特別展 韓國의 靑銅器文化》, 國立中央博物館·國立光州博物館, 1992), 125~137쪽.
우리 나라의 청동기문화는 전기의 遼寧式銅劍文化, 후기의 韓國式銅劍文化로 대별되는데 요령식동검은 만주식동검·비파형단검 또는 曲刃靑銅短劍 등으로도 불러왔으며, 한국식동검은 세형동검·좁은놋단검으로 불러왔다. 이 가운데 유물이 출토된 중심지역의 이름을 좇아 명명되는 중국식동검·오르도스식동검 등과 같이 요령식동검·한국식동검으로 부르는 것이 다른 동검과 대별하기 쉽다는 점에서 매우 합리적이라고 여겨진다.

하는 또 하나의 무덤쓰기는 독무덤인데 청동기시대의 세워 묻는 외독무덤과는 달리 이음식독널(合口式甕棺)이 전국적으로 확산되고 있다. 지금까지 조사된 이 시대의 무덤 유적은 전국적으로 고르게 분포하지는 않으며 일정지역에 편중되어 나타나고 있다. 그러면 각각의 무덤쓰기에 대하여 살펴보기로 하겠다.

가. 고인돌

고인돌은 청동기시대의 대표적인 무덤이지만 남부지방에서는 철기문화가 도달할 무렵까지, 즉 북부지방에 철기가 유입된 이후에도 한동안은 여전히 존속하였던 것으로 보인다. 이러한 고인돌의 하한에 대하여는 의견 차이가 없지 않으나 북부지방에서는 기원전 3세기경에는 소멸한 반면에 남부지방에서는 기원 전후 무렵까지도 일부 지역에서 축조되었던 것으로 보고있다.[3)]남부지방의 고인돌 가운데 일부에서 요령식동검이나 한국식동검이 출토되기도하며 청동기유적과 깊은 관련을 가진 토기의 하나인 덧띠토기(粘土帶土器)가 검출된 예도 있어서 초기 철기시대에 와서도 여전히 축조되었음을 보여준다. 그러나 철기가 출토된 고인돌 유적은 아직 조사된 바 없다. 이는 고인돌사회에 철기가 알려지지 않았거나 철기가 유입될 무렵에는 고인돌이 더 이상 축조되지 않았음을 보여주는 것으로 이해할 수 있다.

나. 돌널무덤

돌널무덤도 청동기시대의 대표적인 무덤의 하나이다(〈그림 1〉). 지표상에 아무런 표지가 없으므로 발견된 예가 많지는 않은데 단독으로 조사되기도 하지만 고인돌과 함께 발견되기도 한다. 돌널무덤은 벽을 이루는 돌의 재료상 차이에 따라 판돌(板石)을 쓴 것과 깬돌(割石)이나 냇돌을 쓴 것으로 나누어진다. 판돌을 쓴 경우에도 벽이 한 장의 판돌로 이루어진 것과 여러 장의 판돌로 이루어진 것이 있다. 판돌을 쓴 돌널무덤은 대체로 간돌검(磨製石劍)이 껴묻혀 있고 청동기로는 청동기시대 전기에 속하는 요령식동검이나 동살촉·동

3) 金元龍, 《韓國考古學槪說》(一志社, 1973), 92~96쪽.
崔夢龍, 〈全南地方 支石墓의 形式과 分類〉(《歷史學報》 78, 1978), 53쪽.

〈그림 1〉 초포리 돌널무덤

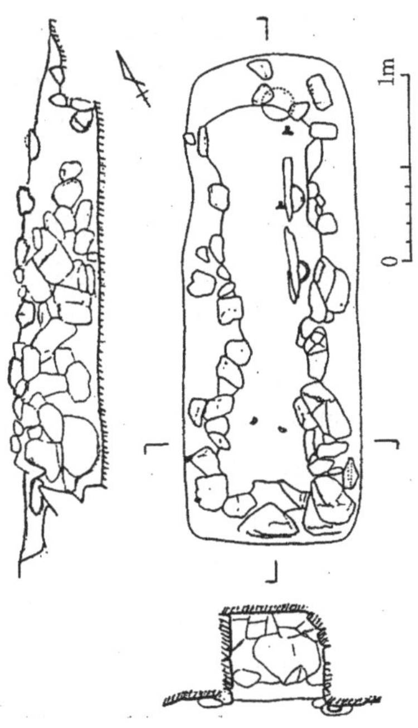

제단추가 출토되는 반면에, 깬돌이나 냇돌을 쓴 무덤에서는 한국식동검 등 청동기시대 후기에 속하는 청동제품이 주종을 이루고 있어서 시기적인 선후관계를 보여준다. 그런데 깬돌을 쓴 돌널무덤은 축조상 돌무지돌널(積石石棺)의 특징을 가지며 주로 금강유역을 중심으로 분포하고 있어서 지역성을 강하게 보여주고 있다.[4] 금강유역에서 조사된 돌널무덤으로서 대표적인 것으로는 대전 괴정동,[5] 예산 동서리,[6] 아산 남성리,[7] 부여 연화리유적[8]이 있다. 그 밖에도 전주 여의동,[9] 익산 다송리유적[10]이 돌널무덤에 속하며 화순 대곡리유적[11]은 돌널무덤인지 돌무지나무널(積石木棺)무덤인지 분명치 않다. 이러한 돌널무덤들은 대체로 한국식청동기를 내는 유적으로 비록 청동기시대 후기에 속하기는 하지만 한국식청동기문화의 만개시기에 속하고 철기가 전혀 공반되지 않은 점으로 보아 청동기시대의 유적으로 보아도 무방할 것이다.

4) 池健吉, 〈石棺墓〉(《韓國史論》 13, 國史編纂委員會, 1983), 230~254쪽.
5) 李殷昌, 〈大田市 槐亭洞出土一括遺物 調査略報〉(《考古美術》 8-9, 韓國美術史學會, 1967).
——, 〈大田 槐亭洞出土 一括遺物〉(《考古學》 2, 韓國考古學會, 1969), 78~85쪽.
6) 池健吉, 〈禮山 東西里石棺墓出土 靑銅一括遺物〉(《百濟硏究》 9, 忠南大, 1978), 151~181쪽.
7) 韓炳三·李健茂, 《南城里石棺墓》(國立博物館 古蹟調査報告 10, 1977).
8) 金載元, 〈扶餘·慶州·燕岐出土 銅製遺物〉(《震檀學報》 25·26·27, 1964).
9) 全榮來, 〈錦江流域 靑銅器文化圈 新資料〉(《馬韓百濟文化》 10, 圓光大, 1987).
10) 全榮來, 〈益山多松里靑銅遺物出土墓〉(《全北遺蹟調査報告》 5, 全州市立 博物館, 1975).
11) 趙由典, 〈全南 和順靑銅遺物一括出土遺蹟〉(《尹武炳博士回甲紀念論叢》, 通川文化社, 1984), 67~78쪽.

한편 돌널무덤 가운데는 확실하게 초기 철기시대에 속하는 유적이 있고 일부지역에서는 원삼국시대에도 계속되고 있다. 초기 철기시대에 속하는 대표적인 유적으로는 충남 부여 구봉리유적,[12] 전남 함평 초포리유적,[13] 황해도 서흥 천곡리유적[14] 및 신계 정봉리유적,[15] 봉산 송산리 솔뫼골유적[16]을 들 수 있다.

부여 구봉리유적은 바닥이나 뚜껑시설이 확인되지는 않았으나 돌널무덤인 것은 분명하며 다량의 한국식동검과 함께 거울·투겁창·꺾창·도끼·숫돌·검은간토기 등이 출토되었다. 이 가운데 꺾창이나 투겁창의 출현이 기원전 3세기 후반을 오르지 않는다는 점에 비추어 북부지방의 철기 출현 이후에 속함을 알 수 있다.

초포리유적도 돌무지돌널이거나 돌무지나무널무덤으로 추정되는 것으로 단일유구에서 한국식동검·거울·꺾창·투겁창·중국식동검·방울류 등 많은 청동제품이 출토되었는데 청동유물의 형식학적 분류에 따라 기원전 2세기 전반대로 편년되는 유적이다.

천곡리유적은 판돌과 냇돌을 이용하여 쌓은 돌널로 그 안에서 돌살촉·한국식동검과 함께 칼자루끝장식이 출토되었다. 이 칼자루끝장식을 쇳가루를 틀에 넣어 만든 것으로 보기도 하지만 철광석제일 가능성이 높고[17] 칼자루끝장식의 형식이 후기에 속하는 것이어서 초기 철기시대에 속하는 유적으로 보인다.

정봉리유적은 돌무지돌널무덤의 형식으로 남부지방의 돌무지돌널무덤과 구조가 비슷하다. 출토된 유물로는 한국식동검·부채꼴도끼·동제투겁창·돌살촉 등이 있는데 동검이나 투겁창의 존재로 미루어 초기 철기시대의 이른 시기에 속하는 유적으로 보인다.

---

12) 李康承, 〈扶餘 九鳳里出土 靑銅器一括遺物〉(《三佛金元龍敎授停年退任紀念論叢》 Ⅰ, 一志社, 1987), 141~153쪽.

13) 李健茂·徐聲勳, 《咸平 草浦里遺蹟》(國立光州博物館, 1988).

14) 백련행, 〈서흥군 천곡리 돌상자무덤〉(《고고민속》 1966-1, 사회과학원출판사), 27~28쪽.

15) 라명관, 〈신계군 정봉리 돌곽무덤〉(《고고학자료집》 6, 과학백과사전출판사, 1983), 165~168쪽.

16) 황기덕, 〈1958년 춘하기 어지돈지구 관개공사 유적정리 간략보고(1)〉(《문화유산》 1959-1, 과학원출판사).

17) 이건무, 〈초기철기시대유적〉(《북한의 문화유산》 I, 고려원, 1990), 230~232쪽.

봉산 송산리 솔뫼골유적은 돌돌림무덤(圍石葬)으로 보고되었으나 내용으로 미루어 냇돌로 벽을 쌓아올린 점만 다를 뿐 대곡리유적이나 초포리유적과 같이 나무널의 사용 가능성이 높다고 여겨지며, 출토된 유물은 잔무늬거울·도끼·끌·조각칼 등의 청동기와 함께 쇠도끼가 포함되어 있다.

그런데 금강유역의 깬돌로 이루어진 돌무지돌널무덤도 시기가 다소 내려오면 청동기들과 함께 주조된 쇠도끼와 같은 약간의 철기가 나타나기 시작한다. 즉 한국식동검문화에 점차 철기문화가 들어오는 모습을 보여주고 있는 것이다. 이러한 모습을 잘 보여주는 유적으로는 당진 소소리,[18] 부여 합송리,[19] 장수 남양리[20]유적을 꼽을 수 있다. 이들 유적은 돌무지돌널이거나 돌돌림나무널(圍石木棺)무덤으로 추정되고 있는데 한국식동검을 비롯하여 잔무늬거울·꺾창·투겁창 등 청동기가 중심을 이룬 가운데 유리로 만든 대롱옥이나 쇠도끼와 쇠끌이 조합을 이루고 있다.

한편 돌널무덤으로 알려진 고성 송천리 솔섬유적[21]에서는 한국식동검과 같은 모양의 철검과 함께 원삼국시대에 해당하는 민무늬토기단지, 주머니단지 등의 토기가 공반되고 있어 돌널무덤의 전통이 이어지고 있음을 보여준다.

다. 돌무지무덤

돌무지무덤(積石墓)은 遼東지방의 旅大市 崗上·樓上墓와 같이 요령식동검문화 단계의 유적이 있고, 集安縣 五道嶺溝門遺蹟[22]에서는 동검·도끼·투겁창·거울 등 한국식동검문화 단계의 유물이 출토되었다. 그러나 한반도안에서 초기 철기시대에 해당하는 돌무지무덤이 있는가에 대하여는 분명하지 않다. 그 동안 강원도 춘성 천전리 돌무지무덤이 청동기시대 또는 초기 철기시대에 속하는 것으로 보아 왔으나 이 유적은 고인돌과 섞여있는 점에서 고인돌의 한 형식일 가능성이 많다.[23] 천전리유적을 제외하면 초기 철기시대의 순수 돌

18) 李健茂, 〈唐津 素素里遺蹟出土 一括遺物〉(《考古學誌》 3, 韓國考古美術硏究所, 1991), 112~122쪽.
19) 李健茂, 〈扶餘 合松里遺蹟出土 一括遺物〉(《考古學誌》 2, 1990), 23~47쪽.
20) 池健吉, 〈長水 南陽里出土 靑銅器·鐵器 一括遺物〉(《考古學誌》 2, 1990), 5~12쪽.
21) 東亞大 博物館, 《固城松川里솔섬石棺墓》(古蹟調査報告 3, 1977).
22) 集安縣文物保管所, 〈集安發現靑銅短劍墓〉(《考古》 1981-5, 科學出版社).
23) 任世權, 〈墓制 積石塚〉(《韓國史論》 13, 國史編纂委員會), 255~275쪽.

무지무덤은 없었던 것으로 여겨진다. 따라서 초기 철기시대의 돌무지무덤은 요령식동검문화의 전통을 이어받아 압록강유역에서만 축조된 듯한데 고구려의 건국과 더불어 그 근거지인 渾江이나 압록강유역에서 전통의 무덤쓰기로 성행하게 되며 삼국시대의 고분 축조기에 이르러서는 중부지방인 한강유역에서도 부분적으로 축조되기에 이른다. 그러므로 이 시대의 확실한 돌무지무덤은 오도령구문유적을 비롯하여 寬甸縣 趙家堡·四平街遺蹟, 鳳城縣 小陳家遺蹟 등 遼寧省, 吉林省지역에서만 발견되며 한반도내에서는 발견되지 않고 있다. 오도령구문유적은 경사진 산 중턱에 위치하는데 평면을 방형으로 쌓고 돌이 흘러내리지 않도록 한 변만 3단으로 쌓았으며 상단에는 타원형의 곽을 만들어 소위 고구려의 묘제인 기단돌각담무덤(方壇階段式積石墓)의 형식을 하고 있다(〈그림 2〉).[24]

〈그림 2〉 집안 오도령구문 돌무지무덤

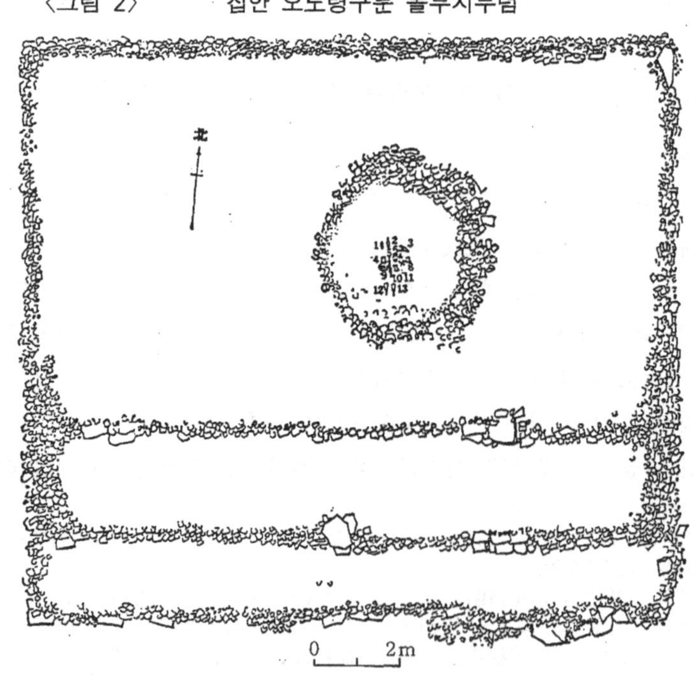

24) 李健茂, 앞의 글(1990a).

라. 독무덤

독무덤은 세계 각지에서 발견되는 무덤쓰기의 한 방식으로 지역과 시기에 따라 매우 다양한 모습을 띠고 있다. 독무덤은 사람의 주검을 흙으로 빚어 구운 용기에 넣어 매장한 것을 말하는데 대체로 일상용의 토기를 이용하였으나 경우에 따라서는 널로 쓰기 위하여 특별히 제작한 경우도 없지 않다.

중국이나 일본열도에서는 신석기시대부터 독무덤이 쓰이고 있으나 우리나라에서는 청동기시대에 이르러 일부지역에 한정되어 나타나기 시작한다. 청동기시대의 독무덤은 지금까지 松菊里式土器 문화권 안에서만 나타나고 있다. 독무덤의 특징은 외독널로 송국리형토기를 2단으로 판 구덩이에 바르게 세워 묻고 위에는 판돌로 뚜껑을 덮었으며 토기의 바닥이나 몸통의 아랫부분에 조그만 구멍을 뚫고 있다. 이러한 독무덤은 부여 송국리유적[25]을 비롯하여 공주 송학리·남산리,[26] 익산 석천리[27]·무형리,[28] 거창 대야리[29]유적 등지에서 조사되었다.

그런데 초기 철기시대에 이르면 외독으로 바르게 세워 묻는 형식은 전혀 보이지 않고 모두 옆으로 뉘어 묻고 있으며 대부분 이음식독널이다. 이음식독널은 두 개의 독 아가리를 맞대거나 약간 끼워 넣은 전형적인 것과 주검을 넣은 으뜸옹(主甕)에 덮개로서의 막음용 토기로 결합된 合蓋式도 있고, 아가리를 판돌로 막은 외독무덤과 3개의 독을 이어 붙인 형식도 있다. 초기 철기시대에 새로이 보이는 이음식독무덤은 청동기시대의 직립 외독무덤과는 전혀 다르므로 외부로부터 들어왔을 가능성이 많다. 그런데 이 시대의 독무덤은 광주 신창동유적[30]과 같이 집단 독무덤유적도 있으나 대개 토광묘와 더불어 조사되고 있어서 토광묘와 밀접한 관계가 있음을 보여준다. 따라서 유적도 토광묘가 많이 조사된 지역인 대동강유역이나 남부지방에 주로 분포하고 있다. 옆으로 뉘어 묻은 새로운 형식의 이음식독무덤은 비교적 짧은 기

25) 姜仁求 외, 《松菊里》 I (국립박물관 고적조사보고 11, 1979), 95~98쪽.
26) 姜仁求, 《百濟古墳硏究》(一志社, 1977), 141~143쪽.
27) 國立全州博物館, 《展示圖錄》(三和出版社, 1990).
28) 國立中央博物館, 《韓國의 先·原史土器 特別展 圖錄》(1993).
29) 林孝澤 외, 《大也里住居址》(東義大學 學術叢書 3, 1989), 115~118쪽.
30) 金元龍, 《新昌里甕棺墓地》(서울大 考古人類學叢刊 1, 1964).

간 동안에 전국적으로 확산되었던 것으로 보인다.[31]

이 시대의 독무덤으로는 황해도 신천 명사리[32]를 비롯하여 평양 호남리 남경,[33] 강서 태성리,[34] 은율 운성리,[35] 안악 복사리,[36] 광주 신창동, 삼천포 늑도,[37] 창원 다호리,[38] 김해 회현동[39]·지내동,[40] 부산 낙민동,[41] 경주 조양동,[42] 대구 팔달동[43]유적 등을 꼽을 수 있다. 이 가운데는 원삼국시대의 초기에 해당하는 것들도 포함되어 있을 것으로 판단되는데 그것은 초기 철기시대의 독무덤이 원삼국시대에도 그대로 계승 발전되고 있기 때문이다. 특히 태성리나 조양동유적의 경우는 집단적인 토광묘유적에 포함되어 있는 것으로 이에 해당될 것이다.

이 시대의 독무덤 가운데 김해 회현동 출토의 독널은 일본의 야요이독널(彌生甕棺)과 형태가 비슷하고 지내동 독무덤에 껴묻힌 토기도 일본 규슈(九州)지방의 토기와 유사하여 당시의 문화적 교류의 증거가 되고 있다.

---

31) 成洛俊, 《한국의 옹관묘》(국립광주박물관 특별전 도록, 1992).
32) 도유호, 〈신천 명사리에서 드러난 고조선독널에 대하여〉(《문화유산》 1962-3).
33) 김용간·석광준, 《남경유적에 관한 연구》(과학백과사전출판사, 1984).
34) 전주농, 〈태성리저수지건설장에서 발견된 유적정리에 대한 개보〉(《문화유산》 1958-1).
고고학 및 민속학연구소, 《태성리 고분군 발굴보고》(유적발굴보고 5, 과학원출판사, 1959).
35) 리순진, 〈운성리유적발굴보고〉(《고고학자료집》 4, 1974).
36) 도유호, 앞의 글.
37) 申敬澈, 〈三千浦市 勒島遺蹟 第2次 發掘〉(《제10회 한국고고학전국대회 발표요지》, 韓國考古學會, 1986).
38) 李健茂 외, 〈義昌 茶戶里遺蹟 發掘進展報告(Ⅰ)〉(《考古學誌》 1, 1989).
———, 〈昌原 茶戶里遺蹟 發掘進展報告(Ⅱ)〉(《考古學誌》 3, 1991).
39) 榧本杜人, 〈金海 會峴里貝塚發見の甕棺に就いて〉(《考古學》 9-1, 1938).
———, 〈金海貝塚の甕棺と箱式石棺〉(《考古學雜誌》 43-1, 1957).
40) 沈奉謹, 〈金海 池內洞甕棺墓〉(《韓國考古學報》 12, 韓國考古學會, 1982).
41) 藤田亮策, 〈東萊の甕棺出土〉(《靑丘學叢》 2, 1930).
梅原末治·藤田亮策, 《朝鮮古文化綜鑑》 1(奈良 ; 養德社, 1947).
42) 崔鍾圭, 〈朝陽洞土壙墓群4次發掘〉(《博物館新聞》 1982년 2월).
———, 〈慶州市朝陽洞遺蹟發掘調査概要とその成果〉(《古代文化》 35-8, 1983).
韓炳三, 〈原三國時代〉(《韓國の考古學》, 講談社, 1989).
43) 慶北大 博物館, 《原三國時代文物展》(1990).
尹容鎭 외, 《大邱 八達洞遺蹟》(慶北大 博物館叢書 18, 1993).

마. 토광묘

土壙墓는 땅에 구덩을 파서 시체를 매장하는 간단한 방법이므로 통시대적이고 광범위하게 분포하고 있다. 우리 나라에 철기문화가 전래되면서 철기와 가장 깊은 관련을 맺고 있는 무덤쓰기는 토광묘이다. 그런데 토광묘는 특별한 경우를 제외하고는 내부시설인 나무널이나 덧널이 썩어 없어진 까닭에 처음에는 포괄적인 개념으로 토광묘라는 용어를 사용하였다. 그러나 토광묘라는 용어는 구체적인 내부시설의 내용을 포함하고 있지 않은 까닭에 점차 구분하여 사용하는 추세에 있다. 즉 조사가 증가하면서 토광의 내부에서 나무널이나 덧널이 남아 있거나 또는 흔적이 남아 있기도 하므로 널의 유무, 구덩이의 형태나 규모의 차이에 따라 시체를 직접 매장하는 구덩무덤(土葬墓 또는 土壙直葬墓)[44]과 나무널을 사용한 널무덤(土壙木棺墓) 및 나무덧널의 시설을 마련하여 매장한 덧널무덤(土壙木槨墓)[45]으로 나누고 있는 것이다.[46] 따라서 여기에서도 내부시설의 차이에 따라 나누어 살펴보기로 한다.

가) 구덩무덤

나무널을 쓰지 않고 장방형의 구덩이를 파고 직접 주검을 매장한 것을 구덩무덤 또는 움무덤이라고 한다. 그런데 널을 쓰지 않은 구덩무덤과 널을 사용하였지만 흔적을 전혀 남기고 있지 않은 널무덤을 가려내기가 어려운 까닭에 구덩무덤으로 분류되는 유적 가운데는 널무덤도 포함되어 있을 것으로 판단된다.

구덩무덤은 초기 철기시대에 새로이 등장한 무덤쓰기는 아니다. 이전 시기인 청동기시대에도 일부에서는 구덩무덤을 썼던 것으로 조사되고 있는데 이 시대의 구덩무덤은 요동지방을 비롯하여 대동강·두만강·금강유역 등에 분포하고 있다.

요동지방의 유적으로는 錦西縣 烏金塘,[47] 旅大市 上馬石,[48] 朝陽 十二臺營

44) 土壙墓를 북한에서는 움무덤으로 부르고 있는데 나무널의 사용 유무를 고려하지 않고 있다. 이에 대하여 남한에서는 널을 쓰지 않은 단순 토광묘를 구덩무덤으로, 나무널을 사용한 경우에는 널무덤으로 구분해 부르고 있다.

45) 북한에서는 土壙木槨墓를 나무곽움무덤 또는 나무곽무덤으로 부르고 있다.

46) 李南珪, 〈西北韓 土壙墓의 性格〉(《韓國考古學報》 20, 1987).

子,[49] 遼陽 二道河子,[50] 瀋陽 鄭家窪子 3지점[51])유적 등이 있는데 전형적인 요령식동검이 껴묻힌 경우는 드물고 변화된 요령식동검이 보다 많다. 대동강유역의 재령 고산리 구덩무덤에서도 변화된 요령식동검과 중국식동검 및 도끼가 출토되었다.[52] 두만강유역의 회령 남산리 구덩무덤유적에는 인골이 잘 남아 있었으며 대체로 길이 170~180cm, 너비 50~70cm의 규모이고 청동대롱옥과 함께 달도끼 등 각종 석기와 뼈송곳 등이 출토되기도 하였다.[53] 금강유역인 공주 남산리에서도 송국리형토기를 사용하던 시기의 토광묘들이 조사되었는데[54] 이 가운데는 구덩무덤으로 볼 수 있는 크기가 작은 길이 150cm, 너비 45cm 이하의 단순 토광묘가 포함되어 있다. 이러한 구덩무덤은 매우 간단한 매장방법의 하나인 까닭에 초기 철기시대에 이르러서도 널무덤이나 덧널무덤과 더불어 여전히 쓰였던 것으로 보인다. 그러나 널무덤이나 덧널무덤이 구덩무덤으로부터 파생하여 발전한 까닭에 구덩무덤은 규모나 껴묻거리에서 매우 열악함을 보여준다.

나) 널무덤

널무덤(土壙木棺墓)은 초기 철기시대에 이르러 일반적인 묘제로 자리잡은 뒤 보다 발전된 덧널무덤에 그 중심적 위치를 넘겨주었다. 널무덤은 한국식동검문화와 관계가 깊은데 서북한지역에서는 대부분 산기슭 언덕 끝에 구덩이를 파고 나무널을 안치한 뒤 널의 안팎에 껴묻거리를 넣은 형식이다. 껴묻거리는 처음에는 한국식동검·조각칼·잔무늬거울 등이 조합을 이루고 철기는 보이지 않으나 점차 거울이 없어지고 동검·꺾창 등의 청동기

47) 錦州市博物館, 〈遼寧錦西縣烏金塘東周墓調査記〉(《考古》 1960-5, 科學出版社).
48) 遼寧省博物館, 〈遼寧長海縣上馬石靑銅時代墓葬〉(《考古》 1982-6).
49) 朱 貴, 〈朝陽十二臺營子靑銅短劍墓〉(《考古學報》 1960-1).
金元龍, 〈十二臺營子의 靑銅短劍墓〉(《歷史學報》 16, 1961).
50) 遼陽市文物管理所, 〈遼陽二道河子石棺墓〉(《考古》 1975-5).
51) 조선유적유물도감편찬위원회, 《조선유적유물도감》 2 ; 고조선·부여·진국편(1989).
52) 황기덕, 〈최근에 새로 알려진 비파형단검과 좁은놋단검 관계의 유적유물〉(《고고학자료집》 4, 1974).
53) 박광훈, 〈회령군 남산리 움무덤 발굴중간보고〉(《조선고고연구》 1989-2, 사회과학출판사).
54) 尹武炳, 〈公州郡 灘川面 南山里 先史墳墓群〉(《三佛金元龍敎授停年退任紀念論叢》 I).

와 함께 주조된 쇠도끼가 나타나기 시작한다. 그러다가 동검·투겁창 등 청동기는 줄어들고 쇠도끼·쇠끌·쇠낫·쇠투겁창 등 단조된 철기가 많아지면서 화분형토기나 회색단지가 조합을 이루게 된다.[55] 널무덤은 구덩이의 평면이 장방형이며 네벽을 수직 또는 약간 경사지게 1단으로만 판 것과 구덩이에 단을 지워 세장하게 2단으로 판 것이 있다.

한편 껴묻거리의 변화는 구덩무덤에서 널무덤으로 다시 덧널무덤으로 발전하는 것과 더불어 어느 정도의 시기 차이를 반영하고 있다. 이를 잘 보여주는 대표적인 유적이 태성리유적[56]이다. 청동기만이 출토된 유적으로는 대동군 반천리,[57] 연안 오현리유적[58]을 들 수 있고, 청동기와 함께 쇠도끼가 조합을 이룬 유적으로는 배천 석산리유적[59]과 정백동유적을 꼽을 수 있다. 이 시대의 널무덤으로 철기가 반출되지 않거나 철기로서 주조된 쇠도끼 등이 조합을 이룬 유적은 그 밖의 다른 지방에서도 조사되고 있다. 함남 신창 하세동리, 영흥 용산리,[60] 강원도 문천 남창리,[61] 공주 봉안리, 익산 평장리[62] 유적에는 철기가 보이지 않으며 함흥 이화동유적[63]은 청동기가 주류를 이룬 가운데 쇠도끼 등 철기가 약간 섞인 널무덤인데 나무널의 흔적이 남아 있었고 한국식동검·꺾창·투겁창·잔무늬거울 등 청동기와 함께 쇠도끼가 조합을 이루고 있다. 서북한지역에서 청동기가 중심을 이루고 약간의 철기가 껴묻힌 널무덤보다는 강철로 만든 도구와 무기를 기본으로 하는 널무덤이 훨씬 많고 군집상을 보여주고 있다. 이러한 유적으로는 부덕리 수역동·낙랑구역·태성리·운성리·안악 복사리 망암동 등이 있다. 이들 유적 가운데는 널이

55) 李健茂, 앞의 글(1990a), 240~242쪽.
56) 전주농, 앞의 글.
고고학 및 민속학연구소, 앞의 책.
57) 梅原末治·藤田亮策, 앞의 책.
58) 리규태, 〈평양부근과 황해남북도일대에서 알려진 좁은놋단검관계유물〉(《고고학자료집》 6, 1983).
59) 황기덕, 앞의 글.
60) 박진욱, 〈함경남도일대의 고대유적 조사보고〉(《고고학자료집》 4, 1974).
61) 원산역사박물관, 〈문천군 남창리 움무덤〉(《고고학자료집》 6, 1983).
62) 國立中央博物館·國立光州博物館, 《特別展 韓國의 青銅器文化》(汎友社, 1992).
63) 박진욱, 앞의 글.

〈그림 3〉 창원 다호리 널무덤

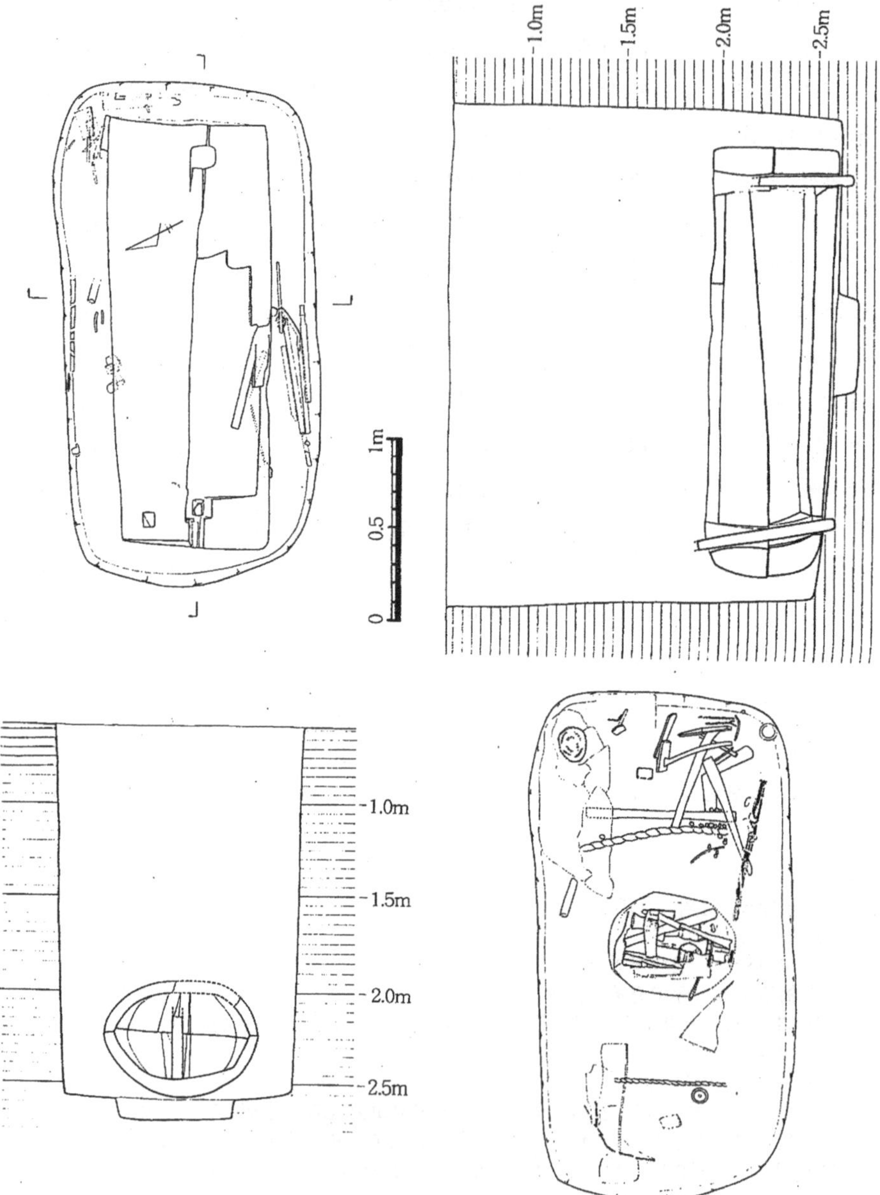

하나만 있지 않고 합장으로 여겨지는 것도 있다. 태성리 7·10·12·13호와 운성리 5호, 복사리 3호 등이 이에 속한다.[64]

이러한 널무덤이 서북한지역에서는 보다 일찍 덧널로 발전하였으나 남부지방에서는 다소 늦게 원삼국시대로 접어들면서 덧널무덤으로 발전하고 있다. 따라서 남부지방에서는 전형적인 널무덤이 철기가 본격적으로 퍼지는 단계에서 일반화되는데 청동기와 철기가 공반되는 널무덤은 경상도지역에서 주로 조사되었다. 경주 조양동[65]·구정동,[66] 월성 입실리, 영천 어은동,[67] 대구 평리동[68]·신천동[69]·비산동,[70] 창원 다호리유적(〈그림 3〉)[71]이 여기에 해당된다.

널무덤은 거의 대부분 나무널이 썩어 없어진 상태로 조사되고 있기 때문에 당시에 사용된 널의 구체적인 형태나 결구방법에 대하여는 자세히 밝혀져 있지 않다. 서북한지역에서는 대체로 판자로 짜맞춘 널이 사용된 것으로 보이지만 남부지방에서도 그러한 널이 사용되었는지는 확실하게 조사된 유적이 없어 의문시된다. 다호리유적에서는 다행스럽게도 널이 그대로 남아 있었는데 통나무를 파서 만든 것이었다.

다) 덧널무덤

초기 철기시대에 해당하는 덧널무덤(土壙木槨墓)은 지금까지 남부지방에서는 조사되지 않고 있으며 주로 대동강유역에서 조사되었다. 남부지방에서는 원삼국시대에 와서야 비로소 덧널무덤이 만들어졌다고 여겨지며[72] 그러한 유적으로는 경주 조양동·황성동을 비롯하여 울산 하대·중산리, 부산 노포동, 김해 양동·대성동, 창원 도계동유적 등이 있다. 이러한 덧널무덤은 중국을

64) 황기덕 외, 〈기원전 5세기~기원 3세기 서북조선의 문화〉(《고고민속론문집》 3, 사회과학원출판사, 1971).
65) 한병삼, 〈慶州 朝陽洞古墳發掘의 意義〉(《韓國考古學年報》 7, 1980).
66) 金元龍, 〈慶州九政里出土金石併用器遺物에 對하여〉(《歷史學報》 1, 1952).
67) 朝鮮總督府, 《大正十一年度古蹟調查報告》 2(1925).
68) 尹容鎭, 〈韓國青銅器文化硏究〉(《韓國考古學報》 10·11, 1982).
69) 尹容鎭, 《慶北文化財地表調查報告書》 1(1980).
70) 金元龍, 〈鳥形안테나式 細形銅劍의 硏究〉(《白山學報》 8, 1970).
71) 李健茂 외, 앞의 글.
72) 林孝澤, 〈洛東江 下流域 土壙木棺墓의 登場과 發展〉(《三韓社會와 考古學》 제17회 한국고고학전국대회 발표요지, 1993).

〈그림 4〉 평양 정백동 92호 덧널무덤의 평면도

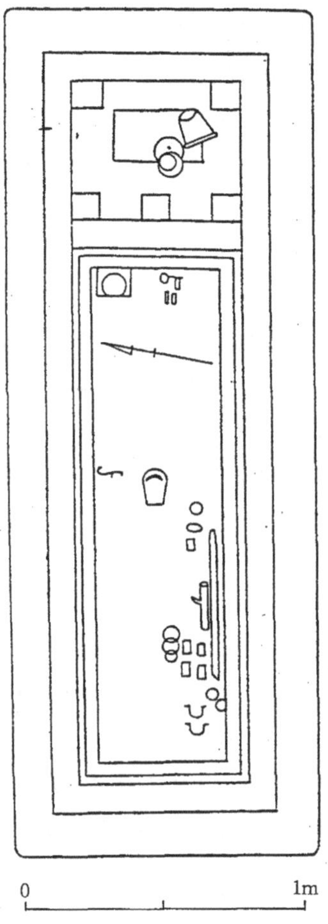

비롯한 고대 북아시아에서 널리 유행했던 목곽분의 전통에 속하는 것으로 대동강유역에 먼저 들어와 위만조선의 유력자의 무덤으로 만들어지다가 점차 전국으로 퍼진 것으로 보인다. 대동강유역으로 들어온 덧널무덤은 위만조선이 망하고 漢의 郡縣으로 樂浪郡이 설치된 후에도 계속하여 만들어지는데 이러한 정치적인 변동은 덧널의 구조 변화를 가져오고 껴묻힌 각종의 유물 조합에도 변화를 일으킨 것으로 보인다.

서북한지역의 덧널무덤은 홑무덤(單葬墓)과 어울무덤(合葬墓)의 형식으로 나누어 볼 수 있다. 홑무덤은 먼저 장방형의 구덩을 파고 두꺼운 나무판자나 角材로 곽을 짜고 그 안에 하나의 나무널을 넣은 후 판자나 각재의 뚜껑을 덮은 다음 흙을 쌓았다(〈그림 4〉). 대동강유역에서 조사된 홑무덤은 60기 정도이며 대부분 봉토가 없어졌다. 그러나 은율 운성리 9호분과 같은 경우는 밑변 18m, 높이 2.5m 정도의 방대형 봉토가 남아 있고 봉토의 흔적을 남기고 있는 유적도 상당수 발견되는 것으로 보아 일반적으로 지하에 매장시설을 갖춘 다음 봉토를 쌓았던 것을 알 수 있다. 홑무덤의 덧널 가운데는 널안에 껴묻거리를 넣기도 하지만 따로 껴묻거리칸을 마련하기도 하였다.

어울무덤은 하나의 봉토안에 일정한 간격을 두고 두 개의 덧널이 들어있는 것(〈그림 5〉)과 하나의 덧널안에 두 개 이상의 널을 넣은 것이 있다. 그 가운데 덧널을 따로 가지고 있는 어울무덤은 덧널이 남북으로 배치되어 있는 경우는 북쪽, 동서인 경우는 서쪽의 덧널에 남자가 묻힌 것으로 여겨지고

〈그림 5〉 정백동 37호 덧널무덤의 평면도

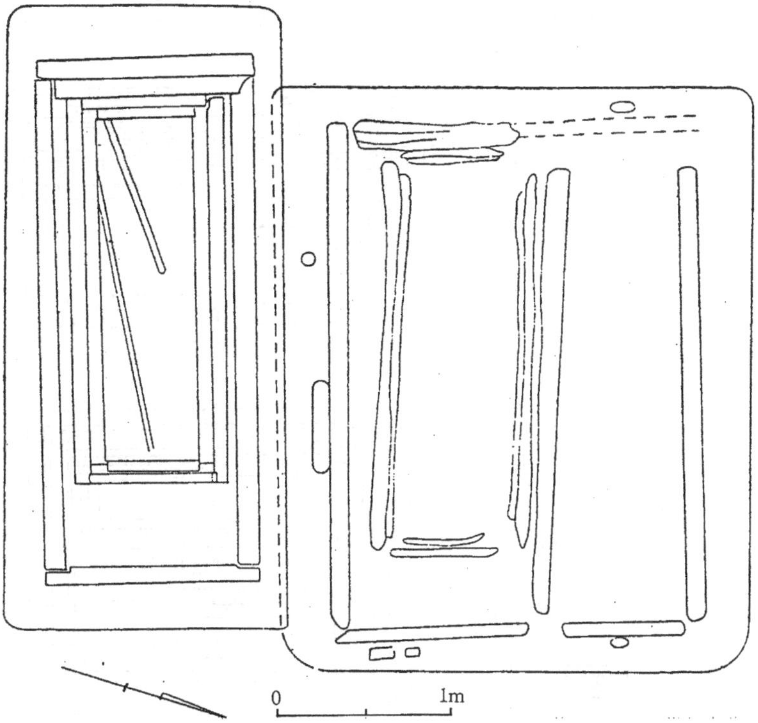

0 1m

있다. 두 덧널은 대체로 깊이가 같지 않으며 여자쪽이 한 단 깊게 놓여있다.[73] 이러한 덧널안에 하나의 널이 들어 있는 것과는 달리 하나의 덧널안에 두 개 이상의 널을 넣은 어울무덤은 귀틀무덤이라고도 하는데 이것은 낙랑군의 설치 이후에 등장하며 樂浪 前期의 무덤양식이다. 귀틀무덤은 지하에 판 구덩이 안에 나무각재로 네모난 방모양의 바깥덧널을 짜고 그 안에는 다시 나무벽을 세워 안덧널을 구획한 다음 그 안에 북침의 부부나 가족의 널을 넣고 있다(〈그림 6〉).[74]

73) 리순진, 〈우리나라 서북지방의 나무곽무덤에 대한 연구〉(《고고민속론문집》 8, 1983).
74) 金元龍, 앞의 책(1973).

〈그림 6〉 평양 오야리 19호 귀틀무덤

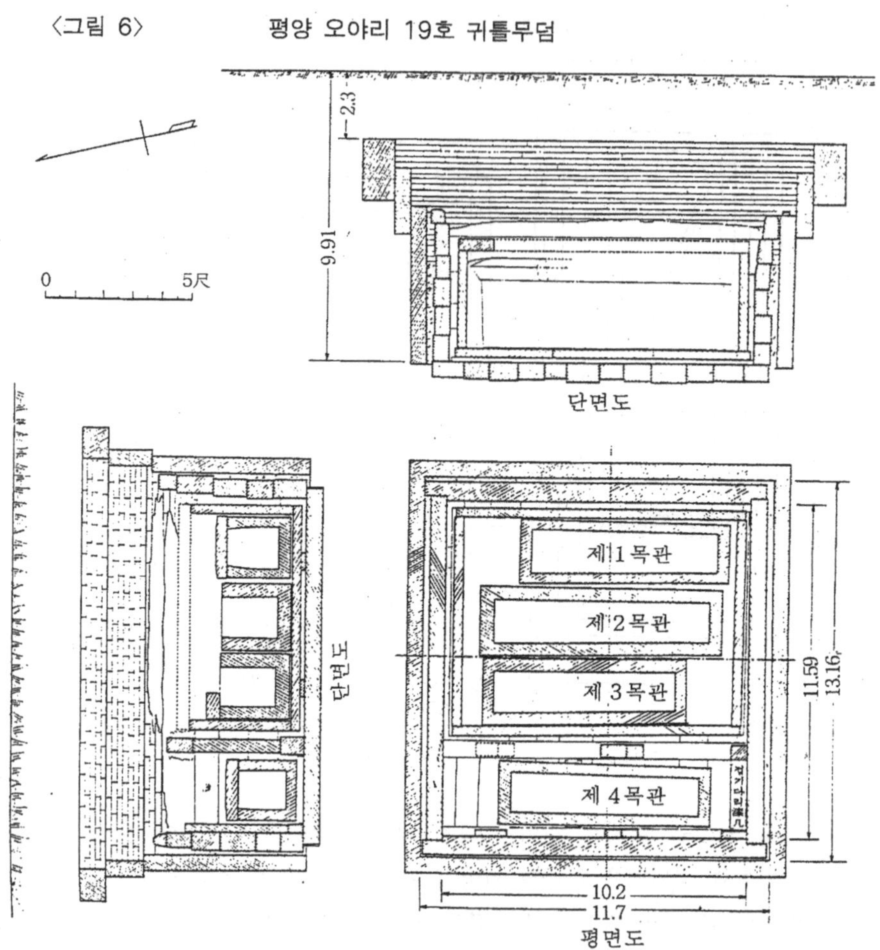

대동강유역의 덧널무덤은 매우 한정된 지역에만 분포하고 있다. 유적이 조사된 곳은 평양 정백동·정오동·토성동·용추동·만경대리·용산리, 강서 태성리, 대동군 팔청리·상리, 온천군 성현리, 황주군 순천리·천주리·청룡리, 은파군 갈현리, 봉산군 송산리, 서흥군 문무리, 은율군 운성리, 안악군 복사리, 신천군 청산리, 재령군 부덕리유적 등으로 청천강 이남의 서북지방이다.

덧널무덤의 껴묻거리는 한국식동검이나 투겁창 등의 청동기가 약간 섞여 있기는 하지만 무기나 농공구 등의 철기가 주종을 이루며 마구나 수레부속 및 화분형단지, 샷무늬단지 등이 공반되고 있는데 유물 조합상의 차이에서 시기적 선후관계를 엿볼 수 있다. 이러한 차이를 잘 보여주는 것은 무기 중의 한국식동검, 쇠단검, 고리자루칼, 쇠장검 등 검의 변화이다. 덧널무덤의 껴묻거리는 이른 시기에는 청동기를 공반하는 널무덤의 그것과 비슷하나 시기가 지나면서 귀틀무덤의 그것과 같은 것이 많다. 이른 시기는 부덕리, 정백동 96호분이, 늦은 시기는 정백동 80·81, 태성리 6호분이 대표적인 유적이다.[75]

덧널무덤은 덧널의 크기나 구조, 껴묻거리의 종류와 수량에서 여러 단계의 차이를 찾아 볼 수 있는데 이러한 차이는 묻힌 사람의 신분이나 계급이 반영되어 나타난 것으로 보인다. 덧널무덤으로서 가장 큰 규모를 가졌고 화려하고 풍부한 유물이 출토된 유적으로는 정백동 37호분을 꼽을 수 있다.

귀틀무덤의 껴묻거리는 팔찌·반지·띠고리와 같은 장신구, 쇠장검·노기·쇠극 등의 무기, 중국거울, 청동그릇, 칠기, 토기 등으로 이루어져 있다. 칠기에는 중국 한대의 연호나 만든 장소와 사람이 새겨진 경우도 있다. 따라서 귀틀무덤에 이르게 되면 중국의 漢式遺物이 중심을 이룬 가운데 토착적인 유물이 포함되어 있는 양상을 보여주고 있다.

귀틀무덤의 유물 가운데는 기원전 85년에서 기원후 71년 사이의 연대를 나타내는 자료들이 있어 축조연대를 구체적으로 알려준다. 그리고 도장도 출토되고 있는데 '高常賢'·'周固'·'王光' 등과 같이 묻힌 사람의 이름이 새겨진 私印이나, '夫租長'·'樂浪太守' 등의 官印이 있다. 도장은 대부분 귀틀무덤에서 출토되고 있으나 덧널무덤에서도 '夫租薉君'이라는 도장이 출토된 바 있다.

〈成洛俊〉

75) 리순진, 앞의 글(1983).
황기덕 외, 앞의 글.

(4) 방어시설

우리 나라 이른시기의 방어시설은 현재 발굴 조사된 자료가 극소수에 불과하다. 따라서 현재로서는 철기시대(初期鐵器時代, 原三國時代 포함) 자료만의 분석은 불가능하며 전후 자료들과의 비교 없이는 윤곽조차 파악하기도 어려운 실정이다. 따라서 이 글에서도 청동시대의 자료를 함께 다루지 않을 수 없으며, 경우에 따라서는 삼국시대의 자료도 일부 언급할 것이다.

가. 환 호

가) 청동기시대

(가) 검단리유적

경상남도 울산시 울주구 웅촌면 검단리 산 62번지 일대에 위치한다. 1990년 2월 3일부터 80일간에 걸쳐 부산대학교 박물관에 의해 발굴되었다. 발굴된 지역은 구릉의 정상부와 그 주변의 경사면으로 해발 104~123m이고, 평지로부터의 비고는 14~33m였다. 환호 유적은 정상부인 해발 112~121m에 걸쳐 확인되었다.

호의 평면 형태는 장타원형의 一重壕였으며 규모는 장경 118m, 단경 70m이고 길이는 298m, 내부면적은 5,974㎡였다. 호의 폭은 50~200㎝, 깊이는 20~110㎝, 단면은 대부분 U字形이지만 일부는 V자형으로 되어 있었다. 출입구는 남북 각 1개소씩 2곳에 설치되었는데, 이 부분은 구덩이(溝)를 파지않고 원 지면을 남겨두어 안팎을 다리처럼 연결하는 陸橋를 만들었다. 남쪽 출입구는 300㎝, 북쪽 출입구는 275㎝였다. 구덩이 내부에서는 다량의 토기류와 약간의 석기류가 출토되었는데, 출토 유물로 보면 사용기간은 그다지 길지 않았을 것으로 추정하고 있다. 한편 환호 안팎에서는 청동기시대 주거지 93동이 발굴되었다.[1] 이 유적의 시기는 무문토기 전기 말경(기원전 7~ 6세기)으로 보고 있다.

---

1) 鄭澄元・安在晧, 〈蔚山檢丹里遺蹟〉(《考古學硏究》 37-2, 1990), 17~20쪽.
釜山大 博物館, 《蔚山檢丹里마을遺蹟》(1995), 211~226쪽.

〈그림 1〉　　　검단리유적 환호 평면도

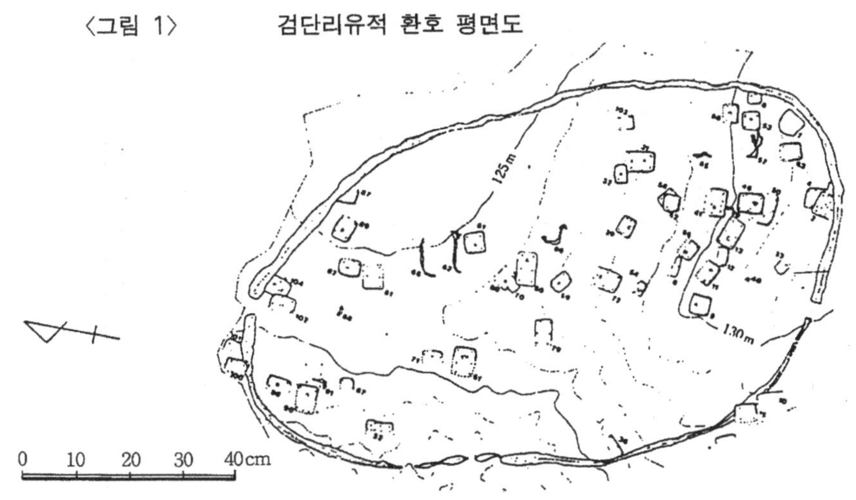

(나) 송국리유적

충청남도 부여군 초촌면 송국리에 위치하며 국립공주박물관에 의해 1992년과 1993년에 발굴되었다. 背後濕地가 끝나는 표고 16~20m의 낮은 대지상의 구릉에 형성되어 있다.

55~57지구의 호는 황갈색 풍화암반층을 파고 설치되었는데 구지표를 포함한 호의 어깨선 상부가 상당부분 삭평된 듯하였다. 폭은 270~380㎝ 정도였고, 깊이는 90~110㎝ 정도이며, 단면은 얇고 넓은 U자형을 띠고 내부 바닥과 벽에는 굴지구에 의해 파여진 굴곡이 심하였다.

50-A지구의 호는 폭 380~420㎝, 깊이 30㎝ 내외로 단면은 얇고 넓은 U자형이고, 파인 호의 내부 역시 굴지구에 의한 굴곡이 심하였다. 57지구의 호도 풍화암반층을 파고 구축되었는데 어깨선 상부가 상당 부분 삭평된 것 같다. 호의 폭은 365㎝, 현 깊이는 87㎝였고 단면은 넓은 U자 모양이며, 바닥과 벽면에는 굴지구에 의한 굴곡이 심하였다.[2] 중심 연대는 대략 기원전 5세기경이다.

2) 國立公州博物館, 《松菊里》 V ; 木柵(1)(1993), 92~97쪽.

〈그림 2〉 송국리유적 호상유구(57지구)

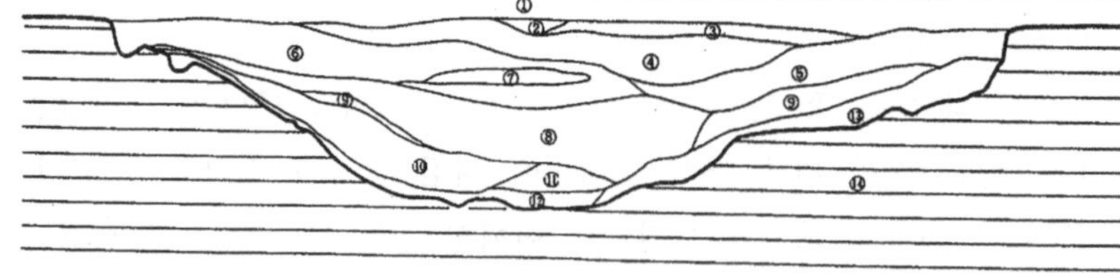

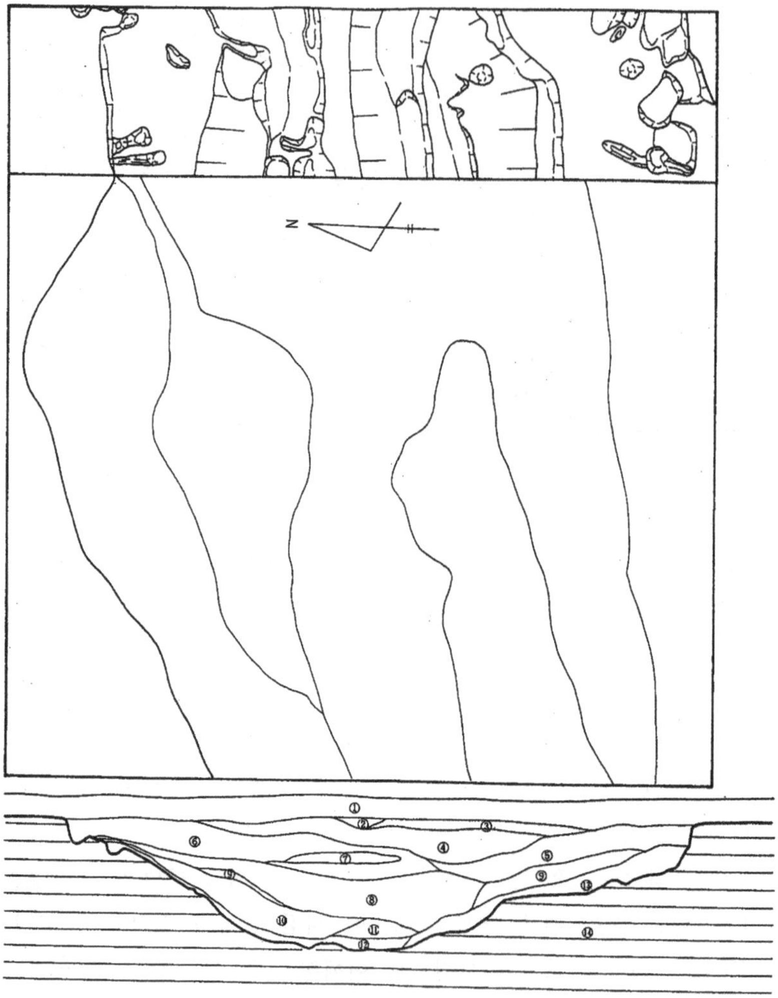

① 흑갈색 부식토(표토) ② 회갈색 사질토 ③ 암흑갈색 사질토(점성 강함)
④ 명갈색 사질토 ⑤ 적갈색 사질토 ⑥ 암적갈색 사질토
⑦ 회갈색 사질토 ⑧ 명갈색 사질토 ⑨ 황갈색 사질토
⑩ 적갈색 사질토 ⑪ 암적갈색 사질토(견도 굳음)
⑫ 황색 사질토(입자 치밀) ⑬ 명황갈색 사질토 ⑭ 풍화암반

(다) 덕천리유적

경상남도 창원군 동면 덕천리 168번지 일대에 위치하며 경남대학교 박물관에 의해 1992년 10월부터 7개월에 걸쳐 발굴 조사되었다.

Ⅱ지구의 구릉과 작은 谷間에서 확인된 덕천리유적의 호 폭은 3m, 깊이는 1~1.5m였고, 확인된 길이는 150m였으며 단면은 둥근 V자형이었다. 호의 내부 매몰토에서 다수의 무문토기가 출토되었다.[3]

나) 철기시대

(가) 대성동유적

경상남도 김해시 대성동에 위치하며 1991년 10월부터 5개월간 걸쳐 경성대학교 박물관에 의해 발굴 조사되었다. 제3차에 걸친 결과 제1지구의 표고 9m 지점에서 확인되었다.

호의 폭은 100㎝, 깊이 70㎝ 정도로 단면은 V자형이고 길이는 9m 정도였다. 호가 구축된 시기는 호의 바닥으로부터 출토된 무문토기 고배를 근거로 기원전 1세기 중엽이고, 기능을 상실한 시기는 대체로 3세기 중엽으로 추정된다고 한다.[4]

(나) 봉황대유적

경상남도 김해시 봉황동에 위치하며 부산대학교 박물관에 의해 1992년 12월 27일부터 96일간에 걸쳐 발굴 조사되었다.

2차에 걸친 조사로 46호 주거지 아래에서 호가 검출되었는데 그 규모는 폭 250㎝, 깊이 150㎝였고 단면은 U자형이었다. 내부에서는 무문토기 저부, 두형토기, 단면삼각구연점토대토기, 흑색마연토기 등이 출토되었다. 호의 외부에는 직경 50㎝ 정도의 기둥구멍이 5개가 확인되었는데 호의 외부와 100㎝ 정도의 거리를 유지하고 있었다.[5]

(다) 양산 패총유적

경상남도 양산군 양산읍 다방리 224번지에 위치하며 1967년 10월 국립중앙박물관에 의해 발굴되었다.

---

3) 李相吉, 〈韓國昌原德川里遺蹟發掘調査概要〉(《古文化談叢》 32, 1994), 250쪽.
4) 申敬澈, 〈韓國金海の環濠集落〉(《古代の日本》 5, 角川書店, 1992), 3~6쪽.
5) 李在賢, 〈金海 鳳凰臺遺蹟 2차 발굴조사 개요〉(《제36회 전국역사학대회 발표요지》, 1993), 542~549쪽.

〈그림 3〉 양산 패총유적 유구 배치도

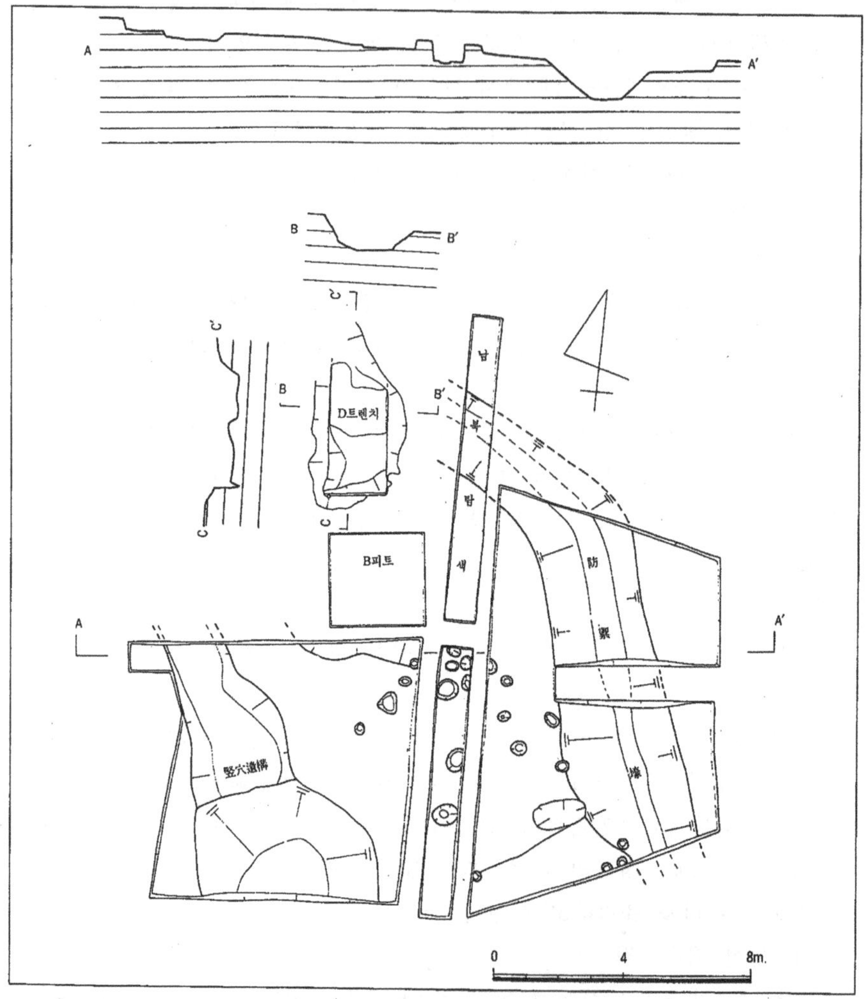

해발 120m의 구릉위 정상부에 위치한 이 유적의 호 규모는 상폭 280~350㎝, 하폭 50~80㎝, 깊이 130㎝ 내외였다. 단면은 V자형이고 가장 깊은 바닥에 평탄한 부분을 만들었다. 호가 있는 지형은 병목처럼 생겼는데 폭은 12m 정도였다. 호와 근접하여 기둥구멍처럼 생긴 구덩이가 10여 개 발견되었으나 목책이 설치되었던 흔적으로 보기는 어렵다고 한다. 호의 내부를 메운 흙은 하반부는 여러 개의 토층으로 구분할 수 있는데 부분적으로 灰層과 소량의 패각을 포함한 층이 형성되어 있었고, 최하부에는 사질토가 퇴적되어 있었다. 하반부에서는 소량의 토기 파편이 채집되었다. 상반부는 갈색토의 두터운 퇴적층을 이루고 있었으며 유물은 포함되지 않았다.

남북 트렌치와 D트렌치의 북반부에도 얕은 도랑처럼 생긴 부분이 발견되었는데 이것도 호의 바닥으로 간주할 수 있다고 한다. 폭은 약 80㎝ 정도였다.[6]

다) 삼국시대

(가) 가음정동 패총유적

경상남도 창원시 가음정동 당산 677번지 일대에 소재한다. 창원문화재연구소에 의해 1991년 11월 11일부터 12월 20일까지 39일간에 걸쳐서 발굴되었다.

해발 73.5m의 소구릉인 당산 가운데 발굴 조사된 지역은 남서쪽에 위치한 Ⅰ지구로서 해발 48~50m 선상에 위치하였다.

호는 패총의 1지구 북동쪽 가 3~가 5pit 내의 패각층 아래에서 확인되었는데 폭 150~200㎝, 깊이 20~70㎝, 단면은 U자형이었으며 확인된 길이는 약 10m 정도였다. 이 호는 기원후 3~4세기경 사이의 어느 시기에 이루어진 것으로 추정하고 있다.[7]

(나) 봉황대유적

부산대학교 박물관에 의해 1991년도에 실시된 시굴조사에서 확인되었다. 호는 봉황대 서쪽 사면 해발 17m 선상의 다소 평탄한 곳에 위치하였다. 폭은 350㎝, 깊이 150㎝로 단면은 계단식으로 단이 진 역사다리꼴이었으며 확인된 길이는 약 90m 정도였다. 대략 기원후 4~5세기의 금관가야 유적으로 추정하고 있다.[8]

---

6) 尹武炳·韓永熙 외, 〈梁山 多芳里貝塚 發掘調査報告〉(《淸堂洞》, 국립중앙박물관, 1993), 215~222쪽.

7) 昌原文化財硏究所, 《昌原加音丁洞遺蹟》(1994), 141~193쪽.

8) 釜山大 博物館, 〈金海鳳凰臺遺蹟 지도위원회자료〉(1992년 3월 2일).

〈그림 4〉 가음정동 패총유적 환호 평면 및 단면도

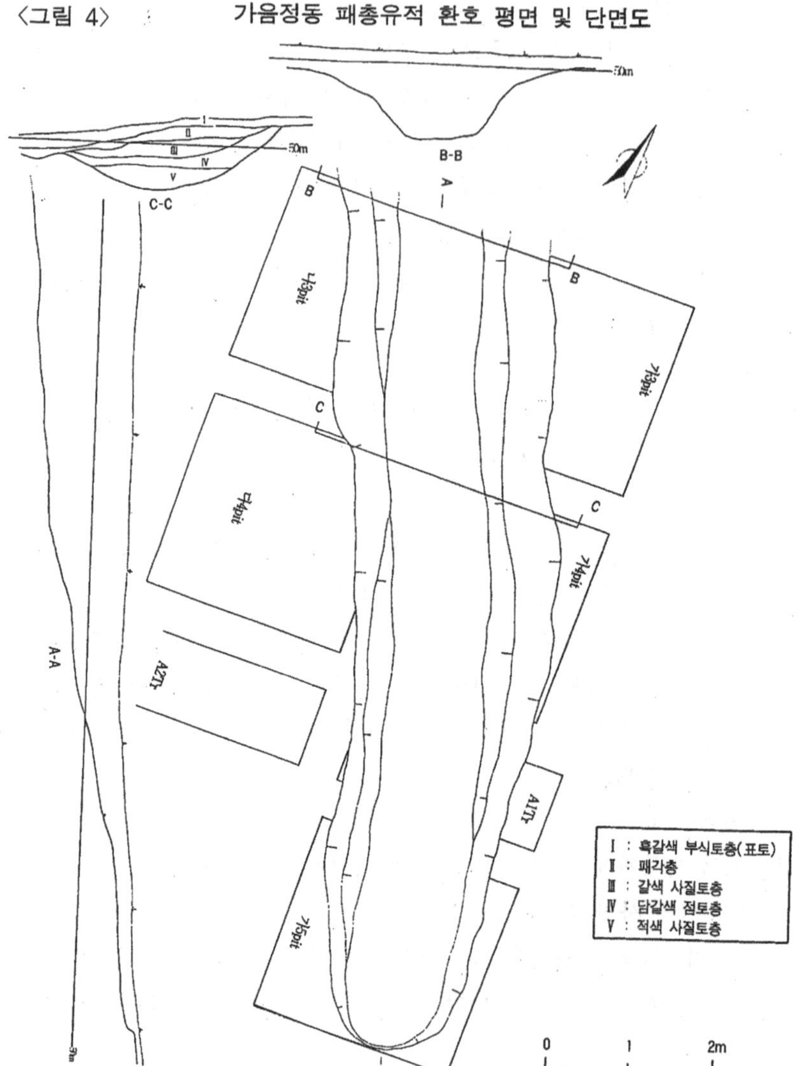

Ⅰ : 흑갈색 부식토층(표토) Ⅱ : 패각층 Ⅲ : 갈색 사질토층
Ⅳ : 담갈색 점토층 Ⅴ : 적색 사질토층

〈그림 5〉 봉황대유적 지형도

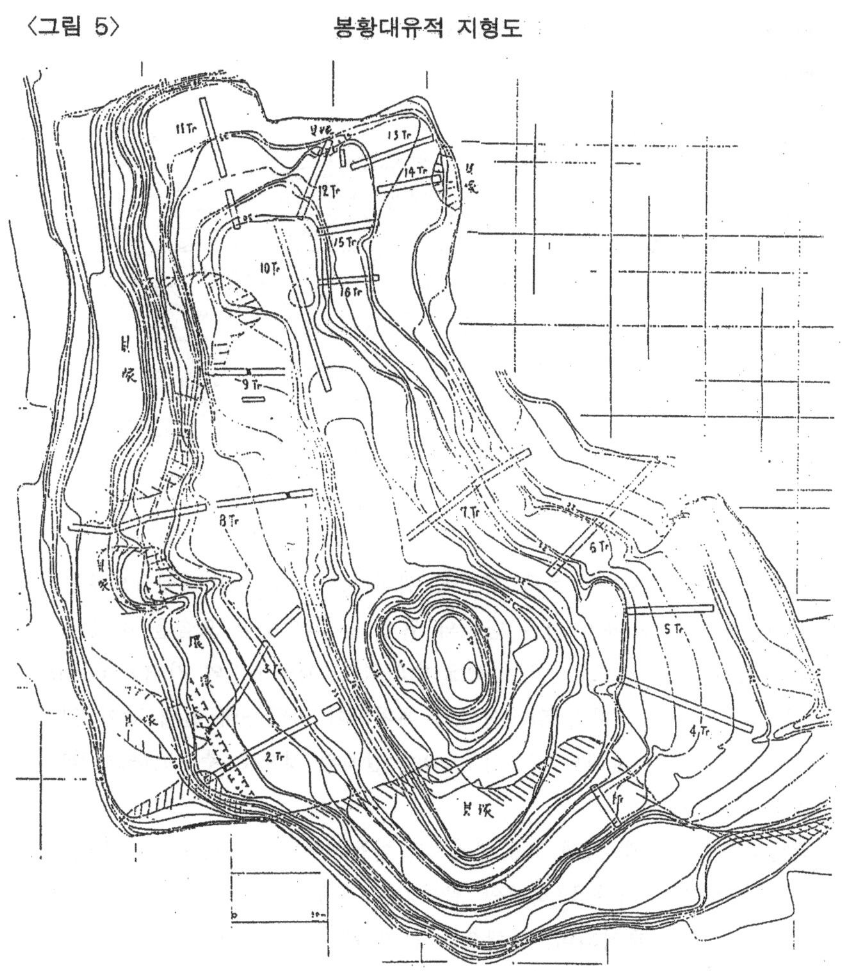

나. 목 책

가) 청동기시대

(가) 미사리유적

경기도 하남시 미사동에 위치하며 고려대학교 발굴조사단에 의해 1988~1992년까지 4차에 걸친 발굴 조사에서 확인되었다.

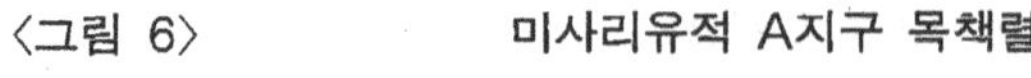

〈그림 6〉 미사리유적 A지구 목책렬

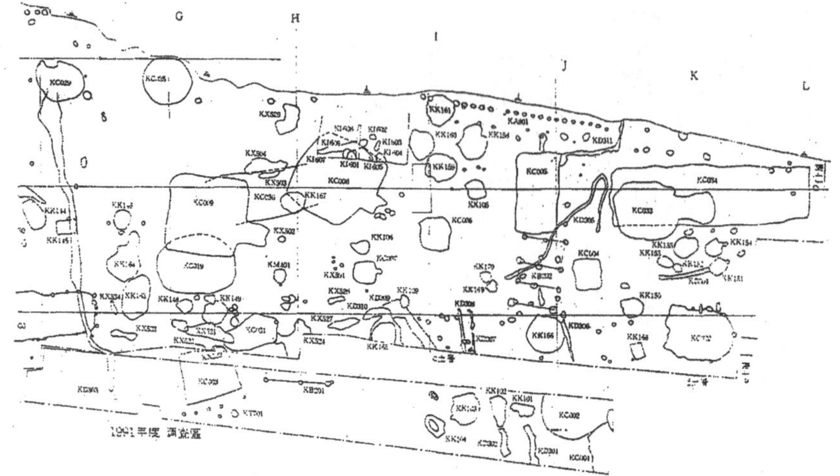

목책렬 유구는 A지구 동쪽 강안에 위치하고 있었는데 레벨상으로는 안쪽에 비해 약간 높아 마치 작은 단구의 위에 형성된 듯한 모습을 하였다. 기둥구멍은 직경 40㎝ 정도, 깊이는 20㎝ 내외였다. 기둥구멍의 간격은 60㎝로 작은 단구의 정상부를 따라 일직선상에 배치되어 있었는데 현재 남아 있는 수는 20개였다. 孔列土器期(무문토기 전기)에 설치된 것으로 추정된다고 한다.[9)]

(나) 송국리유적

국립공주박물관에 의해 1992년과 그 이듬해에 걸쳐 발굴 확인되었다. 이 유적의 목책렬은 커다란 하나의 골짜기를 포함하는 형태로 총연장 길이는 약 2.5㎞ 정도로 추정되며, 목책으로 둘러싸인 취락 내부의 면적도 약 61ha에 이르는 것으로 보고 있다.

길이 430m가 확인되었는데 목책렬은 지역에 따라 다소의 차이가 있었다. 즉 54지구의 목책 기둥구멍 사이의 간격은 180㎝ 내외로 넓으면서 균일하게 배치되었고, 57지구의 경우는 130㎝ 내외로 54지구보다는 밀집하였다. 54지구 舌狀臺地 남쪽지역은 220~240㎝로 간격이 매우 넓었다. 기둥구멍들은

9) 渼沙里先史遺蹟發掘調査團·京畿道公營開發事業團, 《渼沙里》 5(1994), 272쪽.

〈그림 7〉 송국리유적 목책렬(57-B지구)

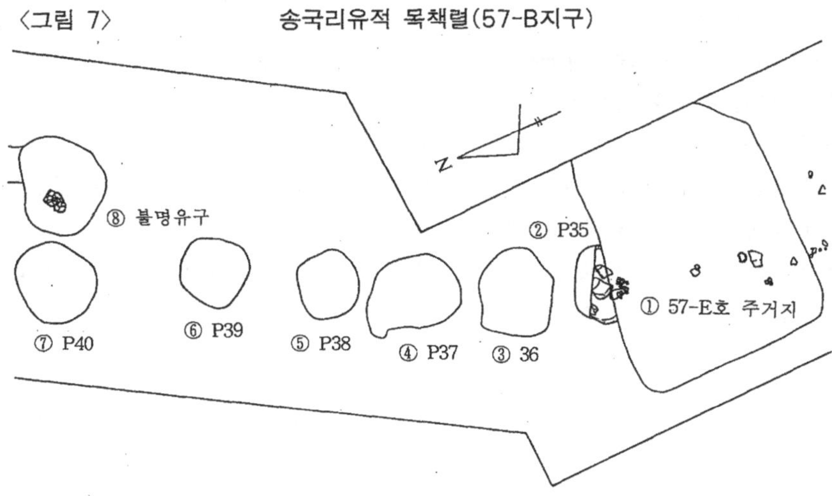

크기와 형태에 따라 3가지로 구분되는데 평면(장)방형이며 대형인 것, 평면 원형 또는 방형이면서 중형인 것, 원형 또는 방형이면서 소형인 것이 있었다. (장)방형이면서 대형인 기둥구멍은 폭 130~140㎝, 깊이 110㎝의 크기이며 중간크기의 것은 폭(직경) 100~110㎝, 깊이 50~70㎝의 것들로 원형도 일부 보이나 대부분 방형이었다. 소형의 기둥구멍은 원형 기둥구멍, 방형 기둥구멍 모두 폭 70~80㎝, 깊이 40~50㎝로 거의 같은 크기로 되어 있었다. 기둥구멍 내에 세워진 기둥은 30㎝ 내외의 것들이 대부분이고 기둥 사이는 54지구 설상대지와 57지구에서 확인된 평면 토층 양상으로 보아 기둥 사이에 横帶를 설치하고 점토벽을 만든 것으로 보고 있다.

기둥구멍은 대부분 수직으로 팠으며 파인 기둥구멍의 벽에는 일부 굴지구의 흔적이 남아 있는 것도 있다. 기둥구멍의 바닥은 흙다짐한 것과 積心石을 한 것이 있었다. 흙다짐한 것도 대부분 지반이 견고한 풍화암반을 파고 설치된 기둥구멍들이며, 적심석을 한 경우는 지반이 약한 부식토를 파고 설치된 기둥구멍들이 대부분이었다. 다짐층 상부에 딱딱한 암반편이나 작은 돌들을 柱根에만 괴인 것도 있었다.[10)]

---

10) 國立公州博物館, 앞의 책, 82~85쪽.

나) 철기시대

철기시대 목책으로는 대구광역시 중구 달성동의 達城遺蹟을 들 수 있다. 1968년 11월 경북대학교 조사팀에 의해 발굴되었다.

동쪽 성벽 밑에서 암반 위에 높이 약 5m(3층)의 퇴적층을 확인하였다. 이 중 제3층은 성 밖으로 경사를 이룬 암반 바로 위로, 암반에서 약 20~50㎝의 자연토층을 두고 그 위에 형성된 문화층이다. 여기서 대량의 패각류와 김해식토기·흑도·골촉·桃實 등이 출토되었으며, 수직으로 박힌 나무기둥 흔적이 10여 개 나왔으나 목책인지 아니면 주택벽주인지 확실하지 않다.[11]

다. 녹각시설

송국리유적 57지구의 서쪽으로 돌출된 구릉의 서남 사면에서 소형의 기둥구멍군이 확인되었다. 기둥구멍은 풍화암반층을 파고 마련하였는데 내부에는 적갈색 사질토로 차 있었다. 기둥구멍의 형태는 원형·타원형 등 여러 가지이나 원형이 기본이었다.

크기는 지름이 10~40㎝로 다양하며 단면으로 확인된 것은 수직으로 된 것, 경사면 외측으로 경사진 것 등 무질서하게 되어 있었다. 동서 5m×남북 9m의 조사구에서 100여 개 이상이 빽빽하게 밀집되어 군을 이루고 있었고 그 범위는 450㎝의 폭에 걸친 경사면에 설치되어 있었다. 길이는 현재 9m에 걸쳐 확인되었으나 그 북쪽으로 계속해서 연장되고 있었다.

이 소형 기둥구멍군은 크기와 형태가 여러 가지이고 단면 형태도 무질서하며 목책렬 외측의 경사면에 군집되어 있는 등의 상황으로 보아 취락의 방어기능을 강화하기 위하여 목책의 외곽과 완만한 경사면에 설치했던 鹿角施設이었던 것으로 보인다.

소형 기둥구멍군이 위치하여 있는 이 지역은 얕은 골짜기에 해당하고 여기에서는 소형 기둥구멍군과 목책렬이 확인되지 않았다. 이 소형 기둥구멍군은 취락내부에서 보면 小路가 있는 골짜기를 중심으로 기둥구멍군의 외측이 일정한 선을 그리면서 八字狀으로 벌어지는 형태를 띠고 있다.

---

11) 尹容鎭, 〈大邱達城城壁調査〉(《考古美術》 9-11, 韓國美術史學會, 1968), 500~501쪽.
 ——, 〈韓國初期鐵器文化에 관한 硏究〉(《韓國史學》 11, 한국정신문화연구원, 1990), 111~132쪽.
 大邱直轄市·慶北大 博物館, 《大邱의 先史遺蹟》 先史·古代篇(1990), 213~219쪽.

〈그림 8〉 송국리유적 녹각시설(57지구)

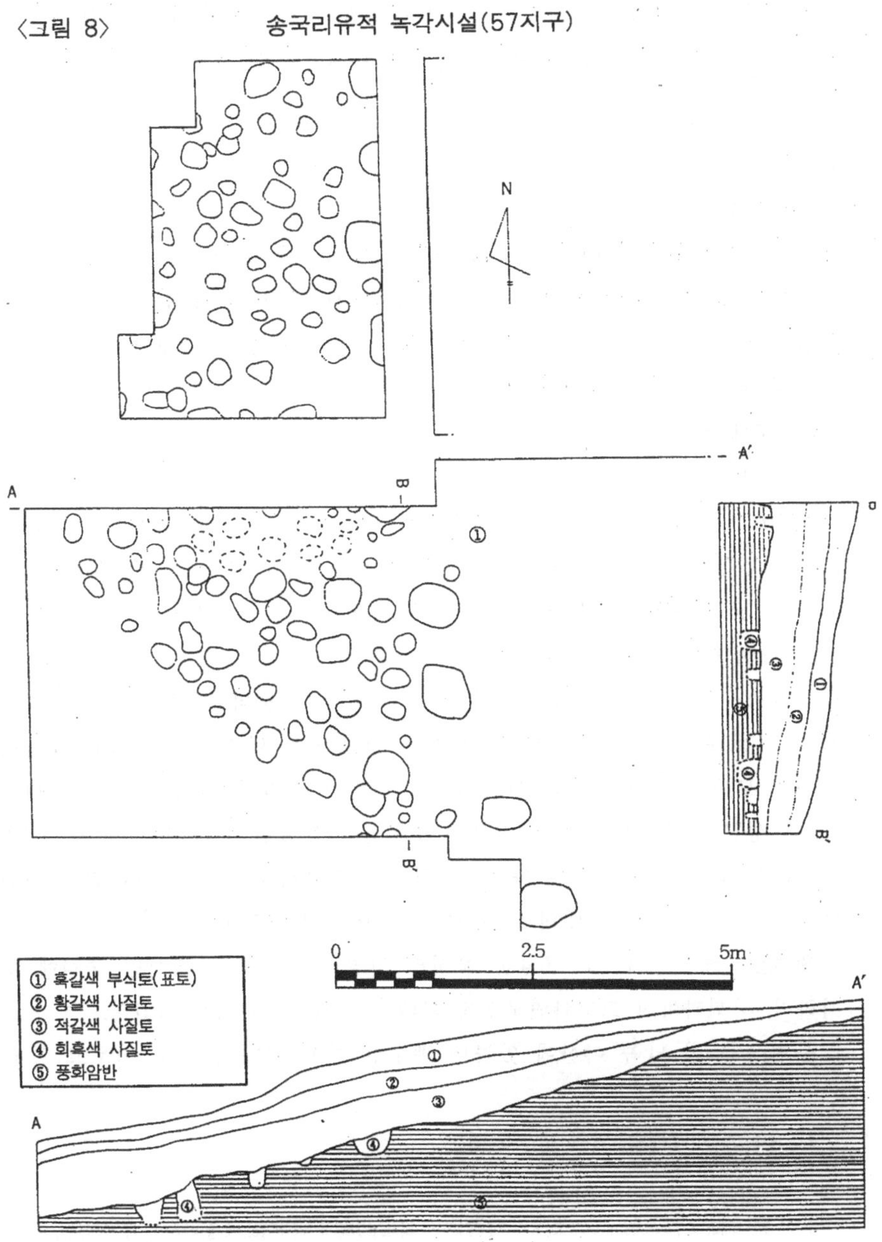

이 골짜기는 취락내부를 통하는 출입구였을 것으로 추측되며, 소형 기둥구멍군으로 이루어진 녹각시설은 이 출입구의 좌우측에 시설되었던 것으로 보인다.12)

라. 토 성

가) 구릉성

검단리유적의 환호에 매몰된 토층 상태가 하층은 地山土에 가까운 흙이며 상층은 부식토였다. 이는 본래 환호 주변에 있던 토루의 흙이 환호의 내측으로부터 유입된 것으로 보고 있다. 즉 환호 안쪽에 토루를 쌓았을 가능성이 매우 높은 것으로 보는 것이다.13)

나) 중국계 토성

(가) 방 형

國內城 : 중국 길림성 집안현 집안진에 위치하며, 集安縣文物保管所에 의해 1975년 5월부터 1977년 5월까지 발굴되었다. 규모는 동벽 554.7m, 서벽 664.6m, 남벽 751.5m, 북벽 715.2m로 전체 성벽 둘레는 2,686m이다. 성의 형태는 거의 방형이며 방향은 155° 이다.

발굴조사에서 남벽과 북벽의 성벽 하부에서 한 줄의 견고한 토루가 확인되었다. 토루의 폭은 7~8m, 높이 1.7~2m였으며 단면은 弓形이고 토질은 진흙에 모래가 섞인 황갈색인데 거기에 소량의 자갈이 섞여 있었다. 흙다짐할 때 생긴 구멍은 보이지 않았으나 토루안에서 불탄 흙과 灰坑이 확인되었다. 토루내의 출토유물로 보아 초축 연대를 전국시대에서 고구려 건국 이전으로 추정하고 있다.14) 대체로 한대유적이 아닌가 추측된다.

雲城里土城 : 황해남도 은율군 운성리 갈말리마을 동쪽 경사면 중턱에 위치하며, 사회과학원 고고학연구소에 의해 1962년 4월에 발굴되었다.

무덤은 토성 남쪽 야산에 있는데 백수십 기가 하나의 떼로 이루고 있고,

12) 國立公州博物館, 앞의 책, 85~87쪽.

13) 鄭澄元・安在晧, 앞의 글, 18~19쪽.
釜山大 博物館, 앞의 책.

14) 集安縣文物保管所, 〈集安高句麗國內城址的調查與試掘〉(《文物》 1, 1984), 47~54쪽.

무덤과 토성과의 거리는 400m 안팎이다. 토성은 동서로 길게 놓인 장방형이며 규모는 동서 100m, 남북 60m이고 둘레는 355.7m이다. 지표로부터 40㎝ 깊이에서 두께 20㎝ 안팎의 검은 진흙층에 동서 20m, 남북 15m 정도의 관청자리가 확인되었다. 이 집자리에는 주춧돌들이 발굴되었고 이들 사이에는 막돌들과 기와조각·질그릇·쇠칼·쇠낫·뼈화살촉 등이 널려 있었다고 한다. 한편 동벽 밖 1.5m 거리에서 폭 8m, 깊이 1.4m의 해자 자리가 확인되었으며, 해자 안에서 성 안에서 나온 것과 같은 여러 가지 질그릇이 나왔다.15)

〈그림 9〉 국내성 평면도

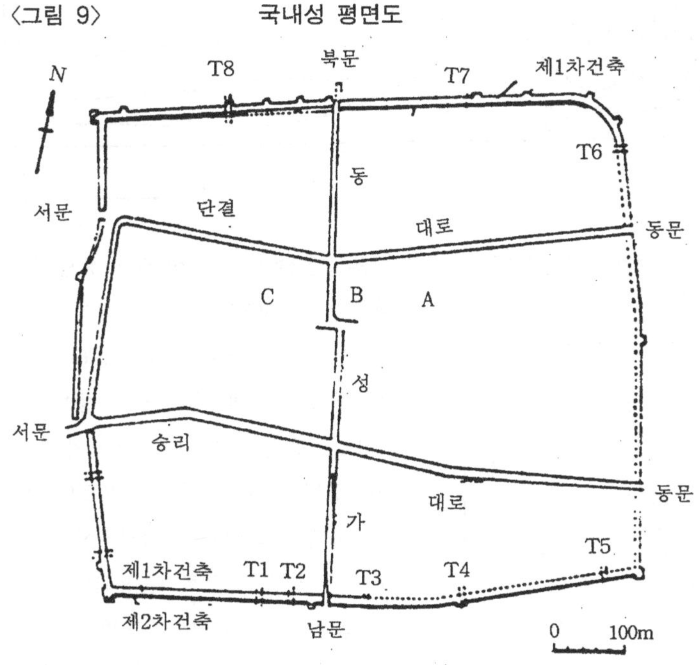

15) 리순진, 〈운성리유적 발굴보고〉(《고고학자료집》 4, 사회과학출판사, 1974), 220~223쪽.
조선유적유물도감편찬위원회, 《조선유적유물도감》 2 ; 고조선·부여·진국편(1989), 170~172쪽.

〈그림 10〉 운성리토성 평면도

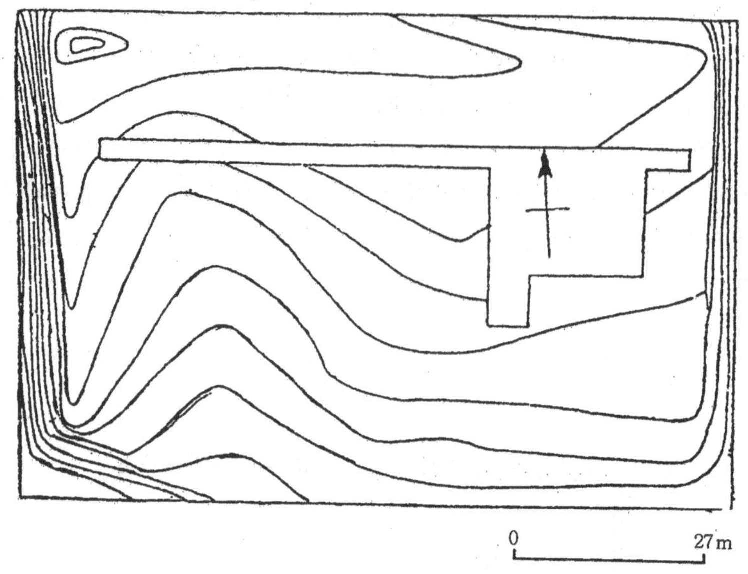

〈그림 11〉 풍납동토성 평면도

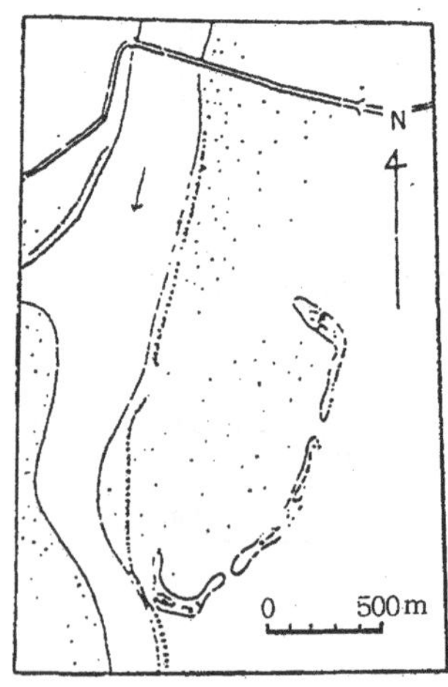

風納洞土城 : 서울 송파구 풍납 2동에 위치하며, 서울대학교 고고인류학과에 의해 1964년과 1966년에 발굴되었다. 1964년 조사 당시 성벽 규모는 북벽 약 300m, 동벽 1,500m, 남벽 200m, 유실되고 남은 서벽의 남쪽벽이 약 250m 정도로 전체 길이가 2,250m쯤 남아 있었다 한다. 그러나 본래의 성벽은 3.5~4㎞ 정도는 되었을 것으로 추정된다. 성안 포함층의 발굴조사도 이루어졌다.[16] 축성 연대는 3세기 말경 정도로 추정되며 백제 초기 유적으로 보고 있다.

---

16) 金元龍, 〈風納里土城內住居層〉(《考古美術》 5-9, 1964).
최근 국립문화재연구소에서 집자리유적을 발굴하였다(국립문화재연구소, 〈자문회의 자료〉, 1997년 4월 11일자 1~7쪽 참조).

(나) 부정형

樂浪土城 : 평양시 낙랑구역 낙랑동에 위치하며 1934·1935·1937년 3차에 걸쳐 일본인들에 의해 발굴되었다.17) 광복 후에도 몇 차례 발굴된 듯한데, 1968년에는 토성 동쪽 대지 300㎡ 정도를 추가로 발굴하였다.18)

성의 규모는 남북 약 550m, 동서 약 650m 정도이고 실측도에 나타난 전체 성벽 둘레는 1,935.2m, 면적은 209,988.24㎡(63,521평)이다. 주변에는 동서 약 8㎞, 남북 약 4㎞에 걸쳐 2,700여 기의 고분들이 분포하고 있다고 한다.

〈그림 12〉 낙랑토성 평면도

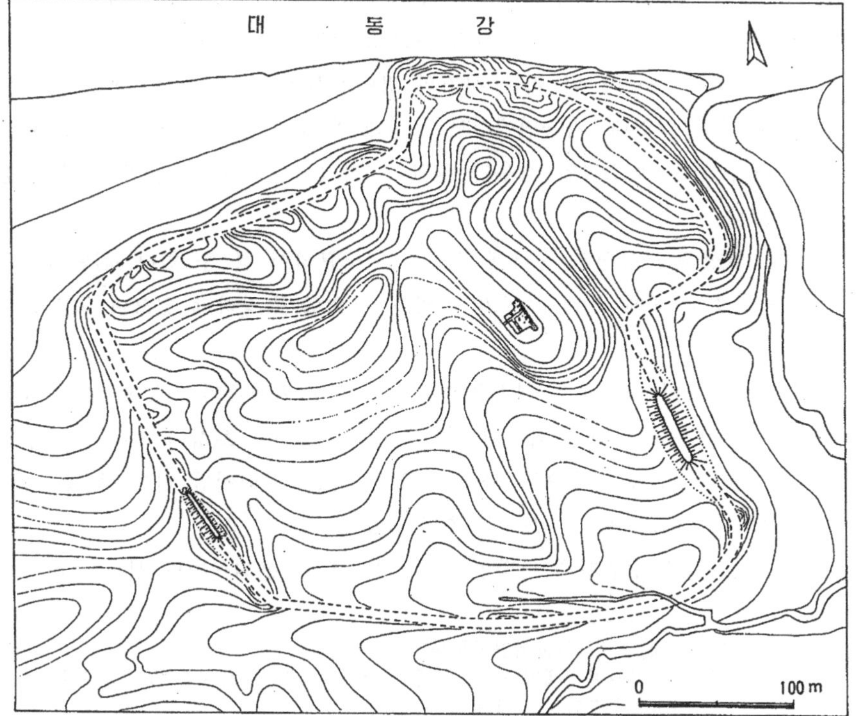

17) 朝鮮古蹟硏究會, 〈昭和九年及同十年度土城址の調査〉(《古蹟調査槪報 樂浪遺蹟 昭和十年度》, 1936), 33~47쪽.

——, 〈樂浪土城址の調査(槪報)〉(《昭和十二年度古蹟調査報告》, 1938), 103~115쪽.

18) 리순진·장주협, 《고조선문제연구》(사회과학원 고고학연구소, 1973), 153쪽.

성안에서는 건물의 주춧돌과 기단을 비롯하여 벽돌을 깔은 도로, 하수구, 벽돌로 쌓은 네모난 留水址 및 우물터 등이 발굴되었다. 이 성의 초축 연대는 기원후 1세기로 보고 3세기까지 사용되었으리라는 설이 유력하게 주장된 바 있다.[19)]

所羅里土城 : 함경남도 금야군 새동리에 위치하며 규모는 764m 정도이고, 성안에서는 집자리가 발굴되었다. 특히 8호 구덩이에서 유물이 가장 많이 나왔다. 구덩이의 규모는 폭 3m, 길이 5.6m 정도의 장방형 구획안 지표로부터 1m 되는 지점에서 시작하여 2m 깊이에 이르기까지의 지층에서 청동촉, 철촉, 세형동검 십자형 검파두식과 수레 부속품인 일산대끝, 乙자형기, 철부, 철검조각 등이 출토되었다.[20)] 8호 구덩이에서 출토된 유물의 연대를 기원전 2세기 후반기부터 기원전 1세기까지 것으로 추정하고 있다.[21)]

이상과 같이 우리 나라 이른 시기의 방어시설은 토성, 목책, 환호, 녹각시설, 해자 등이 있었다. 기능면에서는 토성과 목책이 중심이 되고, 환호, 녹각시설, 해자 등은 보조적인 경우가 많았다. 각각의 특징은 다음과 같이 설명될 수 있다.

첫째, 토성은 구릉성과 중국계 토성으로 구분하여 볼 수 있다. 검단리유적에서는 환호 안쪽에 본래 토루가 있었을 것으로 추정하고 있으나 확실하지는 않다.

일본의 야요이시대 환호 취락유적에도 토루가 존재했기 때문에 우리 나라에도 구릉 상부에 위치한 취락에 취락의 주위를 두른 토성이 있었을 가능성은 아주 높다. 토성 단독으로 사용되었을 경우도 있겠지만 환호, 목책, 녹각시설 등과 결합되었을 경우도 상정할 수 있다.

중국계 토성은 평면형태가 방형과 부정형으로 구분되어지나 성격은 비슷한

---

19) 고고학연구소, 《고조선문제연구론문집》(1977), 118쪽.
황기덕 외, 〈기원전 5세기~기원 3세기 서북조선의 문화〉(《고고민속론문집》 3, 사회과학출판사, 1971), 37쪽.
최근에는 축성시기를 기원전 2세기로 올려 보려는 주장도 있다(조선유적유물도감편찬위원회, 앞의 책, 98~99쪽).

20) 박진욱, 〈함경남도 일대의 고대유적 조사보고〉(《고고학자료집》 4, 1974), 170~173쪽.
조선유적유물도감편찬위원회, 위의 책, 180~181쪽.

21) 박진욱, 위의 글, 181쪽.

것 같다. 즉 이런 계통의 토성은 중원지방으로부터 중국세력이 동북지방으로 뻗어나감에 따라 요동·만주지방에서 그들의 지방행정 중심지의 관아가 있는 치소에 만들어졌다. 이러한 토성은 한반도에도 전파되어 예성강 이북지역에서는 전술한 운성리토성, 낙랑토성(토성동토성), 소라리토성을 비롯하여 평안남도 온천군 성현리의 어을동토성(성현리토성), 황해남도 신천군 청산리의 청산리토성, 황해북도 봉산군 문정면 지탑리의 지탑리토성(당토성)이 알려져 있다.[22] 이들 토성들은 대부분 벌판 가운데 위치하며 부근에 강이 흐르고 전망이 좋은 그리 높지 않은 둔덕에 자리잡고 평면 형태는 대부분 방형이다. 둘레는 400~500m 정도이고 성문은 대체로 남쪽에 1개가 있다고 한다.[23]

좀더 구체적으로 언급한다면 규모면에서 운성리토성의 성벽 둘레가 355.7m, 어을동토성 532.9m, 소라리토성 764m로 소형에 속하고, 청산리토성 1,800m, 낙랑토성 1,935.2m, 지탑리토성 2,257.3m로 대형에 속한다. 대형에 속하는 토성들은 남한과 일본학자들이 낙랑토성을 낙랑군치소, 지탑리토성을 대방군치소, 청산리토성을 낙랑군 남부도위의 치소였던 소명현치소로 보는 주장과 관련이 있어 보인다. 한편 이들 토성 가운데 대형 토성에 속하는 낙랑토성, 지탑리토성, 청산리토성들이 평지성이라는 점도 앞서의 소형 토성들의 지형이 약간 높은 둔덕에 입지하는 것과는 차이가 있어 주목된다. 또 최근 운성리토성과 어을동토성에 외성이 있는 것으로 보고 되었으나 구체적인 내용은 알 수가 없다.

이들 토성 주변에는 운성리토성과 같이 많은 곳은 100여 기, 소라리토성과 같이 적은 곳은 약간의 고분군이 분포하고 있다. 특히 낙랑토성 주변에는 2,700여 기가 분포하고 있다.[24]

이들 토성의 초축 연대는 운성리토성이 기원전 2세기경으로 가장 이른 시기인 것 같고, 사용 시기는 대체로 기원후 4세기 초까지이다. 이러한 중국계 토성은 한성백제기에는 전술한 풍납동토성이나, 강원도 철원군 갈말읍 토성리의 토성리토성, 충북 청원군 북일면 정북리의 정북리토성을 낳게 하고, 일

---

22) 閔德植, 〈發掘調査資料로 본 우리나라 이른시기의 防禦施設〉(《韓國上古史學報》 21, 1996), 84~85쪽.

23) 사회과학원 고고학연구소, 《조선고고학개요》(1977), 143쪽.
리순진·장주협, 앞의 책, 84쪽.

24) 리순진·장주협, 위의 책, 83쪽.

본 환호 취락에도 영향을 주어 사가현(佐賀縣) 덴도우산(千塔山)유적처럼 환호의 평면이 방형으로 나타나게 된 듯하다. 한성백제기의 토성 규모는 풍납동 토성이 약 3.5~4㎞(추정) 정도로 초대형에 속하고, 토성리토성 727m, 정북리 토성 655m로 소형에 속한다. 모두 강이나 하천변의 평지상에 위치한다.

둘째, 목책유적으로서 확실한 유적은 청동기시대의 미사리유적과 송국리유적뿐이다. 기둥구멍 규모는 미사리유적의 것이 직경 40㎝ 정도이고 깊이는 20㎝ 내외로 평면이 둥근 형태이며, 기둥구멍의 간격은 60㎝였다. 송국리유적의 기둥구멍은 평면 형태가 원형과 (장)방형이 혼재하였다. 즉 (장)방형이면서 대형은 폭 130~140㎝, 깊이 110㎝였고, 원형도 보이나 대부분 방형인 중간 크기의 것은 폭(직경) 100~110㎝, 깊이 50~70㎝였으며 원형과 방형으로된 소형의 것은 폭(직경) 70~80㎝, 깊이 40~50㎝였다. 기둥구멍내의 기둥은 30㎝ 내외의 것들이 대부분이었다고 한다. 기둥의 간격은 일정하지 않았으나 130㎝, 180㎝, 220~240㎝ 사이였다. 특히 57지구에서 확인된 평면 토층의 양상으로 보아 기둥사이에 横帶를 설치하고 점토벽을 만든 것이 아닌가 보인다고 한다. 기둥구멍은 대부분 수직으로 팠으며 기둥구멍의 바닥은 흙다짐한 것과 적심석을 한 것이 있었다.

셋째, 녹각시설은 鹿砦施設이라고도 부르는데 송국리유적에서는 출입구의 좌우측에 설치되어 있었다. 일본의 야요이(彌生)시대 유적인 요시노가리(吉野ヶ里) 환호 취락유적에서도 출입구에 이러한 시설을 한 것이 보고된 바 있다.[25] 녹각시설은 백제의 대전 월평동유적에서도 확인되고, 《朝鮮王朝實錄》에 의하면 임진왜란 직후에 소멸된 것으로 되어 있다.

넷째, 환호유적은 청동기시대 것으로 검단리유적, 송국리유적, 덕천리유적이 있고 철기시대 것으로 대성동유적, 봉황대유적, 양산 패총유적과 삼국시대 것으로 가음정동 패총유적, 봉황대유적이 있다. 그러나 전체적으로 보아 규모가 왜소한 편이고 취락 전체를 두른 완전한 환호유적은 검단리유적뿐이다. 나머지는 국부적으로 일부만 발굴되었기 때문에 구체적인 상황을 파악하기가 어렵다. 중국내에서는 앙소문화기부터 환호 취락유적이 보고된 바 있으

25) 佐賀縣教育委員會, 《吉野ヶ里遺跡》 本文篇(1990), 9・464쪽.

나, 우리 것을 이들과 직접적으로 연결시키는 데는 아직 어려운 점이 있다. 그러나 일본에서는 야요이시대 환호 취락유적이 100여 개 이상 보고되었는데, 이들 유적은 우리로부터 전파되었다고 보는 데는 무리는 없다고 생각된다. 특히 환호를 중심으로 한 우리의 이른 시기 방어시설이 식량생산 단계[26]인 청동기시대부터 출현하는 점은 주목되며, 이는 말할 것도 없이 식량생산으로 개인이나 집단이 부를 집적하게 되자 집단간에 쟁탈이 심화되었다는 데에서 원인이 있는 것 같다.

다섯째, 운성리토성이나 낙랑토성에는 망루지가 보고 되었으나 이것들이 망대지인지 망루지인지는 발굴조사를 통해서만 확인할 수 있다. 그러나 일본 야요이시대 환호 취락유적과 비교할 때 우리 나라도 이 시기의 망루유적이 발견될 가능성은 높다고 하겠다.

여섯째, 앞서 언급한 토성유적에서는 강이나 하천을 자연해자로 이용하는 경우가 많았다. 특히 운성리토성에서는 성벽 밖으로 폭 8m, 깊이 1.4m의 인공해자가 발굴되었다. 이 토성이 평지성이 아니고 능선 경사면의 둔덕에 자리잡고 있기 때문에 해자의 확인은 주의하여 볼 필요가 있다.

〈閔德植〉

4) 철기시대의 유물

(1) 철기 생산기술

철 및 철기의 제작은 일차적으로 철 소재의 생산에서 시작되어 주조철기와 단조철기의 제조과정으로 간단히 분류할 수 있으나 각 과정에는 여러 요소들이 복합적으로 구성되어 있다. 즉 제철의 경우에는 원료와 연료의 획득과 운반체계, 爐의 축조기술, 조업기술과 기술조직체제 등이 종합적으로 갖추어진 상태에서 철 소재의 생산이 비로소 가능한 것이며, 주조철기와 단조철기의

26) 환호 취락의 성립배경을 기본적으로 안정된 농업생산력의 발전이라는 문제와 밀접한 관계가 있는 것으로 보고 있다(鄭漢德, 〈東아시아의 環濠聚落〉, 《蔚山檢丹里마을遺蹟》, 451쪽).

제조에 있어서도 그 사정은 마찬가지다.

따라서 한 시대의 철 및 철기 생산에 대한 연구를 할 때 무엇보다 중요한 것은 이와 같은 여러 요소의 유기적인 복합체계를 규명하기 위한 총체적인 연구전략의 수립이며 그에 입각하여 세부적인 연구계획이 마련되어 있어야 한다. 하지만 이 분야에 대한 이제까지 연구는 일부 유적에 대한 발굴과 철기유물들에 대한 다소 무작위적인 금속학적 분석을 실시하는 정도의 수준에 머물고 있으며 그로 인해 당시의 철기문화를 종합적이고 체계적으로 복원하는 일은 아직 요원한 실정이다.

하여튼 한반도 初期鐵器時代의 철기 생산기술은 기본적으로 중국의 그것과 궤를 같이하는 것으로서 주조철기와 단조철기가 이른 시기부터 함께 제작되기 시작하였다는 데 그 특징이 있다고 하겠다.

가. 철 소재의 생산

우리 나라에서 초기 철기시대의 제철지로 확실하게 인정할 수 있는 유적은 아직까지도 제대로 조사되어 있지 않기 때문에 이 부문에 관해서는 주로 철기유물에 대한 금속학적인 분석에서 파악된 사항을 통해 간접적으로 추론할 수밖에 없다.

제철에 있어 먼저 거론되어야 할 사항은 원료와 연료의 문제로서 원료로는 철광석과 砂鐵이, 연료로는 목탄이 사용되었을 것으로 판단된다.

다음 〈그림 1〉에서 보는 바와 같이 한반도 각지에는 磁鐵鑛·赤鐵鑛·褐鐵鑛 등의 다양한 철광석들이 존재하고 있다. 그러나 대부분이 매장량이나 품위에 있어 貧鑛의 수준이어서 현재는 채산성이 맞지 않아 극히 일부지역에서만 채굴이 행해지고 있는 상태이다.

하지만 초기의 소규모 제철에 있어서는 그런대로 유효하게 활용되었을 것으로 보여진다. 그 가운데에서도 제철에 보다 용이한 자철광이나 적철광의 露頭鑛床에서 철광석이 채취되었을 것으로 보이며[1] 동시에 하천에 퇴적된 砂鐵들도 원료로 사용되었을 가능성이 있다. 이 원료의 종류에 대한 파악은

1) 약간 후대의 예에 해당하지만 경남 창원군 다호리 토광묘의 경우 대형의 磁鐵鑛塊가 부장되어 있었다.

〈그림 1〉 한반도 철광석 산지 분포도

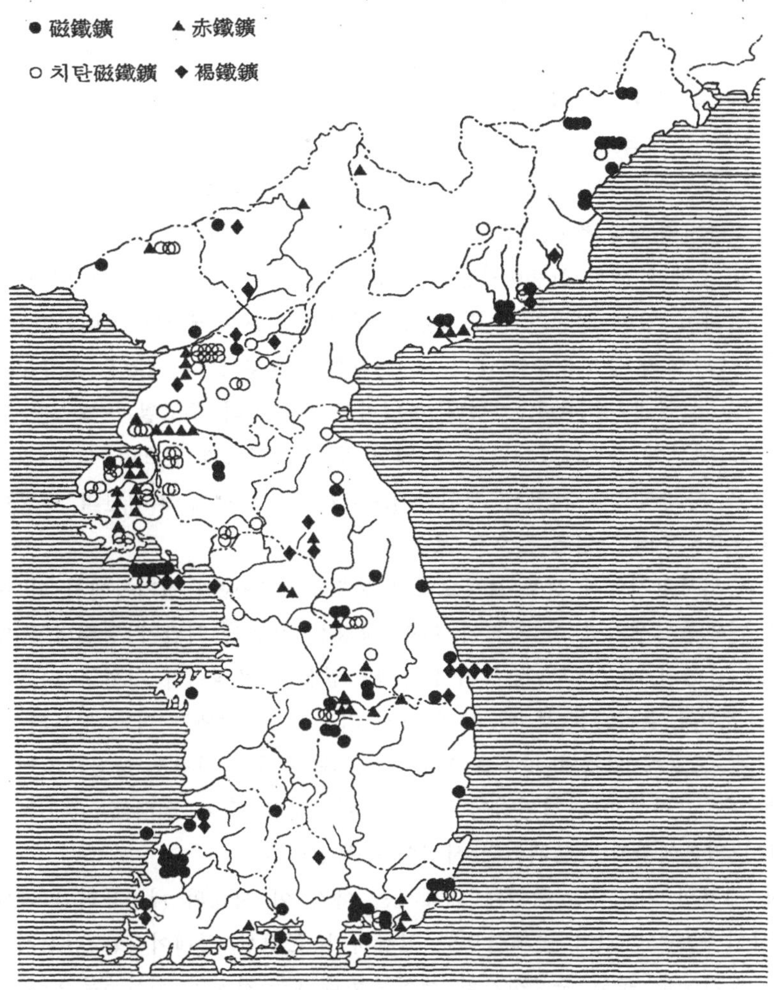

당시 제철작업의 실체를 규명하는 데 있어 매우 중요한 부분이라 하겠으나 분석을 통한 확인 연구는 아직 제대로 이루어지고 있지 못한 실정이다.[2] 그

2) 鐵滓에 이산화타이타늄(TiO_2)이 10% 정도 포함되어 있을 경우 원료로 砂鐵이 사용된 것으로 판단되는데 아직 국내에서는 이 시대의 철재가 출토된 바 없다.

리고 당시의 제철에 있어 연료로는 일반적으로 목탄이 사용된 것으로 말해지고 있는데, 운반비용을 비교해 볼 때 원료의 산지보다는 연료의 산지에 보다 가까운 지점이 제철작업장으로 선정되었을 가능성이 높다고 하겠다.

이제까지의 자료들을 볼 때 한반도 최초의 철기들이 출현하는 기원전 3세기경에 이미 자체적으로 철 소재를 생산하였다고 보기는 어렵고, 기원전 2세기의 분묘유적에서 다수의 청동기와 함께 출토된 일부의 주조철기(괭이, 鑿)들은 서북한지역(평남 증산군 및 대동군 부산면)에서 鑄型이 발견된 바 있어 자체적인 철 소재에 의한 산품이었을 가능성을 보이고 있다. 이것들은 이미 상당히 향상되어 있던 청동기 주조기술을 기반으로하여 제작된 것이라고 할 수 있겠는데, 아직 출토유물의 수가 극히 적은 점으로 보아 제철은 소규모로 이루어지고 있었던 것 같다. 그렇다 하더라도 초기부터 주조철기 제조를 위한 鎔銑의 생산이 가능하였다는 점에 일단 주목할 필요가 있으며, 그에 관련된 기술은 자체적으로 개발된 것이라기보다는 당시 세계 최첨단의 수준에 있던 중국으로부터 도입된 것으로 보여진다.

그리고 서북한지역의 경우 토광묘에서 출토되는 다량의 철기들에서 알 수 있듯이 기원전 1세기경 이 지역에 이미 상당한 철생산 기반이 형성되어 있었으며,[3] 남한의 경우에도 경주 구정리[4]와 입실리[5]유적이나 창원군 다호리유적 1호분[6]의 철기들을 볼 때 이 일대가 기원전 1세기에는 어느 정도의 제철 수준에 도달해 있었던 것으로 판단된다. 특히 이후 한반도 동남부지역의 제철기술은 급진적으로 발전하여 三韓 弁辰지역의 鐵이 樂浪郡·帶方郡을 비롯하여 일본에까지 수출되었던 사실이 주목된다.[7]

당시 제철의 기술적인 측면에 대해서는 아직 이 시대의 제철유적이 제대로 조사되지 않고 있어 구체적으로 언급하기 곤란한 상태이지만 간접적인 자료인 철기들을 통해 주조철기의 생산부문과 단조철기의 생산부문으로 구

3) 李南珪, 〈1~3세기 낙랑지역의 금속기문화〉(《韓國古代史論叢》 5, 한국고대사연구소, 1993).
4) 金元龍, 〈慶州 九政里 出土 金石併用期遺物에 對하여〉(《歷史學報》 1, 1952).
5) 朝鮮總督府, 《大正十一年度古蹟調査報告》 2(1925).
6) 李健茂 외, 〈義昌 茶戶里遺蹟 發掘進展報告(Ⅰ)〉(《考古學誌》 1, 1989).
7) 《三國志》 권 30, 魏書 30, 烏丸鮮卑東夷傳 30, 韓.

분하여 다음과 같이 추론해 볼 수는 있다.

먼저 주조철기의 소재인 銑鐵의 생산에 있어, 순수한 철의 용융점은 1,539℃이지만 제철과정에서 탄소분이 철광석으로 흡입되면서 녹는 온도는 점차 하강하여 탄소량 4.3%의 상태에서는 1,150℃ 정도에서 쇳물을 얻을 수 있고 이보다 탄소량이 증가하면 용융점은 다시 상승하는 원리를 이해할 필요가 있다.

금속학적으로 분석된 이 시대의 주조철기들 가운데 일부 예들이 4.3% 정도의 탄소를 포함한 共晶白鑄鐵 내지 그에 가까운 화학조성을 보이고 있기는 하지만[8] 남한지역에서 분석된 원삼국시대나 그 이후에 해당하는 대다수 주조철기들은 탄소량이 4.3%에 훨씬 미치지 못하는 亞共晶白鑄鐵이나 그보다 과다하게 포함되어 있는 過共晶白鑄鐵로 분류되고 있다. 이러한 점에서 볼 때 초기 철기시대는 물론이고 그 이후에도 선철을 생산할 때의 製鐵爐 내부의 온도는 일반적으로 공정백주철의 그것보다 다소 높아 1,200℃ 이상이었던 것으로 판단되며 조업시간도 일정하지 않았던 것으로 추정된다. 이는 가장 낮은 온도의 범위에서 용선을 생산한다는 것이 이론적으로는 쉬워 보이지만 당시 실제의 제철로 작업에 있어서는 그렇게 간단한 기술만은 아니었음을 반증하는 것이다.

한편, 단조철기의 소재로는 海綿鐵(또는 塊鍊鐵)이 보다 널리 사용된 것으로 밝혀져 있다. 이러한 철 소재는 1,000℃ 정도에서도 생산이 가능한 것이지만, 낮은 온도에서 불완전한 환원이 이루어져 철광석 등의 원료가 충분히 용해되지 못하고 반액체－반고체의 상태로 얻어지는 것이어서 그 내부에는 불순물이 상당량 남아 있게 된다. 탄소분이 거의 함유되어 있지 않아 상당히 무른 상태라고 할 수 있는 이러한 철소재는 목탄불에 가열하여 단조하는 작업을 거치면서 탄소량 2% 이하의 鋼(또는 塊鍊鋼)으로 재질이 개선될 수 있으나 이에는 상당한 에너지와 시간이 소요될 뿐 아니라 압출되지 않은 일부의 불순물이 내부에 잔존하여 다소의 취약성을 보이며 또한 대규모 생산이 곤란하다는 약점을 갖고 있기도 하다.

---

8) 황기덕 · 김섭연, 〈우리나라 고대의 야금기술〉(《고고민속론문집》 6, 1983).

중국에서는 이러한 결함을 극복하기 위해 前漢代에 炒鋼(高炭素의 銑鐵에 탈탄재를 첨가하여 탄소분을 소량화 시킨 鋼材)을 생산하기 시작하였는데, 분석된 한반도내의 이 시기 단조철기 가운데 석암리 9호분의 鐵刀片이나 小鐵塊만이 이러한 소재일 가능성이 높은 것으로 지적되고 있어,[9] 적어도 낙랑지역의 경우는 일찍부터 炒鋼제품 자체나 그 소재의 생산기술이 도입되어 있지 않았나 생각된다. 이에 비해 남한지역에서는 原三國時代에 속하는 김해 부원동유적의 鐵鑿이나 창원 삼동동유적의 鐵斧 등이 초강제품에 해당하는 것으로 보는 견해가 있고,[10] 서울시 구의동유적의 철부를 근거로 적어도 삼국시대에는 초강이 확실히 생산되고 있었다고 보기도 한다.[11] 그러나 분석에 의해 초기 철기시대의 초강제품으로 확실하게 확인된 유물은 아직 없는 상태이다.

나. 주조철기의 제조

현재까지 서북한지역에서 확인된 戰國系 주조철기들은 중국 동북지방, 즉 燕지역으로부터 유입되었을 가능성이 높으며, 북한과 남한의 일부 유적에서 細形銅劍 등 다수의 청동기와 함께 출토된 주조제품의 괭이나 鑿들도 과연 在地的인 생산품인가에 대해 아직 정확히 판단하기는 어렵다. 이러한 문제를 해명하기 위해서는 이것들을 제조하던 생산관계 유적이나 鑄范이 확인되어야 하는데, 이제까지 평안남도 증산군과 대동군 부산면에서 范片이 발견되기는 하였으나[12] 그 시기가 다소 불확실한 상태이고, 남한지역에서는 아직 초기 철기시대의 주조철기 제조와 관련된 직접적인 유적이나 유물은 아직 발견된 것이 없다. 따라서 이 주조철기의 제조기술에 관해서는 거의 전적으로 철기유물의 금속학적 분석결과를 근거로 추론할 수밖에 없으며, 그 공정은 주조기술과 열처리기술로 구분하여 설명될 수 있다.

---

9) 신경환·이남규, 〈낙랑의 철기문화와 야금학적 고찰〉(《철강보》 1995-3).

10) 尹東錫, 《韓國初期鐵器遺物의 金屬學的 硏究》(高麗大 出版部, 1984).
신경환, 〈삼한의 철기 제조기술 〉(《철강보》 1995-5).

11) 尹東錫·李南珪, 〈韓國古代鐵器의 CMA와 EPMA에 의한 硏究〉(《韓國考古學報》 17·18, 1985).

12) 정백운, 〈우리나라에서 철기사용의 개시에 대하여〉(《문화유산》 1958-3).

주조철기의 제조에 이용되는 용선은 주로 白鑄鐵로서 〈표 1〉에서 보는 바와 같이 共晶·亞共晶·過共晶의 3종이 모두 존재하며, 분석된 주조괭이의 대부분은 坩鍋를 사용하여 결박한 주범에 용선을 주입한 후 일반적으로 空冷에 의해 급속히 냉각시키는 과정을 거친 것으로 밝혀져 있다. 이 때 사용된 주범의 종류에 대해서는 중국의 예(河北省 興隆縣 壽王墳)13)를 참고로 금속범(鐵范)으로 추정하는 견해가 있기도 하지만,14) 4세기대의 철기 주조공장이었던 경주 황성동유적15) 출토품을 근거로 할 때 土製나 陶製의 單合范이 일반적으로 이용되었다고 보는 것이 보다 무난할 것이다.

〈표 1〉 주조철기의 화학조성

번호	유 적	유 물	연 대	C	Si	Mn	P	S
①	호곡동	괭 이	기원전 3~2세기	4. 05	0. 04	0. 02	0. 415	0. 035
②	〃	〃	〃	4. 45	0. 23	0. 03	0. 18	0. 017
③	세죽리	〃	〃	4. 20	0. 19	0. 03	0. 10	0. 008
④	〃	〃	〃	2. 98	0. 20	0. 05	0. 185	0. 016
⑤	운성리	차축두	기원전 1세기	3. 95	0. 25	0. 04	0. 193	0. 013
⑥	구정리	괭 이	〃	3. 42	0. 34	0. 10	0. 075	0. 035

후대에 속하는 많은 주조철기들에서까지 흑연이 제대로 析出되지 않은 白銑鐵(ledebrite)조직이 확인되고 있는 점은 주조 후 대부분 공기 중에서 빠른 냉각과정을 거쳤음을 말해주는 것으로, 이러한 단순공정에 의한 제품은 과다한 탄소량으로 인해 경도는 높지만 작업시 쉽게 부러지는 취약성을 갖게 된다. 이러한 결점을 개선하기 위해서는 별도의 열처리 공정이 필요한데, 중국에서는 이미 전국시대 초기부터 성형된 白鑄鐵조직의 주조철기를 재가열 처리를 통해 충격에 강한 展性鑄鐵(혹 可鍛鑄鐵)로 軟化시키는 방법이 개발되어

13) 鄭紹宗, 〈熱河興隆發現的戰國生產工具鑄範〉(《考古通信》 1956-1).
14) 황기덕·김섭연, 앞의 글.
15) 隍城洞遺蹟發掘調查團, 《慶州隍城洞遺蹟第一次發掘調查概報》(1990).

있었다.[16] 국내의 경우는 이제까지 분석된 철기들 중 구정리유적의 주조괭이(〈표 1〉－⑥, 〈사진 1〉)에서 ledebrite조직내에 석출된 국화꽃 모양의 흑연(graphite)들이 분산되어 있는 상태가 확인되어 바로 그러한 열처리에 의한 재질의 철기입이 확인되었다.[17] 하지만 기타의 주조철기들에서는 흑연이 석출된 전성주철의 조직이 별로 확인되지 않고 있어 당시에 이와 같은 열처리 기술이 보편적으로 적용되고 있었다고는 아직 말하기 어려운 상태이다.

한편 철기를 주조한 후 장시간에 걸쳐 서서히 냉각시킬 경우 흑연이 철기의 표면으로 석출되어 耐摩擦性을 갖는 灰鑄鐵로 그 재질이 개선되는데, 운성리유적의 車軸頭(〈표 1〉－⑤)가 그러한 철기로 밝혀진 바 있다.[18] 이 회주철의 제조방식은 중국에서 前漢代에 개발된 것으로서, 운성리의 차축두가 자체 제작품이 아니라 수입품일 가능성이 없는 것도 아니나 당시 낙랑지역의 철기문화를 종합적으로 고려할 때 재지의 산품일 가능성도 배제할 수 없다. 하여튼 당시 최첨단의 기술에 의해 제작된 이같은 회주철조직의 주조철기가 서북한지역에서 기원전 1세기부터 이미 사용되고 있었다는 사실만으로도 중요한 의미가 있겠다.

다. 단조철기의 제조

〈표 2〉 단조철기의 화학조성

번호	유 적	유 물	연 대	C	Si	Mn	P	S
①	세죽리	斧	기원전 3~2세기	1. 43	0. 10	0. 18	0. 009	0. 011
②	〃	〃	〃	0. 70	0. 04	0. 15	0. 008	0. 004
③	호곡동	〃	기원전 2~1세기	1. 55	0. 10	0. 12	0. 007	0. 008
④	운성리	〃	기원전 1세기	0. 62	0. 25	0. 01	0. 41	0. 012
⑤	석암리9호분	刀 片	〃	0. 87	0. 04	0. 02	0. 036	0. 008
⑥	구정리	板狀斧	〃	0. 60	0. 25	0. 04	0. 051	0. 009

16) 李 衆, 〈中國封建社會前期鋼鐵冶鍊技術發展的探討〉(《考古學報》 1975－2).
17) 尹東錫, 앞의 책.
18) 최상준, 〈우리나라 원시시대 및 고대의 쇠붙이 유물분석〉(《고고민속》 1966－3).

〈사진 1〉 구정리 주조괭이 刃部 세로면 조직

〈사진 2〉 구정리 판성철부 刃部 세로면 조직

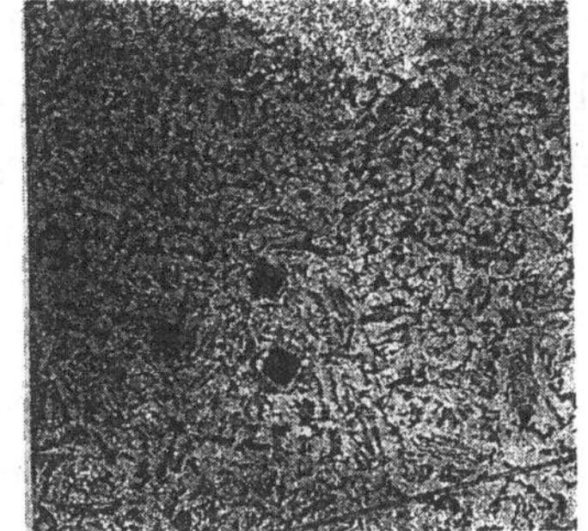

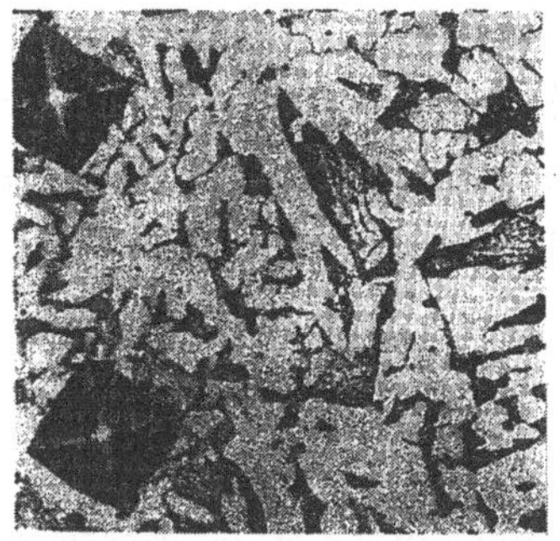

〈사진 3〉 석암리 9호분 철도편

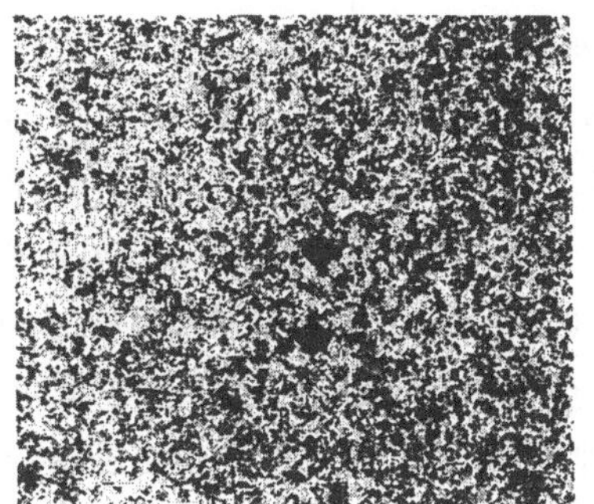

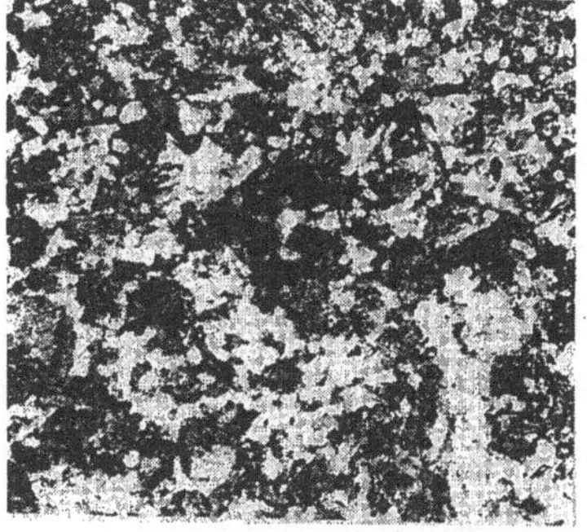

앞서 밝혔듯이 단조철기의 소재로는 일반적으로 塊錬鐵이 사용되었던 것으로 보여지는데 그 대표적인 예로 구정리의 板狀鐵斧(〈표 2〉-⑥, 〈사진 2〉)를 들 수 있다. 이 철기의 刃部와 頭部에 산재해 있는 非金屬介在物은 괴련철의 불순물이 鍛打과정에서 압출되지 못하고 내부에 분산된 형태로 잔존하게 된 것이며, 목탄불에 재가열하면서 반복 단타하는 과정에서 浸炭이 이루어지고 결정립이 미세화되면서 中炭鋼 수준의 塊錬鋼으로 재질이 개선되어 있다. 이렇듯이 당시의 工具鋼들은 제조과정 중 자연스런 침탄에 의해 그 강도가 강화되었으며, 앞의 〈표 2〉에서 보는 바와 같이 1% 이상의 탄소량을 갖는 高炭鋼 제품도 제작되고 있었던 점이 주목된다. 그리고 이러한 괴련강은 이후 보다 많은 단타를 통해 塊錬鐵系 白錬鋼 수준의 단조철기로 발전하였음이 분석에 의해 밝혀져 있다.

이러한 괴련철 계통과는 달리 고탄강에 속하는 석암리 9호분의 刀片은 규소(Si)와 망간(Mn) 등이 극소량에 불과하다는 점에서 고탄의 용선을 탈탄시켜 얻은 炒鋼을 소재로 한 제품으로 판단하고 있는데, 과다한 반복 단타로 인해 결정립자가 극히 미세화되어 있어(〈사진 3〉) 炒鋼系 백련강의 가능성을 보이고 있다.

원삼국시대의 단조철기 중 일부는 강도를 높히기 위해 水燒入(water quenching)을 실시한 것으로 밝혀져 있지만, 이 시대 단조철기들의 경우는 그러한 사실을 알려주는 martensite조직이 금속학적 분석에서 아직 확인되지 않고 있어 일반적으로 별다른 열처리 없이 空冷에 의해 제작된 것들이라 할 수 있으며, 아직 조직검사를 통해 구체적으로 파악되지는 않았으나 일부 철기들의 제조과정에서는 자연스럽게 積層鍛打가 행하여졌을 것으로 보인다.

이상에서 살펴본 바와 같이 초기 철기시대 철기의 소재는 선철과 괴련철을 기본으로 하면서 부분적으로 초강도 사용되었던 것으로 추정되며, 주조철기 부문에서는 급랭에 의한 백주철이 일반적으로 제조되었으나 일부에서는 열처리과정을 거쳐 내충격성을 갖게 한 전성주철이나 내마찰성을 갖게 한 회주철이 사용되기도 하였다. 그리고 단조철기들은 대부분 중탄강 내지 고탄강이 주류를 이루는 괴련강들이며, 일부 초강계의 백련강 수준으로 볼 수 있는 것도 확인되고 있다.

이처럼 초기 철기시대에 이미 철 소재와 철기의 제조에 있어 다양한 기술들이 사용되게 된 것은 중국으로부터의 직·간접적인 영향으로 가능했던 것이며 그러한 과정에서 형성된 한·중 중심의 동아시아 고대 철기문화는 당시 세계 철기문화에 있어 가장 선진적인 위치를 점하고 있었다는 데 중요한 의미가 있다고 하겠다.

〈李南珪〉

(2) 철기유물

가. 철기 사용의 여러 단계

고고학계에서 일반적으로 수용하고 있는 한반도 선사시대 시기구분에 의거하면 기원전 3세기에서 1세기까지의 300년간은 初期鐵器時代이고, 기원후 1세기에서 3세기까지 300년간은 原三國時代에 해당된다. 그러나 연구자에 따라서는 이러한 시대 설정 자체를 문제시하기도 하고[1] 특히 초기 철기시대와 원삼국시대를 구분하는 것의 모호성을 지적하기도 한다.[2] 마찬가지로 철기문화의 단계적 발전과정을 기술하는 데 있어서도 위와 같은 시기구분에는 문제점이 없지 않다. 이 글에서는 한반도 초기 철기시대 철기유물의 변천과정을 세 단계로 나누어 기술하고자 하는데 이는 전반적인 遺物複合體의 변화과정과도 맞물려 있다.

한반도내에 철기문화가 부분적으로 수용되고 완전히 정착하는 과정은 청동기시대적인 물질문화의 요소가 완전히 소멸하고 철기시대적인 요소로 대체되는 과정이라고 말할 수 있다. 유물복합체의 단계적 변화과정을 살펴보더라도 기원 전후의 시점은 유물복합체의 전반적인 변화를 가져오는 시점도 아니고 청동기시대적인 요소가 소멸하는 시점도 아니다. 따라서 철기시대 유물의 단계적인 변화과정을 살펴보는 데 있어서 원삼국시대 전반 일부가 포함되는 것은 필연적이다.

---

1) 崔夢龍, 〈韓國考古學의 시대구분에 대한 약간의 提言〉(《崔永禧先生華甲紀念 韓國史學論叢》, 探求堂, 1987), 787~788쪽.

2) 崔盛洛, 〈韓國 鐵器文化의 形成過程에 대한 硏究〉(《韓國上古史學報》 7, 1991), 384~386쪽.

청동은 도끼·끌·비수 등 일부 工具類로도 제작되기도 하지만 주로 武器類(실용성이 의심스럽지만)와 儀器類를 제작하는 데 사용되었다는 점이 한반도 청동기문화의 특징이라고도 할 수 있다. 그래서 우리 나라 청동기시대에는 청동기가 住居址(집터)에서 발견된 사례가 극히 드물고 당시 실생활용 도구는 대부분은 石器로 제작되었으며 청동제 공구가 발달하지 못하여 목기의 제작과 사용도 제한되었지 않았나 한다. 이에 비하여 철은 사용 초부터 공구류나 농구류와 같은 실생활용 도구를 제작하는 데 이용되었고 분묘에서 발견되기도 하지만 주거지와 기타 생활유적에서도 자주 발견된다. 청동기시대에서 철기시대로 넘어감에 따라 처음부터 철기가 청동기를 대체하여 사용되었다기보다 주로 석기의 용도를 대체하여 갔음을 알 수 있다. 그래서 철기시대 이른 시기에는 여전히 청동기가 무기류와 의기류로 제작 사용되었고 점차적으로 철기의 사용범위가 확대되면서 청동제 무기와 의기가 소멸하고 철제품으로 완전히 대체되는 것이다. 이러한 과정을 철기의 종류, 형태, 제작기술의 단계적 변화과정으로 서술해 보고자 한다.3)

가) 제1단계(기원전 3~2세기)

전국시대 燕의 철기문화가 한반도 서북한지역으로 파급되고 한반도 남부에까지 미치는 시기이다. 이 단계에는 지역에 따라 철기사용의 내용이 조금씩 다르고 시간적인 위치도 다르다. 즉 ① 청천강 이북과 요령지방, ② 두만강유역, ③ 평안남도, 황해도, 함경남도지역, ④ 충청남도와 전라도지역 등 크게 4지역에 따라 제1단계의 개시기와 철기사용 내용은 다르다. 연나라의 철기문화가 파급되어 철기사용이 시작되지만 대체로 몇 종류의 농공구류만이 철기화된다. 청천강 이북지역에서만 철제무기를 볼 수 있고 나머지 지역에서는 여전히 銅劍·銅鉾·銅戈가 무기의 주종이며 精文鏡이나 靑銅儀器가 제작된다. 농공구류에 있어서도 기능적으로 다양화된 연나라의 농공구류가 모두 수용되는 것이 아니라 3~4종의 농공구류만이 철기로 제작될 뿐이다.

---

3) 최종규, 《삼한사회에 대한 고고학적 연구》(동국대 박사학위논문, 1993), 105~130쪽.
박순발, 〈한강유역의 청동기·초기철기문화〉(《한강유역사》, 민음사, 1993), 201~216쪽.

청천강 이북지역에서는 이 단계의 철기들은 明刀錢과 함께 출토되는데 요령지방의 蓮花堡유적,[4] 寬甸유적,[5] 高麗寨유적[6]을 비롯하여 渭原 龍淵洞유적,[7] 寧邊 細竹里유적[8] 등에서 발견된 유물을 들 수 있다. 괭이로 사용되었을 몇 가지 형식의 주조철부(鐵钁)와 鐵鑿·鐵鎬·鐵鋤·鐵鎌·鐵鉇·半月形鐵刀 등의 공구류와 鐵鉾·鐵刀·銅鋌鐵鏃 등의 무기류가 출토된다. 물론 연나라의 철기문화가 청천강 이북지역까지 밀려오게 되는 시기는 명도전도 함께 공반되기 때문에 시기를 기원전 5세기까지 올려 볼 수도 있을 것이다. 그러나 그 역사적인 계기가 연나라 장수 秦開의 고조선 경략이라고 보고 제 1 단계의 상한 연대를 기원전 3세기 초[9]쯤으로 보는 것이 이후의 철기문화 편년이나 흐름을 이해하는 데 무리가 없을 것이다.

두만강유역에서는 무산 호곡유적과 회령 오동유적 등 취락유적에서 확인된다. 대체로 청천강 이북지역의 철기문화와 상당한 공통성을 보여준다. 그러나 청천강 이북지역의 다양한 농공구류 중 주조철부·철겸·반월형철도·철추 등 4종 정도만이 철기화되고 철제무기류가 보이지 않는다는 점에서 차이가 있다. 이 지역의 철기문화 개시기를 기원전 7세기까지 올려보는 견해도 있고[10] 연나라의 철기문화와는 계보를 달리한다고 하여 시베리아나 연해주지역의 철기문화와 관련시켜서 상한 연대를 올려보는 견해도 있다.[11] 그러나 요령지방이나 청천강 이북지역의 철기문화와의 공통성을 부인하기 어렵고 상기의 연대관은 불확실한 연대결정을 근거로 삼고 있기 때문에 청천강 이북지역보다 약간 늦은 시점에서 상한 연대를 결정해야 할 것으로 믿는다.

---

4) 王增新, 〈遼寧撫順市蓮花堡遺址發掘簡報〉(《考古》 6, 1964), 286~293쪽.
5) 許玉林, 〈遼寧寬甸發現戰國時期燕國的明刀錢和鐵農具〉(《文物資料叢刊》 3, 1980), 125~129쪽.
6) 東亞考古學會, 《貔子窩》(東方考古學叢刊 1, 1929), 57~61쪽.
7) 藤田亮策, 〈朝鮮發見の明刀錢と其遺跡〉(《朝鮮考古學研究》, 京都; 高桐書院, 1948), 196~292쪽.
8) 김영우, 〈세죽리 유적 발굴 중간 보고(2)〉(《고고민속》 1964-4), 40~50쪽.
9) 尹武炳, 〈韓國 靑銅短劍의 形式分類〉(《震檀學報》 29·30, 1966), 42~51쪽.
최종규, 앞의 책.
10) 황기덕, 〈두만강 류역 철기 시대의 개시에 대하여〉(《고고민속》 1963-4).
리병선, 〈압록강류역에서 철기시대의 시작〉(《고고민속》 1967-1).
11) 金貞培, 〈韓國의 鐵器文化〉(《韓國史研究》 16, 1977).

평남·황해·함남지방에서는 움무덤, 돌곽움무덤에서 세형동검과 함께 철기가 출토된다. 하지만 주조철부와 검파두라는 두 종류만이 철기로 제작될 뿐이다. 함흥 이화동 움무덤,[12] 봉산 송산리 솔뫼골 돌곽움무덤,[13] 배천 석산리 움무덤[14] 등에서 주조철부가 1점씩 출토되었고 시홍 천곡리 돌상자무덤[15]에서는 검파두가 출토되었다. 북한학자들은 이 지역에서 세형동검이 출토되는 움무덤의 시작을 기원전 5세기까지 올려보지만 세형동검 움무덤은 철기를 동반하는 것과 그 이전 시기의 철기가 동반되지 않는 단계의 것으로 구분된다. 철기가 동반되는 세형동검 움무덤은 연나라의 동방경략으로 인하여 청동단검묘가 청천강 이남지역으로 국지화되면서 시작되었다고 보는 것이 옳을 것이다. 따라서 이 지역의 세형동검-주조철부-움무덤의 유물복합체는 기원전 3세기 이전으로는 올라가기 어렵고 이 지역에서 나무곽무덤(木槨墓)이 출현하는 기원전 2세기 후반대까지 계속되리라 추측된다.

서남부지방인 충청·전라지역의 초기 철기시대는 북부지역보다 상대적으로 늦은 시기부터 시작되리라 생각된다. 정식 발굴조사되어 확실한 유구의 성격은 밝혀지지 않았으나 움무덤 혹은 토광목관묘 계통의 유구에서 세형동검과 함께 철기가 출토된다. 주로 주조철부와 철착이 공반되며 그 기본형은 한반도 북부지역에서 발견되는 농공구류 형태를 따르고 있다. 이 지역에 철기가 제작되기 시작하는 것은 세형동검문화가 완숙된 단계에 도달하면서부터라고 추측된다. 당진 소소리,[16] 부여 합송리,[17] 장수 남양리[18] 등 세형동검-정문경과 동반되는 철기류는 북부지역의 움무덤과 비교하여 철착이 추가

12) 박진욱, 〈함경도 일대의 고대유적 조사보고〉(《고고학자료집》 4, 1974), 165~182쪽.
13) 황기덕, 〈황해북도 봉산군 송산리 솔뫼골 돌돌림 무덤〉(《고고학자료집》 3, 1963), 77~81쪽.
14) 황기덕, 〈최근에 새로 알려진 비파형단검과 좁은놋단검 관계의 유적유물〉(《고고학자료집》 4, 1974), 161~163쪽.
15) 백련행, 〈천곡리 돌상자 무덤〉(《고고민속》 1966-1), 27~28쪽.
16) 李健茂, 〈唐津 素素里遺蹟 出土一括遺物〉(《考古學誌》 3, 韓國考古美術硏究所, 1991), 112~134쪽.
17) 李健茂, 〈扶餘 合松里遺蹟出土 一括遺物〉(《考古學誌》 2, 1990), 23~67쪽.
18) 池健吉, 〈長水 南陽里出土 靑銅器·鐵器 一括遺物〉(《考古學誌》 2), 5~22쪽.

된다는 점이 다르고 청천강 이북, 두만강유역과 비교해서는 반월형석도가 철기화되지 않는다는 점이 차이가 난다. 현재의 자료로서 이 지역의 철기 사용 개시기는 북부지역과 비교하여 약간 늦은 시기에 속하는 기원전 2세기경부터라고 보는 것이 안전할 듯하고 서북한 목곽묘와 관련된 철기문화가 파급되는 기원전 1세기경이 하한일 것으로 보인다(〈그림 1〉 참조).

나) 제2단계(기원전 1세기~ 기원후 1세기 중엽)

철제 농공구류 외 다양한 철제무기가 제작되는 단계이다. 기존의 동검·동모·동과를 대체하여 철검·철모·철과가 제작되고 기능적으로 세분된다. 예를 들어 철부의 경우에도 주조철부·단조철부·판상철부·소형 단조철부 등으로 세분되고 도·검류도 철검·소환두도·장검 등으로 분화된다. 또 이 시기에 들어와서 새로이 철제 마구류가 등장하고 반월형철도가 없어지는 대신 철겸의 사용이 보편화된다.

이 시기에는 한반도 내에서 세 개의 지역군별로 철기문화가 전개되었다. 먼저 서북한지역에는 나무곽무덤의 축조시기에 해당되는데 평양시 정백동,[19] 대안시 태성리,[20] 은율군 운성리,[21] 재령군 부덕리,[22] 안악군 복사리,[23] 은파군 갈현리[24] 등의 유적과 영흥군 소라리유적[25] 등에서 발견된다. 대동군 상리,[26] 황주군 흑교리[27] 등의 출토유물도 이 단계에 해당된다. 이 지역의 목곽묘에서는 세형동검이 여전히 출토되지만 정문경이 탈락되고 회색 배부른 단지와 화분형토기 등 용기류와 함께 車馬具와 동촉 등이 동반된다. 이 단계

19) 사회과학원 고고학연구소, 〈락랑구역 일대의 무덤떼〉(《고고학자료집》 5, 1978).
20) 고고학 및 민속학연구소, 《태성리 고분군 발굴보고》(유적발굴보고 5, 1959), 11~69쪽.
21) 리순진, 〈운성리유적 발굴보고〉(《고고학자료집》 4, 1974), 200~227쪽.
22) 리순진, 〈재령군 부덕리 수역동의 토광무덤〉(《고고학자료집》 3, 1963), 82~86쪽.
23) 전주농, 〈복사리 망암동 토광무덤과 독무덤〉(《고고학자료집》 3), 91~101쪽.
24) 고고학 및 민속학연구소, 〈황해북도 은파군 갈현리 하석동 토광묘 유적 조사보고〉(《고고학자료집》 2, 1959), 30~35쪽.
25) 박진욱, 앞의 글, 170~173쪽.
26) 榧本杜人, 〈平安南道大同郡龍岳面上里遺跡調査報告〉(《朝鮮の考古學》, 京都 ; 同朋舍, 1980).
梅原末治·藤田亮策, 《朝鮮古文化綜鑑》 1(奈良 ; 養德社, 1947), 34~35쪽.
27) 梅原末治·藤田亮策, 위의 책, 30~32쪽.

〈그림 1〉 초기 철기시대 제1단계 철기유물

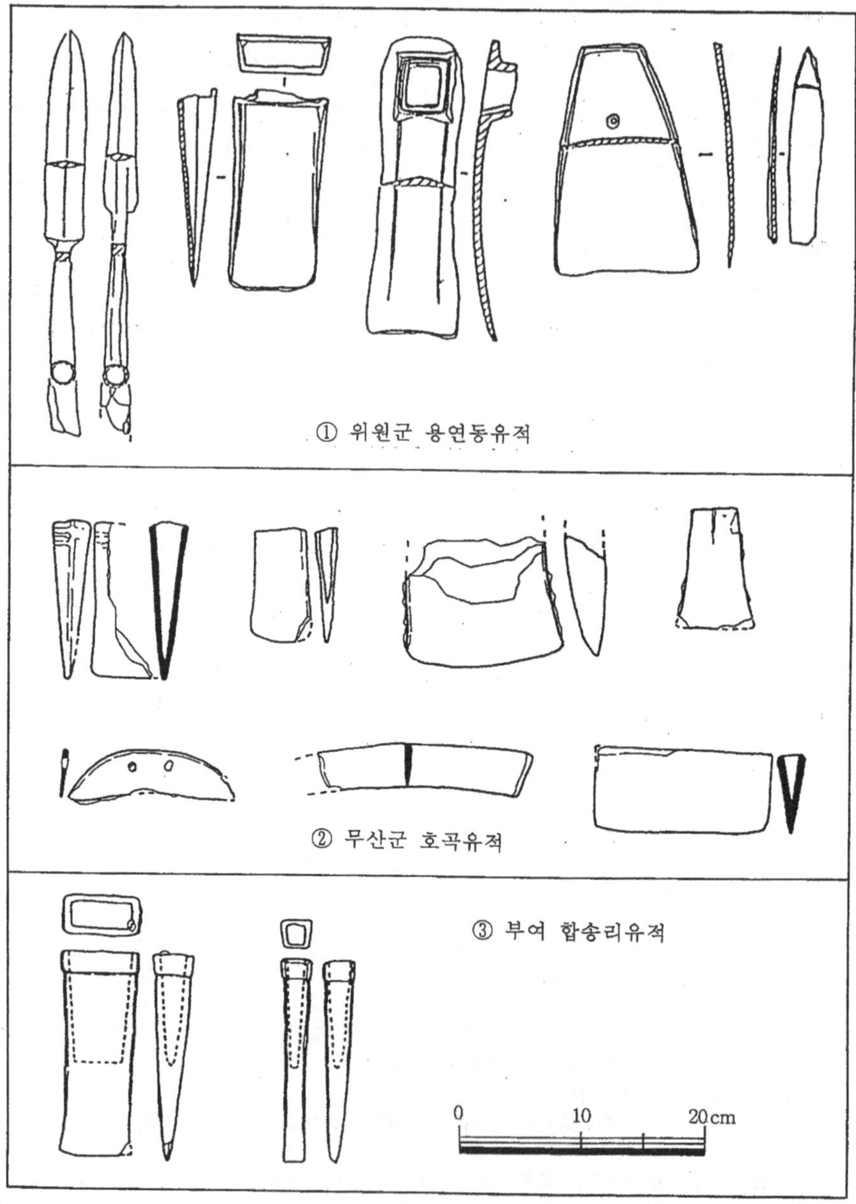

의 이른 시기에는 세형동검을 비롯한 청동제 무기류가 출토되는 반면 늦은 시기가 되면 철겸이 부장되고 철제장검도 출현한다. 나무곽무덤과 관련되는 진전된 철기문화가 과연 衛滿朝鮮 때부터 시작되었는가,[28] 아니면 樂浪郡의 설치와 함께 유입된 것인가[29]는 아직 결론을 내리기 어려운 형편이다. 다만 몇 가지 절대연대의 근거가 될 만한 유물, 즉 漢鏡·기년명칠기와 일산대 등을 통해 나무곽무덤이 축조되던 시기의 중심연대가 기원전 1세기대임을 알 수 있다.

한반도 남부자역에서는 세형동검묘의 마지막 단계가 대체로 제2단계의 철기문화로 이해된다. 이 시기 이곳에서는 토광목관묘와 늦은 형식의 세형동검을 비롯하여 청동제 무기와 함께 다양한 철제무기류와 농공구류가 출토된다. 특히 한경·帶鉤 등 漢式遺物이 공반되기도 하며 마구류도 출토된다. 그러나 서북한지역에서 많이 출토되는 차여구가 극히 제한된다는 점에서 차이가 있다. 그리고 청동제 의기성 무기류가 비교적 늦은 시기까지 지속되어 철제 무기류의 대체나 수용이 상대적으로 늦어지는 것으로 보인다. 이 시기에 해당하는 유적으로 창원 다호리,[30] 김해 양동리,[31] 경주 입실리[32]·구정동[33]·조양동[34], 대구 평리동[35] 등의 토광목관묘 유적이 대표적이라 하겠으나 삼천포 늑도,[36] 해남 군곡리,[37] 광주 신창동[38]유적과 같은

---

28) 리순진, 〈우리나라 서북지방의 나무곽무덤에 대한 연구〉(《고고민속론문집》 8, 1983), 99~158쪽.

29) 尹龍九, 〈樂浪前期 郡縣支配勢力의 種族系統과 性格〉(《歷史學報》 126, 1990), 9쪽.

30) 李健茂 외, 〈義昌 茶戶里遺蹟 發掘進展報告(I)〉(《考古學誌》 1, 1989), 5~174쪽.
———, 〈昌原 茶戶里遺蹟 發掘進展報告(II)〉(《考古學誌》 3, 1991), 5~111쪽.

31) 한영희 외, 《김해 양동리고분 발굴조사보고서》(문화재연구소, 1989).
林孝澤, 《洛東江 下流域 伽耶의 土壙木棺墓 硏究》(한양대 박사학위논문, 1993).

32) 小泉顯夫·梅原末治·藤田亮策, 《南朝鮮に於ける漢代の遺蹟》(朝鮮總督府, 1925), 30~74쪽.

33) 金元龍, 〈慶州 九政里 出土 金石併用期遺物에 대하여〉(《歷史學報》 1, 1952), 3~14쪽.

34) 최종규, 〈慶州市朝陽洞遺蹟發掘調査概要とその成果〉(《古代文化》 35, 京都 ; 古代學協會, 1983), 1~13쪽.

35) 尹容鎭, 〈韓國 靑銅器文化 硏究〉(《韓國考古學報》 10·11, 1981), 1~22쪽.

36) 부산대 박물관, 《勒島住居址》(釜山大 博物館 遺蹟調査報告 13, 1989).

37) 崔盛洛, 《海南郡谷里貝塚》(Ⅰ~Ⅲ)(木浦大 博物館, 1987~1989).

38) 金元龍, 《新昌里甕棺墓地》(서울大 出版部, 1964).

생활유적도 있다. 특히 신창동유적과 늑도유적은 분묘군을 끼고 있다는 데에 중요성이 있다고 본다. 영남지역에서 제2단계의 상한을 최근 토광목관묘 편년에 기초하여 기원전 1세기 초라는 설이 유력하지만 이 지역에서의 청동제 무기의 소멸과 철제품으로의 대체현상은 기원후 1세기 중엽까지는 기다려야 할 것으로 보인다(〈그림 2〉).

한강유역의 이른바 '中島式土器文化'는 이 제2단계 철기문화의 파급시기부터 시작되었을 것으로 보이는데 철기를 반출하고 있는 유구로서 이 단계에 분명히 속할 만한 것은 아직 없다. 특히 한강유역에서 이 시기에 속하는 분묘유적은 전혀 발견되지 않고 있으며 여러 취락유적의 시간적 위치에 대해서는 연구자마다 다른 연대관을 제시하고 있다. 따라서 비교적 안정된 연대관인 기원후 1~2세기 이전에 해당되는 초기 철기시대 한강유역의 철기문화는 현단계로서 지극히 불투명한 상태라고 해도 좋을 것이다.

다) 제3단계(기원후 1세기 중엽 이후)

북한의 고고학자들은 서북한지역에서 한대 목곽분 묘제가 이식되어 축조된 귀틀무덤이 출현하는 시점을 정백동 2호분(高常賢墓)[39]을 시초로 삼아 기원 전후한 시기로 잡고 있다.[40] 그러나 낙랑지역에서 묘제의 변천이 나무곽무덤에서 귀틀무덤으로 일률적으로 변화했다고 주장하는 도식적인 이해는 받아들이기 어렵다. 왜냐하면 나무곽무덤과 귀틀무덤은 동시기에 병존할 가능성이 충분하며 피장자의 계층차이에 기인한 분화일 경우가 있기 때문이다. 다만 제2단계를 설명하면서 나무곽무덤에 초점을 맞춘 것은 귀틀무덤에서 출토되는 유물이 한반도 초기 철기문화가 전개되는 연속선상에서 이해하기 곤란한 漢式遺物이기 때문이다. 서북한지역에서는 제2단계에 한대유물이 직접 유입되는 경우가 많고 토착 철기문화도 한대의 발달된 철기문화를 제한적으로 수용 발전시켜 나간 시기로 이해할 수 있을 것이다.

조현종·장제근, 〈광주 신창동유적-제1차 조사개보-〉(《考古學誌》 4, 1992), 31~134쪽.

39) 사회과학원 고고학연구소, 〈락랑구역일대의 고분발굴보고〉(《고고학자료집》 6, 1983), 17~25쪽.

40) 황기덕 외, 〈기원전 5세기~기원 3세기 서북조선의 문화〉(《고고민속론문집》 3, 1971), 75~80쪽.

〈그림 2〉 철제 농공구류

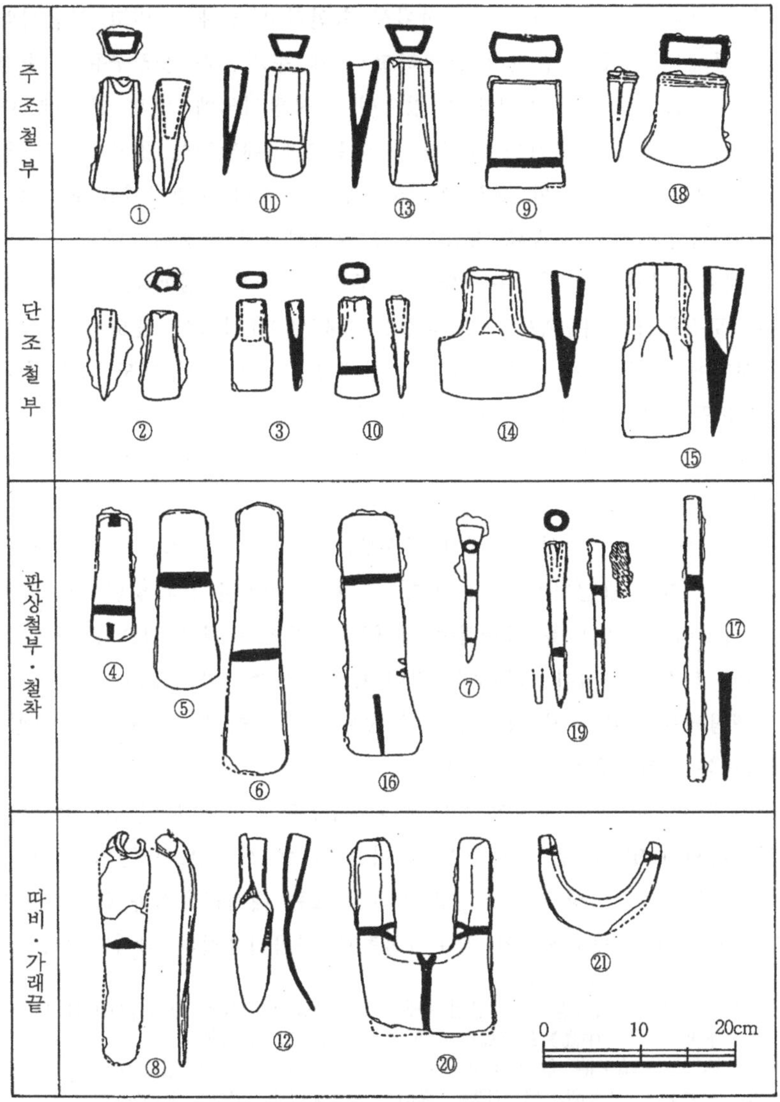

주조철부

① ⑪ ⑬ ⑨ ⑱

단조철부

② ③ ⑩ ⑭ ⑮

판상철부·철착

④ ⑤ ⑥ ⑯ ⑦ ⑲ ⑰

따비·가래끝

⑧ ⑫ ⑳ ㉑

0 10 20cm

①~⑧ 창원 다호리유적, ⑨·⑩ 김해 양동리유적, ⑪·⑫ 대구 팔달동유적, ⑨~⑰ 김해 대성동 29호분, ⑱ 합천 저포리 41호분, ⑲ 제주 용담동유적, ⑳ 서울 몽촌토성, ㉑ 중원 하천리 F지구유적

이 시기 한강유역에서는 독자적인 철기문화가 발견되는 예가 극소수에 불과하나 철제 농공구류가 취락유적에서 확인되고 있다. 그리고 영남지역에서는 청동제 무기류가 완전히 소멸하고 철제 무기류와 농공구류를 중심으로 독자적인 철기문화가 정착되고 있으며 서북한지역에 비해 분묘에 다량의 철기류를 부장하고 시간이 지날수록 대형묘에 매납되는 철제무기와 철소재류가 증가되고 있다. 이 제3단계 초기에도 여전히 토광목관묘가 중심 묘제이지만 낙랑지역의 목곽묘 영향으로 토광목곽묘로 발전하였다.

서북한지역에서는 기원후 1세기 이후에 해당되는 정백동, 정오동, 석암리 등의 토광목곽묘(나무곽무덤)와 목실분(귀틀무덤)유적에서 출토되는 유물들이 이 시기에 속할 것이다. 무기류로서 철제장검과 戟, 환두대도, 소형환두대도, 철모류 등이 다양하게 부장되는 한편 철제단검은 거의 소멸된다. 농공구류로서 주조철부의 비율이 감소하고 단조철부가 대·소 한쌍씩 부장되는 예가 많으며 도자와 끌, 철겸 등이 출토된다.

한강유역에서는 기원후 1세기 이후부터 삼국시대 초기까지에 해당하는 분묘유적은 거의 발견되지 않고 있다. 그 대신 한강유역에 몇몇 취락유적들이 발견되는데 절대연대를 결정하는 데에는 약간의 문제가 있으나 대체로 이 3단계에 속하는 유적이 대부분일 것이다. 이 중 철기가 출토되는 유적은 양평군 대심리유적,[41] 춘천 중도유적,[42] 중원군 하천리 F지구유적,[43] 가평군 이곡리[44]와 마장리유적 등이 있다.

이 중 이곡리와 마장리유적은 冶鐵유적으로 소개되고 있으나 유구에 대해서는 자세히 알 수 없는 형편이다. 이들 유적에서 출토된 철기 중에서 초기철기시대의 연장선상에서 소개할 만한 자료는 대심리유적과 하천리 F지구유적 출토품이고 중도유적의 착두식철촉과 이곡리유적의 삼각형철촉·양익형

41) 문화재관리국, 《팔당·소양댐 수몰지구유적발굴 종합조사보고》(1974), 173~282쪽.
42) 李健茂 외, 《中島》 I(국립박물관 고적조사보고 12, 1980).
池健吉·韓永熙, 《中島》 Ⅲ(국립박물관 고적조사보고 14, 1982).
43) 尹容鎭, 〈中原荷川里 F地區 遺蹟發掘調査報告-1983·1984年度-〉(《忠州댐水沒地區文化遺蹟 發掘調査綜合報告書》 考古·古墳分野(Ⅱ), 충북대학 박물관, 1984), 385~476쪽.
44) 崔茂藏, 〈梨谷里 鐵器時代 住居址 發掘報告書〉(《人文科學論叢》 12, 建國大, 1979), 113~154쪽.

철촉은 삼국시대 유물일 가능성이 높다.

영남지방에서 세형동검이 소멸하고 철제무기와 농공구류로 대체되는 시기는 낙랑지역보다는 조금 늦은 기원후 1세기 중엽 이후일 것으로 보여져 제3단계 초기 철기문화의 시작도 이 시점부터라고 생각된다. 영남지역에서는 이 시기에 해당하는 유적은 거의 대부분 분묘유적이다. 물론 패총유적도 이 시기에 해당되는 문화층이 많으리라 상정되지만 출토된 철기유물과 관련시켜 논의하기 곤란한 점이 있어서 생략하기로 한다. 이 시기에 해당되는 철제무기류로는 철검·소환두도·철모·무경철촉 등이 있고, 농공구로서 다양한 주조철부·단조철부·철착·따비·쇠스랑 등이 있다.

이 단계에서는 낙랑지역으로부터 철기문화의 영향을 배제할 수는 없지만 제2단계까지 파급된 철기문화를 기반으로 독자적이고 토착적인 철기생산이 돋보인다. 세형동검의 형태를 계승한 철검류가 크게 발전한다는 점이라든지 철모류가 점점 세장한 형태의 검신형철모로 발전한다든지 하는 점에서 낙랑지역의 철기문화와는 다른 방향으로 발전해 갔음을 알 수 있다.

나. 농공구류

가) 철 부

철부를 보통 제조공정에 따라 주조철부와 단조철부로 나누고 투겁이 없고 납작한 것을 따로 板狀鐵斧라고 구분하여 부른다. 그러나 이러한 철부라는 명칭 자체나 분류방식은 적절하지 않다. 즉 흔히 쇠도끼라고 총칭하는 유물군에는 도끼말고도 여러 가지 기능의 것이 포함되어 있어서 그 기능을 추정하여 합당한 명칭을 붙이는 것이 바람직할 것이다. 물론 문헌이나 고고학 자료상으로 그 용례를 확인할 수 있어야만 도구의 기능을 타당하게 추론할 수 있을 것이다. 그러나 우리 나라에서는 창원군 다호리유적에서 木柄(나무자루)이 장착되어 나온 사례 등과 같은 것을 제외하면 거의 근거자료가 없는 편이어서 중국쪽의 조사와 연구 사례를 참고하지 않을 수 없다. 그러나 중국쪽의 자료에 대입시킨다고 하더라도 한반도에서는 다른 방식으로 사용되었을 가능성도 있고 이른 시기의 유물은 중국의 철기를 그대로 닮고 있기도 하지만 그 후에는 한반도내에서 독자적으로 발전되어 온 철부도 있어서 그 용례 그대로 따르기 어렵다. 그래서 기존의 분류방식을 그대로 따라 설명하되 철부라는 것은 공구·농구·무기 등 여러 가지 용도로 사용되었을 가능성을 상정하여 중국측 용례와 비교해서 가능한 기능을 추론해 보고자 한다.

(가) 주조철부

제1단계의 주조철부는 요령지방의 연화보·관전·高麗寨遺蹟과 평안북도 용연동·세죽리유적을 비롯하여 두만강유역의 무산 호곡·회령 오동유적 등의 생활유적과 청천강 이남의 이화동·석산리·솔뫼골의 움무덤 내지는 돌곽움무덤, 그리고 남한의 합송리·소소리·남양리의 토광묘에서 발견된다. 이들 유적에서 출토되는 주조철부들은 날이 모두 직선이거나 그에 가깝고 공부가 납작한 장방형이라는 데 공통점이 있다. 길이－너비의 비율, 공부의 돌대 유무, 고정하는 못구멍의 유무에 따라 지역적인 차이가 있다. 청천강 이북지역의 생활유적에서는 세장방형과 방형이 공존하고 돌대를 두 줄 돌린 것이 있지만, 이남지역의 분묘유적 출토품은 모두 세장방형이고 공부에 돌대가 없다. 특히 남양리유적 출토품은 철부 가운데에 못구멍이 있어 고정시킬 수 있도록 되어 있다. 이들 1단계의 주조철부는 중국쪽의 용례를 참고한다면 괭이로 분류될 수 있을 것으로 보인다.

제2단계부터는 주조철부의 형태가 다양화되는데 이는 기능적인 분화를 의미하는 것이 아닐까 한다. 서북지방의 소라리 토성유적 출토품, 복사리 토광묘 출토품은 선대 주조철부의 형태 그대로이다. 그러나 상리 출토품, 경주 구정동 출토품은 날이 부채꼴 모양으로 펼쳐지고 그에 따라 측면도 곡선을 이루고 있다. 그리고 흥미로운 것은 이 시기부터 단조철부도 그러하거니와 한무덤에 대·소 철부 2점이 한 쌍으로 출토된다는 점이다. 다호리유적 출토품은 세장한 형태와 어깨를 가진 것 등이 출토되는데 낙랑지역에서 그 계보를 찾기는 어렵지만 이미 청동기시대 有肩銅斧가 있으므로 새로운 것은 아니라고 할 수 있다.

제3단계의 주조철부는 선대보다 더욱 뚜렷한 기능적인 분화가 나타나고 있다. 괭이의 용도로 사용되었을 것으로 보이는 세장방형의 주조철부로서는 한강유역의 대심리유적 출토품, 하천리 F지구 1호 주거지 출토품, 영남지역 토광묘인 부산 노포동 7호분 출토품 등이 있다. 방형에 가까운 주조철부로는 김해 양동리 2호분 출토품, 제주도 용담동 출토품, 합천 저포리 A지구 40호분 출토품 등의 예가 있다. 세장방형의 것은 한강유역의 주거지유적에서 출토되는 예가 많은데 단면이 사다리꼴이고 날이 반원형이라는 점에서 선대의 것과는 뚜렷하게 구분된다. 방형의 주조철부는 용담동과 저포리 A지구 40호분처럼 공부의 언저리에 돌대 두 줄을 돌리는 등 선대의 전통이 남아 있기도 하지만 날부분이 부채꼴로 펼쳐지는 특징을 보여준다. 이러한 도끼날은 땅을 파는 것보다 나무를 찍는 용도에 더 적합하기 때문에 농구라기보다 공구에 가까운 것이 아닌가 추측된다. 방형의 주조철부는 漢代 吉林省 榆樹縣 출토 농공구류와 유사한 점은 매우 흥미롭다.45)

(나) 단조철부

한반도에서 단조철부의 제작은 제2단계부터 시작된다. 창원군 다호리 1호분에서 나무자루가 장착된 상태로 출토된 대형 단조철부와 자루를 빼서 부장한 소형 단조철부 세트는 태성리 고분군 등 서북한지역 나무곽무덤에서 출토되는 단조철부 대·소세트와 동일한 양상이다. 형태적으로도 서북한지역의 단조철부와 영남지방의 단조철부는 梯形에 가까운 외형에, 단면은 모를 죽인 장방형으로 공통성을 보여준다.

제3단계에 들어와 서북한지역의 단조철부는 2단계와 비교하여 형태상으로 크게 다를 바 없고 부장유물로서의 비중이 약화되는데 반하여 영남지방에서는 단조철부가 토광묘에 부장되는 농공구류 유물세트 중 가장 큰 비중을 차지하게 되며 형태적인 면에서도 크게 다양화된다. 형태상의 다양화는 기능적인 면에서의 분화가 이루어진 결과라고 추측되는데 대·중·소형의 크기 차이와 함께 전체적인 외형, 공부의 형태, 날의 형태 등에 따라서 다양한 단조철부가 제작되었음을 알 수 있다. 다양한 형태로서 추정될 수 있는 단조철부의 용도는 나무를 다듬는 자귀로부터 땅을 파는 괭이, 나무를 찍거나 가르는 도끼, 무기 등 여러 가지를 생각해 볼 수 있을 것이다.

(다) 판상철부

판상철부는 2단계에부터 제작되는 유물인데 중국쪽의 자료에서 찾을 수가

---

45) 吉林省文物考古硏究所, 《榆樹老河深》(文物出版社, 1987), 39~42쪽.
劉景文, 〈古夫餘農牧業探索〉(《農業考古》 23, 1991), 314~320쪽.

없어서 한반도에서 자생한 공구류로 생각된다. 서북한지역에서는 황해도 갈현리 토광묘 출토품 이외는 그 예가 없지만 영남지역의 토광묘유적에서는 대량 출토된다. 제2단계에 해당하는 분묘유적 출토품으로 구정동·입실리 등 유적의 출토례가 있고 다호리 1호분에서는 철부머리의 폭이 좁은 것, 넓은 것 두 종류가 출토되었으며 삼천포 늑도 주거지에서는 대·소 2점이 출토되었다. 다호리 1호분에서 출토된 판상철부는 모두 3점인데 이들 모두 나무자루에 끼워진 상태로 출토되었다. 그 중 한 점은 철부의 머리 폭이 넓은데 괭이나 호미와 같은 용도로 사용된 듯하고 나머지 두 점은 나무를 패거나 찍어 넘어뜨리는 도끼의 용도가 상정된다. 그 외의 입실리·구정동·늑도 출토품과 조양동 38호분 출토품은 모두 머리의 폭이 날부분보다 훨씬 좁은 형태로 도구로 사용되었다면 도끼의 용도가 아닐까 한다.

판상철부는 3단계에 들어서서도 토광묘유적에서 많은 양이 출토된다. 특히 2세기 후반으로 편년되는 양동리 162호분에는 40여 점이 함께 출토되었고[46] 3세기 후반의 연대를 보이는 대성동 29호분의 경우 100여 점이 매납되었을 것으로 추정하고 있다. 이러한 예를 들어 판상철부는 도구로서의 기능도 있지만 수장급 묘에 다량 매납된 것으로 미루어 후대에 출현하는 鐵鋌과 같이 철 소재일 가능성이 높다고 보기도 한다.

나) 반월형철도와 철겸

청동기시대의 대표적인 수확도구는 半月形鐵刀와 鐵鎌이다. 이 수확도구들이 초기 철기시대에 들어서면 철기로 제작되기 시작한다. 주로 청천강 이북지역, 즉 전국시대 철기문화가 직접적으로 파급된 지역으로부터 먼저 철기화한다. 河北省 燕下都遺蹟에서는 철겸은 있지만 반월형철도는 찾을 수 없다. 그 대신 한반도와 가까운 연화보유적이나 관전유적 등에서는 철겸과 함께 반월형철도가 공반되는 것을 확인할 수 있다. 이러한 현상은 청천강 이북의 위원군 용연동유적이나 두만강유역의 무산 호곡유적에서도 볼 수 있다. 중원지역에서 반월형철도가 발견되지 않는 것은 반월형석도라는 수확도구가 신석기시대 이후 사용되지 않았기 때문일 것이다. 그리고 변방지역과 한반도에

46) 동의대 박물관, 〈김해 양동리 제162호 토광목곽묘 발굴조사개요〉(1991).

서는 석겸에 의한 수확 방법을 알고 난 이후에도 청동기시대 말기까지 반월형석도에 의한 수확 방법을 견지해왔기 때문에 초기 철기시대에 들어와서도 그에 의한 수확 방법이 유지된 것으로 생각된다.

그런데 반월형철도와 철겸의 제작은 청천강 이북지역에 한정될 뿐 그 이남과 한반도 남부까지는 미치지 못했다. 주조철부와 철착이 출토된 남양리 유적에서도 반월형석도가 공반되어 그러한 사정을 확인할 수 있다. 그러나 철겸은 초기 철기시대 제1단계 이후에도 계속적으로 발전하지만 반월형철도는 제1단계 이후에는 제작이 이루어지지 않는다.

제1단계 철도와 철겸은 주조품으로 제작된다는 것이 큰 특징이다. 이에 비해 제2단계에 들어서면 철겸만이 제작되는데 주조품은 일체 없고 오직 단조품만 생산된다. 제2단계 이후의 철겸은 생활유적 발견 사례가 극히 드물고 토광묘유적에서 빈번히 출토된다. 태성리 나무곽무덤 출토품과 다호리유적에서 출토된 철겸을 비교해 보면 그 상관관계를 짐작해 볼 수 있다. 제2단계의 서북한지역과 영남지역에서는 동일한 형태와 크기로 제작된 것이 비슷한 비율로 출토된다. 그러나 제3단계에 들어서면 서북한지역에서는 철겸의 부장이 상대적으로 적은 비중을 차지하고 있으며 영남지역에서는 여전히 거의 개별 유구에 1점씩 부장되는 경향을 보여준다. 특히 김해 양동리 4호분의 예와 같이 철겸의 형태가 극단적으로 세장화된 것도 있는데 다양한 철겸이 제작되어 고분에 부장되는 것을 보면 철겸이 수확도구 이외에 무기로 사용되었을 가능성도 생각해 볼 수 있다.

다) 괭 이

제1단계에 해당하는 청천강 이북의 용연동 출토품과 세죽리 출토품 이외에는 한반도에서 출토된 경우가 없다. 요령지방의 연화보유적, 고려채유적에서 출토되고 중원지방에서는 중요한 철제농기구의 일종이었던 것으로 보인다. 그러나 한반도와 일본지역에서는 동종의 농구가 철제가 아닌 목제로 제작된 듯하다. 야요이시대의 유적에서 목제품으로 출토된 예는 수없이 많고 우리 나라에서도 최근 신창동 저습지유적에서 목제품으로 출토된 사례가 있다. 이후에도 한반도 내에서는 이 괭이류(鐵鎬類)가 목제품으로 제작 사용되었을 가능성이 많다.

라) 호 미

역시 1단계 유적인 용연동 출토품이 있을 뿐이고 우리 나라에서는 호미(鐵鋤)가 철제품으로 발견된 예가 없다. 일본 야요이시대 목제 농기구 중 형태는 다르지만 비슷한 용도로 사용되었을 유물이 출토된 사례가 많이 있다.

마) 삽과 가래

1단계에 해당하는 무산 호곡유적 출토품과 2단계 이후의 해남 군곡리패총 출토품에서 보이고 있다. 호곡유적 출토 철삽은 전국시대 이후 중원, 요령, 길림 등지에서 발견되나 군곡리유적의 예는 토착화된 유물로 간주된다.

가래끝으로 사용되었을 유물은 한반도 내에서는 제3단계에 들어와서 출토된다. 운성리 가뫼말 2호분과 중원군 하천리 F지구 1호 주거지 출토례가 있고 삼국시대에 들어와서도 고분이나 성지에서 출토된다.

바) 철 착

청동기시대 세형동검묘에서 銅斧와 한쌍으로 출토되는 銅鑿이 철제품으로 전화된 것이다. 제1단계부터 제작되는데 요령지방의 연화보유적에서 한반도 남부지방인 부여 합송리유적, 장수 남양리유적에 이르기까지 동일한 형태로 출토된다. 서북한지역의 주조철부 출토 움무덤에서는 도끼는 철제품이지만 끌은 동제품으로 출토된다. 제2단계의 철착은 창원군 다호리 29호분 출토품과 같이 공부의 깊이가 얕아지고 단면 세장방형으로 된다. 3단계 이후의 철착은 공부를 갖지 않게 되며 때로 실생활에 사용된 관계로 끌머리가 뭉개져서 출토되는 경우도 있다. 그런데 초기 철기시대 이른 시기에 해당하는 철착처럼 깊은 공부를 가진 것과 후대에 공부가 없는 것을 동일한 범주에 포함시켜 같은 용도로 사용되었다고 할 수는 없을 것 같다. 이른 시기의 철착의 경우 나무자루에 끼워 손에 쥐고 목공작업하거나 뒤지개 혹은 따비와 같은 용도로 사용했을 가능성도 배재할 수 없다.

사) 철 사

제1단계 유적인 용연동 출토품과 제2단계 영남지방 토광묘유적인 다호리 22호분 출토품 등을 들 수 있다. 鐵鉇는 이른 시기의 초기 철기시대에 銅鉇가 철제품으로 전화된 것이라 생각된다. 용도에 대해서는 목공용으로 알려져 있을 뿐이다.

아) 단야구

제2단계 이후의 출토례밖에 없다. 정백동 62·81호 나무곽무덤에서는 망치와 집게가 한 세트로 나왔고, 다호리 17호분에서는 망치만이 출토되었다. 망치와 집게가 한 세트가 되어 출토되는 예는 이후 삼국시대 신라·가야 지역의 고분에서도 자주 볼 수 있다.

다. 무기류

전국시대 중원지역에는 청동제 무기도 일부 잔존하지만 刀·劍·矛·戟 등 다양한 철제무기류가 발달한다. 漢代에 들어와서도 環頭大刀가 추가되고 더욱 다양화되며 발전한다.

한반도 초기철기시대 제1단계에는 전국시대 燕나라의 철기문화가 직접적으로 영향력을 미치는 지역에서만 철제무기류가 제한적으로 출토되는 것으로 보인다. 청천강 이북지역이나 요령지방에는 몇몇 종류의 철제무기가 보이지만 그 이남지역에는 청동제 무기만이 여전히 사용될 뿐이다. 제2단계에 들어서면 청동무기와 함께 철검·철모·철과들이 공반되는데 서서히 청동무기들은 철제무기로 대체되어 간다.

특히 제2단계의 시작과 함께 우리가 중요하게 고려해야 할 점은 漢代 철제무기의 영향이다. 한반도 서북지방에 낙랑군이 설치되면서 한대의 철제무기들이 유입되거나 그 영향으로 漢式鐵製武器들이 제작되는 것으로 보인다. 그래서 이 시기의 철제무기들은 재래식 청동무기로부터 전화된 철제무기류들과 새로운 한식철제무기들이 병존하는 것으로 보인다.

한식무기의 직접적인 영향 아래 있었던 낙랑지역에서는 보다 이른 시기, 즉 기원 전후한 시기에 청동제 무기류의 사용이 소멸하고 한식철제무기로 대체되었지만 한반도 남부 영남지역에는 청동제무기의 잔적이 늦은 시기까지 계속되는 한편 토착적인 철제 무기류들도 개발되어 발전하였다(〈그림 3〉).

가) 철 검

초기 철기시대 제1단계에는 한반도 어느 지역에서도 鐵劍이나 철도가 발견되지 않는다. 이 시기에 도검류를 대표하는 것은 오직 세형동검밖에 없다. 하북성 연하도유적에서는 철제장검과 소환두도 등이 발견되고 있지

〈그림 3〉 철제 무기류의 변화

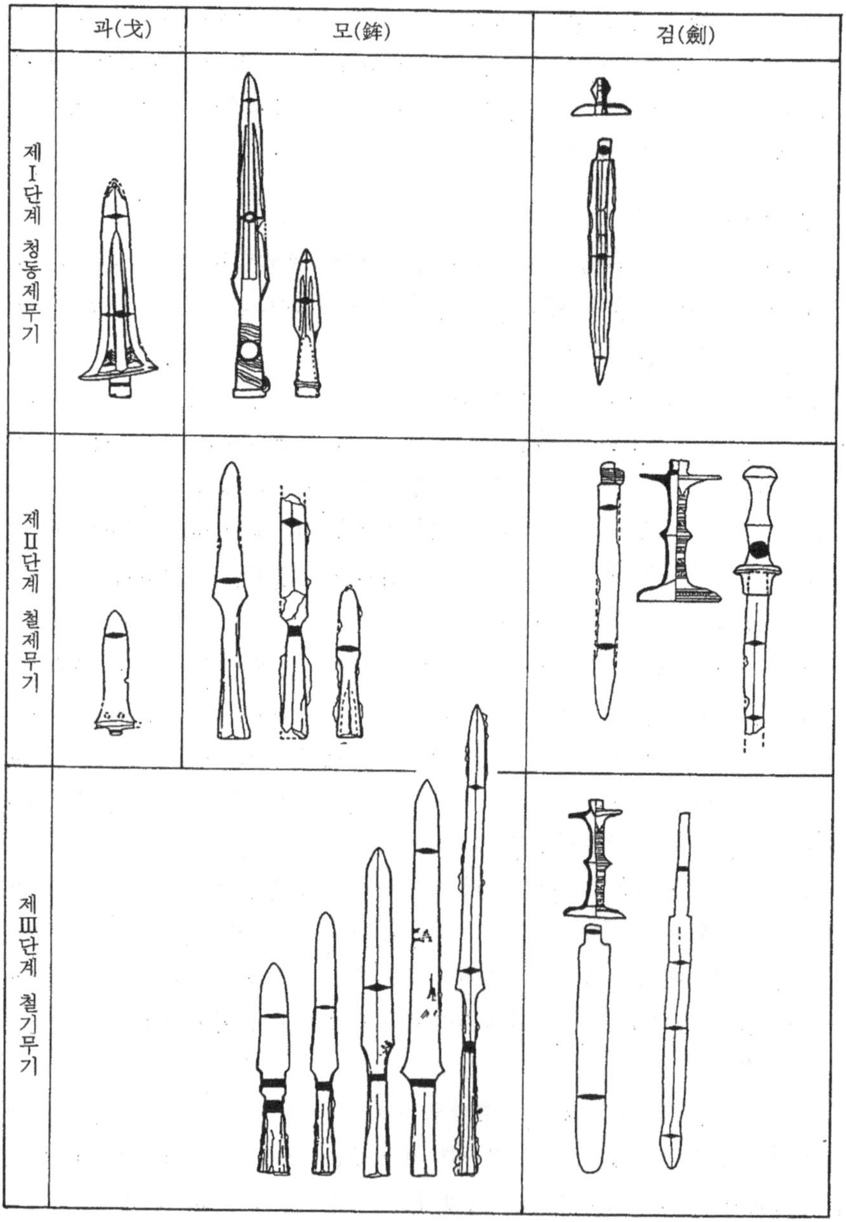

	과(戈)	모(鉾)	검(劍)
제Ⅰ단계 청동제무기			
제Ⅱ단계 철제무기			
제Ⅲ단계 철기무기			

만[47] 燕의 철기문화 영향을 가장 많이 받고 있는 청천강 이북지역에서도 도검류는 발견되지 않고 있다.

제2단계에 들어서 서북한지역에서는 劍身과 자루가 모두 짧은 철제단검이 나무곽무덤에서 세형동검과 함께 출토된다. 이들 철검은 검신의 형태, 손잡이의 장착방법, 칼집의 모양 등이 세형동검과 다를 바가 없다. 이러한 철검은 영남지역의 토광묘유적에서도 동일한 양상으로 발견된다. 이 시기에 들어서 종래의 세형동검을 철기화한 철검 이외에 새로운 형식의 철검이 제작된다. 대체로 장검에 속하고 경부도 길며 검신도 세형동검의 전통을 따르지 않고 있다. 상리유적 출토품을 비롯하여 낙랑지역의 나무곽무덤에서 출토되고 한반도 남부지역에서는 경주 구정동유적의 출토례가 있다. 제3단계에 속하는 유적으로 추정되는 제주도 용담동유적에서는 같은 형식의 장검과 단검이 함께 출토되었다. 낙랑지역의 귀틀무덤에는 漢代長劍이 부장되고 있는 바 이는 제한된 지역의 제한된 분묘에서만 발견될 뿐 한반도 남부지역에는 아직까지 발견된 사례가 없다.

나) 철 도

초기 철기시대 제1단계에 해당하는 鐵刀는 素環頭部밖에 없지만 영변군 세죽리유적에서 출토된 예가 있다. 하북성 연하도유적에서 보는 것과 같은 素環頭灣曲刀와 같은 유형의 유물로 보인다. 청동기시대 이른 시기 유물로서 평북 용천군 신암리 제3지점 2문화층에서 靑銅刀子가 발견된 예가 있지만[48] 이에 後行하는 유물은 遼寧式銅劍文化期에 그치고 있어 細形銅劍文化期까지 계승되고 있지 않다. 따라서 세죽리유적 출토 소환두도와 같은 유물은 전국시대 철기문화의 파급과 함께 들어온 유물로 추정된다. 제1단계에 해당하는 철도는 청천강 이북지역에 한정되지만 이어서 제2단계 철기 사용시기가 되

47) 河北省文化局文物工作隊, 〈燕下都 第22號遺址發掘報告〉(《考古》 2, 1965), 526~570쪽.
河北省文物管理處, 〈河北易縣燕下都 44號墓 發掘報告〉(《考古》 4, 1975), 228~243쪽.
河北省文物管理處, 〈河北易縣燕下都 第21號遺址 第一次發掘報告〉(《考古學集刊》 2, 1982), 69~82쪽.

48) 김용간·리순진, 〈1965년도 신암리유적발굴보고〉(《고고민속》 1966-3).

면 한반도 전역에 각종의 철도가 발견된다.

제2단계 서북한 지역의 나무곽무덤에서는 70cm 미만의 소환두도와 30cm 안팎의 소환두도가 상리유적을 비롯하여 태성리·정백동유적 등에서 출토된다. 이에 비해 영남지역의 토광목관묘 유적에서는 30cm 안팎의 작은 소환두도만이 발견되고 있다. 제2단계의 철기 사용시기에 특기할 만한 사실은 생활유적에서 鹿角製柄刀子의 출현이다. 삼천포 늑도유적에서 발견된 1점의 예가 있다. 이것은 무기라기보다 실생활용 공구 내지는 주방도구라고 생각되는데 원삼국시대에 들어와 유행하는 도구이다. 이후 제3단계 철기사용 개시기부터 1m가 넘는 漢代 環頭大刀들이 유입되는데 한반도 남부지역까지는 영향을 주지 못한다. 이후 삼국시대에 들어와서까지 중요 전쟁장비로서 혹은 신분을 상징하는 유물로서 사용되었던 환두대도는 한반도 남부에서는 3세기대에 들어와서야 볼 수 있는 유물이다.

다) 철 과

鐵戈는 제1단계 철기 사용시기 유적인 영변군 세죽리유적에서 처음 보인다. 청천강 이북지역인 세죽리유적에서도 철과의 경우는 중국식철과의 형식을 따르지 않고 재래식 銅戈를 모방하여 제작된다. 한반도내에서 철과[49]의 예는 그리 많지 않은 편이다. 제2단계의 철기 사용시기에도 한국식동과를 모방한 철과가 계속 제작되는데 서북한지역에서는 발견된 사례가 없고 한반도 남부지역에서 출토되고 있다. 서북한지역에서는 이미 기원전 1세기대 戈의 대체품인 戟이 사용되고 있었기 때문에 과가 제작되지 않은 것으로 이해된다. 철과의 제작은 제2단계 철기 사용시기에 다호리유적이나 조양동유적에서만 발견될 뿐 3단계에 들어와서는 제작되지 않는 것 같다.

라) 철 모

제1단계 철기 사용시기에 해당되는 鐵鉾는 용연동유적 출토품 2점이 있다. 이 2점의 철모는 하북성 연하도유적에서 출토된 철모와 같은 한대 이전의 중국 철모의 계보를 따르는 것으로 추정되는데 이러한 철모의 분포는 청천강 이북지역에 한정되고 한반도 남부까지 영향을 주지는 않았던 것으로 보

49) 李南珪, 〈최근 발견된 韓國鐵戈의 意義〉(《韓國上古史學報》 5, 1991), 55~75쪽.

인다. 그러나 제2단계의 철기 사용시기부터는 한반도내에서 자생한 형식의 철모와 한대 철모로부터 출발한 철모의 두 계통 철모가 제작된 듯한데 확실하지는 않다. 소라리토성 출토품과 상리유적 출토품은 동모에서나 볼 수 있는 등대와 피홈이 있는 것 같고 전체적인 외형도 동모와 비슷하여 재래의 청동모를 모방하여 제작한 듯하다. 이에 비해 태성리와 정백동 등의 나무곽무덤에서 출토되는 대부분의 철모들은 실측도상으로 볼 때 단면이 납작한 마름모꼴이거나 볼록렌즈형이고 짧은 것과 긴 것 두 가지가 공존한다. 洛陽燒溝漢墓 출토품 중에도 공부가 매우 길어서 세장한 형태를 보여주는 것과 공부가 짧은 것 두 가지가 공존하고 있는데 이 시기 서북한지역의 나무곽무덤에서 출토되고 있는 철모류들은 한식철모와의 관련성을 배제하기 어렵다.

다호리유적에서 출토된 철모류들은 짧은 것보다는 세장한 것이 더 많이 출토되었는데 공반되고 있는 동모 역시 세장화된 것들이어서 낙랑지역 철모와 관련된 것인지 또는 동모와 관련된 것인지 구별해 말하기 어렵다.

마) 철 촉

이른 시기 鐵鏃의 예로서 위원군 용연동유적 출토품이 한 점 있다. 이것은 화살촉과 화살대를 모두 철로 만든 것인데 요령지방의 연화보유적에서는 銅鏃에 활대를 철로 만들어 붙인 것, 즉 鐵鋌銅鏃이 출토된 바 있다. 제2단계에 들어서 서북한지역에서는 철촉 자체보다 鐵莖銅鏃이 출토되는 예가 많다. 소라리 토성지나 낙랑 토성지에서는 다수의 동촉과 함께 일정량의 철촉이 출토된 바 있다. 이러한 서북한지역의 다양한 철촉 및 동촉은 한반도 남부에까지는 전혀 영향을 주고 있지 못하다. 한반도 남부지역에는 제2단계의 다호리·조양동유적에서부터 3단계에 들어와서까지 無莖式兩翼鏃이라는 단일한 형식의 철촉만이 제작된다. 서북한지역이 전국시대 이래 한대에 이르기까지 중국의 다양한 철촉의 형식을 수용했다면 한반도 남부지역에서는 초기철기시대 말기에서 원삼국시대의 대부분 기간 동안 석촉의 말기 형식을 계승한 무경촉만을 고집했다고 볼 수 있다.

바) 철 창

鐵槍은 창끝뿐이 아니라 긴 자루부분까지도 철로 제작한 것을 말하는데 출토례가 많지 않다. 태성리 13호 나무곽무덤에서 출토된 철창은 총길이가

128cm이고 창끝의 길이는 50cm이고 자루가 78cm이다. 이것 외에는 서북한 지역에서도 철창의 예를 발견하기 어렵다. 최근 남부지방 김해 양동리유적에서도 철창의 출토례가 있다.

라. 차마구

한반도 내에서 馬具와 車輿具는 제2단계 철기 사용시기부터 출토된다. 제2단계 철기 사용시기는 전술한 바와 같이 한대 철기문화의 파급으로 시작되었다. 한대 이전부터 중국에서는 말 몇 필이 끄는 마차를 말과 함께 순장하기 위한 독립된 매장시설이 있지만 한반도내에서 발견된 사실은 없다. 주로 목곽 내부에 마구와 수레 부속구들을 모아서 일정 공간에 매납하는 것이 보통이다. 따라서 마구류와 수레 부속구가 빠짐없이 갖추어져 출토되기보다는 단편적으로 출토되는 사례가 많다. 예를 들어 마구류가 나오고 수레 부속구가 나오지 않는가 하면, 수레 부속구의 일부만이 함께 나오기도 하는 것이 보통이다.

지역적으로 볼 때 한반도 내에서도 마구와 차여구가 다량으로 출토되는 지역은 서북한 일대에 제한되고 다른 지역에서는 전혀 출토된 사례가 없거나 극히 일부분의 유물이 출토될 뿐이다. 시기적으로 볼 때도 서북한지역에서는 나무곽무덤과 귀틀무덤의 축조시기인 기원 전후 200년간에 집중될 뿐 塼築墳이 축조되는 시기에는 마구류와 차여구의 부장이 현격히 줄어든다. 특히 마구류는 어느 정도 출토되지만 차여구는 거의 출토되지 않는다.

어느 지역에서나 마구류와 차여구는 주로 청동으로 제작되는 경향이다. 그래서 철제품은 청동제 마구류나 차여구에 비해 열세이다. 특히 차여구의 경우 철제품보다는 청동제품이 압도적이어서 철제품이 사용되는 부품으로는 車軸頭가 대부분을 차지하고 나머지 부품은 거의 청동으로 제작된다.

가) 재갈과 재갈멈추개

초기 철기시대에 승마하는 풍습이 전무하였다고 할 만한 특별한 이유도 없지만 이 시기의 말은 거의 수레를 끄는 데 이용하지 않았나 한다. 마구류만이 발견되지 않고 차여구와 함께 발견된다는 사실에서도 그러한 해석이 가능하다. 또 마구류에 있어서도 주로 수레를 견인하는 데 필요한 장비만이 발견될 뿐 그 밖의 말 장신구는 보이지 않는다는 점에서 수레를 끄는 데 전용되었을 가능성이 있다. 이 시기의 철제 마구류는 재갈(銜)과 재갈멈추개(鑣)가 대부분이고 가죽끈을 서로 연결하는 데 사용되었을 교구와 고리 등이 철제로 발견되며 그 밖에 馬鐸 등은 銅製로만 발견된다.

낙랑지역에서 재갈은 간단한 단면 원형의 鐵棒으로 된 것, 철봉 두 개를 꼰 것, 두툼한 단면 육각형의 철봉으로 된 것 등이 있으며 이들을 연결시키는 데 세 마디로 된 것(三節式)과 두 마디로 된 것(二節式)이 있다. 이 중 철제품으로 이른 시기의 나무곽무덤에서 출토되는 것들은 2절식이 많고 귀틀무덤에서는 3절식의 靑銅銜이 많다. 정백동 37호분에서는 마구류가 여러 점 출토 되었는데 그 중에는 철제 3절식이다. 이른 시기 나무곽무덤 출토례로서 연결상태는 불확실하나 철봉으로 된 것, 두 철봉을 꼬은 것 등이 출토되기도 하였는데 소라리토성지, 황주 금석리유적,[50] 은파 갈현리유적 등에서 발견된다. 재갈만이 단편적으로 출토된 사례도 있지만 대부분은 鑣轡(재갈과 고삐)와 함께 발견된다. 중국이나 북방민족들에게도 경판비가 일반화되기 이전까지는 S자형으로 굽은 표비가 일반적이었고 한대에 있어서도 마찬가지이다. 낙랑지역에서 나무곽무덤 단계부터 출토되는 철제·청동제 표비들은 보고된 도면이나 사진상으로 형태 파악이 어려운 것을 제외하면 대체로 한대 표비의 형태를 그대로 따른다. S자형의 棒狀 두 마디를 연결한 것, S자형 철봉 양끝에 구름무늬를 장식한 것 등이 있다.

한반도 남부지방에서는 제2단계에 해당하는 함과 표비의 예가 매우 드물다. 대구 평리동유적 일괄 유물 중에 포함된 철제함과 철제표비가 거의 유일한 것이다. 이들은 동반되어 출토된 청동제품과 동일한 형식인데 프로펠러형으로 기본형은 S자형의 표비의 범주에 포함될 수 있다. 이 시기에 해당하는 또 다른 남부지방의 마구류는 거의 찾기 어렵다. 출토상황이나 공반유물, 유구가 불확실하지만 경주 탑리 출토품이 S자형 표비에 해당되는데 청동제품이다. 이후 3단계에 들어서면 S자형 표비가 대형화되고 고사리 무늬 등으로 장식하는 예가 있는데 최근 발굴조사된 울산군의 중산리유적과 하대유적 등에서 발견된 바 있으나 정식 보고되고 있지 않아 자세한 것은 알 수 없다.

---

50) 리규태, 〈황주군 금석리 나무곽무덤〉(《고고학자료집》 6), 197~202쪽.

나) 차축두

수레 부속구들은 대부분 청동으로 제작되지만 일부가 철로 제작되기도 한다. 제2단계 철기 사용시기부터 낙랑지역에서 수레 부속구들이 출토된다. 태성리 고분군과 같이 기원전 1세기대 나무곽무덤이 주체인 유적에서 수레 부속구들이 다수 출토되었는데 그 중 철제품으로 자주 발견되는 것은 車軸頭이다. 제3단계에 들어서도 낙랑지역에서는 철제 차축두들이 출토된다. 그러나 청동제 차축두에 비해서 소량에 불과하다. 한강 이남지역에서는 시기와 관계없이 수레 부속구들이 발견되는 예는 아주 드물며 모두 청동제로 제작된 것이어서 철제 수레 부속구가 발견된 예는 현재까지 자료상으로 찾을 수 없다.

마. 이형철기류

한반도 남부지방 초기 철기시대 철제유물로서 용도를 알 수 없고 장식성이 강한 異形鐵製品이 몇 점 출토되었다. 대체로 제2단계 철기 사용시기에 해당될 것으로 판단되는데 창원 다호리 19호분 출토품과 대구 평리동 출토품의 예를 들 수 있다.

다호리 출토품은 너비 1.6cm, 두께 0.5cm 정도의 판상의 철제품이다. 가운데 판상 축을 두고 반원형 두 개를 맞붙인 테로 구성되어 있다. 맞붙는 반원형 테의 끝은 양쪽으로 갈라 고사리 모양으로 말아 놓았다. 테의 가장자리에 날을 세워 놓은 듯하다.

평리동 출토품은 단면 마름모꼴의 매우 세장한 鐵棒을 'ㄷ'자형으로 구부리고 그 양끝을 두 단계로 가지치기하는 식으로 펴서 소원형의 잎으로 마무리하였다. 실측도상으로는 확인되지 않지만 양단을 리본모양으로 펴서 마무리한 것은 다호리의 예처럼 두 가닥으로 갈라 고사리모양으로 말아놓은 것이 아닌가 한다. 바로 그 아래의 양쪽 가지는 끝이 결실되어 버렸으나 고사리형으로 말지 않고 가시처럼 내기만 한 것이 아닌가 한다.

이러한 이형철제품은 어떤 실용성을 상징하기보다 의기적인 유물로 보인다. 그리고 청동제 의기가 비교적 늦은 시기까지 전통을 유지하는 영남지방에서만 출토된 점을 들어 일종의 철제의기로 이해할 수 있을 것 같다. 물론 청동제 의기의 일부가 철기화된 것일 가능성을 생각해 볼 수도 있지만 형태와 장식성이 크게 다른 것은 주조품인 청동의기와 단조품인 철제의기의 제작공정상 차이점에 기인한 것이 아닌가 한다.

〈李盛周〉

(3) 토 기

가. 토기의 분류

철기시대 토기는 북한지역과 남한지역에서 각기 다르게 분류되고 있다. 남한지역에서는 색상에 따라 적갈색·흑갈색·회색·회청색 등으로, 소성도에 따라 연질과 경질 혹은 와질과 도질 등으로, 태토의 첨가제 혼합 여부에 따라 조질과 정질로 나누고 있다. 그 밖에 제작방법, 문양, 기형 등을 참고하여 분류하기도 한다.

철기시대의 대표적인 토기를 김해식토기로 규정한 경우에는 김해패총 출토 토기를 김해식타날문토기·적갈색김해식찰문토기·적갈색김해식무문토기·흑도·청회색신라토기 등 5종으로 분류하고 있다.[1]

이와 달리 김해패총의 패총유적과 묘지유적은 연대상으로 서로 다르며, 김해패총의 발굴면적이 적기 때문에 다량의 유물이 출토된 웅천패총을 표지적 유적으로 삼아야 한다는 입장에서는 김해식토기 대신에 웅천식토기라는 용어를 사용하여 이를 적갈색연질토기·회청색경질토기·회백도 등으로 분류하기도 한다.[2]

그 뒤 서울 풍납동토성이 발굴되어 김해식토기 이외에도 풍납리식무문토기·조질유문도 등이 철기시대 토기에 새로이 포함되었다.[3]

1970년대에는 철기시대 유적의 발굴과 토기에 대한 연구가 본격화되었는데 그 결과 토기의 분류를 경질무문토기·조질회색토기·적갈색경질토기·회청색경질토기·연질회색토기 등으로 나누고, 각 토기에 대한 태토의 조성분석, 흡수율 측정, 경도측정, 성형방법과 제작수법, 문양, 색상, 두께 측정

1) 金元龍, 〈鐵器文化〉(《한국사》 1, 국사편찬위원회, 1977).
2) 金廷鶴, 〈熊川貝塚硏究〉(《亞細亞硏究》 10-4, 高麗大, 1967).
3) 金元龍, 《風納里包含層調査報告》(서울大 考古人類學叢刊 3, 1967).

등에 대한 분석적인 연구가 이루어졌다.4)

조도패총 발굴보고서에서는 적갈색연질토기·회청색경질토기·회색조질토기·회색양질토기·회색연질토기 등으로 분류하였고, 층위별 출토양상을 고려해 각 토기간의 변천과정을 제시하였다.5)

1980년대에 들어와 철기시대 토기를 와질토기와 도질토기로 분류하고 도질토기란 신라·가야토기를 지칭하며 원삼국토기는 와질토기로 대표된다는 주장이 제시되었다.6)

한편 군곡리패총 발굴보고서에서는 패총출토 토기를 크게 무문토기와 타날문토기로 나누고, 무문토기는 경질무문토기·경질찰문토기 등으로, 타날문토기는 회색연질토기·적갈색연질토기·흑색연질토기·회청색경질토기 등으로 세분하면서 층서에 의한 발굴결과를 이용해 그 변천과정을 설명하고 있다.7)

또한 한강유역을 중심으로 원삼국시대 토기를 경질무문토기·회색무문양토기 및 회청색경질토기로 분류하였고,8) 진천지역의 토기요지 발굴결과를 기준으로 크게 경질무문토기와 타날문토기로 나누고, 타날문토기는 조질과 정질로 나눈 후 다시 조질은 회색계연질토기·적갈색계연질토기 등으로, 정질은 회청색경질토기·회색계연질토기·흑색연질토기·적갈색계연질토기 등으로 분류하고 있다.9)

북한지역에서는 철기시대 토기를 나무그루형(帶狀) 把手附土器·우각형파수부토기·갈색마연토기·흑색마연토기·화분형토기·작은단지(배부른단지)·회색승석문토기 등으로 분류한다. 나무그루형파수부토기와 우각형파수부토기는 청동기시대 토기인 꼭지형파수부토기를 계승한 것으로 철기시대 초기에 나타난다. 흑색마연토기는 색상이 흑색을 띠고 표면을 마연한 토기로 갈색마연토기와 함께 주로 집터에서 출토되고 있다. 화분형토기는 주로 토광묘에서 출토되는데 기형은 화분형이고 문양이 없으며 색상은 적갈색과 회색을 띤다. 작은

---

4) 金暘玉, 〈韓半島 鐵器時代土器의 硏究〉(《白山學報》 20, 1976).
5) 韓炳三·李健茂, 《朝島貝塚》(국립박물관 고적조사보고 9, 1976).
6) 申敬澈, 〈釜山·慶南出土 瓦質系土器〉(《韓國考古學報》 12, 1982).
崔鍾圭, 〈陶質土器 成立前夜와 展開〉(《韓國考古學報》 12).
7) 崔盛洛, 《海南郡谷里貝塚》(1~3)(木浦大 博物館, 1987~1989).
8) 朴淳發, 〈漢江流域 原三國時代 土器의 樣相과 變遷〉(《韓國考古學報》 23, 1989).
9) 崔秉鉉, 《新羅古墳 硏究》(一志社, 1992).

단지는 화분형토기와 함께 토광묘에서 공반되어 나타나는데 회색의 작은 토기이다. 그리고 회색승석문토기는 기원전 2세기 말경 토광목곽묘에서 출현되는 새로운 형식의 토기로 승석문의 타날문이 있고 회색을 띠는 것이 특징이다.

나. 각 토기의 검토

남한지역 출토 토기 중에서 비교적 성격이 알려진 경질무문토기·경질찰문토기·적갈색연질토기·회청색경질토기 및 회백색연질토기(와질토기) 등을 중심으로 검토해 보면 다음과 같다.

가) 경질무문토기

이 토기는 일반적인 무문토기, 즉 청동기시대의 무문토기보다 그 경도가 단단하다는 뜻으로 사용되고 있다. 이것은 풍납리토성에서 처음 발견되어 풍납리식무문토기라 불렀는데 김해식토기의 영향을 받아서 가마가 개량되어 제작되었다고 보았다.[10] 그 후 이와 같은 성격의 토기가 한강유역의 다른 유적에서도 발견됨에 따라 경질무문토기라 명명되었다.[11] 남부지역에서 출토된 경질무문토기를 일부에서는 종말기무문토기로 명명하고 있고,[12] 중도유적에서 출토된 경질무문토기를 중도식무문토기라고 부르고 있다.

이 토기가 발견된 유적은 중부지역에서 춘천 중도, 가평 이곡리·마장리, 양평 대심리, 서울 풍납동, 양양 가평리유적 등이, 동남부지역에서 부산 조도, 김해 회현리, 창원 성산, 삼천포 늑도패총 등이, 서남부지역에서 해남 군곡리패총과 광주 신창동, 남원 세전리유적 등이 알려져 있다. 따라서 경질무문토기는 한반도 중부 이남지역에 넓게 분포하고 있음을 알 수 있다.

이 토기의 기형은 청동기시대의 무문토기와 달리 호형·완형·심발형·발형 등 다양한데 군곡리패총에서는 옹형, 주구토기, 유개토기, 시루, 컵형토기, 소형토기 등 더욱 다양한 형태가 출토되었다. 결국 청동기시대의 무문토기와 비교하면 태토, 색상, 제작기법 등에서 동일하나 경도, 기형 등에서는 다르다(〈그림 1〉).

그러면 청동기시대의 후기 무문토기와 비교해 보자. 청동기시대 후기의 무문토기로는 점토대토기·흑도장경호·송국리형토기 등이 대표적이다. 먼저

10) 金元龍, 앞의 글(1967).

11) 金暘玉, 앞의 글.

12) 鄭澄元·申敬澈, 〈終末期無文土器에 관한 硏究〉(《韓國考古學報》 20, 1987).

점토대토기를 살펴보면 구연부의 단면이 크게 원형과 삼각형으로 구분된다. 단면원형의 점토대토기는 청동기와 함께 출토되는 경우가 많아 청동기시대 후기의 대표적인 토기이다. 그러나 단면 삼각형의 점토대토기는 철기와 공반되는 경우가 많은 철기시대 초기의 토기로서 경질무문토기의 한 특징인데 지금까지 전남지방, 경남지방 및 대구를 중심으로 하는 경북지방에 한정하여 출토되고 있다.

송국리형토기는 목이 짧은 호형토기가 주류를 이루고 있는 비해 경질무문토기에서는 구연부가 길어지고 밖으로 꺾어지는 외반구연의 호형토기가 많아진다. 흑도장경호의 특징은 경질무문토기에서는 볼 수 없으며, 오히려 그 전통을 와질토기에서 찾아볼 수 있다.

경질무문토기의 연대는 철기시대의 개시연대와 밀접한 관계가 있다. 철기시대의 개시연대는 한반도 북부지역이 기원전 3~4세기경으로, 남부지역이 기원전 1세기경으로 보는 것이 일반적이다. 그리고 단면 삼각형의 점토대토기의 발생을 기원전 2세기로 보고 있어 경질무문토기의 출현이 기원전 2세기경에 이루어졌을 것으로 판단된다. 군곡리패총의 경우에 Ⅱ기층의 상한연대가 기원전 2세기 말~기원전 1세기 초로 비정되어 일치하고 있다. 하한은 군곡리패총의 Ⅲ·Ⅳ기층에도 계속 나타나고 있어 기원후 2~3세기경까지도 사용되었을 것으로 추정된다. 이것은 군곡리가 지리적으로 최남단에 위치하여 다른 지역보다도 늦은 시기까지 사용되었다고 보기 때문이다. 더욱이 제주도 곽지패총의 경질무문토기는 기원후 3~4세기까지 내려가고 있다. 그러나 새로운 토기문화의 파급이 빠르게 일어난 동남부지역에서는 약간 일찍 타날문토기로 대치되었을 것으로 생각된다.

결국 경질무문토기는 청동기시대 무문토기의 전통이 계승된 토기로 철기문화의 시작과 더불어 사용되었으며 남부지역에서는 지역에 따라 그 하한이 철기시대 후기까지 내려간다.

나) 경질찰문토기

종래 적갈색연질토기로 분류된 것 중에는 타날문이 없는 대신에 빗질 등 정면수법만 보이는 것이 많다. 이러한 토기를 김해패총 보고서에서 적갈색김

〈그림 1〉 경질무문토기

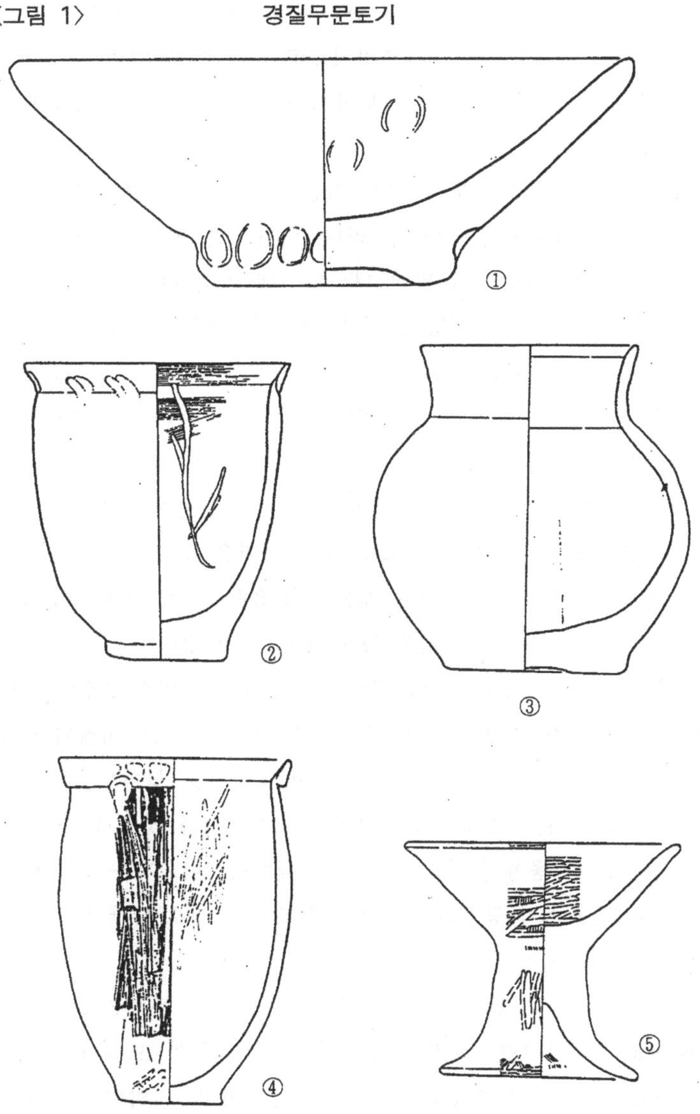

① 중도유적, ②·③ 군곡리패총, ④·⑤ 늑도유적

해식찰문토기라고 부르는데, 그 성격이 타날문토기보다 경질무문토기와 가깝다고 생각되어 경질찰문토기라 명명되었고, 타날문이 있는 것만 적갈색연질토기라고 부른다. 경질찰문토기는 보고서를 검토해 본 결과 웅천패총, 성산패총, 조도패총, 김해 부원동패총, 고성 동외동패총 등에서도 출토된 바 있다. 대부분의 보고서에서 타날문이 있는 적갈색연질토기와 같이 분류하였기 때문에 두 토기간의 선후관계를 알 수 없다. 다만 조도패총에서는 빗질의 정면수법이 아래층인 Ⅲ·Ⅱ층에서 많이 나타나는데 비해 타날문은 Ⅱ·Ⅰ층에서만 보이고 있다. 김해 부원동패총의 경우에는 경질찰문토기가 주류를 이루는 B·C지구의 연대를 타날문토기가 있는 A지구보다 빠르게 보고 있다.

해남 군곡리패총의 출토품을 층위별로 분류한 결과 경질찰문토기는 제Ⅳ기층부터 출현하는데 비해 타날문이 있는 토기들은 제Ⅴ기층에서 주로 출토되고 있다. 그러므로 경질무문토기에서 바로 타날문이 있는 적갈색연질토기로 변천되었다고 볼 수 없으며 그에 앞서 기벽을 고르게 하고, 빗질 등 정면수법이 보이는 경질찰문토기의 단계를 거쳤음을 알 수 있다. 이 토기의 대표적인 기형은 심발형·호형·시루 등이 있다(〈그림 2〉).

경질찰문토기는 군곡리패총의 제Ⅳ기층 연대가 기원후 2세기 초~2세기 전반으로, 부원동패총 B·C지구가 기원후 1~2세기경으로 비정되고 있고 성산패총과 조도패총에서도 하층에서 출토되고 있으므로 늦어도 타날문토기가 사용되기 직전인 기원후 1세기 전반경에는 발생하였을 것으로 추정할 수 있다. 그러나 이 토기의 종류가 다양하지 않고 제한적이며 그 수도 많지 않은 것으로 보아 타날문토기가 등장하면서 곧 소멸되었을 것으로 생각된다.

다) 적갈색연질토기

김해패총에서 처음 발견되어 김해식타날문토기로 부르는 토기이다. 이것이 웅천패총에서 적갈색연질토기라 명명된 이후 대부분 보고서에서도 이를 따르고 있다. 이 토기의 특징은 색상이 적갈색이며, 기벽이 무문토기에 비해 얇고, 만들 때에 회전판이나 녹로를 사용하였으며 표면에 陶拍으로 두드린 타날문이 있다는 점이다. 기형도 호·옹·시루·고배 등 다양하며 한반도 중·남부지역에 고르게 분포하고 있다(〈그림 3〉).

〈그림 2〉 경질찰문토기

①

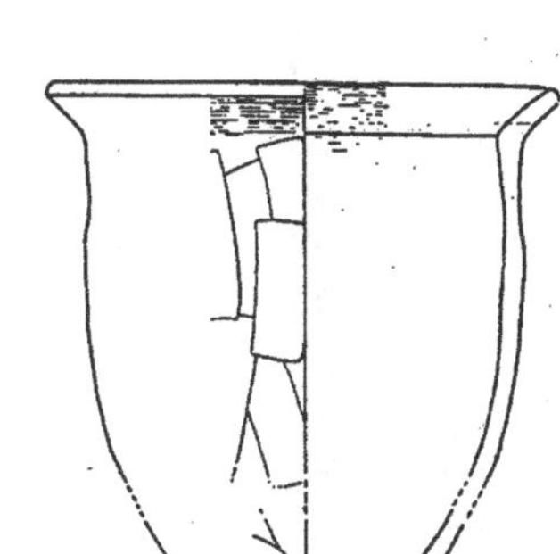

②

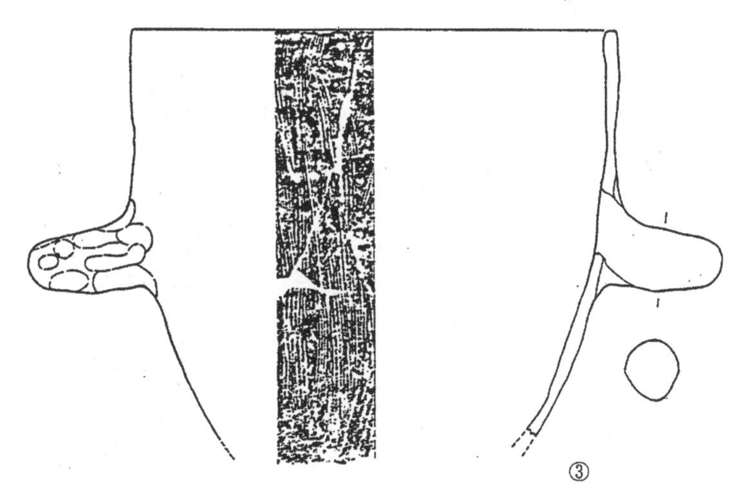

③

① 고성패총, ②·③ 군곡리패총

〈그림 3〉 적갈색연질토기

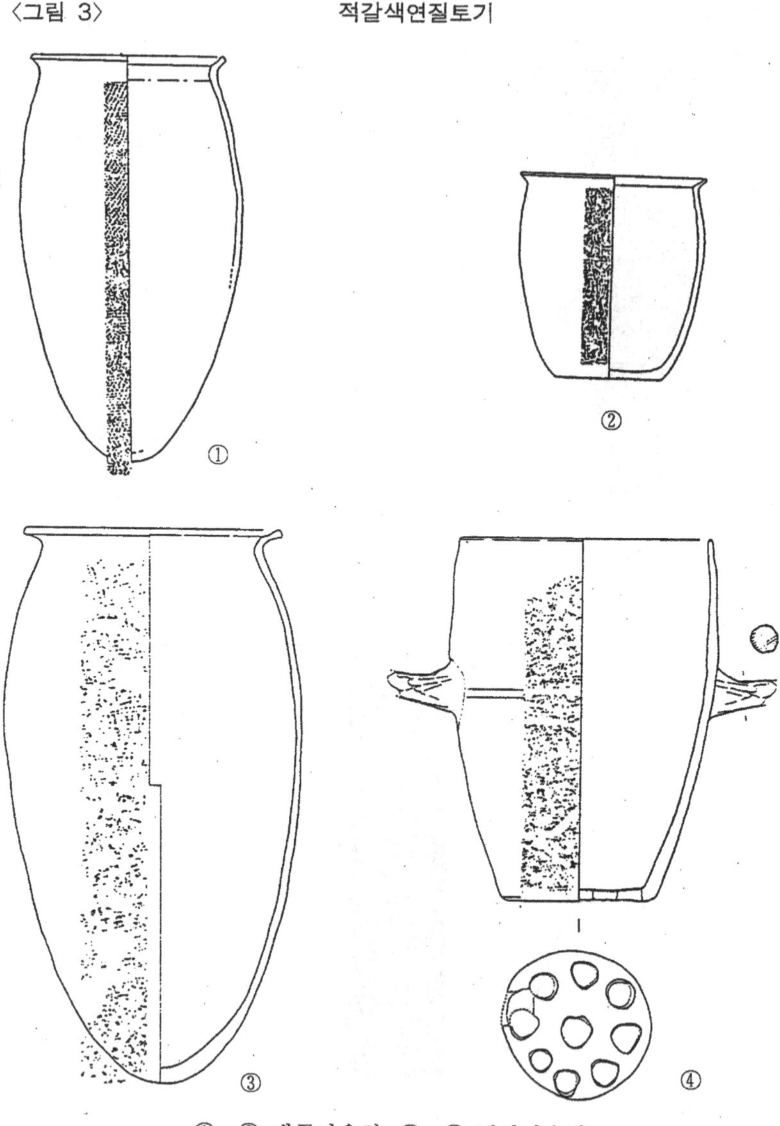

①·② 대곡리유적, ③·④ 대야리유적

이 토기는 웅천패총이나 성산패총에서 회청색경질토기와 공반되고 있어 두 토기는 다른 종류의 토기가 아니라 환원염·산화염 이라는 소성의 차이로 인식되어 왔다. 그러나 조도패총의 경우 최하층(3층)에서 적갈색연질토기가 회색연질토기·회색조질토기 등과 함께 출토되고 있어 2층부터 출토되는 회청색경질토기보다는 출현시기가 빠름을 알 수 있다. 토기의 제작기술에 있어서도 산화염보다 환원염의 사용이 기술적으로 높은 수준이고 또한 소성도가 높은 토기가 늦게 등장되었다고 보는 것이 일반적이다.

적갈색연질토기의 등장시기는 경질찰문토기와 비슷한 시기이며 타날기법의 등장과 같을 것으로 추정한다. 김해 지내동 옹관묘에서는 경질무문토기와 함께 타날문의 적갈색연질옹이 발견되었는데 그 연대를 기원후 1세기경으로 비정하고 있다.[13] 또한 고식 와질토기로 분류되는 것 중에도 이미 타날문이 나타나고 있는데 와질토기의 시작을 기원후 1세기 전반경으로 비정하고 있어 남부지역에 타날문이 등장하는 것은 늦어도 기원후 1세기 중엽 무렵으로 볼 수 있겠다.

따라서 철기시대 초기에는 경질무문토기가 사용되다가 기원후 1세기 중엽경에는 타날문이 찍힌 적갈색연질토기가 등장한 것으로 추정된다.

라) 회백색연질토기(와질토기)

회백색의 매우 고운 태토를 사용하고 얇은 기벽과 표면이 손톱으로 긁힐 정도의 약한 경도를 가진 것을 말한다. 기형에는 주머니호·유대호·화로형토기·장경호 등이 있다. 와질토기가 출토된 곳은 밀양 내이동, 울산 하대, 부산 노포동, 경주 조양동 등지로 낙동강유역의 토광묘유적에서 주로 발견되고 있다(〈그림 4〉).

이 토기는 부산·경남지방 출토 와질계 토기를 근거로 하는 웅천·김해문화기를 대표하며 기원후 1~3세기경에 해당되고 漢式土器(낙랑계)의 영향을 강하게 받아서 발생되었다고 보는 주장이 있다. 즉 기원후 1~3세기대로 이해되었던 남부지방의 패총유적들의 중심시기는 3~4세기이며 도질토기의 발생을 3세기 후반 내지 4세기 초로 보는 것이다.[14]

13) 沈奉謹, 〈金海 池內洞 甕棺墓〉(《韓國考古學報》 12, 1982).

14) 申敬澈, 앞의 글.
崔鍾圭, 앞의 글.

〈그림 4〉 회백색연질토기

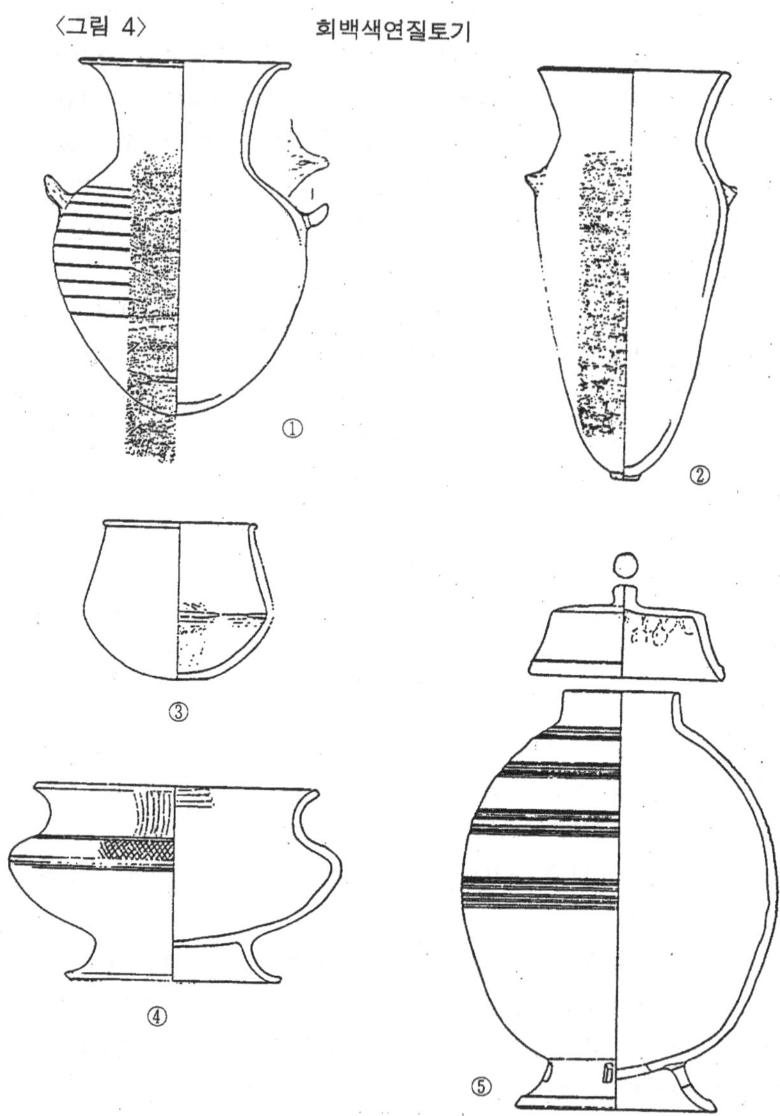

①·② 밀양출토, ③ 구서동유적, ④ 울산 하대출토, ⑤ 예안리 74호분출토

이에 대해서 혹자는 토기의 연대는 찬성하지만 거의 고분에서만 발견되고, 앞 시대의 의기적 존재인 흑도·홍도 그리고 적색마연장경호를 조형으로 하고 있는 점과 기형, 태토질의 비실용성 등을 들어 그것이 흑도·홍도의 기능까지 이어 받은 원삼국시대의 제기, 부장 토기적 특수토기로서 여성에 의한 가내생산품일 가능성을 지적하기도 한다. 그리고 전문적인 남성 도공들에 의해 생활 실용품으로 대량 생산된 경질타날문토기와 공존하던 토기형식으로서, 실용토기를 김해식경질토기라 한다면 이것은 김해식와질토기라고 불러야 할 것이라고 주장하였다.[15]

또한 와질토기는 김해식토기의 회청색계 도기 중 연질도기에 해당되고, 김해기의 분묘에서 출토된 부장 토기로서 한반도 동남부지역에 분포하고 김해기 이후 후대까지 사용되었으며, 와질과 도질의 한계가 불분명하다는 견해도 있었다.[16]

그러나 이에 반박하면서 와질토기가 한반도 중·남부지역에 확산되어 유행한 대표적인 토기임을 강조하는 견해도 있다.[17]

그런데 와질토기 논쟁에는 두 가지 문제점이 지적된다. 하나는 기원후 1~3세기에 과연 와질토기만 존재하였는가이고, 다른 하나는 중부지역과 서남부지역에서도 와질토기가 존재하는가 하는 문제이다.

먼저 기원후 1~3세기의 토기문제에 대하여 와질토기론의 주장자 사이에도 서로 견해가 대립되고 있다. 와질토기 이외에도 연질토기, 즉 적갈색연질토기나 변형된 무문토기가 존재하고 있다고 보는 경우와 이와 달리 고식와질토기 단계에는 보이지 않으나 신식와질토기 단계에서는 패총에서 출토되는 적갈색연질토기의 존재를 인정한다. 결국 와질토기 이외에도 다른 토기가 있으나 그 존재가 미미하다는 주장이다. 그러나 이 시기에 와질토기 이외에도 군곡리패총에서 보는 바와 같이 다양한 성격을 가진 토기가 있음은 주지의 사실이다.

다음은 중부지역과 서남부지역에서도 와질토기가 대표적인 토기인가 하는 문

15) 金元龍, 〈所謂 「瓦質土器」에 대하여－原三國 考古學上의 새 문제－〉(《歷史學報》 99·100, 1983).

16) 李殷昌, 〈伽耶土器〉(《韓國史論》 17, 國史編纂委員會, 1987).

17) 申敬澈, 〈釜山 久瑞洞出土의 瓦質土器〉(《嶺南考古學》 2, 1986).

제이다. 중부지역의 경우 많은 집터 유적이 발굴된 바 있다. 이를 와질토기의 유적으로 인식하고 있는 경우에도 실제로 와질토기에 가까운 회색연질토기가 보이나 그 기형이 전혀 다르며 또한 중부지역을 대표할 수 없다고 보고 있다.[18] 서남부지역에서도 군곡리패총, 남원 세전리유적 등지에서 전형적인 와질토기는 보이지 않고 경질무문토기·회색연질토기·회청색경질토기 등이 출토되었다.

따라서 회백색연질토기(와질토기)가 영남지방에 주로 분포하는 철기시대의 토기임은 누구도 부정하지 않으나 기원후 1~3세기를 대표하는 토기라는 주장은 설득력이 없다.

마) 회청색경질토기

이 토기의 태토는 적갈색연질토기와 거의 같지만 경도가 다소 높고 환원염에 의해 소성되어 색상은 회청색을 띤다. 문양은 격자문과 승석문이 있으나 擬似繩文도 많다. 기형은 원저외반구호·원저유경호·원저광구호·고배, 경배 등으로 적갈색연질토기에 비해 발달된 형식이 많다(〈그림 5〉).

회청색경질토기는 웅천패총이나 성산패총에서는 적갈색연질토기와 같은 층에서 출토되나 조도패총에서는 적갈색연질토기보다 위층에서 주로 출토되어 늦게 등장하였음이 분명하다.

그런데 기원후 1~3세기대의 표지적 유적으로 인식되어 온 남부지방의 여러 패총유적을 재검토하면서 그 중심시대를 고분기인 기원후 3세기 이후로 낮추고 패총유적에서 발견되는 회청색경질토기는 모두 고분기의 신라·가야토기로 인식하는 주장이 있다.[19]

이에 대하여 가장 고식으로 보는 예안리 74호 토광묘의 도질단경호에 앞서는 도질토기가 삼동동유적에서도 존재하며, 토기가 조질-와질-경질(도질)등으로 발전된 것이 아니라 태토와 소성온도의 조화를 찾는, 즉 태토에 알맞는 소성방법을 터득하는 소성기술의 안정이 문제가 된다고 주장하면서 경질(도질)토기가 원삼국시대에서는 존재할 수 없다는 주장에 반대하는 견해도 있다.[20]

---

18) 安德任, 〈漢江流域 初期鐵器文化〉(漢陽大 碩士學位論文, 1985).
金暘玉, 〈鐵器時代-土器〉(《韓國史論》 17, 國史編纂委員會, 1987).

19) 申敬澈, 앞의 글(1982).

20) 安春培, 〈原三國-古墳〉(《韓國考古學 時代區分의 諸問題》, 제10회 한국고고학대회 발표요지, 1986).

〈그림 5〉 회청색경질토기

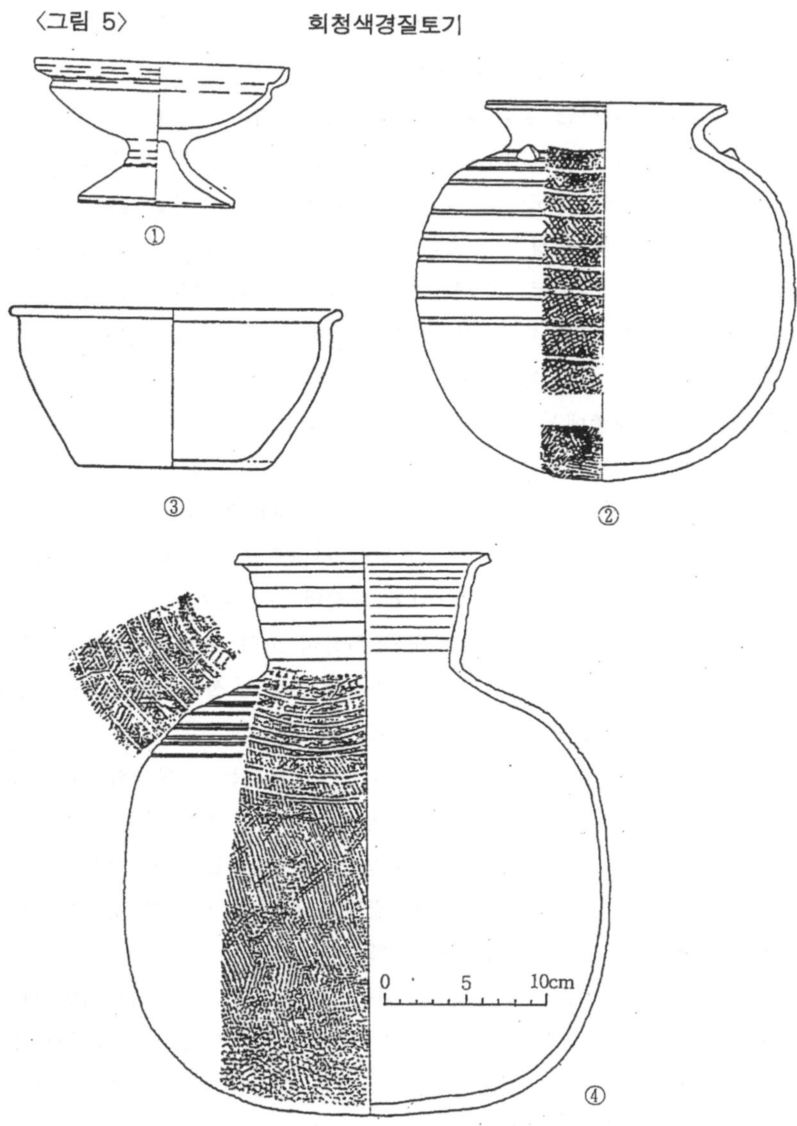

①·② 부원동패총, ③ 군곡리패총, ④ 가평리유적

이러한 논쟁의 초점은 도질토기가 어떠한 토기이며, 경질토기의 발생연대를 어느 시기로 보고 있는가의 문제이다.

도질토기에 대해서는 종래 회청색경질토기로 가야·신라 토기를 지칭한다는 설명과 신식의 와질토기보다 높은 온도로 구운 토기군으로 흡수율이 전무하거나 약간 있는 정도이고 유리질의 피막이 토기전면을 덮고 있으며 간혹 자연유가 형성되는 경우도 있다는 설명이 있다. 이를 종합하면 도질토기는 완전 석기질의 삼국토기로 볼 수 있는데 이것이 고분기에 발생되었다는 점은 종래 주장과 별로 다른 점이 없다. 다만 문제가 되는 것은 도질토기에 종래 회청색경질토기로 분류되는 토기를 전부 포함시키고 있다는 점이다. 이 경우에 집터나 패총에서 출토되는 모든 회청색경질토기를 고분기의 토기로 보아야 한다면 이들 유적의 연대가 내려가게 되고 와질토기가 출토되지 않는 지역에서는 일정 기간 문화적인 공백을 초래하게 된다. 그런데 중부지방의 철기시대 집터나 남부지방의 패총에서 다량으로 출토되고 있는 회청색경질토기는 분명히 삼국토기와 구분되어야 하며 도질토기에 포함시킬 수 없다고 본다. 또한 이러한 모순을 극복하기 위하여 고식 도질토기라는 개념을 사용하고 있으나 무덤에서 출토되는 토기를 기준으로 설정하고 있어 생활유적에서 출토되는 토기는 여전히 도외시되고 있다.

다음은 회청색경질토기의 연대문제이다. 이 토기는 남해안의 철기시대 패총에서 다량으로 출토되고 있으나, 그렇다고 해서 이들 패총의 중심연대를 고분기로 낮출 수는 없다고 본다. 왜냐하면 패총에서는 토광묘에서 나타나는 양상과는 달리 전형적인 와질토기가 발견되지 않고 있으며 경질무문토기에서 바로 타날문토기로 변화되고 있기 때문이다.[21]

한편 중부지역의 춘천 중도집터에서는 경질무문토기와 적갈색연질토기와 함께 회청색경질토기가 기원후 1~2세기경에 등장하였음이 분명하다. 그 밖에 양양 가평리, 가평 마장리유적 등도 같은 현상을 보이고 있다. 남부지방의 합천 저포리 C지구 집터유적에서도 적색토기·연질토기(와질토기도 포함됨) 및 경질토기가 함께 출토되어 집터유적에서 다양한 토기가 공존하고 있

21) 崔盛洛, 〈原三國期 土器의 變遷과 問題點〉(《嶺南考古學》 5, 1988).

음이 증명되었다. 동남부지역의 토광목곽묘에서도 회청색경질토기가 출토되는 연대를 기원전 2세기 후반 내지는 3세기 초로 보고 있어 철기시대에 회청색경질토기가 존재하였음을 부정할 수 없다.

그리고 회청색경질토기와 신라토기와의 구분을 승석문·격자문의 존재, 八자형 다리의 고배의 존재와 유공각, 유개고배, 장경호의 부재 등으로 인식되어 있듯이[22] 회청색경질토기가 고분이 등장하는 4세기경에 삼국토기로 발전되어 갔음이 분명하다.

바) 기타 토기

그 밖에 철기시대에 속하는 토기에는 조질유문도·조질회색토기·회색조질토기·회백도·연질회색토기·회색연질토기·회색양질토기, 그리고 흑갈색토기 등이 있다.

조질유문도는 풍납리식조질유문도라 불렀던 것으로 물레를 사용하고 문양은 격자문, 승석문을 타날하였으나 김해식토기에 비해 태토가 약하게 구워진 점이 다른데 이를 김해식토기의 선행 양식으로 인식하였다. 이것은 주로 한강유역에 분포되어 있으며 경질무문토기와 같은 시기에 존재하였다. 조질 회색토기로 부르기도 한다.[23] 조도패총 보고서에서는 비교적 이른시기에 회색조질토기가 존재하며 회색연질토기와 태토에 있어서 큰 차이가 없으나 소성도가 높아 토기 표면에 석립이 튀어 나오고 균열을 보이는 것이라고 설명하고 있어 앞에서 설명한 조질회색토기와 동일한 토기로 추정된다. 따라서 조질유문도·조질회색토기·회색조질토기 등은 동일한 토기로 생각되는데 시기적으로 빠르다는 것 이외에는 그 성격을 자세히 파악할 수 없다.

회백도는 태토가 매우 정선된 연질의 토기로 설명되고 있는데 이를 연질회색토기라 불렀다.[24] 조도패총 보고서에서는 회색연질토기를 환원염으로 소성된 것을 제외하면 태토나 경도가 적갈색연질토기와 같은 것으로 설명하고 있다. 따라서 회백도·연질회색토기·회색연질토기 등은 서로 관련이 깊은 토기로 생각된다. 이들 토기의 발생을 중국의 회도의 영향으로 보는 경우가

---

22) 金元龍, 〈新羅－土器〉(《韓國史論》 15, 國史編纂委員會, 1985).
23) 金暘玉, 앞의 글(1976).
24) 金暘玉, 위의 글.

많아 역시 회도의 영향으로 만들어졌다는 와질토기와의 관계를 앞으로 규명하여야 할 것이다.

그리고 조도패총에서는 회색양질토기도 출토되었는데 이것은 고운 태토를 사용하고 소성도는 회청색경질토기보다 높지 않다고 설명하면서 회색연질토기에서 발전된 것으로 보고 있다.

끝으로 흑갈색토기는 김해패총에서 흑갈색소소토기로 알려진 이후 각 패총에서 조금씩 출토되고 있다. 이 토기는 청동기시대의 흑도의 전통에서 계속 만들어진 것임에 틀림없으나 철기시대 토기 중에서는 극히 적은 부분을 차지하고 있어 그 성격이 명확하지 않다.

다. 토기 제작기술의 발달

청동기시대의 무문토기에서 철기시대의 토기로의 발전은 토기 제작기술상에서 커다란 변화를 의미한다. 즉 회전대를 이용한 토기의 제작, 타날기법의 등장, 태토의 정선화 및 토기의 경질화 등이 있고 이와 더불어 가마의 발전도 이루어졌다.

토기 제작기술의 변천에 대한 기존의 견해를 살펴보면, 먼저 무문토기에서 중국의 회도의 영향을 받아 김해식토기로 발전되었다는 견해가 일찍부터 제시되었다. 와질토기론을 주장하는 경우에도 역시 중국 한대토기의 영향을 받아 와질토기가 등장하는데 무문토기와는 현저한 차이, 즉 태토의 정선화, 회전판의 도입, 타날기법의 채용 등이 이루어졌다고 보았다. 이와 같은 견해는 토기의 제작기술이 철기시대에 들어와서 외부의 영향을 받아 일시적으로 변화되었다고 보는 것이다.

그런데 해남 군곡리패총에서 출토된 토기를 중심으로 그 변천과 제작기술을 살펴본 결과 토기의 제작기술이 급격하게 변화되었다기보다는 무문토기로부터 점차적인 변화가 이루어졌다고 볼 수 있다. 즉 청동기시대의 후기 무문토기를 뒤이어 발생한 경질무문토기는 경도가 무문토기에 비하여 높고 기형도 다양하다. 이 경질무문토기가 기벽이 얇아지고 일부 회전축이 사용되며 정면수법이 가미된 것이 경질찰문토기이다. 또한 경질찰문토기에 타날문이 가해지면서 회전축의 사용이 많아지는데 여기에는 적갈색연질토기·회색연질토기 등 연질계통의 토기가 있고 이보다 경도가 높아지고 물레의 사용이 본격화된 것이 회청색경질토기이다. 회청색경질토기는 연질토기와 비슷한 수준의 제작기술에서 만들어지나 유적에서 나타나는 양상으로 보아서는 연질토기보다 다소 늦은 철기시대 후반에 유행되었을 것으로 추정한다.[25]

이와 같이 토기 제작기술의 변화는 점진적으로 발전되었을 것으로 보이며 이 과정에서 가마의 발전이 병행하였을 것이다. 신석기시대나 청동기시대의 가마는 아직 발견된 예가 없어 그 구조를 알 수 없으나 대체로 開放窯 혹은 露天窯일 것으로 추정하고 있다. 그런데 철기시대는 점차 閉鎖窯인 登窯로 변화, 발전되었을 것으로 판단하고 있다. 실제로 진천 삼룡리와 해남 군곡리 유적에서는 등요에서 타날문토기를 생산하였다. 다만 경질무문토기가 등요에서 구워졌는가 하는 문제가 남는다. 진천 삼룡리 가마에서는 타날문토기와 함께 구워졌다고 보고 있으나 경질무문토기만 출토되고 있는 광주 신창동유적에서는 완전한 등요가 아닌 경사가 극히 완만한 개방요가 발견되고 있어 문제의 여지가 있다. 그러나 타날문토기 단계에서는 완전한 등요에서 토기가 구워진 것임에 틀림없다.

따라서 철기시대 토기의 제작기술, 즉 회전축의 이용, 타날기법, 태토의 정선화, 토기의 경질화 등은 가마의 발전과 더불어 이루어졌을 것으로 생각되는데 이러한 기술은 일시적으로 유입되었다기보다는 점진적으로 채용되었을 것이다.

〈崔盛洛〉

(4) 토기의 과학적 분석

고고학이란 1차적으로 과거의 유물을 대상으로 하여 인간의 문화를 밝혀내는 학문이다. 그러나 여기서 말한 과거라는 것이 대부분 문헌기록이 남아있지 않은, 지금으로부터 1,500년 이상 오래된 시기를 말한다. 이에 따라 유

25) 崔盛洛, 앞의 글(1988).
崔夢龍, 〈한국고고학에 있어서 자연과학적연구－인골과 토기분석의 연구현황과 검토〉(《韓國上古史學報》 13, 1993), 7~92쪽.

물의 경우도 대부분 부식이나 후대의 파괴로 말미암아 당시 생활에 사용되었던 것에 비해 남아 있는 것이 극소수에 지나지 않아서 연구하는 데에 많은 어려움이 있다. 이런 상황에서 단순히 1차적 유물을 가지고 직관적인 관찰만으로 과거의 문화를 연구하면 필요한 지식을 얻지 못하게 되거나 알더라도 매우 부족하고 단편적이게 된다.

그러므로 최근에는 유물로부터 좀더 많은 정보를 얻어내기 위해 단순히 시각에 의한 관찰이 아니라 자연과학의 연구성과를 통해서 새로운 분석방법을 이용하기에 이르렀다. 토기의 과학적 분석도 이러한 맥락에서 이루어진 것이며 우리 나라에서는 1981년 처음으로 연구가 시작[1]된 이후 계속 그 연구성과가 축적되고 있다.[2] 여기에서는 이런 자연과학적 분석의 방법에 대해 현재 많이 이용되고 있는 것을 중심으로 해서 살펴보고, 특히 철기시대 전기의 분석결과를 중심으로 검토해 보겠다.

현재 행해지고 있는 토기의 과학적 분석은 크게 토기의 소성환경 파악을 통한 기술발달 과정 파악과 그를 바탕으로 한 원산지 추정으로 나눌 수 있다. 그리고 부수적으로 토기를 통해서 절대연대를 알아보는 것이 있는데, 절대 연대를 파악하는 것은 사실 토기의 과학적 분석이라기보다는 절대연대 측정법에 관련이 되며, 우리 나라에서 그 연구 예도 찾아볼 수 없는 것이기에 여기서 다루지는 않겠다. 토기의 제작 기술적인 측면에 대해서는 소성온도의 파악과 성분분석,[3] 그리고 기타 물리적인 성질에 대한 분석 등으로 크게 나누고 있다.

---

1) Choi Mong-Lyong, 〈Analysis of 'Plain Coarse Pottery' from Chŏlla Province, and Implications for Ceramics Technology and so-called 'Yŏngsan River Valley Culture Area'〉(《韓國考古學報》 10·11, 1981).

2) 철기시대의 토기분석으로는 金暘玉, 〈韓半島 鐵器時代 土器의 硏究〉(《白山學報》 20, 1976)가 처음이며, 그 후 연구 동향에 대하여는 崔夢龍·申叔靜, 〈韓國考古學에 있어서 土器의 科學分析에 대한 檢討〉(《韓國上古史學報》 1, 1988)가 있으며, 철기시대 토기에 대한 개관으로는 최몽룡·신숙정·이동영, 《고고학과 자연과학》(서울대 출판부, 1996)이 있다.

3) 이것은 성분분석을 통해서 비짐(보강재)를 파악하고, 여러 토기 제작상의 기술적인 조건을 파악하는 기본단계로 중요한 의의를 가지며 산지추정을 위한 근거로도 사용된다.

토기 소성온도 파악은 다시굽기(refiring)[4]를 기본으로 하며 이를 통해 물리적 관찰을 하면서 크게 광물조성분석·화학분석·열분석의 방법을 통해 구운 온도를 추정한다.

'다시굽기'란 일정한 온도로 찰흙을 굽고 식히면 그 뒤에 다시 가열해도 처음의 온도를 넘지 않는 한 상태변화가 일어나지 않는 성질을 이용해 대략적인 소성온도와 물리적 성질 등을 파악할 수 있는 방법의 하나이다.

광물조성분석에서는 석영입자의 변환형인 트리디마이트(tridymite)의 유무를 가지고 이것이 관찰되지 않을 때 870℃ 이하에서 구웠음을 알 수 있다. 또 카오린나이트(kaolinite) 광물의 고온형인 뮤라이트(mullite)가 관찰되지 않을 때 980℃ 이하에서 구웠음을 추정할 수 있다.

또한 전자선을 전기적으로나 자기적으로 방향을 집중시키거나 또는 발산시켜 광선의 구실을 하게 하여 물질의 미세구조를 관찰하는 데 이용하는 방법으로 어느 정도 경험이 있으면 소성온도 판독도 가능한 SEM(Scanning Electron Microscope)관찰법과, 유물에 X선을 조사하여 반사되는 각의 굴절유형을 통해 유물 속에 존재하는 광물질의 존재를 확인하는 방법으로서 결정구조를 가진 물질의 정확한 분류나 점토광물 분석에 좋은 XRD분석법(X-ray Diffraction Analysis)[5] 등이 있다.

화학분석으로는 Mössbauer spectroscopy와 ESR분석법이 있는데 前者는 흙속의 철 성분의 산화상태로 가마 분위기를 파악하는 것으로 900℃ 이상으로 소성된 토기에 적합하며, 後者는 찰흙이 Fe+3(常磁性 이온)을 다량 함유하고 있어 구우면 열전이에 의해서 많은 결함이 생기는데 이 때 ESR을 측정하면 스펙트럼상의 결정구조 변화가 일어나는 것을 알 수 있는 방법이다. 따라서 이 방법은 Mössbauer spectroscopy와 달리 비교적 저온의 산화염으로 구워진 토기의 소성온도 측정에 유리하다.

마지막으로 열분석이 있는데 이것에는 DTA(Differential Thermal Analysis),

---

4) 이것은 하나의 관찰법에 해당한다 할 수 있지만 다른 여러 분석법들이 기본적으로 다시굽기의 원리를 이용하고 있기 때문에 이 글에서는 일단 이것을 하나의 과정으로 보겠다.

5) 하지만 XRD로는 결정물질만 알 수 있고, 구워진 찰흙일 때는 시료를 굽는 과정에서 결정구조가 파괴되는 경우가 있으므로 암석분석으로 보완해야 한다.

TGA(Thermal Gravity Analysis), TEA(Thermal Expansion Analysis) 등이 있다. 먼저 DTA는 대부분의 점토류는 가열하면 흡열·발열 반응을 보이는데 그런 반응의 횟수, 그것이 일어나는 온도, 강도 등이 광물에 따라 다르므로 광물 확인이 가능한데 암석분석으로 확인하기 힘든 미세한 입자의 물질분석에 특히 유용하고 찰흙종류 확인과 찰흙연구에 광범위하게 이용되고 있다. 하지만 찰흙이 탈수화된 이후에는 제한된 값만 얻을 수 있다.

TGA의 경우는 일정한 조건으로 토기시료를 가열했을 때 일어나는 중량손실을 측정함으로써 이루어진다. 특히 500~700℃ 사이에 이루어진 중량손실은 찰흙이 탈수화되었기 때문이며 수화된 찰흙이 토기에 남아있을 때 구운 온도는 500~700℃ 사이로 추정할 수 있다. TEA는 토기시료에 열을 가했을 때 열팽창점을 지나 소결이 재개되면서 수축이 시작되는 단계가 토기 소성온도의 지표가 된다는 원리를 이용한 것으로 800℃ 이상의 온도에서 구워진 토기에 적합하다.

다음으로 산지추정에 대한 연구를 알아보자. 연구의 전제는 바탕흙의 화학성분이 다르면 원료산지가 다르고 이것은 서로 산지가 같은 원료로 만든 것과 비교해 볼 때 구성성분에 차이가 날 것이라는 점이다. 이에는 우선 태토(바탕흙)의 성분을 파악할 수 있는 분석조사가 필요하다. 이 때 분석대상이 되는 광물은 40가지 정도가 되는데 분석대상 원소를 뽑을 때에는 같은 무리에서 변화가 적고 다른 무리들과는 변화가 큰 특징을 가지며 전체량을 측정하기에 충분한 만큼이 들어있어야 하며 서로 상관관계를 가지는 원소가 아니어야 한다. 주의할 점은 유적의 퇴적환경도 고려해야 하고 특히 낮은 온도에서 구어진 토기의 경우 토기 안의 화학성분이 빠져나가거나 밖에서 침투하는 경우가 있어 시료를 채취할 때 철이나 텅스텐 용기를 사용하여 오염이 되지 않도록 하여야 한다.

분석방법으로는 우선 암석분석이 있는데 이것은 편광 현미경에 의하여 토기의 단면을 조사하고 광물의 입자나 구조를 분석한다. 화학분석은 광물들의 성분분석에 특히 용이한 것으로 XRD, XRF, AA, ESA, NAA, IRA, ESR, Mössbauer spectroscopy가 있다.

최근 경기도 일산이나 미사리유적의 토기분석의 결과 지질분석의 중요성도 강조되어야 한다. 미사리토기의 경우 바탕흙이 주로 녹니석이며 이들은 5~7㎞ 이내의 팔당지역에서 가져온 것으로 파악되었으며, 또 일산토기 역시 주변흙을 이용하여 만들어진 것으로 밝혀지고 있다.[6] 이런 과정을 통하여 얻어진 결과를 통해 제작장소를 밝히기 위한 연구가 뒤따라야 한다. 여기에는 연구지역의 전반적 지질조건을 파악하고 민족지적 자료를 광범위하게 조사한 후, 토기제작의 사회경제적 의미까지 포괄할 수 있는 연구가 필요하다. 하지만 이런 연구는 우선 태토의 광물조성이 복잡하며, 앞서 말한 토기 성분분석에 어려움이 많다는 점과, 토기 제작과정이 여러 단계를 거치는 상당히 복잡한 과정이라는 것, 그리고 원료성분이 사용과정에서 또는 퇴적과정에서 달라질 가능성이 높다는 점 등으로 많은 어려움이 따르고 있다.

앞서 토기분석 방법을 기술 발달과정의 파악과 산지추정으로 나누어서 설명하였는데 여기서는 구체적으로 우리 나라에서 토기분석이 적용된 예를 알아보겠다.

기술발달 과정 파악의 경우 무문토기에서는 대부분 석영의 고온형인 트리디마이트가 발견되지 않는 것으로 보아 870℃ 이하에서 구워졌음을 알 수 있다. 또 여러 가지 보강재의 성분을 파악할 수 있었는데 특기할 만한 것으로 영암 내동리 고분 옹관을 조사한[7] 결과, 700℃부터 수축현상이 보이는 것으로 보아 대체적으로 구운 온도의 범위는 700℃ 부근이라 생각되고 이는 XRD의 분석 결과와도 일치한다. 그러나 XRD에서 턱부분에 絹雲母(sericite peak)가 보이지 않는 것으로 보아 800℃까지 온도가 올라갔었음을 알 수 있다. 이것은 같은 가마 안에서도 같은 개체의 소성온도가 다를 수 있음을 보여준 것이라 하겠다.

광물조성을 확인하는 데는 암석분석 방법이 가장 많이 사용되었는데 일반적으로 각 토기의 주성분과 미세성분을 가리는 연구결과가 조금씩 축적되고

---

6) 최몽룡·신숙정·이동영, 앞의 책, 334·402쪽.

7) 양삼열·조영배, 〈옹관의 소성온도 및 물성조사〉(《靈岩 內洞里 草墳골 古墳》(國立光州博物館, 1986), 125~132쪽.

있다. 하지만 이 분야에서 가장 중요한 것은 토기의 바탕흙에 섞여 있는 광물이 원래 태토에 포함된 것인지, 아니면 비짐으로 사용하려고 제작자가 일부러 섞은 것인지를 가려내는 일이다. 따라서 이것은 토기가 출토되는 지역에 대한 지질과 암석에 대한 전문적인 조사가 필요하며, 실험고고학적으로 그 지역에서 태토가 될 만한 흙들을 가지고 직접 구워서 파악하는 작업이 필요하다. 하지만 이 분야는 아직 구체적으로 이루어지지 못하고 있다.

그리고 화학적 조성을 밝히는 연구가 있는데 실제적으로 노포동·저포리 등의 토광묘 출토 연질토기의 경우, 黑皮는 着炭에 의한 것이고 안료나 흑색 장피(덧칠 ; slip)와는 구분되는 것임을 밝혀낸 바 있다.[8] 또 철(Fe) 환원도와 유기물 함량비를 연구하여 연질토기와 경질토기는 가마에서 구웠을 것으로 추정하였고,[9] 내동리에서는 기와굴에 단가마 평요로 가마의 성질을 추정하였다.[10] 그리고 삼국시대 토기의 일반적인 구분인 적색·연질·경질 토기의 구분이 일반적으로 타당함을 규산염광물 완전분석법과 AA(Atomic Absorption) 분석법을 통해 알아냈다. 한편 적색토기는 종래의 무문토기와 비교해 태토의 질이 향상되었다고 하기는 어렵고 연질토기는 상당히 발전된 태토를 가졌으며 경질토기는 열에 대해 상당히 안정되어 있다는 사실도 밝혀졌다.[11]

마지막으로 토기를 구워내는 온도문제인데 현재 민무늬토기의 온도는 573℃ 이하라는 추정을 시작으로 빗살무늬토기 700℃ 이상, 민무늬토기 870℃ 이하, 붉은간토기 700~750℃, 연질토기 800℃정도, 경질토기 1,000~1,200℃ 정도로 추정되고 있다. 이런 것으로 보았을 때 대체로 이른 시기의 토기는 낮은 온도에서 구워지고 시기가 떨어질수록 높은 온도에서 구웠다는 일반적인 이야기를 입증해 주고 있다. 이 분야의 연구에서는 추정하는 데 변수[12]가

---

8) 李盛周, 〈三國時代前期土器의 硏究〉(《韓國上古史學報》 1, 1988).

9) 李盛周, 위의 글.

10) 崔夢龍·姜炯台, 〈渼沙里出土 土器의 科學的 分析〉(《龍巖車文燮敎授華甲紀念史學論叢》, 新書苑, 1989).

11) 崔夢龍·李榮文·鄭昌柱·姜景仁, 〈全南 昇州·麗川地域 無文土器의 科學的 分析〉(《韓國上古史學報》 14, 1993).

12) 예를 들어 찰흙이나 비짐의 종류, 가마의 구조, 가마 분위기, 땔감, 불때는 시간 등이 모두 변수가 될 수 있으며 심지어 하나의 개체가 서로 다른 온도로 구워

많기 때문에 확실히 말하기는 어려운 점이 많지만, 대체적으로 암석분석과 물리적 성질 파악과 더불어 XRD·ESR 분광분석과 열분석 등을 통해 거의 규명이 되고 있다.

산지추정의 경우는 중요한 연구 분야임에도 불구하고 앞서 말한 인근지역의 지질학적 연구 등 공반연구가 되고 있지 않는 한계가 있어 주로 성분분석을 통한 통계적 처리로서 산지추정을 하고 있다.13) 하지만 산지추정과 관련되는 분배·교역 등에 대한 연구는 아직 이루어지지 않고 있는 실정이다.

이상으로 지금까지 우리 나라에서 진행된 철기시대 토기의 과학적 분석 성과를 정리해 보았다. 철기시대의 경우 1980년대부터 논쟁이 되고 있는 소위 '와질토기'에 대한 정체를 규명하기 위해서 다른 시대보다 과학적 분석 방법이 더 많이 요구됨에도 불구하고 아직까지는 많은 연구가 이루어지지 않고 있다.

자연과학적인 방법을 통한 토기의 분석은, 제한적인 자료를 통해서 과거문화를 설명하는 것이 고고학의 주된 목표라는 점에서 매우 중요한 고고학적 접근 방법이라 하겠다. 이를 시행하려면 고고학자는 자신의 연구를 진행시키기 위해서 과학적 방법에 대한 기초지식을 가지고 있어야만 할 것이며, 자연과학자들과의 협동연구도 적극적으로 고려하여야 되겠다. 현재까지 자연과학적인 분석은 대부분 유물의 상태만을 말해주는 1차적인 정보를 얻는 데에 그치고 있다. 하지만 이 방면에 대한 계속적인 연구의 증가와 함께 연구자들은 이제까지의 연구에서 진일보하여 현재까지 얻어진 자료를 기반으로 궁극적 목표인 산지추정과, 나아가 문화해석에까지 시야를 확대시킬 필요가 있을 것이다.

〈崔夢龍〉

지는 것도 흔히 볼 수 있는 일이다.

13) 姜炯台, 〈중성자 방사화분석에 의한 한국 고대토기 및 자기연구〉(한양대 석사학위논문, 1985).
——, 〈新羅·伽耶土器 産地推定 硏究〉(《제12회 한국고고학전국대회 발표요지》, 1988), 15~31쪽.
姜炯台·李盛周, 〈古代遺物의 産地硏究〉(《제2회 한국상고사학회 발표요지》, 1988), 133~155쪽.

(5) 유리공예

유리는 완전 인공으로 배합 생성된 '최초의 인위적인 조성 물질'이므로 고대사회에 있어서 유리의 사용과 제조기술의 터득은 그 의의가 매우 크다.[1] 그러므로 한반도의 철기시대 도래와 함께 시작된 유리의 제조와 사용은 우리 나라 철기시대 문화상을 이해하는 데 중요한 단서가 된다.

유리는 원재료의 배합과 1,200℃ 이상되는 고온의 용융온도 등 그 제조법에 있어서 고도의 기술을 요구하지만 성형과 가공이 자유롭고 광택과 다양한 색을 표현할 수 있어 아름답다는 점, 그리고 오랜 세월에도 변하지 않는다는 점 등의 여러 가지 좋은 특성을 지니고 있어서 고대에서 현대에 이르기까지 장신구나 용기 등으로 꾸준히 애용되고 있다.

우리 나라 유적에서 장식품과 용기 등 적지 않은 유리 관련 유물이 발견되고 있다는 사실은 이들이 고대사회의 내용을 밝혀주는 중요한 단서가 될 수 있으며 이러한 유리유물에 대한 좀더 세심한 주의를 요구하게 되었다.[2]

우리 나라 고대 유리제품의 시작은 구슬 형태로 이루어졌는데 선사시대 천연석으로 구슬을 만들어 착용하던 전통이 유리의 도입 이후에는 유리가 귀중한 천연보석을 대치하는 소재로 쓰이게 되면서 유리구슬이 만들어졌던 것이다.

지금까지 조사된 자료에 의하면, 국내에서 발견된 가장 시대가 오래된 유리 유물자료는 1989년 충남 부여 합송리 석관묘에서 출토된 모두 8점의 푸른색 원통형 대롱구슬(管玉)이다.[3] 이는 청동기시대에 이미 한반도에서 많이 쓰였던 碧玉製 대롱구슬을 본떠 국내에서 만들었던 것으로 생각된다.

이들 유리구슬들은 길이 6.2~5.0㎝, 폭 1.0~0.85㎝ 정도의 비교적 긴 원통형구슬로서 같이 출토된 銅劍·銅戈·多鈕精文鏡·銅鐸들과 더불어 대표적인 한국식동검문화의 유물조합상을 보여주고 있다. 또한 鑄造鐵斧와 鐵鑿이 공반되고 있어 初期鐵器文化 단계임을 알 수 있으며 그 시기는 서기전 2세

---

1) Frank Susan, *Glass and Archaeology, London, 1982.*
Auth Susan, Earliest Glass Manufacture, *History of Ancient Glass, Newark, 1978.*
2) 李仁淑, 《韓國古代 유리의 考古學的 硏究》(漢陽大 博士學位論文, 1990).
3) 李健茂, 〈扶餘 合松里 遺蹟出土 一括遺物〉(《考古學誌》 2, 韓國考古美術研究所, 1990).

기 전반으로 편년된다.

이러한 한국식동기류와 주조철기류, 그리고 유리제 구슬을 포함하는 유물 조합상은 합송리유적 외에도 주로 충남지역의 다른 곳에서 확인되고 있다. 당진 소소리에서 푸른색 유리 대롱구슬 2점(길이 5.6~5.8㎝)과[4] 공주 봉안리에서도 유리 대롱구슬 1점(길이 5.5㎝, 폭 0.8㎝)이 발견되었으며 이들은 그 크기와 형태 등이 서로 유사한 불투명 푸른색 계열로, 국외에서는 일본 요시노가리(吉野ケ里)유적에서[5] 나온 여러 개의 푸른색 대롱구슬들을 들 수 있으며 중국 요령성지역에서도 발견된 것이 있다.

초기의 유리제품이 한반도에 유입되는 철기문화의 초창기 양상을 보여주는 철제품들과 공반하고 있다는 사실은 요령을 비롯한 중국 동북지역에서 서북한을 통하여 전해지는 초기 철기문화의 내용과 유리와의 관련성을 시사하고 있는 것이다

더욱이 합송리 출토 구슬은 과학적 성분분석 결과 납－바리움유리(PbO 24~26%, BaO 11~14%, SiO_2 45~51% 정도씩 함유된 Lead－Barium－Silica Glass系)로 판명되었고 이는 중국에서 戰國시대로부터 漢代에 걸쳐 주로 만들어졌던 중국 고유의 바리움을 함유한 납유리와[6] 그 조성 성분과 비율이 대체로 일치하고 있다. 아마도 당시 중국에서 유입된 유리 원재료를 가지고 우리 나라에서 다시 녹여 구슬을 만들었을 것으로 생각된다.

우리 나라에서 가장 초기 유리그룹을 형성하는 이 납－바리움계 유리는 이외에도 경남 의창 다호리·대평리, 전남 해남 군곡리 등지에서 출토된 둥근구슬과 대롱구슬에서도 확인되고 있다.[7] 즉 서기전 2세기경부터 기원후 1

4) 李健茂, 〈唐津 素素里遺蹟 出土 一括遺物〉(《考古學誌》 3, 1991).
5) 佐賀縣敎育委員會, 《吉野ケ里遺跡》(1990).
6) 중국 고대 유리의 성분은 1930년대 洛陽出土 戰國時代 구슬에 대한 분석으로 처음으로 알려지기 시작하였다.
Seligman C. G. & H. C. Beck, Far Eastern Glass ; Some Western Origins, *Bulletin of Museum of Far Eastern Antiquities, 1938.*
———, Barium in Ancient Glass, *Nature, Vol. 13, No. 6, 1934.*
7) 李仁淑, 〈韓國 古代유리의 分析的 硏究(Ⅰ)〉(《古文化》 34, 대학박물관협회, 1989).
———, 〈嶺南地方出土 古代유리의 分析資料〉(《서울大學校 博物館年報》 3, 1991).

〈표 1〉 한·중·일 초기 철기시대 출토 유리관옥 성분 비교

(단위 : %)

성 분	함송리	酒 泉	요시노가리	성 분	함송리	酒 泉	요시노가리
SiO_2	51.38	49.33	41.20	Na_2O	6.28	9.30	6.82
B_2O_2	Tr	-	1.47	K_2O	0.40	0.51	0.25
Al_2O_3	0.69	1.42	0.46	CuO	1.08	0.09	0.48
Fe_2O_3	0.26	0.48	0.06	PbO	26.73	21.62	35.72
CaO	0.65	3.16	0.42	BaO	11.98	10.5	11.43
MaO	0.53	1.40	0.27	SrO	0.19		0.10

~2세기경까지의 우리 나라 고대 유리제품은 대부분 중국과 관련이 깊은 납-바리움 유리계라 할 수 있다. 최근에 분석된 군곡리 출토 남색관옥의 납성분에 대한 납 동위원소 비율분석(Lead Istope Ratio Analysis) 결과[8]에 의하면, 이 구슬은 중국 漢代의 구슬이나 耳璫 등과 같은 산지의 납인 것으로 나타나 중국산 유리 원자료를 쓰고 있음이 과학적으로 증명되었다.

그러므로 우리 나라에 '유리'라는 물질이 처음으로 소개되는 것은 중국으로부터 들어오는 철기문화의 개시와 함께였다고 말할 수 있다. 이 때는 유리 원자료를 들여와서 재가열하고 녹여서 대롱구슬 등의 형태로 만들 수 있는 기술은 있었으나 아직 주성분인 규소에 납이나 소다·칼륨 등을 섞어 높은 온도로 가열하여 만들어지는 유리원액 자체를 생산하는 기술은 갖추지 못하였던 것으로 보인다.

---

8) '납 동위원소 비율분석'이란 유물에 함유된 납 동위원소의 비율을 측정하여 비교하여 보면 사용된 납의 産地에 따라 다른 분포를 보인다는 이론에 의거하여 납이 함유되어 있는 고대 유물의 분석에 이용되는 과학적인 분석방법이다. 이 방법은 1960년대 미국의 화학자 Robert. H. Brill에 의해 처음 소개되었으며 근래에는 특히 동양의 납유리의 분석에 적용되어 그 산지를 밝힐 수 있는 유용한 방법으로 쓰이고 있다.
Robert, H. Brill & J. M. Wampler, Istope Studies of Ancient Lead, *American Journal of Archeology, 69, 1965.*
국내 유리유물의 납 동위원소 비율 분석으로 산지가 확인된 자료는 국내(중부한국)산으로 밝혀진 익산 미륵사지 출토 유리(6세기 말~7세기 초)에 대한 분석이 최초이다(李仁淑, 앞의 책).
한편 이 군곡리출토 대롱구슬에 대한 납동위원소 분석자료는 아직 발표되지 않았다.

철기시대 이래로 우리 나라에서 발견되고 있는 수많은 유리구슬들은 그 색과 외양, 그리고 그 조성 성분도 매우 다양한데[9] 성분이 다른 유리제품들은 그 제작지와 기원이 다양하다는 것을 간접적으로 시사하고 있다.[10]

중국의 史書에 三韓人들이 구슬을 財寶로 삼아 금·은·비단보다도 더 애호하였다는 기록이 있다.[11] 이로써 당시 한국인은 유리나 천연석으로 만든 수많은 구슬을 착용하였음을 짐작할 수 있다. 실제로 우리 나라에서는 원삼국기 이후 삼국시대에 이르기까지 거의 모든 유적에서 구슬이 출토되고 있어서 문헌의 기록을 사실로 확인해 주고 있다. 이렇게 고대의 구슬은 그 형태와 크기, 색 등이 다양한 데도 불구하고, 지금까지 학계에서는 그 서술상의 기준이 마련되어 있지 못하고, 용어(Terminology) 사용이 미비하여 세부적으로 충분히 분류, 검토되지 못하였다고 할 수 있다.

유리제품, 특히 유리구슬들은 대롱구슬·둥근구슬·곡옥형 등의 외형이나 크기, 색깔에 의하여 종류를 구분하는 것에[12] 더하여서 과학적 성분분석으로 육안으로는 구분이 안되는 유리 원자료의 조성상의 차이를 확실히 밝혀낼 수 있는데 이 유리자체의 각기 다른 성분 구성과 비율을 통하여 유리가 만들어진 장소와 연대에 대한 상당히 신빙성 있는 단서를 제공받을 수 있다.

지금까지 분석된 자료에 의하면 우리 나라 고대 유리의 조성 성분은 크게 납-바리움유리, 칼륨유리(포타쉬 유리), 소다유리, 그리고 납유리(납이 60~70% 정도 함유된 高鉛유리)의 크게 4그룹으로 분류된다.[13]

---

9) 李仁淑, 앞의 글(1989).
　──, 위의 책.

10) Henderson Julian, The Scientific analysis of Ancient glass and it's archaeological Interpretation, *Scientific Analysis in Archaeology and it's interpretation, Oxford University Committee for Archaeology Monograph Vol. 19, 1989.*

11) 《後漢書》 권 85, 東夷列傳, 75, 馬韓.
　《三國志》 권 30, 魏書 30, 烏丸鮮卑東夷傳 30, 韓.
　《晋書》 권 97, 列傳 67, 馬韓.

12) W. G. N. vander Sleen, *A Handbook of Beads, the 2nd ed. 1973.*

13) 李仁淑, 앞의 책.
　Lee In sook, Robert H. Brill & Philip M. Fenn, Chemical Analyses of some ancient glasses from Korea, *Annales du 12e congrès de l'Association Internationale pour l'Histoire du Verre, Vienna, 1991 ; Amsterdam, 1993.*

〈표 2〉 우리 나라 출토 고대

출토유적	합송리 (석관묘)	다호리 (토광묘)	대평리 (옹관)	군곡리 (패총)	군곡리 (패총)	군곡리 (패총)	군곡리 (패총)	조양동 (토광묘)	용담동 (옹관)
품 목	管 玉	小環玉	管 玉	小環玉	管 玉 (단면원)	管 玉 (단면사각)	小 玉	小 玉	管 玉
색	남 색	초록색	담청색	남 색	남 색	초록색	적황색	감 색	남 색
시 기	B.C. 2C	B.C. 1C	A.D. 2~3C	A.D.1C후반 (Ⅲ기층)	A.D.1C후반 (Ⅲ기층)	A.D.1C중엽 (Ⅱ기층)	A.D. 2C	A.D. 1C	A.D. 2~3C
Wt% SiO_2	51.38	34.9	66.942	25.0	39.0	68.3	61.82	73.5	74.4
Na_2O	6.28	2.9	2.437	1.27	3.36	17.8	7.97	0.89	1.11
CaO	0.65	0.85	0.513	0.06	3.69	1.73	2.40	1.42	3.84
K_2O	0.04	0.15	0.850	0.14	0.06	2.92	3.54	14.9	14.5
MgO	0.53	0.12	0.196	0.13	0.40	0.94	0.36	0.42	0.37
Al_2O_3	0.69	0.3	1.691	0.39	0.43	6.29	11.19	3.48	2.55
Fe_2O_3	0.26	0.17	0.603	0.14	0.16	1.34	5.00	2.38	1.33
TiO_2		0.001		0.001	0.001	0.25	0.52	0.2	0.15
Sb_2O_3		0.05		0.01	0.01	0.01		0.01	0.01
MnO		0.001		0.001	0.001	0.07		2.29	1.24
CuO	1.08	0.83		0.20	0.84	0.003	6.45	0.02	0.01
CoO		0.01		0.01	0.01	0.01		0.1	0.05
SnO_2		0.1		0.02	0.001	0.05		0.001	0.001
Ag_2O	Tr.	0.02		0.02	0.01	0.001		0.001	0.001
PbO	26.73	53	19.452	72.5	37.5	0.05		0.01	0.01
BaO	11.98	6.48	4.805	0.01	14.4	0.1		0.3	0.3
B_2O_3	Tr.	0.01		0.01	0.01	0.01		0.01	0.02
SrO	0.19	0.03		0.01	0.1	0.01		0.01	0.01
Rb_2O		0.01		0.01	0.01	0.01		0.03	0.02
Cr_2O_3	Tr.	0.005		0.005	0.005	0.005		0.005	0.005
NiO		0.01		0.005	0.005	0.005		0.01	0.005
ZnO		0.011		0.007	0.034	0.03		0.037	0.026
ZrO_2		0.01		0.01	0.01	0.01		0.01	0.01
Li_2O	Tr.	0.001		0.001	0.001	0.001		0.001	0.001
V_2O_3		0.005		0.005	0.005	0.005		0.01	0.005
Bi_2O_3		0.005		0.001	0.001	0.001		0.001	0.001
Cl			2.511				0.76		

유리 성분분석표

석촌동 (적석총)	옥 전 (24호)	몽 촌 토 성	몽 촌 토 성	진 주 (고분)	진 주 (고분)	황오동 (1호분)	98호분 (북분)	무령왕릉	미륵사지
丸 玉	구 슬	小環玉	丸 玉	小 玉	丸 玉	丸 玉	구 슬	小 玉	유리塊
갈 색	남 색	담록색	담청색	갈 색	청 색	남청색	남 색	적황색	초록색
A.D. 3~4C	4~5C	4~5C	4~5C	5C초	5C초	4C후반 ~5C초	5C	6C중엽	7C초
83.36		6338	57.966	16.30	67.48	63.5	65.0	68.83	26.73
	11.2	19.762	3.590		0.44	19.3	14.9	5.33	0.01
3.37		2.094	19.499	0.76	15.30	4.83	5.58	2.10	0.05
6.95	1.46	2.063	10.307	0.188	11.03	2.43	1.11	2.63	0.09
		0.312	3.730		0.73	5.74	2.84		0.06
4.58		9.119	2.668	3.41	3.40	2.32	5.94	11.20	0.27
FeO 0.42	0.678	1.214	0.443	FeO 1.08	FeO 0.78	1.26	2.16	FeO 4.20	0.13
0.21		0.525	0.270			0.18	0.27	0.64	0.001
						0.01			0.01
						0.13	1.2		0.001
			0.450			0.03	0.075	4.54	0.26
	0.0274					0.05	0.31		0.01
						0.02			0.08
						0.001	0.0025		0.02
	0.055			75.4		0.05	0.2		72.2
		0.093				0.01	0.06		0.01
						0.01	0.23		0.01
						0.05			0.01
						0.01			0.01
						0.005			0.005
						0.005			0.005
	0.00915					0.029			0.01
						0.01			0.01
						0.003			0.001
						0.005			0.005
						0.001			0.001
0.81		1.441	1.077	2.79	0.32				

특히 유리구슬 출토 상황이 이전보다 훨씬 빈번하고 형태와 색이 다양해지는 原三國期 동안에는 이 4종류의 유리성분이 모두 발견되기 시작하는데 이것은 이미 이 때에 유리의 공급원이 여러 곳이었음을 말해주는 것이다.

중국으로부터 들여온 납-바리움유리로부터 비롯된 우리 나라의 고대 유리 사용은 이어서 기원후 1세기 즈음에는 칼륨유리와 소다유리로 만든 유리구슬이 활발히 유입되어 더욱 다양한 양상을 띠게 된다.[14]

1986년 이후 연차적으로 3년간 발굴된 전남 해남군 군곡리패총에서는 남색 및 초록색 대롱구슬을 위시하여 초록색 투명의 작은 고리구슬(小環玉), 적색 불투명 작은 둥근구슬 등도 출토되었다.

군곡리패총은 오랜 동안 계속된 생활유적으로서 기원전 3~4세기의 이른 층으로부터 기원후 3세기 후반까지에 이르는 5개의 기본 층위로 구분되는데 이 중 유리제품은 군곡리패총에서 중심적인 위치를 차지하는 Ⅱ·Ⅲ기층에서 출토되고 있다.[15] 그 연대는 기원후 1세기 중엽에서 후반으로 생각되고 있는데 같이 출토된 철기류와 貨泉·卜骨·骨製品 등은 중국과의 관계를 엿볼 수 있게 한다. 군곡리의 지리적인 위치는 한반도 남단의 해안일대에 분포한 패총들과의 관계 및 나아가 중국·일본 등 동아시아 여러 나라와의 관계를 고려하게 하는 것이다.

군곡리패총에서 발견된 2개의 대롱구슬은 특히 관심을 끄는데 그 중 하나는 길이 2.1㎝, 폭 0.8㎝의 불투명한 푸른색의 원통형 대롱구슬인데 반하여 다른 하나는 투명한 초록색의 단면 4각형 대롱구슬이다. 전자는 납-바리움유리로서 前代의 합송리 유리구슬과 같은 계열이지만 후자는 다른 모양과 색을 하고 있으며 성분도 소다유리로 나타났다.[16] 이 초록색 투명 대롱구슬은 1세기 중엽의 한국 발견 최초의 소다유리계라 할 수 있겠다. 이는 아마도 뒤이어 풍부히 나타나는 여러 가지 색의 소다유리계 유리구슬들과 같이 인도나 동남아 등지에 원산지를 두면서 중국을 통한 혹은 동남아 수입품으로

14) 李仁淑, 앞의 글(1989).
15) 崔盛洛,《海南郡谷里 貝塚》(Ⅰ~Ⅲ)(木浦大 博物館, 1987~1989).
16) Lee In sook, et al., *ibid, 1993.*
李仁淑, 앞의 글(1989).

보이는데[17] 이 시기 이들 지역간의 해상무역의 산물로서 그 중요성이 크다.

결과적으로 군곡리패총에서는 다양한 형태와 색의 유리구슬들이 발굴되었으며 그 성분도 각기 다른 것으로 판명되었는데 이는 이들의 각기 다른 제작지와 유입계통을 말하여 주고 있는 것이다.

대체로 1세기 말~3세기에 걸친 시기로 알려진 경주 조양동의 토광목관묘에서는 남색 유리구슬들이 바닥의 철검 주위에서 발견되었으며, 제주도의 용담동유적의 옹관에서는 남색 유리구슬들이,[18] 또 김해 양동리 등지의 목관묘에서도 남색·초록색 유리구슬들이 알려져 있다. 특히 조양동과 용담동 구슬들은 그 조성 성분이 지금까지와는 달리, 칼륨(K_2O)을 10~20% 정도 함유한 칼륨유리계로 판명되었는데, 이들은 창원 삼동동·도계동, 부산 노포동, 경산 임당동, 진주지역 그리고 서울 석촌동 등과 같이 모두 기원후부터 약 4~5세기 삼국시대 초기까지에 걸쳐 중·남부지방에서 광범위하게 분포되고 있음을 알 수 있다.[19] 이러한 국내 칼륨유리의 조성 성분은 중국 한대의 유리를 대표하는 칼륨유리계와 대체로 일치하고 있어서 한국의 고대 칼륨유리는 중국 한문화와 관련이 있는 것으로 보이지만 그 제작지, 원산지 등의 문제에 대하여서는 중국내에 있는지 혹은 외부, 동남아지역인지 아직 학계에서 결론이 나 있지 않다.[20]

원삼국기 말인 부산 노포동 토광목관묘 유적지에서는 금·은 제품은 없이 토기, 철제품과 함께 청색유리구슬과 적갈색유리구슬, 수정제 곡옥과 수정다면옥, 그리고 호박제구슬 등이 많이 출토되었다. 그리고 2세기에서 3세기에 이르는 시기의 김해 예안리 고분군과 창원 삼동동 옹관묘유적에서도 유리구슬이 많이 출토되었다. 특히 삼동동 옹관묘에서는 다른 부장품은 거의 없이 다량의 청색과 적색계통의 구슬이 빠짐없이 부장되어 있어서 당시의 장례관습과 함께 주목을 끈다.[21]

---

17) 李仁淑, 앞의 책(1990).
18) 李淸圭, 《제주도 용담동유적》(제주대 박물관, 1989).
19) 李仁淑, 앞의 글(1989).
20) Shi Meiguang, He Ouli & Zhou Fuzheng, Investigations of Some Chinese Potash Glasses Excavated from Tombs of the Han Dynasty, *Journal of the Chinese Silicate Society, vol. 14, 1986.*

또 국립중앙박물관에 전시되어 있는 김해 회현리패총에서 출토된 적색·청색·녹색·황색의 작은 구슬들은 다양한 색과 형태를 띠고 있는데 일본 야요이(彌生)시대의 규슈(九州)지방 후다쓰가산(二塚山)유적이나 스구(須玖)유적 등에서도 많은 소옥들이 출토되고 있어[22] 서로 관련이 있어 보인다.

일반적으로 유리구슬은 우리 나라에서 전국적으로 분묘의 형식에 구애됨이 없이 그리고 패총이나 주거지 등 모든 유구에서 무수히 출토되고 있어 그 전부를 고찰해 보기는 어렵다.

원삼국기 이후의 유리구슬들은 그 성분 비율상 서로 약간의 차이는 있으나 대부분 소다유리계에 속하고 있으며 이후 삼국시대 말 통일기에 국내산 납유리가 유행하기까지도 계속 소다유리가 주류를 이루고 있다.[23]

그리고 철기시대 이래로 한반도 서북지역에서는 토광묘유적에서 청동기, 철기와 공반되는 여러 가지 구슬들이 발견되고 있으며 낙랑유적에서도 많은 구슬들이 출토된 바 있다. 이들은 모두 초기 철기문화 단계로서 대체로 중국계로 보아 무방하지만 지금까지 유리에 대한 자세한 보고와 북한측의 분석자료가 부족하여 종합적으로 고찰되지 못한 점은 유감이다.

원삼국시기 동안의 다양한 색깔과 형태 그리고 아주 작은 크기의 유리구슬들은 그 제작 기법상 당시 국내의 유리제조 기술 수준으로는 만들기 어려웠던 것으로 보이기 때문에 아마도 외부로부터의 교역품으로 보아야 할 것 같다. 이미 기원전부터 인도의 북부와 남부에는 유리구슬의 제작 중심지가 있었으며 당시 로마제국과 인도간에 교역이 이루어졌고 이들 구슬들은 해상을 통하여 동과 서로 널리 교역되었다.[24] 이어서 스리랑카, 말레이지아, 타이랜드, 스마트라, 베트남 등의 동남아 각지에서도 유리구슬이 활발히 교역되었고, 또한 인도의 아리까메두 등의 유리제조 기술이 여러 곳으로 전해

---

21) 安春培, 《昌原三東洞 甕棺墓》(釜山女大 博物館, 1984).

22) 小林行雄, 〈彌生,古墳時代のガラス工藝〉(《MUSEUM》 324, 東京國立博物館, 1978).
藤田亮策 等, 〈彌生時代のガラス〉(《考古學論集》, 1977).

23) 李仁淑, 앞의 글(1989).
———, 앞의 책(1990).
Lee In sook, et al., *ibid, 1993.*

24) Marianne Stern, Early Exports beyond the Empire, *Roman Glass : Two Centuries of Art and Invention, The Society of Antiquaries of London, 1991.*

져 동남아지역에서도 유리구슬이 생산되고 있었다는 사실도 연구되어 있다.[25] 이러한 다양한 유리구슬들은 넓게는 소위 '인도·퍼시픽 유리구슬'의 범주에 드는 것으로[26] 우리 나라에서 발견된 구슬들과 동남아지역의 구슬들이 성분이나 형태에서 비교되는 자료가 근래에 제시되고 있다. 이는 바다를 통한 국제교역의 일단이 우리 나라에까지 전해진 것으로 생각해 볼 수 있다.[27]

한편 원삼국에서 삼국시대 초기에 이르기까지 국내에서 제조 가공된 유리구슬에 대하여 살펴보면, 앞에서 설명하였듯이 초기의 합송리 대롱구슬 유형들에 이어서 남색 또는 진한 남색(紺色), 녹색의 둥근구슬류들이 일찍부터 국내에서 만들어졌다고 생각된다. 지금까지 유리 요지의 발견 등 유리제조를 적극적으로 입증할 만한 자료가 충분하지는 않으나[28] 우리 나라에서 발견된 유리구슬의 양이 매우 풍부하다는 점과, 우리 나라에서만 볼 수 있는 유리유물의 존재(유리雲珠 유리제 병형 요패장식 등), 최근 국내에서도 발견되고 있는 곡옥과 둥근구슬용의 진흙으로 만든 틀,[29] 그리고 통일신라시대의 것이지

25) Peter Francis Jr., Beadmaoking at Arikamedu and beyond, *World Archeology vol. 23 No 1, 1991.*

26) Kishor K. Basa, Ian Glover & Julian Henderson, The Relationship Between Early Southeast Asian and Indian Glass, *Indo-Pacific Prehistory Association Bulletin 10, 1991.*

27) Robert H. Brill, Scientific Inverstigation of Ancient Asian Glass, *Unesco Silk Road-Maritime route Seminar, Nara, 1991.*
Lee In sook, The Silk Road and Korean Ancient Glass, *Korean Culture, Los Angeles, 1993.*

28) 崔 炷·李仁淑·金秀哲·都正萬, 〈慶北月城郡 內南面 德泉里 출토의 鐵 슬래그에 對한 硏究〉(《文化財》 22, 문화재관리국, 1989).
유리요지라고 한때 알려졌던 월성군 덕천리 요지는 그 출토품이 철슬래그로 판명되었으며, 아직까지 국내에서 확실한 유리요지의 발견은 없다. 그러나 앞으로 유리제조와 가공을 직접적으로 증명할 수 있는 틀이나 도가니의 발견과 확실한 유리 관련 요지의 발견을 기대해 볼 수 있다.

29) 유리구슬 제조용의 진흙으로 만든 틀은 종래 춘천 중도유적과 군곡리패총에서 그 파편이 발견된 바 있었으나 크게 주목을 받지 못하였다. 그러나 근래 일본에서 많은 유사한 예가 발견되고 특히 경기도 미사리유적에서 최근 발견된 유리구슬용의 진흙제틀 등의 존재로 원삼국시기 틀에 의한 유리구슬 제조는 확실하게 되었다.
일본의 경우 야요이시기의 福岡市 彌永原遺蹟에서 곡옥제조용 진흙틀이 발견되

만 경주 황성동에서 최근에 출토된 유리 녹이는 도가니 편의 존재 등으로 미루어 보아 국내 유리제조는 어느 정도 가능하였다고 본다. 물론 삼국시대 늦어도 6세기 말경에는 국내에서 납유리의 원자료를 제조했다는 사실이 일본에서의 방증 자료들과[30] 납동위원소 비율분석에서 밝혀지고 있어서 삼국시대와 이에 앞서는 원삼국시기 동안의 국내 유리 제조기술 수준도 미루어 추정해 볼 수 있다.[31] 더욱이 당시 낙동강 하류지방의 풍부한 제철업의 번성과 그에 따른 활발한 대외교역은 유리의 제조기술 발달에 직접적인 영향을 주었으리라는 점은 추측하기 어렵지 않다.

일반적으로 유리구슬의 형태는 둥근구슬(丸玉)이 가장 많지만, 대롱구슬(管玉 ; 원통형, 사각형, 육각형 등), 고리구슬(環玉), 굽은구슬(曲玉), 대추옥(棗玉), 납작구슬(平玉), 입방체형구슬(多面玉) 등 다양하다. 만드는 방법은 가는 철사에 유리용액을 감아 말아서 만들거나(Wound bead) 잡아늘려서 만드는(drawn bead)법이 있고 틀에 용액을 부어서 만드는 방법도 많이 쓰였다. 최근에 일본을 위시하여 미사리유적 등에서 유리구슬의 틀이 발견되어 이른시기 국내 유리제작과 그 방법에 대한 확실한 단서를 제공하고 있다.

요컨대 우리 나라 유리의 시작은 기원전 2세기로 거슬러 올라가며 초기의

었으며 이는 납유리 제조용으로 분석된 바 있다. 이 외에도 五反田遺蹟, 佐賀縣原古賀三本谷遺蹟 등에서 곡옥 제조용 틀이 발견되었다. 그리고 근래에는 奈良縣 桜井市 上之宮遺蹟을 위시하여 飛鳥池遺蹟, 東京都 豊島馬場遺蹟 등에서 대략 4~8세기에 이르는 둥근유리 제조용의 진흙제 틀이 다수 발견, 보고되고 있으며 이들은 대개 소다유리 제조용으로 분석되어 있다. 또한 飛鳥池遺蹟(7세기 말)에서는 뚜껑이 달린 포탄형의 유리 제조용 도가니가 많이 발견되었으며 이 도가니의 벽에 붙은 유리질은 납유리로 분석되었다.

山內紀嗣, 〈ガラス玉の鑄型〉(《天理參考館報》 4, 1990).

肥塚隆保, 〈保存科學的方法しによる古代珪酸鹽ガラスの研究(Ⅰ)〉(《奈良國立文化硏究所 40周年記念論集》, 1993).

中島廣顯, 〈東京都北區豊島馬場遺跡出土のガラス小玉鑄型〉(《考古學雜誌》 78-4, 日本考古學會, 1993).

30) 山崎一雄, 《古文化財の科學》(思文閣出版, 1987).

Brill. R. H. & Kazuo Yamasaki, etc, Lead Isotope in Some Japanese and Chinese Glasses, *Art Orientalis XI, 1979.*

Brill. R. H. & J. H. Martin, *Scientific Research in Early Chinese Glass, The Corning Museum of Glass, 1991.*

31) 李仁淑, 앞의 책(1990).

유리구슬 문제는 장신구로서의 구슬만의 문제가 아니라 한반도 철기문화의 보급과 시작이라는 좀더 근본적인 문제와 관계되고 있음을 알 수 있다.

처음에는 납-바리움 계열의 유리로서 비롯되어 이어서 칼륨유리와 소다유리 등 계통이 다른 유리들이 등장한다고 하는 것은 다양한 유입경로와 이를 통한 문화교섭을 입증하고 있어서 여러 가지로 시사하는 바 크다고 하겠다.

구슬의 형태나 크기 면에서 초기 철기시대를 지나 원삼국기에 이르러서는 초기의 대롱구슬형에서 벗어나 다양화하는 경향이 엿보이며 색깔은 남색·녹색이 위주이면서 적지 않은 적색·황색·진한회색 소옥들도 다량으로 출토되고 있다. 이렇듯 고대 유리 유물을 통하여 고대의 사회와 문화의 모습을 복원해 볼 수 있으며, 유리제품은 특히 고대의 과학기술과 교역에 관하여 중요한 증거를 제공해주고 있는 것이다.

〈李仁淑〉

2. 철기시대의 사회와 경제

1) 생업경제

(1) 생 업

한반도에 철기가 보급되고 생산되었다 하더라도 생업방식 전부가 전면적으로 발전 개편된 것은 아니다. 어로 수렵 등의 채집경제 기술은 이미 청동기시대 이전 혹은 신석기시대 단계에 상당한 수준으로 발전하였으며, 그 기본 방식은 철기문화가 보급된 이후는 물론, 근대 직전에 이르기까지 크게 변화되지 않고 이어져 내려오는 것으로 알려져 있다.

농경과 동물사육 등의 식량 생산방식 또한 우리 나라에서는 신석기시대부터 발전하였다. 그리고 청동기시대에 와서는 오늘날 농업의 주된 재배작물이자 주식인 벼에 대한 농사가 본격화되었음이 탄화미 등의 고고학적 실물 자료를 통해서 입증되고 있다. 또한 청동기시대에 이미 고랑과 이랑을 갖춘 밭에서 농사를 지었던 사실이 최근에 경남 진주시 대평리에서 조사된 바 있다.[1)]

초기 철기시대의 농사기술과 방법에 대한 직접적인 고고학적 증거는 우리나라에서는 제대로 확보되어 있지 않다. 다만 기원전 1세기경의 광주 신창동 늪지유적에서 벼낟가리와 함께 목제농기구가 발견되어 그나마 부족한 자료를 메워 준다. 그런데 일본에서는 규슈(九州)지방을 중심으로 비슷한 시기인 야요이(彌生)시대에 속하는 많은 농경 관련의 고고학적 증거가 확보되어 있다. 대체로 이들 농경유적은 토기·석기·청동기 등의 공반유물을 볼 때 우리 나라 남부지방의 농경문화를 전래 받아 이루어진 것으로 추정된다.

그러한 일본측 자료를 통해서 볼 때 남한지방에서는 初期鐵器時代에 와서 농업생산량을 증가시키기 위해 땅을 일구는 起耕具에서부터 곡물을 추수하는 수확구에 이르기까지 다양한 종류의 농경구가 개발된 것은 물론, 벼농사에 새로운 水田經營法이 도입된 것으로 보인다. 따라서 근대까지 이어지는 농촌사회의 생계유형의 기본 틀은 이 때에 이루어진 셈이다.

가. 곡물재배와 수전개간

이미 신석기시대에 여러 유적에서 조·기장·피·수수 등의 잡곡 재배가 집터에서 발견된 탄화된 곡물자료에 의해 확인된 바 있다. 그리고 청동기시대에 들어와서는 여주 흔암리, 부여 송국리, 평양 남경 등의 집터 유적에서 발견된 탄화미를 통해서 벼의 재배도 이루어졌음이 확인되었다. 이로써 철기가 유입되기 전에 오늘날 주식으로 이용되는 알곡작물은 이미 재배되었음을 알 수 있다.

이제 기원전 3세기~기원후 3세기의 철기시대(초기 철기시대~삼국시대 전기) 것으로 추정되는 유적에서 출토되는 탄화곡물의 실례를 소개하면 다음과 같다.[2)]

---

1) 경남대 박물관, 〈대평 어은1지구유적 현장설명자료〉(1997년 4월 27일).
2) 後藤直, 〈日韓出土の植物遺體〉(《日韓交涉の考古學》 彌生時代篇, 韓炳三·小田富士雄 編, 東京 ; 六興出版, 1991), 60~64쪽.

〈표 1〉

종 류	출 토 유 적
쌀	강원 중도, 경기 여기산, 전북 반곡리, 전북 송룡리, 전남 군곡리 경남 늑도 2·8·9·11호 집터, 경남 회현리, 경남 조도 Ⅱ층, 경남 부원동 A·B·C지구, 경남 동외동
대 맥	경남 부원동 A지구
소 맥	전남 군곡리, 경남 부원동 A지구
보 리	평남 남정리 116호분, 충북 하천리 F1 집터
조	함북 호곡 5호 집터, 강원 중도 1호 집터, 충북 하천리 D지구, 경남 부원동 A지구
기 장	평양 정백동 37호묘, 강원 중도 6지점
콩	강원 둔내, 경기 양근리, 경남 부원동 A지구, 전북 세전리, 전북 반곡리
팥	경기 야은리, 경남 부원동 C지구

위의 〈표 1〉를 보면 대체로 한반도 중남부지방에서 집중적으로 탄화미 자료가 출토되는 것이 확인된다. 이는 한반도 북부 특히 대동강유역의 서북한 지방에서도 이미 청동기시대부터 벼농사가 실시되었으나, 철기시대에 들어와서는 중남부지방을 중심으로 벼농사가 집중적으로 이루어졌음을 말해주는 것이라 하겠다. 이에 비해서 조·기장 등의 잡곡은 북중부지방에 집중되고 있음을 알 수 있다.

이러한 사실은 다소 늦은 고대 문헌기록 등을 통해서도 간접적으로 파악이 된다. 《三國史記》의 기록에 북쪽에서 남쪽으로 갈수록 쌀이 오곡에 포함되는 기사가 많아지고, 고구려에 비해 신라·백제 쪽에서 쌀 관계기사가 풍부하다. 이러한 상황은 《世宗實錄地理志》를 통해서 본 조선시대 전기의 농업지대 구분 양상과도 맥락을 같이 한다. 따라서 초기 철기시대로부터 삼국시대 전기에 이르는 시기에 이미 우리 나라 농업지대의 기본 틀이 자리잡았음을 알 수 있다.[3)]

3) 郭鍾喆, 〈한국과 일본의 고대농업기술 - 김해지역과 북부구주지역과의 비교검토를 위한 기초작업 -〉(《韓國古代史論叢》 4, 韓國古代社會硏究所, 1992), 62~64쪽.

이처럼 이 시대에 한반도 중남부지방에서 집중적으로 발견되는 벼는 이 지역으로부터 농법기술을 전래받은 것으로 추정되는 일본 규슈지방의 농경지 유적을 통해서 미루어 볼 때, 그 상당한 부분이 수전농사에 의한 것으로 파악된다. 두말할 것도 없이 수전은 관개시설이 마련되어 경작지가 항상 濕田 상태에 있거나 반습전 혹은 적어도 반건전 상태를 유지할 수 있어야 한다. 따라서 물 공급이 용이한 곳을 경작지로 선택하여야 하는데, 죠몬(繩文)시대 말기-야요이시대에 걸쳐 일본에서는 각기 다른 지형조건에 따라 다른 방식으로 개간한 수전이 곳곳에서 확인된다.

우선 죠몬 말기의 초기단계에는 하천 연변에 형성된 자연제방대나, 계곡하천 주변의 曲底평야, 또는 하천을 옆에 낀 홍적단구를 주로 이용한 경작지가 개간되었다. 그러다가 야요이시대 전기에 해안 가까이 강 하구에 형성된 扇狀地 말단이나 삼각주 등에 수로와 둑을 만드는 데 보다 많은 기술과 노동력을 필요로 하는 곳이 선택되기도 한다.[4] 이러한 일본 수전개간의 실례를 참고하여, 한반도의 이 시대 유적 중에 수전지 가능성이 있는 곳을 몇 예를 열거하여 살피면 다음 〈표 2〉와 같다.[5]

〈표 2〉

해당유적	유적의 입지	수전지 가능지점
수원 서둔동 천안 청당동	분지, 하곡, 곡저평야의 산록 완사면, 침식성 저구릉	하천 연변의 배후습지, 곡저평야
춘천 중도	분지, 하곡, 곡저평야의 자연제방	배후습지, 구하천지대
해남 군곡리 김해 회현리	해안 하구 주변의 구릉지	하곡의 곡저평야

한편 이러한 우리 나라 농경지 유적의 구체적인 실상을 간접적으로나마 살피는 데 단서가 될 만한 일본의 농경유적으로, 죠몬시대 말기에 남한계 적색마연토기와 반월형돌칼을 공반하는 규슈 후쿠오카시(福岡市) 이다츠케(板府) 유적이 있다. 이다츠케유적은 후쿠오카시 하천 지류를 남쪽으로 낀 평야지대

4) 田崎博之, 〈地形と土と水田〉(《彌生農村の誕生》, 東京 ; 講談社, 1989), 56~82쪽.
5) 郭鍾喆, 앞의 글.

한가운데 홍적단구 연변 다소 높은 구릉에 위치한다. 수전은 그 연변의 한 단계 낮은 단구상에 조성되었는데, 옛 하천과 촌락이 들어선 대지 사이의 낮은 단구상에 수십미터 폭에 400~500m의 길이로 조성되어 있었다. 인근 하천에 연결된 수로를 통하여 물을 끌어들이고, 곳곳에 급수량을 조절하는 제언시설을 만들었다. 단위 논 하나의 크기는 폭 6~10m, 길이 50m 이상이 되며, 하천과 수로의 사이 70m 정도 되는 대지를 5~6등분으로 구획하여 경지를 조성하였는 바, 한반도 중남부지역의 초기 철기시대 수전유적도 대체로 이와 같을 것으로 추정된다.6)

나. 농경기술과 도구의 발달

농사를 짓기 위해서는 우선적으로 작물을 심을 땅을 먼저 확보하는 작업이 이루어져야 한다. 경작지를 확보하기 위한 개간작업에서는 우선 나무숲이나 잡목 등을 제거하는 벌채도구가 필요하며, 이에는 나무를 찍어 쓰러뜨리는 용도로서 도끼와 자귀가 사용된다.

돌을 마연하여 만든 도끼나 자귀는 우리 나라 남한지방에서 청동기시대에 여러 종류가 개발된 바 있는데, 청동기는 물론 철기가 보급된 단계에도 여전히 벌채도구로서 중요한 역할을 차지하고 있다. 왜냐하면 질이 좋지 않은 철제도끼보다는 오히려 견고하여 도구 자체의 손상이 거의 없으면서 벌채의 소기 목적을 달성할 수 있기 때문이다. 더욱이 철광산지가 없어 자체 생산이 어려운 지역에서는 마제돌도끼는 철기나 청동기의 역할을 대신할 수밖에 없다.

마제돌도끼와 홈자귀가 훨씬 늦은 철기시대까지 사용되는 곳 중의 한 지역이 제주도이다. 이 지역은 현무암지대로서 철광산지가 없어, 철제품은 바다 건너 남한지방에서 수입할 수밖에 없다. 실제로 삼국시대 전기에 해당하는 제주도 곽지리나 광령리유적에서는 철기대신 다량의 마제석기가 발견된다. 이러한 사정은 철기를 다른 지방에서 수입해야만 하는 우리 나라 다른 지역에서도 같으리라고 보여진다.

그러나 이미 기원전 3~2세기경에 청동은 물론 철로 만든 도끼 실물자료가 한반도에서 적은 수량이나마 출토되고 있는 사실에 주목할 필요가 있다.

---

6) 田崎博之, 앞의 글.

蓮花堡－細竹里類型의 중국 戰國系 철기유물이 출토하는 청천강 이북은 물론, 황해도와 금강유역 등지에서 확인되는 토광석곽묘 유적에서 세형동검과 함께 장방형 소켓을 가진 철제 주조도끼가 발견된다. 그러나 이 철제도끼가 발견된 무덤이 대체로 일정 수준 이상의 지위를 가진 사람으로 이해되므로, 도끼가 일반에 크게 보급되지 않았다고 보아야 한다.

청동제 도끼도 초기 철기시대의 토광석곽묘 유적에서 어깨가 넓은 형식과 날이 부채꼴 모양인 형식이 남한지방 여러 곳에서 적지 않게 발견되지만, 청동 자체의 견고성이 그리 높지 않아 벌채용이나 개간용 등의 농경구로 널리 사용되었을 가능성은 희박하다.

철제도끼가 보다 보편화된 것은 대체로 기원 전후한 시기로, 이 시기에 대동강·낙동강 등지에서 발견되는 토광목관묘에서 다량의 철제도끼가 발견된다. 그 중에서 특히 주목되는 것은 넓적한 형태의 板狀鐵斧로서, 남해안지방의 창원 다호리 등의 토광목관묘에서 나무자루에 끼워진 채로 발견되었다. 판상철부 말고도 경상도지방에서는 크고 작은 단조도끼가 다량 발견되었는데, 이러한 도구가 벌채용 도구로서 사용되었을 것이며, 이 단계에 들어서서 마제돌도끼가 드물게 발견되는 것은 이러한 철제도끼의 일반화와 관련있어 보인다.

개간된 농경지를 일구는 경기용 도구로서 따비·가래·괭이 등이 있다. 초기 철기시대에 따비는 실물자료가 전하지 않으나 대전출토의 농경문청동기를 통해서 확인된다(〈그림 1〉).

농경문청동기에 남자가 발을 밟고 밭을 가는 따비가 묘사되었는데, 따비는 외날형식을 갖춘 것이다.[7] 외날따비는 우리 나라에서 현재 제주도에서 최근까지 사용되어 왔는데, 다른 지역은 물론 이웃 일본에서도 거의 확인되지 않는 농경구이다.

이 시기에 청천강 이북에는 전국계 철제 농기구가 보급되고, 중국 동북지방에서는 따비 끝에 조그마한 말발굽형의 날을 끼운 예가 있지만[8] 아직 한반도에서는 철로 만든 말발굽형 따비날이 발견되지 않았다.

---

7) 韓炳三, 〈農耕文靑銅器에 대하여〉(《考古美術》 112, 考古美術史學會, 1971).
8) 李南珪, 《東アジア初期鐵器文化の硏究》(廣島大 博士學位論文, 1991).

〈그림 1〉 대전출토 농경문청동기

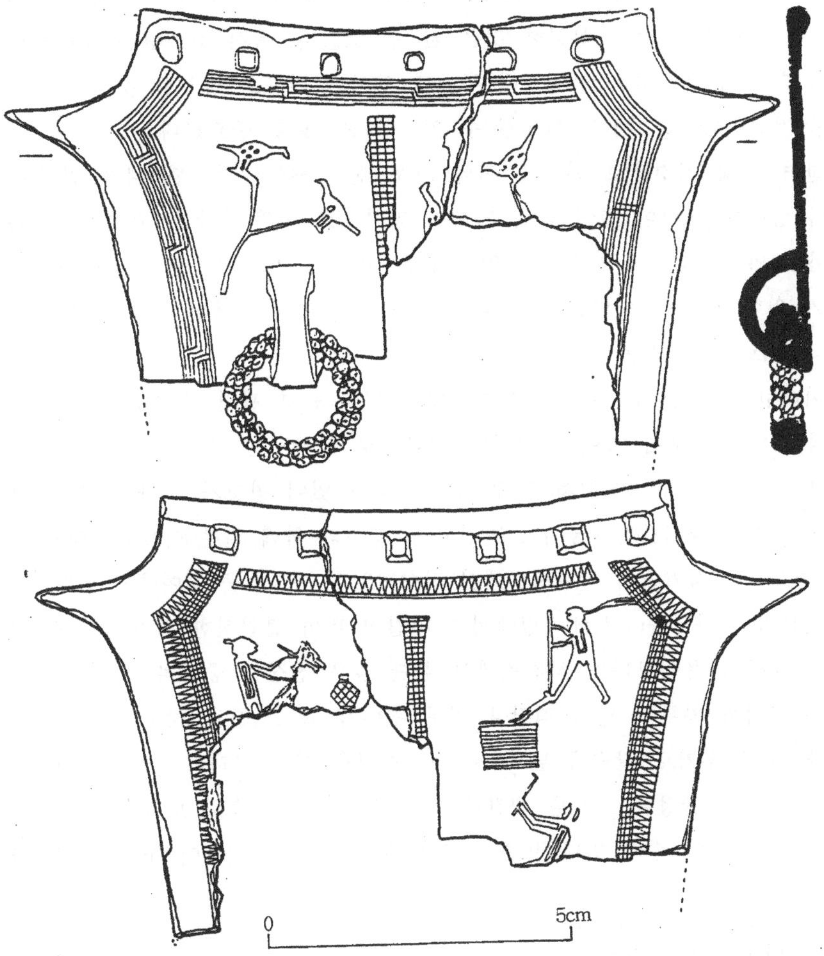

그러나 기원전 1세기경으로 편년되는 창원 다호리 목관묘와 그보다 늦은 울산 하대 72호 목곽묘에서 부장품으로 발견된 따비라고 주장되는 철기유물이 있는데,[9] 발을 디딜 답판이 없어, 따비라기보다는 괭이에 가깝다. 이 밖

9) 李健茂 외, 〈義昌 茶戶里遺蹟 發掘進展報告(Ⅰ)〉(《考古學誌》 1, 韓國考古美術

에 삼국시대 전기에 속하는 철제 기경구로 부산 하대리 43호 목곽묘에서 발견된 19cm 길이의 가래날과 14cm 길이의 쇠스랑이 있어 주목된다.[10] 정식 보고서가 나오지 않아 확실한 것은 알 수 없으나, 특히 쇠스랑은 鐵齒杷라 하여 그 동안 더 늦은 삼국시대 후기에 와서야 비로소 사용된 것으로 알려졌던 것인만큼 그 기원을 확인할 수 있는 실물자료로 중요하다.

한편 목제 기경구로 최근에 전남 광주 신창동에서 발견된 예가 있다.[11] 날의 상단에 구멍이 있어 곧은 자루를 직각으로 끼워 맞추게 되어 있는 평괭이(鍬)와 날 상단에 꼬다리가 있어 굽은 자루를 장착하게 된 곡병괭이(曲柄鍬)가 있다. 평괭이는 외날과 세 다리 형식이 있고, 곡병괭이 날은 전체 길이가 48cm로 두 다리를 가진 것이다.

이러한 목제괭이는 일본 야요이시대의 여러 농경 관련 유적에서 다량 발견되었는데, 자루에 날이 직각이나 예각으로 장착되는 괭이와 일직선 혹은 둔각으로 연결되는 가래(鋤)로 분류, 연구되고 있어 참고가 된다.[12] 이 밖에 광주 신창동에서는 절구공이가 발견되어, 괭이와 함께 일본 야요이시대의 일체 농경구 제작기술이 남한지방에서 전수되었을 가능성을 높여주고 있다.

일본의 키타규슈(北九州)지방에서는 자갈이 많아 불안정한 선상지 선단 부근의 경작지 유적보다는 하천변에서 한단 높은 선상지 중앙의 안정된 경작지 유적에서 자루와 날이 직각을 이룬 괭이가 압도적으로 많이 발견된다고 한다. 또한 후기로 갈수록 날과 자루가 직선을 이룬 가래가 줄어드는데, 결국 가래는 불안정한 토지를 개간하는 데 사용되는 것으로 토목구의 성격을 띠고 있음을 알 수가 있다.[13] 한편 북한에서는 청동기시대에 주의리 니탄층

研究所, 1989), 5~174쪽.

10) 부산대 박물관, 《선사와 고대의 문화》(1996), 51쪽.

11) 趙現鍾·張齊根, 〈光州 新昌洞遺蹟－第1次調査概報〉(《考古學誌》 4, 1992), 31~134쪽.
국립광주박물관, 〈광주 신창동유적 발굴조사 설명자료〉(1995년 7월 19일).
———, 〈광주 신창동유적 발굴조사 설명자료〉(1997년 5월 12일).

12) 山口讓治, 〈西日本の初期木製農耕具〉(《日韓交渉の考古學》 彌生時代篇), 51~56쪽.

13) 田崎博之, 앞의 글, 75~76쪽.

〈그림 2〉 철제와 목제 농기구

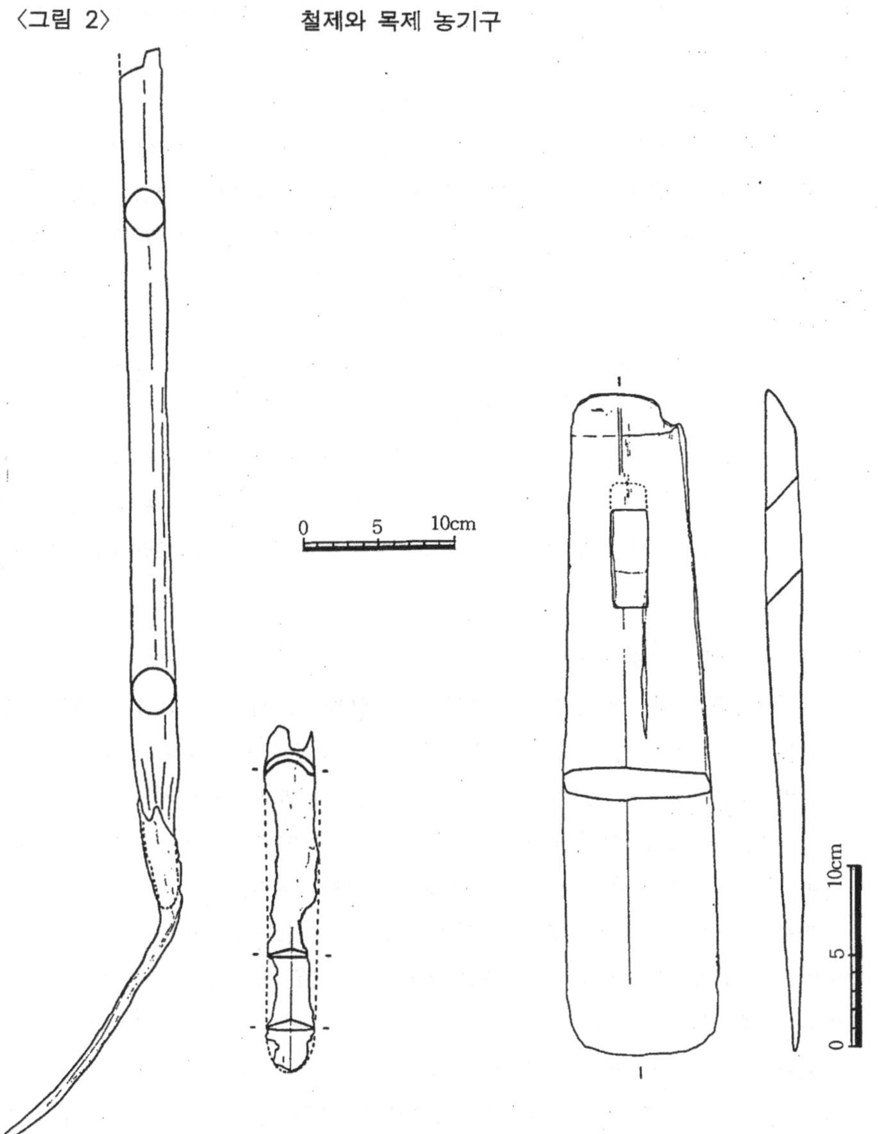

① 창원 다호리 철제따비, ② 광주 신창동 목제농기구

에서 나왔다고 하는 쟁기 혹은 후치를[14] 청동기시대 것으로 주장하고 있는데 그 편년의 근거가 확실하지 않다.

알곡작물을 수확하는 도구로서 청동기시대부터 제작 사용된 반월형돌칼과 돌낫의 사용은 초기 철기시대에도 지속되는데, 돌칼은 이 단계에 삼각형으로 형태가 발전하였음이 해남 군곡리패총에서 확인된 바 있다. 철로 만든 반월형칼은 영변 세죽리에서 확인된 예가 있지만 한반도는 물론 중국 동북부지방에서도 그 발견되는 경우가 드물다. 그에 비해 다량 발견되는 철제낫은 대동강유역에서는 기원전 1세기경의 토광묘에서 확인되지만 남한지방에서는 기원후에 와서 비로소 보편화된다.[15] 철이 귀한 제주도에서는 전복껍질로 만든 반월형칼이 늦은 시기에까지 사용된다.

이와 같은 농기구의 철제화 과정을 정리하면 기원전 초기 철기시대에 청천강 이남의 세형동검지대에서 가장 먼저 벌채용의 도끼류가 철기화하고, 다음이 수확도구, 그리고 삼국시대 전기를 지나서야 경기구가 보편화된 것으로 이해된다.

다. 기타 생업기술의 발전

기원 전후한 철기시대에 들어와서 서남해안과 도서지방, 그리고 제주도에 대규모 조개무지(패총)유적이 자리잡게 된다. 종전까지는 생활근거지가 주로 강유역에 한정되었으나, 이 시대에 와서 해안과 도서지방에서도 큰 마을이 들어섰기 때문이다. 이렇게 된 사정에는 인구 증가나 이동이 있기 때문으로, 결국 바다자원을 보다 적극적으로 이용하게 된 것이다.

패총에서 확인된 어종 중에는 연안에서 잡힌 것도 있지만, 먼 바다에까지 나아가서 포획하는 것도 있다. 해남 군곡리의 경우 바다에서 비교적 멀리 떨어진 곳에 서식하는 굴·꼬막·가무락조개·바지락·우렁이 등이 다량 출토하였다. 가까운 바다라고 할지라도 조간대가 아닌 10m 이상의 다소 깊은 바다에서 서식하는 전복도 포획하였음을 보아, 잠수 기술을 이용한 어법도 발

14) 황기덕, 《조선의 청동기시대》(과학백과사전출판사, 1984), 93쪽.
15) 千末仙, 〈鐵製農具에 대한 考察〉(《嶺南考古學》 15, 嶺南考古學會, 1994), 28~30쪽.

전하였음을 알 수 있다. 또한 먼 바다에 나아가서 잡히는 물령돔·참돔·황새치·고등어도 있다.16)

한편 낚시어법에 사용되는 철제 낚싯바늘이 여러 패총유적에서 발견되었다. 특히 군곡리패총에서 출토된 것 중 그 길이가 14cm를 넘는 대형도 있어 대형 물고기도 낚시에 의해 포획하였을 가능성이 많다. 패총에서 많이 발견되는 철제도자는 조간대 아래에 서식하는 전복을 포획하는데 사용되었을 가능성이 있다. 그렇지 않으면 그 밖에 조개의 좌우각을 비틀어 열 때나 연체부와 분리작업을 할 때 많이 쓰였을 것으로 추정된다.

패총유적에서는 바다뿐만 아니라 육상의 동물유체도 발견되는데, 가장 많이 포획되는 동물은 멧돼지와 사슴이다. 화살촉과 창끝 등의 수렵도구를 철기로 만들면서 포획량은 더욱 늘어나고 이들 야생동물 상당수가 각 지역마다 멸종위기로까지 놓였을 가능성이 있다.

한편 가축화된 동물로서는 해남 군곡리나 제주 곽지리에서는 개의 유체와 소뼈 등이 확인된 바 있다. 실제로 고대 문헌기록에는 가축에 대한 내용이 많이 나오는데, 부여의 부족 이름에 말·소·돼지·개 등의 가축 이름을 사용하였으며, 읍루와 제주도에서는 돼지와 소를 키우는 것을 좋아한다는 기록이 유명하다. 이를 보아 가축사육은 한반도 전역에서 거의 보편화된 것으로 이해되지만, 고고학적 실물자료는 아직 충분하게 확보되지 않고 있다.

(2) 교 역

생산과 소비의 주체가 서로 달라 생산된 물품이 소비자에게로 이동하는 교역은 이미 신석기시대부터 있어 왔다. 청동기, 그리고 철기시대로 오면서 물품생산의 전문성이 강화되고, 자가생산되는 물품의 비중이 점점 적어지면서 교역은 더욱 활발하게 전개된다. 또한 농촌과 어촌이 분화되고 邑落이 발달하면서 각각 생산하는 농수산품과 공산품의 종류가 달라지고, 그 결과 교역은 필연적으로 일어날 수밖에 없다.

---

16) 崔盛洛, 《韓國原三國文化의 硏究－全南地方을 中心으로》(學硏文化社, 1993), 192～193쪽.

본격적인 교역활동은 거래를 전문으로 하는 상인과 화폐를 거래수단으로 통용하면서 이루어진다. 중국에서는 이미 春秋戰國시대 또는 殷周시대에 상인의 활동이 본격화되고 화폐가 통용되었다. 漢代로 내려와서는 중국 상인이 樂浪에 와서 활동하였다고 하나,[17] 우리 나라 상인에 대한 직접적인 기록은 없다.

그러나 문헌기록이나 실물자료를 통해 이들의 활동을 간접적으로나마 추정할 수 있다. 우선 衛滿朝鮮이 辰國과 중국과의 교역을 막았다는 문헌기록으로 미루어 남한에서는 중국과의 원거리 무역을 수행하였던 상인층이 있었을 가능성이 강하게 시사된다. 마찬가지로 기록에 弁辰韓의 철을 멀리 帶方과 倭까지 수출하였다는 사실에서 당시 대외무역을 담당한 무역상이 있으리라고 보인다. 제주도에서도 사람이 馬韓으로 추정되는 中韓과 상거래를 하였다고 전한다.[18] 물론 이들 상인은 전적으로 자발적으로 자유롭게 활동을 하지는 못하였을 것이다. 당시 지배층에 강한 통제를 받거나 그들의 대행자로서 역할을 충실히 수행하였을 것으로 짐작된다.

교역의 수단으로 통용되는 화폐유물로서 전남 거문도, 제주도 산지항에서 수십 내지 수백 매의 新 王莽錢이 발견되었다(〈그림 3〉).[19] 왕망전은 그 밖에 해남 군곡리와 마산 성산패총, 그리고 창원 다호리 토광묘 등에서 확인되어 이들 화폐가 한반도 남부지방에서 유통되었음은 분명하다. 문제는 화폐유물이 실제의 교역 수단으로 활용되었는가 하는 점이다. 이 왕망전은 중국에서 신나라 왕망 때 대량으로 발매되고 정책적으로 중국 이외의 지역에도 통용이 강요된 것이나, 신나라가 10여년 만에 멸망함으로써 거래수단으로서의 가치가 낮고, 사용기간 또한 짧았던 것으로 보인다.[20] 그렇다고 할지라도 적어도 일부 계층에서 중국으로부터 일정한 물품을 수입할 경우 한정적으로 쓰였을 가능성은 전혀 배제할 수 없다.

---

17) 《漢書》 권 28, 地理志 8 下, 樂浪郡.
18) 《三國志》 권 30, 魏書 30, 烏丸鮮卑東夷傳 30, 韓.
19) 池健吉, 〈南海岸地方 漢代貨幣〉(《昌山金正基博士華甲紀念論叢》, 1990).
20) 西嶋定生, 《中國古代社會經濟史》(東京大學出版會, 1981).

〈그림 3〉 남한 출토 신 왕망전

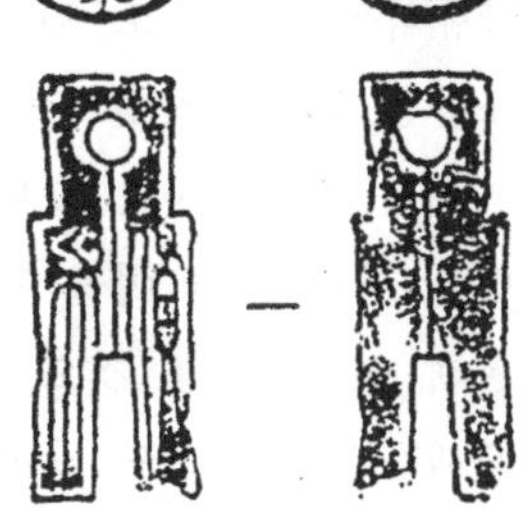

가. 교역의 대상

철기시대에 이르러 한반도 전역에 걸쳐 가장 광범위하게 교역의 대상이 되는 물품은 당연히 철인데, 특히 남한의 진·변한 지역에서는 철 소재를 중간제품화하여 교역의 대상품으로 삼았다는 점이 주목할 만하다.

중간제품화한 철 소재의 실물증거는 비교적 이른 예로서 기원전 1세기경의 창원 다호리 1호 목관묘에 부장된 판상철부 다발묶음이 있다. 그리고 기원후 1세기대의 경주 사라리 130호 목관묘에서 70매, 기원후 2~3세기대의 김해 양동리 162·235호 목곽묘에서 30~40매 판상철부가 각각 부장된 바 있다. 이들 판상철부가 10매 단위로 부장된 점으로 보아 화폐 대신의 거래수단 地金으로도 사용되었을 가능성이 높으며,[21] 이는 《三國志》에 변진에서 철을 화폐삼았다는 기록과 부합된다.[22] 판상철부는 鐵鋌 혹은 덩이쇠 형태로 변하면서 교역이 되어 바다 건너 일본과 제주도지방까지 수출되었다.

철기 말고도 가장 보편적이고도 광범위한 교역대상 물품으로 灰色陶器가 있다. 산화염 소성수법으로 개방가마에서 구워진 적갈색연질토기는 각 마을에서 자체 생산되어 각자 수요를 충당하는 것이 보편적이었다. 그러한 토기로서 한강유역의 中島式土器, 남해안지방의 郡谷里－勒島式土器 등이 있다.

회색도기로서 낙랑도기가 기원전 1세기를 전후로 하여 대동강유역을 중심으로 본격적으로 제작 보급되고, 남한지역에서도 일부 지역을 중심으로 제작되기 시작하였다. 기원 초에 대부분의 남한지역에서는 자체 생산되지 못하였으므로, 회색도기는 수입되었을 것으로 보인다.

---

21) 宋桂鉉, 〈洛東江下流域의 古代 鐵生産〉(《加耶諸國의 鐵》, 인제대, 1995), 129~154쪽.

22) "諸市買皆用鐵 如中國用錢"(《三國志》 권 30, 魏書 30, 烏丸鮮卑東夷傳 30, 弁辰).

회색도기가 수입되었을 만한 대표적인 예로 강릉 안인리 등의 유적의 경우를 들 수 있다. 안인리 마을유적에서 발견되는 대부분의 토기는 중도식적 갈색토기이나, 작은 단지 회색도기도 수점 발견되었다.[23] 회색도기의 형식은 대동강유역의 그것과 비슷하여 미처 도기제작 기술이 발달하지 않은 강원도 지방에서는 수입하였을 가능성은 얼마든지 있다. 물론 도기의 생산이 보편화되는 삼국시대 전기 말 이후에는 수입하는 경우가 드물 것이다. 그러나 제주도와 같은 일부 해안도서지역에서는 삼국시대 전기를 훨씬 지난 시기에도 회색도기를 수입한 사실이 확인된 바 있다.[24]

다음 실생활 필수품이 아닌 물품으로서 권위를 상징하는 威身財가 조공형식 혹은 원거리 교역을 통해서 입수되는 경우가 많다. 그 대표적인 예를 漢나라 청동거울을 들 수 있다. 漢式鏡은 한반도 남부지방 중에서도 특히 낙동강유역을 중심으로 한 지역에서 적지 않게 발견되는데, 영천 어은동, 경주 조양동 5호분, 창원 다호리 출토품 등이 대표적이다(〈그림 4〉).

이들 경상도지방 출토 한식경은 중국제가 틀림없으며, 중국에서 들여와 대방을 거쳐 다시 이들 경상도 변진한 지역에서 조공무역 등의 원거리 교역을 통해 수입되었을 것으로 보인다. 같은 지역에서 이들 한식경을 모방하여 자체제작된 倣製鏡도 많이 출토하는데, 이 방제경은 한식경의 수입이 곤란하거나 그 수용량이 부족하여 생산된 것으로 이 경상도지방의 방제경은 제주도나 일본 규슈에서 수입하는 교역대상품이 되기도 하였다.[25]

그 밖에 위신재로서 중국 한군현으로부터 수입되었을 것으로 믿어지는 청동제 曲棒形帶鉤와 금박제 유리구슬이 마한 중심지인 충남 천안 청당동 목관묘유적의 부장품으로 발굴된 바 있다.[26] 한편 앞서 위신재가 다른 정치체 집단으로부터 원거리 교역을 통해서 획득되는 것과 달리 고고학 실물자료로

---

23) 白弘基, 〈명주군 안인리 주거지 발굴조사 약보고〉(《제15회 한국고고학 전국대회 발표요지》, 1991).

24) 李淸圭, 〈濟州島 古代土器文化의 硏究〉(《湖南考古學報》 1, 호남고고학회, 1994).

25) 高倉洋彰, 〈彌生時代小形倣製鏡について(承前)〉(《考古學雜誌》 70-3, 東京 ; 考古學會, 1985).

26) 咸舜燮, 〈天安 淸堂洞遺蹟을 통해 본 馬韓의 對外交涉〉(《馬韓史의 새로운 인식》, 충남대 백제연구소 백제연구학술대회 발표요지, 1997), 35~57쪽.

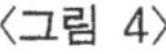

〈그림 4〉 중국 한식경

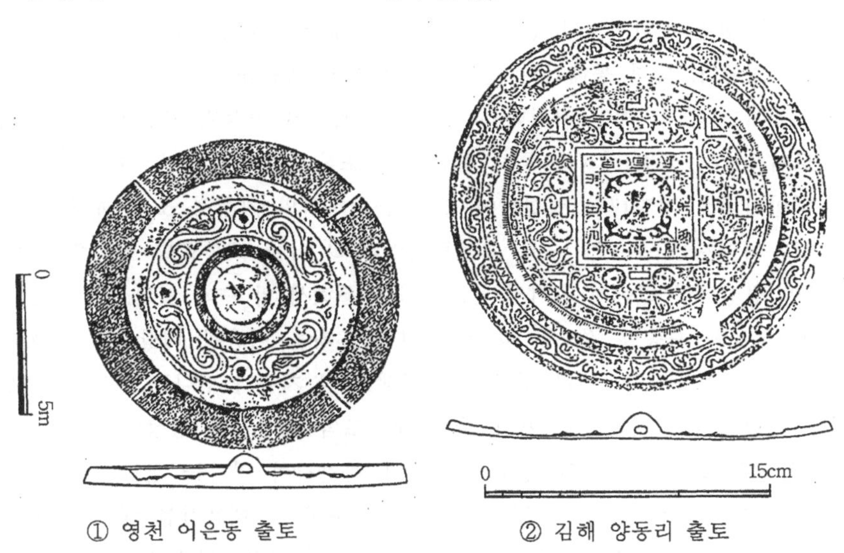

① 영천 어은동 출토 ② 김해 양동리 출토

좀처럼 확인되기 어려운 생활필수품의 경우는 같은 집단내에서 근거리 교역되었음이 문헌기록을 통해서 알 수 있다. 그 대표적인 예가 《삼국지》 고구려조[27]의 "앉아 먹는 인구가 만여 명이 되는데, 下戶들이 소금·쌀·생선 등을 먼 곳에서 운반해 왔다"는 기록이다.

나. 교통로와 교통수단

교통로는 일정 지점과 지점을 연결하는 것으로 가장 먼저 개척된 것은 작은 마을과 마을 사이의 근거리 교통로이다. 다음에 일정지역에 중심 혹은 큰 마을이 있어 주변의 작은 마을과 연결되는 교통로가 개척되었다. 철기시대에 들어와 초기국가가 형성될 무렵에는 주변의 소국에서 중앙의 국읍과 연결되는 조공로는 물론, 더 나아가 이웃 중국과 일본과 바다로 통하는 원거리 교통로가 개척되었다.

육상교통로는 주로 저지대와 지구대를 따라서 개척되었을 것으로 추정되

27) 《三國志》 권 30, 魏書 30, 烏丸鮮卑東夷傳 30, 高句麗.

는데,[28] 함남지역과 한강유역을 통하는 루트는 추가령지구대를 이용하였음이 분명하다. 한편 해안지방의 경우 육상루트는 해안 저지대를 따라 형성되었으리라 추정된다. 특히 동해안의 경우 태백산맥이 해안을 따라 가파르게 형성되어 있기 때문에, 해안 저지대 교통로는 일찍부터 형성된 사실이 신석기시대 토기유물의 상호 비교를 통해 확인된다. 또한 제주도의 경우 중심부가 높고 해안지대로 저지대가 형성되어 있는 순상화산의 지형적 조건 때문에 저지대로 이어지는 루트가 주요 교통로이었다.[29] 이들 교통로를 중심으로 큰 마을이 형성되어 있음이 유적의 분포조사를 통해서 알 수가 있다.

대형화물을 수송할 경우는 육상루트보다는 강을 이용한 해상루트가 보다 적극적으로 이용되었으리라 생각된다. 대체로 강 지류가 만나는 지점과 함께 하구와 바다가 만나는 지점에서 중요 교통로의 중심지가 형성되게 된다.[30] 구체적으로 살피면 전자의 경우 남한강과 북한강이 만나는 한강 중류지역, 금호강·황강 등이 만나는 낙동강 중류지역 등이 그 대표적인 예이다. 후자의 경우는 진한지역에는 낙동강 하구의 김해지방, 마한지역에서는 영산강 하구의 영암지방, 백제지역에서는 한강 하구가 이에 속한다.

한편 한반도내에서 우선 서북한의 낙랑과 남한의 삼한지역과의 교통로는 앞서 육로와 해상로만으로는 충분하지 않다. 대동강유역에서 낙동강유역으로 이르는 주요 루트, 특히 대량의 화물을 운송하는 루트는 연안항로였음이 틀림없다. 이 루트는 또한 낙랑에서 왜로 가는 루트가 되기도 한다. 중국과 일본과의 교통로 또한 당연히 해상항로일 수밖에 없다. 강이 아닌 도서지방의 경우도 당연히 해로를 이용한 교역이 이루어질 수밖에 없으며, 이러할 경우 해상교통로는 징검다리의 역할을 하는 섬을 따라서 형성되기 마련이다.

이 시기 육상로는 말과 소는 물론, 바퀴를 이용한 수레가 널리 사용되었을 것이다. 이 시기의 것으로 수레의 실물은 한반도에서 확인된 바 없으나, 대동강유역의 목관묘와 목곽묘, 그리고 낙동강에서도 車輿具의 부속품이 발견되

28) 李盛周, 〈1-3세기 가야 정치체의 성장〉(《韓國古代史論叢》 5, 1993), 69~209쪽.
29) 李淸圭, 《濟州島 考古學 硏究》(學硏文化社, 1995), 301~309쪽.
30) Kwon, Hack-Soo, 〈Evolution of Social Complexity in Kaya, Korea〉(《韓國上古史學報》 10, 1992), 255~293쪽.

는 것으로 보아 적어도 일부 계층에서는 수레가 활용되었을 것으로 보인다.

한편 수레를 이용한 화물수송은 한계가 있으므로 해상을 이용한 운반, 즉 배를 이용한 것이 활발하게 이루어졌을 것으로 이해된다. 청동기시대 전후한 것으로 추정되는 울주 반구대 암각화에서 배를 표현한 실례가 있는데 그 그림에는 여러 명을 태운 구조선이 그려져 있다.[31]

그러나 초기 철기시대에 해당하는 배의 실물자료는 아직 확인된 바 없다. 다만 이웃 일본에서 죠몬시대부터 그 실물자료가 알려지고, 야요이시대의 것도 여러 실물례가 확인되고 있다. 그 배는 통나무배로서 폭 60cm 이상, 길이 5m 내외의 통나무를 잘라 가운데를 파서 만든 이른바 獨木船이 많다. 독목선은 거의 돛을 달지 않고 다만 노를 이용해서 항해한 배이다.[32] 한편 다소 늦은 삼국시대 것으로 여러 가야 고분에서 원거리 항해용으로서 바닥이 깊은 배모양의 토기가 여러 점 발견되어 참고가 된다.

《삼국지》에 나타나는 것처럼 대방에서 왜로 가거나, 주호가 마한을 가는 경우처럼 하루 이상의 시간이 소요되는 원거리 항해의 경우 조류만으로는 항해가 어렵다. 실제 사례에 의하면 조류가 항해에 미치는 영향은 20~30%이고, 바람이 70~80%가 된다.[33] 따라서 원거리 항해인 경우 바람을 이용한 돛을 단 범선이 이 시기에 적극 활용되었을 가능성이 많다.

〈李淸圭〉

2) 사 회

(1) 사회구성

철기의 생산과 도구화가 사회의 변화에 결정적인 영향을 주었다고 하기는 어렵다. 문헌기록에서도 확인할 수 있듯이 전쟁, 인구의 이동과 증가, 교역

31) 金元龍, 〈蔚州 盤龜臺 岩刻畵에 대하여〉(《韓國考古學報》 9, 1980).
32) 須藤利一, 《船》(東京 ; 法政大學出版局, 1969), 31~44쪽.
33) 鄭鎭述, 〈韓國先史時代 海上移動에 관한 硏究〉(《忠武公 李舜臣硏究論叢》, 海軍士官學校, 1992).

등과 그 밖에 여러 면에서의 생업기술 발전 등이 철기 보급 못지 않게 사회변동에 큰 영향을 미쳤기 때문이다.

그러나 농기구와 무기가 철기로 만들어지면서, 농업생산력과 군사력이 크게 증대된 것만큼은 틀림없다. 그리하여 철기의 소유 정도가 개인 혹은 집단간에 실력의 차별을 가져오고 사회의 계층화를 발전시키는 데 기여했다고 보여진다. 또한 철기의 생산과 유통에 대한 통제력이 지배권력의 기반을 구축하는 데 결정적인 요인이 되었다.[1] 나아가 한반도 여러 지역의 사회집단이 국가단계로 발전하는 데 큰 영향을 미쳤을 것이다. 철기문화가 보급 확산될 즈음에 한반도 각지에 초기국가의 성격을 갖는 정치체가 등장하였음이 《三國志》나 《三國史記》 초기 기록 등을 통해서 알 수 있다.[2]

국가의 형성은 무엇보다도 최고 지배층의 출현과 그 권력의 성장, 그리고 계층화의 발전과 관련이 있다. 지배층의 성장을 고고학적으로 밝히려면, 적어도 그가 거주한 궁정지가 확인되고, 그 건물을 짓는데 필요한 인력과 재력을 평가할 수 있어야 한다.[3] 마찬가지로 구성원의 계층분화도 가옥 배치상에 일정한 패턴이 확인되고, 각 가옥의 규모에 대해서 짓는데 필요한 인력이 여러 등급으로 서열화될 수 있을 때 추정이 가능하다.

그러나 우리 나라에서는 성읍이나 촌락유적이 전면적으로 발굴된 예가 거의 없고, 다만 주검을 묻은 고분유적을 중심으로 지배층의 성장과 계층분화에 대해서 접근된 바 있을 뿐이다.[4] 고분의 경우 일단 속세의 실제 사회관계를 직접적으로 반영한 것은 아닌 점에서 한계를 갖고 있다. 그렇다 하더라도 유물을 부장하는 행위 자체가 묻힌 사람에 대한 상징적 행위로서, 繼世思

---

1) 李賢惠, 〈삼한사회의 농업생산과 철제농기구〉(《歷史學報》 126, 1990), 46쪽.

2) 李鍾旭, 《新羅國家形成史硏究》(一潮閣, 1982).
金貞培, 《韓國古代의 國家起源과 形成》(高麗大 出版部, 1986).

3) 예를 들어 일반 가옥의 몇 백배가 넘는 인력이 동원되어야 지을 수 있는 궁정건물이 있을 때 왕의 존재를 쉽게 추정할 수 있는 것이다.

4) 崔鍾圭, 〈무덤에서 본 三韓社會의 構造 및 特徵〉(《韓國古代史論叢》 2, 1991), 135~158쪽.
李盛周, 〈1-3세기 가야 정치체의 성장〉(《韓國古代史論叢》 5, 1993).
삼국시대 고분의 계층화에 대해서는 金龍星, 〈慶山·大邱地域 三國時代 古墳의 階層化와 地域集團〉(《嶺南考古學》 6, 嶺南考古學會, 1989), 29~58쪽 참조.

想을 반영하므로 생전의 신분과 지위를 연장하는 것으로 보아도 좋다. 또한 매장 형식과 그 규모, 그리고 군집 상태 등을 통해서도 묻힌 사람의 지위와 성격을 미루어 추정할 수 있다.

철기문화의 보급은 그 규모와 시기적 완급이 한반도 각 지역마다 차이가 난다. 기원전 3세기경에 청천강 이북의 지역에서는 중국 燕나라 철기가 발달하였다. 대동강유역에서는 기원전 2세기 말 1세기 초부터 본격적으로 철기가 보급되었음이 이 지역의 여러 토광무덤에서 확인되었다. 그리고 한반도 남부 지역에서는 기원전 1세기경부터 철기가 본격적으로 보급되었는 바, 이러한 철기문화의 전개과정이 무덤유적을 중심으로 확인되고 있다.

국가를 둘러싼 사회구성의 변천과정과 관련하여 검토의 대상이 되는 철기시대(초기 철기시대~삼국시대 전기)의 주된 무덤 형식은 石槨墓, 木棺墓, 그리고 木槨墓가 있다. 이 몇 개의 묘제 형식은 상호 동시기에 공존하기도 하나, 대체적으로 시대적인 선후관계가 인정될 뿐만 아니라 부장품 등의 성격에서 서로 차이가 있다.

남북한간의 지역적 차이가 있지만 대체로 석곽묘는 기원전 3~2세기경 세형동검단계, 목관묘는 기원전 1세기~기원후 1세기경의 漢代 철기 유입단계, 그리고 목곽묘는 기원후 2~3세기경의 단계로 크게 구분된다.[5] 이를 각각 Ⅰ기, Ⅱ기, Ⅲ기로 하여 각 단계의 지배층의 성격과 계층화 양상의 변천과정을 살펴보면 다음과 같다.

가. Ⅰ기(기원전 3~2세기)

철기가 보급되는 초기는 세형동검시기로서 남한지방에서는 오히려 청동기 제작 기술이 발전하고 그 양적 규모가 확대된다. 그러나 청동기는 자체의 재질 문제 때문에 생산도구로서 적극적으로 활용되지 못하며, 그 대부분이 전투용의 무기와 종교적인 儀器, 그리고 장신구로 제작된다.

따라서 청동기를 통해서 보다 향상되는 것은 전투력과 종교적 위세로, 이를 통하여 청동기 제작 소유집단이 석기사용 집단보다 우월한 계층 질서를 발생시켰을 가능성이 충분히 있다. 그러한 우월한 집단의 지배층 무덤이라고

5) 李淸圭, 〈細形銅劍의 型式分類 및 그 變遷에 대하여〉(《韓國考古學報》 13, 1982).

인정되는 것이 바로 세형단검과 줄무늬거울 등의 청동유물을 다량 부장한 석곽묘이다.

세형동검시기의 석곽묘는 크게 두 단계로 구분할 수 있는데, 한국식꺾창과 잔줄무늬거울이 출현하기 이전과 그 이후의 것으로 나눌 수 있다. 그 절대연대는 대체로 한국식꺾창의 출현이 秦나라 꺾창의 영향을 받아 제작되었다고 보아 기원전 2세기 초가 된다.[6]

Ⅰ기 전반은 후기 고조선의 단계로서 중국 연나라와 경쟁할 정도로 조직화된 국가사회가 서북한지방에 등장하였음이 문헌기록에서 확인된다. 이 단계에 한반도 중남부지역에서 국가 성립에 대한 기록이 분명하지 않다. 그러나 실력자의 출현을 말해주는 세형동검 전기의 무덤으로서 충남지방에서 아산 남성리[7]와 예산 동서리[8]의 예가 있다. 이 무덤에서는 세형동검과 세형의 투겁창등 다량의 무기와 함께, 거친줄무늬거울 2~3점, 방패모양 청동기, 대나무모양 청동기 등의 의례용 청동기가 함께 부장된다.

Ⅰ기 후반에 들어선 위만조선은 이미 제대로 된 관료조직을 갖춘 국가였음이 문헌기록을 통해서나 이를 근거로 한 인류학적, 고고학적 해석상으로 분명하다.[9] 그리고 같은 시기에 다량의 부장유물을 내는 무덤이 남한지역에서도 영산강유역을 중심으로 발견된다. 함평 초포리[10]와 화순 대곡리[11]유적 등이 대표적인데, 무기·거울·방울 등 다량의 청동기가 부장된다. 이들 무덤에서도 무기와 함께 제사장의 의기가 부장된 사실로 보아, 종교 지도자적인 성격을 가진 실력자가 이 곳 영산강유역에서는 금강유역보다 다소 늦은 시기에 출현하였음이 확인된다.

그런데 각 무덤이 있는 동일지점이나 그 가까이에서 비슷한 규모의 청동유물을 부장한 무덤유적이 확인되지 않았다. 만약에 권력이 누대적으로 계승

---

6) 尹武炳, 《韓國青銅器文化硏究》(藝耕産業社, 1987).
7) 韓炳三·李健茂, 《南城里石棺墓》(국립박물관 고적조사보고 10, 1977).
8) 池健吉, 〈禮山 東西里 石棺墓出土 青銅一括遺物〉(《百濟硏究》 9, 충남대, 1979).
9) 崔夢龍, 〈古代國家成長과 貿易〉(《韓國古代의 國家와 社會》, 一潮閣, 1987), 57~76쪽.
10) 李健茂·徐聲勳, 《咸平草浦里遺蹟》(국립광주박물관 학술총서 14, 1988).
11) 趙由典, 〈全南 和順 青銅遺物一括出土遺蹟〉(《尹武炳博士回甲紀念論叢》, 通川文化社, 1984), 67~103쪽.

되었다면 동일지점 내에서 비슷한 규모의 부장품을 내는 동일집단 무덤이 군집을 이루었을 것이다. 그렇지 않고 지배층무덤이 단독으로만 발견되었다는 것은 권력자 집단이 다른 곳으로 이동을 하였거나, 아니면 권력 자체가 다른 집단으로 이동하였을 가능성을 시사해 준다. 따라서 남성리나 초포리유형의 갖춤새를 부장한 묻힌 사람이 자체 직할집단에서 안정된 권력을 가진 실력자로 보기 어렵다.[12)]

Ⅰ기 전반 남성리보다 부장품의 규모가 한 단계 낮은 예로서 몇 점의 단검과 투겁창, 그리고 1점의 거울 등을 부장한 대전 괴정동이나 부여 연화리 무덤의 예가 있다. Ⅰ기 후반에 와서도 초포리보다 한 단계 낮은 무덤으로 무기 이외에 거울만이 부장되는 부여 구봉리와 합송리무덤이 있고, 청동방울만이 출토된 덕산 등의 예가 있다. 그 다음 소량의 무기와 거울이 부장되거나 혹은 거울이 부장되지 않고 오로지 청동단검 정도만 있는 무덤이 있다.

이와 같은 부장유물의 내용과 양적 규모를 따져 무덤을 여러 등급으로 서열화시켜 볼 수 있다.[13)] 그렇다고 하여 그것이 막바로 상호 분명하게 구분되는 속세의 신분을 말하는 것으로 보기 어렵다. 다만 무기와 함께 의기 혹은 방울 등의 종교적 상징물을 다량 부장한 피장자가 최고위 신분으로서 군사와 종교적 지도자로서 겸하고 있음을 알 수가 있다.

그리고 이들 여러 등급의 무덤이 한 지점에 있지 않으므로 동일집단 내의 신분체계에 속하는 것이 아니라, 각기 다른 지역 집단에 속하는 것으로 보여진다. 따라서 일정한 지역 범위 내에 중심된 상위집단이 있고, 그 주위에 하위집단이 있어서 서로간의 관계에 다소의 불평등이 있으면서 일정한 동맹체를 형성하였으리라 생각된다. 그 중심 지역은 연화리, 합송리, 구봉리 등의 예를 보아 부여가 그 대표적인 경우라 하겠다.

나. Ⅱ기(기원전 1세기~기원후 1세기)

이 단계에 중국 漢郡縣이 북한지방에 들어서는데, 북한은 물론 남한지방

---

12) 형식 변천과정으로 보아 영산강유역의 갖춤새는 금강유역의 갖춤새보다 한 단계 늦은 것으로 편년되고 있다.

13) 金鍾一, 〈韓國 中西部地域 靑銅遺蹟·遺物의 分布와 祭儀圈〉(서울대 석사학위논문, 1993).

전역에 걸쳐 漢나라로부터 들여 온 철기문화가 크게 보급되었다. 그렇다고 종전의 한국식 청동기문화가 완전히 사라진 것은 아니며, 다만 그 존속 양태가 북한과 남한간에 차이가 있다. 서북한지방의 경우 종전의 청동무기는 그 실용성을 상실하고 다만 상징적 가치로서 무덤에 부장되는 정도이고, 거울은 한나라 거울로 대체된다.

그러나 경남도지역에서는 기원전 1세기 전반경에는 철기와 함께 청동제무기와 잔줄무늬 거울·방울의 부장이 이루어지다가, 기원전 1세기 후반에 이르면서 비로소 청동기는 완전 의기화되고 거의 철제품으로 대체된다. 무덤의 부장품 내용 또한 이러한 북한과 남한지방 사이에 지역적 차이가 반영되어 있다.

북한지방에서는 樂浪郡이 설치된 대동강유역에서 이 시기의 대표적인 무덤으로 夫租薉君墓[14]가 있다. 이 무덤에서는 '부조예군'명의 은제 인장이 발견되고, 청동검·창과 함께 철제무기와 차마구가 부장되어 있었다. 이는 漢의 정치적 지배를 받는 夫租縣의 토착지배 군장의 무덤인 것이다.[15]

남한지역에서는 경상도 일대에서 이 시기에 해당하는 실력자 무덤이 여러기 확인되었는데, 경주 구정리나,[16] 입실리 무덤유적[17]이 대표적이다. 단검·투겁창·꺾창 등의 청동제무기가 다량 부장되고, 청동방울 등의 의기가 있는데, 차마구는 부속품 일부가 있을 뿐이고 인장이 없다.

이들 무덤은 무기류 등의 부장품의 질과 양에서는 오히려 부조예군묘를 능가하는 바, 이 지역의 제1신분인 토착군장의 무덤으로 인정된다. 중국계 유물이 다량 부장되고, 중국으로부터 받은 인장 등을 부장한 북한지역의 무덤에 비해서 훨씬 토착적이고도 종교적인 성격이 강함을 알 수가 있다.

입실리무덤보다 부장품의 양으로서 한 등급 낮은 월성 죽동리무덤의 경우도 단검·투겁창·꺾창 등의 청동무기를 주요 세트로 하면서 여전히 청동방울이 공반되어 있어 제사장적 성격이 강조된다.[18]

---

14) 리순진, 〈부조예군무덤 발굴보고〉(《고고학자료집》 4, 1974).
15) 金基興, 〈夫租薉君에 대한 고찰-漢의 對土着勢力 施策의 一例-〉(《韓國史論》 12, 서울大, 1985).
16) 金元龍, 〈慶州 九政里出土 金石併用遺物에 대하여〉(《歷史學報》 1, 1952).
17) 朝鮮總督府, 《南朝鮮に於ける漢代の遺跡》(《大正十一年度古跡調査報告》 2, 1925).

그러나 기원전 1세기 후반 이후가 되면 공반세트에 다소의 변화가 있게 된다. 대구 비산동 혹은 평리동무덤이 그 대표적인 예로서 장대화된 투겁창·꺾창과 함께 다량의 철제 무기와 도끼류가 공반된다. 잔줄무늬거울·방울은 부장되지 않고, 대신 漢式鏡과 차마구 부속의 부장량이 증가한다. 또한 투겁창·꺾창 등의 무기가 장대화되면서 의기화되는 바, 앞선 단계보다 토착적이고도 제사장적인 성격이 약화된다.

이와 같은 부장유물이 나오는 무덤이 대구와 경주지역에 각각 단독무덤 형식으로 발견되지만, 서로간에 비교적 가까운 거리에 위치한 것으로 보아 이 시기에 이 지역을 중심으로 비교적 안정된 최고위 실력자가 출현하는 것으로 이해된다. 경주 입실리와 구정리 등의 거리는 불과 10km 정도이고, 대구의 평리동과 비산동 등도 마찬가지이다.

이처럼 비교적 멀지 않은 거리에 실력자의 무덤이 분포된다는 사실은 경상도지역의 일정한 지역에 집중적으로 최고위 실력자층이 출현하였음을 시사한다 하겠다. 그리고 부장품의 종류와 형식에서도 유사점이 많아 상호 긴밀한 관계를 갖고 있음이 확인되는 바, 이는 결국 이 일대를 중심으로 여러 세력집단이 상호 일정한 관계망을 형성하고 있는 정치체로 발전하였음을 보여주는 것이다.

한편에서는 서북한지방과 함께, 경상도지역에서도 누대에 걸쳐 세력을 안정적으로 유지하였음을 보여주는 군집묘 집단이 조성되기 시작한다. 대표적인 유적이 기원전 1세기 후반을 상한으로 하는 창원 다호리 목관묘유적이다. 군집묘의 성원간에 비록 부장품상에 보이는 차별은 있지만, 무덤의 규모와 형식, 그리고 위치상에는 차별화 현상이 보이지 않는 동질적인 그룹이 형성되는 것이다. 이러한 사실은 전 단계에 집단의 지배적 위치에 있는 자의 무덤이 단독으로만 확인되는 것과 비교가 된다.

이러한 목관묘 군집 중에서도 보다 부장품의 질적 양적 규모가 탁월한 다호리 1호와 경주 사라리 130호[19] 무덤과 같은 예도 있다. 전자는 토광바닥에

18) 韓炳三, 〈月城 竹東里出土 靑銅器 一括遺物〉(《三佛金元龍敎授停年退任紀念論叢》I, 一志社, 1987).

19) 朴升圭, 〈慶州舍羅里 130號墓에 대하여〉(《1~3C 慶州地域의 遺蹟과 文化》, 동

요갱을 파서, 다량의 청동기를 부장한 바구니를 갖고 있었으며, 후자는 토광 바닥 전면과 네 귀퉁이에 70여 개의 판상철부를 깔거나 세웠다. 결국 이는 집단과 집단간의 차이와 함께, 집단내에서도 몇 등급으로 나누어지는 계층화 현상이 있는 보다 복잡화된 사회로 옮겨 가고 있음을 보여준다 하겠다.

다. Ⅲ기(기원후 2~3세기)

목곽묘 단계가 되면 북한은 물론 남한지방에서도 철기가 대량 생산되고 종전의 청동기는 철기로 거의 대체된다. 특히 낙동강유역에서는 철제 원료는 물론 완성된 제품을 원거리까지 수출하는 수준에까지 이른다.

이러한 철기문화의 보급에 힘입어 농경도구는 거의 철기화되어 생산력이 크게 강화될 뿐만 아니라 전투력도 보다 강화된다. 이를 바탕으로 각 지역에는 보다 안정된 집단 정치체가 형성되며, 나아가 각 정치체를 이끌어 가는 일정한 유력자 집단이 나타나고, 이들이 묻힌 군집묘가 각 지역마다 생겨난다.

앞서 목관묘 단계에 각 지역집단마다 유력한 지배그룹이 형성되고 그 자체에 계층화된 모습을 부장품 등을 통해서 알아 볼 수 있었다. 그러한 상황은 이 단계에 더욱 분명하게 진전되어, 각 지역집단의 유력집단 묘마다 자체 위계화 현상이 더욱 발전하는 것이다. 그 대표적인 예로서 김해 양동리 군집묘 중에서 한식경 2점, 방제경 8점, 철검 6점, 철제창 11점, 그리고 판상철부 40점 등의 엄청난 양의 유물을 부장한 162호묘가 있다. 이처럼 김해 양동리에서는 162호묘를 포함한 상위신분의 무덤유형이 있는가 하면, 바로 서쪽 가까이에는 하위신분의 집단묘 유형이 있어 한 지구내에 집단적인 신분의 차별화 현상이 보이는 무덤이 군집되어 있음을 보여준다.[20)]

나아가 일정한 거리에 떨어져 각 지역마다 나타나는 군집묘는 서로간에 동일 수준의 양과 질적 수준을 갖춘 부장품이 매납된 것이 아니므로, 이를 통하여 지역집단간에도 차별적인 위계화가 보이고 있다. 가령 낙동강 하류의 경우 여러 지역집단으로 구성된 통합 연맹체가 있다고 할 때, 그 중 김해의

국대 신라문화연구소 신라문화학술회의 발표요지, 1997), 19~29쪽.

20) 申敬澈, 〈金海 禮安里 160號墳에 對하여－古墳의 發生과 관련하여〉(《伽倻考古學論叢》1, 가야문화연구소, 1991), 107~167쪽.

양동리나 대성동과 같이 상위 혹은 중심적 위치에 있는 지역집단을 중심으로 통합되어 있는 것으로 보여진다.

경상도 이외의 지역에서 유력집단의 군집무덤으로서 최근에 충북의 천안 청당동무덤유적에서 잘 확인된다. 총 40여 기의 무덤이 확인되었는데 목관묘이면서도 그 대부분의 무덤이 일정한 양의 철제 유물과 회색도기 항아리, 청동제 말모양 허리띠 고리장식 등의 다량의 부장품을 갖고 있다.

그러나 이 단계에 위세가 가장 높은 중심집단이라 하더라도 경주시내의 신라 왕릉급 高塚古墳처럼 특정개인의 독립된 무덤은 아직까지 확인되지 않고 있다. 그것은 결국 이 단계에 아무리 유력한 신분에 있다 하더라도 독립적이고 거대한 고분을 축조할 만큼 돌출된 신분의 지배자가 아직 나타나지 않았기 때문인 것이다.

(2) 의식과 신앙·예술

가. 의식과 신앙

가) 제사장의 의기

《三國志》東夷傳 馬韓條에 5월 파종과 10월 추수에 國邑에서 天君이 주재하는 제의관계 기사가 있다. 기원전 초기 철기시대에 이러한 농경관련 의식과 신앙이 성행하였음을 알려주는 고고학자료로 대전 출토 농경문 청동기가 있다.[21] 방패처럼 생긴 청동기 앞뒷면에 무늬가 장식되어 있는데, 앞면에는 각각 따비와 괭이로 밭을 가는 사내가 표현되었다. 그리고 뒷면에는 두 마리 새가 앉아 있는 나무가지가 장식되어 있다. 나무장대 위에 앉은 새는 솟대를 연상시키며, 기록에 따르면 삼한의 천군이 주재하는 蘇塗에 솟대가 세워 있다 하므로, 이 청동기는 결국 농경의식을 주재하는 천군의 장신구일 가능성이 많다.[22]

한편 마한에서 천군은 제천행사를 할 때 방울을 흔드는 춤을 춘다고 기록

21) 韓炳三, 〈農耕文靑銅器에 대하여〉(《考古美術》 112, 1971).

22) 韓炳三, 위의 글.
金杜珍, 〈三韓 別邑社會의 蘇塗信仰〉(《韓國古代의 國家와 社會》, 歷史學會 編, 1987), 118~119쪽.

에 전한다.[23] 방울은 그 소리로써 귀신을 쫓거나 불러들이는 데 사용된다고 한다. 이러한 천군의 巫具로 추정되는 청동방울이 남한지방 여러 지역에서 발견된 바 있다. 그 종류를 보면 8개의 가지방울이 放射狀으로 달려 있는 八珠鈴, 막대 양쪽에 방울이 각 하나씩 달려 있거나, 손으로 쥐기 좋게 휘어진 자루 양끝에 방울이 달린 二頭鈴, 그리고 장대 끝에 장착하여 흔들게 한 竿頭鈴 등이 있다(〈그림 1〉).

〈그림 1〉 각종 청동방울

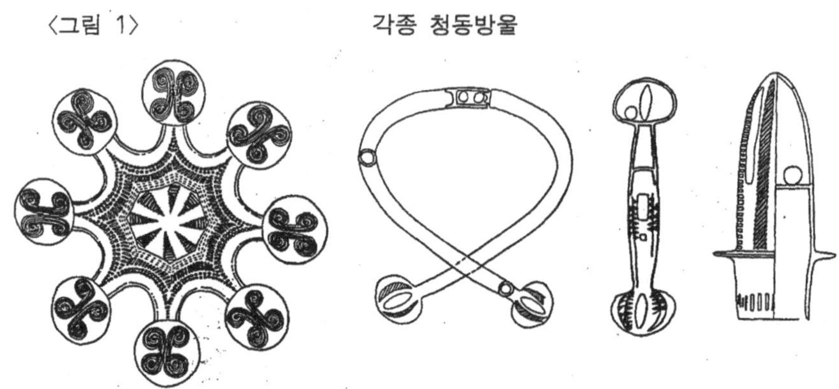

이들 4종류의 청동방울이 충남 논산과 덕산에서는 일괄로 발견되었고, 전남 화순 대곡리에서는 팔주령과 간두령 각 한쌍씩,[24] 그리고 함평 초포리에서는 단검과 투겁창·꺾창 등의 무기류와 함께 간두령과 이두령만이 출토되었다.[25] 그리고 다소 시기가 떨어지는 형식의 동검과 창·꺾창이 출토된 대구 신천동과 월성 죽동리에서는 간두령 1쌍만 발견되었다.

이들 청동방울과 함께 나오기도 하지만 별도로 세형동검과 함께 출토되는 것으로 줄무늬거울이 있다. 청동거울은 이미 비파형동검 시기에 제작 보급되었는데, 그 반사효과 때문에 비추어지는 모든 사물의 영적 존재를 전달하는 신격화 도구로서 이용되었다고 전한다. 또한 줄무늬거울의 뒷면에 삼각거치

23) 《三國志》 권 30, 魏書 30, 烏丸鮮卑東夷傳 30, 韓.
24) 趙由典, 앞의 글, 67~103쪽.
25) 李健茂·徐聲勳, 앞의 책.

문을 단위로 하여 방사상으로 정교하게 장식된 무늬는 日月星辰을 상징하는 것으로 볼 수 있다. 이러한 이유로 줄무늬거울도 천군 혹은 제사장의 의기로 사용되었을 것으로 이해된다.

이러한 청동제 의기는 철제무기의 본격적인 부장과 거의 때를 같이 하여 부장되는 습관이 거의 사라진다. 그렇다고 방울이나 거울 등을 사용한 종교의식이나 제사장이 사라진 것은 물론 아니다. 다만 이는 부장품의 상징성으로 미루어 제의성에 대한 인식이 약화되었다는 것을 말해준다. 의기의 부장 습관 자체가 보이지 않는다는 사실은 의기가 威身財로서의 가치가 떨어졌으며, 이는 결국 제사장의 지위가 보다 약화되었음을 고고학적으로 입증해 준다 하겠다.

나) 신목신앙

전남 광주 신창동의 늪지유적에서 점토띠구연의 무문토기와 함께 여러 점의 목제유물이 출토되었는데, 그 중에 긴 새머리 모양을 한 목기 1점이 있다. 길이 21cm 정도로 단면은 원형에 가까운 타원형으로서 가운데가 굵고, 한쪽 끝은 뾰족하다. 반대편은 잘라서 마무리되었는데, 편평한 밑면 가운데에 지름 0.9cm 가량인 철편이 반원형으로 박혀 있어서, 원래 다른 나무에 부착되었던 것임을 알 수가 있다(〈그림 2〉).[26]

비슷한 시기에 이와 비슷한 형상의 목제품은 일본에서 적지 않은 예가 발견된다. 야요이(彌生)시대 중기에 속하는 大阪 池上遺蹟의 출토례를 보면 길이는 34cm 정도로 머리와 몸통 형체가 새와 같으며, 신창동 예처럼 다리나 날개는 표현되어 있지 않다. 그 대신 몸통 아래 한가운데에 구멍을 뚫고 장대를 꽂게 되어 있어, 이를 연결하면 영락없이 새가 나무가지에 앉은 모습이다.[27]

긴 장대 위에 새 모양의 나무제품을 장식한 것은 최근까지 우리 나라 농촌 거의 전역에 널리 퍼져 있는 솟대와 똑같다. 민속자료에 따르면 솟대는 읍촌의 수호신·제단·경계선 등의 역할을 하기도 하나, 보름날 마을 사람들이 이를 넓은 마당에 세워두고 농악을 벌여 풍년을 기원한다고 한다.

---

26) 趙現鍾·張齊根, 〈光州 新昌洞遺蹟－第一次調査槪報〉(《考古學誌》 4, 1992).
27) 後藤直, 〈彌生人のマツリ〉(石川日出志 編, 《彌生人とまつり》, 東京 ; 六興出版, 1991), 179～184쪽.

〈그림 2〉 광주 신창동 출토 새모양 목기

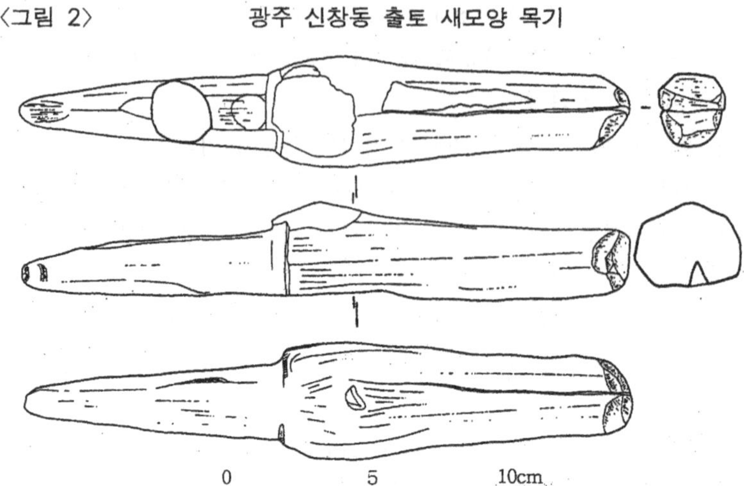

이미 초기 철기시대에 우리 나라에 농사와 관계되는 솟대가 있었음은 앞서 대전출토 농경문 청동기를 통해서 확인된 바 있다. 그러한 솟대의 자료가 실물로 전한 것이 바로 이 신창동 새모양의 목기인 것이다. 솟대 신앙이 이 신창동 목기와 비슷한 시기에 성행하였음은 《三國志》를 통해서도 알 수 있다. 기록에 보면 "나라마다 각각 蘇塗라 부르는 別邑이 있는데 큰 나무를 세우고 방울과 북을 매달아 귀신을 섬긴다"고 하였다.[28] 이 기록만으로는 농사의 풍년과 소도의 솟대가 관련있다고 할 수는 없으나, 앞서 농경문 청동기가 그 관계성을 말해주고 있다.

다) 복 골

동물의 다리 뼈를 이용하여 점을 쳤으리라 추정되는 일종의 卜骨이 우리 나라 남해안지방의 패총유적 여러 곳에서 출토되었다. 부산 조도, 김해 부원동·봉황동, 해남 군곡리, 삼천포 늑도 등으로, 그 중에서 가장 많은 복골이 출토된 유적은 해남 군곡리패총이다.

일본에서도 야요이시대에 속하는 도서 해안 패총유적에서 주로 발견되고, 내륙지방에서는 거의 발견되지 않았다. 그렇다고 당초부터 내륙지방에서 없

28) 《三國志》 권 30, 魏書 30, 烏丸鮮卑東夷傳 30, 韓.

었다고 보기보다는, 일반 생활유적지에서는 흙속에 묻혀 썩었기 때문인 것으로 이해된다.

주로 사슴의 견갑골의 넓은 하단을 이용하는데, 일부 마연하거나 깎아낸 다음, 가로 또는 세로로 여러 줄의 점 모양을 지졌다. 사슴말고도 멧돼지 등의 동물뼈를 재료로 하여, 뼈의 앞뒷면 이외에도 측면을 이용한 예도 있다. 복골의 경우는 잘 알려져 있다시피 문자가 새겨져 있는 중국 殷나라 복골이 유명하다. 은의 복골과는 달리 우리 나라와 일본 출토례는 문자없이 뾰족끝의 도구로 점모양을 지지는 占狀燒作法이 특징이다(〈그림 3〉).

《삼국지》 기록에 따르면 왜에서는 무엇인가 중요한 일이 있거나 왕래하는 경우에 문제가 있다면 뼈를 지져 점을 친다고 하였다.[29] 그리고 부여에서도 복골은 아니지만 군사의 일이 있으면 하늘에 제사를 지내는데, 소를 잡아 발굽을 관찰하여 길흉을 점쳤다고 한다. 그래서 굽이 벌어지면 흉하고, 굽이 합하면 길하다고 했다.[30] 이러한 기록으로 보아 군사활동이 있을 경우나, 원거리 항해에 나섰을 때 복골을 이용하여 점을 쳤을 것으로 미루어 추정된다. 특히 우리 나라에서 복골은 해안지방의 패총유적에서 발견되므로 원양항해 등에 대해서 점을 쳤을 가능성이 더욱 많다.

농경 관련 점복기사는 우리 나라에 없지만, 오늘날까지 행하여진다고 하는 일본 東京 御嶽神社의 太占祭神事 경우를 미루어 짐작할 수 있다. 뼈에 구획선을 그은 다음 각 작물의 예상작황을 고하고, 어디로 금가는가를 보아 재배할 작물을 선택한다고 한다.[31] 이로 보아 농경이 주요 관심사였던 초기 철기시대 이후에 우리 나라에서도 농사와 관련된 점복을 행하였을 가능성도 얼마든지 있다.

나. 예 술

고고학자료로 확인할 수 있는 이 시대의 예술활동은 주로 조형물과 암각화를 통한 미술 분야임은 두말할 것 없다. 그러나 최근에 광주 신창동 늪지에서 우리 나라 고유의 대표적인 악기로 알려진 가야금의 원형 실물이 발견되어 고고학자료를 통해 음악에 대한 접근도 다소나마 가능하게 되었다.[32]

---

29) 《三國志》 권 30, 魏書 30, 烏丸鮮卑東夷傳 30, 倭.
30) 《三國志》 권 30, 魏書 30, 烏丸鮮卑東夷傳 30, 夫餘.
31) 神澤勇一, 〈呪術の世界－骨卜のまつり〉(石川日出志 編, 앞의 책), 99~100쪽.

〈그림 3〉 해남 군곡리패총 복골

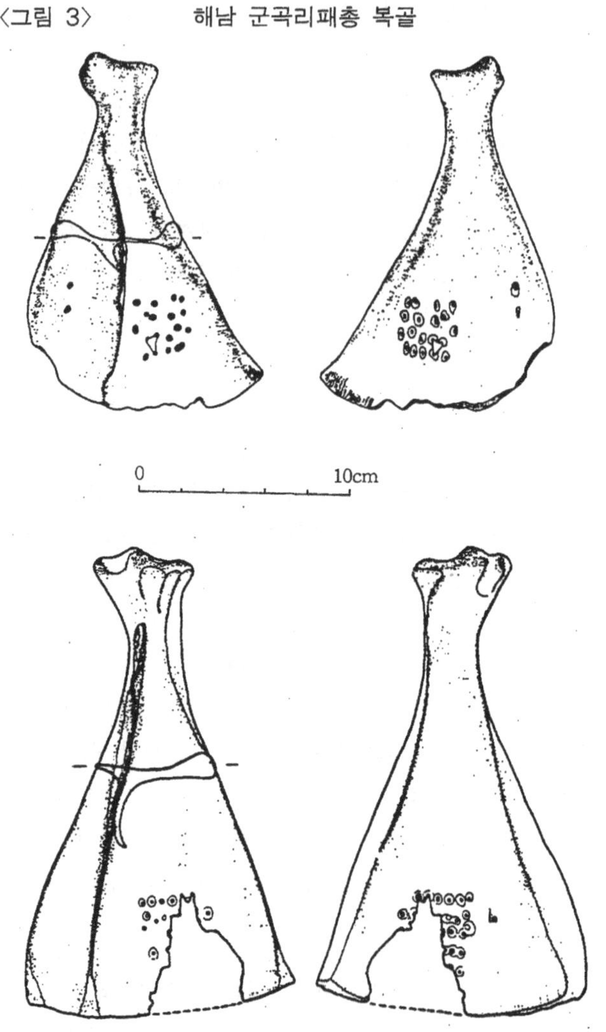

그 길이는 77.2cm, 전체 복원 폭은 28.2cm로 세로로 반파된 것으로 통나무를 깎아 만들었다. 몸체를 보면 가야금이 긴 장방형인 것과 달리 羊耳頭

32) 국립광주박물관, 앞의 글(1997년 7월 22일).
국립중앙박물관, 《박물관신문》 312(1997년 8월).

쪽이 반원형을 이루고 폭에 비해 길이가 짧은 것이 특징이다. 거의 직선을 이루는 반대쪽은 가로홈이 파이고 현을 꿰어맨 6개의 구멍이 확인되는데, 원래는 10~12개였던 것으로 추정된다(〈그림 4〉).

〈그림 4〉 신창동 현악기

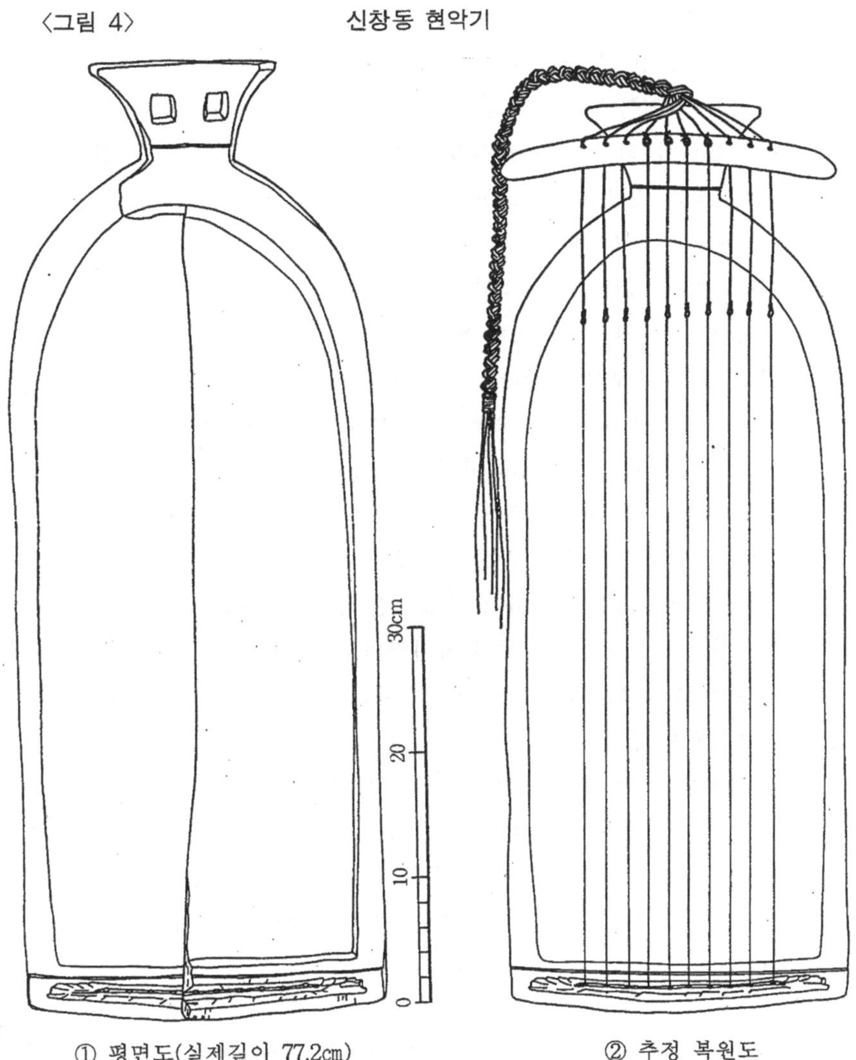

① 평면도(실제길이 77.2㎝)

② 추정 복원도

음통 역할을 하는 몸체만 발견되고 현을 받치고 매는 絃枕이나 雁足이 공반되지 않아 정확한 전체모양을 알 수 없으나, 아랫면이 우묵하게 파내어져 소리통 또는 響孔이 마련되고, 윗면은 다소 불룩한 것이 오늘날 전하는 가야금과 같다. 그 전체 윤곽이 신라토우장식의 장경호에 표현되고, 일본 正倉院에 소장된 신라금에 그 모양이 보다 가까운데, 후자의 경우 그 길이가 150cm 정도로서 신창동 악기와는 크게 차이가 난다.

이 시기의 조형작품이라고 하는 것은 그 대부분은 원시신앙이나 주술과 관련있다. 표현이 되는 소재는 동물을 묘사한 것이 대부분이고, 일부에서는 극도의 추상성과 간략성을 강조한 무늬를 장식한 것도 있다.

인간이나 자연 기타의 관념적 대상을 조형적으로 표현한 미술작품은 우리나라에서는 이미 야금술이 도입되기 전, 흙과 돌·뼈 등을 소재로 하여 신석기시대 이전 단계부터 만들어져 온 것이 확인된다. 그러나 청동야금술이 발달한 이후 보다 내구성이 강하고 정교한 형태를 갖춘 청동공예품이 만들어지는데, 초기 철기시대에 들어오면 그 조형성은 더욱 발전한다.

조형성이 강조된 작품은 실용적인 무기나 생산공구보다는 의기나 장신구에서 주로 보인다.[33] 특히 제의적인 목적으로 만들어진 의기는 그 자체의 형태가 이미 뛰어난 조형성을 보여주고 있는 예가 더욱 많다. 그 중에서 충남 금강유역에서 만들어진 의기류가 대표적인데, 우선 대전 농경문청동기의 것이 주목된다. 이는 앞서 보았듯이 제사장의 장신구로 생각되는 것으로 앞면에 농사짓고, 수확하는 남녀 인물과 두 마리 새가 앉아 있는 솟대가 음각수법으로 장식되어 있다.

앞서 일정한 행위 유형을 표현한 농경문청동기와는 달리 단순하게 사슴 한 마리를 디자인화하여 장식한 것으로는 동경국립박물관에 소장된 견갑형동기와 남성리 출토 검파형동기가 있다(〈그림 5〉). 또한 남성리 출토 나팔형청동기에는 종교적 상징성을 보여주는 것으로 보이는 사람 손이 장식되어 이채롭다.

---

33) 청동공예품에 대해서는 國立中央博物館·國立光州博物館,《特別展 韓國의 靑銅器文化》(汎友社, 1992) 참조.

〈그림 5〉 동물무늬장식 청동기

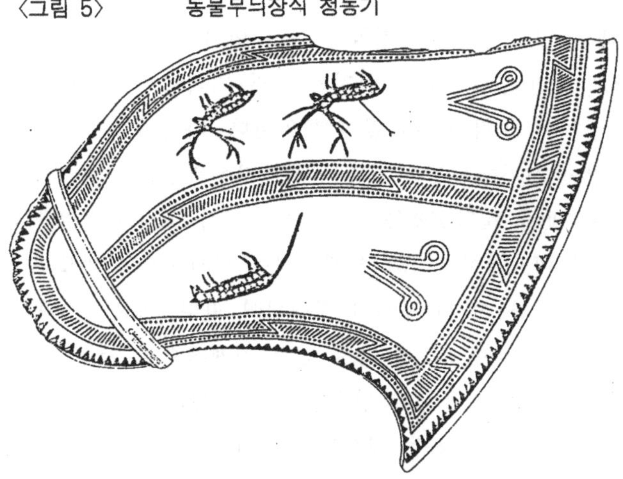

① 동경국립박물관소장 견갑형동기

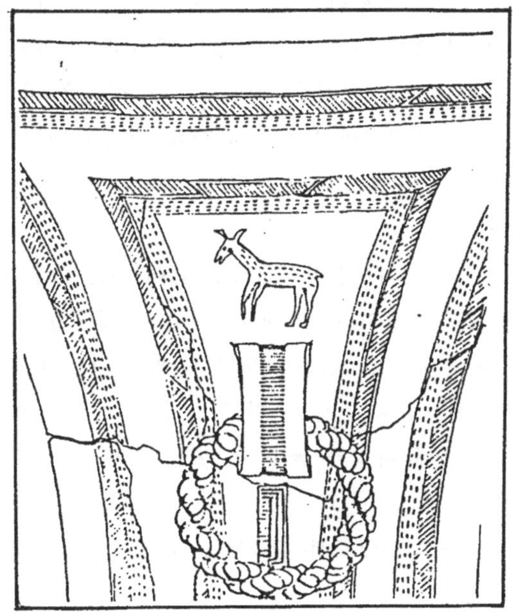

②. 아산 남성리 출토 검파형동기 세부

이처럼 청동기에 선묘수법으로 동물과 사람 모습을 모티프로 한 표현은 울주 반구대를 비롯한 경상도지역의 여러 암각화 등에서 똑같이 확인된 바 있다. 그리고 멀리 남부 시베리아지방 여러 지역에서 동일한 기법과 모티프가 역시 청동기와 암각화에서 많이 확인된다. 따라서 초기 철기시대의 이러한 표현은 앞선 시기에서부터 전하는 시베리아계통임을 알 수 있다.[34]

청동방울은 앞서 異形銅器와 함께 그 입체적 조형성이 뛰어난데 그 중에서도 팔주령이 대표적이다. 8개의 팔주령이 방사상으로 매달려 있는데, 가지방울 끝에는 일정한 고사리무늬가 장식되어 있다. 방울 한 가운데에는 삼각거치문대가 두 줄 원형으로 돌려져 있어 전체적으로 균형성을 갖고 있으면서 원심력 있는 역동감을 불러일으킨다. 제사장의 위력을 상징하는 것으로 해와 같은 상징성을 내포하는 것으로 이해된다.

동물을 모티프로 한 입체조각품 혹은 청동공예품은 경상도지방을 중심으로 다량 발견되었는데 그 중 특히 영천 어은동 출토유물이 대표적이다(〈그림 6〉). 이 유적에서는 호랑이·말·양·사슴 그리고 개구리 등의 동물을 모티프로 한 소형장식품이 다량 발견되었다. 허리띠 고리는 신분의 상징물로서 말과 호랑이 등의 짐승을 장식한 것이 있는데, 이들은 비약하거나 달리는 자세가 아니어서 스키타이계의 동적인 감각이 상당히 정적인 자세로 변화되었다. 최근에는 천안 청당동의 삼국시대 전기의 토광목관묘에서도 마형대구가 다량 출토되었다.

동물형 모티프는 검자루끝장식에서도 보이는데, 대구 비산동에서 출토하는 오리형 안테나식동검의 예가 대표적이다. 안테나형의 검자루는 북유럽에서부터 시베리아에 이르는 넓은 지역에 분포하는데 긴 목을 한 새 두 마리가 뒷마주보는 형상으로 표현한 것이 매우 특징적이다. 검자루끝장식에는 새 말고도 길짐승 네 마리가 곧추 서 있는 자세로 장식된 김해 양동리 출토례도 있다.

제사장의 용구나 장신구로서 활용되는 청동거울은 이미 비파형동검단계부

34) 황용훈, 《동북아시아의 암각화》(民音社, 1987).

〈그림 6〉 영천 어은동 출토 호형대구

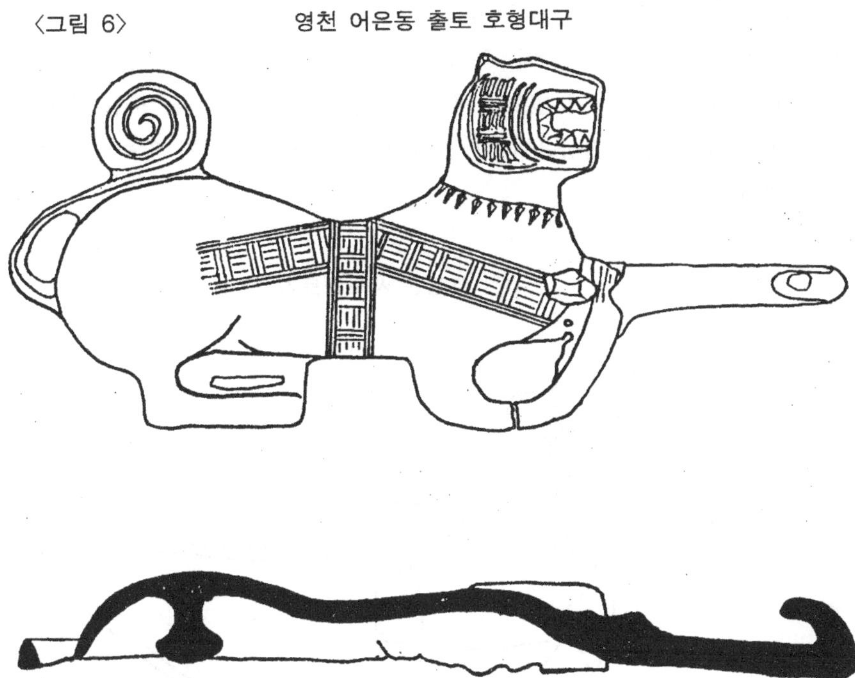

터 제작된 것으로 뒷면의 기하학무늬가 특징적이다. 정교한 삼각거치문이 반복적으로 장식되면서 전체적인 무늬가 통일된 조형성을 보여주는데, 무늬는 적절하게 구획된 대선무늬로 시문대가 구분되어 번잡함이 정리된다.

잔줄무늬거울에 보이는 거치문은 꺾창이나 방패형동기 등 여러 청동기의 예에서 보인다. 삼각거치문은 우리 나라 청동기에 엠블럼처럼 상용화되었는데, 이 무늬는 칠기와 토기에도 보인다. 이러한 무늬의 전통을 빗살무늬토기에서부터 찾기도 하는데, 앞서의 동물장식무늬가 시베리아로부터 비교적 넓게 퍼져 있는 모티프인데 비해서, 이 삼각거치문은 만주-한반도의 문화권을 특징짓는 장식이라 하겠다.

주조제품보다는 성형이 비교적 용이한 토제 조형품이 많으리라 생각되지만 실상 초기 철기시대~삼국시대 전기 토제 조형품으로서 경산 조영동, 울산 하대리와 중산리 목곽묘에서 발견되는 새모양 토기가 있을 뿐이다.[35] 새모양의 장식은 앞서 청동단검의 안테나자루끝 맞추개에서도 보이나, 몸통 전부가 표현된 것이 그와 다르다. 목이 길고 벼슬이 뚜렷한데, 특이한 것은 실제 새에는 없는 귀가 머리 옆으로 곧게 달렸다는 점이다. 벼슬 또한 마치 달리는 말의 갈기 같은 형상을 하고 있어 보통 새에는 보이지 않는 모양이다 (〈그림 7〉).

〈그림 7〉 경산 조영동 새모양토기

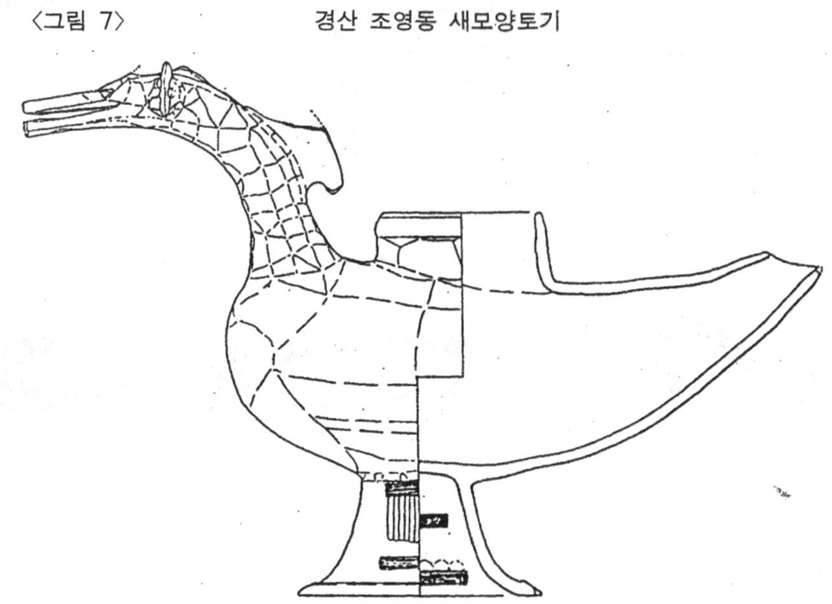

그러므로 이 새모양 토기는 단순히 새를 본뜬 것이 아니라, 상상적인 동물로서 일정한 상징성을 갖는 작품이다. 이러한 상상의 동물 표현은 이미 중국에서는 은주시대부터 청동기·토기 등 여러 부면에서 표현되었지만 우리나라에 삼국시대 이전의 것으로 예가 드문 것이다. 삼국시대 이후 새모양의 회색도기는 같은 가야고분에서 출토된 예가 여럿 있는데, 앞서의 것보다 실재에 가깝게 표현되었다.

---

35) 國立中央博物館, 《韓國의 先·原史土器》(1993), 96~97쪽.

영남지역에서 주로 발견되는 암각화유적은 대체로 청동기시대 이전부터 있었던 것으로 알려지고 있다. 한편으로 유적 주변에서 점토띠토기가 발견되고, 그림의 모티프가 세형동검과 공반하는 청동기에 장식된 그림무늬와 흡사하므로 초기 철기시대에 해당하는 것도 적지 않을 것으로 생각된다. 이 시대에 속하는 것으로 추정되는 대표적인 암각화유적으로 울주 대곡리 반구대와 천전리, 경주 석장동과 안심리, 고령 양전동과 안화리, 영일 칠포리 등지에 있다(〈그림 8〉).

우선 앞서 소개한 청동기에 보이는 동물장식 모티프는 울주 대곡리에서 확인된다.[36] 울주 반구대 암각화 총면적은 좌우 8m, 상하 3.7m로서 그림내용은 고래를 포함한 바다 동물이 있는 어로 장면과 호랑이·사슴·멧돼지 등의 육상동물이 있는 사냥 장면으로 나누어 볼 수 있다.

면쪼으기와 선쪼으기 두 수법을 이용하여 묘사하였는데 그림의 겹침상태로 보아 후자 수법이 보다 나중에 작업된 것으로 추정된다. 선쪼으기 수법으로 묘사된 그림은 대부분 육상동물로 대략 몸체의 외곽선을 선구획한 다음에 뢴트겐수법으로 안쪽이 묘사되었는데, 이와 같은 수법은 남성리 검파형동기의 사슴, 전 경주출토의 견갑형동기의 호랑이 그림 수법과 똑같은 것이다.

한편 비구상의 기하학무늬로서 검파형과 방패형 무늬가 있는데, 칠포리와 석장동 암각화의 예가 대표적이다. 이 무늬를 무당옷과 그 옷에 거울이 매달린 것을 형상화한 것으로 보는 의견도 있는데,[37] 사실이 그렇다고 한다면, 이 암각화유적은 그 자체가 당대의 제사장 혹은 샤먼이 제사를 지내는 제사유적일 가능성이 높다 하겠다.

---

36) 金元龍, 〈蔚州 盤龜臺 岩刻畵에 대하여〉(《韓國考古學報》 9, 1980).
전호태, 〈울주 대곡리, 천전리 암각화〉(《한국의 암각화》, 한국역사민속학회, 1996).

37) 이상길, 〈패형암각의 의미와 성격〉(《한국의 암각화》).

〈그림 8〉 암각화

① 울주 반구대 암각화

② 영일 칠포리 암각화

(3) 의식주생활

가. 음 식

초기 철기시대와 삼국시대 전기에 걸쳐 철제 농기구 사용과 수전 개간 등 생산기술의 발전에 힘입어 농경작물의 생산량이 증가하고, 실제로 여러 유적에서 쌀·보리·콩·수수·조 등의 알곡 실물이 다량 발견되었다. 이에 따라 전 시대보다 많은 사람들이 다양한 알곡 음식을 섭취할 수 있게 되었음은 물론이다.

그 중에서 삶거나 쪄 먹을 때, 가장 찰기가 있고 먹기에 부드러운 쌀이 지금과 마찬가지로 가장 선호되었을 것이다. 경남 삼천포 늑도[38]나 강원도 춘천 중도[39] 등에서 일반 사람들의 집자리로 보이는 유적에서 타다 남은 탄화미가 발견되는 것으로 보아, 충분한 것은 아니지만 상당한 정도로 쌀밥은 보급되었을 것으로 판단이 된다.

물론 벼 재배, 특히 수전농사가 적합하지 않은 환경적 조건을 가진 한반도 북부지방의 산간지역이나 제주도와 같은 도서지방의 경우 쌀밥 먹기란 매우 어려웠을 것으로 생각된다. 그 대신 여러 유적에서 확인된 것처럼 다른 잡곡류도 주식으로 많이 이용되었을 것이다. 그러나 일정한 지위에 있는 사람들은 비록 쌀이 산출되지 않는 내륙지방에 있더라도 원거리 수송을 통해 구해 먹었음은 물론이다.

해안지방에서는 물론 조개와 해산물을 음식으로 많이 섭취했다. 전남 해남 군곡리 등의 패총에서 확인한 바에 따르면, 다양한 종의 어패류가 식용으로 이용되었음을 알 수 있다. 물고기로는 숭어·농어·물렁돔·참돔·황새돔과 고등어 등이, 그리고 조개류는 굴을 비롯하여 꼬막·소라·고둥 등이 패총에서 출토하였다.[40] 또한 내륙에서는 강에서 나는 우렁이·다슬기·재첩 등을 잡아먹은 사실이 광주 신창동 늪지유적 발굴조사를 통하여 확인된 바 있다.

---

38) 釜山大 博物館, 《勒島住居址》(釜山大 博物館 遺蹟調査報告 13, 1989).
39) 國立中央博物館, 《中島》 I - V(1980~1984).
40) 崔盛洛, 《韓國原三國文化의 硏究-全南地方을 中心으로》(學硏文化社, 1993).

그러나 이들 수산물은 대체로 단백질이 풍부하나 탄수화물이나 지방질이 적은 식품이므로, 해안마을이더라도 탄수화물이 많은 알곡작물과 지방질이 많은 육상동물의 고기를 섭취 보완해야 했을 것이다. 남해안지방은 물론 제주도에서는 이 시기의 패총에서 다량의 사슴과 멧돼지 뼈가 나오는 것은 그러한 이유 때문이며, 그 밖에 수렵과 사육기술의 발달과 함께 물새나 닭과 같은 조류의 고기도 적지 않게 섭취하였을 것으로 보인다.

한편 음식을 조리하는 도구로서 이 시대에 와서 특별하게 발전한 것은 시루형 토기의 등장이다. 시루는 바닥에 구멍이 여러 개 뚫려 있어 물솥에 올려 놓고 불을 때면 뜨거운 수증기가 구멍 속으로 들어가 내용물을 익혀준다. 이러한 시루의 초기 형식은 전 시대에 보이지만 제대로 모양을 갖춘 본격적인 시루는 초기 철기시대 특히 기원후 삼국시대 전기에 들어와서인데, 남북한 전 지역에 걸쳐 웬만한 유적에서는 그 실물자료가 발견되었다. 무문토기 시루는 크기도 작고 구멍 또한 몇 개 안 뚫렸으며, 회색도기로 만들어지면서 오늘날의 것과 유사한 모양의 시루가 된다. 회색도기로 만들어진 시루가 그 훈증의 효과가 보다 높은 것은 두말할 필요도 없다.

조리용 용기로서 시루와 같은 찜기가 발전하였다는 것은 이 단계에 논농사가 대규모적으로 행하여져 쌀 수확량이 크게 증가했다는 데 바탕을 둔다. 그러한 상황에서 시루는 오늘날처럼 쌀로 떡을 해먹는 데 쓰여졌을 것이다. 쌀을 음식으로 조리하는 방법으로는 오늘날처럼 일정량의 물에 담구어 삶아 불려 밥을 해먹거나, 죽을 해먹는 방식이 있지만, 시루를 사용해 떡을 해먹을 가능성도 많은 것이다.

한편 삼국시대 전기에 다른 지역과 달리 쌀농사가 제대로 이루어지지 못한 것으로 판단되는 제주도와 같은 도서지방에서는 시루가 전혀 발견되지 않는다. 제주도의 경우 지리적 조건이 수전 농경에 적합하지 않으며, 따라서 쌀을 쪄먹는 시루가 발견되지 않는 것은 당연한 일이다.

음식을 조리하고 먹을 때 사용하는 그릇으로 흙으로 빚어 만든 적갈색토기와 회색도기가 많이 사용되었으며, 상위 신분층은 그 중 회색도기를 많이 사용하였을 것이다. 한편으로 예리한 날을 가진 철제칼과 같은 철기를 이용하여 나무를 가공하기가 보다 수월해지면서, 목기가 크게 보급되었을 것으로 보인다. 회색도기는 그 자체가 삼국시대 전기에는 아직 귀할 뿐만 아니라 내구성에서는 오히려 목기에 훨씬 뒤지는 바, 상하위 신분 가릴 것 없이 목기는 널리 애용되었을 것이다.

그러나 목기의 유기질 성분 때문에 고고학적인 발굴조사를 통해서 확인된 실물자료는 많지 않은데, 최근에 남한의 광주 신창동 늪지유적에서 여러 점 발굴 조사되었다. 아직 정식 보고되지 않아 전체 종류를 알 수 없으나, 조리용과 食膳用로 쓰였을 것으로 추정되는 그릇이 알려져 있다. 전자는 전체 길이 52cm로 평면 장방형의 부삽 모양의 몸체 한 쪽 단면에 손잡이가 달린 것으로 반쪽만 남아 있고, 후자는 길이 34.8cm의 장타원형 그릇의 일부 조각이다.[41]

목기 중에는 칠을 한 칠기가 있어 제사나 부장용으로 사용되거나 상위 신분 사람들이 애용하였음이 창원 다호리 목관묘에 부장된 고배모양의 칠기와 광주 신창동의 칠이 들어 있는 용기를 통하여 알 수 있다.[42]

《삼국지》 기록을 보면 夫餘에서는 음식을 마시고 먹을 때 俎豆를 사용하고 같이 술을 마시는데 잔을 공손히 받으며, 마신 후 잔을 씻었다는 기록[43]이 보인다. 조두는 우리 나라 전역에 걸쳐 보편적이었던 것이었음이 東夷들은 음식에 모두 조두를 사용했다[44]는 기록을 통해서도 알 수 있는 바, 삼한지역에서도 다호리 출토의 목기 고배를 통하여 豆에 해당하는 용기가 실물로 확인된 셈이다.

나. 의 복

《삼국지》를 보면 부여 사람들은 흰 빛을 숭상해서 흰 포목의 큰 소매통 도포와 바지를 입고, 나라 밖으로 갈 때에는 비단옷과 털옷을 즐겼다고 전하지만,[45] 누에를 치거나 비단·면포 등의 옷감을 만들었다는 기록은 전하지 않는다.

---

41) 국립광주박물관, 앞의 글(1997년 5월 12일).
42) 국립광주박물관, 위의 글.
43) 《三國志》 권 30, 魏書 30, 烏丸鮮卑東夷傳 30, 夫餘.
44) 《三國志》 권 30, 魏書 30, 烏丸鮮卑東夷傳 30, 挹婁.
45) 《三國志》 권 30, 魏書 30, 烏丸鮮卑東夷傳 30, 夫餘.

이와는 대조적으로 한반도 남부지방에서는 삼베를 심고 누에를 기르며, 옷감을 만들었다는 기록이 빠짐없이 나온다.[46]

이로써 삼국시대 전기에 옷감 짜는 기술은 삼한지역을 비롯한 우리 나라 전역에서 보편화되었음을 알 수 있다. 그러나 옷감 자체는 썩기 쉬운 유기물질이기 때문에 발굴을 통해서 확인하기가 어렵다. 다행히 부여에서는 이미 청동기시대에 속하는 길림성 星星哨遺蹟 17호 무덤과 猴石山遺蹟 1호에서 각각 털천과 베천이 나왔는데, 털천은 10cm, 당 날실은 80~90올, 씨실은 140~150올 정도 된다고 한다.[47]

남한에서는 기원전 2세기경의 초기 철기시대에 속하는 함평 초포리 토광석곽묘에서 세형동검 칼집, 기원전 1세기경의 광주 신창동의 칠용기 안쪽바닥, 그리고 기원 2세기를 전후한 제주시 용담동유적의 板狀鐵斧에 붙은 직물편이 각각 확인되었다. 용담동 예의 경우 1cm당 세로실이 18올, 가로실이 13올로 비교적 고운 포종류임이 육안으로 관찰된다.[48]

대체로 농경·청동기 등과 함께 직조술도 한반도 남부지방에서 야요이시대에 일본 규슈(九州)로 건너갔을 가능성이 매우 높다. 일본에서 발견된 야요이시대의 포실물은 그 대부분이 대마로 만든 것으로, 苧麻나 동물털로 만든 것은 드물다. 일본 규슈 요시노가리(吉野ヶ里)유적에서는 1cm당 세로실이 30올, 가로실이 20올 정도로 세밀한 포 실물자료가 발견되었다. 비단의 실물자료도 요시노가리유적에서도 발견되었는데, 이는 낙랑계의 平絹에 속하는 것이라 한다.[49]

한편 문헌기록에도 보이지 않는 이 시대의 옷감짜는 바디와 북 등의 직조도구가 최근에 광주 신창동 늪지유적에서 발견되어 주목되고 있다. 그 중에

---

46) 마한에서는 누에를 치고 면포를 만들 줄 알았으며, 진한에서도 누에를 치고 겸포를 만들었으며, 弁辰은 의복이 깨끗하며, 폭이 넓고 고운 베를 짰다는 기록이 있다(《三國志》 권 30, 魏書 30, 烏丸鮮卑東夷傳 30, 韓).

47) 조선기술발전사편찬위원회, 《조선기술발전사(1)－원시고대편》(과학백과사전종합출판사, 1996).

48) 정식보고는 되지 않았으나, 판상철부를 보존 처리한 후 필자가 확인하였다.

49) 酒野晶子, 〈彌生時代の織機と衣服〉(《吉野ヶ里遺跡展》, 朝日新聞社, 1989), 72~75쪽.

서 실을 촘촘하게 하는 일종의 緯打具로 사용된 바디는 길이 77cm, 폭 8cm로서 모서리에 수십 선의 실자국이 선명하게 나 있다.[50] 비슷한 시기에 일본에서는 비록 완전한 세트로 발견된 것은 없지만, 이른바 야요이기라고 이름을 붙인, 기대가 없는 원시형의 직조기의 부품이 여러 유적에서 발견된 바 있어 참고가 된다.[51]

털·베·면포로 짠 옷을 철기시대에 와서 모든 사람들이 일상적으로 사용했으리라고 생각되지는 않는다. 만주지방과 제주도에서는 짐승 가죽옷을 해 입은 기록이 전하는데, 읍루에는 麻布도 있지만 돼지키우기를 좋아해서 그 가죽으로 옷을 해입었으며,[52] 州胡에서 가죽으로 옷을 해 입었다[53]는 내용이 바로 그것이다.

가죽옷 말고도 억새나 식물 줄기로 적당히 엮어 만든 옷도 있으리라고 보인다. 비바람을 적당히 막기 위한 옷으로서 제주도에서 최근까지 전하는 도롱이라고 하는 억새풀 옷과 같은 종류도 사용되었을 것이다.

다. 주 거

《삼국지》에 고구려에서는 궁실을 잘 지어 치장하고, 거처하는 좌우에 큰 집을 짓고 귀신에게 제사를 지낸다 하였다.[54] 그리고 부여에서도 궁실과 창고·감옥을 갖고 있다 하였다.[55] 이러한 기록을 통하여 삼국시대 전기에 만주지역에서는 작은 초가말고도 큰 규모의 집을 지었음이 확인된다. 그 집은 기와지붕을 했을 것이라고 생각되는데, 청천강 이북의 박천군 단산리, 윤가촌 남하, 여대시 목양성터에서 북한학자들이 고조선 시기의 것이라고 주장하는 기와가 발견된 바 있다.[56]

그러나 후대 기록인 《舊唐書》에 고구려의 주거에 대해서 이르기를 모두

50) 국립광주박물관, 앞의 글(1997년 7월 22일).
51) 布目順郞, 〈彌生時代の布と絹〉(《吉野ヶ里遺跡展》), 76~77쪽.
52) 《三國志》 권 30, 魏書 30, 烏丸鮮卑東夷傳 30, 挹婁.
53) 《三國志》 권 30, 魏書 30, 烏丸鮮卑東夷傳 30, 韓.
54) 《三國志》 권 30, 魏書 30, 烏丸鮮卑東夷傳 30, 高句麗.
55) 《三國志》 권 30, 魏書 30, 烏丸鮮卑東夷傳 30, 夫餘.
56) 조선기술발전사편찬위원회, 앞의 책.

띠풀로 이엉을 엮어 지붕을 덮고 오직 사찰·신묘·왕궁·관부만이 기와를 쓴다고 하였으므로,[57] 대부분의 고구려 일반가옥은 초옥이었음을 알 수 있다.

남쪽에서는 기와집 혹은 대형집에 대한 기록은 없다. 그 대신 역시《삼국지》에 삼한 사람들이 풀로 엮고 흙으로 꾸민 草屋土室에 거처하였다는 기록이 나온다. 그리고 그 모양이 마치 무덤과 같으며 출입구는 위에 있고, 그 안에 가족이 같이 살았다고 한다.[58] 집 모양이 무덤과 같다고 할 때, 벽체가 지상 위에 번듯하게 서 있는 지상가옥일 수가 없다. 출입구가 위에 있다고 할 때 더욱 그러하며, 따라서 초옥토실은 집의 바닥면이 지표 아래에 있는 구조를 가지게 된다.

실제로 전국 각 지역에서 발굴된 초기 철기시대로부터 삼국시대 전기에 이르는 집터 대부분은 깊이 20~50cm 정도 되는 반움집이다. 물론 함경북도 무산 호곡동 31호 집자리에서 볼 수 있듯이 지상에 주춧돌을 놓고 기둥을 받친 지상가옥이나, 경기도 광주 미사동유적에서 高床가옥의 기둥구멍 흔적도 보인다.[59]

남한에서는 특히 최근에 강릉 안인리, 남원 세전리, 승주 대곡리, 제주 삼양동, 춘천 중도, 광주 미사동 등지에서 각각 수십 채의 집터가 발굴된 바 있다. 그 집터의 평면을 보면 크게 장방형과 원형이 있는데, 그 중 전자에는 출입구가 달린 凸자형과 작업과 생활공간이 둘로 나뉘어 만들어진 呂자형을 이룬 것도 적지 않다. 呂자형의 집은 동해안의 강원도 안인리[60]와 한강 중류인 광주 미사동에서 발견된 바 있다.

집안의 취사 난방시설로서 청동기시대까지는 화덕자리만이 알려졌는데, 이 시대에 와서 취사 용도의 부뚜막, 난방 목적의 구들이 남한에까지도 널리 이

---

57) "皆以茅草葺舍 唯佛寺神廟及王宮官府 乃用瓦"(《舊唐書》 199 上, 列傳 149 上, 東夷 高麗).

58) "居處作草屋土室 形如冢 其戶在上 擧家共在中"(《三國志》 권 30, 魏書 30, 烏丸鮮卑東夷傳 30, 韓).

59) 武末純一, 〈韓國·渼沙里遺跡溝掘立柱建物(上)－崇實大學校發掘A地區－〉(《古文化談叢》 38, 九州古文化硏究會, 1997), 103~126쪽.

60) 池賢柄, 〈江原 嶺東地方의 初期鐵器時代－집자리유적을 중심으로〉(《제13회 한국상고사학회 학술발표회 요지》, 1995).

용되었음이 강원도 춘천 중도, 경기도 수원 서둔동, 광주 미사동의 집터 발굴을 통하여 확인되었다. 이 구들은 우리 나라 가옥구조의 대표적인 특징인 온돌시설의 원형으로서, 굴뚝은 벽면에 붙어 있고 고래는 벽면을 따라 만들고, 아궁이는 ㄱ자형으로 꺾어 집안 한가운데에서 불을 때게 하였다. 최근에 발굴조사된 경기도 광주 미사동 A지구 1호 집터를 보면 남쪽으로 출입구가 있는 주생활 공간의 동쪽 벽면에 잇대어 설치되었는데, 구들의 대부분을 차지하는 터널모양의 고래는 진흙과 돌로 벽체, 판석으로 천정을 만들었다. 고래의 길이 3.7m, 높이 0.3m, 바깥 폭은 40cm 정도이다.[61]

이러한 ㄱ자형 구들은 부분 온돌시설로서 방 전체를 덥히는 온돌과 달리 《구당서》 고구려조에 보이는 겨울 난방용의 長坑[62]을 연상케 한다. 따라서 한반도 북부지방에서만 있는 것으로 알려진 온돌시설이 철기시대에 한반도 남부지방에까지 퍼져 있음이 확인되어 주목된다.[63]

한편 이 시기에 와서 지역에 따라서는 窟室에 살았던 기록과 증거가 있다. 우선 읍루의 기록에 산속 수풀 속에 기거하면서 굴에 살며, 큰 집은 深九梯라고 되어 있다.[64] 또한 탐라에 대한 기록을 보면 훨씬 늦은 시기에 이르러서도 여름에는 草屋에 살지만 겨울에는 굴실에서 살았다는 기록이 있는데,[65] 실제로 고고학적 발굴조사를 통해서 이 사실은 확인이 된다. 제주도 김녕리 동굴입구 유적의 경우 삼국시대 전기에 속하는 郭支式 토기와 화살촉 등의 생활도구가 다량 출토되었다.[66]

〈李淸圭〉

---

61) 한양대학교발굴조사단, 《渼沙里》 2(1994), 135~434쪽.

62) 《舊唐書》 권 119 上, 列傳 149 上, 東夷 高麗.

63) 정찬영, 〈우리나라 구들의 유래와 발전〉(《고고민속》 1966-4, 사회과학원출판사).
張慶浩, 〈우리나라 煖房施設인 溫堗(구들) 形成에 對한 硏究〉(《考古美術》 165, 韓國美術史學會, 1985).
朱南哲, 〈온돌과 부뚜막의 고찰〉(《文化財》 20, 文化財管理局, 1987), 137~151쪽.

64) 《三國志》 권 30, 魏書 30, 烏丸鮮卑東夷傳 30, 挹婁.

65) 《新唐書》 권 220, 列傳 145, 東夷 流鬼 附 儋羅.
高昌錫 編, 《耽羅國史料集》(新亞文化社, 1995).

66) 濟州道民俗自然史博物館, 《金寧里 궤내기洞窟遺蹟 發掘調査報告書》(1995).

3. 주변지역 철기문화와의 비교

1) 중 국

중국에서 본격적으로 인공철기를 사용하기 시작한 시기는 서아시아에 비해 무려 10세기 정도 늦은 것으로 말해지고 있다. 그러나 초기부터 단조철기와 함께 주조철기가 제조되고 있었다는 점이 주목되며 그와 같은 성격의 철기문화는 우리 나라와 일본으로 전파되었다. 그 결과 전세계적으로 볼 때 동아시아지역만의 독특한 철기문화권을 형성하게 되었다.

중국 고대 철기문화의 발전과정은 철기 제조기술의 내용과 보급 양상을 기준으로 할 때 단계적으로 ① 黎明期(殷~西周), ② 初步的 形成期(春秋~戰國時代 早期), ③ 形成·普及期(戰國時代 中晩期), ④ 發展期(前漢 이후)의 4시기로 구분할 수 있다.[1] 각 시기 철기문화의 특징에 따른 그 발전적 추이를 살펴보기로 하자.

(1) 여명기(은·서주시대)

중국에서 최초로 사용된 철은 자연철인 隕鐵이었다. 당시 그것은 단독적인 철기로 제조된 것이 아니라 銅鉞이나 銅戈의 날부분에 삽입된 銅·隕鐵複合器(鐵刃銅鉞·鐵援銅戈)의 부분품으로 이용된 데 불과하였으며, 그 기능은 실용적인 利器보다는 신성한 의미를 갖는 儀器의 성격이 강하였다.[2]

우연적으로 얻을 수밖에 없는 운철은 그 양이 극히 제한되어 있고, 이용범위도 제한적이었기 때문에 이후의 철기문화 발달에 그다지 영향을 끼치지는 못하였던 것으로 보여진다. 또한 당시는 의기나 병기가 주종을 이루는 청동기가 지배계급에 독점되어 있었던 시기였으므로 보다 대중성을 갖는 철기가 적극적으로 개발될 수 있는 여건이 마련되어 있지 못하였다.

---

1) 李南珪, 《東アジア初期鐵器文化の硏究》(廣島大 博士學位論文, 1991).
2) 李南珪, 〈中國鐵使用開始期의 諸問題〉(《歷史學報》 125, 1990).

현재 殷代冶鐵說을 인정하는 견해가 있기는 하지만 鄭州나 安陽 등의 은대 중후기 유적들에서는 철기가 전혀 출토된 바 없고 정식으로 보고된 서주시대의 철기도 전무한 실정이다. 따라서 이 시기 철에 관한 실증적인 자료로는 겨우 운철만 제시되고 있는 데 불과하다.

다만 운철의 가공에 있어 熱間鍛造가 실시되었다는 견해가 있고 春秋 초기에 해당하는 甘肅省 景家庄遺蹟 등에서 출토된 銅柄鐵劍[3]을 근거로 서주시대에 부분적으로 야철이 시작되었거나 서방으로부터 철기가 전래되었을 가능성을 배제할 수 없기 때문에 이 시기를 중국 철기문화의 黎明期로 일단 상정할 수는 있을 것으로 생각된다.

(2) 초보적 형성기(춘추~전국 조기)

춘추시대 초기의 동병철검이 알려져 있기는 하지만 각종 기능별 철기들이 실질적으로 출현하는 것은 春秋~戰國 早期이다. 물론 각 지역마다 지역적·시간적 차이가 있으나 凸字形具·凹字形具·一字形具·梯形具·六角鋤 및 钁(주조괭이) 등의 농구와 斧·刀子·鑿·槌(혹은 錘)·錐 및 刻刀 등의 공구류가 다양하게 사용되기 시작하였다. 하지만 병기류는 아직 빈약한 편이어서 겨우 검·銅鏃莖만이 일부 지역에서 출토되고 있고 그 밖의 雜器로는 帶鉤·鼎·環·針 정도가 알려져 있을 뿐이다. 이러한 철기들 가운데 남쪽의 楚지역에서는 凹자형구·刻刀 및 장검이 어느 정도 출토되고 있으나 중원 이북지역의 예는 아직 알려져 있지 않아 長江과 黃河 유역권 사이에 현격한 지역차가 엿보인다. 특히 초나라에서는 철제 병기들이 먼저 발달하고 있는데 이는 이 지역이 양질의 원료와 열량이 높은 연료가 풍부한 때문으로 보기도 한다.[4]

그리고 중국 초기의 철기문화가 농공구 중심으로 구성되게 된 것은 당시의 농경사회가 씨족 공동체적 생산방식에서 소가족 단위의 경영체계로 전환됨에 따라 농업생산력의 증대에 필요한 철기들에 대한 요구가 급증한 때문이라 해석된다.

---

3) 劉德禎 外, 〈甘肅靈台縣景家庄春秋墓〉(《考古》 1981-4, 科學出版社).

4) 翁文灝, 《錐指集》(北平地質圖書館, 1930) 및 楊 寬, 《中國古代冶鐵技術發展史》(上海人民出版社, 1982)를 참조하였다.

이 시기에 해당하는 광산이나 야철지는 아직 제대로 보고되어 있지 않다. 따라서 당시의 철에 관한 기술적 사항은 주조철기와 단조철기의 분석을 통해 파악된 내용을 중심으로 살펴볼 수밖에 없다.

먼저 주조철기의 예로부터 보면, 洛陽市 시멘트공장 유적에서 출토된 자귀(錛)는 이제까지 분석된 最古의 주조철기로서 내부는 白銑鐵(ledebrite)조직이나 표면부에서 pearlite층이 확인되어 주조 후 열처리가 된 것으로 해석되고 있다. 또한 같은 유적에서 발견된 凸자형구도 展性鑄鐵(혹 可鍛鑄鐵)의 수준인 것으로 알려져 있다. 한편 塊錬鐵(海綿鐵)을 소재로 한 단조철기 가운데 湖南省 長沙市 長楊 65호묘의 철검은 탄소량 0.5% 정도의 中炭鋼으로서 단면에 7~9층의 鍛接層이 확인되어 積層鍛打에 의해 제조된 것으로 밝혀져 있는데, 이와 같은 사실에서 이른 시기부터 이미 주조 및 단조철기의 재질 개선을 위한 노력이 있었음을 알 수 있다.5)

(3) 형성·보급기(전국 중~만기)

이제까지 전국시대 중만기의 유적으로는 250개소 이상이 정식으로 보고되어 있고, 철기의 수도 5,000점 정도에 달한다. 그런데 그 분포 양상에 있어서는 국가들 사이에 상당한 차이를 보이고 있는 점이 주목된다. 즉 燕과 楚지역에서는 다양한 철기들이 다수 확인 보고된 반면, 그 밖의 나라들에서는 중심지역에서 소수만이 출토되어 있을 뿐이다. 이처럼 철기 분포상의 차등현상이 보이고 있어 이 시기를 전반적인 보급기라고 하기는 곤란하므로 지역차이를 고려하여 일단 形成·普及期로 설정하고자 한다.

이 시기의 농구류는 이전의 6종 외에 細長鋤, 多齒鋤(쇠스랑) 및 穗摘具(半月刀)가, 공구류는 夯錘·鏨 및 鋸가 새로이 출현하며 이들 농공구류의 출토수는 앞 시기에 비해 무려 10배 정도로 증가하고 있어 경제적인 생산분야에 있어 철기의 사용이 보다 확대되었음을 알 수 있다.

전국시대에 보다 보편적으로 사용된 병기는 청동기이지만 점차 철제품이 증가하는 추세를 보이고 있는 점도 이 시기 철기문화의 한 특징으로서, 전

---

5) 李 衆, 〈中國封建社會前期鋼鐵冶錬技術發展的探討〉(《考古學報》 1975-2).

시기에 이미 보였던 劍과 銅鏃莖 외에 鉾·戟 내지 戈·鏃·鐓·小刀 등의 철제화가 진행되는 양상을 보인다. 다만 그러한 현상은 앞서 지적하였듯이 초지역에서 춘추 말부터 먼저 보이기 시작하고, 동촉경을 제외한 이 시기의 예들로는 거의 초와 연지역의 출토품들만이 알려져 있어 병기들의 철기화는 남방과 북방의 양국에서 상대적으로 먼저 이루어지고 있었다고 할 수 있다. 그러나 전국을 통일한 秦의 철제 병기는 아직까지 거의 보고되지 않고 있어 이러한 사실에도 주목할 필요가 있다.

戰國시대 早期 이전의 정형화된 기타 잡기류는 4종(帶鉤·鼎·環·針) 정도만이 알려져 있으나 이 시기에 들어 새로이 車馬具, 刑具(足鎖·頸鎖), 鐵足銅鼎, 釜 및 釘 등이 제조되기 시작하며, 그 외에도 20여 종에 달하는 여러 형태의 철기들이 300점 가까이 알려져 있다. 이러한 점은 철 사용의 다양화와 철기제조 기술의 향상을 보여주는 것이라 할 수 있다.

이 시기에 해당하는 철 생산관련 유적은 상당수 조사되어 현재까지 철광산지, 야철지 및 철기제조 유적이 30개소 정도 알려져 있는데 거의 대부분이 황하유역권에 소재하고 있다.

철광산은 河北省 興隆縣 古洞溝[6] 외에 河南省의 두 곳 정도가 조사되어 있으나 내부의 구조가 정확히 파악되어 있지는 않다. 그러나 湖北省 大冶縣 銅祿山 銅鑛山址[7]를 참고로 할 때 수직갱, 수평갱 및 斜坑 등이 마련되어 深掘이 행하여졌을 것으로 보이며 지역에 따라서는 砂鐵도 이용되었을 가능성이 있다.

정식으로 발굴 보고된 야철지는 아직 없는 듯한데, 하남성에서 鐵滓·爐壁片·爐底鐵塊 및 鐵鑛石 등이 채집된 유적이 다수 알려져 있으며[8] 山東省 滕縣 古薛城 黃殿村에서도 철광석과 소토가 확인된 바 있다.[9]

이에 비해 철기 생산유적은 하북성·하남성·산동성·섬서성·강서성 등에서 모두 20개소 정도가 조사되었으며 그 대다수는 여러 都城들의 내부에

6) 鄭紹宗, 〈解放以來熱河省考古的新發見〉(《考古通訊》 1955-5).
7) 銅綠山考古發掘隊, 〈湖北銅綠山春秋戰國古礦井發掘簡報〉(《文物》 1975-2).
8) 李京華, 〈十年來河南冶金考古的新進展〉(《華夏考古》 1989-3).
9) 庄冬明, 〈滕縣古薛城發現戰國時代冶鐵遺址〉(《文物參考資料》 1957-5).

위치한 주철지로서 생산방식은 관영에 의한 것으로 보여진다. 그 가운데 주목되는 것은 河南省 登封縣 告成鎭유적[10]과 新鄭縣 鄭韓故城 倉城村南유적[11]인데, 이 곳에서는 시설물들의 잔해와 함께 다양한 철기를 주조하는 데 사용되었던 陶范들이 다수 출토되었고, 특히 後者의 유적에서는 范窯 2基가 확인되기도 하였다. 한편 河北省 興隆縣 壽王墳유적에서는 六角鋤, 钁, 鎌, 斧, 鑿, 車具 등의 6종 86점에 달하는 鐵范이 채집되어[12] 당시 주조철기를 대량으로 생산하려 했던 의도를 분명히 알 수 있다.

이 시기의 철기들 가운데 20여 점 정도가 금속학적으로 분석되어 그 제조기술상의 특징이 어느 정도 알려져 있다. 먼저 단조철기들은 기본적으로 塊錬鐵을 소재로 한 浸炭鋼으로서 대부분 積層鍛打에 의해 제조되는 점은 이전과 동일하다 하겠으나, 河北省 易縣 燕下都 44호묘의 철검들 중에는 高炭部에서 martensite조직이 검출된 예들이 있어 이 시기부터 담금질(水燒入)기술이 개발되었던 것으로 보여진다.[13] 그리고 주조철기들 가운데 일부는 취약한 성질의 白鑄鐵조직으로 되어 있기도 하지만 상당수는 연화처리가 되어 展性주철의 조직을 보이고 있고, 백주철과 灰鑄鐵이 혼합된 麻鑄鐵이나 표면부가 脫炭되어 鑄鐵脫炭鋼의 전신이라 할 수 있는 철기도 확인되어 점차 주조철기의 열처리기술이 다양하게 발전하고 있었음을 알 수 있다.

그리고 이처럼 당시의 중국 철기문화는 내부적으로 성숙해가면서 晩期頃에 북방과 남방으로 확산되어 주변지역들에 영향을 미치기 시작한 점이 주목된다. 먼저 북방의 경우에 있어서는 평북 위원군 용연동유적[14]의 유물들을 통해 알 수 있는 바와 같이 燕國系 철기가 한반도 서북부에까지 전파되어 있었고 내몽고지역(대표 유적 ; 昭烏達盟 敖漢旗遺蹟)[15]에서도 이와 유사한 양상

10) 中國歷史博物館考古調査組 外, 〈河南登封陽城遺址的調査与鑄鐵遺址的試掘〉(《文物》 1977-12).

11) 河南省博物館新鄭工作站, 〈河南新鄭鄭韓故城的鉆探和試掘〉(《文物資料叢刊》 3, 1980).

12) 鄭紹宗, 〈熱河興隆發現的戰國生産工具鑄範〉(《考古通訊》 1956-1).

13) 北京鋼鐵學院壓力加工專業, 〈易縣燕下都44號墓葬鐵器金相考察初步報告〉(《考古》 1975-4).

14) 梅原末治·藤田亮策, 《朝鮮古文化綜鑑》(1)(奈良 ; 養德社, 1947).

15) 敖漢旗文化館, 〈敖漢旗老虎山遺址出土秦代鐵權和戰國鐵器〉(《考古》 1976-5).

이 확인되고 있다. 한편 廣西省 銀山嶺遺蹟[16]에서는 楚지역 특징의 凹字形具·鼎·鐵足銅鼎 외에 각종 농공구와 병기류가 다수 출토되어 남방지역도 전국계 철기문화의 영향권에 서서히 편입되고 있었음을 알 수 있다.

(4) 발전기(전한 이후)

중국의 고대 철기문화가 획기적으로 발전하는 것은 前漢代부터로서, 철 및 철기의 생산에 있어 새롭고 혁신적인 기술들이 개발되어 이를 기반으로 하여 농구, 공구, 병기 및 기타 생활 잡기류들의 종류와 수가 급속히 증가하는 현상을 보인다.

먼저 농구에 있어서는 10종 정도에 달하는 前代의 것들이 존속하면서 상당한 형태적 변화를 보이며, 특히 牛耕의 확대보급에 따른 犁鏵의 급증현상이 주목된다. 그리고 공구류도 剪·鋏·鑢 등의 신종 등이 출현하기도 하지만 보다 큰 발전의 양상은 병기류와 잡기류의 부문에서 현저하게 나타났다. 병기류에 있어 신종의 출현은 별로 보이지 않으나 劍類와 刀類의 사용이 급증하여 청동제 병기는 실질적으로 구축되고, 용기·조명기·난방용기 등을 위시한 수십 종의 생활 잡기류와 다양한 형태의 차마구 등이 급증하고 있어 당시 철기문화의 획기적인 발전양상을 충분히 파악할 수 있다.

이 시대에 해당하는 제철 및 철기제조 유적은 상당수가 조사되어 있으며, 약 10개소 정도가 파악된 제철유적 가운데 가장 대표적인 유적는 河南省 鄭州市 古滎鎭製鐵址[17]이다. 이 곳에서는 지름 4m 규모의 타원형 제철로가 확인되어 당시의 철 생산이 어느 정도의 대규모로 이루어지고 있었는가를 알 수 있다.

그러한 銑鐵 생산의 기반 위에서 犁鏵와 같은 대형 농기구의 대량제조가 가능해졌을 뿐만 아니라 열처리기술도 展性鑄鐵의 제조단계에서 球墨狀鑄鐵의 제조수준으로 발전하였으며, 徐冷을 통해 흑연이 析出됨으로써 耐摩擦性을 갖는 灰鑄鐵이 새로이 개발되어 車軸頭 등에 사용되기도 하였다. 특히 이 시대 이후 鐵范 사용이 확대되고[18] 疊鑄方式이 보급되는 점이 주목되는데,

---

16) 廣西壯族自治區文物工作隊, 〈平樂銀山嶺戰國墓〉(《考古學報》 1978-2).
17) 鄭州市博物館, 〈鄭州古滎鎭漢代冶鐵遺址發掘簡報〉(《文物》 1978-2).

이는 당시 주조철기의 수요급증에 따라 대량생산의 필요성이 대두된 결과라고 하겠다.

또한 단조철기의 부문에서는 塊鍊鐵 대신에 대량생산이 가능한 炒鋼(鎔銑에 탈탄제를 첨가하여 제조한 鋼材)이 새로이 개발되었고, 심지어 주조 후 탈탄하여 강재로 만드는 鑄鐵脫炭鋼이 등장하기도 하였다. 그와 동시에 점차 단조기술도 향상되어 이러한 강재를 이용한 백련강 제품들이 제조되기에 이르렀으며, 이와 같은 여러 기술들의 개발은 보다 우수한 품질의 단조철기들이 대량으로 요구되었던 때문으로 해석된다.

이처럼 질적·양적으로 획기적인 발전을 이룩하여 당시 세계 최첨단의 수준에 도달해 있었던 한대의 철기문화는 사방으로의 영토확장 과정에서 주변지역으로 확산되어 고대 동아시아 철기문화의 근간이 되었다는 데 중요한 의미가 있다. 그 가운데 특히 한반도의 경우는 漢四郡의 설치 등을 계기로 상기한 여러 기술 가운데 상당한 부분들이 도입됨으로써 본격적인 철기시대로 돌입하게 되었다는 사실을 상기할 필요가 있으며, 이러한 점에서 중국 고대의 철기문화에 대한 보다 체계적인 이해가 절실히 요망된다고 하겠다.

〈李南珪〉

2) 일 본

일본의 初期鐵器文化의 출현이 청동기문화보다 앞선 죠몬(繩文)시대 만기에 해당한다는 논지가 있는가 하면 그 전파과정이나 매장유적의 성격, 그리고 연속성 등을 들어 그렇지 않다는 시각도 있다.[1] 그러나 분명한 것은 그 초기 철기문화가 키타규슈(北九州) 지역을 중심으로 출현하고 있으며, 본격적

18) 山東省博物館, 〈山東省萊蕪縣西漢農具鐵范〉(《文物》 1977-7).
河南省文物硏究所, 〈河南新安縣上孤灯漢代鑄鐵遺址調査簡報〉(《華夏考古》 1988-2).

1) 潮見浩, 《東アジアの初期鐵器文化》(吉川弘文館, 1982).
高倉洋彰, 《日本金屬器出現期の硏究》(學生社, 1990).
李南珪, 〈韓國の初期鐵器と鐵生産〉(《日韓交流の考古學》 彌生時代篇, 韓炳三·小田富士雄 編, 東京 ; 六興出版, 1991).

인 철기 사용시기가 야요이(彌生)시대 중기중반 단계라는 사실이다. 따라서 일본 철기문화의 시원을 알아보는 방법은 우선 지리적으로 인접한 우리 나라 초기철기와 비교 검토할 필요성이 있다. 더욱이 야요이문화 형성과정에서 벼농사, 묘제, 토기, 마제석기, 청동기 등 다양한 문화요소가 우리 나라 남부지방 청동기시대 문화요소에 연원하는 것이 주지하는 사실이고 보면 초기철기 역시 마찬가지 현상이라고 생각한다. 그러므로 여기서는 먼저 지리적으로 우리 나라와 가장 인접한 규슈(九州)지역 철기의 출현과정을 살펴본 다음 양국의 초기 철기문화 내용을 상호 비교 검토해 보도록 하겠다.

(1) 초기 철기문화의 시기별 추이

일본은 야요이문화 전기초두를 철제 공구의 출현기, 중기전반을 철제 공구의 보급기, 중기후반을 철제무기 보급기, 후기후반을 철제 공구의 실질적인 제작·개시 및 보급기로 구분하고 그 중심지는 키타규슈지역이라고 보고 있다.

규슈지역에서 가장 선행하는 철기 자료가 출토된 곳은 후쿠오카(福岡)현 이토시마군(糸島郡) 니죠마치(二丈町) 이시자키(石崎) 구릉에 위치한 마가리타(曲り田)유적이다.[2] 지난 1980~1981년에 걸쳐 조사된 마가리타유적 가운데 죠몬문화 만기 또는 야요이문화 초두의 유우스식(夜臼式) 토기 단순기에 해당하는 제16호 주거지 바닥에서 철편이 출토되었다. 이 철편은 板狀鐵斧의 기부 파편으로 알려져 있으나 자세하지는 않다.

이보다 시기적으로 약간 늦은 것으로 구마모토현(熊本縣) 사이토산(齊藤山)유적 출토 철기편이 있다.[3] 이 철기편은 지난 1955년 구마모토현 타마나군(玉名郡) 텐수이마치(天水町)에 소재하는 사이토산 패총 2차 조사 때에 발견되었다. 袋狀鐵斧의 인부 파편인데 길이 4.7㎝, 폭 5.6㎝ 크기이며 兩刃 형태의 것이었다. 자루를 끼우는 袋部는 단면 장방형이다.

또 이보다 시기적으로 약간 늦은 것이지만 구마모토현 카모토군(鹿本郡) 우에키마치(植木町) 토도로키(轟)유적에서도 같은 형태의 것이 출토되었으며,[4]

2) 橋口達也 編, 《石崎曲り田遺跡》 III(福岡縣敎育委員會, 1984).
3) 乙益重隆, 〈熊本縣 齊藤山遺跡〉(《日本農耕文化の生成》, 1961).
4) 潮見浩, 앞의 책.

身部의 길이에 비해 인부 폭이 큰 철부라고 생각된다. 사이토산유적 출토 철부가 주조품인지 단조품인지에 대한 관심이 많으나 扁平方形의 대부 특징이나 단조품에서 잘 나타나는 표면 산화에 의한 板狀剝離가 없는 점 등의 특징은 주조품일 가능성이 많다. 만약 이들 철부편이 모두 주조품에 속한다면 우리 나라 북부지방에서 출토된 초기 철기들이 주조철기라는 점에서 같은 특징을 가졌다고 할 수 있을 것이다.

그 밖에도 야요이 전기에 해당하는 철기 출토 유적은 카고시마현(鹿兒島縣) 高橋(철편 2점),[5] 야마구치현(山口縣) 綾羅木鄕(철도자・철사 각 1점씩),[6] 히로시마현(廣島縣) 中山(철편 2점),[7] 효고현(兵庫縣) 吉田(철편),[8] 오사카시(大阪市) 요스이케(四ツ池)(철도자 1점)[9] 등 규슈지역에서 킨키(近畿)지방에까지 그 분포를 넓히고 있다. 그러나 시기적으로 연속성이 없고 철부・철사・철도자 등의 공구류 파편이 대부분인 점 등은 우발적인 양상을 띠고 있다. 그러나 후쿠오카시 쥬로쿠쵸(拾六町) 쯔이지(ツイジ)유적[10]에서 출토된 전기후반으로 추정되는 철부자루의 존재는 이들 철기가 실제 利器로서 사용되었음을 암시해 주고 있다.

그 다음 중기전반에서 중기중반이 되면 종래의 공구류에서 농구나 무기로서의 철기가 나타난다. 이 때의 철부는 鋻斧와 板狀斧가 있으나 대부분이 단조품이다. 그 가운데 후쿠오카현 이쿠하시(行橋市) 시모히에다(下稗田)유적 출토품[11]이나 다자이후시(大宰府市) 요시가우라(吉ヶ浦)유적 출토 철부[12]와 같이 우리 나라 제품이 일본에 전파된 것이라고 확증되는 것도 있다.

무기류 가운데 후쿠오카현 온가군(遠賀郡) 모토마츠바라(元松原)遺蹟[13]에서

5) 河口貞德, 〈鹿兒島縣高橋貝塚〉(《考古學集刊》 3-2, 1965).
6) 國分直一 外, 《綾羅木鄕彌生社會と生産技術》(どるめん 10, 1976).
7) 藤田等・川月哲志, 〈彌生時代鐵器出土地名表〉(《日本製鐵史論》, 1960).
8) 直良信夫・小林行雄, 〈播磨國吉田史前遺跡の硏究〉(《考古學》 3-5, 1932).
9) 森浩一・炭田知子, 〈考古學から見た鐵〉(《日本古代文化の探究》 鐵, 1974).
10) 山口讓治, 《拾六町ツイジ遺跡》(福岡市埋藏文化財調査報告書 92, 1983).
11) 長嶺正秀 編, 《下稗田遺跡調査概報》 Ⅳ(行橋市文化財調査報告書 13, 1983).
12) 橋口達也, 〈ふたたび初期鐵製品をめぐる二・三の問題について〉(《日本製鐵史論集》, 1983).
13) 高倉洋彰, 앞의 책.

출토된 철모는 우리 나라 용연동 출토[14]유물과 유사하다. 이 시기에 나타나는 일부 철촉과 공부의 단면이 타원형인 철부는 일본에서 처음 생산한 것이라는 견해도 있다.[15] 예를 들면 야마구치현(山口縣) 시모노세키시(下關市) 아야라기(綾羅木) 출토 부정형 철편이나 후쿠오카현 키타큐슈시 바바야마(馬場山) 출토 부정형 철편 등이 철의 소재라고 가정한다면[16] 이와 같은 추정도 가능한 일이겠지만 지금의 단계에서는 확언하기 어렵다. 특히 이와 비슷한 형태의 예가 부산 내성유적에서도 나타나고 있어서[17] 앞으로 일본 철의 가공 또는 생산 시기에 대해서는 신중을 기해야 할 것이다.

그 다음 단계인 중기후반에서 후기전반이 되면 철기의 무기화와 그 보급이라는 점에서 하나의 획기를 찾을 수 있다. 즉 철제무기 가운데 검·모·과·도·촉은 중기전반 무렵부터 보이지만 중기중반 이후 특히 중기후반에 많이 보급되고 있으며, 우리 나라 철제 무기와 매우 닮고 있다. 이 가운데 철과의 경우는 지금까지 일본에서 처음 생산된 것이라고도 말해 왔으나[18] 최근 같은 특징의 것이 창원 다호리유적에서 출토되고[19] 있어 종래의 설에 대한 비판적인 견해가 지배적이다. 더욱이 이 시기 주목되는 사실은 분묘에 철기를 부장하는 풍속에 연계한 것이라고 생각된다. 후쿠오카현 이이즈카시(飯塚市) 타테이와(立岩)유적의 경우,[20] 중기후반의 타테이와식(立岩式) 옹관묘에서 철기가 출토되었는데 검·과·모 중 어느 것이 단독 또는 세트를 이루는 수도 있고, 때로는 동경과 함께 부장된 예도 있다. 특히 철기와 동경과의 동시 부장은 종래의 청동기의 검·과·모·경의 세트관계에서 무기는 청동기에서 철기로 재질을 바꾸어 계속 부장한 것으로 해석된다.

그 뒤 후기전반에서 후기중반의 경우는 무기뿐만 아니라 다른 철기류도

---

14) 梅原末治·藤田亮策, 《朝鮮古文化綜鑑》(1)(奈良 ; 養德社, 1947).

15) 橋口達也, 〈初期鐵製品をめぐる二·三の問題〉(《考古學雜誌》 60-1, 東京 ; 日本考古學會, 1974).

16) 橋口達也, 앞의 책.

17) 宋桂鉉·河仁秀, 《東萊福泉洞萊城遺跡》(부산시 시립박물관 조사보고서 5, 1990).

18) 高倉洋彰, 앞의 책.

19) 李健茂 외, 〈義昌 茶戶里遺蹟 發掘進展報告(Ⅰ)〉(《考古學誌》 1, 한국고고미술연구소, 1989).

20) 小田富士雄, 〈鐵器〉(《立岩遺跡》, 立岩遺跡調査委員會, 1977).

양적으로 증가하고 어느 정도 철기가 일반화된 단계였다고 생각된다. 그러나 무기 이외의 철기는 후기중반 이후에야 나타난다고 할 수 있다. 한편 후기후반에서 종말기에 이르면 앞 시기에 유행하였던 철제무기의 출토량이 급격히 감소하는 반면, 농경구의 철기화와 그 보급이 두드러진다. 그것은 집락의 주거지 내부나 그 포함층에서 많은 철기가 출토되고 있다는 점에서 알 수 있다. 그런데 이들이 재가공하지 않고 그대로 버려지고 있는 사실에서 당시 철기 자체의 보급과 공급이 충분하였음을 알 수 있다. 이 시기 집락내에서 종종 단야유구가 검출되는 것도 철기 공급의 안정성을 뒷받침하는 것이다. 특히 농공구의 경우 그 형태에 있어서는 큰 변화없이 이전의 특징을 연속하고 있는 것이 대부분이다. 그러나 철기의 보급이 당시 사회에 미치는 영향은 막대하였다고 생각되며 야요이시대에서 고분시대로 바뀌어지는 과정에서 철기가 큰 비중을 차지하였다고도 생각된다.

이상과 같이 일본의 초기 철기문화는 지리적으로 우리 나라와 가장 인접한 규슈지역이 중심이 되어 당시 우리 나라에서 전파된 야요이문화와 그 발전 과정을 같이 하면서 점차 일본 전역에 파급되기 시작하였다고 생각된다. 그러나 일본 초기 야요이문화 요소와는 달리 철기의 본격적인 파급은 야요이시대 중기중반 이후부터이며 지역적으로 차이는 있지만 그 이전 단계는 마제석기와 청동기가 철기를 대신하는 상황이었고, 간혹 산발적으로 철기 공구류가 혼재되는 경우가 있었던 것으로 생각된다.

(2) 한·일 초기 철기문화의 교류관계

일본의 경우 야요이시대 전기에서 중기초두까지는 키타규슈지역에서 철기문화가 시작되는 시기이다. 그러나 관계유적이나 유물의 수가 얼마되지 않는 점으로 미루어 보아 야요이문화 전파과정에서 우발적으로 나타난 한 현상으로 생각된다. 야요이문화의 근원지인 우리 나라 남부지역에서도 이 시기에 해당하는 유적이나 유물이 발견되지 않고, 북부지역인 무산 호곡동유적[21]이나 회령 오동유적[22]에서 이보다 약간 앞선 시기의 것인 주조철부가 출토되

21) 황기덕, 〈무산 범의 구석 발굴보고〉(《고고민속론문집》 6, 1975).

고 있기 때문이다. 특히 북부지역의 초기철기는 중국 화북지방을 통해서 유입된 것으로 판단되는데 당시 청동기·마제석기·무문토기·도작농경 등의 문화요소와 함께 철기도 북쪽을 통해서 남하하였음을 간접적으로 시사해 주는 듯하지만 그 과정에서 키타큐슈지역까지 철기가 전파되었음을 시사하는 듯하다. 이와 같은 가설은 야요이문화 전기초두의 키타큐슈지역에 나타나는 무문토기·마제석기 등 다른 요소를 통해서도 그 추정이 가능하다.[23]

다음 야요이시대 중기전반에서 중기중반이 되면 종래 철제공구류에서 철제농구나 철제무기가 혼합되고, 철부는 판상철부가 추가되며 일부에서는 철기 생산이 가능한 시기라고 말하고 있다. 부산 내성 주거지유적에서 철편과 함께 죠노코시식(城ノ越式) 야요이토기가 출토되어 시기적인 검증이 가능하며 중부지방 당진의 소소리,[24] 장수 남양리,[25] 부여 합송리[26]와 북부지방의 함흥 이화동,[27] 봉산 송산리,[28] 배천 석산리[29]유적에서 다뉴세문경, 한국식동검·동모·동과와 함께 철부가 출토되는 경우도 이 시기 일본에서 청동기와 철기가 공반되는 경우와 같은 현상으로 양국 철기의 발전과정을 예상할 수 있는 자료라고 생각된다.

또 야요이 중기후반에서 후기전반이 되면 키타큐슈지역에서는 타테이와유적[30]을 비롯해서 분묘에 철제무기가 부장된다. 우리 나라에서는 이미 이보다 앞 단계에서 나타나고 있으나 중국 한대의 매장풍습과 관계가 있는 듯하며[31] 한국식동검·동모·동과 대신 철검·철과·철모와 다뉴세문경을 대신

---

22) 사회과학원 고고학 및 민속학연구소, 《회령 오동 원시 유적 발굴 보고》(유적발굴보고 7, 1960).

23) 야요이문화 초기에 키타큐슈지방에서 출토되고 있는 공렬토기, 심발형토기, 유두형손잡이토기, 각종 마제석기는 우리 나라 동북지방의 무산 호곡동유적이나 회령 오동출토 유물들과 닮은 점이 많다.

24) 李健茂, 〈唐津 素素里遺蹟出土 一括遺物〉(《考古學誌》 3, 1991).

25) 池健吉, 〈長水 南陽里出土 靑銅器·鐵器 一括遺物〉(《考古學誌》 2, 1990).

26) 李健茂, 〈扶餘 合松里遺蹟出土 一括遺物〉(《考古學誌》 2, 1990).

27) 박진욱, 〈함경남도 일대의 고대유적 조사보고〉(《고고학자료집》 4, 1974).

28) 황기덕, 〈1958년 춘하기 어지돈지구 관개공사 유적정리 간략보고 (Ⅰ)〉(《문화유산》 1959-1).

29) 황기덕, 〈최근에 알려진 비파형단검과 좁은놋단검 관계의 유적유물〉(《고고학자료집》 4, 1974).

30) 立岩遺跡調査委員會 編, 《立岩遺跡》(1977).

해서 중국경이 부장되는 것도 한·일 양국에서 같은 현상이다. 당시 일본에서 사용된 철제무기들은 대부분 우리 나라에서 수입한 것이라고 생각된다.

마지막으로 후기중반 이후가 되면 문헌상에도 나타나고 있는 것과 같이[32] 남부지방의 철기 소재를 일본이 공급받아 철기생산이 가능해지고 그 생산량도 증가되며 철제무기보다는 오히려 철제농경구 생산이 급속히 늘어나고 있다. 또 철기는 분묘 부장품뿐만 아니라 생활 주거지에서도 출토되고 있는데 이와 같은 현상은 철기의 자급자족으로 파손품을 재활용하지 않고 그냥 폐기시켰음을 암시하는 것이다. 이것은 우리 나라 남해안지역의 패총유적에서 철기가 출토되는 것과 동일한 양상이다.

지금까지 일본의 초기 철기문화 내용을 중심으로 우리 나라 철기문화와 비교하여 보았다. 그 결과 일본의 철기문화는 우발적이긴 하지만 야요이문화 시작 시기에 중국 동북지방의 철기문화가 우리 나라를 거쳐 키타큐슈지역에 전파된 듯하다. 그것은 아직 우리 나라 남부지방에서는 확인되지 않은 일이지만 야요이문화 형성기에 벼농사, 청동기, 무문토기, 마제석기 등 우리 나라 청동기 문화요소와 함께 철기도 일본에 전파된 것이 예상된다. 그것은 일본에서 출토되는 초기 철기의 특징이 우리 나라의 초기 철기와 동일하다는 사실에서 그 예측이 가능하다.

그리고 일본에서 철기가 본격적으로 사용된 시기는 야요이문화의 중기중반 이후라고 생각되는데 철기가 출토된 유적의 성격이나 철기의 특징, 사용시기 등 여러 요소가 우리 나라의 초기 철기 양상과 매우 흡사하여 상호 깊은 관련이 있었음을 알 수 있었다. 그리고 야요이 후기중반 이후 일본에서 철기가 충족 단계에 접어들면서 야요이시대는 끝나고 고분시대를 맞이하게 되는데, 그것은 철기가 당시 사회구성에 미치는 영향이 지대하였음이 반영된 것이라고 생각된다.

〈沈奉謹〉

31) 高久健二, 〈韓國出土鐵鉾の傳播過程に於ける硏究〉(《考古歷史學誌》 8, 1992).
32) 《三國志》 권 30, 魏書 30, 烏丸鮮卑東夷傳 30, 弁辰條 참조.

집 필 자

개 요 .... 최몽룡

Ⅰ. 청동기문화

1. 청동기시대
   1) 청동기시대의 시기구분 .... 최몽룡
   2) 인골 및 편년 .... 최몽룡
   3) 청동유물의 분포와 사회 .... 이청규
2. 청동기시대의 유적과 유물
   1) 청동기시대 유적의 분포
      (1) 유적 분포의 특성 .... 이강승
      (2) 호남·호서지방의 유적 .... 이강승
      (3) 영동·영서지방의 유적 .... 조유전
      (4) 영남지방의 유적 .... 조유전
   2) 청동기시대의 유적
      (1) 집 터 .... 김정기
      (2) 무 덤 .... 지건길
   3) 청동기시대의 유물
      (1) 토 기 .... 임병태
      (2) 석 기 .... 윤덕향
      (3) 청동기 .... 이건무
      (4) 뼈연모 .... 이건무
   4) 야금술의 발달과 청동유물의 특징 .... 최 주
   5) 토기의 과학적 분석 .... 최몽룡

3. 청동기시대의 사회와 경제
1) 생업경제 …… 김정배
2) 사 회 …… 노혁진
4. 주변지역 청동기문화와의 비교
1) 시베리아 및 극동지역 …… 최몽룡
2) 중 국 …… 이형구
3) 일 본 …… 심봉근

Ⅱ. 철기문화

1. 철기시대
1) 철기시대의 시기구분 …… 최몽룡
2) 철기시대 유적의 분포 …… 최성락
3) 철기시대의 유적
(1) 집 터 …… 최성락
(2) 패 총 …… 최성락
(3) 무 덤 …… 성낙준
(4) 방어시설 …… 민덕식
4) 철기시대의 유물
(1) 철기 생산기술 …… 이남규
(2) 철기유물 …… 이성주
(3) 토 기 …… 최성락
(4) 토기의 과학적 분석 …… 최몽룡
(5) 유리공예 …… 이인숙
2. 철기시대의 사회와 경제 …… 이청규
3. 주변지역 철기문화와의 비교
1) 중 국 …… 이남규
2) 일 본 …… 심봉근

한국사 3
청동기, 철기 문화

편찬간행 **국사편찬위원회**

초판1쇄 2003년 11월 30일
2쇄 2013년 6월 4일

번각발행 **탐구당**

등록일 1950년 11월 1일
등록번호 서울 제 03-00993 호

주소 서울특별시 용산구 한강대로 62 나길 6
전화 (02) 3785-2211(대표)
팩스 (02) 3785-2272
홈페이지 www.tamgudang.co.kr
전자우편 tamgudang@paran.com

ISBN 978-89-8236-569-0
978-89-8236-566-9(세트)

값 23,500 원